计 算 机 科 学 丛 书

原书第3版

数据挖掘

实用机器学习工具与技术

（新西兰）Ian H. Witten Eibe Frank Mark A. Hall 著 李川 张永辉 等译
怀卡托大学 四川大学

Data Mining

Practical Machine Learning Tools and Techniques Third Edition

机械工业出版社
China Machine Press

图书在版编目（CIP）数据

数据挖掘：实用机器学习工具与技术（原书第 3 版）/（新西兰）威滕（Witten，I.H.），（新西兰）弗兰克（Frank，E.），（新西兰）霍尔（Hall，M.A.）著；李川等译．—北京：机械工业出版社，2014.4（2015.12 重印）
（计算机科学丛书）
书名原文：Data Mining: Practical Machine Learning Tools and Techniques, Third Edition

ISBN 978-7-111-45381-9

I. 数… II. ①威… ②弗… ③霍… ④李… III. 数据采集 IV. TP274

中国版本图书馆 CIP 数据核字（2014）第 035715 号

本书版权登记号：图字：01-2011-4804

Data Mining: Practical Machine Learning Tools and Techniques,Third Edition
Ian H.Witten, Eibe Frank and Mark A. Hall
ISBN: 978-0-12-374856-0

本书是机器学习和数据挖掘领域的经典畅销教材，被众多国外名校选为教材。书中详细介绍用于数据挖掘领域的机器学习技术和工具以及实践方法，并且提供了一个公开的数据挖掘工作平台 Weka。本书主要内容包括：数据输入/输出、知识表示、数据挖掘技术（决策树、关联规则、基于实例的学习、线性模型、聚类、多实例学习等）以及在实践中的运用。本版对上一版内容进行了全面更新，以反映自第 2 版出版以来数据挖掘领域的技术变革和新方法，包括数据转换、集成学习、大规模数据集、多实例学习等，以及新版的 Weka 机器学习软件。

本书逻辑严谨、内容翔实、极富实践性，适合作为高等院校本科生或研究生的教材，也可供相关技术人员参考。

出版发行：机械工业出版社（北京市西城区百万庄大街 22 号 邮政编码：100037）
责任编辑：盛思源

印　刷：	北京瑞德印刷有限公司	版　次：	2015 年 12 月第 1 版第 2 次印刷
开　本：	185mm×260mm 1/16	印　张：	30
书　号：	ISBN 978-7-111-45381-9	定　价：	79.00 元

凡购本书，如有缺页、倒页、脱页，由本社发行部调换
客服热线：（010）88378991　88361066　　投稿热线：（010）88379604
购书热线：（010）68326294　88379649　68995259　　读者信箱：hzjsj@hzbook.com

文艺复兴以降，源远流长的科学精神和逐步形成的学术规范，使西方国家在自然科学的各个领域取得了垄断性的优势；也正是这样的传统，使美国在信息技术发展的六十多年间名家辈出、独领风骚。在商业化的进程中，美国的产业界与教育界越来越紧密地结合，计算机学科中的许多泰山北斗同时身处科研和教学的最前线，由此而产生的经典科学著作，不仅擘划了研究的范畴，还揭示了学术的源变，既遵循学术规范，又自有学者个性，其价值并不会因年月的流逝而减退。

近年，在全球信息化大潮的推动下，我国的计算机产业发展迅猛，对专业人才的需求日益迫切。这对计算机教育界和出版界都既是机遇，也是挑战；而专业教材的建设在教育战略上显得举足轻重。在我国信息技术发展时间较短的现状下，美国等发达国家在其计算机科学发展的几十年间积淀和发展的经典教材仍有许多值得借鉴之处。因此，引进一批国外优秀计算机教材将对我国计算机教育事业的发展起到积极的推动作用，也是与世界接轨、建设真正的世界一流大学的必由之路。

机械工业出版社华章公司较早意识到“出版要为教育服务”。自 1998 年开始，我们就将工作重点放在了遴选、移译国外优秀教材上。经过多年的不懈努力，我们与 Pearson，McGraw-Hill，Elsevier，MIT，John Wiley & Sons，Cengage 等世界著名出版公司建立了良好的合作关系，从他们现有的数百种教材中甄选出 Andrew S. Tanenbaum，Bjarne Stroustrup，Brain W. Kernighan，Dennis Ritchie，Jim Gray，Afred V. Aho，John E. Hopcroft，Jeffrey D. Ullman，Abraham Silberschatz，William Stallings，Donald E. Knuth，John L. Hennessy，Larry L. Peterson 等大师名家的一批经典作品，以“计算机科学丛书”为总称出版，供读者学习、研究及珍藏。大理石纹理的封面，也正体现了这套丛书的品位和格调。

“计算机科学丛书”的出版工作得到了国内外学者的鼎力襄助，国内的专家不仅提供了中肯的选题指导，还不辞劳苦地担任了翻译和审校的工作；而原书的作者也相当关注其作品在中国的传播，有的还专程为其书的中译本作序。迄今，“计算机科学丛书”已经出版了近两百个品种，这些书籍在读者中树立了良好的口碑，并被许多高校采用为正式教材和参考书籍。其影印版“经典原版书库”作为姊妹篇也被越来越多实施双语教学的学校所采用。

权威的作者、经典的教材、一流的译者、严格的审校、精细的编辑，这些因素使我们的图书有了质量的保证。随着计算机科学与技术专业学科建设的不断完善和教材改革的逐渐深化，教育界对国外计算机教材的需求和应用都将步入一个新的阶段，我们的目标是尽善尽美，而反馈的意见正是我们达到这一终极目标的重要帮助。华章公司欢迎老师和读者对我们的工作提出建议或给予指正，我们的联系方法如下：

华章网站：www. hzbook. com
电子邮件：hzjsj@ hzbook. com
联系电话：（010）88379604
联系地址：北京市西城区百万庄南街 1 号
邮政编码：100037

HZ BOOKS
华章教育
华章科技图书出版中心

译者序

信息技术正以惊人的速度将现实世界中的信息转化为数据，存储到各类计算机系统中，且这一过程的发展态势可能超出人类的有限预想。其中蕴含着的，不仅是自然和生命，还有人类的行为、情感和历史。同我们生存其中的真实自然界一样，新兴的数据中潜藏着无尽的奥秘和巨大的财富，因此吸引着大批来自自然科学、人文科学以及商界的学者和技术人员投身其中。正确地解读、有效地利用这些数据是新技术革命时代照亮人类前行的灯塔。

本书前两位作者是大名鼎鼎的 Ian H. Witten 和 Eibe Frank，他们共同设计了影响广远的 Weka 系统。Weka 的设计与提出正如谷歌一样，它通过将单纯思想迅速实现给人们带来前所未有的不同感受，完美的图形界面、感性直观的可视化呈现、友好的用户界面消除了初学者的陌生感，为同行的探索时常予以灵感，又集合了前人工作的大成。而且，实验系统为高校的数据挖掘教学提供了实验环境，施惠于众人。

两位作者研发 Weka 后，将他们开发过程中的经验、实际的数据挖掘项目以及教学过程中的体会融为一体，形成此书的第 1 版。Weka 此后经历多次版本更新。1999 年 Weka 的第 1 版是 Witten 教授和 Frank 博士开发的。后来随着数据挖掘技术的更新和发展，经过 Weka 研究小组的辛勤工作，Weka 软件日趋完善，2005 年本书推出第 2 版。第 2 版最大的变化是加入了一个专门介绍 Weka 系统的部分。得益于数据挖掘领域的飞速发展和用户日新月异的需求引导，Weka 系统在过去的十年里焕然一新，增加了大量数据挖掘功能，集成了非常丰富的机器学习算法和相关技术，于是催生了本书第 3 版的问世。第 3 版在前面两版基础上增加了大量近年来最新涌现的数据挖掘算法和诸如 Web 数据挖掘等新领域的介绍，所介绍的 Weka 系统较第 2 版增加了大约 50% 的算法及大量其他新内容。

本书的翻译是在极其紧张的条件下，经过所有团队成员的艰辛拼搏最终杀青的，其中凝聚着所有参与者的真诚与责任。本书的翻译工作由李川副教授统一协调负责，参与的人员有四川大学计算机科学与技术专业的研究生吴诗极、张永辉、李艳梅、谢世娜，他们在节假日、寒夜里加班工作，对译文字雕句琢最终有了本书的诞生。于中华副教授协助进行了本书的最终统稿。机械工业出版社的王春华、盛思源老师在本书的译著过程中给予了大力的支持和关心帮助。没有这些幕后的无私奉献，不可能有本书的面世。

尽管译者心正意诚，然则受限于自身的水平，本书一定存在不少问题，还期望各位读者给予批评、指正，各位的反馈将使本书更趋完善。最后，真诚期望本书对大家有益，这是对我们翻译工作的最大认可！

译者

2014 年 1 月 9 日夜

四川大学 DB&KE 实验室

计算和通信的结合建立了一个以信息为基础的新领域。但绝大多数信息尚处于原始状态，即以数据的形式存在的状态。假如我们将数据定义为被记录下的事实，那么信息就是在这些记录事实的数据中所隐藏的一系列模式或预期。在数据库中蕴藏了大量具有潜在重要性的信息，这些信息尚未被发现和利用，我们的任务就是将这些数据释放出来。

数据挖掘是将隐含的、尚不为人知的同时又是潜在有用的信息从数据中提取出来。为此我们编写计算机程序，自动在数据库中筛选有用的规律或模式。假如能发现一些明显的模式，则可以将其归纳出来以对未来的数据进行准确预测。当然，数据挖掘结果中肯定会出现一些问题，比如许多模式可能是不言自明的或者没有实际意义的。另一些还有可能是虚假的，或者由于某些具体数据集的偶然巧合而产生的。在现实世界中，数据是不完美的：有些被人为篡改，有些会丢失。我们所观察到的所有东西都不是完全精确的：任何规律都有例外，并且总会出现不符合任何一个规律的实例。算法必须具有足够的健壮性以应付不完美的数据，并能提取出不精确但有用的规律。

机器学习为数据挖掘提供了技术基础，可用其将信息从数据库的原始数据中提取出来，以可以理解的形式表达，并可用做多种用途。这是一种抽象化过程：如实地全盘接收现有数据，然后在其基础上推导出所有隐藏在这些数据中的结构。本书将介绍在数据挖掘实践中，用以发现和描述数据中的结构模式而采用的机器学习工具和技术。

就像所有新兴技术都会受到商界的强烈关注一样，关于数据挖掘应用的报道正淹没在那些技术类或大众类出版社的大肆宣扬中。夸张的报道向人们展示了通过设立学习算法就能从浩瀚的数据汪洋中发现那些神秘的规律。但机器学习中绝没有什么魔法，没有什么隐藏的力量，也没有什么巫术，有的只是一些能将有用信息从原始数据中提取出来的简单和实用的技术。本书将介绍这些技术并展示它们是如何工作的。

我们将机器学习理解为从数据样本中获取结构描述的过程。这种结构描述可用于预测、解释和理解。有些数据挖掘应用侧重于预测：从数据所描述的过去预测将来在新情况下会发生什么，通常是猜测新的样本分类。但同样令我们感兴趣也许更感兴趣的是，“学习”的结果是一个可以用来对样本进行分类的真实结构描述。这种结构描述不仅支持预测，也支持解释和理解。根据我们的经验，在绝大多数数据挖掘实践应用中，用户最感兴趣的莫过于掌握样本的本质。事实上，这是机器学习优于传统统计模型的一个主要优点。

本书向我们诠释多种机器学习方法。其中一部分出于方便教学的目的而仅仅罗列一些简单方案，以便清楚解释基本思想如何实现。其他则考虑到具体实现而列举很多应用于实际工作中的真实系统。很多都是近几年发展起来的新方法。

我们创建了一套综合的软件资源以说明本书中的思想。软件名称是怀卡托智能分析环境（Waikato Environment for Knowledge Analysis，Weka[㊀]），它的 Java 源代码可以在 www. cs. waikato. ac. nz/ml/weka 中得到。Weka 几乎可以完善地实现本书中包含的所有技术。它包括机器学习方法的说明性代码以及具体实现。针对一些简单技术，它提供清楚而

㊀ Weka（发音与 Mecca 类似）是一种天生充满好奇心的不会飞的鸟，这种鸟仅在新西兰的岛屿上出现过。

简洁的实现，以帮助理解机器学习中的相关机制。Weka 还提供一个工作平台，完整、实用、高水准地实现了很多流行的学习方案，这些方案能够运用于实际的数据挖掘项目或学术研究中。最后，本书还包括一个形如 Java 类库的框架，这个框架支持嵌入式机器学习的应用，乃至新的学习方案的实现。

本书旨在介绍用于数据挖掘领域的机器学习工具和技术。读完本书后，你将对这些技术有所了解并能体会到它们的功效和实用性。如果你希望用自己的数据进行实验，用 Weka 就能轻易地做到。

提供数据挖掘案例研究的商业书籍中往往涉及一些非常具有实用性的方法，这些方法与当前机器学习教材中出现的更理论化、原则化的方法之间存在巨大鸿沟，本书跨越了这个鸿沟（关于本书的一些简介将出现在后面第 1 章的末尾）。这个鸿沟相当大，为了让机器学习技术应用富有成果，需要理解它们是如何工作的。这不是一种可以先盲目应用而后期待好结果出现的技术。不同的问题需要不同的技术来解决。但是如何根据实际问题来选择合适的技术并不是那么容易的事情：你需要知道到底有多少可能的解决方案。我们在本书中所论及的技术范围相当广泛，这是因为和其他商业书籍不同，本书无意推销某种特定的商业软件或方案。我们列举大量实例，但为展示实例所采用的数据集却小得足以让你搞清楚实例的整个过程。真实的数据集太大，不能做到这一点（而真实数据集的获取常受限于商业机密）。我们所选择的数据集并不是用来说明那些拥有大型数据的真实问题，而是帮助你理解不同技术的作用，它们是如何工作的，以及它们的应用范围是什么。

本书面向对实际数据挖掘技术所包含的原理和方法感兴趣的“技术敏感型”普通读者。本书同样适用于需获得这方面新技术的信息专家，以及所有希望了解机器学习领域技术细节的人。本书也是为有着一般兴趣的信息系统实际工作者所写的，如程序员、咨询顾问、开发人员、信息技术管理员、规范编写者、专利审核者、业余爱好者，以及学生和专家教授。他们需要拥有这样一本书：拥有大量实例且简单易读，向读者阐释与机器学习相关的主要技术是什么、做什么、如何运用它们，以及它们是如何工作的。本书面向实际，告诉读者“如何去做”，同时包括许多算法、代码以及具体实例的实现。所有在实际工作中进行数据挖掘的读者将直接得益于书中叙述的技术。本书旨在帮助那些希望找到掩藏在天花乱坠广告宣传下的机器学习真谛的人们，以及帮助那些需要实际可行的、非学术的、值得信赖的方案的人们。我们避免对特定的理论或数学知识做过分要求。在某些涉及特定知识的地方，我们会将相关文本框起来，这些内容是可选部分，通常是为照顾对理论和技术感兴趣的读者，跳过这部分内容不会对整体的连贯性有任何影响。

本书分为几个层次，不管你是想走马观花地浏览基本概念，还是想深入详尽地掌握技术细节，阅读本书都可以满足你的要求。我们相信机器学习的使用者需要更多地了解他们运用的算法如何工作。我们常常可以发现，优秀的数据模型是与它的诠释者分不开的，诠释者需要知道模型是如何产生的，并且熟悉模型的长处和局限性。当然，并不要求所有的用户都对算法的细节有深入理解。

根据上述考量，我们将对机器学习方法的描述分为几个彼此承接的层次。本书共分为三部分，第一部分是关于数据挖掘的介绍，读者将在这一部分学习数据挖掘的基本思想，这一部分包括书中的前五章。第 1 章通过实例说明机器学习是什么，以及能用在什么地方，并附带提供一些实际应用。第 2、3 章给出不同的输入和输出，或者称为*知识表达*（knowledge representation）。不同的输出要求不同的算法。第 4 章介绍机器学习的基本方法，这些方法都以简化形式出现以方便读者理解。其中的相关原理通过各种具体算法来呈现，这些算法并未包含复杂细节或精妙的实现方案。为从机器学习技术的应用升级到解决具体的数据挖掘问题，必须对机器学习的效果有一个评估。第5章可以单独阅读，它帮助读者评估从机器学习中得到的结果，解决性能评估中出现的某些复杂问题。

第二部分介绍数据挖掘的一些高级技术。在最低同时也是最详细的层次上，第6章详尽揭示实现整系列机器学习算法的步骤，以及在实际应用中为更好工作所必需的、较为复杂的部分（但忽略某些算法对复杂数学原理的要求）。尽管有些读者也许想忽略这部分的具体内容，但只有到这一层，才能涉及完整、可运作并经过测试的机器学习的 Weka 实现方案。第7章讨论一些涉及机器学习输入/输出的实际问题，例如，选择属性和离散化属性。第8章主要介绍"集成学习"技术，这种技术综合来自不同学习技术的输出。第9章展望发展趋势。

本书阐述了在实际机器学习中所使用的大多数方法，但未涉及强化学习（reinforcement learning），因为它在实际数据挖掘中极少应用；未包含遗传算法（genetic algorithm），因为它仅仅是一种优化技术；同样，也没有包含关系学习（relational learning）和归纳逻辑程序设计（inductive logic programming），因为它们很少被主流数据挖掘应用所采纳。

第三部分介绍 Weka 数据挖掘平台，它提供在第一部分和第二部分中所描述的几乎所有思想的实例。我们将那些概念性的材料从如何使用 Weka 的实际操作材料中清楚地分离出来。在第一、二部分每一章的结尾会给出指向第三部分中相应 Weka 算法的索引。读者可以忽略这些部分，或者如果你急于分析你的数据并且不愿意纠结于说明算法的技术细节，可以直接跳到第三部分。选定 Java 来实现本书的机器学习技术，是因为作为面向对象的编程语言，它允许通过统一的界面进行学习方案和方法的前期和后期处理。用 Java 取代 C++、Smalltalk 或者其他面向对象的语言，是因为用 Java 编写的程序能运行在大部分计算机上而不需要重新进行编译，不需要复杂的安装过程，甚至不需要修改源代码。Java 程序编译成字节码后，能运行于任何安装了适当解释器的计算机上。这个解释器称为 Java 虚拟机。Java 虚拟机和 Java 编译器能免费用于所有重要平台上。

在当前所有的可能选择中，能得到广泛支持的、标准化的、拥有详尽文档的编程语言，Java 似乎是最佳选择。但是，由于在执行前要通过虚拟机将字节码编译为机器代码，所以 Java 程序的运行速度比用 C 或 C++语言编码的相应程序慢。这个缺陷在过去看来很严重，但在过去二十年间，Java 的执行效率有了大幅度提升。依我们的经验，如果 Java 虚拟机采用即时编译器，那么 Java 运行慢这个因素几乎可以忽略不计。即时编译器将整个字节码块翻译成机器代码，而不是一个接一个地翻译字节码，所以它的运行速度能够得到大幅度的提高。如果对你的应用来说，这个速度依然很慢，还可以选择采用某些编译器，跳过字节码这一步，直接将 Java 程序转换成机器代码。当然这种代码不能跨平台使用，这样牺牲了 Java 的一个最大优势。

更新与修改

1999年，我们完成本书的第1版，2005年初完成第2版，经过我们精心修改润色的本书第3版在2011年同读者见面。这个世界过去二十年间可谓是沧海桑田！在保留前版基本核心内容的同时，我们增加了很多新内容，力图使本书与时俱进。本书第3版较前版接近翻倍的文字量可以反映出这种变化。当然，我们也对前版中出现的错误进行了校正，并将这些错误集中放到我们的公开勘误文件里（读者可以通过访问本书主页 http://www.cs.waikato.ac.nz/ml/weka/book.html 得到勘误表）。

第2版

本书第2版中最主要的改变是增加了一个专门的部分来介绍 Weka 机器学习工作平台。这样做可以将书中的主要部分独立于工作平台呈现给读者，我们将在第3版中沿用这个方法。在第1版中广为使用和普及的 Weka 工作平台在第2版中已经改头换面，增加了新的图形用户界面或者说是三个独立的交互界面，这使读者使用起来更得心应手。其中最基本的界面是 Explorer 界面，通过该界面，所有 Weka 的功能都可以经由菜单选择和表单填写的方式完成；另一个界面称为 Knowledge Flow 界面，它允许对流数据处理过程进行设置；第三个界面是 Experimenter 界面，可以使用它对某一语料库设置自动地运行选定的机器学习算法，这些算法都带有不同的参数设置，Experimenter 界面可以收集性能统计数据，并在所得实验结果的基础上进行有意义的测试。这些界面可以降低数据挖掘者的门槛。第2版中包括一套如何使用它们的完整介绍。

此外，第2版还包括如下我们前面曾大致提及的新内容。我们对介绍规则学习和成本敏感评估的章节进行了扩充。为了满足普遍需求，我们增加了一些有关神经网络方面的内容：感知器及相关的 Winnow 算法，以及多层感知器和 BP 算法，Logistic 回归也包含在内。我们介绍如何利用核感知器和径向基函数网络来得到非线性决策边界，还介绍用于回归分析的支持向量机。另外，应读者要求和 Weka 新特性的加入，我们还融入了有关贝叶斯网络的新章节，其中介绍如何基于这些网络来学习分类器以及如何利用 AD 树来高效地应用这些分类器。

在过去的五年（1999—2004）中，文本数据挖掘得到极大的关注，这样的趋势反映在以下方面：字符串属性在 Weka 中的出现、用于文本分类的多项式贝叶斯以及文本变换。我们还介绍用以搜寻实例空间的高效数据结构：为高效寻找最近邻以及加快基于距离的聚类而采用的 *k*D 树和球形树。我们给出新的属性选择方案（如竞赛搜索和支持向量机的使用），以及新组合模型技术（如累加回归、累加 Logistic 回归、Logistic 模型树以及选择树等），还讨论利用无标签数据提高分类效果的最新进展，包括协同训练（co-training）和 co-EM 方法。

第3版

第3版在第2版基础上进行彻底革新，大量新方法、新算法的引入使本书在内容上与时俱进。我们的基本理念是将本书和 Weka 软件平台更紧密地融合。Weka 现在的版本已经涵盖本书前两部分绝大多数思想的实现，同时你也能通过本书获取关于 Weka 的几乎所有信息。第3版中，我们还添加了大量文献的引用：引用数量达到第1版的3倍多。

Weka 在过去十年中变得焕然一新，也变得易于使用，并且在数据挖掘功能方面有很大提高。它已经集成了无比丰富的机器学习算法和相关技术。Weka 的进步部分得益于数据挖掘领域的近期进展，部分受惠于用户引导以及需求驱动，它使我们对用户的数据挖掘需求了若指掌，充分地借鉴发展中的经验又能很好地选择本书内容。

如前文所述，新版本分为三个部分，其中章节内容有部分调整。更重要的是，增加了很多新内容，以下列举部分重要的改动：

第1章包含了一小节有关 Web 挖掘的内容，并且从道德角度探讨据称是匿名数据中的个体再识别问题。另外一个重要的补充是关于多实例学习（multi-instance learning），这方面内容出现在两个新增小节中：4.9 节介绍基本方法，6.10 节介绍一些更高级的算法。第5章包含有关交互式成本-收益分析（interactive cost-benefit analysis）的新内容。第6章也有大量新增内容：成本-复杂度剪枝（cost-complexity pruning）、高级关联规则算法（这种算法利用扩展前缀树将压缩版本的数据集存储到主存）、核岭回归（kernel ridge regression）、随机梯度下降（stochastic gradient descent），以及层次聚类方法（hierarchical clustering method）。旧版中关于输入/输出的章节被分为两章：第7章讲述数据转换（主要与输入有关），第8章是集成学习（输出）。对于前者，我们增加了偏最小二乘回归（partial least-squares regression）、蓄水池抽样算法（reservoir sampling）、一分类学习（one-class learning）——将多分类问题分解为集成嵌套二分法问题，以及校准类概率（calibrating class probabilities）。对于后者，我们增加了新内容以比较随机方法与装袋算法和旋转森林算法（rotation forest）。而关于数据流学习和 Web 挖掘的内容则增添到第二部分的最后一章。

第三部分主要介绍 Weka 数据挖掘工作平台，也加入大量新内容。Weka 中添入多种新的过滤器、机器学习算法、属性选择算法、如多种文件格式转换器一样的组件以及参数优化算法。实际上，第3版中介绍的新版本 Weka 比第2版中的 Weka 增加了 50% 的算法。所有这些变化都以文档形式保存。为了满足一些常见要求，我们给出关于不同分类器输出的细节并解释这些输出所揭示的意义。另一个重要的变化是我们新增了一个崭新的章节——第17章，在这一章中给出一些关于 Weka Explorer 界面的辅导练习（其中的部分练习颇具难度），这些练习我们建议 Weka 新用户都能尝试着做一遍，这有助于你了解 Weka 究竟能做些什么。

致 谢

Data Mining: Practical Machine Learning Tools and Techniques, Third Edition

书写致谢部分常常都是最美好的时候！许多人给了我们帮助，我们非常享受这个机会来表达谢意。本书源于新西兰怀卡托大学计算机科学系的机器学习研究项目，项目早期科研人员给了我们极大的鼓励与帮助，他们是：John Cleary、Sally Jo Cunningham、Matt Humphrey、Lyn Hunt、Bob McQueen、Lloyd Smith 以及 Tony Smith。特别感谢项目经理 Geoff Holmes 带来了极其丰富的灵感与鼓励，同时还要特别感谢 Bernhard Pfahringer，他们两位在 Weka 软件部分做了重要的工作。机器学习项目所有相关的科研人员都给了我们思考上的帮助，这里特别提到几位学生：Steve Garner、Stuart Inglis 以及 Craig Nevill-Manning，他们帮助我们一起度过了希望渺茫、万事艰难的项目启动初期。

Weka 系统证明了本书的许多想法，Weka 是本书非常重要的部分。该部分的构思由作者完成，设计与实现主要由 Eibe Frank、Mark Hall、Peter Reutemann 以及 Len Trigg 完成，怀卡托大学机器学习实验室的诸多成员都做了很重要的初期工作。相对于本书的第 1 版，Weka 团队有了极大的扩充，做出贡献的成员如此之多因此对每个人都表达充分的感谢不太实际。这里感谢 Remco Bouckaert 提供的 Bayes net 包等一系列贡献，Lin Dong 实现的多实例学习方法，Dale Fletcher 在有关数据库方面提供的帮助，James Foulds 的多实例过滤，Anna Huang 的信息瓶颈聚类，Martin Gütlein 的特征选择，Kathryn Hempstalk 的一分类分类器，Ashraf Kibriya 和 Richard Kirkby 多到难以列举的贡献，Niels Landwehr 的 Logistic 模型树，Chi-Chung Lau 的所有知识流界面图标，Abdelaziz Mahoui 实现的 K *，Stenfan Mutter 的关联规则挖掘，Makcolm Ware 大量各方面的贡献，Haijian Shi 实现的树学习器，Marc Sumner 的快速 Logistic 模型树，Tony Voyle 的最小中值二乘回归，Yong Wang 的 Pace 回归以及 M5′的最初实现，Xin Xu 的多实例学习包 JRip 以及 Logistic 回归等诸多贡献。对所有这些努力工作的人，我们在此一并表示最真诚的感谢，同时也感谢怀卡托大学之外的相关人员对 Weka 部分所做的贡献。

我们隐匿在南半球一个偏远（但十分漂亮）的角落，非常感激那些来我们系的访问学者，他们带给我们非常重要的反馈，帮助我们拓展思路。我们尤其希望提到 Rob Holte、Carl Gutwin 以及 Russell Beale，他们三位的访问都长达数月；David Aha 虽然仅造访了几天，但同样在项目最脆弱的初期阶段给了我们极大的热情与鼓励；Kai Ming Ting 在第 8 章所述的许多主题上与我们有长达两年的合作，他带领我们进入机器学习的主流中。最近还有许多访问学者，包括 Arie BenDavid、Carla Brodley 以及 Stefan Kramer。特别感谢 Albert Bifet 对第 3 版草稿给了我们详细的反馈意见，大部分我们已经采纳并且做了修改。

怀卡托大学的学生对这个项目的开展和推进起到了非常重要的作用，他们当中的许多人已经在上述 Weka 贡献者之列，实际上他们在其他部分同样做了很多工作。早期 Jamie Littin 研究了链波下降规则以及关联学习，Brent Martin 探索了基于实例的学习方法以及基于实例的嵌套表示，Murray Fife 刻苦钻研关联学习，Nadeeka Madapathage 调查了表示机器学习算法的函数式语言的使用。最近，Kathryn Hempstalk 研究了一分类学习方法，她的研究反映在 7.5 节中；同样，Richard Kirkby 关于数据流方面的研究反映在 9.3 节中。第 17 章中的部分练习是 Gabi Schmidberger、Richard Kirkby 以及 Geoff Holmes 设计的。其他研究生也在很多方面影响了我们，尤其是 Gordon Paynter、YingYing Wen 以及 Zane Bray 三位与我们一起研究了文本挖掘，还有 Quan Sun、Xiaofeng Yu。同事 Steve Jones、Malika Mahoui 一起为本项目及其他机器学习项目做了深入的研究贡献。我们也从许多来自 Freiburg 的访问学生身上学到了很多，这其中就包括 Nils Weidmann。

Ian Witten 希望感谢他之前卡尔加里大学的学生承担的重要角色，尤其是 Brent Krawchuk、Dave Maulsby、Thong Phan 以及 Tanja Mitrovic，这些学生帮助他形成机器学习方面的初期想法，同时还有卡尔加里大学的老师 Bruce MacDonald、Brain Gaines 和 David Hill 以及坎特伯雷大学的老师 John Andreae。

Eibe Frank 感谢他之前在卡尔斯鲁厄大学的主管 Klaus-Peter Huber 对他的影响，让他对所学机器着迷。在他的旅途中，与加拿大的 Peter Turney、Joel Martin、Berry de Bruijn 以及德国的 Luc de Raedt、Christoph Helma、Kristian Kersting、Stefan Kramer、Ulrich Rückert、Ashwin Srinivasn 的交流同样让他获益良多。

Mark Hall 感谢现在就职于密苏里州立大学的前主管 Lloyd Smith 在他论文偏离了原有主题而进入到机器学习领域时仍有着对工作的极大耐心，感谢包括访问学者在内的所有工作人员，尤其感谢多年来怀卡托大学机器学习小组的全体人员极具价值的见解以及鼓舞人心的讨论。

Morgan Kaufmann 出版社的 Rick Adams 以及 David Bevans 非常努力地工作才有了本书的出版，项目经理 Marilyn Rash 让进展变得如此顺利。感谢加州大学欧文分校的机器学习数据库储藏室的图书管理员仔细搜集的数据集，这些数据集对研究工作价值巨大。

我们的研究由新西兰科研、科技、技术基金以及新西兰皇家学会马斯登基金资助。怀卡托大学计算机科学系为我们提供了大量的帮助，同时我们还要特别感谢 Mark Apperley 的英明领导和温暖人心的鼓励。本书第 1 版的部分章节是两位作者在加拿大卡尔加里大学访问时所写，感谢卡尔加里大学计算机科学系所给予的支持，同时还要感谢用本书上机器学习课程的学生虽然辛苦劳累但是依旧保持着积极向上的态度。

最后，最重要的是感谢我们的家人和同事。Pam、Anna 以及 Nikki 对家里有一个作家有何影响了然于心（“没有下次了！”），但依然接受 Ian 在家里任何一个地方写书。Julie 总是非常支持 Eibe，即使在 Eibe 不得不在机器学习实验室挑灯夜读的时候也不例外。Immo 以及 Ollig 让我们愉悦和放松。Bernadette 十分支持 Mark，用尽各种办法让 Charlotte、Luke、Zach 和 Kyle 不那么吵闹，让 Mark 得以集中精力。我们在加拿大、英国、德国、爱尔兰、新西兰以及萨摩亚各地欢庆：新西兰将我们聚在一起，提供了一个充满田园风光几乎完美的地方让我们完成这项工作。

目 录

Data Mining: Practical Machine Learning Tools and Techniques, Third Edition

第二部分 高级数据挖掘

第三部分 Weka 数据挖掘平台

第一部分

Data Mining：Practical Machine Learning Tools and Techniques，Third Edition

数据挖掘简介

第1章

绪　论

人工受精的过程是从妇女的卵巢中收集卵子，再与丈夫或捐赠人的精液结合后产生胚胎，然后从中选择几个胚胎移植到妇女的子宫里。关键是要选出那些存活可能性最大的胚胎。选择根据60个左右的胚胎特征记录做出，这些特征包括它们的形态、卵母细胞、滤泡和精液样品。特征属性的数量非常大，胚胎学家很难同时对所有属性进行评估，并结合历史数据得出最终结论：这个胚胎是否能够产生一个活的婴儿。在英格兰的一个研究项目中，研究者探索运用机器学习技术，使用历史记录和它们的输出作为训练数据。

每年，新西兰奶牛场主都要面临艰难的商业决策：哪些牛应该留在牧场，哪些牛需要卖到屠宰场。随着饲料储备的减少，每年牧场在接近挤奶季节末期时只留下1/5的奶牛。每头牛的生育和牛奶产量的历史数据都会影响这个决定。除此以外还要考虑的因素有：年龄（每头牛都将在8岁后接近生育期的终结）、健康问题、难产的历史数据、不良的性情特征（如尥蹶子、跳栅栏）、在下一个季节里不产牛犊。在过去的几年中，几百万头牛中的每一头牛都用700多个属性记录下来。机器学习正是用来考察成功的农场主在做决定的时候需要考虑哪些因素，不是为了使决策自动化，而是向其他人推广这些农场主的技术和经验。

机器学习是从数据中挖掘知识。它是一个正在萌芽的新技术，范围涉及生与死、从欧洲到两极、家庭和事业，正逐渐引起人们的重视。

1.1　数据挖掘和机器学习

我们正在被数据所淹没。存在于这个世界和我们生活中的数据总量似乎在不断地增长，而且没有停止的迹象。个人计算机的普及将那些以前会丢弃的数据保存起来。便宜的
3 硬盘和网络硬盘，使得很容易以后再决定用这些数据做什么，因为我们可以买更多的硬盘来保存数据。无处不在的电子器件记录了我们的决策，如超市里的商品选择、个人的理财习惯，以及收入和消费。我们以自己的方式生活在这个世界上，而每一个行为又成为一条数据库里的记录保存下来。如今互联网用信息将我们淹没，我们在网上所做的每一个选择都被记录下来。所有的这些信息记录了个人的选择，而在商业和企业领域存在着数不清的相似案例。我们都知道我们对数据的掌握永远无法赶上数据升级的速度。而且在数据量增加的同时，无情地伴随着人们对它理解的降低。隐藏在这些数据后的是信息，具有潜在用处的信息，而这些信息却很少被显现出来或者被开发利用。

本书介绍如何在数据中寻找模式。这并不稀奇，人们从一开始，就试图在数据中寻找模式。猎人在动物迁徙的行为中寻找模式；农夫在庄稼的生长中寻找模式；政客在选民的意见上寻找模式；恋人在对方的反应中寻找模式。科学家的工作（像一个婴儿）是理解数据，从数据中找出模式，并用它们来指导在真实世界中如何运作，然后把它们概括成理论，这些理论能够预测出在新的情况下会发生什么。企业家的工作是要辨别出机会，就是那些可以转变成有利可图的生意的行为中的一些模式，并且利用这些机会。

在数据挖掘（data mining）中，计算机以电子化的形式存储数据，并且能自动地查询数据，或至少扩增数据。这仍算不得新鲜事。经济学家、统计学家、预测家和信息工程师长久以来相信，存在于数据中的模式能够被自动地找到、识别、确认并能用于预测。该理论的最新发展使得由数据中找出模式的机遇剧增。在最近几年，数据库急剧膨胀，如每天记录顾客选择商品行为的数据库，正把数据挖掘带到新的商业应用技术的前沿。据估计，存储在全世界数据库里的数据量正以每20个月翻一倍的速度增长。尽管很难从量的意义上真正验证这个数字，但是我们可以从质上把握这个增长速度。随着数据量的膨胀，以及利用机器承担数据搜索工作已变得普通，数据挖掘的机会正在增长。世界正越来越丰富多彩，从中产生的数据淹没了我们，数据挖掘技术成为我们洞察构成数据的模式的唯一希望。被充分研究过的数据是宝贵的资源。它能够引导人们去获得新的洞察力，用商业语言来讲就是获得竞争优势。

数据挖掘就是通过分析存在于数据库里的数据来解决问题。例如，在激烈竞争的市场上，客户忠诚度摇摆问题就是一个经常提到的事例。一个有关客户商品选择以及客户个人资料的数据库是解决这个问题的关键。以前客户的行为模式能够用来分析并识别那些喜欢选购不同商品和那些喜欢选择同种商品的客户的特性。一旦这些特性被发现，它们将被用于当前实际的客户群中，鉴别出那些善变的客户群体，并加以特殊对待，须知对整个客户群都加以特殊对待的成本是高昂的。更确切地说，同样的技术还能够用来辨别出那些对企业当前提供的服务并不满意，但是有可能对其他服务感兴趣的客户群，并向他们提供特殊 4
建议，从而推广这些服务。在当代竞争激烈、以客户和服务为中心的经济中，如果数据能够被挖掘，它将成为推动企业发展的原材料。

数据挖掘被定义为找出数据中的模式的过程。这个过程必须是自动的或（更常见的是）半自动的。数据的总量总是相当可观的，但从中发现的模式必须是有意义的，并能产生出一些效益，通常是经济上的效益。

如何表示数据模式？有价值的模式能够让我们对新数据做出非平凡的预测。表示一个模式有两种极端方法：一种是内部结构很难被理解的黑匣子；一种是展示模式结构的透明匣子，它的结构揭示了模式的结构。我们假设两种方法都能做出好的预测，它们的区别在于被挖掘出的模式能否以结构的形式表现，这个结构是否能够经得起分析，理由是否充分，能否用来形成未来的决策。如果模式能够以显而易见的方法获得决策结构，就称为*结构模式*，换句话说，它们能帮助解释有关数据的一些现象。

现在我们可以说，本书是有关寻找、描述存在于数据中的结构模式的技术。我们所涉及的大部分技术已经在被称为*机器学习*的领域里开发出来。这里我们首先介绍什么是结构模式。

1.1.1 描述结构模式

结构模式（structural pattern）是什么？如何描述它们？用什么形式输入？我们将以举例的形式来回答这个问题，而不是尝试给出正式的、最终的死板定义。本章后面将给出很多例子，现在让我们从一个例子入手来体验我们正在讲解的内容。

表1-1给出了隐形眼镜的一组数据。这组数据是验光师针对病人的情况做出的诊断：使用软的隐形眼镜，硬的隐形眼镜，或不能佩戴隐形眼镜。我们将在以后详细讨论属性的

单独意义。表中的每一行代表一个例子。下面是有关这个信息的部分结构描述。

```
If tear production rate = reduced then recommendation = none
Otherwise, if age = young and astigmatic = no then
recommendation = soft
```

表 1-1　隐形眼镜数据

age	spectacle prescription	astigmatism	tear production rate	recommended lenses
young	myope	no	reduced	none
young	myope	no	normal	soft
young	myope	yes	reduced	none
young	myope	yes	normal	hard
young	hypermetrope	no	reduced	none
young	hypermetrope	no	normal	soft
young	hypermetrope	yes	reduced	none
young	hypermetrope	yes	normal	hard
pre-presbyopic	myope	no	reduced	none
pre-presbyopic	myope	no	normal	soft
pre-presbyopic	myope	yes	reduced	none
pre-presbyopic	myope	yes	normal	hard
pre-presbyopic	hypermetrope	no	reduced	none
pre-presbyopic	hypermetrope	no	normal	soft
pre-presbyopic	hypermetrope	yes	reduced	none
pre-presbyopic	hypermetrope	yes	normal	none
presbyopic	myope	no	reduced	none
presbyopic	myope	no	normal	none
presbyopic	myope	yes	reduced	none
presbyopic	myope	yes	normal	hard
presbyopic	hypermetrope	no	reduced	none
presbyopic	hypermetrope	no	normal	soft
presbyopic	hypermetrope	yes	reduced	none
presbyopic	hypermetrope	yes	normal	none

结构描述不一定像以上这样以规则的形式来表达。另一种流行的表达方法是决策树，它明确了需要做出的决策序列以及伴随的建议。

这是一个非常简单的例子。首先，这个表呈现了所有可能值的组合。属性 age（年龄）有 3 种可能值，属性 spectacle prescription（视力诊断）、astigmatism（散光）和 tear production rate（眼泪流速）分别有 2 种可能值。所以这个表有 24 行记录（$3\times2\times2\times2=24$）。上面所提到的规则并不是真正从数据中概括出来的，而只是对数据的总结。在多数学习的情况下，所给出的样本集非常不完整，所以我们的一部分工作就是将其推广到其他新的样本上实现一般化。用户可以想象，如果从上面的表格中忽略一些 tear production rate 的值是 reduced 的行，仍然可以得出规则：

```
If tear production rate = reduced then recommendation = none
```

这个规则可以推广到那些遗失的行，并且能正确地把它们填充到表里去。其次，样本
5~6 中的每一个属性都指定了一个值。现实的数据集不可避免地存在一些样本，这些样本中的某些属性值因为一些原因而不可知，例如数据没有被测量、丢失或其他原因。再次，上面所提到的规则能正确地对例子进行分类，但是通常情况下，因为数据中存在一些错误或者噪声（noise），即使在用来训练分类器的数据上也会发生分类错误的情况。

1.1.2 机器学习

现在我们已经有一些输入和输出的概念，下面我们将转入机器学习的主题。究竟什么是学习？什么是机器学习（machine learning）？这是哲学范畴的问题，在本书中，我们将不涉及有关哲学的问题，而着重立足于实践。然而，在着手开始研究机器学习之前，值得花一些时间从一些基本的问题入手，弄清其中的微妙之处。我们的字典所给出的“学习”的定义如下：

- 通过学习、体验或者被教授得到知识。
- 从信息或观察中得知。
- 获得记忆。
- 被告知或查明。
- 接受指令。

当涉及计算机的时候，这些定义就存在一些缺陷。对于前两条，事实上不可能检测学习是否完成。我们怎么能知道一台机器是否拥有某种知识？我们也不大可能向机器提出问题；即使我们能，那也只是在测试机器回答问题的能力，而不可能测试它学习的能力。我们又如何知道它是否意识到什么？有关计算机是否能意识到或有知觉的问题是一个激烈争论的哲学问题。

对于后三条定义，用人类的术语来说，我们看到它们做出的贡献局限于记忆和接受指令，这个定义对我们所指的机器学习似乎太简单了，也太被动了，对于计算机来说，这些任务太平凡了。而我们只对在新情况中性能的改善，或至少性能所具有的潜力感兴趣。你可以通过死记硬背的学习方法来记忆或得知某事，但却没有能力在新的情况下运用新的知识。换句话说，你也能够得到指导却毫无收益。

以前我们是从可操作的角度上定义机器学习：机器学习是从大量的数据中自动或半自动地寻找模式的过程，而且这个模式必须是有用的。我们可以用同样的方法为学习建立一个可操作的定义：

- 当事物以令其自身在将来表现更好为标准来改变其行为时，它学到了东西。

这个定义将学习和表现而不是知识捆绑在一起。你可以通过观察和比较现在和过去的行为来评估学习。这是一个非常客观的看上去也满意得多的定义。 7

但是仍然存在一些问题。学习是一个有点圆滑的概念。很多事物都能以多种途径改变它们的行为，以使它们能在未来做得更好，但是我们不愿意说它们已经真正学到了。一只舒服的拖鞋就是一个很好的例子。拖鞋学到了脚的形状了吗？当然拖鞋确实改变了它的外形从而使它成为一只很舒服的拖鞋。我们不想称其为学习。在日常语言中，我们往往使用训练这个词引申出一个不用大脑的学习。我们训练动物甚至植物，尽管这个概念可从训练像拖鞋一类没有生命的事物上得到拓展。但是学习是不同的。学习意味着思考和目的，并且学习必须有意去做一些事。这就是为什么我们不愿说一个葡萄藤学会了沿着葡萄园的架子生长，而说它已经被训练。没有目的的学习只能是训练，或者进一步说，在学习中，目的是学习者的目的，而在训练中，目的是老师的目的。

因此从计算机的视角出发，以可操作的、性能为指导的原则进一步审视第二种学习的定义时，就存在一些问题。当判断是否真正学到一些东西时，需要看它是否打算去学，是否其中包含一些目的。当应用到机器上时，它使概念抽象化，因为我们无法弄清楚人工制品是否能够做出有目的的举动。哲学上有关学习真正意味着什么的讨论，就像有关目的或打算真正意味什么一样充满困难。甚至法院也很难把握“企图”的含义。

1.1.3　数据挖掘

幸运的是，本书所介绍的学习技术并没有呈现出这种概念上的问题，它们称为机器学习，并没有真正预示任何有关学习到底是什么的特殊的哲学态度。数据挖掘是一个特殊的主题，它涉及实践意义上的学习，而不是理论意义上的学习。我们对从数据中找出和表达结构模式的技术感兴趣，这个结构模式能作为一个工具来帮助解释数据，并从中做出预测。数据是以一个样本集的形式出现，例如一些已改变其忠诚对象的客户的样本，或者一种特定的隐形眼镜针对某种特殊情况被推荐的样本。输出是以对新的样本上做出预测的形式出现：一个具体客户是否将发生改变的预测，或者在给定的条件下哪种隐形眼镜将被推荐的预测。但是本书是关于从数据中找出和阐述模式的问题，所以输出将同样包括一个真正的结构描述，这个结构能用来对未知的实例进行分类从而解释决策。对于性能，它有助于提供一个清楚的所需求知识的表现方法。从本质上说，它反映了以上提到的两种学习的定义：知识的获得和使用知识的能力。

许多学习技术寻找有关学到什么知识的结构描述，这种描述能变得非常复杂，通常表
8 现为如上所示的一套规则，或者本章将要阐述的决策树。因为能够被人们所理解，所以这种描述可以用来解释已经学到什么，换句话说，解释关于新的预测的基本思想。经验表明许多机器学习应用到数据挖掘领域中时，拥有清楚的知识结构是必要的，结构描述至少与在新的例子上有良好的表现能力同等重要。人们频繁地使用数据挖掘不只为了预测，也为了获得知识。如果你能做到从数据中获得知识，这听起来像一个好主意。下面的内容将指导你如何去做。

1.2　简单的例子：天气问题和其他问题

在本书中，我们将用到很多例子。本书内容都是关于从实例中学习知识，这种形式就显得格外合适。我们将不断提到一些标准的数据集。不同的数据集往往揭示出新的问题和挑战，在考虑学习方法的时候，对不同问题的思考对研究有着指导意义，也会增加研究的趣味性。实际上，有必要研究不同的数据集。这里所用的每一个数据集都由一百多个实例问题组成。我们可以在相同的问题集上对不同的算法进行测试和比较。

本节所用的例子理想化地简单。数据挖掘的真正应用对象是由数千个，或数十万个，甚至数百万个独立的样本组成。但是当我们解释算法做什么和如何做的时候，我们需要一些简单的例子，它们不但能够抓住问题的本质，而且小的数据量也有助于人们对其中每一个细节问题的理解。我们将在本节以及本书里研究这些例子。这些例子比较倾向于“学术性”，它们能够帮助我们理解将要发生什么。一些真正在专业领域里运用的学习技术将在1.3节中讨论，本书中所提到的其他的例子将在本章的补充读物部分提及。

通常真实的数据集还存在一个问题：私有的属性。没有人愿意与你共享他们的客户和产品选购的数据库，从中让你理解他们的数据挖掘的应用和如何工作的细节。公共数据是非常宝贵的资源，它们的价值随着本书中提到的数据挖掘技术的发展而急剧增加。这里我

们关注的是对数据挖掘方法是如何工作的理解。详细了解数据挖掘工作的细节，有利于我们跟踪数据挖掘方法在真正数据上的操作。这就是为什么我们使用一些简单例子的原因。这些例子虽然是简单的，但是足以表现出真正数据集的特性。

1.2.1 天气问题

天气问题是一个很小的数据集，我们将不断地用该数据集来说明机器学习的方法。这完全是一个虚构的例子，假设可以进行某种体育运动的天气条件。总的来说，数据集中的实例由一些特征或属性值来表示，这些值是从不同的方面测量样本而得到的。天气问题有4个属性：outlook（阴晴）、temperature（温度）、humidity（湿度）和windy（风），结论是是否能play（玩）。 9

表1-2是天气问题一个最简单的形式。所有的4个属性值都是符号类别（symbolic categories），而不是数值。其中，outlook属性值分别是：sunny、overcast、rainy；temperature属性值分别是：hot、mild、cool；humidity属性值分别是：high、normal；windy属性值是true、false。这些值可以建立36个可能的组合（3×3×2×2=36），其中的14个样本作为输入样本。

表1-2 天气数据

outlook	temperature	humidity	windy	play
sunny	hot	high	false	no
sunny	hot	high	true	no
overcast	hot	high	false	yes
rainy	mild	high	false	yes
rainy	cool	normal	false	yes
rainy	cool	normal	true	no
overcast	cool	normal	true	yes
sunny	mild	high	false	no
sunny	cool	normal	false	yes
rainy	mild	normal	false	yes
sunny	mild	normal	true	yes
overcast	mild	high	true	yes
overcast	hot	normal	false	yes
rainy	mild	high	true	no

从这些信息中学到的一组规则，也许不是非常好，但是形式应该如下：

```
If outlook = sunny and humidity = high then play = no
If outlook = rainy and windy = true    then play = no
If outlook = overcast                  then play = yes
If humidity = normal                   then play = yes
If none of the above                   then play = yes
```

这些规则按先后次序判断：首先看第一条规则，如果不适用，就用第二条，如此下去。如果一组规则按次序判断，称为*决策列表*（decision list）。作为决策列表来判断时，规则能对表中的所有实例正确地进行分类，如果脱离上下文单独地使用规则进行判断时，有些规则将是错误的。例如，规则 `if humidity = normal then play = yes` 将错分一个样本（在表中检查哪个实例被错分）。毫无疑问，一组规则的意义取决于它是如何被解释的。

表1-3是一个比较复杂形式的天气问题。其中两个属性：temperature和humidity的值是数值型的值。这意味着许多学习方案必须对两个属性建立不等式，而不是像上例子所描述的简单的相等的测试。这个问题称为*数值属性问题*（numeric-attribute problem）。因为并不是所有的属性都是数值型，所以也叫做*混合属性问题*（mixed-attribute problem）。 10

表 1-3　带有数值属性的天气数据

outlook	temperature	humidity	windy	play
Sunny	85	85	false	no
Sunny	80	90	true	no
Overcast	83	86	false	yes
Rainy	70	96	false	yes
Rainy	68	80	false	yes
Rainy	65	70	true	no
Overcast	64	65	true	yes
Sunny	72	95	false	no
Sunny	69	70	false	yes
Rainy	75	80	false	yes
Sunny	75	70	true	yes
Overcast	72	90	true	yes
Overcast	81	75	false	yes
Rainy	71	91	true	no

所以第一条规则应该是以下形式：

```
If outlook = sunny and humidity > 83 then play = no
```

得到一些包含数值测试的规则是一个比较复杂的过程。

到现在为止我们看到的规则是分类规则（classification rule）：它们以是否能玩的形式去预测样本的类。也可以不管它的分类，仅仅寻找一些规则，这些规则和不同的属性值紧密关联，称为关联规则（association rule）。从表 1-2 中可以找到许多关联规则。下面列举出一些好的关联规则：

```
If temperature = cool                       then humidity = normal
If humidity = normal and windy = false then play = yes
If outlook = sunny and play = no            then humidity = high
If windy = false and play = no              then outlook = sunny and
                                            humidity = high
```

以上列出的规则对于所给数据的准确率达到 100%，它们没有做出任何错误的预测。前两个规则分别适用于数据集中的 4 个样本，第三个适用于 3 个样本，第四个适用于 2 个样本。除此以外还能找出很多其他规则。实际上在天气数据中能找出 60 多个关联规则适用于两个以上的样本，并且是完全正确的。如果要寻找小于 100% 准确率的规则，将会找
11 到更多。原因是关联规则能够"预测"任何属性值，并且能够预测一个以上的属性值，而分类规则仅预测一个特定的类。例如，上面第四个规则预测结论是：outlook 是 sunny，humidity 是 high。

1.2.2　隐形眼镜：一个理想化的问题

前面介绍的隐形眼镜数据，是通过给出的一些有关病人的信息，向病人推荐隐形眼镜的类型。注意，这个例子仅为了说明问题，它把问题过于简单化，不能用于实际诊断。

表 1-1 的第一列给出了患者的年龄。这里需要解释一下：presbyopia 是一种远视眼，通常发生在中等年纪的人群；第二列是眼镜诊断：myope 是近视，hypermetrope 是远视；第三列显示患者是否散光；第四列是有关眼泪的产生速率，这是一个重要的因素，因为隐形眼镜需要泪水润滑。最后一列显示所推荐的隐形眼镜的种类：hard、soft 或者 none。这个表呈现了所有属性值的组合。

图 1-1 是从这些信息中学到一组规则的例子。这是一个比较大的规则的集合，但是它们

确实对所有的例子都能进行准确地分类。这些规则是完善的也是确定的：它们为每一个可能的例子给出了一个唯一的诊断。但通常不是这样的。有时在某些情况下没有任何规则可以适用，而有时能够适用的规则不止一个，从而会产生出自相矛盾的建议。所以有时规则有可能会与概率或者权联系在一起，指出其中的一些规则相对于另一些更重要，或者更可靠。

```
If tear production rate = reduced then recommendation = none.
If age = young and astigmatic = no and tear production rate = normal
   then recommendation = soft
If age = pre-presbyopic and astigmatic = no and tear production
   rate = normal then recommendation = soft
If age = presbyopic and spectacle prescription = myope and
   astigmatic = no then recommendation = none
If spectacle prescription = hypermetrope and astigmatic = no and
   tear production rate = normal then recommendation = soft
If spectacle prescription = myope and astigmatic = yes and
   tear production rate = normal then recommendation = hard
If age = young and astigmatic = yes and tear production rate = normal
   then recommendation = hard
If age = pre-presbyopic and spectacle prescription = hypermetrope
   and astigmatic = yes then recommendation = none
If age = presbyopic and spectacle prescription = hypermetrope
   and astigmatic = yes then recommendation = none
```

图 1-1 隐形眼镜数据的规则

你也许想知道是否一个小的规则集也有很好的表现。如果的确表现好的话，你是否应该使用小的规则集，为什么？本书将正好向我们说明了这一类问题。因为样本形成了一个完整的问题空间的集合。规则只是总结了所有给出的信息，并以一个不同的、更精练的方式来表达。即使规则没有泛化，它也是一个非常有用的分析问题的方法。人们频繁地使用机器学习技术来洞察数据的结构，而不是对新的数据做出预测。实际上，在机器学习领域，一个永恒的成功的研究过程是以压缩一个海量数据库开始，这个海量数据库的数据容量相当于象棋最后阶段所有可能性的数量，从而最终得到一个大小合理的数据结构。为这个计划所选择的数据结构不是一个规则集，而是一个决策树。

图 1-2 以决策树的形式展示了关于隐形眼镜数据结构的表达，它是一种可以用于多种用途的更为简练、明了的规则表示法，并且有更易可视化的优势或形象化的优势（然而，与图 1-1 给出的规则集相比，决策树对两个实例的分类是错误的）。树首先对 *tear production rate* 进行测试，产生的两个分支与两个可能的输出结果相对应。如果 *tear production rate* 是 reduced（左支），则输出是 none；如果是 normal（右支），则第二个测试是 *astigmatism* 属性。最后，无论测试是什么结果，所达到的树的叶子指出了向病人推荐的隐形眼镜的种类。从机器学习的方案来看，什么才是最自然、最容易被理解的输

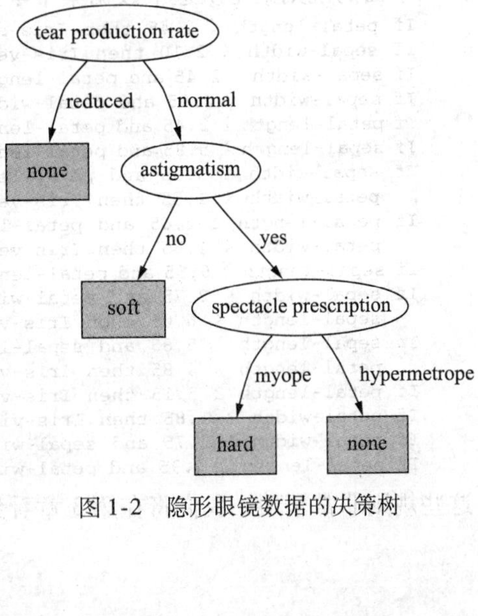

图 1-2 隐形眼镜数据的决策树

出形式，有关这部分内容将在第 3 章讨论。

1.2.3 鸢尾花：一个经典的数值型数据集

12~13 鸢尾花数据集是由杰出的统计学家 R. A. Fisher 在 20 世纪 30 年代中期创建的，它被公认为用于数据挖掘的最著名的数据集。它包含 3 种植物种类（Iris setosa、Iris versicolor 和 Iris virginica），每种各有 50 个样本。表 1-4 摘录了这个数据集。它由 4 个属性组成：sepal length（花萼长度）、sepal width（花萼宽度）、petal length（花瓣长度）和 petal width（花瓣宽度）（单位是 cm）。与前面数据集不同的是，鸢尾花的所有属性都是数值属性。

表 1-4 鸢尾花数据

	sepal length (cm)	sepal width (cm)	petal length (cm)	petal width (cm)	type
1	5.1	3.5	1.4	0.2	iris setosa
2	4.9	3.0	1.4	0.2	iris setosa
3	4.7	3.2	1.3	0.2	iris setosa
4	4.6	3.1	1.5	0.2	iris setosa
5	5.0	3.6	1.4	0.2	iris setosa
…					
51	7.0	3.2	4.7	1.4	iris versicolor
52	6.4	3.2	4.5	1.5	iris versicolor
53	6.9	3.1	4.9	1.5	iris versicolor
54	5.5	2.3	4.0	1.3	iris versicolor
55	6.5	2.8	4.6	1.5	iris versicolor
…					
101	6.3	3.3	6.0	2.5	iris virginica
102	5.8	2.7	5.1	1.9	iris virginica
103	7.1	3.0	5.9	2.1	iris virginica
104	6.3	2.9	5.6	1.8	iris virginica
105	6.5	3.0	5.8	2.2	iris virginica
…					

下面的规则集是从这个数据集中学到的：

```
If petal-length < 2.45 then Iris-setosa
If sepal-width < 2.10 then Iris-versicolor
If sepal-width < 2.45 and petal-length < 4.55 then Iris-versicolor
If sepal-width < 2.95 and petal-width < 1.35 then Iris-versicolor
If petal-length ≥ 2.45 and petal-length < 4.45 then Iris-versicolor
If sepal-length ≥ 5.85 and petal-length < 4.75 then Iris-versicolor
If sepal-width < 2.55 and petal-length < 4.95 and
   petal-width < 1.55 then Iris-versicolor
If petal-length ≥ 2.45 and petal-length < 4.95 and
   petal-width < 1.55 then Iris-versicolor
If sepal-length ≥ 6.55 and petal-length < 5.05 then Iris-versicolor
If sepal-width < 2.75 and petal-width < 1.65 and
   sepal-length < 6.05 then Iris-versicolor
If sepal-length ≥ 5.85 and sepal-length < 5.95 and
   petal-length < 4.85 then Iris-versicolor
If petal-length ≥ 5.15 then Iris-virginica
If petal-width ≥ 1.85 then Iris-virginica
If petal-width ≥ 1.75 and sepal-width < 3.05 then Iris-virginica
If petal-length ≥ 4.95 and petal-width < 1.55 then Iris-virginica
```

14 这些规则非常繁琐，我们将在第 3 章看到如何用更紧凑的规则表达同样的信息。

1.2.4 CPU 性能：介绍数值预测

尽管鸢尾花数据集包含数值属性，但它的输出（鸢尾花的类型）是一个类别，而不是一个数值。表1-5 给出了输出和属性都是数值型的一些数据。它是有关计算机在几个相关属性上处理能力的相对性能表现。每一行表示一台计算机的配置，总共有209 个不同的计算机配置。

表1-5 CPU 性能数据

	主存（Kb）				信道		Performance
	Cycle Time(ns)	Min	Max	Cache(KB)	Min	Max	
	MYCT	MMIN	MMAX	CACH	CHMIN	CHMAX	PRP
1	125	256	6000	256	16	128	198
2	29	8000	32000	32	8	32	269
3	29	8000	32000	32	8	32	220
4	29	8000	32000	32	8	32	172
5	29	8000	16000	32	8	16	132
…							
207	125	2000	8000	0	2	14	52
208	480	512	8000	32	0	0	67
209	480	1000	4000	0	0	0	45

处理连续的预测值的传统方法是把结果写成一个线性属性值的和，并为每一个属性加上适当的权重。例如：

$$PRP = -55.9 + 0.0489MYCT + 0.0153MMIN + 0.0056MMAX + 0.6410CACH - 0.2700CHMIN + 1.480CHMAX$$

（缩写的变量名在表的第二行给出。）这个公式称为*回归公式*（regression equation），确定权值的过程称为*回归*（regression）。我们将在第4 章介绍一种在统计学中众所周知的回归过程。然而，基本的回归方法不足以发现非线性关系（尽管变体确实存在，在6.4 节中将阐述其中的一个）。在第3 章中，我们将考查能够用于预测数值量的不同表现方式。

在鸢尾花和中央处理器CPU 性能数据中，所有属性都是数值属性。而实际的数据通常表现为数值和非数值属性的混合形式。

1.2.5 劳资协商：一个更真实的例子

表1-6 是劳资协商数据集，它概括了加拿大1987—1988 年劳资协商的结果。它包括那些在商界和个人服务领域之间，为至少有500 人的组织（教师、护士、大学老师、警察，等）达成的集体协议。每一个案例涉及一个合同，结果是合同是否被认为*可接受*（acceptable），或者*不可接受*（unacceptable）。可接受的合同是那些劳工和管理双方都能接受的协议。那些不可接受的合同是因为某一个团体不愿接受，而导致提议失败；或者可接受的合同却在一定范围内引起不安，因为从专家的角度来看，它们是不应该被接受的。

这个数据集有40 个样本（另外通常留出17 个样本给测试）。与其他表不同，表1-6 是以列而不是行的形式来表示样本，否则表的宽度将要延伸好几页。其中一些未知或残缺的值用问号来标记。这个数据集比我们先前介绍的更真实。它存在很多缺失值，看上去似乎不太可能得到一个准确的分类。

表 1-6 劳资协商数据

属性	类型	1	2	3	…	40
duration	(number of years)	1	2	3		2
wage increase 1st year	percentage	2%	4%	4.3%		4.5
wage increase 2nd year	percentage	?	5%	4.4%		4.0
wage increase 3rd year	percentage	?	?	?		?
cost-of-living adjustment	{none, tcf, tc}	none	tcf	?		none
working hours per week	(number of hours)	28	35	38		40
pension	{none, ret-allw, empl-cntr}	none	?	?		?
standby pay	percentage	?	13%	?		?
shift-work supplement	percentage	?	5%	4%		?
education allowance	{yes, no}	yes	?	?		?
statutory holidays	(number of days)	11	15	12		12
vacation	{below-avg, avg, gen}	avg	gen	gen		avg
long-term disability assistance	{yes, no}	no	?	?		yes
dental plan contribution	{none, half, full}	none	?	full		full
bereavement assistance	{yes, no}	no	?	?		yes
health plan contribution	{none, half, full}	none	?	full		half
acceptability of contract	{good, bad}	bad	good	good		good

图 1-3 展示了表示数据集的两个决策树。图 1-3a 是一种简单且近似的形式，它并没有准确地表示数据。例如，对一些实际上被标注为 good（好的）合同，它预测为 bad（坏的）结果。但是它做出了直觉的判断：如果第一年工资的增长幅度（wage increase 1st year）很小（小于2.5%），那么这个合同就是坏的（对雇员来说）。如果第一年工资的增长大于这个百分比，而且还有很多法定假期（statutory holidays）（超过 10 天），那么它就是好的。如果法定假期比较少，但是如果第一年工资的增长幅度足够的大（大于 4%），那么它也是好的。

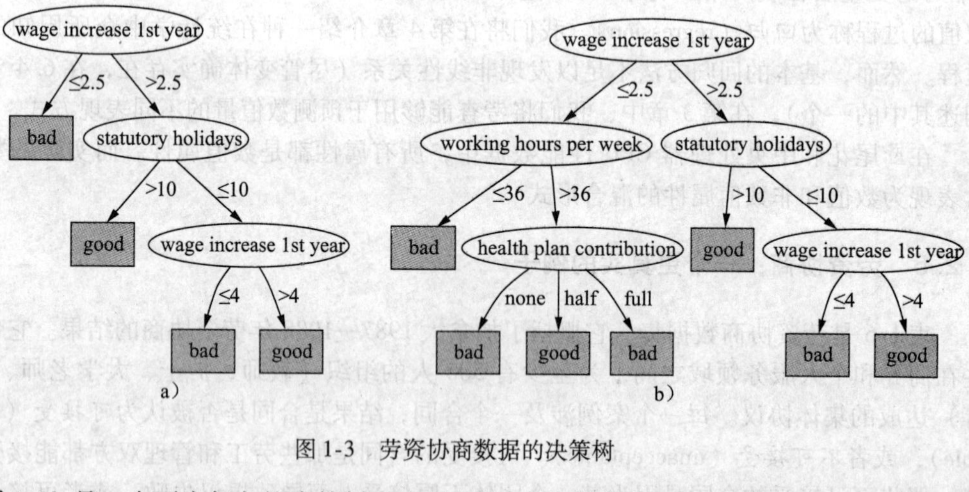

图 1-3 劳资协商数据的决策树

图 1-3b 是一个更为复杂的决策树，表示了同一个数据集。顺着左支仔细向下看，直觉上并不能使人理解为什么当每周工作时间（working hours per week）超过 36 小时时，如果没有给出健康计划（health plan contribution）或者给出一个完整的健康计划，那么这个合同就是坏的；但是如果给出了一半的（half）健康计划，这个合同却又变成好的了。健康计划在决策中要起作用是十分合理的，但是不能说制定了一半的健康计划是好的，而拥有完整健康计划和没有健康计划是坏的。然而，仔细考虑可以发现这毕竟还是有意义，因

为“好的”合同是那些工人和管理者两方都能接受的合同。也许这个结构反映的是达成协议所要做的妥协。这种关于决策树某部分相应意义的精细推理为更好地了解数据以及考虑潜在的问题提供了好的方法。

实际上，与图1-3a相比，图1-3b是对训练数据集更为准确的表示。但是它不一定是好、坏合同概念上一个更准确的表示。尽管它在分析用于训练分类器的数据时拥有更高的准确性，但是在分析一个独立的测试数据集时，它的性能可能有所降低。它可能出现对训练数据“过度拟合”（overfitted），即过于符合训练数据。图1-3a是将图1-3b剪枝以后得到的树。有关内容将在第6章进行学习。 15~18

1.2.6 大豆分类：一个经典的机器学习的成功例子

在将机器学习应用于解决实际问题时，经常引用的一个早期的成功案例是为诊断大豆疾病找出鉴别规则。数据是从描述大豆作物疾病的问卷调查表中采集的。总共有680多个样本，每一个样本表示一个有病的大豆作物。大豆苗从35个属性方面被检测，每一个属性拥有一组小范围的可能值。所有样本都由一个植物生物学领域的专家标记上诊断结果。有19个疾病类别，这些恐怖的疾病包括腐皮壳菌层茎杆溃疡、丝核菌根腐烂、细菌枯萎病等。

表1-7给出了所有属性，每个属性拥有多个不同的值，每一个实例记录一个特定的植株。为了便于阅读，所有属性被划分到不同的分类中。

表1-7 大豆数据

	属性	取值个数	样本值
environment	time of occurrence	7	July
	precipitation	3	above normal
	temperature	3	normal
	cropping history	4	same as last year
	hail damage	2	yes
	damaged area	4	scattered
	severity	3	severe
	plant height	2	normal
	plant growth	2	abnormal
	seed treatment	3	fungicide
	germination	3	less than 80%
seed	condition	2	normal
	mold growth	2	absent
	discoloration	2	absent
	size	2	normal
	shriveling	2	absent
fruit	condition of fruit pods	3	normal
	fruit spots	5	—
leaves	condition	2	abnormal
	leaf spot size	3	—
	yellow leaf spot halo	3	absent
	leaf spot margins	3	—
	shredding	2	absent
	leaf malformation	2	absent
	leaf mildew growth	3	absent
stem	condition	2	abnormal
	stem lodging	2	yes

（续）

属性		取值个数	样本值
	stem cankers	4	above soil line
	canker lesion color	3	—
	fruiting bodies on stems	2	present
	external decay of stem	3	firm and dry
	mycelium on stem	2	absent
	internal discoloration	3	none
	sclerotia	2	absent
roots	condition	3	normal
diagnosis		19	diaporthe stem canker

下面是两个从数据中学到的规则的例子。

```
If    leaf condition = normal and
      stem condition = abnormal and
      stem cankers = below soil line and
      canker lesion color = brown
then
      diagnosis is rhizoctonia root rot
If    leaf malformation = absent and
      stem condition = abnormal and
      stem cankers = below soil line and
      canker lesion color = brown
then
      diagnosis is rhizoctonia root rot
```

这些规则很好地展示了先验知识的潜在作用，在机器学习领域通常也称为*领域知识*（domain knowledge），这是因为实际上这两种描述的区别仅仅在于一种是*叶子状态是正常的*（leaf condition is normal），另一种是*叶子畸形不存在*（leaf malformation is absent）。如今在这个领域中，如果叶子状态是正常的，那么叶子就不可能是畸形。所以以上任何一种情况的发生将是另外一种情况的一个特例。因此如果第一条规则是正确的，那么第二条必定是正确的。当叶子不是畸形，但叶子状态不正常时，就要运用第二条规则，也就是说，叶子有除了畸形以外的不正常状态存在。这些规则不是从漫不经心的阅读中能显而易见的。

在20世纪70年代末的研究中发现，每一个疾病类型的诊断规则都能由机器学习算法从300个训练样本中建立。这些训练样本是从整个病例库中精心挑选出来的，每一个样本都截然不同，并且在样本空间“相隔很远”。与此同时再对那些做出诊断的植物病理学家进行访问，然后把他们的专家经验翻译成诊断的规则。令人惊奇的是，与专家产生的规则相比，计算机产生的规则在剩余的测试实例上有更卓越的表现。它对病毒预测的准确率达到97.5%，相对而言，由专家给出的规则的准确率只有72%。此外，不仅由学习算法发现的规则胜过合作专家的结果，而且用（学习算法）揭示的规则代替了专家自己的规则，令人惊讶。

1.3　应用领域

我们在开始处介绍的例子是猜测性的研究项目，不是产品系统。以上所示的数据都是一些小问题，我们特意选择一些小型的例子来应用书中所提到的算法。那么真正运用在哪里？这里将介绍一些真正进入实际应用的机器学习方法。

在应用领域中，强调性能方面学习的使用，重点是在新的样本上有良好的表现能力。

本书同时也描述了使用学习系统从由数据推断出的决策结构中获得知识。我们相信这与做出高质量的预测一样重要，也许在将来作为技术运用后还会更加重要。但是它在应用领域尚缺乏代表性，因为当使用学习技术来深入探索时，结论通常不是一个能运用在实际工作中的应用系统。然而，从下面的三个例子可以看出，决策结构是可以理解的，它是衡量方案是否成功的一个关键特征。

1.3.1 Web 挖掘

万维网中的信息挖掘现正成为一个急速发展的领域。搜索引擎公司通过考察网页之间的超链接得到网页和网站的“权威性”度量。权威性（prestige）在字典中的定义是“通过成功和影响力所取得的高地位”。PageRank 这个度量值就是用来度量网页的权威性，它由谷歌创始人发明并被很多搜索引擎开发商以各种形式所采用。链接到你网站的网页越多，你的网站的权威值也就越高，特别是当这些链接到你网站的网页其本身也具有高权威值的时候。这个定义听起来好像有点循环定义的意味，但它完全可行。搜索引擎使用 PageRank（也包括其他一些度量）这个度量值将网页进行排序，然后将排序后的结果返回给用户。

搜索引擎还采用另外一种方法来处理网页排名问题，那就是基于查询实例训练集的机 19～21
器学习方法，训练集包括蕴含查询关键词的文档，以及由人工判断的文档和查询之间的相关性。然后可以通过一种学习算法来分析训练数据并得到一种预测任意文档和查询之间相关性的方法。我们计算得到每一个文档的一系列特征值，这些特征值的取值取决于查询关键词的具体情况，比如关键词是否出现在标题标签中、是否出现在文档的 URL 中、在文档中出现的频率是多少，以及它在指向该文档的超链接的锚文本中出现的频率是多少。如果是多关键词查询，特征值还包括两个不同关键词在文档中紧靠着出现的频率大小等。特征值的种类很多，典型的用于排名学习的算法通常包含成百上千种特征值。

搜索引擎不但可以挖掘 Web 内容，还能挖掘用户的查询内容，即用户查询关键词，以此来针对客户可能的兴趣进行广告精准投放。搜索引擎公司有很大的动力来实现广告精准投放，因为广告提供商会根据用户的点击量来支付搜索引擎公司相应的报酬。搜索引擎公司还挖掘用户的点击信息，用户在返回的搜索结果中的点击信息本身就蕴含了有用的知识，这些知识有助于进一步提高用户的搜索质量。在线售书商通过挖掘购书数据库中的信息得到很多购物推荐，比如“购买这本书的客户同时也购买那本书”；同样，这些售书商也具有很大的动力来向客户推荐那些诱人的、个性化的选项。电影网站根据某用户之前的选择以及其他用户的选择来进行电影推荐，他们的盈利水平取决于其网站用户的回头率。

另外，还有社交网络以及其他一些个人数据值得关注。我们生活在一个“自我暴露”的时代：人们在博客和推特上分享自己最隐秘的想法，以及他们的照片，他们对音乐和电影的品味，他们对书、软件、小工具以及酒店的看法，还有他们的社交生活。他们也许坚信所参与的这些网络活动都是匿名的或者假名的，但是他们的想法通常都错了（我们在 1.6 节中会谈到这个问题）。总之，依靠 Web 挖掘盈利有着巨大的商业前景。

1.3.2 包含评判的决策

当你申请贷款时，你必须填一张有关金融和个人信息的调查表。信贷公司根据这些基本信息做出决策：是否批准你的贷款。这些决策的制定要通过两个阶段完成。首先，运用统计方法来决定那些明确能“接受”或“拒绝”的案例。其次，剩下是处于临界线的比较复杂的案例，需要人来做出判断。

例如，一个信贷公司使用一个统计决策过程产生一个数值参数，这个参数是从调查表提供的信息中计算出来的。如果这个参数超过一个预先设定的标准，申请人将被接受；如果低于标准的下限，申请人将被拒绝。这个方案能够处理90%的案例，剩下的10%需要由信贷员亲自做出决策。对申请人能否真正偿还他们贷款的历史数据的研究表明，有超过一半处于临界的并得到贷款的申请人未按期付款。当然如果拒绝给达到临界条件的申请人贷款，将使问题简单化。但是信贷公司的专业人士指出，如果能够可靠地探明那些在未来
22 有偿还能力的客户，那么公司必须争取这些客户。他们通常是信用机构里较活跃的客户，他们的资金长期处于不稳定状态。因此在一个不喜欢坏账的公司会计和一个追求业绩的销售主管之间，必须达成一个合适的妥协。

把这个例子引入机器学习中。在这个案例中，输入由1000个训练样本组成，这些样本是处于临界线并得到贷款的案例，而且标明借贷人是否最终偿还了贷款。每一个训练样本由调查表里提取的20多个属性组成，如年龄、为当前雇主工作的年数、在当前地址居住的年数、拥有银行账户的年数，以及所持有的其他信用卡。用一个机器学习程序生成了一个小的分类规则集，它在一个单独选出的测试集上正确预测了2/3处于临界线的案例。这些规则的使用不但提高了信贷决策的成功率，而且信贷公司发现可以用它们向客户解释决策背后的原因。尽管这是一个探索中的项目，只取得一些小的发展成果，但是信贷公司显然对得到的结果很高兴，因为所得到的规则能够立刻运用到实际工作中。

1.3.3 图像筛选

从卫星技术发展开始，环境科学家就已经试图从卫星图片上探测出浮油区域，为了能及早给出生态灾难的警报和制止非法倾倒的行为。雷达卫星为监控沿海水域提供了机遇，因为它不受白天、黑夜以及天气条件的影响。浮油区域将以一个深色区域出现在图像上，它的大小、形状的发展变化取决于天气和海洋条件。然而，其他一些看上去比较深色的区域是由于当地的气候条件，如大风造成的。区别出浮油区域是一个代价很高的手动过程，需要接受过培训的人员进入到图片中的每一个区域进行实地调查。

现在，已经开发了一个危险探测系统，它能代替手动完成后续处理，从中筛选图片。目的是销售给世界范围内的广大终端用户。因为各个政府机构和公司处于不同的地域，有着不同的目标和应用，所以系统需要高度可定制来适应不同的需求。机器学习用由用户提供的浮油区域和非浮油区域的图像样本来训练系统，并且能让用户控制如何在未能察觉到的浮油区域和虚假警报之间进行权衡。与其他机器学习应用的不同之处在于，这个学习方案本身将投入到实际应用领域里，而其他的则是先产生一个分类器，然后投入到实际应用中。

这里的输入是从雷达卫星获得的一个原始的像素图像集，而输出是一个非常小的图像集，这些图像是推断出的浮油区域，并且用彩色的边框加以标记。在这一过程中，首先需要运用标准图像操作对图像进行规范化处理。接着，识别出可疑的深色区域。从每一个区域提取数十个属性用于刻画区域的规模、形状、面积、色彩饱和度、边界的锐利度和锯齿形状、附近的其他区域，以及有关的邻近区域的背景信息。最后把标准的学习技术运用在
23 获得的属性向量上。

在此过程中遇到了一些有趣的问题。第一，用于训练的数据极少。（幸运的是）原油泄漏事件是很少发生的，而人工分类的成本极其昂贵。第二，问题的不均衡性：在训练数据中，极少比例的深色区域是由真正的浮油造成的。第三，样本自然地组成批，每一批都是从一个图像中提取的区域的集合，批与批之间的背景是不一样的。第四，目标性能任务是提供像过滤器一样的服务，并且必须为用户提供一个可变更虚假报警率的简便方法。

1.3.4　负载预测

在电力供应行业，尽可能早地判断出未来电力的需求量有着重要的意义。如果能准确地估计出每小时、每天、每月、每季和每年的最大和最小负载，那么电力公司能够在很多领域，如运作储备、维护调度，以及燃料库存管理上取得巨大的经济效益。

在过去十年里，一个自动的负载预测助理已经为一个主要的电力供应商工作了，它能够提前两天提供每小时负载的预测。完成这个预测需要利用过去15年收集的数据手动建立一个复杂的模型。这个模型有3个组件：年基本负载量、年内负载周期以及假期的影响。要得到基本负载就需要将数据做标准化处理，也就是对前一年数据进行标准化，方法是：每小时读出的负载数值减去每小时平均负载量，然后除以全年负载的标准差。

电力负载在3个基本频率上显示出周期性的变化：每天，电的用量在早晨最低，而中午和晚上达到最高；每周，电力需求在周末的时候较低；按季节统计，电力需求量在每年的冬季和夏季增加，分别是为了取暖和降温的需要；在一些主要的节假日里，如感恩节、圣诞节和新年，电力负载与平时相比显示出急剧的变化，对于这些特殊时段要分别用过去15年在同一天每小时的平均负载量单独进行建模。一些次要的官方节假日，如哥伦布日，将和学校假期一起作为正常日（消费）模型的分支进行处理。以典型时段的次序综合考虑所有因素重建一年的负载，接着把节假日插入到正确的位置，然后对负载进行反规范化，从而计算出大致的增长量。

综上所述，所建的负载模型是静态的，是从历史数据中手动建立起来的，并且隐含地
假设全年的天气情况“正常”。最后一步，要考虑天气条件的影响，使用一个技术找出历
史上与当前情况相似的一天，并把那天的历史信息作为一个预测器。这时的预测是对静态
负载模型的一次附加修正。为了防止出现较大偏差，需要找出非常相似的8天，取它们附
加修正值的平均值。为此需要建立一个数据库记录当地3个气象中心在过去15年里每小 24
时的温度、湿度、风速和云层覆盖度，以及真实负载与由静态模型预测的负载量之间的差
异。用一个线性回归分析方法分析相关的参数对负载的影响，并且使用回归系数对用于寻
找最相似日子的距离函数进行度量。

这个系统表现出与受过培训的专业人员相近的预测能力，但预测的速度更快，只要几秒而不是几小时就能对某一天做出预测。操作人员可以通过分析预测结果对天气变化的敏感程度来验证系统为修正预测结果所使用的天气变化“最相似”的日子。

1.3.5　诊断

诊断是一个专家系统的主要应用领域。虽说手动编写的规则在专家系统中通常运作很好，但有时会过于耗费人工，在这种情况下机器学习就会有用。

对于电机设备，例如，发动机和发电机，预防性的维护能够避免由于故障而导致工业生产过程的中断。机械师定期检查每一台设备，在不同的位置测量设备的振动状况，判断这台设备是否需要维修。典型的故障形式包括轴心偏移、机构松弛、轴承失效和泵动不平衡。某个化学工厂拥有1000多台不同的设备，范围从很小的泵到非常大的涡轮交流发电机，这些设备至今仍需要由有二十多年工作经验的专家进行诊断。通过对设备装置上的不同位置振动的测量，并使用傅里叶分析法在三个轴向上检测在基本转速下每一个共振所产生的能量，可以进行故障判断。由于受到测量和记录过程的限制，所以得到的信息非常繁杂，需要专家对这些信息进行综合研究后做出诊断。尽管手动制作的专家系统已经在一些方面得到发展，由于得到诊断方案的过程将在不同的机械装置上重复很多遍，所以也在探索运用机器学习方案。

600多个故障中的每一个故障都是由一组测量和专家的诊断结果组成，这些诊断再现了在这一领域20年的经验。其中有一半由于不同的原因不能令人满意，而不得不丢弃，剩下的将作为训练例子投入使用。这个诊断系统的目的不是为了考查是否存在故障，而是为了判断是什么故障。因此，在训练集里没有必要包括没有故障的事例。由测量得到的属性值是属于较低层的数据，必须使用一些中间的处理方法将它们增大。中间处理方法是一些基本属性的公式，这些公式是专家结合一些因果关系的领域知识所制定的。用一个归纳法公式对衍生出的属性进行运算，从而产生一组诊断规则。开始时，专家并不满意这些规则，因为他不能将这些规则与他的知识和经验相联系。对于他来说，统计的证据本身并不是一个充分的解释。为了让建立的规则令人满意，必须使用更多的背景知识。尽管产生的
25 规则将会非常复杂，但是专家喜欢它，因为他能够根据自己的机械知识对它们进行评估。专家对一些由第三方产生的规则和他自己使用的规则达成一致感到高兴，而且愿意从其他规则中获得新的见解。

从性能测试的结果可以看出，机器学到的规则优于由专家根据以往的经验手动编制的规则，这一结果在化学工厂使用的效果中得到进一步的肯定。有趣的是，这个系统的应用不是因为它有良好的性能表现，而是因为由机器学到的规则已经得到这个领域专家的肯定。

1.3.6 市场和销售

有些最具有活力的数据挖掘的应用是在市场和销售领域。在这个领域中，各个公司都掌握着大量的精确数据记录，这些数据仅在最近才被认为拥有巨大的潜在价值。在这些应用中，预测是主要兴趣所在，用于做出决策的结构常常是完全不相干的。

我们已经提到有关客户忠诚度摇摆问题，以及找出那些可能会背叛的客户存在的挑战，因为这部分客户可以通过给予特殊对待而争取他们回来。银行是数据挖掘技术较早的使用者，因为数据挖掘的使用在信用度审核方面取得了成功。如今为减少储户的流失，数据挖掘被用来考查个人银行业务模型。这个模型将预示出一个银行业务的变化，甚至是生活的变化，如移居到另一个城市，这些变化可能会导致选择一个不同的银行。或者，一个通过电话管理的银行业务的客户群，当连续几小时的电话接通率较低时，这部分客户的流失率将高于平均值。数据挖掘能为新推出的服务找出适合的群体，例如一个除了在11、12月以外很少从他们的信用卡上提出现金的有利可图的、可靠的客户群，他们愿意为度假期

而支付高昂的银行利息。

在移动通信领域，移动电话公司为了留住他们的基本用户群，需要找出可能从新推出的服务中获利的行为模型，然后向这个客户群宣传新服务。为挽留所有用户而特别提供一些激励措施的代价是昂贵的。一个成功的数据挖掘能够准确地、有针对性地对有可能产生最大利润的用户群提供特殊服务。

购物篮分析（Market basket analysis）是在交易过程中使用关联技术，特别是从超市收银数据中，找出那些以成组的形式同时出现的商品。对于许多零售商来说，这是唯一能够用于数据挖掘的销售信息来源。例如，对收银数据的自动分析将揭示一个事实：那些买啤酒的客户同时也买薯片。这是一个对超市管理人员来说也许具有重要意义的发现（尽管这是个很明显的并不需要数据挖掘技术来揭示的发现）。或者也可能找另一个事实，有些顾客通常在星期四买尿片的同时也买啤酒。这个起初令人吃惊的结论，如果我们再仔细想想，考虑到年轻父母为了在家度周末而储存，就变得可以理解了。这些信息能够用于多种 26
目的：规划货架；仅对一组会同时被购买的商品中的一种商品进行打折；当一个产品单独销售时，提供与这个产品相匹配产品的赠券等。

认知顾客个人的购买历史记录的能力可以创造出巨大的附加价值。事实上，对这个价值的追求造成折扣卡或“忠诚”卡的繁盛，让零售商无论何时都能从购买行为中鉴别出特殊的客户。从个人数据中获得的结论将比折扣的现金价值更高。对个别顾客的鉴别不但使得对其历史购买模式进行分析，而且还能精确地针对潜在的用户发送有关特殊服务的邮件，或者在购物结算时实时打印个人礼券。超市想让你感觉到尽管世界的物价在无情地上涨，但是超市不会为你过多地涨价，这是因为购物礼券的特价商品会吸引你囤积一些你正常情况下不会购买的商品。

直销是另一个数据挖掘广泛应用的领域。促销行为的代价是昂贵的，它拥有低的反馈率，一旦得到反馈却能产生高额利润。任何能使一个促销邮递广告更加紧密集中，并达到给出尽量少的样品，但是获得相同或者几乎相同的反馈信息的技术都是有价值的。有些有商业价值的数据库包含着基于邮政编码的人口统计信息，邮政编码定义了邻里关联的信息，它能与现有的客户信息相关联，从中找到一个社会经济模型，进而预测出哪些客户将会转换成真正的客户。这个模型能够从一个最初的邮递广告反馈信息上，预测出有可能的未来客户。反馈信息是人们寄回的反馈卡，或者拨800电话寻求更多信息。快递公司比大型购物中心的零售商更有优势掌握单个客户的购买历史，使用数据挖掘能够从中找出那些有可能响应特殊服务的客户。有针对性的竞争比争夺大市场的竞争更经济，因为公司仅对有可能需要产品的客户提供服务，为此公司将节约大量资金。而机器学习能够帮助人们找出针对性的目标。

1.3.7　其他应用

现在有不胜枚举的有关机器学习的其他应用。这里我们将简单地介绍一些应用领域来说明机器学习运用领域的广泛性。

成熟的生产制造过程通常涉及调整控制参数。分离原油和天然气是对石油进行提炼的一个必不可少的过程，而分离过程的控制是一个比较难的工作。英国石油公司使用机器学习为设置参数建立规则。现在这个过程只需要10分钟，而以往同样的工作，专家需要花一天多的时间完成。西屋公司（Westinghouse）在制造核燃料芯块的过程中，使用机器学习建立规则以控制生产过程。据报道因此他们每年节约超过1000万美元(1984年)。坐落在田纳西的R. R. Donnelly印刷公司，运用同样的理论控制轮转凹版印刷过程，降低了由人为因素造成的不当参数设置，人为错误的数量也由每年超过500降
27 低到不足30。

在客户支持和服务领域，我们已经讨论过贷款审批、市场和销售应用。另一个例子是当一个客户反映电话通信故障后，电话公司必须做出决定派哪个技师解决问题。贝尔大西洋公司（Bell Atlantic）在1991年开发了用来做出这个决策的专家系统已经在1999年被一组由机器学习得到的规则所替代，这一举措降低了错误决策的数量，因此每年为公司节约1000多万美元。

数据挖掘也用于许多科学领域。在生物学领域，使用机器学习能帮助人们从每一个新的染色体中识别出数千个基因。在生物医学领域，使用机器学习技术不但能够从药物的化学属性，而且也能从它们的3维结构上分析预测出药物的作用。加速了药物开发的进程，同时降低了开发成本。在天文学领域，机器学习技术已经用于开发一个完全自动的分类系统，用于分析那些太小，不容易被观察到的天体。在化学领域，机器学习用来从核磁共振影像中预测出特定的有机复合物的结构。在所有这些应用中，机器学习技术所达到的性能级别（或者应该说是技能?）都能抗衡或超过人类专家。

一个需要连续监控的工作，对人类来说是一个耗时而且异常枯燥的工作，在这种情况下，自动化技术尤其受到欢迎。前面所提到的有关石油泄漏的监控是机器学习在生态方面的应用。其他的一些应用相对来说比较间接。例如，机器学习正用来根据电视观众以往的选择和节目预告来预测观众对电视频道的偏好。而在其他方面的一些应用甚至能挽救生命。危重病人需要进行长时间的监控来觉察不能用生理节律和用药来解释的病人指标变化情况等，目的是在适当的时候发出警报。最后，一个依赖于易受攻击的计算机网络系统的世界，正日益关注网络安全性问题，使用机器学习能够从识别非正常操作模式的过程中探测出非法入侵。

1.4　机器学习和统计学

机器学习和统计学的区别是什么？玩世不恭者挖苦地把它看成是揭示商业利益（和骗局），将数据挖掘等同于统计学加市场。实际上，试图在数据挖掘和统计学之间寻求一个分界线是不现实的，因为它是一个连续的、多维的数据分析技术。其中有些技术源于标准的统计课程，另一些更紧密地与源于计算机科学领域的机器学习相关联。从历史上来说，两方面存在一些不同的惯例。如果一定要指出一个特别不同之处，就是统计学更侧重于测
28 试假说，而机器学习更注重于规划出一个泛化的过程，作为一个在全部可能的假说中的搜索。但是这个解释过于简单化，统计学远不只是测试假说，而且许多机器学习技术也并没有包含任何搜索。

过去，一些非常相似的方案已经在机器学习和统计学上得到并行发展。其中一个是决策树归纳法。四位统计学家（Breiman等，1984）在20世纪80年代中期出版一本书《Classification and regression trees》，同时卓越的机器学习研究学家J. Ross Quinlan，在20世纪70年代和80年代初，为从样本中推导出分类树开发了一个系统。这两个独立的项目为从实例中创

建决策树产生了非常相似的方案，但是研究人员直到很晚才意识到相互的成就。

第二个相似的方案产生于用于分类的最近邻方法中。机器学习研究人员对一些标准的统计技术进行了广泛的改进，使得在分类的性能得到改进的同时，提高了计算过程的效率。我们将在第4章研究决策树和最近邻方法。

如今，机器学习和统计学已经结合起来。在本书中，我们将要考察的一些技术在很大程度上融入统计的思想。从一开始，创建和提炼原始样本集时，在数据可视化、属性的选择、去除异常等方面运用标准的统计方法。大部分学习算法在创建规则或决策树以及修正"过度拟合"的模型时，使用统计学测试，过度拟合就是在产生模型过程中过分依赖于一些特定样本的细节（我们已经在图1-3劳资协商问题的两个决策树中看到过一个过度拟合的例子）。统计测试用来验证机器学习的模型和评估机器学习算法。在研究数据挖掘实用技术时，我们将学到大量的统计学知识。

1.5 将泛化看做搜索

学习问题可视化的方法之一是（将机器学习与统计方法进行区分的方式）设想一个在可能的概念描述空间中与数据相匹配的搜索。尽管将泛化看做搜索的想法对思考有关机器学习来说是一个强大的概念工具。但是它并不是理解本书中所描述的特殊方案的必要部分。所以，本节的内容加上了边框，意味着选读。

为了明确起见，假设*概念描述*（concept description）是学习的结果，由一组规则表示，如1.2节中有关天气问题的规则（尽管其他概念描述语言也能同样做到）。假定我们要列出所有可能的规则集，然后从中寻找一些能够满足给定样本集的规则。一个大工程？是的。不可能完成？乍一看似乎如此，因为对可能产生的规则数量没有限制。但是事实上可能的规则集的数量是有限的。首先要注意，每一个单独的规则不能大于一个固定的最大值，每一个属性至多有一个条件：在表1-2中的天气数据总共包含了4个条件。因为可能的规则的数量是有限的，所以可能的规则集的数量尽管非常大，但也是有限的。然而，我们对那些拥有大量规则的规则集不感兴趣。实际上，我们对那些包含的规则数量大于样本数量的规则集不感兴趣，因为很难想象每一个样本有一个以上的规则。因此，如果我们仅考虑那些小于样本数量的规则集，那么问题将得到极大的简化，尽管数量依然很大。 29

对于表1-3第2版本的天气问题，似乎存在一个严重的危机，因为规则中包含了数值，所以可能的概念描述的数量将趋于无限。如果它们是实数，不可能将它们一一枚举出来，甚至理论上也不可行。但是如果用数值形式的分割点来表示样本中出现的数字，那么这些问题将会迎刃而解。例如，在表1-3中的温度属性，它所包含的值是：64，65，68，69，70，71，72，75，80，81，83和85，共12个不同的值。存在13个可能的区间，可以为涉及温度的规则设置分割点。所以这个问题将不再是无限的。

泛化的过程可以认为是在一个庞大的，但有限的搜索空间中进行搜索。原则上，可以枚举所有的描述，从中剔除一些不符合样本的描述来解决问题。一个肯定的样本会去除所有不匹配的描述；而一个否定的样本则去除所有匹配的描述。每个样本剩余的描述集缩小（或与原来相同）。如果只剩下一个描述，那么它就是目标描述（目标概念）。

如果剩下多个描述，仍然可以用来对未知的事物进行分类。如果未知的事物与所有剩余的描述相匹配，就应该把它分到所匹配的目标。如果不能和其中任何一个相匹配，就把它分到目标概念以外。但是，如果仅和其中一部分相匹配，就会出现模糊。在这种情况下，如果未知事物的类别已经标出，那么会导致剩余描述集缩小，因为那些错分事物的规则集会被拒绝。

1.5.1 枚举概念空间

搜索被认为是观察学习过程的一个好方法。然而，搜索空间是极大的，尽管是有限的。一般来说，枚举出所有可能的描述，并从中寻找匹配的描述是极不实际的。在天气问题中，对于每一个规则，存在 $4\times4\times3\times3\times2=288$ 个可能性。对于 outlook 属性存在 4 个可能性：sunny、overcast、rainy，或者有可能根本没有参与规则的制定。同样，temperature 存在 4 个可能性，windy 和 humidity 分别有 3 个；类别有 2 个。如果我们把规则集里的规则数量限制在 14 个以内（训练集里有 14 个样本），那么就有可能产生 2.7×10^{34} 个不同的规则集。那就需要枚举出很多描述，特别对这样一个明显很琐碎的问题。

尽管有一些方法可以使枚举的过程更可行，但仍然存在一个严峻的问题：实际上，整个处理过程只涵盖唯一一个可接受的描述是很少见的。所以会产生两种情况，样本在处理过后，仍然存在大量的描述；或者所有的描述都被去除。第一种情况的出现是由于没有充分理解样本，所以除“正确的”一个以外，其他描述没有被去除。实际上，人们通常想要找到一个“最好的”描述，所以有必要运用一些其他标准从剩余的描述集中选出最好的一个。第二种情况的出现是因为描述语言表达不充分，不能把握住真正的概念，或者是因为样本中存在噪声。如果输入的样本由于一些属性值存在错误而导致一个“错误的”分类，或者样本的类被标错，那么有可能把正确的描述从空间中去除。所以剩下的描述集就为空。如果实例中存在噪声，那么这种情况非常可能发生，
30 而且必然会发生，除非是人造的数据。

另一种对作为搜索的泛化进行观察方法，不是将它设想成一个枚举出所有描述并从中剔除所有不适用描述的过程，而是作为一种描述空间的爬山行为，根据一些预先制定的匹配标准，寻找最匹配实例集的描述。这是一种最实际的机器学习方法。然而，除了一些很琐碎的事例外，在整个空间彻底地搜索是完全不可行的。最实际的算法应该包含启发式搜索，并且不能保证找到最优的描述。

1.5.2 偏差

把泛化看成是在一个所有可能的概念空间的搜索，就可以清楚地指出在机器学习系统里最重要的决策是：

- 概念描述语言。
- 在空间中搜索的次序。
- 对于特定训练数据避免过度拟合的方法。

当讨论搜索的偏差时，通常提到 3 个属性：*语言偏差*（language bias）、*搜索偏差*

(search bias) 和避免过度拟合偏差 (overfitting-avoidance bias)。在选择一种表达概念的语言时、在为一个可以接受的描述搜索一个特殊途径时、在需要对一个复杂的概念进行简化时，都会使学习方案产生偏差。

语言偏差

对于语言偏差来说，最重要的问题是概念描述语言是否具有普遍性，或者它是否在能够被学到的概念上加约束条件。如果考虑一个包含所有可能性的样本集，那么概念就是将这个集合划分为多个子集的分界线。在天气例子中，如果要枚举所有可能的天气条件，那么概念玩 (play) 就是一个所有可能的天气条件的子集。一个“普遍性的”语言应该能够表示每一个可能的样本子集。实际上，可能的样本集普遍很大，从这方面说，这只是一个理论上的设想，而不能用于实际。

如果概念描述语言允许包括逻辑或，也就是析取 (disjunction)，那么任何一个子集都能表示。如果描述语言是基于规则的，那使用分开的规则就能够达到分离的目的。例如，一个可能的概念描述仅仅是枚举样本：

```
If outlook = overcast and temperature = hot and humidity = high
   and windy = false then play = yes
If outlook = rainy and temperature = mild and humidity = high
   and windy = false then play = yes
If outlook = rainy and temperature = cool and humidity = normal
   and windy = false then play = yes
If outlook = overcast and temperature = cool and humidity = normal
   and windy = true then play = yes
…
If none of the above then play = no
```

这不是一个具有启发性的概念描述：只是简单地记录了已经观察到的一些肯定的样本，并且假设剩下的都是否定的样本。每一个肯定的样本被赋予一个自身的规则，概念是规则以逻辑或的形式构成的。或者，可以设想为每一个否定的样本制定一些单独的规则，同样也会得到无意义的概念。在这两种方法里，概念描述并没有表示出任何泛化，只是简单地记录原始数据。

另一方面，如果不允许使用析取，那么有些可能的概念 (样本集) 将根本不能被表达出来。从这个意义上说，一个机器学习方案不可能轻易达到一个好的性能。 31

另一种语言偏差是从特殊领域所使用的知识产生的。例如，它或许是一些属性值的组合，而这些组合可能永远不会发生。当一个属性隐含另一个属性时，这种情况将会发生。在1.2节，在为大豆问题寻找规则时，我们曾经看到过一个相关的例子。当然，考虑包含冗余或不可能的属性值组合的概念是没有意义的。领域知识能够用于削减搜索空间。知识就是力量，即使是一点知识也能起很大作用，甚至一个小小的线索都能极大地减少搜索空间。

搜索偏差

在实际的数据挖掘问题中，存在一些可选的概念描述，它们都与数据相匹配。问题是要根据某些标准 (通常是简单的标准) 找出“最好的”一个。我们使用统计学的术语拟合 (fit)，意味着寻找一个与数据合理拟合的最好的描述。但是，要在整个空间进行搜索并保证所找到的描述是最好的一个，通常从计算上是不可行的。所以搜索过程是启发式的，并且不能保证最终结果是最优的。这为偏差的产生创造了空间：不同的搜索启发方式以不同的方式在搜索中产生偏差。

例如，一个学习方案或许为规则的产生采纳一个“贪心”（greedy）搜索，通过尝试在每一个阶段找出最好的规则，然后把它加入规则集。然而，最好的一对规则并不是单独找出的两个最好规则的叠加。或者当构造一个决策树时，最先做出的基于一个特定属性的分割，或许在考虑如何在这个结点下发展树时会被认为是错误的决定。使用*束搜索*（beam search）解决这些问题，方法是不产生一个不能改变的约束方案，而是并行地寻求一个由多个动态替换方案组成的集合，替换方案的个数就是*束宽*（beam width）。这将使学习算法变得非常复杂，但是将有可能避免与贪心搜索相关联的短视。当然，如果束宽不够大，短视有可能发生。还有一些更复杂的搜索策略能够帮助解决这个问题。

一个更通用的和更高层次的搜索偏差需要调查搜索是由一般性的描述开始，再对它进行提炼，还是由一个特殊的样本出发，然后对它进行推广。前者称为从一般到具体的搜索偏差，而后者是从具体到一般的搜索偏差。许多学习算法采用前一种策略，由一个空的决策树，或者一个非常一般的规则开始，对它进行具体化处理，使它与样本拟合。然而，从另一个方向对它进行研究也是非常可行的。基于实例的方法从一个特定的样本出发，观察它是如何被泛化后覆盖同一个类里的相邻的样本。

避免过度拟合偏差

避免过度拟合偏差是另一种形式的搜索偏差。但是，因为它涉及一个比较特殊的问题，所以我们将它加以区别对待。前面已经讨论过析取问题，如果允许包含析取，那么在总结数据的时候就会存在没有用的概念描述；然而如果禁止使用析取，那么有些概念将无法得到。通常解决这个问题的方法是从一个最简单的概念描述出发，逐渐将它复杂化：由简到繁的顺序。这是为了迎合简单的概念描述，从而使搜索产生偏差。

从由简到繁的搜索开始，在找到足够复杂的概念描述时停止，这是一个避免过度拟合的好方法。有些时候称为*正向剪枝*（forward pruning）或*先剪枝*（prepruning），因为有些描述将在变得复杂以前就被剪枝。采用*反向剪枝*（backward pruning）或称*后剪枝*（post-pruning）也是可行的。首先，我们找出一个与数据拟合很好的描述，然后将它剪枝成一个简单的也与数据拟合的描述。看上去这是多余的一步，其实不然。通常为找出一个简单的理论，首先需要找到一个复杂的，然后对它进行简化。正向剪枝和反向剪枝都可避免过度拟合偏差。

32

总之，作为搜索的泛化是思考有关学习问题的一个好方法，而实际操作过程中，偏差是唯一使它可行的方法。不同的学习算法对应不同的概念描述空间，并用不同的偏差来搜索。有趣的是：不同的描述语言和偏差在解决某些问题上表现突出，而在另一些问题上却差强人意。正如每一个老师都知道的，绝对好的学习方法是不存在的。

1.6 数据挖掘和道德

数据挖掘中的数据的使用，特别是有关人的数据，隐含着严肃的道德问题。数据挖掘技术的运用者必须意识到围绕在特殊应用上的道德问题，从而负责地使用它们。

当数据挖掘对象是人时，数据挖掘频繁地用于区别待遇：谁得到贷款，谁得到特殊待遇，等等。某些形式的区别对待：如种族、性别、宗教等，不仅是不道德的，而且是非法的。然而，情况是复杂的：每一件事取决于应用。在医疗诊断中使用性别和种族的信息当然是道德的，但是在研究贷款支付行为上使用同样信息却是不道德的。甚至在丢弃一些敏感信息以后，创建的模型仍然存在歧视的风险，因为模型可能依赖于一些变量，这些变量是种族或性别特征的替代品。例如，人们居住的某些地区总是和一些特定的种族特征相关联，所以在数据挖掘研究中使用邮政编码就会使模型中存在种族歧视的危险，尽管有些种族信息已经明确地从数据中删除。

1.6.1　再识别

最近对所谓*再识别*（reidentification）技术的研究让我们对匿名化数据的困难有了清醒的认识。例如可以通过 3 种公开的个人记录：5 位邮政编码、出生日期（包括出生年份）以及性别，识别出超过 85% 的美国人。不知道邮政编码？没关系，仅根据所在城市、出生日期以及性别也能识别出超过 50% 的美国人。当马萨诸塞州政府公布了 20 世纪 90 年代中期所有州雇员的医疗记录之后，某政府官员向公众保证所公布的信息是匿名的，因为像姓名、家庭地址、社会保障号等个人信息都已被删除。可令他惊奇的是，他不久就收到了一封包含他个人医疗记录的邮件（包括诊断结论和处方）。

在很多公司满怀善意地公布那些所谓的匿名数据之后，人们才发现有相当多的个人实际上很容易被识别。仅 2006 年一年，就有 2000 万条用户搜索记录被互联网公司提供给研究团体。 33

互联网公司认为通过删除所有的用户个人信息就能实现匿名。但很快《The New York Times》（纽约时报）的记者就证明可以将号码为 4417749 的用户的身份信息识别出来（在公布该用户信息之前已取得其许可）。他们之所以能做到这一点归因于对该用户曾使用过的搜索关键词的分析，这些关键词涉及她对自己家乡庭院设计师以及一些与她同姓的人的搜索，报道者是通过公共数据库里的信息将这些人与她联系起来的。

两个月后，Netflix（网上电影租赁公司）公布了他们所掌握的 1 亿条电影评分记录（分数从 1 ~5）。令他们吃惊的是，他们发现从数据库中识别出用户并掌握用户过去评价的每一部电影是轻而易举的事情。举个例子来说，如果知道了数据库中用户对 6 部电影的大概评分时间（误差两周）信息，就能识别出数据库中 99% 的用户。如果仅知道用户对两部电影的大概评分时间（误差 3 天），大约 70% 的用户能被识别。只要掌握了你朋友（或敌人）的一点点信息，你就能掌握他们在 Netflix 上的所评价过的所有电影。

但如果彻底将所有可能的具有识别能力的信息从数据库中删除，我们将得不到任何有用信息。

1.6.2　使用个人信息

在人们决定提供个人信息之前，需要知道如何使用这些信息，以及使用这些信息的目的，采取什么措施保障这些信息的机密性和完整性，提供或者保留这些信息会有什么样的后果，以及他们应该拥有哪些纠正信息的权利。无论何时在收集这些信息的时候，相关人员都应该被告知这些事宜。不仅是以一种有法律效应的打印件的形式，而是直接用朴实的语言，使他们能够理解。

数据挖掘技术的潜在使用意味着，数据库里的数据在使用方面会得到扩展，也许会远远超出在开始收集数据时所做的设想。这将产生一个严肃的问题，即必须明确收集数据的条件，以及使用目的。数据的拥有者能把所收集的数据用于收集之初所告知的使用目的以外的其他方面吗？对于明确收集的个人数据当然不能。但是总的来说存在一些复杂的情况。

从数据挖掘中能够发现一些令人惊奇的东西。例如，据报道法国的一个主要消费团体已经发现，拥有红色汽车的人往往不按期支付他们的汽车贷款。这种发现的作用是什么？它基于什么信息？这些信息是在什么条件下收集的？以什么样的方式来有道德地使用它？显然，保险公司在业务中根据一些模式来区别对待人群，如年轻的男性支付更多的汽车保险费，这些模式并没有完全基于统计学的关联，它们也没有包含有关这个世界的普通常
35 识。是否以上的发现能够说明选红色车的人的一些情况，或者是否它应该作为不相关的部分被抛弃，这些都需要根据人们对世界的理解而不是纯粹统计的标准来做出判断。

当你得到数据的时候，你需要问谁可以使用它，收集它的目的是什么，以及从中可以合法地得到什么结论。道德尺度对数据挖掘的实践者提出了严峻的问题。在处理数据的过程中，考虑使用一些社会规范是非常有必要的。有些标准也许已经发展了几十年或几个世纪，但是信息专家也许并不清楚。例如，你知道在图书馆的社区里，读者的隐私被理所当然地视为一种权利应该得到保护吗？如果你打电话给大学图书馆，询问某某书被谁借走了，他们不会告诉你。这将保护学生免受由于屈服一个发怒的教授所施加的压力而交出书，而这本书是他为最近提交的一份奖学金申请所急需的。这也将禁止对大学道德委员会主席怀疑的娱乐阅读品位进行深入探询。创建数字图书馆的人或许并没有意识到这些敏感问题，为了向读者推荐新书，用数据挖掘系统分析数据和比较个人的阅读习惯，甚至可能会把结果卖给出版商。

1.6.3　其他问题

除了数据的使用要符合社会标准外，还必须使用符合逻辑的和科学的标准来分析从中得出的结论。如果你确实得到一些结论（如拥有红色车的人的信用风险比较大），你需要对这些结论附加说明，这种说明要用非纯粹的统计报告论据来支持。关键是在整个过程中，数据挖掘仅仅是一个工具。人们得到结果后，还要结合其他知识，然后才能决定采取什么行为。

数据挖掘还推出了其他问题，当考虑在数据挖掘中使用哪些社会资源时，它就真正成为一个政治问题。前面我们已经提到数据挖掘在分析购物篮上的应用，通过分析超市的收银记录，洞察人们所购买的东西之间的关联。所得到的信息有什么用途？超市经理是否应该把啤酒和薯片放在一起来方便客户？或者将它们远远地分开，让客户稍感不便，从而尽量延长他们在超市的时间，从而增大他们买未列入计划商品的可能性？超市经理是否应该把最昂贵的、利润最高的尿片移到靠近啤酒的位置来增加对被折磨的父亲的高利润商品的销售，还要在边上加上高级婴儿用品？

当然，任何一个使用高级技术的人都应该深入思考他们在做什么。如果数据定义为记录的事实，那么信息就是基于数据的模型集，或者期望。可以把知识定义为期望集的累

积，把智慧定义为附加在知识上的价值。尽管这里我们不研究它，但是这些问题是值得思考的。 35

正如我们在本章的一开始所看到的，在本书中阐述的技术也许会用于生活中最复杂、最迫切的决定。数据挖掘是一个需要我们严肃对待的技术。

1.7 补充读物

为了避免打断正文的阅读，所有参考文献将收集在每一章的最后一节。第一个补充读物部分列出了在第1章中所涉及的相关论文、书和其他资源。在本章开始所提到的人工受精的研究项目是牛津大学计算实验室承担的，奶牛筛选的研究项目是由新西兰怀卡托大学计算机科学系承担的。

天气问题的例子来源于 Quinlan（1986），已经广泛用来解释机器学习方案。从绪论到1.2节所提到的天气问题的主体部分出自 Asuncion 和 Newman（2007）。隐形眼镜的例子出自 Cendrowska（1987），我们将在第4章学习由他提出的 PRISM 规则学习算法。鸢尾花数据集出自一篇在统计推论方面的早期的经典论文（Fisher，1936）。劳资协商的数据来自《Collective Bargaining Review》，一个加拿大工会的出版物，由工业关系信息服务发行（BLI 1988）。Michalski 和 Chilausky（1980）首先描述了大豆问题。

在1.3节中提到的一些应用出自一篇优秀的论文，它给出了丰富的机器学习应用和规则归纳法（Langley 和 Simon，1995）；另一个有关领域应用的案例出自一本机器学习杂志（Kohavi 和 Provost，1998）。Chakrabarti（2003）写了一本优秀易懂的关于 Web 挖掘的书；最近的另一本书是 Liu 的《Web data mining》（2009）。Michie（1989）详细阐述了信贷公司应用；浮油探测的应用来自 Kubat 等（1998）；电力负载预测工作的应用源于 Jabbour 等（1988）；电子机械设备预防性维护应用出自 Saitta 和 Neri（1998）。在1.3节中提到的一些其他更完整的描述（包括节约的美元的数值，有关的文献参考）出自 Alberta Ingenuity Centre 机器学习的网站。Luan（2002）描述了更高级的数据挖掘应用。《Machine Learning Journal》提出了另一个特殊的问题，从数据挖掘应用和协作式问题解决中吸取教训（Lavrac 等，2004）。

“纸尿裤和啤酒”的故事已经家喻户晓。引用伦敦《Financial Times》（财经时报）的一篇文章（1996年2月7日），

> 关于数据挖掘能做什么，常常引用美国一家大型连锁超市的例子。该超市发现对于许多顾客，一种品牌的婴儿纸尿裤和一个品牌的啤酒有很强的关联。大多数买纸尿裤的顾客同样也会买啤酒。即使是对超市最了解的人也很难提出这种关联，但数据挖掘表明它的确存在，零售经销商把这两种产品放在靠近的架子上，从而利用这种感觉关联。 36

然而，这似乎只是一个传说。Power（2002）追踪了它的历史。

在 Quinlan 的一系列论文和一本书中（Quinlan，1993），提到他的方案与由 Breiman 等于1984年独立出版的书《Classification and regression tree》（Breiman 等，1984）中介绍的方案相似（1.4节）。

第一本有关数据挖掘的书是由 Piatetsky-Shapiro 和 Frawley（1991）写的，它收集了在20世纪80年代末的一个关于从数据库里发现知识的研讨会上发表的论文。另一本书出自

1994 年的一个研讨会（Fayyad 等，1996）。还有一些是以商业为主的数据挖掘方面的书，它们主要关注于实际方面的应用：如何把位于所使用的方法下的比较表面化的技术运用到实际中。它们是有价值的应用和启示的来源。它们都是有价值的应用和灵感来源。例如，来自 Syllogic 的 Adriaans 和 Zantige（1996），一个欧洲的系统和数据库的咨询服务公司，很早以前就对数据挖掘做过介绍。来自宾夕法尼亚州的一个专门研究数据仓库和数据挖掘公司的 Berry 和 Linoff（1997），为市场、销售和客户支持给出了一个出色的基于样本的数据挖掘技术回顾。5 个来自 IBM 跨国实验室的研究人员 Cabena 等（1998）用许多真实世界的应用例子概括了数据挖掘的过程。

Dhar 和 Stein（1997）给出了有关数据挖掘在商业方面的前景，包括对许多技术的大致的、通俗的回顾。为数据挖掘软件公司工作的 Groth（1998）给出了一个简洁的数据挖掘的绪论，然后对数据挖掘软件产品进行了完整广泛的回顾。这本书包括一张他们公司产品演示版本的光盘。Weiss 和 Indurkhya（1998）为他们称为“大数据”的数据做出预测，广泛研究了不同的统计技术。Han 和 Kamber（2006）从数据库的角度涉及数据挖掘，重点关注从大型公司的数据库中发现知识。这个领域里受到广泛尊敬的一个国际作家团体 Hand 等（2001）撰写了一本各个学科在数据挖掘应用方面的书。最后，Nisbet 等（2009）写了一本通俗易懂的统计分析和数据挖掘应用的书。

另一方面，有关机器学习的书往往使用学术的文体，比较适合于大学课程而不能作为实际应用的指导。Mitchell（1997）写了一本出色的书，它涵盖了大量的机器学习技术，包括了一些本书未提及的基因算法和增强学习法。Langley（1996）写了另一篇很好的文章。尽管上面提到的 Quinlan（1993）的书集中讨论一个特殊的学习算法 C4.5，我们将在
37 第 4 章和第 6 章中详细介绍它，但对于许多机器学习的问题和技术来说，它仍是一个很好的启蒙。从统计的角度来看，Hastie 等（2001）写的书，绝对是一本卓越的机器学习的书。它从理论上来指导研究，并且采用了很好的例证。Russell 和 Norvig 的《Artificial intelligence：A modern approach》（人工智能：一种现代方法）（2009）是经典教材的第 3 版，它涵盖了大量关于机器学习和数据挖掘的信息。

模式识别是一个与机器学习紧密相关的主题，它运用了许多相同的技术。Duda 等（2001）出版的有关模式识别（Duda 和 Hart，1973）的第 2 版是一本优秀和成功的书。Ripley（1996）和 Bishop（1995）阐述了用于模式识别的神经网络。Bishop 最新的一本书是《Pattern recognition and machine learning》（2006）。用神经网络进行数据挖掘是 Bigus（1996）所著的书里的一个主题，Bigus 为 IBM 工作，这本书介绍了由他开发的 IBM 神经网络应用产品。

如今很多人对支持向量机学习的技术感兴趣。Cristianini 和 Shawe-Taylor（2000）给出了一个很好的介绍，细述了有关应用的附加算法、内核和解决方案，并用模式找出生物信息、文本分析和图像分析领域里的问题（Shawe-Taylor 和 Cristianini，2004）。Schölkopf 和 Smola（2002）是两个年轻的研究人员，他们在这个迅速发展的机器学习的分支上做他们的博士论文。他们在论文中详细介绍了支持向量机和有关的核心方案。

38 Ohm（2009）对再识别技术这个新兴领域以及与它紧密相关的匿名问题进行了探讨。

输入：概念、实例和属性

在深入研究机器学习方案如何运作以前，需要了解可以采取哪些不同形式的输入。第3章将介绍会产生哪些不同形式的输出。与所有软件系统一样，了解输入/输出分别是什么远比理解软件如何工作更为重要，机器学习也不例外。

机器学习的输入采用概念（concept）、实例（instance）和属性（attribute）的形式。能够被学习的事物称为概念描述（concept description）。机器学习中的概念，乍看上去就和学习一样，很难给出精确的定义，这里也不打算纠缠它是什么和不是什么的哲学问题。从某种意义上说，学习过程的结果（一个概念的描述）正是我们所要发现的，是可理解的（intelligible），能够被理解、商讨和辩论，并且是可操作的（operational）：能够被运用到实际的样本上。下一节将介绍不同机器学习问题之间的一些差异，这些差异在实际数据挖掘中非常具体，也非常重要。

机器学习中，信息以实例（instances）集的形式呈现给学习者。正如第1章所述，每一个实例都是一个将要被学习的、独立的概念样本。当然，许多情况下原始数据并不能由一些单一的、独立的实例表示。也许应该把背景知识作为输入的一部分考虑进来。原始数据可能会以一大块的形式出现，并不可以被拆分成单一的实例。原始数据也可能是一个序列，如一个时间序列，如果将它剪成数段后将会失去意义。然而，本书是有关数据挖掘的简单而实用的方法，重点在于研究那些能够以独立样本形式出现的信息。

每一个实例由度量实例不同方面的一些属性值所刻画。属性存在许多不同的类型，尽管典型的数据挖掘方案只处理数值属性和名目（nominal）属性，或称为分类属性。

最后，我们将考察为数据挖掘而进行数据输入准备的问题，并且介绍一个与本书配套的Java软件所使用的简单格式。它用文本文件表示输入信息。 39

2.1 概念

在数据挖掘应用领域里存在4种完全不同的学习方式。分类学习（classification learning）是用一个已分类的样本集来表示学习方案，并希望从这个样本集中学习对未来样本进行分类的方法。关联学习（association learning）寻找任何特性之间的关联，而不仅仅是为了预测一个特定的类值。聚类（clustering）寻找能够组合在一起的样本，并据此分组。数值预测（numeric prediction）预测出的结论不是一个离散类而是一个数值量。不管采用什么方式进行学习，这里将被学习的东西称为概念（concept），由学习方案产生的输出就是概念描述（concept description）。

第1章里的大部分例子属于分类问题。天气数据（见表1-2和表1-3）是一组日期的集合，并且对每一天标注了是否适合进行体育活动的判断结果。问题是要学习如何用是否玩对新的一天进行分类。存在于隐形眼镜数据（见表1-1）里的问题是要学习如何向一个新的病人推荐一副适合的眼镜，或者把问题再明确一点，因为这套数据展示了所有属性值的组合，需要学习对所给数据进行总结的方法。从鸢尾花数据（见表1-4）中要学习如何根据花萼的长度和宽度，以及花瓣的长度和宽度推测出新鸢尾花属于 setosa、versicolor 或 virginica 中的哪一种。对于劳资协商数据（见表1-6），要根据合同时间，第一、二、三年的工资增长幅度以及生活费调整等，判断一个新的合同能否被接受。

我们假定书中所有的样本属于且只能属于一个类别。然而还是存在一些分类场景，每个样本可能属于多个类别。专业术语叫做*多类标实例*（multilabeled instance）。处理这种场景的一个简单方法就是把它们当做几种不同的分类问题来对待，每个对应一个可能的类别，相应的问题就是确定实例是否属于该类别。

分类学习有时又称为*有监督的*（supervised）学习，就是因为从某种意义上来说，学习方案是在指导下操作的，这里所说的指导就是每一个训练样本都有一个明确的结论，如是否玩的判断、推荐的隐形眼镜类型、鸢尾花的品种、劳工合同的可接受性。这些结论称为样本的类（class）。把学到的概念描述在一个独立的数据测试集上进行测试，已知这个测试集的分类，但是对于机器它是未知的，以此来判断分类学习是否成功。在测试数据上的成功率是对所学到的概念的一个客观评价。在许多实际数据挖掘应用中，衡量数据挖掘成功的标准是以人类使用者对所学到的概念描述（规则、决策树）接受程度所决定的，是一个主观的评价。

第1章的大部分例子同样可以用于关联学习，关联学习中没有指出特定的类。问题是如何从数据中找出“有趣的”结构。1.2 节已经给出了一些天气数据的关联规则。关联规则和分类规则在两个方面存在不同：关联规则可以“预测”任何属性，不只是类，也可以一次预测一个以上的属性值。正因为如此，关联规则的数量要远远多于分类规则的数量，其中的问题是要避免被过多的关联规则所困扰。所以，通常要为关联规则制定一个能够适用的最小样本数量（如数据集的80%），并且还要大于一个特定的最小准确率，如准确率为95%。尽管如此，仍然会产生大量的规则，因此必须手动验证它们是否具有意义。关联规则通常仅包含非数值的属性，一般不会从鸢尾花数据集中寻找关联规则。

40

当样本不存在一个特定的类时，可以采用聚类的方法将那些看上去会自然汇聚在一起的样本集合在一起。表2-1是一个省略了鸢尾花类型的数据版本。150个实例很可能自然地落入3个与鸢尾花类型相对应的聚类内。其中的挑战是要找出这些聚类，并把实例分配到各个聚类上，还要能够将新的实例分配到相应的聚类上。有可能一个或多个鸢尾花品种自然地分成多个子聚类，这时产生的自然聚类数量将超过3个。聚类的成功与否通常以所得到的结论对人类使用者是否有用来主观地衡量。它常伴随着第二步分类学习，所学到的规则将给出如何把新的实例安置到相应聚类里的可以理解的描述。

41

表2-1 聚类问题的鸢尾花数据

	sepal length	sepal width	petal length	petal width
1	5.1	3.5	1.4	0.2
2	4.9	3.0	1.4	0.2
3	4.7	3.2	1.3	0.2
4	4.6	3.1	1.5	0.2
5	5.0	3.6	1.4	0.2
…				
51	7.0	3.2	4.7	1.4
52	6.4	3.2	4.5	1.5
53	6.9	3.1	4.9	1.5
54	5.5	2.3	4.0	1.3

（续）

	sepal length	sepal width	petal length	petal width
55	6.5	2.8	4.6	1.5
…				
101	6.3	3.3	6.0	2.5
102	5.8	2.7	5.1	1.9
103	7.1	3.0	5.9	2.1
104	6.3	2.9	5.6	2.8
105	6.5	3.0	5.8	2.2
…				

数值预测是分类学习的一种变体，数值预测的结论是一个数值，而不是一个分类。CPU 性能问题就是一个预测数值的例子。表 2-2 展示了另一个例子，在这个版本的天气数据里，预测值不是玩或者不玩，而是玩的时间（分钟）。对于数值预测问题，以及其他的机器学习问题，所学到的描述性的结构往往比对新实例的预测值更能引起人们的兴趣。这个结构指出了哪些是重要的属性，以及它们与数值结论存在什么关系。

表 2-2 数值类的天气数据

outlook	temperature	humidity	windy	play time
Sunny	85	85	false	5
Sunny	80	90	true	0
Overcast	83	86	false	55
Rainy	70	96	false	40
Rainy	68	80	false	65
Rainy	65	70	true	45
Overcast	64	65	true	60
Sunny	72	95	false	0
Sunny	69	70	false	70
Rainy	75	80	false	45
Sunny	75	70	true	50
Overcast	72	90	true	55
Overcast	81	75	false	75
Rainy	71	91	true	10

2.2 样本

机器学习方案的输入是一个实例集。这些实例由机器学习方案进行分类、关联或聚类。尽管到现在为止，它们称为样本（example），但是从现在开始将用更专业的术语**实例**（instance）来表示输入。每一个实例都是一个被用来学习的单一的、独立的概念样本。每个实例由一组预先定义的属性值来表示。第 1 章讨论过的所有数据集（天气、隐形眼镜、鸢尾花和劳资协商问题）中的实例都是这样产生的。每一个数据集都可以表示成实例与属性的矩阵，用数据库的术语说这是单一关系，或**平面文件**（flat file）。

用一个独立的实例集来表示输入数据是目前为止用于实际数据挖掘中最普遍的方法。然而这种阐明问题的方法存在一些局限性，下面对局限性存在的原因进行解释。实例之间通常存在某种关系，并不是真正彼此分离的、独立的。例如，从一个给出的家族树上学习姐妹（sister）的概念。想象你自己的家族树，并把你所有的家族成员（和他们的性别）分别放置在各个结点上。这棵树，以及成员名单和对应的他们是否存在姐妹关系的描述就是学习过程的输入。 42

2.2.1 关系

图 2-1 显示了一个家族树的一部分，树下面的两个定义姐妹关系的表格所用的方法稍微有些不同。第三列里的 yes 意味着第二列的家族成员和第一列的家族成员存在姐妹关系（这是我们随意构建的一个例子）。

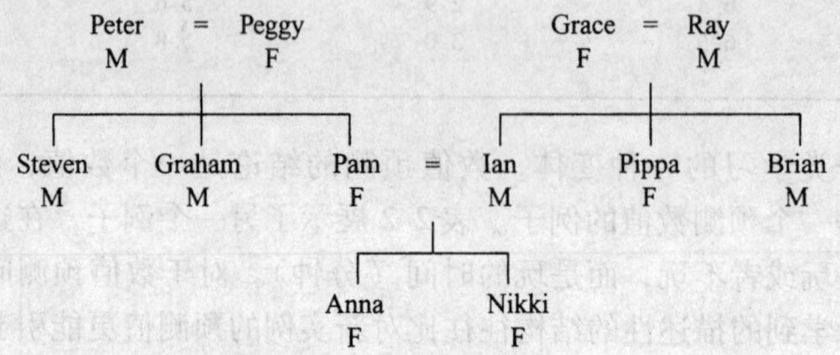

第一人	第二人	姐妹
Peter	Peggy	no
Peter	Steven	no
…	…	…
Steven	Peter	no
Steven	Graham	no
Steven	Pam	yes
Steven	Grace	no
…	…	…
Ian	Pippa	yes
…	…	…
Anna	Nikki	yes
…	…	…
Nikki	Anna	yes

第一人	第二人	姐妹
Steven	Pam	yes
Graham	Pam	yes
Ian	Pippa	yes
Brian	Pippa	yes
Anna	Nikki	yes
Nikki	Anna	yes
所有其他人		no

图 2-1　一个家族树和两种表示姐妹关系的方法

首先需要注意的是左边那张表的第三列存在很多 no。因为每列有 12 个成员，所以总共有 12 × 12 = 144 对成员，其中大部分的成员对并不存在姐妹关系。右边的表给出了同样的信息，但只记录了肯定的样本，并假设剩余的都是否定的样本。仅明确指出肯定样本且采用一个不变的假设（剩下的都是否定的样本）的做法称为封闭世界假定（closed-world assumption）。这是理论研究中常用的假设，但是在解决实际问题时它并不实用，封闭世界
43 意味着包含了所有事件，而在实际中很少存在“封闭的”世界。

图 2-1 中的两张表都不能离开家族树单独使用。这棵树同样能够用表格形式来表示，表 2-3显示了以表格形式表达的该树的部分内容。现在这个问题可以用两种关系来表达。但是这些表不包含独立的实例集，因为判断姐妹关系所依据的列（姓名、父母 1 和父母 2）的值需要参考家族树关系的行。表 2-4 是把两张表合并成一张表后产生的一个单独的实例集。

表 2-3　家族树

name	gender	parent 1	parent 2
Peter	male	?	?
Peggy	female	?	?
Steven	male	Peter	Peggy
Graham	male	Peter	Peggy
Pam	female	Peter	Peggy
Ian	male	Grace	Ray
…			

现在已经成功地把原始关系问题转换成实例的形式，每个实例都是一个单一的、独立的概念样本，这个样本被用来学习。当然，实例并没有真正独立，在表的不同行之间存在许多关系，但是如果从姐妹关系的概念角度考虑，它们是独立的。许多机器学习方法在处理这类数据时仍然存在问题，这些问题将在3.4节中讨论，但是现在至少已经把数据重新转换为正确的形式。一个姐妹关系的简单规则是：

```
If second person's gender = female
   and first person's parent 1 = second person's parent 1
   then sister-of = yes
```

这个例子说明了如何从一棵树上获取不同结点间的关系，并且转换成一个独立的实例集。用数据库的术语说，获取了两个关系，并且把它们结合成一个。这是一个平面化的处理过程，技术上称为*反规范化*（denormalization）。对一些存在（有限的）关系的（有限的）集合来说，这个过程是可以实现的。

表2-4所示的结构能够用来表示两个家庭成员之间的任何亲属关系：祖孙关系、孙子与祖父的兄弟之间的关系或其他关系。要表示出更多家庭成员之间的关系就需要一张更大的表。如果家庭成员的总数没有事先明确，将对关系的表示造成很大的困难。假如要学习*核心家庭*（nuclear family）（父母和他们的孩子）的概念，包含的人的总数取决于人口最多的核心家庭，尽管可以猜测一个合理的最大数字（10或20），但是真正的核心家庭成员数量只能通过扫描整棵树来找出。然而，如果有一个存在有限关系的有限集，至少在理论上，可以产生一个新的记录了家庭成员之间所有组合的“超级关系”，无论有多少家庭成员，这个“超级关系”足以表示出成员之间的任何关系。但是，从计算和存储的代价来说这种方法都是不可行的。 44

表2-4　在一张表中表示姐妹关系

第一个人				第二个人				sister of?
name	gender	parent 1	parent 2	name	gender	parent 1	parent 2	
Steven	male	Peter	Peggy	Pam	female	Peter	Peggy	yes
Graham	male	Peter	Peggy	Pam	female	Peter	Peggy	yes
Ian	male	Grace	Ray	Pippa	female	Grace	Ray	yes
Brian	male	Grace	Ray	Pippa	female	Grace	Ray	yes
Anna	female	Pam	Ian	Nikki	female	Pam	Ian	yes
Nikki	female	Pam	Ian	Anna	female	Pam	Ian	yes
所有其他人								no

反规范化存在的另一个问题是在某些数据上产生了显而易见的规律性，而这些规律性完全是虚假的，实际上它们仅是原始数据库结构的再现。例如，设想一个超市数据库里存在一种顾客和他所买商品之间的关系，一种商品和供应商之间的关系，一种供应商和供应商地址之间的关系。经过反规范化后产生一个平面文件，每一个实例将包含顾客、商品、供应商和供应商地址。一个在数据库中寻找结构的数据库挖掘工具也许会得出一个事实：买啤酒的顾客也买薯片，对超市经理来说这是一个重大的发现。然而，它也许也会产生另一个事实：供应商的名字能准确地预测出供应商的地址，这个“发现”根本不可能引起超市经理的任何兴趣。这个事实从表面上是一个从平面文件中得到的重大发现，但实际上，它只是原始数据库中明显的结构。

尽管任何真正的输入实例集必须是有限的，但是许多抽象的计算问题包含了一些非有限的关系。如*祖先关系*（ancestor-of）的概念包括一个贯穿树的任意长度的路径，虽然人类的家族树或许是有限的（尽管大得惊人），但是很多人造问题产生的数据确实是无限的。这听起来也许很深奥，但是这种现象在类似于列表处理及逻辑编程等领域却很常见，且在一个称为*归纳逻辑编程*（inductive logic programming）的机器学习分支领域里有过探讨。在可能的实例数量是无限的情况下，计算机科学家通常使用递归的方法进行处理。例如，

```
If person 1 is a parent of person 2
   then person 1 is an ancestor of person 2
If person 1 is a parent of person 2
   and person 2 is an ancestor of person 3
   then person 1 is an ancestor of person 3
```

不管两个人的关系有多远，都能用这个简单的*祖先*（ancestor）的递归定义来表示。归纳逻辑编程技术能够从一个如表2-5所示的有限实例集里学习递归规则。

递归技术的一个真正缺陷是不善于处理噪声数据，除了一些小的人造数据集外，对其他数据集来说，它的处理速度往往太慢以致不能用。本书没有涉及这个技术，但Bergadano和Gunetti（1996）曾提出了一个综合处理法。

2.2.2 其他实例类型

45~46

如前所述，广义上的关系给我们提出了重大挑战，本书将不再提及。如图和树这样的结构化样本可以视为是关系的特例，它们经常通过提取出基于其自身结构的局部或全局特征而被映射为一些独立的实例，而这些特征可以用属性来表示。同样，项目序列也能视为描述项目的关系，或者是其中的项目个体，也可视为一个固定的属性集。幸运的是，大多数的实际数据挖掘问题都能有效地表达为一个实例集，每一个这样的实例集都能看做是一个希望被学习的概念样本。

表2-5 用表描述的另一种关系

第一个人				第二个人				ancestor of?
name	gender	parent 1	parent 2	name	gender	parent 1	parent 2	
Peter	male	?	?	Steven	male	Peter	Peggy	yes
Peter	male	?	?	Pam	female	Peter	Peggy	yes
Peter	male	?	?	Anna	female	Pam	Ian	yes
Peter	male	?	?	Nikki	female	Pam	Ian	yes
Pam	female	Peter	Peggy	Nikki	female	Pam	Ian	yes
Grace	female	?	?	Ian	male	Grace	Ray	yes
Grace	female	?	?	Nikki	female	Pam	Ian	yes
其他实例								yes
所有其他人								no

在某些情况下，概念样本并非由单个实体表示，而是由一系列具有相同属性的实体构成。这种多实体形式出现在一些重要的真实应用中。其中一个例子是关于活跃药分子特性推论，即药分子的*活跃性*由药分子与“键合点”的关联程度决定。问题在于可以通过药分子键的旋转得到两种不同的情况。如果药分子中仅有一个形状与其键合点相连并具有预期效应，我们就称其为正相。如果药分子的所有形状都与其键合点不相连，我们就称其为负相。这样，一个多实体就是一个形状集合，利用整个形状集合才能对正或负进行分类。

当数据库中的关系执行联接操作时，也即当从属关系中的若干行与目标关系中的相应行进行联接时，自然也会出现多实例问题。举例来说，我们可能想要根据保存在从属表中

的用户学期描述信息来将用户分为计算机专家和计算机菜鸟。而目标关系中仅有分类信息和用户ID。将这两张表联接成一个文件。然而，属于单个用户的行并非独立。分类是基于单个用户所进行的，所以与单个用户个体联接的所有学期实例的集合共同被视为一个单独的学习样本。

多实体学习的目的依然是产生出一个概念描述，但由于学习算法将不得不面临处理训练样本中所包含的不完全信息，这使得学习任务变得更艰难。学习算法将每一个实例看做是多个属性向量的集合，而并非一个单独的属性向量。如果算法知道向量集合中哪些成员对样本分类有用，事情就简单了，可惜情况并非如此。

有些特殊的学习算法被开发出来处理多实例问题。我们将在第6章中介绍一些这样的特殊算法。当然，我们也可以将多实例问题重塑为一张单独的包含独立实体的关系表，从而应用标准的机器学习算法解决问题。第4章将就这一问题展开讨论。

总之，数据挖掘算法的输入通常表达为一张包含很多独立实体的表，这些实体就是被学习的概念。基于这样的认识，我们应该自嘲地将我们所提到的*数据库挖掘*（database mining）称为*文件挖掘*（file mining），因为关系型数据比单层的文件数据要复杂得多。一个由有限关系组成的有限集合总是能够被重构成一张独立的表，虽然这样的重构通常会面 47~48
临巨大的空间开销。此外，反规范化会导致在数据中出现一些虚假的规律性，这使得在应用学习算法之前必须对数据进行考察以避免出现人为的规律性。潜在的无限概念可以通过学习得到递归规则得到解决，但是这超出了本书的范围。最后，一些重要的真实问题自然需要通过多实例格式得以表达，其中每一个样本实际上都是一个单独的实体集合。

2.3　属性

每个单一的、独立的实例是由一组固定的和预先定义的特征或*属性*（attribute）作为输入提供给机器学习的。实例是如天气、隐形眼镜、鸢尾花和CPU性能问题表的行，属性是列（劳资协商数据是一个例外，因为空间的原因用列表示实例，用行表示属性）。

在实际的数据挖掘所考虑的问题中，一个固定特征集的使用是一种限制条件。如果不同实例有不同的特征会怎样？例如，假设实例是交通工具，*车轮的数量*就是一个可以用于许多车辆的特征，但是不能用于船；*桅杆的根数*是船的特征，但不适用于陆地车辆。一种标准的工作方法是把每一个可能的特征作为一个属性，并使用一个“无关值”的标记指出对于一个特定的案例哪个属性不适用。当一个属性的存在（如配偶的名字）取决于另一个属性值时（已婚或未婚）就会出现类似的情况。

一个特定实例的一个属性值是属性所对应部分的一个测量值。*数值*（numeric）量和*名目*（nominal）量之间存在明显的差异。数值属性有时也称为*连续*（continuous）属性，它是测量到的实数或整数值。需要注意的是，从数学的观点上说，整数值在数学意义上当然是不连续的，这里滥用了*连续*这个术语。名目属性是从一个预先定义的有限的可能值的集合中取值，有时候也称为分类属性。但是也存在其他可能性。在统计的文章中经常介绍“测量尺度”，如*名目*（nominal）、*有序*（ordinal）、*区间*（interval）和*比率*（ratio）。

名目值是一些独特的符号。这些值作为标签或者名字使用，所以称它们为*名目*。这个词出自拉丁文name。例如，在天气数据中，outlook的属性值是：sunny、overcast和rainy。这三个值之间没有隐含任何关系，没有先后次序或距离测量。把值进行相加或者相乘，或

者比较它们的大小也是没有意义的。使用这类属性的规则只能测试相等或不等。如，

```
outlook: sunny    → no
         overcast → yes
         rainy    → yes
```

49

有序值是那些有可能进行排序的类别值。尽管值间有排序（ordering）的可能，但是绝不存在距离（distance）。例如，在天气数据里，temperature 的属性值是：hot、mild 和 cool。它们是有序的。为了方便，可以把它们看成：

hot > *mild* > *cool* or *hot* < *mild* < *cool*

只要保持连贯性，两者皆可。重要的是要把 mild 放在其他两个值之间。尽管在两个值之间进行比较是有意义的，但是将它们相加或者相减没有意义。hot 和 mild 之间的差异不能和 mild 和 cool 之间的差异进行比较。使用这类属性的规则可能包括一个比较。如下所示：

```
temperature = hot → no
temperature < hot → yes
```

注意名目量和有序量之间的差异并不总是直接明了的。实际上，以上使用的这个有序量的样本，如 outlook，就并不十分清楚，也许还会出现分歧意见，认为三个值之间确实存在序列。overcast 可以认为是介于 sunny 和 rainy 之间的值，它是天气由好转坏的一个过渡阶段。

区间值不但是有序的而且还可以用固定和相等的单位进行度量。温度就是一个很好的例子，它用度表示（如华氏），而不是用凉爽、温和和炎热等非数值的刻度来表示。讨论两个温度的差是很明确的工作，如 46 度和 48 度，也可以与其他两个温度之间的差进行比较，如 22 度和 24 度。另一个例子是日期。可以讨论 1939 年和 1945 年之间的差（6 年），甚至可以计算 1939 年和 1945 年的平均值（1942 年），然而将 1939 年与 1945 年相加（3884），或者将 1939 年乘以 3（5817），都没有任何意义。因为作为开始点的 0 年完全是臆想出来的，在历史上它已经更改很多次了（孩子们有时候会疑惑公元前 300 年在当时是如何称呼的）。

比率值的测量方法内在定义了一个零点。例如，当测量一个物体到另一个物体的距离时，物体到它自身的距离形成一个自然的零值。比率值通常是实数，所以可以进行任何数学运算。当然将距离乘以 3 也是合理的，两个距离相乘将得到面积。

然而，问题是一个"固有"定义的零点是否基于我们的科学知识？科学知识是与文化相联系的。例如，华氏并没有最低温度的限制，它的刻度是一个区间。但是现在我们把温度看成基于绝对零的一个比率值。用年来计算时间是基于由文化定义的零，如公元元年，
50 它不是一个比率刻度，而是开始于宇宙大爆炸的年份。在谈论钱的零点时，人们通常会谈到某一物品要比另一种物品贵一倍，但对于我们中间那些不断将信用卡刷爆的人来说，这种谈论就不是很有意义了。

许多实际的数据挖掘系统只采用 4 种测量标准中的两种：名目和有序。名目属性有时称为类别的（categorical）、枚举的（enumerated）或离散的（discrete）属性。枚举是计算机科学里的一个标准术语，用来表示分类的数据类型，但严格的定义应该是它与自然数字有一对一的对应关系，其中隐含了一个顺序的关系，但是在机器学习中没有隐含顺序关系。离散也含有顺序的关系，因为通常需要离散一个连续的数量值。有序的属性经常称为数值的或连续的属性，但是不存在数学连贯性的暗示。名目值的一个特例是二分值（dichotomy），它只有两个值，通常设计成如天气数据里所见到的 true 和 false，或者 yes 和 no 的形式。这类属性有时也称为布尔（Boolean）属性。

机器学习系统可以使用许多有关属性的其他信息。例如，维度上的考虑能够用来把搜索限制在表示或者比较那些维度上正确的数据。循环的顺序会影响到多种测试方案的制订。例如，在时间的一个日常概念中，对一个属性是*天*（day）的测试可能涉及明天、前天、下一个工作日、下周的同一天。部分排序是一般或者具体的关系，在实际中频繁发生。这种信息通常作为*元数据*（metadata）被提及，元数据是关于数据的数据。然而，当今的一些用于数据挖掘的实际方案很少有能力将元数据考虑进来，不过这种能力会在未来得到迅速发展。

2.4　输入准备

在整个数据挖掘过程中，为数据挖掘研究所做的数据输入准备工作常常需要花费大量的精力。本书并不打算真正讨论数据准备问题，只是指出其中包含的一些问题，从中认识到它的复杂性。接着将讨论一个特殊的文件输入格式，属性相关文件格式（ARFF），它是第三部分 Weka 系统使用的一个输入格式。然后阐述在数据集转换成 ARFF 格式过程中将会产生的问题，以及需要注意的一些简单实际要点。实验表明真实数据的数据质量低得令人失望，所以称为*数据清理*（data cleaning）的一个仔细检查数据的过程是数据挖掘的重要步骤。

2.4.1　数据收集

在着手开始研究数据挖掘问题之前，首先需要把所有数据集中成一个实例集。在讨论
家族树时已经解释了将关系数据进行反规格化的原因。尽管它揭示了数据集中的基本问 51
题，但是这种独立的非人造的样本，并没有真正反映实际是怎样的一个过程。而真正的商
业应用需要从不同部门收集数据。例如，在营销研究中，需要从销售部门、顾客账单部门
和顾客服务部门收集数据。

将不同的数据源进行整合是一项具有挑战性的工作，虽然不存在深奥的原则性问题，但是处理起来却很棘手。因为不同的部门也许使用不同的记录形式、不同的习惯、不同的时间段、不同的数据汇总程度、不同的主键和不同的错误形式。所以数据必须集中、整合和清理。大型数据整合的思想称为*数据仓库*（data warehousing），数据仓库提供了一个访问成组数据的接口，它超越了部门的界限。旧数据在数据仓库中以商业决策借用的方式发布。把数据转移到数据仓库将证实一个事实：将各个部门在日常工作中产生的一些部门级信息聚集起来后，会产生出巨大的战略价值。显而易见，数据仓库的存在是数据挖掘工作的一个非常有用的先决条件，如果没有数据仓库，在为数据挖掘做数据准备工作时，必须采用数据仓库所包含的许多数据处理步骤。

通常一个数据仓库所含的数据并不都是必需的，有时需要越过部门把数据和相关问题联系起来分析。例如，在第1章中讲述的在电力负载预测里考虑天气数据，以及在市场和销售应用中考虑人口统计学的数据。这些数据有时称为*重叠数据*（overlay data），它通常不是由一个组织收集的，而是明显与数据挖掘问题有关。当然重叠数据也必须清理，并且要与其他已经收集到的数据进行整合。

数据整合的另一个实际问题是什么程度的数据整合是合理的。当奶牛农场主决定出售哪些牛时，牛的产奶量记录是一个重要的决定因素。每条牛的产奶量由一个自动的挤奶机器每天记录两次，所以需要将数据进行合并。同样，当电话公司研究客户行为时，有些电话访问的原始数据是不会用到的，必须把这些数据整合到客户层。数据是按月使用还是按

季度使用，或者推迟几个月或几个季度？选择正确的数据类型和数据整合的程度通常关系着数据挖掘的成功与否。

因为数据整合中涉及很多问题，不能期望在一开始就取得成功。这就是为什么数据汇集、数据清理、数据整合和一般的数据准备工作需要花费很长时间。

2.4.2 ARFF 格式

现在来看一种标准的数据集表示方式，叫做 ARFF 文件（ARFF file）。我们介绍该文
52 件的普通版，实际上还有一种叫做 XRFF 的版本，如名字所示，它给出了 ARFF 文件头，且用可扩展标记语言（XML）给出了实例信息。

图 2-2 是表 1-3 中天气数据的一个 ARFF 文件，这个版本的一些属性是数值属性。由%开始的行是注释行。在文件开始处紧接着文件注释的是关系的名称（weather）和一组属性的定义（outlook，temperature，humidity，windy，play?）。在名目属性后面括号里的是一组名目值。如果名目值内包含空格，必须加引号。数值属性后跟一个关键字：numeric。

```
% ARFF file for the weather data with some numeric features
%
@relation weather

@attribute outlook { sunny, overcast, rainy }
@attribute temperature numeric
@attribute humidity numeric
@attribute windy { true, false }
@attribute play? { yes, no }

@data
%
% 14 instances
%
sunny, 85, 85, false, no
sunny, 80, 90, true, no
overcast, 83, 86, false, yes
rainy, 70, 96, false, yes
rainy, 68, 80, false, yes
rainy, 65, 70, true, no
overcast, 64, 65, true, yes
sunny, 72, 95, false, no
sunny, 69, 70, false, yes
rainy, 75, 80, false, yes
sunny, 75, 70, true, yes
overcast, 72, 90, true, yes
overcast, 81, 75, false, yes
rainy, 71, 91, true, no
```

53 图 2-2　天气数据的 ARFF 文件

尽管天气问题需要从其他属性值中预测类值：play?，但是在数据文件中类属性与其他属性并没有任何区别。ARFF 文件格式只给出了一个数据集，并没有指出将要预测哪些属性。这意味着可以在同样的文件上考察每一个属性究竟能否从其他属性中预测出，或用同样的文件来寻找关联规则或聚类。

在属性定义后以@ data 开始的行，是数据集中实例数据开始的标志。每一行表示一个实例，属性值按照属性的顺序排列，并用逗号隔开。如果有缺失值，将由问号表示（在这

个数据集里没有缺失值）。在 ARFF 文件里的属性说明可以用来检查数据，确保所有属性值都是有效的，数据检查工作可以由读入 ARFF 文件的程序自动完成。

除了有像天气数据中存在的名目属性和数值属性外，ARFF 格式还有其他三种属性形式：字符串属性、日期属性和赋值关系属性。字符串属性的值是文本。如果需要定义一个叫 description 的字符串属性，应该用如下形式定义：

```
@attribute description string
```

在实例数据中，可以用引号包括任意的字符串（如果在字符串里包含引号，要在每个引号前加上反斜线“\”）。字符串存储在一个字符串表中，并由它们在表中的地址表示。因此含有相同字符的两个字符串将拥有相同的值。

字符串属性包含的值可以非常长，甚至可以是一个文件。为了能使用字符串属性进行文本挖掘，有必要对它们进行处理。例如，也许可以将一个字符串属性转换成大量的数值属性，字符串中的每一个单词对应一个数字，这个数字是单词在字符串中出现的次数。此种转换方式将在 7.3 节中讨论。

日期属性是一个特殊形式的字符串，用以下方式定义（表示一个叫 today 的属性）：

```
@attribute today date
```

Weka 使用 ISO-8601 标准组合日期和时间，格式为：yyyy-MM-dd'T'HH: mm: ss，用 4 位数字表示年，分别用 2 位数字表示月和日，字母 T 以后各用 2 位数字表示小时、分钟和秒[⊖]。在文件的数据部分，日期用相应的日期和时间的字符串表示，例如“2004-04-03T12: 00: 00”。尽管它们被表示成字符串，但是在文件读入时，日期将被转换成数值形式。日期也可以内部转换成多种不同的格式，所以在数据文件里可以使用绝对时间戳和一些转换方法，以形成一天中的时间或者一周里的天，从而便于考察阶段性的行为。

关系值属性不同于其他类型属性之处在于，它允许在 ARFF 格式中出现多实例问题。关系属性的值是一个单独的实例集合。关系属性在定义时有一个名称，其类型为 relational，并伴有一个内嵌的属性块，这个属性块给出了所引用实例的结构。举例来说，有一个名为袋（bag）的关系值属性，其值是一个与没有 play 属性的天气数据具有相同结构的数据集，可以用以下方式表示： 54

```
@attribute bag relational
   @attribute outlook { sunny, overcast, rainy }
   @attribute temperature numeric
   @attribute humidity numeric
   @attribute windy { true, false }
@end bag
```

符号@ end bag 表示这个内嵌属性块的结尾。图 2-3 展示了一个描述基于天气数据的多实例问题的 ARFF 文件。在这个例子中，每一个样本由一个 ID 号、连续两个来自原始天气数据的实例，以及一个类标号组成。

每一个属性值包含一个字符串，字符串封装了两个由“\n”字符隔开的天气实例。这种形式可能适合于那些持续两天的运动。对于那些具有不定天数的运动（例如，顶级板球赛需要 3～5 天的时间），也可以采用与上例相似的数据集。不过要注意的是，在多实例学习中，实例的顺序通常并不重要。算法也许可以学习这样的规则：如果要开展板球运动，要求在一段时间内没有一天下雨并且至少有一天是晴天，而并不要求某种确定的天气事件序列。 55

⊖ Weka 包括了一种机制，该机制通过在属性定义中包含一个特殊字符串来定义不同格式的日期属性。

```
% Multiple instance ARFF file for the weather data
%
@relation weather

@attribute bag_ID { 1, 2, 3, 4, 5, 6, 7 }
@attribute bag relational
    @attribute outlook { sunny, overcast, rainy }
    @attribute temperature numeric
    @attribute humidity numeric
    @attribute windy { true, false }
@end bag
@attribute play? { yes, no }

@data
%
% seven "multiple instance" instances
%
1, "sunny, 85, 85, false\nsunny, 80, 90, true", no
2, "overcast, 83, 86, false\nrainy, 70, 96, false", yes
3, "rainy, 68, 80, false\nrainy, 65, 70, true", yes
4, "overcast, 64, 65, true\nsunny, 72, 95, false", yes
5, "sunny, 69, 70, false\nrainy, 75, 80, false", yes
6, "sunny, 75, 70, true\novercast, 72, 90, true", yes
7, "overcast, 81, 75, false\nrainy, 71, 91, true", yes
```

图 2-3 天气数据的多实例 ARFF 格式文件

2.4.3 稀疏数据

有时大部分实例的很多属性值是0。例如，记录顾客购物情况的购物篮数据，不管购物清单有多大，顾客购买的商品都只占超市所提供的一小部分。购物篮数据记录了顾客所购买的每种商品的数量，除此以外几乎所有库存商品的数量都是0。数据文件可以看成一个由行和列分别表示顾客和所存储商品的矩阵，这个矩阵是稀疏矩阵，几乎所有的项都是0。另一个例子出现在文本挖掘中，这里的实例是文档。而矩阵行和列分别表示文档和单词，用数字表示一个特定的单词在特定文档中出现的次数。由于大部分文档的词汇量并不大，所以很多项也是0。

明确地表示一个稀疏矩阵的每一项并不实际。下面按序表示每个属性值：

```
0, X, 0, 0, 0, 0, Y, 0, 0, 0, "class A"
0, 0, 0, W, 0, 0, 0, 0, 0, 0, "class B"
```

作为代替的另一种表示方法是将非0值属性用它的属性位置和值明确标出。如：

```
{1 X, 6 Y, 10 "class A"}
{3 W, 10 "class B"}
```

收集每一个非0值属性的索引号（索引从0开始）和属性值，并将每一个实例包含在大括号里。在 ARFF 文件格式里，稀疏数据文件包含相同的@ relation 和@ attribute 标签，紧接着是一个@ data 行，但数据部分的表示方法不同，如以上所示的一样在大括号内用属性说明表示。注意省略的值都是0，它们并不是“缺失”值！如果存在一个未知值，它必须用一个问号明确地表示出来。

2.4.4 属性类型

ARFF 文件格式允许两种基本数据类型：名目型和数值型。字符串和日期实际上也分别是名目值和数量值，尽管字符串在使用以前通常需要转换成数值形式，如单词向量。关系值属性包含单独的实例集，这些实例集有各自的基本属性，如数值型和名目型。但是对两种基本类型的诠释方法取决于所使用的机器学习方案。例如，很多机器学习方案把数值属性作为有序的刻度处理，并且仅在数值间进行小于和大于的比较。然而，另一些方案将 56
它们作为比率值处理，并且使用距离计算。所以将数据用于数据挖掘以前，要理解机器学习方法的工作原理。

如果机器学习方案处理数值属性是用比率值度量的，将会引出一个规范化的问题。属性值通常被规范化到一个固定的范围，如从0~1，把所有的值除以所有出现的值中最大的一个，或者先减去一个最小值，然后除以最大值和最小值之差。另一个规范化技术是计算属性值的统计平均值和标准差，把每一个值减去统计平均值后除以标准差。这个过程称为将一个统计变量*标准化*，并且所得到的是平均值是0，标准差是1的值的集合。

有些机器学习方案，如基于实例的和回归方法的，只能处理比率值，因为它们根据属性的值计算两个实例之间的“距离”。如果实际值是有序的，必须定义一个数值距离公式。一种处理方法是使用两层的距离：1表示两个值不同，0表示相同。任何名目值都能够作为数值用距离公式处理。但它是一个有点儿粗糙的技术，掩盖了实例间真正不同的程度。另一种可行的方法是为每一个名目属性建立合成的二元属性。有关内容将在6.6节使用决策树进行数值预测时讨论。

有时名目值和数值量之间存在真正的映射关系。例如，邮政编码指定的区域可以用地理坐标来表示；电话号码的前几位也有相同功能，它与所在的区域相关。学生证号码的前两位数也许是学生入学的年份。

实际的数据集普遍存在名目值作为整数编码的情形。例如，一个整数形式的标识符也许用来作为一个属性的代码，如*零件号码*，但是这些整数值不能用于小于或大于的比较。如果是这样，明确指出属性是名目型而不是数值型是非常重要的。

把一个有序值作为名目值处理是可行的。实际上，许多机器学习方案只处理名目值。例如，在隐形眼镜问题里，年龄属性就是作为名目值处理的，产生的一部分规则如下：

```
If age = young and astigmatic = no
   and tear production rate = normal
   then recommendation = soft
If age = pre-presbyopic and astigmatic = no
   and tear production rate = normal
   then recommendation = soft
```

但事实上，年龄（特别是这种形式的年龄）是一个真正的有序值，可以用以下方式 57
表示：

```
young < pre-presbyopic < presbyopic
```

如果将它作为有序值对待，那么上面两条规则就可以合并成一个：

```
If age ≤ pre-presbyopic and astigmatic = no
   and tear production rate = normal
   then recommendation = soft
```

这是一个更紧凑、更令人满意的表示相同含义的方法。

2.4.5 缺失值

实际中遇到的很多数据集都包含缺失值，例如表1-6中的劳资协商数据。缺失值通常是指超出正常范围，可能会在正常值是正数的位置出现一个负数（如-1），或在正常情况下不可能出现0值的位置出现0。对于名目属性，缺失值可能会由空格或横线表示。如果需要对不同形式的缺失值加以区别（如未知、未记录、无关值），可以用不同的负整数表示（-1、-2等）。

必须仔细研究数据中缺失值的意义。缺失值的出现有多种原因。例如，测量设备出现故障，在数据收集过程中改变了试验方法，整理几个相似但不相同的数据集。被访问者在访问中也许会拒绝回答某些问题，如年龄或收入。在考古研究领域，一个样本，如一个头盖骨被损坏了，导致某些参数不能测出。在生物学研究领域，所有参数在测量以前，植物或动物就已经死了。这些情况的出现对纳入考虑之中的样本意味着什么？也许头盖骨的损坏有某种意义，或者仅仅是随机的事件？植物已死去这个事实有意义或者无意义？

大多数机器学习方案隐含地假设：一个实例的某个属性值缺失并没有特别意义，这个值只是未知而已。然而，这个值为什么缺失也许会有一个很好的理由，可能是基于所了解的信息而做出的决策，不执行某些特定测试。如果是这样，这其中提供的关于实例的信息要比仅仅了解有缺失值这个事实多得多。如果是这样，也许将属性的可能值记录为未测试更妥当，也可将它作为数据集中的另一个属性。上面的例子说明，只有熟悉数据的人才能做出明智的判断：一个特定值的缺失是否存在一些特别的意义，是否应该将它作为一个一般的缺失值进行处理。当然，如果存在多种类型的缺失值，那就意味着出现了异常状况，需要调查具体原因。

如果缺失值意味着一个操作员曾经决定不进行一个特定的测量，那么它将传达出比这个值是未知的这个事实更多的信息。例如，人们在分析医学数据库时已经注意到，一般情况下病情的诊断是按照医生决定做的检查的结果，但是有时侯，医生不需要知道检查结果就可以做出诊断。这种情况下，带有某些缺失值的记录是做一个完整诊断所需要的全部，那些实际值可以被完全忽略。

2.4.6　不正确的值

仔细检查数据挖掘文件从中找出不良的属性和属性值是非常重要的工作。数据挖掘中使用的数据并不是为了数据挖掘而收集的。在最初收集数据时，数据的某些方面可能并不重要，所以留下空白或没有被检查。由于这样不会对收集数据的初衷造成任何影响，所以不用更正它。然而，当这个数据库用于数据挖掘时，错误和省略的部分立刻变得相当重要。例如，银行并不真正需要知道客户的年龄，所以它们的数据库中也许会存在许多缺失或不正确的（有关年龄的）值。但是在由数据挖掘得到的规则中，年龄也许会成为一个非常重要的特性。

数据集的印刷错误显然会造成不正确的值。通常表现为名目属性的值被拼错，这将为名目属性制造一个额外的值。或者不是拼错，而是一个同义词，如百事和百事可乐。很明显，一个事先定义的格式，如ARFF格式的优势在于可以检查数据文件以保证数据内部的连贯性。然而，在原数据文件中出现的错误通常会经过转换过程保存到用于数据挖掘的文件里。因此每一个属性所拥有的可能值的列表都应该仔细检查。

印刷或测量在数值上造成的错误通常会导致超出取值范畴的值，可以通过一次取一个变量进行绘图的方法检查错误。错误的值往往会远离一个由其余的值构成的模式。当然，有时候要找出错误值是困难的，尤其是在一个不熟悉的知识领域里。

重复的数据是另一种错误源。如果数据文件中的一些实例是重复的，那么很多机器学习工具将会产生不同的结果，因为重复将对结果产生很多影响。

人们在向数据库输入个人数据时常常会故意制造一些错误。他们也许会在拼写他们的地名时做一些小的改动，试图确认他们的信息是否会被出售给广告商，而使他们收到大量的垃圾邮件。如果以前一些人的保险申请曾经被拒绝过，也许他们会在再次申请保险时修正他们名字的拼写。严格的计算机化的数据输入系统通常强制性地要求输入一些信息。例如，一个外国人在美国租车时，计算机坚持要他在美国的邮政编码。可是他来自其他国家，根本没有美国的邮政编码。万般无奈之下，操作人员建议他使用租车公司的邮政编码。如果这是很普遍的做法，那么在以后的数据挖掘中将出现一群客户的地址和租车公司在同一区域。

同样，超市收银员有时会在顾客不能提供购物卡时使用他们自己的购物卡，为了让顾客得到折扣，或者只是为了在出纳员的账户上增加信用积分。只有深入了解有关的背景知 59
识，才能够解释如上所示的系统性的数据错误。

最后，数据也存在有效期。随着周围情况的变化，数据也会发生变化。例如，邮件列表里的姓名、地址、电话号码等项就经常会发生变化。所以在数据挖掘里需要考虑用于挖掘的数据是否依然有效。

2.4.7　了解数据

在数据挖掘中有必要加强对数据的理解。一些可以显示名目属性值的柱状分布图和数值属性值的分布图（也许将实例进行排序，或绘图）的简单工具都有助于理解数据。用图形的方式将数据可视化能够方便地鉴别出离群值，是一个很好的表示数据文件中错误的方法，也为非正常情况的编码提供了很大的便利。如用 9999 表示缺失的年或者 -1kg 表示缺失的重量，人们并没有提供这些表示法的说明。还需要与领域专家商量来解释异常值、缺失值，以及那些用整数表示范畴而不是真正数量值的重要性等。将属性值两两进行坐标投影，或者将各个属性与对应的类值进行坐标投影都将有助于对数据的理解。

数据清理是一个费时费力的过程，但却是成功的数据挖掘所绝对必要的。人们经常放弃一些大型的数据集，就是因为它们没有可能完全核对数据。或者，可以抽取一些实例并仔细研究，从中可以得到惊人的发现。所以花一些时间来审视数据是值得的。

2.5　补充读物

Pyle（1999）为数据挖掘提供了一个详尽的数据准备的指南。现在许多人对数据仓库和它所呈现出来的问题很感兴趣。据我们所知，Kimball 和 Ross（2002）对此类问题做的阐述是最好的。Cabena 等（1998）认为数据准备的工作量在一个数据挖掘应用中占 60%，他们也谈到其中所包含的一些问题的工作量。

Bergadano 和 Gunetti（1996）对处理有限和无限关系的归纳逻辑编程进行了研究。Stevens（1946）引入了有关属性的不同“测量等级”的概念，并且在统计包，如 SPSS，相关手册里进行了详尽的阐述（Nie 等，1970）。

Dietterich 等（1997）介绍了原始的、特定意义上的多实例学习场景，它由药物活性预测问题得来。2.1 节开始部分提到的多类别实例问题是另一种不同的场景。Read 等
（2009）讨论了一些方法以便用标准分类算法来处理这些问题。 60

输出：知识表达

本书提供的大部分数据挖掘技术能产生出一些容易理解的描述，这些描述是关于数据中的结构模式。在了解这些数据挖掘技术是如何工作以前，首先必须知道数据中的结构模式是如何表达的。机器学习所能发现的模式有许多不同的表达方式，每一种方式就是一种推断数据输出结构的技术。一旦理解了输出结构的表示方法，就向理解数据输出结构是如何产生的前进了一大步。

第1章给出了很多数据挖掘的例子。这些例子的输出采用的形式是决策树和分类规则，这是许多机器学习方法所采用的基本知识表达形式。对决策树或者规则的集合而言，*知识*是一个名不副实的词，这里用这个词并不意味着我们想要暗示这些结构胜过浮现在我们脑海里的真正的知识，只是需要用一个词描绘由机器学习方法产生的结构。在一些更加复杂的规则中允许使用例外，可以表示不同实例的各个属性值之间的关系。正如我们在第1章中所提到的，有些问题中的类别是数值型的，处理这些问题的传统方法是使用线性模型。线性模型还可以适用于处理二分类问题。此外，一些特殊形式的树能进一步用于数值预测。基于实例的表达方法则着重于研究实例本身，而不需要像规则一样，分析实例的属性值。最后，还有一些机器学习方法会产生出一些实例的聚类。这些不同的知识表达方法是与第2章中介绍的不同机器学习问题相对应的。

3.1 表

表示机器学习输出结构的最简单、最基本的方法是采用与输入相同的形式——表（table）。例如，表1-2是一个天气数据的决策表，只需要从中寻找一些适合的条件来确定是否玩。当然这个过程也可以用于数值预测问题，这种情况下，结构有时就是一个*回归表*
61 （regression table）。为了更简单些，建立一个决策表或者回归表也许需要涉及属性选择的问题。例如，如果温度属性和决策无关，形成更小的、扼要的表就是一个很好的决策表。当然关键问题是确定去除哪些属性而不会影响最终的决策。

3.2 线性模型

另一个简单的表达形式是*线性模型*（linear model），其输出仅仅是属性值的总和，当然如果属性值各有权重，则需要加权求和。赋权的诀窍在于赋权后得到的输出结果能尽量好地接近希望达到的输出结果。这里，输出和输入的属性值都是数值型。统计学家采用*回归*（regression）这个词来表示预测数值型变量的过程，*回归模型*（regression model）是这类线性模型的术语之一。遗憾的是，回归这个词通常的意思是返回到之前的状态，这与它在这里的术语意思并没有直观的联系。

线性模型可以非常容易地被可视化为一张2维平面图，相当于在一系列数据点中画一条直线。图 3-1 显示的一条直线对应于曾出现在第 1 章中的 CPU 性能数据（见表 1-5），其中输入数据只有 cache（缓存）属性。纵坐标上显示的是 performance（性能）属性，横坐标上是 cache 大小，它们都是数值型数据。直线代表了“最佳拟合”预测等式：

$$PRP = 37.06 + 2.47\ CACH$$

给定一个测试实例，可以通过将观察得到的缓存大小代入等式得到预测的 performance。在这个等式中包含了一个常量 62
“偏差”(37.06) 以及 cache 的权重 (2.47)。当然，线性模型可以扩展为多属性值，只需对每一个属性的权重以及偏差进行赋值，它们就能很好地拟合了训练数据。

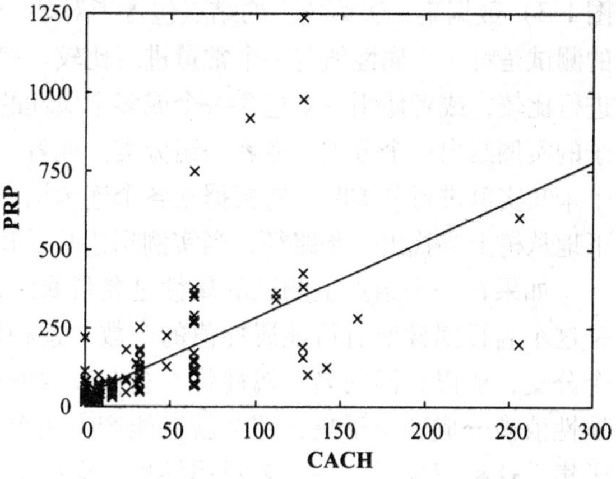

图 3-1　CPU 性能数据的一个线性回归函数

线性模型也可以应用到二元分类问题。这时，那条由模型产生的直线将数据分为两类：这条直线显示了伴随两种数据值变化而发生改变的决策结果。这样的一条直线也常称为决策边界（decision boundary）。图 3-2 显示了这样一条决策边界，它将鸢尾花数据分成两种类型：Iris setosas 和 Iris versicolors。这里，利用两种输入属性：花瓣长度和花瓣宽度来绘制数据图，那条代表决策边界的直线是关于这两种属性值的函数。位于
直线上的点满足如下的等式： 63

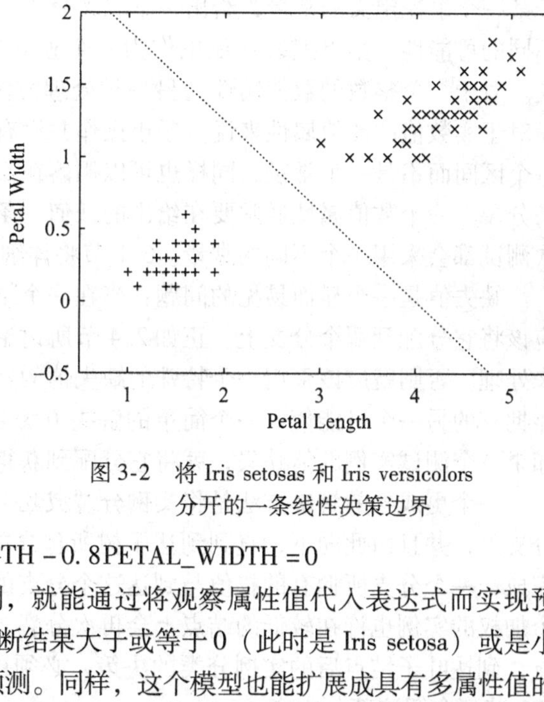

图 3-2　将 Iris setosas 和 Iris versicolors 分开的一条线性决策边界

$$2.0 - 0.5PETAL\_LENGTH - 0.8PETAL\_WIDTH = 0$$

与前面的例子一样，给定一个测试实例，就能通过将观察属性值代入表达式而实现预测。不同的是，在这个例子中，我们通过判断结果大于或等于 0（此时是 Iris setosa）或是小于 0（Iris versicolor）来实现鸢尾花的种类预测。同样，这个模型也能扩展成具有多属性值的情况，只是原来的 2 维决策边界将变为更高维的决策平面，甚至是超平面。这种情况下就需要通过训练数据对各属性值的权重进行赋值，以得到正确的超平面对数据进行分类。

在图 3-1 和图 3-2 中，我们可以使用不同的方法得到不同的属性权重，从而通过改变属性权重来改变直线的位置和方向。图 3-1 中的权重是由一种称为*最小二乘线性回归*（least squares linear regression）的方法得到的；图 3-2 中的权重是由感知器训练规则（perceptron training rule）得到的。这两种方法都将在第 4 章中介绍。

3.3　树

一个从独立实例集学习的“分治”方法，自然得到一个称为*决策树*（decision tree）的

表达形式。我们已经看到了一些决策树的例子，如隐形眼镜（见图1-2）和劳资协商（见图1-3）数据集。决策树上的结点包含了对某个特定属性的测试。一般来说，在一个结点上的测试是将一个属性值与一个常量进行比较。然而，有些树结点上的测试是在两个属性之间进行比较，或者使用一个包含一个或多个属性的函数公式进行比较。叶子结点对所有到达叶子的实例给出一个分类，或者一组分类，或者一个包括了所有可能分类的概率分布。当对一个未知实例进行分类时，将根据在各个连续结点上对未知实例的属性值的测试结果，自上而下地从树上寻找出一条路径，当实例到达叶子时，实例的分类就是叶子所标注的类。

如果在一个结点上测试的属性是名目属性，那么在这个结点之下产生的分支的个数就是这个名目属性所有可能属性值的个数。这种情况下，因为每个可能的名目属性值对应一个分支，所以相同的名目属性将不会在以后的建树过程中再次被测试。而有些时候，名目属性值被分成两个子集，那么就只能产生两个分支，（实例的分配）取决于属性值所在的子集。这种情况下，一个名目属性也许会在一条路径上不止一次地被测试。

如果属性是数值属性，那么在一个结点上的测试通常是判断这个数值是否大于或者小于某一个事先定义的常量，给出一个二叉分裂。或者也可能使用三叉分裂，将会出现多个不同的可能性。如果把*缺失值*也作为一个独立的属性值看待，那么将会产生出第三个分支。对于一个整数的数值属性的另一种处理方法，是用*小于*、*等于*和*大于*实行三叉分裂。而对于实数值的数值属性来说，等于操作并没有实际意义，所以在实数上的测试应该是用一个区间而不是一个常量，同样也可以用落在*区间以下*、*区间内*和*区间以上*的判断实行三叉分裂。一个数值属性通常要在给出的任何一条从树根到叶子的路径上被测试多次，每一次测试都会采用一个不同的常量。6.1节将详细讨论处理数值属性的方法。

缺失值是一个显而易见的问题：当在一个结点上所测试的属性值缺失时，就不能确定应该将它分配到哪个分支上。正如2.4节所讨论的，有时将*缺失值*作为属性的一个独立值来处理。否则就应该采用一个特殊的缺失值的处理方法，而不是仅仅把缺失值当做属性可能拥有的另一个可能值。一个简单的解决方法是记录训练集中到达每个分支的实例数量，如果一个测试实例的值缺失，就将它分配到获得最多实例的那个分支上。

一个更成熟的解决方法是将实例分裂成几个部分，然后分别将它们分配到下面的每个分支上，并且由此向下，直到到达子树所包含的叶子。分裂过程采用0~1之间的权值来完成，一个分支所拥有的权值与到达这个分支的训练实例成比例，所有权值之和为1。一
64 个加权的实例也许在较低的结点上会再次分裂。最后，实例的不同部分将分别到达叶子结点，到达叶子结点后的实例分类的决策，必须由渗透到叶子结点的权值重新组合后产生。6.1节将介绍这部分内容。

目前本书已经给出了决策树的描述，它可以通过将某些属性的值与一个常量进行比较从而在结点处对数据进行划分。决策树是一种最为常用的方法。若使用两个输入属性在两个维度上将决策树进行可视化，比较一个属性值与一个常量的值就可以将数据从平行于该轴的方向进行划分。但实际上还存在其他的可能性。有些树采用将两个属性与另一个属性进行比较，还有一些树则计算多个属性的函数。例如，使用前面小节中所描述的超平面得到一个并不平行于某个轴的倾斜分割。与线性模型一样，*函数树*（functional tree）也可以在叶子结点得到可用于预测的*倾斜分割*。树中的某些结点还可以指定不同属性的其他分割，尽管树的构建者还不能决定选择哪个属性。在进行分类时，若属性看起来都是同样的有用，那么上面的方法就非常有用。这样的结点就叫做*选项*（option）结点，在对未知的

实例进行分类时，该实例会符合所有从选项结点得到的分支。这就意味着该实例最后可能形成多个叶子，给出多个可能的预测值，这些值可以通过如多数投票的方式来进行整合。

对一个数据集进行手动建树是具有启发性的，甚至是很有趣的。为了有效地建树，需要有一种观察数据的好方法，因为通过观察可以判断哪个属性有可能成为用于测试的最佳属性，以及应该采用哪种适当的测试方法。在第三部分介绍的 Weka Explorer 里有一个用户分类器（User Classifier），用户可以使用这个工具以交互的方式创建决策树。它根据用户选择的两个属性绘出一个数据散布图。当找到一对能够很好地区别实例类别的属性时，用户可以在散点图上围绕适合的数据点画出一个多边形将数据一分为二。

例如，图 3-3a 显示用户正在一个有 3 个类的数据集（鸢尾花数据集）上操作，并且已经找出两个属性：petallength 和 petalwidth，这两个属性能够很好地将数据按类进行分离。手动画出的一个长方形分离出其中的一个类（Iris versicolor）。然后，用户可以切换到树视图（见图 3-3b）来观察。左边的叶子结点主要包含了一种类型的鸢尾花（Iris versicolor，仅有两个 virginica 被错分在这里）；右边的叶子结点主要包括另外两种类型的鸢尾花（Iris setosa 和 virginica，有两个 versicolor 被错分在这里）。用户也许会选择右边的叶子进一步分析，用另一个矩形，或者基于一个不同的属性对，再继续将数据分裂（尽管图 3-3a 所示的两个属性看上去是很好的选择）。

11.2 节介绍了如何使用 Weka 用户分类器。大多数人兴致勃勃地用这个工具做出前几个决策以后，很快就失去了兴趣，一个非常有用的方法是选用一个机器学习方法，让机器学习方法在决策树的结点上做数据分离的工作。从手动创建决策树的过程中能够体验到，对不同属性组合分裂（数据）的评估是一项十分乏味辛苦的工作。 65

我们前面所关注的决策树是用于预测名目型量而不是数值型量。当要预测数值型量时，比如图 1-5 所示的 CPU 性能数据，我们可以采用同样的树，不同之处在于每一个叶子结点需要包含一个数值型值，这个数值型值是该叶子结点所采用的所有训练数据集数值的

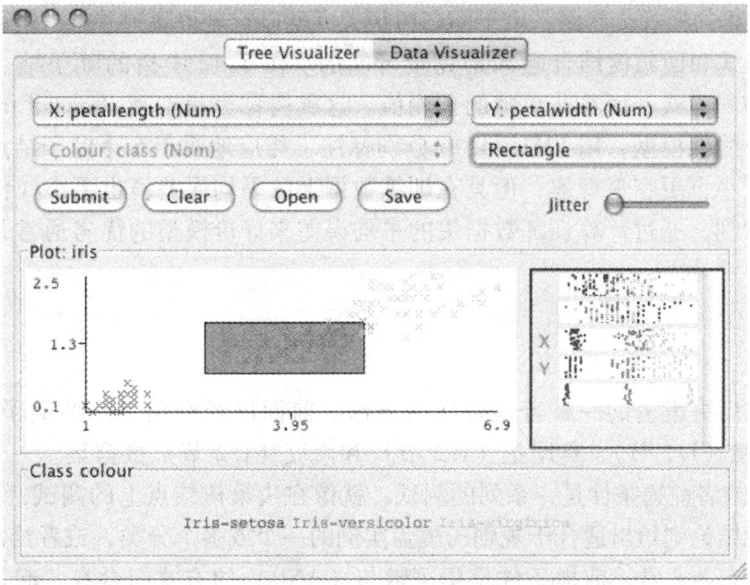

a）建立一个包含花瓣长度和花瓣宽度的矩形测试

图 3-3　用交互的方式创建一个决策树

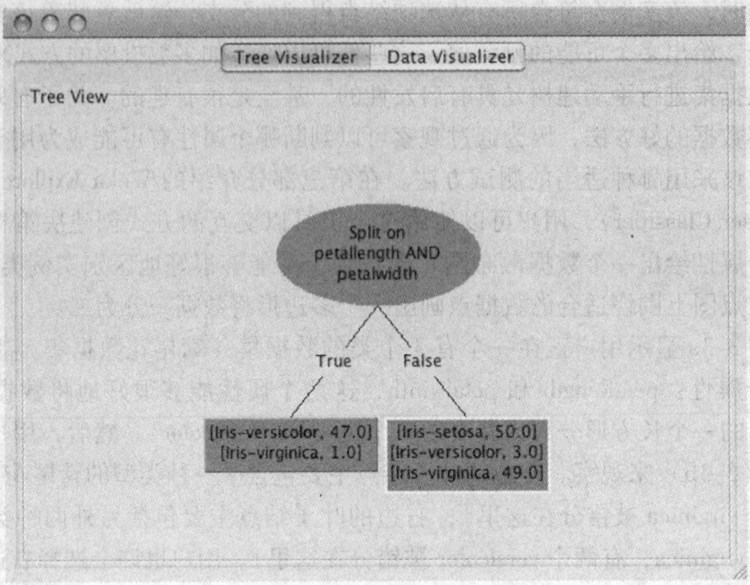

b）得到（未完成的）决策树

图 3-3　（续）

66 平均值。由于决策树所预测的是一个数值型量，所以这样的在叶子结点上包含平均数值型值的决策树又称为*回归树*（regression trees）。

图 3-4a 显示了一个 CPU 性能数据的回归等式，图 3-4b 显示了一棵回归树。树的叶子结点上的数字代表所有能到达该叶子结点的实例的结果平均值。这棵树比回归等式大很多也复杂很多，并且通过这棵树得到的预测值与真实值之间的误差绝对值的平均值比由回归等式得到的小很多。回归树具有更高的准确性，因为在这个问题中一个简单的线性模型很难有效表达数据的模式。然而，由于回归树很大，所以它显得臃肿并难以解释。

将回归等式和回归树结合起来是完全可能的。图 3-4c 中树的叶子结点包含了线性表达式，即回归等式，而并非单独的预测值。这种树称为*模型树*（model tree）。图 3-4c 中包含了 6 个线性模型，用 LM1 ~ LM6 分别标注，相应地属于 6 个叶子结点。虽然模型树比回归树更小也更容易理解，但其在训练数据上的平均误差值也更小（但是，我们将在第 5 章中看到，通过计算训练数据集的平均误差来评价模型的优劣通常并非是一个好方法）。

3.4　规则

规则是取代决策树的一种普遍使用的方法，前面已经介绍了一些例子：天气（1.2 节）、隐形眼镜（1.2 节）、鸢尾花（1.2 节）和大豆（1.2 节）数据集。一个规则的前件（antecedent）或者前提条件是一系列的测试，就像在决策树结点上的测试，而*后件*（consequent）或者结论则给出适合于规则所覆盖实例的一个或多个分类，或者给出实例在所有类上的概率分布。通常，前提条件是用逻辑与（AND）的方式组合在一起，如果使用规则，那么必须要通过所有的测试。然而，在一些规则的表达公式中，前提条件通常是一些一般的逻辑表达式，而不是一些简单的逻辑与的组合。我们通常认为逻辑或（OR）能有效地将独立的规则组合在一起，如果其中的任何一个规则适用于这个实例，那么将规则结论得到的类（或概率分布）赋予这个实例。但是，当多个规则得出不同的结论时，就会引出矛盾的问题。我们将在下面很快涉及这个问题。 67

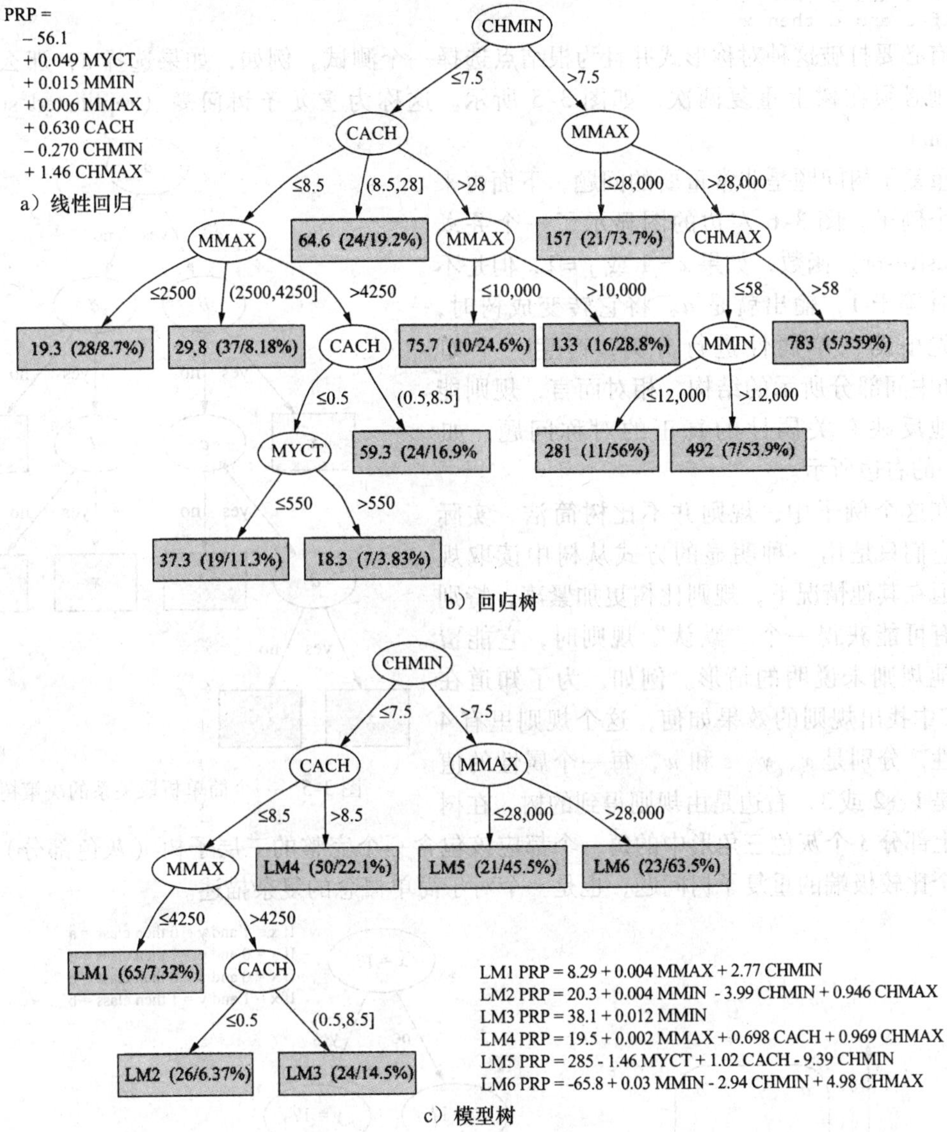

图 3-4　CPU 性能数据模型 68

3.4.1　分类规则

从决策树上直接读出一组分类规则是容易的。每一片叶子可以产生一条规则。规则的前件包含了从根到叶子路径上所有结点的条件，规则的后件是叶子上标注的类。这个过程能产生明确的规则，并且与它们执行的次序是无关的。但是，通常从决策树上直接读出的规则的复杂度远远超出所需，所以为了去除一些冗余的测试，常常需要对从决策树上得到的规则进行剪枝。

因为决策树不易表示隐含在一个规则集里的不同规则间的析取（disjunction）关系，所以将一个通用规则集转换成一棵树并不是十分直截了当。当规则拥有相同的结构却拥有不同属性时，就是反映这个问题的一个很好的例子，例如：

```
If a and b then x
If c and d then x
```

有必要打破这种对称形式并且为根结点选择一个测试。例如，如果选择 a，那么第二条规则必须在树上重复两次，如图 3-5 所示。这称为重复子树问题（replicated subtree problem）。

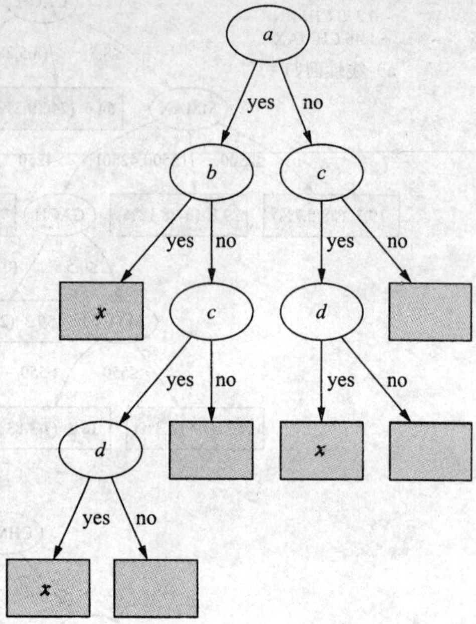

图 3-5 一个简单析取关系的决策树

重复子树问题是非常重要的问题，下面再来看几个例子。图 3-6 左边的图显示了一个异或（exclusive-or）函数，如果 $x=1$ 或 $y=1$，但是不能同时等于 1，输出就是 a。将它转变成树时，必须先根据一个属性进行分离，产生一个如图 3-6中间部分所示的结构。相对而言，规则能忠实地反映有关属性的真正的对称问题，如图 3-6的右边所示。

在这个例子中，规则并不比树简洁。实际上，它们只是用一种明显的方式从树中读取规则。但在其他情况下，规则比树更加紧凑，特别是当有可能获得一个"默认"规则时，它能覆盖其他规则未说明的情形。例如，为了知道在图 3-7中找出规则的效果如何，这个规则里有 4 个属性，分别是 x、y、z 和 w，每一个属性的值
69 可以是1、2 或 3，右边是由规则得到的树。在树的右上部分 3 个灰色三角形中的每一个都应该包含一个完整的三层子树（灰色部分），这是一个比较极端的重复子树问题，也是一个对于简单概念的复杂描述。

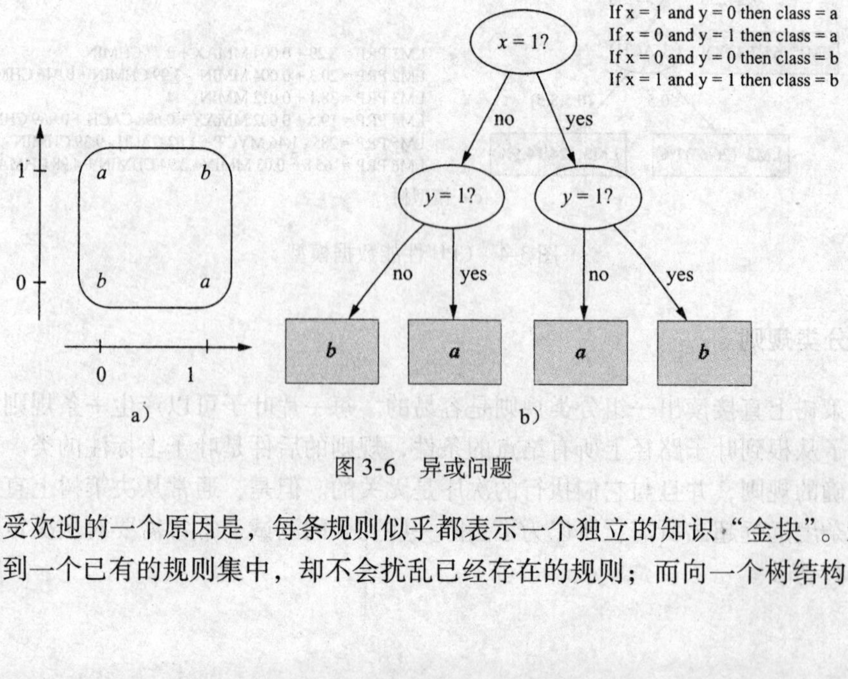

图 3-6 异或问题

规则受欢迎的一个原因是，每条规则似乎都表示一个独立的知识"金块"。新的规则可以添加到一个已有的规则集中，却不会扰乱已经存在的规则；而向一个树结构添加新的

规则后，则需要重新调整整个树的结构。然而，这种规则的独立性是一种错觉，因为它忽略了如何执行规则集的问题。前面已经讨论过，如果规则意味着像一个“决策列表”那样按照先后次序来解释，那么单独地取出其中的一部分规则也许是不正确的。另一方面，如果解释的次序并不重要，那么当不同的规则在相同的实例上产生不同的结论时，就不清楚应该如何进行处理。当规则直接从决策树上读出时，这种情况并不会出现，因为存在于规则结构里的冗余将阻止任何在解释过程中出现的模糊情况。但是，当规则由其他方法产生时，确实会产生模棱两可的情况。 70

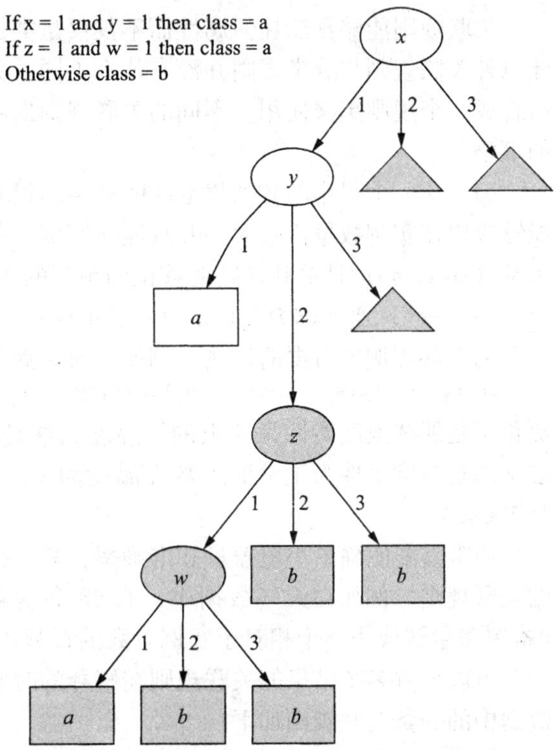

图3-7 具有重复子树的决策树

如果规则集对一个特定的样本给出了多个分类，那么一种解决方法是不给出任何结论。另一种方法是统计每一条规则在训练数据上适用的频率，选择频率最高的一条规则所对应的结论作为这个样本的分类。这些策略会导致产生完全不同的结论。当规则不能对一个实例进行分类时，就产生了另一个不同的问题。决策树或者从决策树上读出的规则不会出现这个问题。然而这种情况很容易发生在通用规则集上。一种处理方法是对这种样本不进行分类，另一种方法是选择出现频率最高的类作为默认类。同样，这些策略也有可能产生完全不同的结论。单独的规则是简单的，而规则的集合看上去似乎也很简单，但是如果给出的规则集并没有附上额外的信息，仍然不清楚如何对它进行解释。

一个特别简单明了的情况出现在当规则产生布尔型的类时（如 yes 和 no），而且只采用那些仅产生一个结果（如 yes）的规则。假设一个特定的实例不是类 yes，那么它一定是 71
类 no，这是封闭世界的假定。这样一来，规则之间就不会产生任何冲突，在规则解释的过程中也不会出现模棱两可的情况，任何解释的方法都将给出相同的结果。这种规则集可以写成一个逻辑表达式，称为析取范式（disjunctive normal form），即表达为对合取（AND）条件进行析取（OR）运算的形式。

正是这个简单的特例，使得人们产生设想：规则是很容易处理的。因为这里的每一条规则确实被当做一个新的、独立的信息块来操作，采用一种简单的办法为析取做贡献。不幸的是，这种方法只适用于结论是布尔值的情况，并且要假设是一个封闭的世界，而这两个限制条件在实际情况中都是不现实的。在存在多个类的情况下，由机器学习算法产生的规则必然会产生有序的规则集，这将牺牲模块化的可能性，因为规则执行的次序是非常重要的。

3.4.2 关联规则

关联规则能够预测任何属性而不仅仅是类，所以关联规则也能预测属性的组合，但除此以外关联规则与分类规则并没有什么不同。关联规则在使用的时候不像分类规则那样被组合成一个规则集来使用。不同的关联规则揭示出数据集的不同规律，通常用来预测不同的事物。

因为从一个很小的数据集上能够产生出很多不同的关联规则，所以只局限于研究那些能够应用在实例数量比较大，并且能在实例上获得较高准确率的关联规则。关联规则的*覆盖量*（coverage）是关联规则能够正确预测的实例数量，通常称为*支持度*（support）。*准确率*（accuracy）通常称为*置信度*（confidence），是正确预测的实例数量在关联规则应用所涉及的全部实例中占据的比例。例如，对于规则：

```
If temperature = cool then humidity = normal
```

覆盖量是那些温度属性是凉爽的、湿度属性是正常的天数（在表1-2的数据中有4天），准确率是湿度属性为正常的天数在温度为凉爽的天数中所占的比例（这个例子的准确率是100%）。

通常需要明确最小覆盖量和准确率，只寻找那些覆盖量和准确率至少达到预定最小值的关联规则。例如在天气数据中，有58条覆盖量和准确率分别至少是2和95%的规则（将覆盖量转换为一个相对于实例总数的百分比的形式也许会更为方便）。

可以预测多个结果的关联规则在解释的时候必须小心处理。例如，表1-2所示的天气数据中的一条关联规则如下：

```
If windy = false and play = no then outlook = sunny
                               and humidity = high
```

72

它并不仅仅是以下两个独立规则的简写形式：

```
If windy = false and play = no then outlook = sunny
If windy = false and play = no then humidity = high
```

前一条规则确实暗示了下两条规则能达到最小覆盖量和准确率，但是除此以外，它还暗示了更多的信息。前一条规则意味着没有风、不能玩与晴天、湿度大的样本个数至少达到了指定的最小覆盖量。同时，它也意味着这种天气的天数在没有风、不能玩的天数中所占的比例至少达到了指定的最小准确率。它还隐含了下面的规则

```
If humidity = high and windy = false and play = no then outlook = sunny
```

因为这条规则与原先的规则有相同的覆盖量，并且它的准确率一定至少和原先规则相同，并且因为湿度大、没有风、不能玩的天数必然小于没有风、不能玩的天数，所以准确率会提高。

如上所示，特定关联规则之间存在关系：一些规则隐含另一些规则。当有多条规则相关联时，要减少所产生的规则的数量，合理的做法是给用户提供最重要的一条规则。上面的例子中，仅保留第一条规则。

3.4.3 包含例外的规则

分类规则的一个自然扩展就是允许规则包含*例外*（exception）。它是在现有的规则上使用例外表达法来增量地修改一个规则集，而不需要重新建立整个规则集。例如，前面讨论过的鸢尾花问题，假如表3-1给出了一个新找到的花的数据，专家判断这个新的花是一

个 Iris setosa 的实例。如果用第 1 章给出的规则对花进行分类，那么下面两条规则将会得出错误结论：

```
If petal-length ≥ 2.45 and petal-length < 4.45 then Iris-versicolor
If petal-length ≥ 2.45 and petal-length < 4.95 and
  petal-width < 1.55 then Iris-versicolor
```

将这两条规则进行修改，才能对新的实例进行正确分类。然而，只是简单地改变这些规则中的属性值的测试边界并不能解决问题，因为用来建立规则集的实例也会被错分。对规则集的修改并不像听上去那么简单。

表 3-1 新的鸢尾花

sepal length	sepal width	petal length	petal width	type
5.1	3.5	2.6	0.2	?

73

首先专家需要给出解释，为什么新的花与规则相抵触，根据得到的解释仅对相关的规则进行扩展，而不是修改现存规则中的测试。例如，上面两条规则中的第一条错将新的 Iris setosa 分到 Iris versicolor 类里。可以利用其他一些属性建立一个例外，来取代修改规则中不等式里的边界值：

```
If petal-length ≥ 2.45 and petal-length < 4.45
  then Iris-versicolor
  EXCEPT if petal-width < 1.0 then Iris-setosa
```

这个规则表明，如果花瓣长度在 2.45 ~ 4.45cm 之间，这种花就是 Iris versicolor，但是有个例外，如果同时花瓣的宽度小于 1.0cm，那它就是 Iris setosa。

当然，还可能出现例外之中又包含例外的双重嵌套结构，甚至会出现三重、四重等例外嵌套结构，这使得规则集具有树的某些特点，除了可以用来对现存的规则集做增量的修改外，这些包含了例外的规则能够表达所有的概念描述。

图 3-8 所示的一组规则能够对鸢尾花数据集中的所有样本正确地分类（第 1 章）。这些规则一开始很难理解，下面将一步一步地给予解释。首先选择一个默认的输出类 Iris setosa，并显示在第一行。对这个数据集来说，默认类的选择是任意的，因为每一种类型都有 50 个样本。通常选择出现频率最高的类作为默认值。

```
1  Default: Iris-setosa
2  except if petal-length >= 2.45 and petal-length < 5.355
3            and petal-width < 1.75
4         then Iris-versicolor
5              except if petal-length >= 4.95 and petal-width < 1.55
6                     then Iris-virginica
7                     else if sepal-length < 4.95 and sepal-width >= 2.45
8                          then Iris-virginica
9         else if petal-length >= 3.35
10             then Iris-virginica
11                  except if petal-length < 4.85 and sepal-length < 5.95
12                         then Iris-versicolor
```

图 3-8 鸢尾花数据的规则

接下来的规则给出在该默认值时相应的例外。第 2 ~ 4 行的第一个 if... then 给出了一个产生 Iris versicolor 分类的条件。然而这个规则存在两个例外（第 5 ~ 8 行），我们稍后处理。如果不符合第 2 行和第 3 行的条件，将转到第 9 行 else，它表示了最初默认类的第 2 种例外。如果符合第 9 行的条件，就属于类 Iris virginica（第 10 行）。第 11 ~ 12 行是这一 74

规则的另一个例外。

现在讨论第 5 ~8 行的例外情况。如果满足第 5 行或第 7 行中的任何一个测试条件，那么Iris versicolor的结论将被废除。这两个例外将得出相同的结论：Iris virginica（第 6 行和第 8 行）。第 11 行和第 12 行是最后一个例外，当满足第 11 行的条件时，它废除了在第 10 行得到的 Iris virginica 结论，最后产生的分类是 Iris versicolor。

在弄清楚这些规则如何阅读以前，需要花些时间仔细思考这些规则。尽管需要花一点儿时间，但在熟悉之后，解决 except 和 if... then... else 问题是轻而易举的。人们习惯于使用规则、例外和例外的例外来思考真实的问题，所以这也是表达复杂规则集的好方法。但是这种表达方法最主要的优点是整个规则集的增长幅度适中。尽管对整个规则集的理解有点困难，但是每一个单独的结论、每一个单独的 then 语句，只需要在那些导致它的规则和例外的范围里考虑。至于决策列表，则需要重新审视前面所有的规则来判断一个单独规则的确切影响。当开始理解大的规则集时，这种局部性特性是重要的。从心理上看，人们习惯把一个特定事件集或一种事件看成数据，当观察任何一个在例外结构里的结论时，以及当其中的一个事件转变成结论的一个例外时，增加一个 except 子语是解决问题的一个简单方法。

这里需要指出，default... except if... then... 结构逻辑上与 if... then... else... 相等，else 是无条件的，并且精确地指出默认值是什么。当然一个无条件的 else 就是一个默认值（注意：上面的规则中没有无条件的 else）。从逻辑上说，基于例外的规则可以简单地用 if... then... else 语句改写。采用例外形式来陈述，所获的益处更趋向于心理上的而不是逻辑上的。这里假设默认值和较早出现的测试的应用范围，相对于以后的例外情况的应用范围更为广泛。如果真实情况确实如此，用户能够看到这是一个似乎可行的方法，用（普遍的）规则和（极少的）例外情况的表达方式，比一个不同的但逻辑相同的结构，更容易被领会。

3.4.4　表达能力更强的规则

前面已经隐含地假设了规则中的条件涉及一个属性值和一个常量的测试。但这也许还并不令人满意。举一个具体的例子，假设图 3-9 显示了一组 8 个不同形状和尺寸的积木，

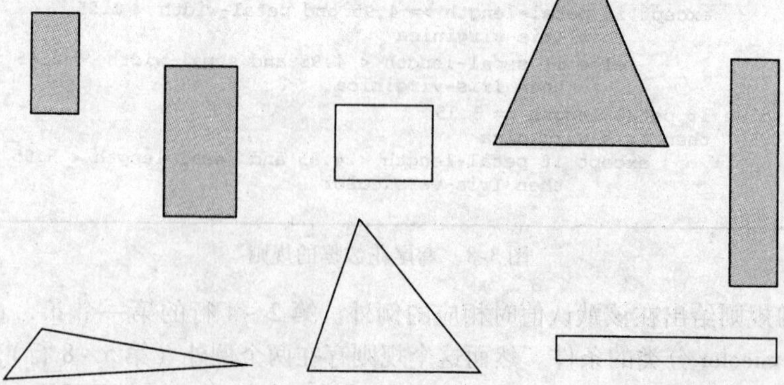

图 3-9　形状问题：阴影 = standing（站立）；无阴影 = lying（卧倒）

希望学到 standing up（站起来）的概念。这是一个经典的二类问题，这两个类分别是 standing（站立）类和 lying（卧倒）类。其中4个有阴影的积木是正例概念样本（standing），没有阴影的积木是负例概念样本（lying）。学习算法的输入信息是每块积木的 width（宽度）、height（高度）和 number of sides（边数）。表3-2显示了训练数据集。 75

表3-2 形状问题的训练数据

width	height	sides	class
2	4	4	standing
3	6	4	standing
4	3	4	lying
7	8	3	standing
7	6	3	lying
2	9	4	standing
9	1	4	lying
10	2	3	lying

从这个数据中可能产生的常规规则集是：

```
if width ≥ 3.5 and height < 7.0 then lying
if height ≥ 3.5 then standing
```

为什么 width 的分界点是3.5？因为它是卧倒积木的最小宽度4与高度小于7的站立积木的最大宽度3的平均值。同样，7.0是 height 的分界点，因为它是卧倒积木最大高度6与宽度大于3.5的站立积木的最小高度8的平均值。将数值型的阈值设定为概念边界值的中间值是一个通用的方法。 76

尽管这两条规则能够在给出的样本上很好地运行，但是它们不是最好的方案。因为它们不能对许多新的积木进行分类（例如，积木的宽度是1，高度是2），还可以很容易地找出许多合理的而这两条规则不适用的积木。

当人们在对这8个积木进行分类时，也许会发现“站立积木的高度大于宽度”。这条规则是在属性值之间进行比较，而不是将属性值与一个常量进行比较：

```
if width > height then lying
if height > width then standing
```

height 和 width 的真实值并不重要，重要的是它们之间的比较结果。

许多机器学习方案并不考虑属性之间的关系，因为这样做代价太高。实际上，有一种可行的方法就是添加额外的第二属性表示两个原始属性是相等或者不相等，如果是数值属性可以给出它们之间的差值。例如，可以在表3-2中增加一个宽度是否小于高度（width < height?）的一个二元属性。这些属性通常作为数据处理工作的一部分被加入。

经过看似较小的改进后，关系的知识表达能力能够得到极大的扩展。其中的奥秘是采用能使实例作用明确的方法来表示规则：

```
if width(block) > height(block) then lying(block)
if height(block) > width(block) then standing(block)
```

尽管这个例子似乎并没有得到很多扩展，但是如果能够把实例分解成多个部分，那么规则的表现能力确实能够得到扩展。例如，如果一个由大量石块堆出的塔（tower），石块层层堆积，那么位于塔最顶端的石块是站立的，就可以用以下的规则表示：

```
if height(tower.top) > width(tower.top) then standing(tower.top)
```

这里 tower.top 是指最顶端的那块石块。到现在为止并没有获得任何益处。但是，如果用 tower.rest 表示塔的其余部分，那么可以用下面的规则表示塔是由全部站立的石块组成。

```
if height(tower.top) > width(tower.top) and standing(tower.rest)
  then standing(tower)
```

看似很小的附加条件 standing(tower.rest) 却是一个递归表达形式，只有当塔的其余部分全部由站立的石块组成时，附加条件 standing(tower.rest) 才能得到满足。相同规则的递归程序将对此进行测试。当然，有必要增加一个如下的规则为递归设置一个适合的“跳出点”(bottoms out)：

```
if tower=empty then standing(tower.top)
```

像这样的规则集称为*逻辑程序*（logic program)，在机器学习领域里称为*归纳逻辑编程*
77 (inductive logic programming)。本书将不深入涉及这一内容。

3.5　基于实例的表达

最简单的学习形式是简单地记住或者*死记硬背*（rote learning)。一旦记住了一个训练实例集，在遇到一个新的实例时，就会在记忆中找出与之最相似的一个训练实例。唯一的问题是如何理解“相似”，我们将很快对此进行解释。首先，注意这是采用一种完全不同的方法来表达从实例集里提取的“知识”：保存实例本身，并且将类未知的新实例与现有类已知的实例联系起来进行操作。这种方法直接在样本上工作，而不是建立规则。这就是*基于实例的学习*（instance-based learning)。从某种意义上看，所有其他的机器学习方法都是“基于实例”的，因为我们总是从一个作为初始训练信息的实例集开始。但是基于实例的知识表达使用实例本身来表达所学到的（知识)，而不是推断出一个规则集或决策树，并保存它。

在基于实例的学习中，对一个新的实例进行分类时，才进行实质性的工作，而不是处理训练集时进行。从这一点上看，基于实例的学习方法和其他已介绍的学习方法的不同之处是“学习”发生的时间不同。基于实例的学习是懒惰的，尽可能延缓实质性的工作，而其他学习方法是急切的，只要发现数据就产生一个泛化。在基于实例的学习中，使用一种距离度量将每个新实例与现有的实例进行比较，利用最接近的现存实例赋予新实例类别。这称为*最近邻*（nearest-neighbor）分类方法。有时使用不止一个最近邻实例，并且用最近的 k 个邻居所属的多数类（如果类是数值型，就是经距离 - 加权的平均值）赋予新的实例。这就是 *k 最近邻*（k-nearest-neighbor）法。

当样本仅有一个数值属性时，计算两个样本之间的距离没有多大意义，它仅仅是两个属性值之差。当存在多个数值属性时，几乎是直接使用标准欧几里得距离。然而，这里假设所有属性值已经被规范化，且同样重要，机器学习中的一个重要问题是判断哪些属性是重要属性。

当表示名目属性时，有必要对名目属性的不同值之间提出一个“距离”。如果属性值是红、绿和蓝，它们之间的距离是什么？通常，如果属性值相同，那么它们之间的距离是 0；否则，距离是 1。所以红和红之间的距离是 0，红和绿之间的距离是 1。但是，比较合理的处理方法是采用一个更复杂的属性表达。例如，当有多种颜色时，可以在颜色区间使用一个色调的数值度量，与绿色相比，黄色更接近桔黄色和土黄色。

有些属性也许比另一些属性更加重要，这通常通过某种属性加权反映在距离度量上。

从训练集上获得合适的属性权值是基于实例学习中的一个关键问题。 78

也许没有必要存储所有的训练实例。一方面是因为它可能使最近邻的计算过程异常缓慢，另一方面它将不切实际地占用大量的存储空间。通常，与类相对应的属性空间的部分区域比其他区域更稳定，所以在这些稳定的区域内只需要少数几个样本。例如，你也许可以期望类边界以内所需的样本密度小于靠近类边界所需的密度。决定应该保留哪些实例，应该抛弃哪些实例是基于实例学习的另一个关键问题。

基于实例学习表达方式有一个明显的弱点，就是它不能对所学到的（知识）给出一个清晰的数据结构。从这方面说，它和在本书一开始所陈述的“学习”相冲突，实例并没有真正“描述”数据中的模式。然而，实例结合距离度量在实例空间划出的边界能够区别不同的类别，这是一种显式的知识表达形式。例如，给出两个属于不同类的实例，最近邻规则能有效地利用实例之间连线的垂直平分线将实例空间分隔开来。如果每个类都有多个实例，那么实例空间将被一组直线分隔开来，这组直线是经过挑选的、属于一个类别的实例与另一个类别实例之间连线的垂直平分线。图3-10a 里用一个九边形将属于实心圆的类从属于空心圆的类里分离出来。这个多边形隐含着最近邻规则的操作。

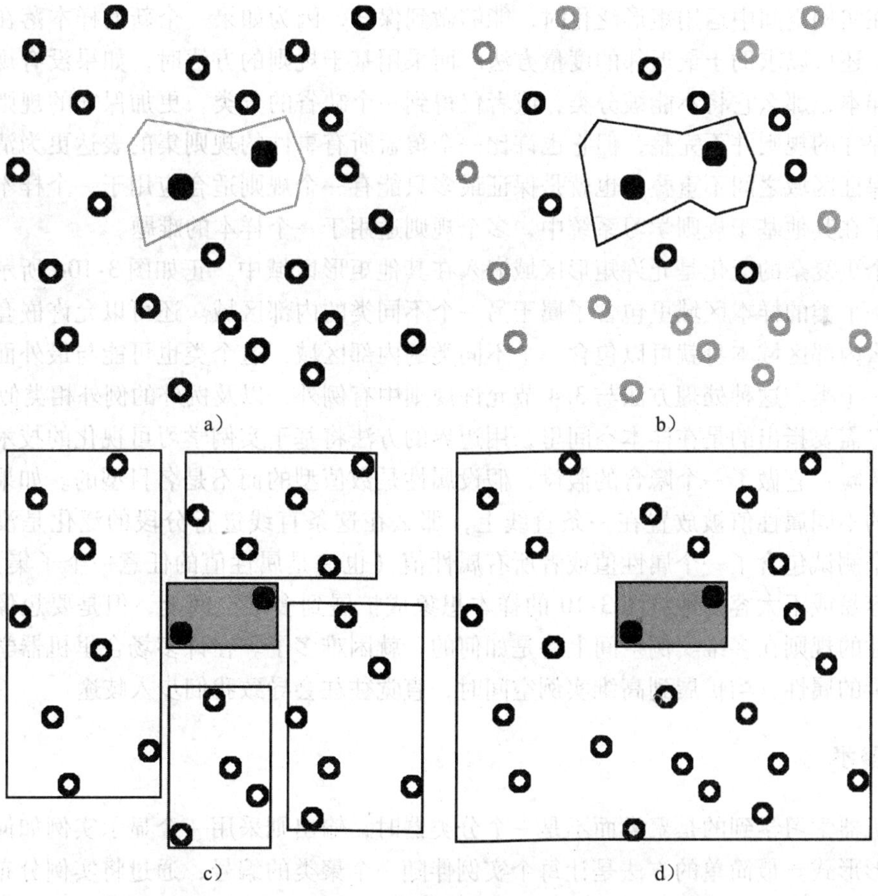

图3-10　分隔实例空间的不同方法

当训练实例被丢弃后，结果是每个类只保存几个有代表性的样本。图3-10b 用深色空心圆圈显式的仅是几个真正在最近邻决策中使用到的样本，其他的样本（淡灰色的空心圆圈）可以被丢弃而不对结果产生任何影响。这些有代表性的样本就是一种显式的知识表达形式。

一些基于实例的表达法能够更进一步对实例进行显式的泛化。典型的方法是通过建立矩形区域来包围属于同一类的实例。图 3-10c 展示了可能产生的矩形区域。如果一个未知类的实例落入某一矩形区域内，它将被赋予相应的类，而落在所有矩形区域外的样本将服从最近邻规则。当然这将产生与直接的最近邻规则不同的决策边界，若将图 3-10a 的多边形与矩形重叠后就会发现（不同之处）。落入矩形的多边形部分将被砍掉，而由矩形边界取代。

在实例空间的矩形泛化就像是包含特殊条件形式的规则，它对一个数值变量进行上、下边界的测试，并选择位于其间的区域。不同尺寸的矩形对应于由逻辑与组合在一起的在不同属性上的测试。选择一个最适合的矩形作为测试边界所产生的规则，将比由基于规则的机器学习方案产生的规则更为保守，因为对于区域的每一个边界，都有一个真正的实例落在边界上（或边界内）。而像 $x<a$（x 是一个属性值，a 是一个常量）的测试将包围一
79 半的空间，不管 x 有多小只要它小于 a。

当在实例空间中运用矩形泛化时，能够做到保守，因为如果一个新的样本落在所有区域以外，还可以求助于最近邻的度量方法。而采用基于规则的方法时，如果没有规则适用于这个样本，那么它将不能被分类，或者仅得到一个缺省的分类。更加保守的规则的优点是尽管保守的规则并不完整，但它也许比一个覆盖所有事件的规则集的表达更为清楚。最后，要保证区域之间不重叠，也就是保证最多只能有一个规则适合应用于一个样本，这样就避免了在其他基于规则学习系统中，多个规则适用于一个样本的难题。

一个更复杂的泛化是允许矩形区域嵌入在其他矩形区域中。正如图 3-10d 所示，基本上属于一个类的样本区域里包含了属于另一个不同类的内部区域。还可以允许嵌套内的嵌套，那么内部区域本身就可以包含一个不同类的内部区域，这个类也可能与最外面的区域属于同一个类。这种处理方法与 3.4 节允许规则中有例外，以及例外的例外相类似。

这里需要指出的是在样本空间里，用边界的方法将基于实例学习可视化的技术有一点轻微的风险：它做了一个隐含的假设，假设属性是数值型的而不是名目型的。如果一个名目属性的不同属性值被放置在一条直线上，那么在这条直线进行分段的泛化是没有意义的：每个测试包含了一个属性值或者所有属性值（也许是属性值的任意一个子集）。尽管你能很容易或不太容易地将图 3-10 的样本想象成扩展到多维空间上，但是要想像包含了名目属性的规则在多维实例空间上将是如何的，就困难多了。在许多场合里机器学习需要处理大量的属性，当扩展到高维实例空间时，直觉往往会导致我们步入歧途。

3.6　聚类

当机器学习学到的是聚类而不是一个分类器时，输出则采用一个显示实例如何落入聚类的图形形式。最简单的方法是让每个实例伴随一个聚类的编号，通过将实例分布在 2 维空间并且对空间加以分隔的形式来表示各个聚类，如图 3-11a 所示。

有些聚类算法允许一个实例可以属于多个聚类，如维恩图（Venn diagram），将实例分布在 2 维图形上，然后画出重叠的子集来表示每个聚类，如图 3-11b 所示。另一些算法将实例与各个聚类的概率相关联而不是（直接）与类别相关联。从这个意义上说，每个实例

存在一个对于各个聚类的成员归属的可能性或者程度，如图 3-11c 所示。这个特殊的关联意味着一个概率问题，所以对于每个实例，所有概率和为 1，尽管并不总是这样。

其他算法产生一个分层的聚类结构，在结构顶层的实例空间被分为几个聚类，每个聚类将在下一层又被分为几个子聚类，如此下去。这样就产生如图 3-11d 所示的结构，聚类的成员在低层聚集的紧密程度要高于在高层聚集的程度。这种图称为树状图（dendrogram）。这个术语与树图（tree diagram）有着相同的含义（希腊语 dendron 是“一棵树”），但是在聚类中似乎更倾向于使用古文，因为聚类技术首先运用的领域是生物物种，而在生物学领域通常使用古代语言对生物物种进行命名。

聚类之后通常伴随着推导出一个决策树或规则集的步骤，从而将每个实例分配到它所属的聚类。这样说来，聚类操作只不过是通向结构描述的一个步骤。 81

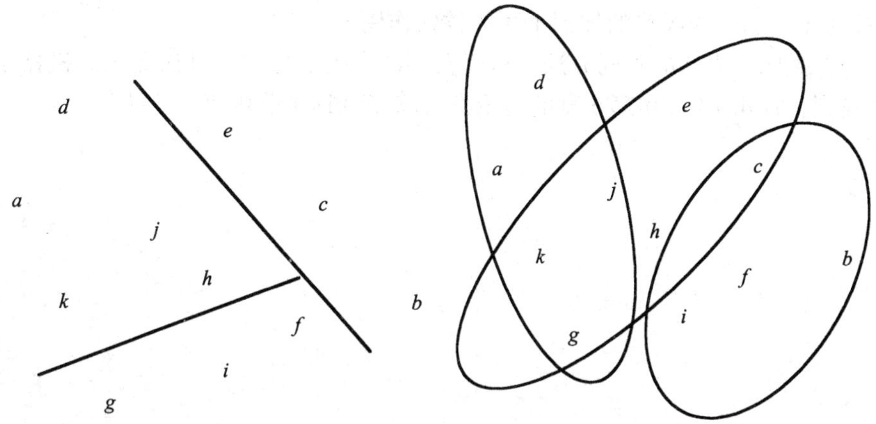

a）　　b）

	1	2	3
a	0.4	0.1	0.5
b	0.1	0.8	0.1
c	0.3	0.3	0.4
d	0.1	0.1	0.8
e	0.4	0.2	0.4
f	0.1	0.4	0.5
g	0.7	0.2	0.1
h	0.5	0.4	0.1
…			

c）

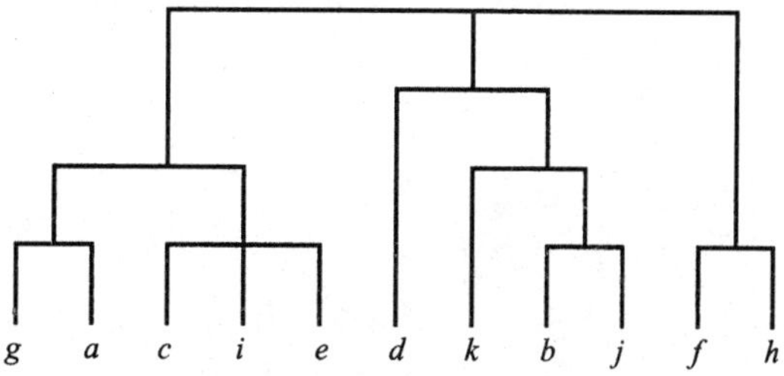

d）

图 3-11　表示聚类的不同方法 82

3.7　补充读物

传统上知识表达是人工智能的一个重要主题，并在 Brachman 和 Levesque（1985）的一系列系统的论文中已得到了很好的论述。de Raedt 在《Logical and relation》（2008）一书中对归纳逻辑编程以及相关课题的领域做了详尽的讲述。

我们提到过处理不同规则之间冲突的问题，对此有多种处理方案，称为冲突解决策略（conflict resolution strategy），这些策略已经进一步运用到基于规则的程序系统中。有关基于规则编程的书中阐述了有关策略的内容，如 Brownstown 等（1985）所著。然而，它们是为用于手动设置的而非学习来的规则集而设计的。Gaines 和 Compton（1995）做了关于手动设置的包含例外的规则在一个大型数据集上应用的研究，并且 Richards 和 Compton（1998）探讨了它们作为经典的知识工程的替代作用。

更多的有关概念表达的不同方法，可以在那些有关从样本中推出概念的机器学习方法
83 的论文中找到。在 4.10 节和第 6 章的讨论部分将谈到这部分内容。

第4章

Data Mining: Practical Machine Learning Tools and Techniques, Third Edition

算法：基本方法

我们已经学习了如何表达输入和输出，现在来看机器学习算法。本章将介绍在实际数据挖掘中使用的数据挖掘技术的一些基本概念。这里将不深入考查一些很微妙的问题，比如高级的算法版本、可能的优化方法、在实际数据挖掘中产生的复杂问题。这部分内容会在第6章进行阐述，届时将结合真正用于机器学习的实现方案进行讨论，譬如与本书配套的数据挖掘开发工具里的一些方案，以及在真实世界中的应用。深入理解这些更为复杂的问题是非常重要的，这样才能在分析某个具体数据集时，了解数据中真正发生了什么。

本章将研究一些基本概念。其中最有指导意义的一句话就是简单的方法通常能很好地工作。在分析实际数据集时，建议采用"简单优先"的方法论。数据集能够展示很多不同的、简单的数据结构形式。在第一个数据集里，也许只有一个属性承担了所有的工作，而其他的都是无关或冗余的属性。在第二个数据集里，所有属性也许是独立地、均等地对最终结果做出贡献。在第三个数据集里，也许拥有一个包含了多个属性的简单逻辑结构，这个结构可以由一个决策树得到。在第四个数据集里，也许存在一些独立的规则，能将实例划分到不同的类。在第五个数据集里，也许展示出不同的属性子集间的依赖性。在第六个数据集里，也许包含了一些数值属性间的线性依赖关系，关键是要为各个属性选择合适的权值，并求一个加权的属性值之和。在第七个数据集里，归类到实例空间的具体区域也许要受控于实例间的距离。在第八个数据集里，也许没有提供类值，学习是无监督的学习。

在具有无穷变化的数据集里，会产生很多不同的数据结构形式。要寻找某一种结构的数据挖掘工具，不管多有效，都可能会完全丢失其他不同结构的规律性，而这些结构是非常基本的。结果得到的是结构复杂的、难以理解的一种分类结构，而不是简单的、优雅的、能够立刻被理解的另一种结构形式。

上面所描述的八种不同数据集形式中的每一个，都对应着一个适合于揭示它的不同的机器学习方案。本章将分别对这些结构进行讨论。 85

4.1 推断基本规则

这里有一个能从实例集里方便地找出非常简单的分类规则的方法，称为1规则（1-rule，1R)。它产生一层的决策树，用一个规则集的形式表示，只在某个特定的属性上进行测试。1R是一个简单、廉价的方法，但常常能得到非常好的规则用以描述存在于数据中的结构。由它得出的简单规则经常能达到高得令人吃惊的准确率。也许这是因为真实世界的数据集中的数据结构相当基本，仅用一个属性就足以准确地判断出一个实例的类别。所以在任何事例上，首先尝试采用最简单的方法总是一个好计划。

想法是：建立一个只对单个属性进行测试的规则，并应用于不同的分支。每一个分支对应一个不同的属性值。分支的类就是训练数据在这个分支上出现最多的类。这种方法能够容易地计算出规则的误差率。只需计算在训练数据上产生的错误，即统计不属于多数类的实例数量。

每一个属性都会产生一个不同的规则集，每条规则对应这个属性的每个值。对每一个属性的规则集的误差率进行评估，从中选出性能最好的一个。就是这么简单！图 4-1 是用伪代码形式表示的算法。

```
对于每一个属性
    对于该属性的每个属性值，按如下方式产生一条规则：
        计算每个类别出现的次数
        找出最频繁的类别
        产生一条规则将该类别分配给该属性值
    计算规则的误差率
选择误差率最小的规则
```

图 4-1　1R 伪代码

这里用表 1-2 的天气数据来研究 1R 是如何工作的（在讨论学习算法如何工作时，我们将多次采用这个数据）。为了在最后一列，play，得到分类结果。1R 将考虑 4 个规则集，一个属性对应一个规则集。表 4-1 列出了这些规则。星号表示采用一个随机的选择，因为规则产生两个可能性相等的结论。给出每个规则产生的错误分类的数量，以及整个规则集产生的错误分类的数量。1R 选择所产生的规则集的错误数量最小的属性，就是第一个和第三个规则集。可以从两个规则集中任选一个，如

```
outlook: sunny → no
         overcast → yes
         rainy → yes
```

表 4-1　评估天气数据中的属性

	属性	规则	错误	总错误
1	outlook	sunny→no	2/5	4/14
		overcast→yes	0/4	
		rainy→yes	2/5	
2	temperature	hot→no *	2/4	5/14
		mild→yes	2/6	
		cool→yes	1/4	
3	humidity	high→no	3/7	4/14
		normal→yes	1/7	
4	windy	false→yes	2/8	5/14
		true→no *	3/6	

* 出现两个相等的结果时随机选择一个值

注意，在一开始就没有对天气数据所涉及的活动做出特别说明。从得出的结论看非常奇怪，似乎在多云或者雨天才能进行这项活动，晴天却不适合。也许这是一项室内活动。

4.1.1　缺失值和数值属性

尽管 1R 是一个非常基本的学习方法，但是它适用于缺失值和数值属性。1R 处理缺失值和数值属性的方法既简单又高效。把缺失作为另一个属性值，例如，如果天气数据在 outlook 属性上存在缺失值，那么在 outlook 属性上产生的规则集将指定 4 个可能的类值，分别为 sunny、overcast、rainy，第 4 个为 missing（缺失）。

我们可以采用一个简单的离散化方法将数值属性转换成名目属性。首先，将训练样本按照数值属性的值进行排序，产生一个类值的序列。例如，根据 temperature 属性值对数值

版本的天气数据（见表1-3）进行排序后产生的序列如下：

```
64  65  68  69  70  71  72  72  75  75  80  81  83  85
yes no  yes yes yes no  no  yes yes yes no  yes yes no
```

离散化是通过在这个序列上放置断点来达到分隔的目的。一个可行的方法是在类值发生变化处放置断点，产生出8个区间： 86~87

```
yes | no | yes yes yes | no no | yes yes yes | no | yes yes | no
```

将断点设置在两边样本之间的中间位置，即64.5，66.5，70.5，72，77.5，80.5，84。然而，两个属性值为72的实例产生了一个问题，因为拥有相同temperature值，却属于不同的类别。最简单的解决办法是将处于72的断点向右移一个，新的断点将是73.5，从而产生一个混合的部分，其中no是多数类。

离散化存在的一个严重问题是，有可能形成大量的类别。1R算法将自然地倾向于选择能被分裂成很多区间的属性，因为它会将数据集分裂成很多部分，所以实例与它们各自所在部分的多数类同属一类的可能性增大。事实上，一个极端的例子是每个实例中一个属性拥有一个不同的值。如标识码（identification code）属性表示实例是唯一的，它在训练数据上产生的错误率是0，因为每个部分只有一个实例。当然，高度分支的属性通常不能在测试样本上有很好的表现。实际上标识码属性不可能在训练实例以外的样本上产生正确的预测。这种现象称为过度拟合（overfitting）。第1章已经讨论过要避免过度拟合偏差，在以下的章节里我们将不断地遇到这个问题。

对于1R算法，当一个属性存在大量可能值时，过度拟合就很有可能发生。所以，当离散化一个数值属性的时候，需要采用一条规则，这条规则规定了每个区间上的多数类样本所必须达到的最小数量。如果设置的最小样本数量是3，那么上面的区间将只剩下2个。划分过程将由以下形式开始：

```
yes  no  yes  yes | yes ...
```

在第一个区间里，确保多数类yes出现3次。然而紧接着的实例也是yes，所以将它包括进第一个区间也不会产生任何损失。新产生的分离结果是：

```
yes  no  yes  yes  yes | no  no  yes  yes  yes | no  yes  yes  no
```

这样除了最后一个区间外，每一个区间至少包括3个属于多数类的实例，通常在最后一个区间会出现少于3个多数类实例的情况。分隔的边界一般要落在两个不同类的样本之间。

当相邻的区间拥有相同的多数类时，如第一个和第二个区间，将它们合并之后并不会影响规则集的意义。所以，最终的离散化结果是：

```
yes  no  yes  yes  yes  no  no  yes  yes  yes  |  no  yes  yes  no
```

从中产生的规则集是：

```
temperature: ≤ 77.5 → yes
             > 77.5 → no
```

第二个规则包含一个任意的选择，这里选择no。如果选择yes，正如此例所示，将没有必要使用任何断点，使用相邻的类别来打破平局更加合适。实际上，这个规则在训练数据集上产生了5个错误，不如前面在outlook属性上产生的规则有效。用同样的方法在humidity属性上产生的规则如下： 88

```
humidity: ≤ 82.5 → yes
          > 82.5 and ≤ 95.5 → no
          > 95.5 → yes
```

这个规则在训练集上只产生了3个错误，它是表1-3数据上最好的1规则。

最后，如果一个数值属性存在缺失值，就为它们建立一个额外的区间，并且只在那些已经定义了属性值的实例上运用离散化过程。

4.1.2　讨论

在一篇标题为“Very Simple classification rules perform well on most commonly used datasets”（在大多数常用数据集上表现良好的极简单的分类规则）（Holte，1993）的研讨论文中，报告了在16个数据集上对1R性能的深入研究，这16个数据集经常被机器学习研究人员用来评估他们的算法。在这项研究中使用了交叉验证（cross-validation），这种评估技术将在第5章介绍，用来确保测试结果可作为从独立测试集上所能获得的结论的代表。经测试，在每一个数值属性段里，最小的样本数量设为6，而不是上面所演示的3。

令人惊奇的是，尽管1R非常简单，但是它的表现却异常突出，甚至可以与经典的机器学习算法相媲美。在几乎所有的数据集上，它产生的准确率只比由经典的决策树归纳方案产生的决策树的准确率低几个百分点。这些决策树通常比1R产生的规则大很多。只对单个属性进行测试的规则往往可以成为一个复杂结构的替代，在确定了性能基线的情况下，建议采用“简单优先”的方法，首先使用简单、基本的技术，然后再将它发展成更加精细的学习方案。显然，对精细学习方案所产生的结果进行解释更为困难。

1R方法学到了一个一层的决策树，它的叶子代表不同的类。一个表达力稍强的技术是对每类使用一个不同的规则。每一个规则是几个测试的逻辑与，每个测试与一个属性相对应。对于数值属性，测试将检查属性值是否在一个给定的区间里；对于名目属性将检查属性值是否在一个属性值的子集里。有两种形式的测试，区间和子集，是从属于每个类的训练数据上学到的。对于数值属性，区间的端点是那个类别的训练数据上出现的最大值和
89 最小值。对于名目属性，子集只包含与类相对应的实例里该属性出现的值。表达不同类的规则经常会重叠，在预测阶段，使用满足测试条件最多的规则进行预测。这些简单的技术通常能对一个数据集给出有用的第一印象。它的处理速度极快，能够在极其庞大的数据上应用。

4.2　统计建模

1R方法使用单个属性作为决策的依据，并且选择其中工作性能最好的那个属性。另一个简单技术是对于一个给定的类，使用所有属性，让它们对决策做出同等重要、彼此独立的贡献。当然，这是不现实的，现实数据集里的属性并不同等重要，也不彼此独立。但是它引出了一个简单方案，并且在实际中表现极佳。

表4-2是天气数据的汇总，它统计了每种属性－值对和play的每个属性值（yes和no）一同出现的次数。例如，从表1-2中可以发现，outlook属性为sunny的5个样本中，2个样本的play = yes，3个样本的play = no。表4-2中第一行为每个属性所有可能值简单记录了这样的出现次数，最后一列的play数字统计了yes和no总共出现的次数。表4-2的下半部分是以分数形式，或者用观察到的概率改写了同样的信息。例如，play是yes的天数是9，其中outlook是sunny有2天，由此产生的分数是2/9。对于（表4-2中的）play列，

分数则有不同的含义，它们分别为 play 属性值是 yes 和 no 的天数在总天数中所占的百分比。

假设遇到如表 4-3 所示的一个新样本。我们认为表 4-2 中的 5 个属性：outlook、temperature、humidity、windy 以及 play 为 yes 或 no 的总体似然，是同等重要、彼此独立的，并将与其对应的分数相乘。察看结果为 yes 的情形，有：

$$\text{yes 的似然} = 2/9 \times 3/9 \times 3/9 \times 3/9 \times 9/14 = 0.0053$$ 90

表 4-2 拥有统计数和概率的天气数据

outlook			temperature			humidity			windy			play	
	yes	no		yes	no		yes	no		yes	no	yes	no
sunny	2	3	hot	2	2	high	3	4	false	6	2	9	5
overcast	4	0	mild	4	2	normal	6	1	true	3	3		
rainy	3	2	cool	3	1								
sunny	2/9	3/5	hot	2/9	2/5	high	3/9	4/5	false	6/9	2/5	9/14	5/14
overcast	4/9	0/5	mild	4/9	2/5	normal	6/9	1/5	true	3/9	3/5		
rainy	3/9	2/5	cool	3/9	1/5								

91

表 4-3 新的一天

outlook	temperature	humidity	windy	play
Sunny	cool	high	true	?

这些分数是根据新的一天的属性值，从表 4-2 中取出与 yes 相对应的值，最后的 9/14 是 play 为 yes 的天数占总天数（14 天）的百分比。对结果为 no 进行类似的计算，将得到：

$$\text{no 的似然} = 3/5 \times 1/5 \times 4/5 \times 3/5 \times 5/14 = 0.0206$$

可以看出，对于这个新的一天，play 是 no 的可能性是 yes 的 4 倍。通过规范化将这两个结果转换成概率，使它们的概率之和为 1：

$$\text{yes 的概率} = \frac{0.0053}{0.0053 + 0.0206} = 20.5\%$$

$$\text{no 的概率} = \frac{0.0206}{0.0053 + 0.0206} = 79.5\%$$

这个简单且直观的方法基于有条件概率的贝叶斯规则。贝叶斯规则指出，如果存在一个假说 H，和基于假说的证据 E，那么

$$\Pr[H \mid E] = \frac{\Pr[E \mid H]\Pr[H]}{\Pr[E]}$$

$\Pr[A]$ 指事件 A 发生的概率，$\Pr[A \mid B]$ 是另一事件 B 发生的条件下，事件 A 发生的概率。假说 H 为玩的结果是 yes，那么 $\Pr[H \mid E]$ 将是 20.5%，正如前面计算所得。证据 E 是新的一天的属性值的特定组合：outlook = sunny、temperature = cool、humidity = high、windy = true。这 4 个证据分别用 E_1、E_2、E_3 和 E_4 表示。假设这些证据是独立的（对于给出的类），将概率相乘后就得到它们的组合概率：

$$\Pr[\text{yes} \mid E] = \frac{\Pr[E_1 \mid \text{yes}] \times \Pr[E_2 \mid \text{yes}] \times \Pr[E_3 \mid \text{yes}] \times \Pr[E_4 \mid \text{yes}] \times \Pr[\text{yes}]}{\Pr[E]}$$

不需要考虑分母，因为分母会在最后的规范化步骤（使 yes 和 no 的概率之和为 1）里被消除。最后的 $\Pr[\text{yes}]$ 是在不知道任何证据 E 的情况下，结论是 yes 的概率，也就是对

于所涉及的特定日期的情况一无所知，称为假说 H 的先验概率（prior probability）。在这个
92 例子里，是9/14，因为14个训练样本里有9个样本的play的值是yes。将证据的概率替换成表4-2中相应的分数得到：

$$\Pr[\text{yes} \mid E] = \frac{2/9 \times 3/9 \times 3/9 \times 3/9 \times 9/14}{\Pr[E]}$$

和前面计算的一样。分母 $\Pr[E]$ 将在进行规范化时消失。

这种方法称为朴素贝叶斯（Naïve Bayes），因为它基于贝叶斯规则并"朴素"地假设（属性）独立。只有当事件彼此独立时，概率相乘才是有效的。在现实生活中，属性独立的假设肯定是过于简单的假设。尽管有些名不符实，但在实际数据集上进行测试时，朴素贝叶斯工作得非常好，特别是当与一些在第7章将要介绍的属性选择程序相结合后，属性选择程序可去除数据中的一些冗余造成的非独立的属性。

如果某个属性值没有与每一个类值一起出现在训练集里，那么朴素贝叶斯法将会出错。假设，在天气数据中，所有训练数据的属性值outlook = sunny，总是伴随着结论no。那么属性值outlook = sunny为yes的概率 $\Pr[\text{outlook} = \text{sunny} \mid \text{yes}]$ 是0，因为其他概率将与这个0相乘，所以不管其他的概率有多么大，最终yes的概率都将是0。概率0超过其他的概率掌握了否决权。这不是一个好现象。然而，可对利用频率来计算概率的方法进行一些小的调整，就可以很容易地弥补这个缺陷。

例如，如表4-2上半部分所示，对于play = yes，有2个样本的outlook是sunny；4个样本的outlook是overcast，3个样本的outlook是rainy，下半部分给出了这些事件的概率，分别是2/9、4/9和3/9。我们可以在每一个分子上加1，并且在分母上加3进行补偿，所以得到的概率分别为3/12、5/12和4/12。这将保证当一个属性值出现0次时，得到一个很小的但非0的概率。在每一个计数结果上加1的方法是一个标准的技术，称为拉普拉斯估计器（Laplace estimator），它出自18世纪伟大的法国数学家Pierre Laplace。尽管它在实际中能很好地工作，但是也没有特别的理由需要在计数结果上加1。可以使用一个很小的常量 μ 取代它：

$$\frac{2+\mu/3}{9+\mu},\quad \frac{4+\mu/3}{9+\mu} \text{和} \frac{3+\mu/3}{9+\mu}$$

这里将 μ 设为3，它有效地提供了一个权值，这个权值决定了一个先验值（1/3、1/3和1/3）对每个可能属性值的影响力。与训练数据集的一个新的证据相比，大的 μ 值说明这些先验值是非常重要的，而小的 μ 值则说明先验值的影响力较小。最后，并没有特别的理由
93 在分子部分将 μ 平均地分成3份，所以可以使用以下形式替代：

$$\frac{2+\mu p_1}{9+\mu},\quad \frac{4+\mu p_2}{9+\mu} \text{和} \frac{3+\mu p_3}{9+\mu}$$

这里 p_1、p_2 和 p_3 之和为1。这3个数值分别是属性outlook的值为sunny、overcast和rainy时的先验概率。

现在它是一个完整的贝叶斯公式，先验概率已经分配到每一个所见到的属性值。它的优点是十分严密，但缺点是通常并不清楚应该如何分配先验概率。在实践中，只要训练实例的数量合理，使用不同的先验概率几乎没有差别。人们通常用拉普拉斯估计器估计频率，将计数结果初始化为1而不是0。

4.2.1　缺失值和数值属性

使用贝叶斯公式的一个优势是：处理缺失值并不是难题。例如，如果表 4-3 样本中 outlook 的属性值是缺失值，计算时只需要省略这个属性，结果是：

$$\text{yes 的似然} = 3/9 \times 3/9 \times 3/9 \times 9/14 = 0.0238$$

$$\text{no 的似然} = 1/5 \times 4/5 \times 3/5 \times 5/14 = 0.0343$$

这两个值分别比前面的计算值要高出很多，原因是缺少了其中的一个分数。但这并不会成为问题，因为两个公式都缺少一个分数，这些似然还要被进一步规范化。最终产生的 yes 和 no 的概率分别是 41% 和 59%。

在一个训练实例中，如果一个属性值缺失，它就不被包括在频率计数中，概率的计算取决于真正出现属性值的训练实例的个数，而不是训练实例的总数。

在处理数值时，通常把它们假设成拥有“正态”（normal）或者“高斯”（Gaussian）的概率分布形式。表 4-4 对天气数据做了总结，其中数值属性数据来源于表 1-3。对于名目属性的计算方法和以前一样；对于数值属性，只需列出所有出现的值。然后，名目属性的统计值经规范化成为概率；而数值属性，则计算每一个数值属性在每一个类上的平均值和标准差。所以，所有类值为 yes 的实例在属性 temperature 上的平均值是 73，标准差是 6.2。这里的平均值是简单的属性值的均值（数值属性在同一个类上的），也就是（在同一个类上的）属性值之和除以属性值的个数。标准差是样本方差的平方根，计算方法为：将每一个属性值减去平均值后进行平方，然后求和，最后除以属性值的个数减 1。在求出这个样本的方差后，再对方差取平方根得到标准差。这是对数据集计算平均值和标准差的标准方法（“减 1”是为了得到样本的自由度，这是一个统计学概念，这里将不再深入介绍）。 94

表 4-4　有统计汇总的数值天气数据

outlook			temperature			humidity			windy			play	
	yes	no		yes	no		yes	no		yes	no	yes	no
sunny	2	3		83	85		86	85	false	6	2	9	5
overcast	4	0		70	80		96	90	true	3	3		
rainy	3	2		68	65		80	70					
				64	72		65	95					
				69	71		70	91					
				75			80						
				75			70						
				72			90						
				81			75						
sunny	2/9	3/5	平均	73	74.6	平均	79.1	86.2	false	6/9	2/5	9/14	5/14
overcast	4/9	0/5	标准差	6.2	7.9	标准差	10.2	9.7	true	3/9	3/5		
rainy	3/9	2/5											

95

对于一个平均值为 μ 和标准差为 σ 的正态分布，它的概率密度函数表达式看似有些令人生畏：

$$f(x) = \frac{1}{\sqrt{2\pi}\sigma} e^{-\frac{(x-\mu)^2}{2\sigma^2}}$$

不必害怕！它意味着，当属性 temperature 有一个值时，譬如说 66，如果考虑 yes 的结果，只需将 $x=66$，$\mu=73$ 和 $\sigma=6.2$ 代入公式。所以由概率密度公式得出的值为：

$$f(\text{temperature}=66 \mid \text{yes})=\frac{1}{\sqrt{2\pi}\times 62}e^{-\frac{(66-73)^2}{2\times 62^2}}=0.0340$$

当属性 humidity 的值是 90 时，使用相同方法计算结论为 yes 的概率密度：

$$f(\text{humidity}=90 \mid \text{yes})=0.0221$$

某个事件的概率密度函数与它的概率是密切相关的。然而，它们并不是一回事。如果 temperature 是连续的，那么当 temperature 正好是 66 或是其他任何确定的值（比如 63.141 592 62）时概率就为 0。概率密度函数 $f(x)$ 的真正含义是指这个量落在 x 附近的一个很小区域里，譬如说，在 $x-\varepsilon/2 \sim x+\varepsilon/2$ 之间的概率是 $\varepsilon f(x)$。当使用这些概率时，你也许会认为应该要乘以精确值 ε，然而没有必要。因为同样的 ε 会出现在 yes 和 no 的似然中，并且在计算概率时被消除。

对表 4-5 中新的一天运用这些概率，得到：

$$\text{yes 的似然}=2/9\times 0.0340\times 0.0221\times 3/9\times 9/14=0.000\,036$$

$$\text{no 的似然}=3/5\times 0.0279\times 0.0381\times 3/5\times 5/14=0.000\,137$$

由此产生的概率为：

$$\text{yes 的概率}=\frac{0.000\,036}{0.000\,036+0.000\,137}=20.8\%$$

$$\text{no 的概率}=\frac{0.000\,137}{0.000\,036+0.000\,137}=79.2\%$$

表 4-5　另一个新的一天

outlook	temperature	humidity	windy	play
sunny	66	90	true	?

这些数值与先前对表 4-3 所示的新的一天的概率计算结果非常接近，因为属性 temperature 和 humidity 的属性值分别为 66 和 90，与前面使用 cool 和 high 分别作为这两个属性值时计算出的概率相似。

正态分布的假设很容易将朴素贝叶斯分类器进行扩展，使它能够处理数值属性。如果任何数值属性的值有缺失，那么平均值和标准差的计算仅基于现有的属性值。

4.2.2　用于文档分类的朴素贝叶斯

机器学习的一个重要领域是文档分类，其中每一个实例就是一个文档，而实例的类就是文档的主题。如果文档是新闻，那么它的类也许可以是国内新闻、海外新闻、财经新闻和体育新闻。文档的特性是由出现在文档中的单词所描述的，一种应用机器学习对文档分类的方法是用布尔值属性表示每个单词的出现或者空缺。在文档分类的应用方面，朴素贝叶斯是一个深受欢迎的技术，因为它的处理速度快而且非常准确。

然而，朴素贝叶斯忽略了每个单词在文档中出现的次数，而在决定一个文档的分类时，这些信息拥有潜在的重要价值。而且，一个文档可以看成是一个词袋（bag of words）即一个集合，这个集合包含文件中所有单词，在文件中多次出现的单词在集合中也多次出现（从技术上说，一个集合所包含的每个成员应是唯一的，而一袋可以拥有重复的成员）。

采用一个改进的朴素贝叶斯可以利用单词的频率，这个改进的朴素贝叶斯有时称为多项式朴素贝叶斯（multinominalNaïve Bayes）。

> 假设 n_1，n_2，…，n_k 是单词 i 在文档中出现的次数，P_1，P_2，…，P_k 是从所有 H 类文档中抽样得到单词 i 的概率。假设概率与单词的上下文以及单词在文档中的位置无关。这些假设产生一个文档概率的多项式分布（multinomial distribution）。在这种分布中，对于一个给定类别 H，文档 E 的概率，换句话说，计算贝叶斯规则中 $\Pr[E \mid H]$ 的公式是：
>
> $$\Pr[E \mid H] = N! \times \prod_{i=1}^{k} \frac{P_i^{n_i}}{n_i!}$$
>
> 这里，$N = n_1 + n_2 + \cdots + n_k$ 是文档中单词的数量。使用阶乘的原因是考虑到根据词袋模型中每个单词出现的次序并不重要。P_i 是通过计算在所有属于类别 H 的训练文档中，单词 i 出现的相对频率而得到的估计。实际上，应该再有一项，即类别 H 的模型产生与 E 长度相等的文档的概率，但是通常假设对于所有类别来说，（这个概率）都是相等的，因此可以忽略这一项。 96~97

例如，假设单词表里只有两个单词：yellow（黄）和 blue（蓝），一个特定文档类别 H 存在 $\Pr[\text{yellow} \mid H] = 75\%$，$\Pr[\text{blue} \mid H] = 25\%$（你也许称类别 H 为 yellowish green（黄绿）类文档）。假如 E 是文档 blue yellow blue，长度 $N=3$ 个单词。存在4个可能的、拥有3个单词的词袋。一个是{yellow yellow yellow}，根据上面得出的公式，得到它的概率为：

$$P[\{\text{yellow yellow yellow}\} \mid H] = 3! \times \frac{0.75^3}{3!} \times \frac{0.25^0}{0!} = \frac{27}{64}$$

其他3个的概率分别是：

$$\Pr[\{\text{blue blue blue}\} \mid H] = \frac{1}{64}$$

$$\Pr[\{\text{yellow yellow blue}\} \mid H] = \frac{27}{64}$$

$$\Pr[\{\text{yellow blue blue}\} \mid H] = \frac{9}{64}$$

这里的 E 与最后一种情况相对应（注意：在一个词袋中的单词次序可以忽略），所以由 yellowish green 文档模型产生出 E 的概率是 9/64，或 14%。假如另一个类，very bluish green 文档（称它为 H'），拥有的概率 $\Pr[\text{yellow} \mid H'] = 10\%$，$\Pr[\text{blue} \mid H'] = 90\%$。由这个模型产生 E 的概率为 24%。

如果只有这两个类，是不是意味着 E 是 very bluish green 文档类呢？并不一定。根据前面给出的贝叶斯规则，必须考虑每一个假说的先验概率。如果你实际上知道 very bluish green 文档罕见程度是 yellowish green 文档的两倍，这将足够胜过14%和24%的不同，倾向于 yellowish green 类文档。

前面概率公式中的阶乘并不需要真正计算，因为它对于每一类都是一样的，所以会在规范化的过程中被消去。然而，在公式里仍然需要将很多小概率相乘，这将迅速产生非常小的数值，从而在大的文档上造成下溢。不过这种问题可以通过对概率取对数替代概率本身来避免。

在多项式朴素贝叶斯公式里，判断一个文档的类不仅要根据文档中出现的单词，还要根据这些单词在文档中出现的次数。对于文档分类来说，多项式朴素贝叶斯模型的性能通
98 常优于普通的朴素贝叶斯模型，尤其在大型字典级的文档上表现尤其突出。

4.2.3 讨论

朴素贝叶斯法给出了一个简单并且概念清晰的方法，用该方法来表达、使用和学习概率的知识。使用它能够达到很好的预测结果。在许多数据集上，朴素贝叶斯的性能可以与一些更加成熟的分类器相媲美，甚至会有更出色的表现。有一句格言是，始终从简单的方法入手。同样，在机器学习领域，人们不断努力使用更精细的学习方案想获得好的预测结果，但是最终在几年后发现，那些简单的方法，如 1R 和朴素贝叶斯，能够得到同样好、甚至更好的结果。

朴素贝叶斯法在很多数据集上的表现差强人意，其中的原因很容易发现。因为朴素贝叶斯处理属性的时候，认为属性之间是完全独立的，所以一些冗余的属性会破坏机器学习过程。一个极端的例子是，如果在天气数据中加入一个新的属性，该属性拥有与属性 temperature 相同的值，那么属性 temperature 的影响力将会增加：属性 temperature 的所有概率将被平方，在最后的决策上具有更大的影响力。如果在数据集中加入 10 个这样的属性，那么最终的决策将仅根据属性 temperature 而做出。属性之间的依赖性不可避免地会降低朴素贝叶斯识别数据中究竟发生什么的能力。然而，这种情况可以通过在决策过程中，采用仔细挑选属性子集的方法来避免。第 7 章将阐述如何选择属性。

对于数值属性，正态分布的假设是朴素贝叶斯的另一个限制，这里我们进行一些说明。许多属性值并不呈正态分布。然而，对于数值属性，我们也可以采用其他分布形式：正态分布并没有特殊的魔力。如果你知道一个特定的属性可能遵循其他的分布形式，那么可以使用那种分布形式的标准估计过程。如果你怀疑数值分布不是正态分布，又不知道真正的分布形式，那么可以使用“核密度估计”（kernel density estimation）过程，核密度估计并不把属性值的分布假设成任何特定形式的分布。另一种可行的处理方法是首先将数据离散化。

4.3 分治法：建立决策树

建立决策树的问题可以用递归形式表示。首先，选择一个属性放置在根结点，为每一个可能的属性值产生一个分支。这将使样本集分裂成多个子集，一个子集对应于一个属性值。然后在每一个分支上递归地重复这个过程，仅使用真正到达这个分支的实例。如果在一个结点上的所有实例拥有相同的类别，那么就停止该部分树的扩展。

唯一存在的问题是，对于一个给定的、拥有不同类别的样本集，如何判断应该在哪个
99 属性上进行分裂。再来看看天气数据，每次分裂都存在 4 种可能性，在最顶层产生的树如图 4-2 所示。哪个才是最好的选择呢？类分别是 yes 和 no 的实例数量显示在叶子上。当叶子只拥有单一类别 yes 或 no 时，将不必继续分裂，到达那个分支的递归过程也将停止。因为我们要寻找较小的树，所以希望递归过程尽早停止。如果能够测量每一个结点的纯度，就可以选择能产生最纯子结点的那个属性进行分裂。观察图 4-2，然后思考哪个属性是最佳选择。

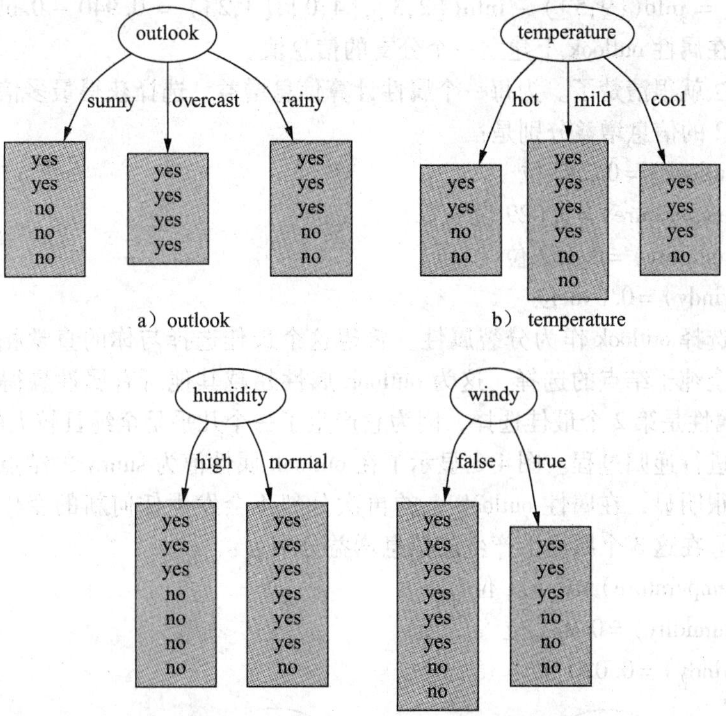

a）outlook　　b）temperature

c）humidity　　d）windy

图 4-2　天气数据的 3 个树桩

我们将要使用的纯度度量称为信息量（information），度量单位是位（bit）。纯度度量与树的每个结点相关联，代表期望的信息总量，用于说明到达这个结点的新实例将被分到 yes 还是 no 类所需的信息总量。不同于计算机内存所用的位，这里所期望的信息量通常包括 1 位中的部分位——经常小于 1！根据在那个结点上 yes 和 no 类的实例数量来计算。我们很快将在后面看到计算的具体细节。首先讨论如何使用它。当对图 4-2 的第 1 个树进行评估时，在叶子结点上的 yes 和 no 类的实例数量分别是［2，3］、［4，0］和［3，2］，因此，这些结点上的信息值分别是： 100

$$\text{info}([2,3]) = 0.971 \text{ 位}$$
$$\text{info}([4,0]) = 0.0 \text{ 位}$$
$$\text{info}([3,2]) = 0.971 \text{ 位}$$

计算它们的平均信息值，并考虑到达每个分支的实例的数量：有 5 个实例到达第 1 个分支和第 3 个分支；4 个实例到达第 2 个分支：

$$\text{info}([2,3],[4,0],[3,2]) = \frac{5}{14} \times 0971 + \frac{4}{14} \times 0 + \frac{5}{14} \times 0.971 = 0.693 \text{ 位}$$

如图 4-2a 所示，这个平均值代表了期望的信息总量，即对一个新实例的类别进行说明所必需的信息量。

在任何初始树（如图 4-2 所示）创建之前，处于根结点的训练样本由 9 个 yes 和 5 个 no 组成，与之相对应的信息值是：

$$\text{info}([9,5]) = 0.940 \text{ 位}$$

因此如图 4-2a 所示的树所获的信息增益（information gain）为：

gain(outlook) = info([9,5]) - info([2,3],[4,0],[3,2]) = 0.940 - 0.693 = 0.247 位

它能够解释成在属性 outlook 上建立一个分支的信息值。

随后的方法就很清楚了。为每一个属性计算信息增益，选择获得最多信息量的属性进行分裂。图 4-2 的信息增益分别是：

- gain(outlook) = 0.247 位
- gain(temperature) = 0.029 位
- gain(humidity) = 0.152 位
- gain(windy) = 0.048 位

所以在根结点选择 outlook 作为分裂属性。希望这个最佳选择与你的直觉相一致。它是唯一能获得一个全纯子结点的选择，这为 outlook 属性超越其他所有属性赢得了相当大的优势。humidity 属性是第 2 个最佳选择，因为它产生了一个几乎是全纯且较大的子结点。

101 接着继续进行递归过程。图 4-3 显示了在 outlook 属性值为 sunny 的结点上的进一步分支的可能性。很明显，在属性 outlook 上的再次分裂不会发生任何新的变化，所以仅考虑其他 3 个属性。在这 3 个属性上产生的信息增益分别为：

- gain(temperature) = 0.571 位
- gain(humidity) = 0.971 位
- gain(windy) = 0.020 位

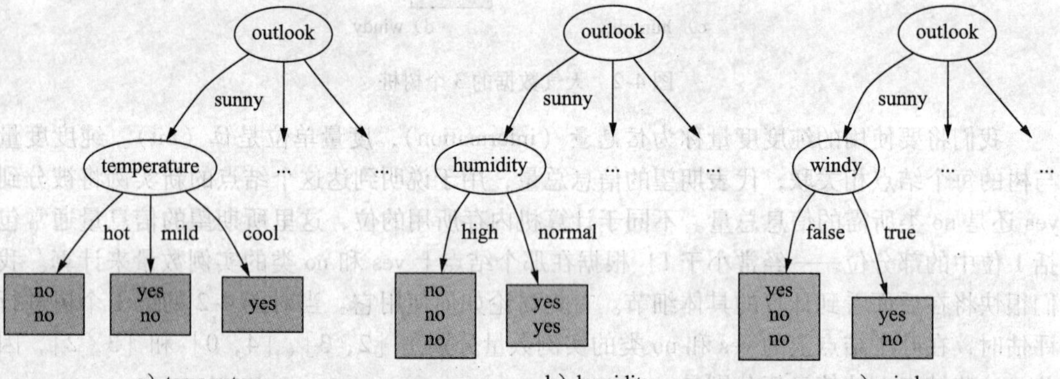

图 4-3　天气数据的扩展树桩

因此选择 humidity 属性作为在这一结点的分裂属性。在随之产生的子结点上并不需要进一步分裂，所以这个分支就结束了。

继续应用这样的思想方法，将产生关于天气数据的决策树，如图 4-4 所示。理想的停止条件是所有叶子结点都是纯的，也就是当叶子结点包含的实例拥有相同的类别时。然而，也许并不可能达到这种理想状态，因为当训练集里包含 2 个拥有相同属性值，但是属于不同类别的样本时，递归过程将不可能停止。所以，应停止分裂当数据不能被进一步分裂时。或者当某属性的信息增益为零时，

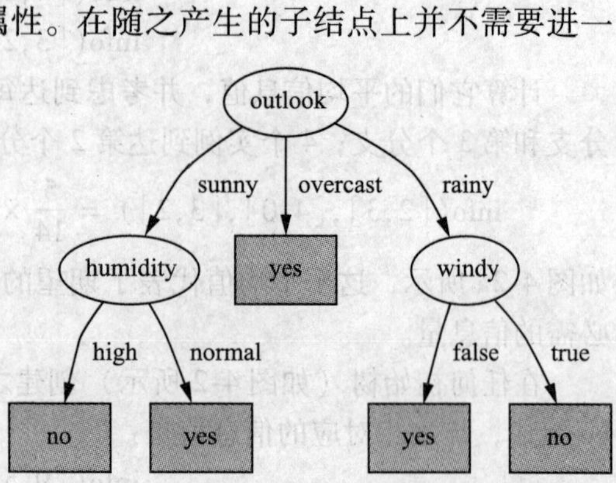

图 4-4　天气数据的决策树

分裂停止。这种判断分裂是否停止的方法更加保守，因为采用这种判断方法有可能导致出现这样的情况：一个数据集被分裂为两个具有同样类分布的子集，而这样的分裂方式可以使得信息增益为零。

4.3.1　计算信息量

现在讨论如何计算用于对不同分裂进行评估的信息量。本节将描述基本的思想，下一节将考察一个修正的方法，它通常是用来克服对那些存在众多可能值的属性进行分裂选择时的偏差。

一个给定的样本到达某个含有一定数量的 yes 实例和 no 实例的结点，在考察对这个样本进行分类所需的信息总量计算公式之前，首先考虑我们期望这个量值所拥有的属性：

1）当 yes 或者 no 的实例数量为 0 时，信息量为 0。

2）当 yes 和 no 的实例数量相同时，信息量达到最大。

另外，这种量度不仅能够应用在二类问题上，而且还要能应用在多类问题上。

信息测量与制定决策所获得的信息量相关，考虑决策的本质能获得更为微妙的信息特性。决策能够一次性做出，或者分几个阶段做出，在两种情况下包含的信息量是相同的。例如：

$$\text{info}([2,3,4])$$

中包含的决策，这种情况所包含的决策可由 2 个阶段做出。首先决定是否为第一种情形，或者是其他两种情形中的一种：

$$\text{info}([2,7])$$ 103

然后决定其他两种情形是什么：

$$\text{info}([3,4])$$

有些时候，不需要做第二步决策，即当决策结果为第一种情形时。考虑这些因素后产生如下等式：

$$\text{info}([2,3,4]) = \text{info}([2,7]) + (7/9) \times \text{info}([3,4])$$

当然，这些数字并没有特殊的含义，忽略这些真实值，与此类似的关系一定是成立的。由此可以在先前的清单上增加一条标准：

3）信息必须遵循如上所示的多阶段特性。

令人惊喜的是，只用一个函数就能满足所有这些特性，这称为信息值（information value）或者熵（entropy）：

$$\text{entropy}(p_1,p_2,\cdots,p_n) = -p_1\log p_1 - p_2\log p_2 \cdots - p_n\log p_n$$

使用负号是因为分数 p_1，p_2，…，p_n 的对数值为负，因此熵实际是正数。一般对数的底数为 2，熵是以位为单元的，就是通常在计算机上使用的位。

熵公式里的参数 p_1，p_2，…，p_n 为分数，它们的和为 1，例如：

$$\text{info}([2,3,4]) = \text{entropy}\left(\frac{2}{9},\frac{3}{9},\frac{4}{9}\right)$$

因此多阶段的决策特性通常写成如下形式：

$$\text{entropy}(p,q,r) = \text{entropy}(p,q+r) + (q+r) \times \text{entropy}\left(\frac{q}{q+r},\frac{r}{q+r}\right)$$

这里 $p+q+r=1$。

因为采用对数计算方法，所以信息量度量计算不需要计算各个分数，例如：

$$\text{info}([2,3,4]) = -2/9 \times \log 2/9 - 3/9 \times \log 3/9 - 4/9 \times \log 4/9$$
$$= [-2\log 2 - 3\log 3 - 4\log 4 + 9\log 9]/9$$

这是在实际中通用的信息量度量计算方法。所以图 4-2a 中的第一个叶子结点的信息值是：

$$\text{info}([2,3]) = -2/5 \times \log 2/5 - 3/5 \times \log 3/5 = 0.971 \text{ 位}$$

104

4.3.2 高度分支属性

当某些属性拥有的可能值的数量很大，从而使分支的路径增加，产生很多子结点时，计算信息增益就会出现问题。这个问题可以通过一个极端的例子来说明，当数据集的某个属性对于每一个实例存在不同的属性值时，譬如，标识码属性。

表 4-6 给出了带有额外属性的天气数据。图 4-5 是对 ID code 属性进行分裂来产生树桩。给定这个属性的值，说明类所需的信息量是：

$$\text{info}([0,1]) + \text{info}([0,1]) + \text{info}([1,0]) + \cdots + \text{info}([1,0]) + \text{info}([0,1])$$

表 4-6 带有标识码的天气数据

ID code	outlook	temperature	humidity	windy	play
a	sunny	hot	high	false	no
b	sunny	hot	high	true	no
c	overcast	hot	high	false	yes
d	rainy	mild	high	false	yes
e	rainy	cool	normal	false	yes
f	rainy	cool	normal	true	no
g	overcast	cool	normal	true	yes
h	sunny	mild	high	false	no
i	sunny	cool	normal	true	yes
j	rainy	mild	normal	false	yes
k	sunny	mild	normal	true	yes
l	overcast	mild	high	true	yes
m	overcast	hot	normal	false	yes
n	rainy	mild	high	true	no

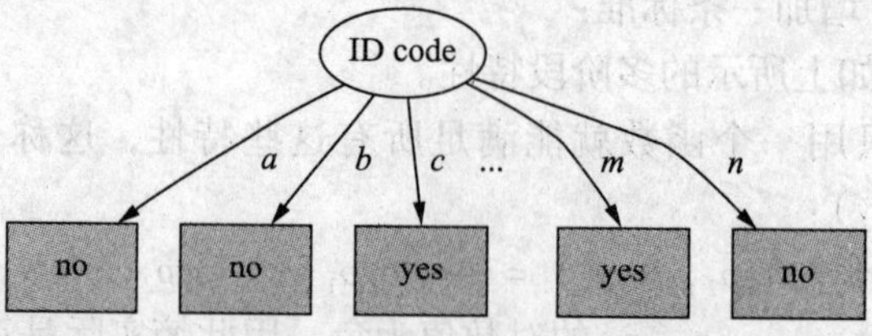

图 4-5 ID code 属性的树桩

由于 14 项中的每一项都是 0，所以信息量为 0。这个结果并不奇怪：ID code 属性能够区别每个实例，所以它能确定类别，而且不会出现任何模棱两可的情况，如表 4-6 所示。所以这个属性的信息增益就是在根结点上的信息量，即 info([9, 5]) = 0.940 位。它比在其他任何属性上获得的信息增益都要大，毫无疑问 ID code 将被选为分裂属性。但是在标识码属性上的分支对预测未知实例的类别并没有任何帮助，也没能描述任何有关决策的结构，而这两点正是机器学习的双重目标。

由此可见，采用度量信息增益的方法会倾向于选择拥有较多可能属性值的属性。为了弥补这一缺陷，一个称为增益率（gain ratio）的修正度量方法被广泛采用。增益率的获得考虑了属性分裂数据集后所产生的子结点的数量和规模，而忽略任何有关类别的信息。在图 4-5 的情形中，每个分支只包含 1 个实例，所以分裂后的信息值为：

$$\text{info}([1,1,\cdots,1]) = -1/14 \times \log 1/14 \times 14$$

因为同样的分数 1/14 出现了 14 次，所以结果为 log14 或 3.807 位，这是一个非常高的信息值。因为分裂后所产生的信息值是指要确定各个实例应该被分配到哪个分支上所需要的位数，分支越多，这个信息值越大。增益率的计算方法是将原来的信息增益，在这个例子中是 0.940，除以这个属性的信息值 3.807，得到 ID code 属性的增益率 0.247。

再返回图 4-2 天气数据的树桩，属性 outlook 将数据集分裂成 3 个子集，规模分别为 5、4 和 5，因此不考虑子集中所包含的类别，产生一个内在的信息值：

$$\text{info}([5,4,5]) = 1.577$$

可以看出，越是高度分支的属性，内在的信息值也越大，正如在假定的 ID code 属性上得到的信息值。信息增益可以通过将其除以内在的信息值，从而获得增益率的方法来进行修正。

表 4-7 总结了对图 4-2 中树桩的计算结果。属性 Outlook 的结果依然排在首位，而属性 humidity 以一个更为接近的值排在第二位，因为它将数据集分裂成 2 个子集而不是 3 个。在这个例子中，假定的 ID code 属性的增益率为 0.247，仍然是 4 个属性中的首选。然而，它的优势已经大大降低。在实际的开发过程中，可以采用一个特别的测试来防止在这类无用属性上的分裂。

表 4-7　对图 4-2 中树桩的增益率计算

outlook		temperature		humidity		windy	
info:	0.693	info:	0.911	info:	0.788	info:	0.892
gain: 0.940 ~ 0.693	0.247	gain: 940 ~ 0.911	0.029	gain: 0.940 ~ 0.788	0.152	gain: 0.940 ~ 0.892	0.048
splitinfo: info([5, 4, 5])	1.577	splitinfo: info([4, 6, 4])	1.362	splitinfo: info([7, 7])	1.000	splitinfo: info([8, 6])	0.985
gainratio: 0.247/1.577	0.156	gainratio: 0.029/1.557	0.019	gain ratio: 0.152/1	0.152	Gainratio: 0.048/0.985	0.049

不幸的是，在某些情况下增益率修正法补偿过度会造成倾向于选择某个属性的原因，仅仅是因为这个属性的内在信息值比其他属性小很多。一个标准的弥补方法是选择能够得到最大增益率的属性，并且那个属性的信息增益要大于等于所有属性的信息增益的平均值。

4.3.3　讨论

用分治法解决决策树归纳问题，有时称为*自顶向下的决策树归纳*（top-down induction of decision trees），由澳大利亚悉尼大学的 J. Ross Quinlan 开发，并经过了多年的改进。尽管其他机器学习的研究人员也研究了相似的方法，但是 Quinlan 的研究成果总是处于决策树归纳技术的最前沿。前面所描述的使用信息增益标准，从本质上看与称为 ID3 的方法是一致的。使用增益率是多年来用于改进 ID3 的方法之一。Quinlan 认为它是一个广泛适用于不同情况的稳定方案。尽管它是一个健壮且实用的方案，但是它牺牲了一些信息增益标 105 ~ 107

准的部分清晰、优雅的理论动机。

在称为 C4.5 的决策树归纳的一个实用且有影响力的系统中，积累了一系列改进 ID3 的方法。这些改进措施包括处理数值属性、缺失值、噪声数据以及由树产生规则的方法，有关内容将在 6.1 节中描述。

4.4　覆盖算法：建立规则

如上所述，决策树算法是基于分治法来解决分类问题的。它们自上而下，在每一个阶段寻找一个能够将实例按类别分隔的最佳属性，然后对分隔所得的子问题进行递归处理。这种方法产生一个决策树，如果有必要可以将它转换成一个分类规则集，尽管要从决策树中产生有效规则，但这个转换过程并不简单。

另一个方法是依次取出每个类，寻找一个方法使之覆盖所有属于这个类别的实例，同时剔除不属于这个类别的实例。这种方法称为*覆盖*（covering）方法，因为在每一个阶段都要寻找一个能够“覆盖”部分实例的规则。覆盖法的自身特性决定了它将产生一个规则集而不是一个决策树。

可以在 2 维的实例空间上观察覆盖法，如图 4-6a 所示。首先产生一个覆盖 a 类实例的规则。作为规则中的第一个测试，如图 4-6a 中间的图所示那样，垂直分割属性空间。由此给出一个起始规则：

```
If x > 1.2 then class = a
```

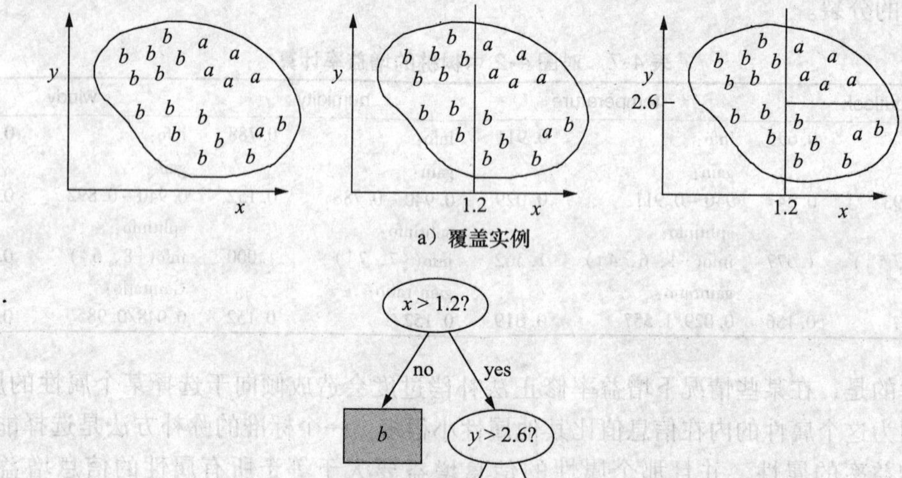

a）覆盖实例

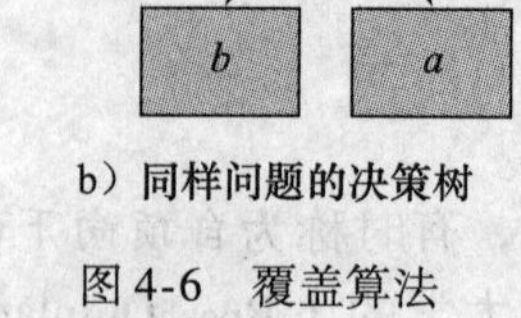

b）同样问题的决策树

图 4-6　覆盖算法

然而，这个规则同时覆盖了很多 a 类和 b 类的实例，所以在规则中增加一个新的测试，如图 4-6a 最右边的图所示，在水平方向进一步对实例空间进行分割：

```
If x > 1.2 and y > 2.6 then class = a
```

这个规则覆盖了除了一个 a 类实例以外的其他所有 a 类的实例。也许可以就此结束，但是如果感觉有必要覆盖最后一个 a 类实例，也许需要添加另一个规则：

```
If x > 1.4 and y < 2.4 then class = a
```

同样的过程可以产生出覆盖 b 类实例的 2 个规则是：

```
If x ≤ 1.2 then class = b
If x > 1.2 and y ≤ 2.6 then class = b
```

108

此外，有一个 a 类实例被错误地包含进来。如果有必要去除它，就必须在第二个规则中增加更多的测试，并且需要再添加的额外规则来覆盖被新测试排除在外的 b 类实例。

4.4.1 规则与树

对于同一个数据，自上而下的分治算法，至少从表面上看，与覆盖算法是很相似的。它也可能使用 x 属性对数据集进行首次分裂，也很可能在相同的位置，$x = 1.2$，进行分裂。然而，覆盖算法仅考虑覆盖一个类别的实例，而由分治法产生的分裂则需要同时考虑两个类别，因为分治算法是建立一个能够应用于所有类别上的单一的概念描述。第二次分裂或许也在同样的位置，$y = 2.6$，从而产生如图 4-6b 所示的决策树。这个树与规则集完全对应，在这个例子中，本质上覆盖法和分治算法并没有什么不同。

但是在许多情况下，规则和树在表达的明晰度上存在差异。例如，当 3.4 节讨论重复子树问题时，曾经提到规则可以是对称的，而树必须首先选择一个属性进行分裂，这会导 109
致树比一个等效的规则集大很多。另一个不同之处是，在多类的情况下，决策树分裂将考虑所有类别的情况，试图使分裂的纯度最大化，而生成规则的方法一次只集中处理一个类别，并不考虑其他类别上发生的情况。

4.4.2 一个简单的覆盖算法

覆盖算法向正在构建中的规则添加测试，总是尽力创建一个能获得最大准确率的规则。相反，分治算法是向正在构建中的树上添加测试，总是尽力将不同类别最大程度的分开。这两种方法都涉及寻找某个属性进行分裂的过程。但是两者寻找最佳属性的标准是不同的。分治算法，如 ID3，选择一个使信息增益最大化的属性，而我们即将讨论的覆盖算法则要选择一个使期望类别概率达到最大化的属性 - 值对。

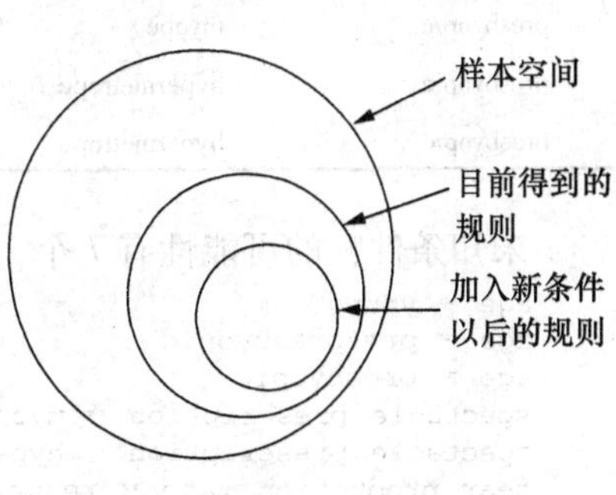

图 4-7 覆盖算法操作过程中的实例空间

图 4-7 展示了一个实例空间，这个空间包含了所有的实例、一个部分创建完成的规则，和同样的规则在加入一个新条件后的情况。这个新的条件限制了规则的覆盖量：指导思想是要尽可能多地包含期望类别的实例，同时尽量不包含其他类别的实例。假设新的规则将总共覆盖 t 个实例，其中存在 p 个属于这个期望类别的实例，以及 $t - p$ 个其他类别的实例，即规则所产生的错误。然后，选择新的条件使 p/t 最大化。

举个例子来帮助理解。这次改为使用表 1-1 的隐形眼镜数据。依次生成 3 个规则，分别覆盖 3 个类别（hard、soft 和 none）中的每一个。首先寻找一个规则：

```
If ? then recommendation = hard
```

对于未知条件？存在 9 个选择：

```
age = young                                   2/8
age = pre-presbyopic                          1/8
age = presbyopic                              1/8
spectacle prescription = myope               3/12
spectacle prescription = hypermetrope        1/12
astigmatism = no                             0/12
astigmatism = yes                            4/12
tear production rate = reduced               0/12
tear production rate = normal                4/12
```

右边的数值表示由这个条件选出的实例集中“正确”实例的比例。这里，正确意味着建议使用 hard 隐形眼镜。例如，由条件 age = young 选出 8 个实例，其中 2 个建议使用 hard 隐形眼镜，所以第一个比例值是 2/8（为了能很好地理解，最好看看表 1-1 的隐形眼镜数据，并统计表中的记录）。

选择最大的一个比例值 4/12，从上面列表里的第 7 个和最后一个之间任意选一个，建立规则：

```
If astigmatism = yes then recommendation = hard
```

这个规则并不是非常准确，只从它所覆盖的 12 个实例中得到 4 个正确的实例，见表 4-8。因此对它进行进一步修正：

```
If astigmatism = yes and ? then recommendation = hard
```

表 4-8　astigmatism = yes 的部分隐形眼镜数据

age	spectacle prescription	astigmatism	tear production rate	recommended lenses
young	myope	yes	reduced	none
young	myope	yes	normal	hard
young	hypermetrope	yes	reduced	none
young	hypermetrope	yes	normal	hard
pre-presbyopic	myope	yes	reduced	none
pre-presbyopic	myope	yes	normal	hard
pre-presbyopic	hypermetrope	yes	reduced	none
pre-presbyopic	hypermetrope	yes	normal	none
presbyopic	myope	yes	reduced	none
presbyopic	myope	yes	normal	hard
presbyopic	hypermetrope	yes	reduced	none
presbyopic	hypermetrope	yes	normal	none

未知条件？的可能性有 7 个，产生 7 个选择：

```
age = young                                   2/4
age = pre-presbyopic                          1/4
age = presbyopic                              1/4
spectacle prescription = myope               3/6
spectacle prescription = hypermetrope        1/6
tear production rate = reduced               0/6
tear production rate = normal                4/6
```

（再次统计表 4-8 中的记录。）显然，最后一个胜出，6 个实例中有 4 个正确，相应的规则是：

```
If astigmatism = yes and tear production rate = normal
   then recommendation = hard
```

可以就此停止了吗？也许可以。但是现在要找出准确的规则，而不管它们有多么复杂。表 4-9 列出了目前为止规则所能覆盖的实例。那么下一个可能的条件是：

```
age = young                                    2/2
age = pre-presbyopic                           1/2
age = presbyopic                               1/2
spectacle prescription = myope                 3/3
spectacle prescription = hypermetrope          1/3
```

需要在第 1 个和第 4 个之间选择一个。到目前为止，都是将分数当做数值来处理，尽管这两个分数值相等（都为 1），但是它们有不同的覆盖量：一个选择条件仅覆盖 2 个正确的实例，而另一个覆盖了 3 个。在同等条件下，总是选择拥有更大覆盖量的那个规则，所以最终的规则为：

```
If astigmatism = yes and tear production rate = normal
   and spectacle prescription = myope then recommendation = hard
```

表 4-9 astigmatism = yes 和 tear production rate = normal 的部分隐形眼镜数据

age	spectacle prescription	astigmatism	tear production rate	recommended lenses
young	myope	yes	normal	hard
young	hypermetrope	yes	normal	hard
pre-presbyopic	myope	yes	normal	hard
pre-presbyopic	hypermetrope	yes	normal	none
presbyopic	myope	yes	normal	hard
presbyopic	hypermetrope	yes	normal	none

这确实是在隐形眼镜问题上产生的规则之一。但是它仅包含 4 个建议使用 hard 隐形眼镜情况中的 3 个。因此，从实例集中删除这 3 个实例，并且重新开始寻找另一种形式的规则：

```
If ? then recommendation = hard
```

按照同样的程序，将最终发现 age = young 是作为第一个条件的最佳选择。这个条件的覆盖量是 7，因为有 3 个实例已经从原有的实例集中被删除了，总共还剩下 21 个实例。第 2 个条件的最佳选择是 astigmatism = yes，选择的是 1/3（实际上，还存在一个相同的比例值）；tear production rate = normal 是第 3 个最佳选择，选择的是 1/1。

```
If age = young and astigmatism = yes
   and tear production rate = normal
   then recommendation = hard
```

这个规则实际上覆盖了原始数据集中的 3 个实例，其中的 2 个已经被前面建立的规则覆盖了——但这没有关系，因为这两个规则给出的建议是一样的。

既然所有的 hard 隐形眼镜的实例都已经覆盖了，下一步用相同的步骤生成 soft 隐形眼镜的规则。最后生成 none 类别的规则，除非所寻找的规则集是带有缺省规则的，这时就不需要给最后的类别寻找显式的规则了。

以上的描述是用 PRISM 法创建规则。它只建立正确或者“完美”的规则。它利用准确率公式 p/t 来衡量规则的成功率。任何准确率低于 100% 的规则都是“不正确”，因为低于 100% 准确率的规则意味着将实例分配到并不是它所属的类别上。PRISM 不断向每一个规则增加条件，直到规则达到完美：规则的准确率是 100%。图 4-8 给出了这个算法的概要。最外面的循环在各个类上重复，依次为每个类别产生规则。注意在每次循环开始前，需要将样本集重新初始化到完整的数据集状态。然后为那个类别建立规则，并从数据集中删除实例，直到没有这个类别的实例存在为止。每当开始创建规则时，要从一个空的规则开始（空规则覆盖了所有的样本），接着不断加入测试来限制规则，直到规则仅覆盖所期望的类别为止。在每一个阶段，选择最有希望的测试，就是使规则的准确率达到最大化的一个测试。最后，选择拥有最大覆盖量的测试来打破平局。

```
对于每个类别C
    将E初始化为实例集
    while E中包含类别为C的实例
        创建一个左侧为空的规则R来预测类别C
        直到R是完美的规则（或者没有更多的属性可用）
            对于R中每一个没有用过的属性A以及每一个属性值v
                考虑将条件A = v加入R的左侧
                选择使准确率p/t达到最大值的A和v
                    （通过选择最大的p来打破平局的情况）
            将A = v加入R
        将规则R覆盖的实例从E中移除
```

图 4-8　一个基本规则学习器的伪代码

4.4.3　规则与决策列表

考虑为某个特定的类别产生的规则，也就是将图 4-8 所示算法中的最外层循环去掉。从规则产生的过程似乎可以很清楚地看到，这些规则打算按照先后次序进行解释，就像是一个决策列表，依次测试规则直到找到一个适用的规则，然后使用它。这是因为只要新的规则建立完成，由新规则所覆盖的实例将从实例集中删除（见图 4-8 倒数第 3 行代码）：因此后来生成的规则是为那些没有被这个规则所覆盖的实例设计的。然而，尽管表面看来规则应该依次被检验，但这并不是必需的。考虑到后来为这个类别建立的规则都预测出同样的类别。这意味着它们以什么样的顺序执行是没有关系的：如果能够找到一个覆盖这个实例的规则，就可以预测出这个实例的类；或者找不到这样的一个规则，也就不可能预测出实例的类。

现在回到完整的算法上。依次考虑每一个类别，并且产生能够将属于这个类别的实例从其他类别的实例中识别出来的规则。为某个类别所建的规则和为其他类别所建的规则之间没有隐含的顺序关系。因此，产生的规则能够以任意顺序执行。

正如 3.4 节所讨论的，独立于任意顺序似乎是各自独立的“知识”金块的行为方式，使规则更具有模块性，但同时也存在缺点，即当所采用的规则发生冲突时，便不清楚应该如何处理。用这种方法产生的规则，会使一个测试样本得到多个分类，即它能够适用于不同类别上的规则。而其他的测试样本也可能不会得到任何分类。处理这种情况的一个简单的策略是在模糊事件上强制执行一个决策，从所预测出的类别中选择（与类别对应的）训练实例数量最多的那个类别，或者如果没有预测出的类别，那么选择在总体上拥有最多训练实例的类别。这种问题不会出现在决策列表上，因为决策列表需要按顺序解释，并且一旦一个规则适用就立刻停止解释过程：最后的一个缺省的附加规则能够保证任何测试实例都会有一个分类。采用一个稍微不同的方法，也许能为多类问题产生一个好的决策列表。6.2 节将涉及相关内容。

110~115 诸如 PRISM 这样的算法可以描述为*变治法*（separate-and-conquer）：寻找一条能够覆盖许多同类实例的规则（去除不属于此类的实例），将这些已经被覆盖的实例从实例集中移除，因为这些实例已经被规则考虑到了，然后继续在剩下的实例上执行这个过程。这种方法和与决策树的分治法形成对照。移除（实例）的步骤大大提高了算法的效率，因为实例集的规模在操作过程中不断地缩减。

4.5　挖掘关联规则

关联规则与分类规则相类似，可以采用同样的方法找出关联规则，方法是对每个可能出现在规则右边的表达式执行一个分治的规则归纳过程。不但任何属性都可以伴随着任何可能的属性值出现右边，而且一个单独的关联规则经常能够预测出不止一个属性的值。要找出这些规则，必须对右边的每一种可能的属性组合，用每种可能的属性值的组合执行一次规则归纳过程。从中将产生出数量庞大的关联规则，因此必须根据它们的覆盖量（应用规则预测正确的实例数量）和准确率（预测正确的实例数量占规则所涉及的所有实例数量的比例）对其进行剪枝。但是这种方法非常不可行（注意，如 3.4 节所述，覆盖量（coverage）经常称为支持度（support），准确率（accuracy）经常称为置信度（confidence））。

另外，我们仅对拥有高覆盖量的关联规则感兴趣。暂时忽略一个规则左、右两边的不同，只寻找能够达到预定最小覆盖量的属性 - 值配对的组合。它们（这些组合）称为项集（item set）：一个属性 - 值配对就是一个项（item）。这个术语出自购物篮分析，项是购物车里的商品，超市经理需要寻找购物车里物品之间的关联。

4.5.1　项集

表 4-10 的第 1 列列出了表 1-2 天气数据的单个的项，并在右边给出这个项在数据集上出现的次数。它们是 1 项集。下一步建立 2 项集，方法是将单个的项进行配对。当然，没有理由建立一个包含两个相同属性，但是不同属性值的 2 项集（如 outlook = sunny 和 outlook = overcast），因为它不可能出现在任何一个真正的实例上。

假设要寻找最小覆盖量为 2 的关联规则，就要去除那些覆盖实例的个数小于 2 的项集。因此将剩下 47 个 2 项集，表 4-10 的第 2 列显示了其中的部分 2 项集以及 2 项集在数据集中出现的次数。接下来要建立 3 项集，将有 39 个 3 项集的覆盖量为 2 或大于 2。在这个数据集上，存在 6 个 4 项集，没有 5 项集，一个覆盖量是 2 或大于 2 的 5 项集只可能与一个重复的实例相对应。例如，表中的前两行显示 outlook = sunny 有 5 天，其中 temperature = hot 有 2 天。实际上，这两天又都是 humidity = high 和 play = no。 116

表 4-10　覆盖量等于 2 或大于 2 的天气数据的项集

	1 项集		2 项集		3 项集		4 项集	
1	outlook = sunny	5	outlook = sunny temperature = mild	2	outlook = sunny temperature = hot humidity = high	2	outlook = sunny temperature = hot humidity = high play = no	2
2	outlook = overcast	4	outlook = sunny temperature = hot	2	outlook = sunny temperature = hot play = no	2	outlook = sunny humidity = high windy = false play = no	2
3	outlook = rainy	5	outlook = sunny humidity = normal	2	outlook = sunny humidity = normal play = yes	2	outlook = overcast temperature = hot windy = false play = yes	2

（续）

	1 项集		2 项集		3 项集		4 项集	
4	temperature = cool	4	outlook = sunny humidity = high	3	outlook = sunny humidity = high windy = false	2	outlook = rainy temperature = mild windy = false play = yes	2
5	temperature = mild	6	outlook = sunny windy = true	2	outlook = sunny humidity = high play = no	3	outlook = rainy humidity = normal windy = false play = yes	2
6	temperature = hot	4	outlook = sunny windy = false	3	outlook = sunny windy = false play = no	2	temperature = cool humidity = normal windy = false play = yes	2
7	humidity = normal	7	outlook = sunny play = yes	2	outlook = overcast temperature = hot windy = false	2		
8	humidity = high	7	outlook = sunny play = no	3	outlook = overcast temperature = hot play = yes	2		
9	windy = true	6	outlook = overcast temperature = hot	2	outlook = overcast humidity = normal play = yes	2		
10	windy = false	8	outlook = overcast humidity = normal	2	outlook = overcast humidity = high play = yes	2		
11	play = yes	9	outlook = overcast humidity = high	2	outlook = overcast windy = true play = yes	2		
12	play = no	5	outlook = overcast windy = true	2	outlook = overcast windy = false play = yes	2		
13			outlook = overcast windy = false	2	outlook = rainy temperature = cool humidity = normal	2		
…			…		…			
38			humidity = normal windy = false	4	humidity = normal windy = false play = yes	4		
39			humidity = normal play = yes	6	humidity = high windy = false play = no	2		
40			humidity = high windy = true	3				
…			…					
47			windy = false play = no	2				

117 ~ 118

4.5.2 关联规则

下面将讨论如何有效地建立项集。但是需要首先介绍如何将项集转换成规则。一旦所有满足规定覆盖量的项集生成完毕，紧接着就要分别将项集转换成至少拥有指定最小准确率的规则或者规则集。有些项集将会产生多个规则，而另一些项集也许根本不产生任何规则。例如，一个覆盖量是 4 的 3 项集（见表 4-10 第 38 行）

```
humidity = normal, windy = false, play = yes
```

这个 3 项集将产生 7 个潜在的规则：

```
If humidity = normal and windy = false then play = yes      4/4
If humidity = normal and play = yes then windy = false      4/6
If windy = false and play = yes then humidity = normal      4/6
If humidity = normal then windy = false and play = yes      4/7
If windy = false then humidity = normal and play = yes      4/8
If play = yes then humidity = normal and windy = false      4/9
If - then humidity = normal and windy = false and play = yes  4/14
```

列表中右边的数值是所有 3 个条件都满足时的实例数量（即覆盖量）除以前件满足时的实例数量。用分数形式表示规则正确时所对应的实例百分比，也就是规则的准确率。假设指定的最小准确率为 100%，那么只能把第 1 个规则纳入最后的规则集。从表 4-10 中寻找前件表达式可以获得分数的分母（尽管部分未在表中列出）。上面的最后一条规则不存在前件，它的分母是数据集中实例的总数。

表 4-11 是天气数据的最终规则集，规则集的最小覆盖量是 2，最小准确率是 100%，以覆盖量排序。共有 58 条规则，其中 3 条规则的覆盖量是 4，5 条规则的覆盖量是 3，50 条的覆盖量为 2。只有 7 条规则的后件含两个条件，没有一条规则的后件是含有两个以上条件的。第一条规则是从上面讨论的项集中得到的。有时同一个项集里会产生多条规则。例如，规则 9、10 和 11 是从表 4-10 第 6 行的 4 项集产生的：

```
temperature = cool, humidity = normal, windy = false, play = yes
```

它的覆盖量是 2。这个 4 项集的 3 个子集拥有的覆盖量也是 2：

```
temperature = cool, windy = false
temperature = cool, humidity = normal, windy = false
temperature = cool, windy = false, play = yes
```

因此它们产生出规则 9、10 和 11，这 3 条规则都拥有 100% 的准确率（在训练数据集上）。 119

表 4-11 天气数据的关联规则

	关联规则	覆盖量	准确率
1	humidity = normal windy = false⇒play = yes	4	100%
2	temperature = cool⇒ humidity = normal	4	100%
3	outlook = overcast⇒play = yes	4	100%
4	temperature = cool play = yes⇒humidity = normal	3	100%
5	outlook = rainy windy = false⇒play = yes	3	100%
6	outlook = rainy play = yes⇒windy = false	3	100%

（续）

	关联规则	覆盖量	准确率
7	outlook = sunny humidity = high⇒play = no	3	100%
8	outlook = sunny play = no⇒humidity = high	3	100%
9	temperature = cool windy = false⇒humidity = normal play = yes	2	100%
10	temperature = cool humidity = normal windy = false⇒play = yes	2	100%
11	temperature = cool windy = false play = yes⇒humidity = normal	2	100%
12	outlook = rainy humidity = normal windy = false⇒play = yes	2	100%
13	outlook = rainy humidity = normal play = yes⇒windy = false	2	100%
14	outlook = rainy temperature = mild windy = false⇒play = yes	2	100%
15	outlook = rainy temperature = mild play = yes⇒windy = false	2	100%
16	temperature = mild windy = false play = yes⇒outlook = rainy	2	100%
17	outlook = overcast temperature = hot⇒windy = false play = yes	2	100%
18	outlook = overcast windy = false⇒temperature = hot play = yes	2	100%
19	temperature = hot play = yes⇒outlook = overcast windy = false	2	100%
20	outlook = overcast temperature = hot windy = false⇒play = yes	2	100%
21	outlook = overcast temperature = hot play = yes⇒windy = false	2	100%
22	outlook = overcast windy = false play = yes⇒temperature = hot	2	100%

（续）

	关联规则	覆盖量	准确率
23	temperature = hot windy = false play = yes⇒outlook = overcast	2	100%
24	windy = false play = no⇒outlook = sunny humidity = high	2	100%
25	outlook = sunny humidity = high windy = false⇒play = no	2	100%
26	outlook = sunny windy = false play = no⇒humidity = high	2	100%
27	humidity = high windy = false play = no⇒outlook = sunny	2	100%
28	outlook = sunny temperature = hot⇒ humidity = high play = no	2	100%
29	temperature = hot play = no⇒outlook = sunny humidity = high	2	100%
30	outlook = sunny temperature = hot humidity = high⇒play = no	2	100%
31	outlook = sunny temperature = hot play = no⇒humidity = high	2	100%
…	…	…	…
58	outlook = sunny temperature = hot⇒ humidity = high	2	100%

120~121

4.5.3 有效地生成规则

现在来详细考察一个使产生的关联规则达到指定的最小覆盖量和准确率的算法。这个算法分为两个阶段：首先产生达到指定最小覆盖量的项集，然后从每一个项集中找出能够达到指定最小准确率的规则。

第一步是产生所有能达到给定最小覆盖量的1项集（见表4-10第1列），然后使用1项集产生2项集（第2列）、3项集（第3列）等。每一步操作都要对整个数据集访问一遍，统计每种项集的数量，访问结束后将合格的项集保存在一个散列表（一种标准的数据结构）中，散列表中的各个元素能够被迅速找出。从1项集中产生2项集的候选成员，然后再对数据集访问一遍，统计每个2项集的覆盖量，最终将那些小于最小覆盖量的2项集成员从散列表中删除。候选的2项集成员只是将1项集成员成对取出，因为只有构成一个

2 项集的两个 1 项集都达到最小覆盖量时，这个 2 项集才有可能达到最小覆盖量。这点具有通用性：如果 3 项集中的 3 个 2 项集都达到最小覆盖量，那么这个 3 项集才有可能达到最小覆盖量。对 4 项集也是如此。

举一个例子来解释如何产生项集的成员。假设有 5 个 3 项集：（A B C），（A B D），（A C D），（A C E）和（B C D），这里 A 是一个特征，如 outlook = sunny。那么将前两个成员合并，得到（A B C D），是一个 4 项集的成员，因为它的其他三项子集（A C D）和（B C D）的覆盖量都大于最小覆盖量。如果 3 项集是按字母进行排序的，就像这个例子所示的序列，那么仅需要考虑对前两个成员相同的 3 项集配对。例如，我们不考虑（A C D）和（B C D），因为（A B C D）也可以从（A B C）和（A B D）中产生，并且，如果它们两个不是 3 项集的成员，那么（A B C D）就不可能成为 4 项集的成员。所以，只能产生两对 3 项集的组合：一对是已经讨论过的（A B C）和（A B D），另一对是（A C D）和（A C E）。第二对产生一个 4 项集（A C D E），由于它的 3 项集没有全部达到最小覆盖量，所以它将被丢弃。散列表能够帮助做这种检查：只要依次将 4 项集中的各项移出，并检查剩余的 3 项集是否真正出现在散列表中。在这个例子中，只存在一个 4 项集候选成员（A B C D）。这个 4 项集是否真正拥有最小覆盖量，只能通过对数据集中的实例进行检查才能确认。

第二个处理阶段是取出每一个项集，从中产生规则，并检查产生的规则是否拥有指定的最小准确率。如果规则的右边只有一个测试，则任务将变得简单，只要依次将每个条件作为规则的后件来考虑，从项集中删除它，用完整项集的覆盖量除以结果子集的覆盖量
122 （从散列表中获得）得到对应于规则的准确率。我们同样对后件中包含多个测试的关联规则感兴趣，将项集的每个子集放在右边，而将剩余的项作为前件放在左边，似乎必须对这些结果进行评估。

除非项集的规模较小，否则这种穷举法将使计算开销过大，因为可能子集的数量会随着项集的规模成指数级增长。然而，还有一种更好的方法。观察 3.4 节论述关联规则时的一条规则：

```
If windy = false and play = no
   then outlook = sunny and humidity = high
```

如果这个双后件（double - consequent）规则满足给定的最小覆盖量和准确率，那么从同样的项集中产生的两个单后件（single - consequent）的规则也一定满足最小覆盖量和准确率：

```
If humidity = high and windy = false and play = no
   then outlook = sunny
If outlook = sunny and windy = false and play = no
   then humidity = high
```

反过来，如果其中某个单后件的规则不能满足最小覆盖量和准确率，那么就没有必要考虑双后件规则。这给出了一个从单后件规则建立双后件的候选规则的方法，此方法同样也适用于从双后件规则中建立三后件候选规则，依此类推。当然，必须由散列表检查每一个候选规则，观察它们的准确率是否真正大于指定的最小准确率。通常由这种方法检查的规则数要远远小于穷举法。有趣的是，从含 n 个后件的规则中产生出含（$n+1$）个后件的候选规则的方法与前面讲述的从 n 项集中产生（$n+1$）项集的候选项集是完全一样的方法。

4.5.4 讨论

通常需要从大型数据集中寻找关联规则，所以高效率的算法具有很高的应用价值。以上描述的算法对于每种不同规模的项集都要在数据集上访问一遍。有时候，由于数据集太大而不能全部读入主存，必须存储在硬盘上，因此值得考虑在一次访问操作中同时检查两个相邻规模的项集，以减少访问整个数据集的次数。例如，一旦2项集产生，在用实例集统计集合中真正存在的2项集数量之前，可以先从2项集中生成所有的3项集。尽管这种方法考虑的3项集的数量大于真正的3项集数量，但是访问整个数据集的次数将减少。

实际上，建立关联规则所需的计算量取决于指定的最小覆盖量。准确率的影响力较小，因为它并不会影响访问整个数据集的次数。在很多情况下，我们需要在满足指定的最小准确率的条件下，获得一定数量的（比如说50个）覆盖量最大的规则。一种方法是指定一个较高的覆盖量，然后逐渐降低，对于每一个覆盖量，重复执行整个寻找规则的算 123
法，直到达到所要求的规则数量为止。

本书采用的表格输入格式，特别是基于这种格式的标准ARFF文件，在处理很多关联规则问题时效率很低。关联规则通常使用在属性具有二元（binary）特性时，也就是存在或不存在，并且一个给定实例的大部分属性值不存在时。这是在2.4节讲述的一种稀疏数据的表示形式，相同的算法可以用于寻找关联规则。

4.6 线性模型

我们所讨论过的决策树和规则在名目属性上运作得非常自然，也可以扩展到数值属性上。把数值测试直接运用到决策树或规则归纳方法上，或者将数值属性事先离散化成名目属性的形式。第6章和第7章将分别介绍如何做。然而，有些方法可以很自然地运用于数值属性。首先看几个简单的方案，这些方案是更加复杂的机器学习方法的基础，那些复杂的学习方法将在以后讨论。

4.6.1 数值预测：线性回归

当结论或者类是数值，并且所有的属性值都是数值时，我们很自然会想到线性回归。线性回归是统计学的一种常用方法。它的主要思想是利用预定的权值将属性进行线性组合来表示类别：

$$x = w_0 + w_1 a_1 + w_2 a_2 + \cdots + w_k a_k$$

这里 x 是类，a_1，a_2，…，a_k 是属性值，w_0，w_1，…，w_k 是权值。

权值是从训练数据中计算出来的。这里的符号有点儿复杂，因为需要一种能表达每个训练实例的属性值的方法。第一个实例将有一个类 $x^{(1)}$，和属性值 $a_1^{(1)}$，$a_2^{(1)}$，…，$a_k^{(1)}$，上标表示是第一个实例。此外，为了标注的方便，再假设一个额外属性 a_0，它的值总是为1。

对第一个实例的类的预测值可以写成如下形式：

$$w_0 a_0^{(1)} + w_1 a_1^{(1)} + w_2 a_2^{(1)} + \cdots + w_k a_k^{(1)} = \sum_{j=0}^{k} w_j a_j^{(1)}$$

124 这是第一个实例类值的预测值，而不是真实值。我们感兴趣的是预测值和真实值的差。线性回归法选择总共 $k+1$ 个系数 w_j 使所有训练实例上的预测值和真实值的差的平方和达到最小。假设有 n 个训练实例，第 i 个实例的上标是 (i)。那么预测值和真实值的差的平方和为：

$$\sum_{i=0}^{k}\left(x^{(i)}-\sum_{j=0}^{k}w_j a_j^{(i)}\right)^2$$

括号里的表达式是第 i 个实例的真实类值和它的预测类值之差。我们要通过选择适当的系数使这个平方和最小。

乍一看，这个公式有点复杂。但是，如果你有相关的数学基础，最小化技术便是直截了当的。如果给予的实例数量足够，简单地说，就是样本的数量多于属性的数量，那么选择适合的权值使差值的平方和达到最小并不难。尽管这个过程确实包含一个矩阵求逆的操作，但是有关的软件包已经开发出来，可以直接拿来使用。

一旦完成了数学计算，将得到一个基于训练数据的数值型的权值集合，可以用来预测新实例的类值。前面已经看过这样的例子，当查看 CPU 性能数据时，图 3-4a 给出了实际的数值型的权值。这个公式可用来对新的测试实例进行 CPU 性能预测。

线性回归是一个出色的、简单的适用于数值预测的方法，在统计应用领域广泛使用了数十年。当然，线性模型也存在缺陷。如果数据呈现出非线性关系，线性回归将会找到一条最适合的直线，“最适合”是指最小均方差。这条线也许并不十分适合。然而，线性模型可以作为其他更为复杂的学习方法的基础。

4.6.2 线性分类：Logistic 回归

线性回归法可以方便地应用于含有数值属性的分类问题。事实上，任何回归技术，无论是线性的还是非线性的，都可以用来分类。技巧是对每一个类执行一个回归，使属于该类的训练实例的输出结果为 1，而不属于该类的输出结果为 0。结果得到该类的一个线性表达式。然后，对一个给定的未知类的测试实例，计算每个线性表达式的值并选择其中最大的。这种方法有时称为*多响应线性回归*（multiresponse linear regression）。

一种查看多响应线性回归的方法是将线性表达式想象成与每个类对应的数值型的*隶属函数*（membership function）。对于属于这个类的实例，隶属函数值为 1，对于其他类的实例，函数值为 0。对于一个给出的新实例，计算新实例与各个类的从属关系，从中选择（从属关系）最大的一个。

在实际应用中，多响应线性回归通常能产生很好的结果。但是，也存在两个缺点。第一，隶属函数产生的不是概率值，因为从属关系值有可能落在 0 ~ 1 以外。第二，最小二
125 乘回归假设误差不但统计上的独立，而且呈现出具有相同标准差的正态分布，当多响应线性回归用于分类问题时，明显违背了这个假设，因为这时观察值仅呈现 0 和 1。

一个与之相关的、称为 *Logistic 回归*（Logistic regression）的统计技术不存在这个问题。直接逼近 0 和 1 的方法会在超越目标时，出现非法的概率值，而 Logistic 回归是在一个已转换的目标变量上建立一个线性模型。

首先假设只有两个类的情况。Logistic 回归将原始目标变量：

$$\Pr[1 \mid a_1, a_2, \cdots, a_k]$$

这个无法用线性函数来正确地近似表达的变量，替换为：

$$\log[\Pr[1 \mid a_1, a_2, \cdots, a_k]/(1 - \Pr[1 \mid a_1, a_2, \cdots, a_k])]$$

结果值将不再局限于 0 ~ 1，而是负无穷大和正无穷大之间的任何值。图 4-9a 是转换函数图，常称为对数变换（logit transformation）。

转换后的变量使用一个线性函数来近似，就像是由线性回归法所建立的函数。结果模型是：

$$\Pr[1 \mid a_1, a_2, \cdots, a_3] = 1/(1 + \exp(-w_0 - w_1 a_1 - \cdots - w_k a_k))$$

这里权值为 w。图 4-9b 展示了这个函数在 1 维数据空间上的一个例子，两个权值分别为 $w_0 = -0.125$ 和 $w_1 = 0.5$。

和线性回归一样，需要找出能与训练数据匹配得较好的权值。线性回归使用平方误差来测量匹配的良好程度。在 Logistic 回归里，使用模型的对数似然（log-likelihood）。这就是：

$$\sum_{i=1}^{n} (1 - x^{(i)}) \log(1 - \Pr[1 \mid a_1^{(i)}, a_2^{(i)}, \cdots a_k^{(i)}]) + x^{(i)} \log(\Pr[1 \mid a_1^{(i)}, a_2^{(i)}, \cdots a_k^{(i)}])$$

这里 $x^{(i)}$ 是 0 或者 1。

应该选择能够使对数似然最大化的权值 w_i。解决最大化问题的方法有几种。其中一种简单的方法是迭代地解决一系列加权最小二乘回归问题，直到对数似然收敛于一个最大值，通常在经过几次的迭代过程即可。

将 Logistic 回归推广到多类问题，一个可能的方法是如前面多响应线性回归里讲述的，为每个类独立地形成 Logistic 回归（模型）。不幸的是，所得到的概率估计值之和不为 1。为了获得适当的概率，有必要将用于每个类的各个模型结合起来。这样将产生出一个联合优化问题，已经有一些解决方案能有效地处理这个问题。

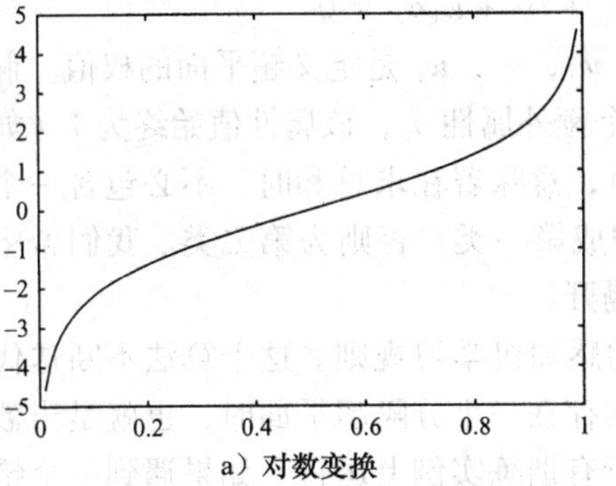

a）对数变换

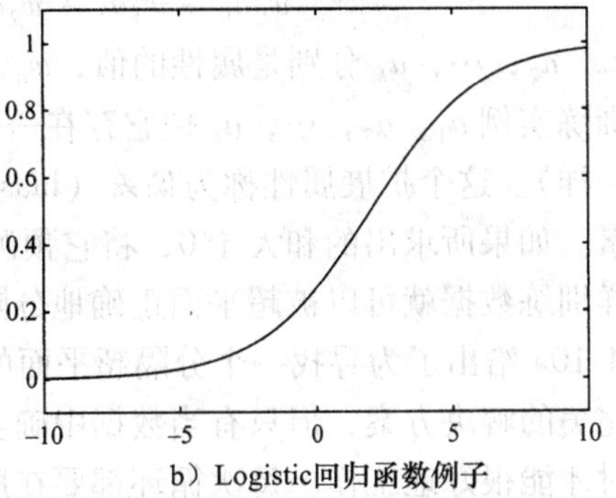

b）Logistic回归函数例子

图 4-9　Logistic 回归

使用线性函数处理分类问题能够很容易地在实例空间上进行可视化。二类问题的 Logistic 回归决策边界是在预测概率为 0.5 处：

$$\Pr[1 \mid a_1, a_2, \cdots, a_k] = 1/(1 + \exp(-w_0 - w_1 a_1 - \cdots - w_k a_k)) = 0.5$$

它发生在

$$-w_0 - w_1 a_1 - \cdots - w_k a_k = 0$$

时。由于这是关于属性值的线性等式，所以边界是一个在实例空间上的线性平面，或称*超平面*（hyperplane）。很容易观察到不能由单个超平面分隔的实例点的集合，就是 Logistic 回归模型不能正确区分的实例。

多响应线性回归也存在同样问题。每一个类获得一个从训练数据上计算的权值向量。先着重讨论一对具体的类。假如类 1 的权值向量是：

$$w_0^{(1)} + w_1^{(1)} a_1 + w_2^{(1)} a_2 + \cdots + w_k^{(1)} a_k$$

类 2 的权值向量是上标为 2 的同样的表达式。如果对于一个实例存在：

$$w_0^{(1)} + w_1^{(1)} a_1 + \cdots + w_k^{(1)} a_k > w_0^{(2)} + w_1^{(2)} a_1 + \cdots + w_k^{(2)} a_k$$

那么这个实例将被分配到类 1 而不是类 2。换句话说，就是一个实例将被分配到类 1 的条件是：

$$(w_0^{(1)} - w_0^{(2)}) + (w_1^{(1)} - w_1^{(2)}) a_1 + \cdots + (w_k^{(1)} - w_k^{(2)}) a_k > 0$$

这是一个关于属性值的线性不等式，所以每两类之间的边界是一个超平面。

4.6.3　使用感知机的线性分类

126~127 Logistic 回归试图通过将训练数据的概率最大化的方法，产生正确的概率估计。当然，正确的概率估计会产生正确的分类。但是，如果模型的唯一目的只是预测类标号，那么没有必要进行概率估计。一种不同的方法是学习一个超平面，将属于不同类的实例分开，假设只有两个类。如果使用一个超平面能够将数据完美地分成两组，那么就称该数据为*线性可分的*（linearly separable）数据。如果数据是线性可分的，那么就有一个非常简单的算法用于寻找一个分隔超平面。

这种算法称为*感知机学习规则*（perceptron learning rule）。在仔细研究它之前，再来看看用于表示超平面的等式：

$$w_0 a_0 + w_1 a_1 + w_2 a_2 + \cdots + w_k a_k = 0$$

这里，a_1，a_2，…，a_k 分别是属性的值，w_0，w_1，…，w_k 是定义超平面的权值。假设扩展每一个训练实例 a_1，a_2，…，a_k 使它存在一个额外属性 a_0，该属性值始终为 1（如在线性回归里一样）。这个扩展属性称为*偏差*（bias），意味着在求总和时，不必包含一个额外的常量元素。如果所求出的和大于 0，将它预测成第一类，否则为第二类。我们希望找出权值，这样训练数据就可以被超平面正确地分隔开。

图 4-10a 给出了为寻找一个分隔超平面的感知机学习规则。这个算法不断迭代直到找出一个完美的解决方案，但只有当数据中确实存在一个分隔超平面时，也就是当数据是线性可分时才能很好地工作。每次循环都要在所有训练实例上运行。如果遇到一个错分的实例，就要改变超平面的参数，让错分的实例更靠近超平面，或者甚至跃过超平面进入正确的一边。如果实例属于第一类，就将它的属性值加入权值向量，否则从权值向量中减去它的属性值。

现在解释为什么这样做。考虑一个属于第一类的实例 a 加进来以后：

$$(w_0 + a_0) a_0 + (w_1 + a_1) a_1 + (w_2 + a_2) a_2 + \cdots + (w_k + a_k) a_k$$

这意味着 a 的输出增加了：

$$a_0 \times a_0 + a_1 \times a_1 + a_2 \times a_2 + \cdots + a_k \times a_k$$

这个数总是正数。所以超平面将向使实例 a 获得正例分类的正确方向移动。相反，如果一个实例属于第二类，而被错分，那么这个实例的输出经过修改后将降低，同样是将超平面朝正确的方向移动。

这种修正是递增的，会与先前的更新相抵触。然而，如果数据是线性可分的，那么在经过有限次的循环之后，算法将收敛。当然，如果数据不是线性可分的，算法将无法停止，所以当这种方法在实际运用中，需要强制设定一个循环次数的上限。 128

得到的超平面称为*感知机*（perceptron），它是神经网络的前身（在6.4节将介绍神经网络）。图4-10b是将感知机用包含结点和加权边的图形来表示，形象地称它为一个“神经”的“网络”。它有两层结点：输入和输出。输入层上每个结点代表一个属性，加上一个总是设置为1的额外结点。输出层仅有一个结点。每一个在输入层上的结点都连接到输出层。这些连接是加权的，权值是由感知机学习规则找到的数值。

```
将所有权值设为0
循环操作，直到所有训练实例被正确分类
  对于训练集中的每个实例I
    如果实例I被感知器错误分类
      如果实例I属于第1个类别，则将其加入权值向量
      否则从权值向量中将其减去
```

a）学习规则

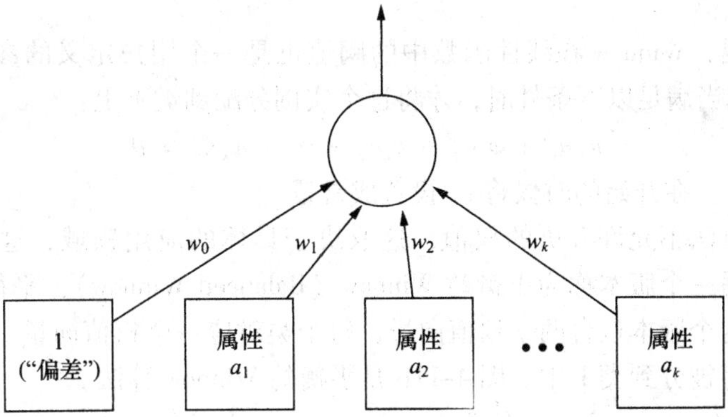

b）以神经网络形式表达

图4-10　感知器

当一个实例放置在感知机上时，实例的属性值将“激活”输入层。属性值分别与权值相乘，并且在输出结点上求和。如果经加权的属性值之和大于0，那么输出结果为1，表示实例属于第一类；否则输出结果为-1，表示实例属于第二类。

4.6.4　使用Winnow的线性分类

感知机并非是保证为线性可分的数据找到分隔超平面的唯一方法。对于二元属性的数据集，有一种处理方法称为Winnow算法，见图4-11a。两种算法的结构非常相似。和感知机一样，当出现错分的实例时，Winnow才更新权值向量。它是*错误驱动*（mistake driven）的。 129

当存在错误分类实例时
　对于每个实例 a 循环操作
　　使用当前的权值对实例 a 进行分类
　　如果预测类别不正确
　　　如果 a 属于第一个类
　　　　对于每个属性值 a_i，当 a_i 为 1 时将 w_i 乘以 α
　　　　（如果 a_i 为 0，w_i 保持不变）
　　　否则
　　　　对于每个属性值 a_i，当 a_i 为 1 时将 w_i 除以 α
　　　　（如果 a_i 为 0，w_i 保持不变）

a）不平衡的 Winnow 算法

当存在错误分类实例时
　对于每个实例 a 循环操作
　　使用当前的权值对实例 a 进行分类
　　如果预测类别不正确
　　　如果 a 属于第一个类
　　　　对于每个属性值 a_i，且 a_i 为 1 时
　　　　　将 w_i^+ 乘以 α
　　　　　将 w_i^- 除以 α
　　　　（如果 a_i 为 0，w_i^+ 和 w_i^- 保持不变）
　　　否则
　　　　　将 w_i^- 乘以 α
　　　　　将 w_i^+ 除以 α
　　　　（如果 a_i 为 0，w_i^+ 和 w_i^- 保持不变）

b）平衡的 Winnow 算法

图 4-11　Winnow 算法

两种方法的不同之处在于如何更新权值。感知机规则应用一个加法机构，通过加上（或者减去）实例的属性向量来修改权值向量。Winnow 采用乘法更新权值向量，将权值乘以用户指定的参数 α（或者 α 的倒数）来分别地修改权值。属性 a_i 的值为 0 或者 1，因为处理的是二元数据。如果属性值为 0，权值不会改变，因为它们没有参与决策；否则，如果属性帮助做出了一个正确的决策，那么乘数为 α，如果没有帮助做出正确的决策，那么乘数为 $1/\alpha$。

另一个不同是，Winnow 在线性函数中的阈值也是一个用户定义的参数。我们称这个阈值为 θ，当且仅当满足以下条件时，才将这个实例分配到类 1 上：

130
$$w_0a_0 + w_1a_1 + w_2a_2 + \cdots + w_ka_k > \theta$$

乘数 α 需要大于 1。在开始的时候将 w_i 设置成常量。

以上描述的算法不允许有负的权值，这取决于具体的应用领域，这可能成为一种缺点。然而，还有另一个版本称为平衡的 Winnow（Balanced Winnow），平衡的 Winnow 允许使用负的权值。这个版本包含两个权值向量，每个类对应一个权值向量。如果一个实例满足以下条件，它将被分到类 1 中。图 4-11b 是平衡的 Winnow 算法。

$$(w_0^+ - w_0^-)a_0 + (w_1^+ - w_1^-)a_1 + \cdots + (w_k^+ - w_k^-)a_k > \theta$$

Winnow 算法是跟踪数据集上的相关属性非常有效的方法，因此称为有效属性（attribute-efficient）学习器。如果一个数据集存在很多（二元）属性，并且其中的大部分属性是不相关的，那么 Winnow 也许是一个好的候选算法。Winnow 和感知机算法一样可以用于实时环境，在实时环境的情况下，新实例连续不断地到来，而当有新实例到达时，这两个算法能增量地更新它们的假定。

4.7　基于实例的学习

在基于实例的学习中，训练样本被一字不差地保存，并且使用一个距离函数来判定训练集中的哪个实例与一个未知的测试实例最靠近。一旦找到最靠近的训练实例，那么最靠近实例所属的类就被预测为测试实例的类。剩下的唯一问题就是定义距离函数，它并不十

分困难，尤其是当属性为数值属性时。

4.7.1 距离函数

尽管存在其他可能的选择，但是大部分基于实例的学习方法使用欧几里得距离函数。属性值为 $a_1^{(1)}$，$a_2^{(1)}$，…，$a_k^{(1)}$（k 是属性的个数）的实例与另一个属性值为 $a_1^{(2)}$，$a_2^{(2)}$，…，$a_k^{(2)}$ 的实例之间的距离定义为：

$$\sqrt{(a_1^{(1)} - a_1^{(2)})^2 + (a_2^{(1)} - a_2^{(2)})^2 + \cdots + (a_k^{(1)} - a_k^{(2)})^2}$$

比较距离时，不必计算平方根，直接使用平方之和进行比较。欧几里得距离可以由曼哈顿距离（Manhattan distance 或街区距离（city-block distance）来替代，曼哈顿距离不是计算属性值差值的平方，而是将差值（取绝对值以后）相加。其他方法采用大于2的指数形式。更高的指数增加了大差值的影响力而削弱了小差值的影响力。通常欧几里得距离公式是一个很好的折中方法。在某些特殊场合，其他的距离度量法也许更为适合。关键是要思考真实的距离以及二者之间以某个具体距离分隔开意味着什么？又譬如，这个距离的两倍又意味着什么？ 131

不同的属性经常使用不同的尺度量度，如果直接使用欧几里得公式，某些属性的结果可能被另外一些使用较大量尺度的属性完全削弱。所以，通常需要利用下面的公式将所有属性值规范化为0~1。

$$a_i = \frac{v_i - \min v_i}{\max v_i - \min v_i}$$

这里，v_i 是属性 i 的真实值，最大和最小属性值是从训练集的所有实例中获得的。

这些公式隐含地假设为数值属性。这里，两个值之间的差就是它们之间的数值差，将这个差值取平方以后再相加得到距离函数。对于名目属性，属性值是符号值而不是数值，两个不同的名目属性值之差常认为是1，如果名目属性值相同，它们的差为0。这里无需量度尺寸，因为只使用1和0。

一个通用的处理缺失值的方法如下。对于名目属性，假设缺失属性值与其他属性值的差达到最大值。因此如果两个属性值中的一个或者两个都缺失，或者如果两个属性值不同，那么它们之间的差为1；只有两个属性值都不缺失，并且相同时，它们之间的差才为0。对于数值属性，两个缺失值之差也为1。但是，如果仅有一个属性值缺失，那么它们的差是另一个值的规范化值，或者是1减去那个规范化值，取两者中较大的那个。这意味着如果属性值缺失，差值将会达到可能的最大差值。

4.7.2 有效寻找最近邻

尽管基于实例的学习方法不但简单而且很有效果，但是通常速度很慢。一种显而易见的用于寻找哪个训练集成员最靠近类未知的测试实例的方法是，计算训练集里的每一个训练实例到测试实例的距离，并选择距离最小的那一个。这个过程与训练实例的数量成线性关系，换句话说，就是一个单独的预测所花费的时间与训练实例的数量成比例关系。处理整个测试集所花费的时间与训练集实例数量和测试集实例数量的乘积成正比。

以树的形式表示训练实例集能更加有效地找出最近邻实例，尽管怎样用树来表示并不十分明显。其中一种适合的树结构是 kD 树（kD-tree）。kD 树是一个二叉树，它用一个超平面将输入实例空间分隔开，然后再将每一个部分递归地进行分裂。在 2 维数据空间上，所有的分裂都与一个轴平行或者垂直。数据结构称为 kD 树，因为它将一系列的数据点存
132 储在 k 维空间，k 是属性的数量。

图 4-12a 展示了 $k=2$ 的小例子，图 4-12b 显示了 4 个训练实例，以及构成树的超平面。注意这些超平面不是决策边界，分类决策将由稍后介绍的最近邻基础上做出。第一次分裂是水平分裂（h），分裂点（7，4）是树的根结点。左支将不再分裂，它包含了一个点（2，2），是树的叶子。右支在点（6，7）处进行垂直分裂（v）。它的右支为空，左支包含一个点（3，8）。如该例所示，每个区域只有一个点，或者没有点。树的兄弟分支，如图 4-12a 中根结点的两个子支，并不一定要发展到相同的深度。训练集中的每一个点与树的一个结点相对应，最多一半的结点是叶子结点。

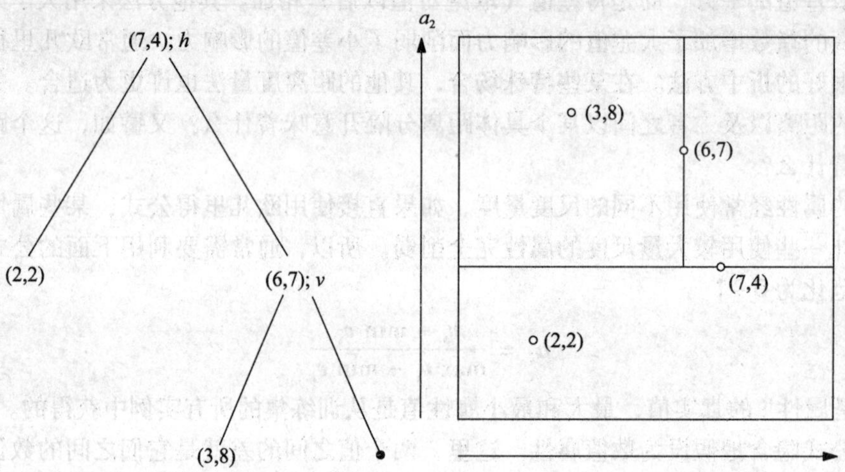

图 4-12 含 4 个训练实例的 kD 树

如何为一个数据集创建一棵 kD 树？当新的训练实例加入时，kD 树能够进行有效地更新吗？kD 树又是如何提高计算最近邻的速度？首先看最后一个问题。

为了找到一个给定目标点的最近邻，需要从树的根结点开始向下沿树找出目标点所在的区域。图 4-13 是一个近似于图 4-12b 的实例空间，只是多了几个实例并增加了一条边界。目标点不是树上的实例中的一个，图中用了一个星形标出。目标点所在区域的叶子结点涂成黑色。正如该例所示，叶子结点不一定是目标点的最近邻，但是这是寻找最近点的很好的首次尝试。值得注意的是，任何更近的近邻点必须落在更近的地方，例如落在图 4-13 的虚线圆内。为了确定是否存在一个更近的近邻，首先检查叶子结点的兄弟结点是否有可
133 能存在一个更近的近邻。黑色结点的兄弟结点是图 4-13 有阴影的部分，但是虚线圆并没有与之相交，所以兄弟结点内不可能包含更近的近邻。然后回溯到父结点，并检查父结点的兄弟结点，父结点的兄弟结点覆盖了所有横线以上的区域。在这个例子中，必须对个区域做进一步研究，因为这个区域与当前的最佳圆相交。首先找出它的子结点（即初始点的两个叔辈结点），检查它们是否与圆相交（左边那个不相交，而右边那个与圆相交），并由此向下寻找是否存在一个更近的点（的确存在）。

在典型的案例中，这个算法比考察所有点来寻找最近邻的方法快很多。寻找一个初始

的近似最近邻点，如图4-13中的黑色点，与树的深度密切相关，树的深度为树的结点个数的对数，即 $\log_2 n$。回溯并检查是否存在最近邻的工作量有一小部分取决于树，另一部分取决于初始近似点的好坏程度。但是对于一个点的结构良好的树来说，它的形状近似于方形，而不是瘦长的矩形，这部分工作量也是取决于结点个数的对数（如果数据集中属性的数量不是太大）。

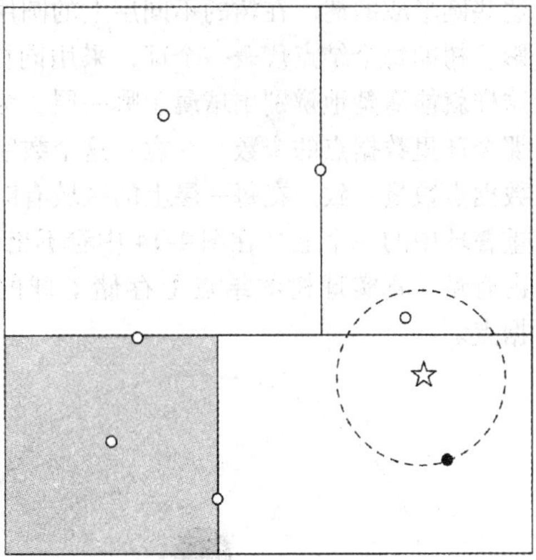

图4-13 使用 kD 树寻找星形的最近邻

134

如何才能在一个训练样本集上创建一棵好树？关键问题归结于选择要分裂的第一个训练实例以及分裂的方向。一旦完成这项工作，就可以在初始分裂所生成的每个子结点上递归地应用相同的方法来完成构建树的过程。

为了给分裂寻找一个好的方向，需要分别计算数据点在每个轴向上的方差，选择最大方差所对应的轴，然后建立一个与该轴垂直的分隔超平面。为了给分隔超平面找到一个好位置，需要找出位于轴上的中值，并选择与之相对应的点。这将使分隔面垂直于（数据）散布范围最广的方向，让每一边都拥有一半的数据点。这种方法将产生一个平衡的树。为了避免出现长条形区域，最好能沿不同的轴连续分裂，因为每个阶段都选择方差最大的轴向，因此很有可能满足这点要求。但是，如果数据点的分布非常不均衡，采用选择中值的方法也许会在同一个方向上产生多次后续分隔，从而产生瘦长形的超矩形。一个更好的解决方法是计算平均值而不是中值，并使用最接近平均值的点。由此产生的树也不是完美的平衡，但是它的区域趋向于方形，因为这种方法增加了在不同方向上产生后续分裂的机会。

与其他大部分机器学习方法相比，基于实例学习的一个优势是新的实例可以在任何时候加入到训练集里。在使用 kD 树时，为了保持这个优势，需要用新的数据点不断地更新这棵树。判断哪个叶子结点包含了新的数据点，并且找出叶子结点的超矩形。如果超矩形为空，就将新数据点放置在那里；否则，分裂超矩形，分裂在最长的边上进行，以保持方形。这种简单的探索式方法并不能保证在加入一系列点后，树依然会维持平衡，也不能保证为搜索最近邻塑造良好的超矩形。有时从头开始重建树不失为一个良策。例如，当树的深度达到最合适的深度值的两倍时。

我们已经看到，kD 树是可用于有效寻找最近邻的良好数据结构，但是，并不完美。当处理不均匀分布的数据集时便呈现出一个基本冲突：既要求树有完美的平衡结构，又要求区域近似方形。更重要的是，矩形，甚至正方形，都不是最好的使用形状，原因是它们都有角。如果黑色的实例离目标点再远一点，图4-13中的虚线圆会更大，那么虚线圆将有可能与左上方矩形的右下角相交，因此也必须对这个矩形进行检查，尽管实际上定义这个矩形的训练实例离这个角很远。矩形区域的角是个难以处理的问题。

解决方案是什么？答案是使用超球面，而不用超矩形。当然，相邻的球体可能相互重叠，而矩形却可以彼此相邻接，但这并不是一个问题，因为前面讲述的用于 kD 树的最近邻算法并不需要区域之间不相交。一个称为球树（ball tree）的数据结构定义了 k 维超球面（“球”），它覆盖了所有的数据点，并将它们安排成一个树结构。

图 4-14a 展示了 2 维空间上的 16 个实例，由重叠圆组成的图案所覆盖。图 4-14b 是由这些圆形成的树。在树的不同层上的圆用不同形式的虚线画出，更小的圆被打上灰色的阴
135 影。树的每个结点代表一个球，采用同样的表达习惯将结点分别画成虚线或者打上阴影，这样就能清楚地辨别出球属于哪一层。为了有助于对树的理解，结点上标明了数字以显示那个球里数据点的个数。注意：这个数字不一定和落在这个球所代表的球形空间区域里的数据点数量一致。在每一层上的区域有时会重叠，但是落在重叠区域里的点只能被分配到重叠球中的一个上（在图 4-14 中看不出到底是哪个）。而不是如图 4-14b 所示存储数据点占有量，真实球树的结点上存储了球的中心点和半径，叶子结点则记录了所包含的数据点。

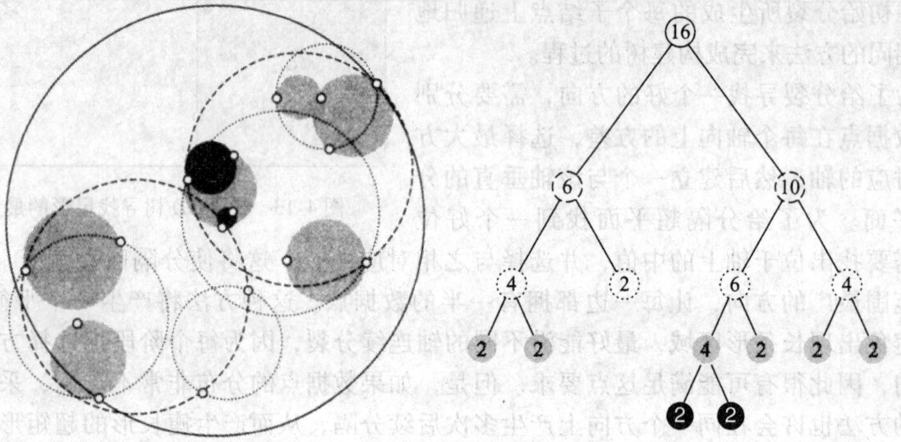

a）实例和球　　　　b）树

图 4-14　16 个训练实例的球树

使用球树找出给定目标点的最近邻方法是，首先自上向下贯穿整棵树找出包含目标点所在的叶子结点，并在这个球里找出与目标点最靠近的点。这将给出目标点距离它的最近邻点的一个上限值。然后，和 kD 树一样，检查兄弟结点。如果目标点到兄弟结点中心的距离超过兄弟结点的半径与当前的上限值之和，那么兄弟结点里不可能存在一个更近的点；否则，必须进一步检查位于兄弟结点以下的树。

在图 4-15 中，目标点用一个星形表示，黑色点是当前已知的目标点的最近邻。灰色球里的所有内容将被排除，因为灰色球的中心点离得太远，所以它不可能包含一个更近的点。递归地向树的根结点进行回溯处理，检查所有可能包含一个比当前上限值更近的点的球。

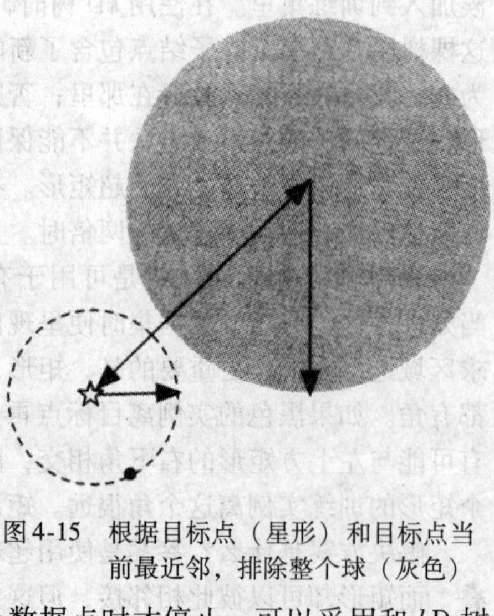

图 4-15　根据目标点（星形）和目标点当前最近邻，排除整个球（灰色）

球树是自上而下地建立，和 kD 树一样，根本问题是要找到一个好的方法将包含数据点集的球分裂成两个。在实践中，不必等到叶子结点只有两个数据点时才停止，可以采用和 kD 树

一样的方法，一旦结点上的数据点达到预先设置的最小数量时，便可提前停止建树过程。这里有一个可行的分裂方法。从球中选择一个离球中心最远的点，然后选择离第一个点最远的第二个点。将球中所有的点分配到离这两个聚类中心最近的一个上，然后计算每个聚类的中心，以及聚类能够包含它所有数据点所需的最小半径。这种方法的优点是分裂一个包含 n 个数据点的球的成本只是随 n 呈线性增加。其他更好的算法会产生出更紧凑的球，但是需要的计算量更大。这里将不再继续讨论用于创建球树，或者用于新的实例加入时，对球树进行增量地更新的复杂算法。 136

4.7.3 讨论

基于实例的最近邻学习方法不但简单，而且通常工作得很好。在前面描述的方法中，每一个属性在决策上具有相同的影响力，就像朴素贝叶斯方法一样。另一个问题是数据库很容易受噪声样本破坏。一种解决方案是采用 k 最近邻法，找出固定的、小的、k 个最近邻，如5个，让它们通过简单的投票方法（少数服从多数）共同决定测试实例的类别（注意：前面曾使用 k 来代表属性的个数，这里的 k 是另一种含义）。另一种增强数据库抵抗噪声数据的方法是明智地挑选样本，然后再加入训练集。第6章将阐述一些改进的方法，同时也指出各自存在的不足。

最近邻法起源于几十年以前，统计学家在20世纪50年代早期就分析了 k 最近邻法。如果训练实例的数量很大，直观感觉需要使用不止一个最近邻，但是，如果实例的数量非常少，很明显这种方法是危险的。当 k 和实例的数量 n 都变成无穷大，使得 $k/n \to 0$ 时，那么在数据集上产生的误差概率将达到理论上的最小值。早在20世纪60年代，最近邻法就已经被用做分类方法，并且在模式识别领域已经广泛使用了近半个世纪。

最近邻分类法的速度之慢是众所周知的，直到20世纪90年代早期开始使用 kD 树，尽管 kD 树的数据结构本身发展要早得多。在实践中，当实例空间的维数增加时，这些树就变得效率很低，只有当属性数量很小时，最高为10，它才有应用价值。球树是最近才研究的，是属于一种更为通用结构的一个实例，这个通用结构有时称为*度量树*（metric tree）。由一些高级的算法创建的度量树能够成功地处理数千维的实例空间。 137

采用将所有训练实例压缩到多个区域里的方法来取代存储所有实例。在4.1节结尾部分提到一个非常简单的技术，记录在训练数据上所观察到的每一个属性值和每一种类别上的区域。对于给出的一个测试实例，找出测试实例各个属性值所在的区域，选择与测试实例属性值区域正确对应数量达最多的那个类作为这个实例的类别。一个更为精细的技术是对每个属性建立多个区间，并且使用训练集在每个属性上对每个属性值区间统计每个类出现的次数。数值属性可以被离散化成多个区间，由一个点组成的“区间”可以用来处理名目属性值。然后，能够判断出一个测试实例的各个属性值分别属于哪个区间，用投票的方式对测试实例进行分类，这种方法称为*投票特征区间*（voting feature intervals）。这些是近似的方法，但是运行速度很快，可以用来对大的数据集进行初步分析。

4.8 聚类

不是预测实例的类别，而是将实例分成自然的组时，就需要用聚类技术。这些聚类想必反映了在实例所属的某个领域中的一些运作机制，这些机制导致一些实例之间彼此十分相似，而有别于其他实例。自然聚类所需要的技术不同于我们目前学习的分类和关联学习的方法。

正如3.6节所述，有多种表示聚类结果的方法。识别出的组可以是排他的，因此任何实例只能属于其中的某一个组；或者是可以重叠的组，因此一个实例可以落入多个组；或者是以概率的形式，一个实例是以一定的概率分属于每个组；或者是分层的，在顶层将实例大致地进行分组，随后每一个组再被进一步细分，也许所有路径最终都要到达一个单独的实例。对这些可能方法的选择应该由运作机制的本质属性所支配，这些运作机制被认为是特定聚类现象的依据。然而，因为这些运作机制很少被认知（毕竟聚类是真正存在的，我们正试图去发现它），再加上一些实践运用上的原因，所以方法的选择通常是由现存的聚类工具所支配。

下面将考察一个算法，这个算法将在数值领域内形成聚类，把实例划分到不相交的聚类上。正如基于实例学习的基本最近邻法一样，它是一个简单明了的技术，已经使用了几
138 十年。在第6章将讨论一些新的聚类方法，这些方法将产生增量聚类和概率聚类。

4.8.1　基于距离的迭代聚类

经典的聚类技术称为 *k* 均值（*k*-means）。首先，指定所需寻找的聚类个数，这便是参数 *k*。然后随机选出 *k* 个点作为聚类的中心。根据普通的欧几里得距离变量，将所有的实例分配到各自最靠近的聚类中心。下一步是计算出实例所在的每个聚类的质心（centroid），或者均值，这就是“均值”部分。这些质心将成为各个聚类的新的中心值。最后，用新的聚类中心重复整个过程。迭代过程不断继续直到在连续的几轮里，每个聚类上分到的点与在上一轮分到的点相同，此时聚类的中心已经固定，并且会永远保持。

这个聚类法简单并且有效。容易证明选择质心作为聚类的中心，使得聚类中每一个点到中心的距离平方和达到最小。一旦迭代过程的结果趋于稳定，每一个点被分配到离它最近的聚类中心，所以最终是将所有点到它们各自聚类中心的距离平方和最小化。但是，它只是一个局部的最小值，并不能保证是一个全局的最小值。最终的聚类对初始的聚类中心相当敏感。在初始随机选择上的微小变化会造成完全不同的聚类结果。实际上，通常不可能找到全局最优的聚类，这也是所有实际应用聚类技术的真实现状。为了增加找到全局最小值的机会，人们经常需要用不同的初始选择多次运行算法，然后从中选择一个最佳的结果，即距离平方和最小的那个。

可以容易地设想出一个用 *k* 均值方法聚类失败的情况。假设，在一个2维空间上有4个实例分布在一个矩形的（4个）顶端。处于短边两端的实例分别形成两个自然的聚类。但是，如果两个初始聚类的中心落在长边的中点上，将会产生一个稳定的结构，无论长边和短边之差如何大，所产生的两个聚类中的每一个都将拥有位于长边两端的两个实例。

通过仔细挑选初始聚类中心（通常也称为“种子”），可以极大地提高 *k* 均值聚类算法的效率。下面给出的方法相较于那种随意选择种子集的方法有更好的算法效率。首先按照等概率从整个空间中随机挑选一个种子。然后按照正比于每一个点与第一个种子之间距离平方的概率来挑选第二个种子。接下来，在每一个阶段，都按照正比于每一个点与已选出的种子之间距离平方的概率来挑选后续的种子。这样的过程称为 *k* 均值++（*k*-means++）算法，它比随机挑选种子的 *k* 均值算法有更快的速度和更好的准确性。

4.8.2 快速距离计算

k 均值聚类算法通常需要多次迭代，每次都要计算每一个实例到 k 个聚类中心的距离，从而决定它的聚类。利用一些简单的近似法可以使计算速度大大提高。例如，可以将数据集投影，然后按照选定的轴进行分裂，取代由选择最近的聚类中心所使用的任意超平面的分裂法。但是所得到的聚类的质量不可避免地会降低。 139

这里介绍一个更好的加速法。寻找最近聚类中心和用基于实例学习方法寻找最近邻差别并不是很大。那么是否同样可以借用 kD 树和球树这两种有效的解决方案？当然可以！实际上，可以采用一个更加有效的方法，因为在 k 均值的每一次迭代过程中，所有的数据点都被一起处理，而在基于实例的学习中，测试实例被单独处理。

首先，为所有的数据点创建一个 kD 树或者球树，它们在整个聚类过程中将保持不变。每一次 k 均值的迭代过程产生一组聚类中心，所有数据点必须经检验后，分配到最近的聚类中心。一种处理数据点的方法是从树的根结点向下直到到达叶子结点，然后分别检查叶子结点上每个点，从而寻找它的最近聚类中心。但是，也许一个较高位置的内部结点所代表的区域会完全落入某个单独的聚类中心所涉及的范围内。在这种情况下，所有位于那个结点下的数据点被一次处理完。

最终目的是通过计算数据点所拥有的质心，为聚类中心寻找新的位置。计算质心是利用计算聚类中数据点的连续向量和，并且统计到目前为止数据点的个数。最后，用向量和除以统计个数就得到质心。假如在树的每一个结点上保存该结点拥有的数据点向量和，以及数据点的个数。当整个结点落入某个聚类范围内时，那个聚类计算总和便能立刻得到更新；否则，需要深入查看结点内部，递归地沿树向下处理。

图4-16 使用的是与图4-14 相同的实例和相同的球树，但两个聚类中心由两个黑色的星表示。因为所有的实例都被分配到最近的聚类中心，所以实例空间被一条粗直线分成两个部分，见图4-16a。从图4-16b 中树的根结点开始，每个聚类的向量和以及每个聚类拥有的数据点的统计个数都初始化为0。处理是自上而下递归地进行。当到达 A 结点时，在 A 上的所有数据点将落入聚类1，所以可以用结点 A 的向量积和数据点个数来对聚类1 的向量积和数据

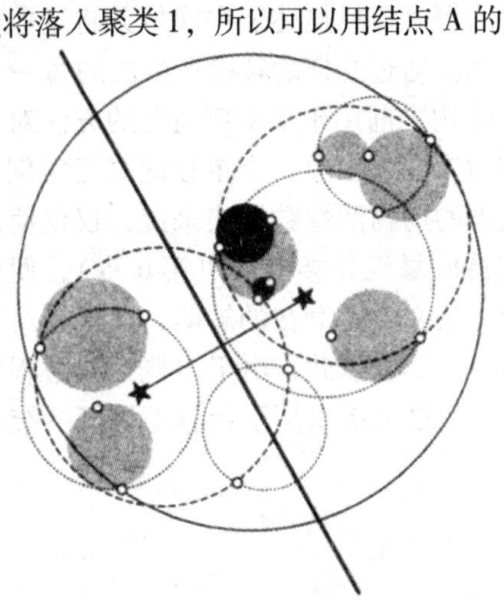

a）两个聚类中心和它们的分隔线

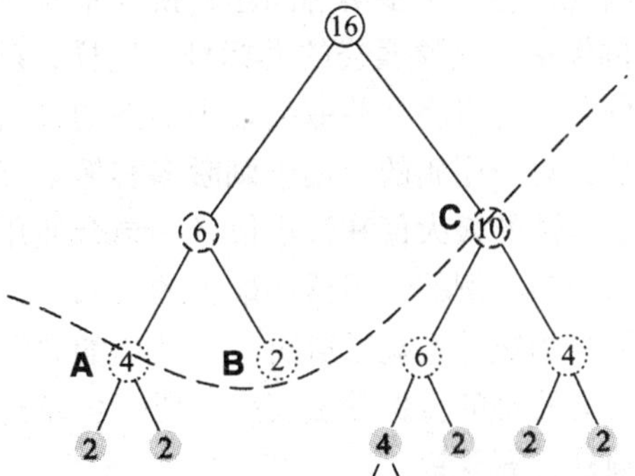

b）对应的树

图4-16 一个球树

点个数进行更新，到此为止。然后经递归返回到结点 B，因为这个球跨越了聚类的边界，所以在它上面的数据点必须分别检验。当到达结点 C 时，它完全落入聚类 2 中，同样，可以立即更新聚类 2，并不再需要继续往下进行。树只需要检验到图 4-16b 中的虚线边界处，优点是至少位于虚线以下的结点不需要处理了，至少不需要在这一轮的 k 均值迭代中进行处理。
140 在下一轮迭代中，聚类中心将会改变，情况也许会不同。

4.8.3 讨论

现在已经开发出多种不同的基本的 k 均值算法。其中的一些算法是产生一个层次聚类，它是通过在整个数据集上应用 $k=2$ 的 k 均值法，然后在所产生的每个聚类里递归地重复。

如何选择 k? 一般并不知道可能的聚类的个数，所以聚类的关键是要找到这个数。一种方法是试着采用不同的聚类的个数，从中选出最佳的。为此，需要知道如何评估机器学习的效果，有关内容将在第 5 章阐述。6.8 节将继续讨论聚类问题。

4.9 多实例学习

第 2 章曾介绍过多实例（multi-instance）学习，其中数据里的每一个样本都是由多个不同实例组成。我们将这些样本称为袋（bag）（我们在 4.2 节中曾提到过袋和集合之间的区别）。在有监督的多实例学习中，一个类的类标号是和每一个袋相关的，学习的目的就是要决定如何从组成袋的实例中推断出类别。有些高级算法用来解决这样的问题，但实践显示简单优先的方法论在处理这样的问题时却有令人吃惊的好结果。一个简单但有效的方法是将输入数据转换为单实例学习问题，然后采用如本章所介绍的标准学习算法。下面的
141 章节将介绍两个这样的处理方法。

4.9.1 聚集输入

可以通过计算平均值、众数、最小值、最大值等来概括描述袋中实例并将这些值添加为新的属性，将一个多实例问题转换为单实例问题。通过这样的转换产生出的每一个“概括”实例保留了其原属袋的类标号。这样，就能采用之前用于单实例情况的方法对一个新袋进行分类：可以将那些概括袋中实例的数值作为属性来创建一个单独的聚集实例。令人惊讶的是，对于原始的、用于刺激多实例学习发展的药物活性数据集来说，仅仅使用每个袋中每个属性的最大值和最小值，并结合使用支持向量机分类器（见第 6 章），便可得到与专门用于多实例的学习器相媲美的结果。这种方法有一个潜在的缺陷，那就是对袋中诸多实例最好的统计学概括取决于待处理的数据本身。尽管如此，由于“概括”过程意味着学习算法所处理的实例数量变少，所以可以在一定程度上抵偿用于计算不同概括统计数据组合的额外计算开销。

4.9.2 聚集输出

不同于将每一个袋中的实例进行聚集，另一种方法是直接从组成袋的原始实例中学习得到分类器。为此，一个给定袋中的实例必须全部标注上该袋的类标号。在分类的时候，

会为待预测袋中的每一个实例做出预测，并且这些预测还将以一定形式聚集起来形成一个总的对该袋的预测。一种方法是将这些预测看做是对不同类标号的投票。如果这样一个分类器能够赋予每一个实例特定的属于某类的概率，那么就可以将这样的一些概率取均值形成某袋属于某类的总体概率。这种方法将实例视为彼此独立的个体，并且给予它们在预测类标号时相同的影响力。

这里存在一个问题：训练数据中的这些袋所包含的实体数量并不相同。理想情况下，在最终习得的模型中所有袋都具有相同的影响力。如果学习算法接受实例级的权重，那么可以赋予某袋中每一个实例反比于该袋大小的权重。如果一个袋包含 n 个实例，那么就赋予该袋中的每一个实例 $1/n$ 的权重，这样既保证了袋中所有实例在分类时具有同等的贡献，又确保了每一个袋总的权重为 1。

4.9.3 讨论

前述所有处理多实例问题的方法都没有考虑那个最初关于多实例的假设，也即当且仅当某袋中至少有一个正实例时，该袋才能称为正的。而是将袋中的每一个实体都视为对分类具有同等的贡献，这也是可以采用标准学习算法进行多实例学习的关键因素。此外，识别那些对袋分类具有关键作用的“特殊”实例是非常必要的。 142

4.10 补充读物

Holte（1993）对 1R 算法进行了充分的研究。1R 以前并没有真正被认为是一种机器学习方法，其目的是要证明用于评估机器学习方案的许多实际数据集的结构非常简单，而那些被赋予了高性能的归纳推论法作用在简单数据集上时，就像杀鸡使用宰牛刀。当一个简单规则可行时为什么还要使用复杂的决策树？巴西的 Lucio de Souza 和新西兰的 Len Trigg 提出为每一类产生一个简单规则的方法，这种方法被誉为*超管道*（hyperpipes）法。一个异常简单的算法的优势在于处理速度非常快，甚至在属性的数量庞大时仍然很快。

贝叶斯是 18 世纪英国的哲学家，他在“运用可能性学说解决问题”上，创立了他的概率理论，发表在《Philosophical Transactions of the Royal Society of London》（Bayes，1763）上。从那时起，用他的名字命名的规则已经成为概率理论的基石。在实际中，贝叶斯规则应用的难点是先验概率的分配问题。

有些被誉为贝叶斯专家的统计学家，把贝叶斯规则当做真理，并且坚持认为必须尽力正确地估计先验概率——尽管这些估计通常是主观的。而另一些非贝叶斯学家，则倾向于无先验分析，产生一个统计的置信度区间，这部分内容将在第 5 章介绍。在一个具体的数据集上，先验概率通常相当容易估计，这使得采用贝叶斯方法进行学习受到鼓励。由朴素贝叶斯法得出的属性独立的假设是一个巨大的障碍，然而，有些方法可以不必假设属性独立来使用贝叶斯分析。结果模型称为*贝叶斯网络*（Bayesian networks）（Heckerman 等，1995），有关内容将在 6.7 节介绍。

贝叶斯技术在被机器学习研究者（如 Langley 等，1992）采纳以前已经在模式识别领域（Duda 和 Hart，1973）应用 20 年了，Langley 和 Sage（1994）将贝叶斯法用于存在冗余属性的数据集上，John 和 Langley（1995）将贝叶斯法用于数值属性上。从字面上看，朴素贝叶斯是一个简单的方法，但在某些场合，它一点也不简单。McCallum 和 Nigam（1998）

143 研究出专门针对文本分类的多项式朴素贝叶斯模型。

Quinlan(1986) 发表了经典的决策树归纳论文，正是他描述了基本的 ID3 产生过程，在本章中对这个算法进行了开发。在 Quinlan(1993) 的一本经典书中给出了对这个方法的综合描述，包括 C4.5 系统的改进，并且列出了用 C 语言开发的完整的 C4.5 系统。Cendrowska(1987) 开发了 PRISM，也是他推出了隐形眼镜数据集。

关联规则的提出和讨论出现在数据库文献而不是机器学习文献中。对关联规则的研究着重于如何处理数量庞大的数据，而不是在有限数据集上对算法的测试和评估方法的研究。本章介绍的 Apriori 算法是由 Agrawal 和他的同事（Agrawal 等 1993a，1993b；Agrawal 和 Srikant，1994）共同开发的。Chen 等（1996）发表了一个关联规则数据挖掘的调查报告。

在很多标准的统计书中描述了线性回归法，Lawson 和 Hanson(1995) 介绍了一个特别成熟的处理方法。在 20 世纪 60 年代，使用线性模型进行分类引起了人们的极大关注，Nilsson(1965) 提供了一个极好的参考书目，他将线性阈值单元（linear threshold unit）定义为判定一个线性函数的结果是否大于或者小于 0 的一个二元测试，并将线性机（linear machine）定义为一系列的线性函数，每一类对应一个线性函数，将线性函数在一个未知样本上所得到的值进行比较，其中最大值所对应的类就是这个样本的预测类别。很久以前，一本有影响的书（Minsky 和 Papert，1969）中声明感知机存在基本原理上的局限，所以没有受到重视。然而有些更复杂的线性函数系统以神经网络的形式在近几年得到重新发展，6.4 节将具体讨论神经网络。1989 年，Nick Littlestone 在他的博士论文中介绍了 Winnow 算法（Littlestone，1988，1989）。最近多反馈的线性分类法已经在一个称为栈（stacking）的操作上找到新的应用领域，它结合了其他机器学习算法的结论，有关内容将在第 8 章介绍（Wolpert，1992）。

Fix 和 Hodges(1951) 首先对最近邻方案进行了分析，Johns(1961) 开创了最近邻法在分类问题方面的使用。Cover 和 Hart(1967) 给出了经典的理论结论：对于足够大的数据集，它产生的误差概率不会超出理论最小值的两倍；Devroye 等（1996）指出 k 最近邻法是当增大 k 和 n 并存在 $k/n \to 0$ 时，将逐渐趋于最佳。经过 Aha(1992) 的研究努力，最近邻法在机器学习领域受到重视，Aha 指出基于实例的学习法经过结合噪声样本剪枝和属性加权法以后，与其他机器学习方法相比，性能更加优越。我们将在第 6 章介绍。

kD 树的数据结构是由 Friedman 等（1977）开发的。我们的描述严格遵循了 Andrew Moore 在他博士论文里的描述（Moore，1991），Andrew 和 Omohundro(1987) 一起拓展了 kD 树在机器学习领域的使用。Moore(2000) 讨论了一些成熟的创建球树的方法，这些方
144 法在拥有数千个属性的数据集上表现优异。本书使用的球树例子是从卡内基－梅隆大学的 Alexander Gray 的教学笔记上摘取的。在 4.7 节最后部分的讨论小节中提到的投票特征区间是由 Demiroz 和 Guvenir（1997）描述的。

k 均值算法是一个经典的技术，有很多有关的描述和版本（如 Hartigan，1975）。k 均值 ++ 算法变体，通过更仔细地选择原始种子使该算法获得了显著提高，这是由 Arthur 和 Vassilvitskii(2007) 在 2007 年引入的。我们所选用的使用球树取代 kD 树来加速 k 均值聚类法，是由 Moore 和 Pelleg(2000) 在他们的 X 均值聚类算法中开创的。这种算法包含的其他创新将在 6.8 节介绍。

采用标准单实例学习算法从概括得到的袋层级上来处理多实例学习问题，这样的方法

由 Gärtner 等（2002）结合支持向量机得以应用。另一种聚集输出的方法由 Frank 和 Xu（2003）提出。

4.11　Weka 实现

对于分类器，见 11.4 节和表 11-5。

- 基本的推断规则：OneR，HyperPipes（为每个类学习一个规则）。
- 统计模型：
  - NaïveBayes（朴素贝叶斯）以及其变体，包括 NaiveBayesMultinomial（朴素贝叶斯多项式）。
- 决策树：Id3。
- 决策规则：Prism。
- 关联规则（见 11.7 节和表 11-8）：apriori。
- 线性模型：
  - 简单线性回归、线性回归和 Logistic（回归）。
  - 投票感知机，Winnow。
- 基于实例的学习：IB1，VFI（投票特征区间）。
- 聚类（见 11.6 节和表 11-7）：SimpleKMeans。
- 多实例学习：SimpleMI，MIWrapper。 145

可信度：评估学习结果

评估是数据挖掘能否取得真正进展的关键一环。我们已经见到了许多从原始数据中推出某种结构的方法。在第6章中还将介绍更为细致的新方法。要决定采取何种方法来解决某一具体问题，需要对不同的方法进行系统的比较和评估。评估并不像看上去那样简单。

问题是什么？我们有训练集，当然我们可以只观察不同方法在这个训练集上所得到结果的好坏。然而，我们很快会发现，在训练集上表现好绝不意味着在独立的测试集上也会有好的表现。我们需要能预测在实践中性能表现的评估方法，这个预测基于所能得到的任何数据上的实验。

当数据来源很充足时，这并不是问题。只要在一个大的训练集上建模，然后在另外一个大的测试集上验证。虽然数据挖掘时常涉及“大数据”，特别是在市场、销售和客户支持应用中，但是也经常出现数据（有质量的数据）匮乏的情形。比如在第1章（1.3节）中提到的海面浮油应用，训练数据必须经过人工检测和标记方可使用，这是一个非常专业，且劳动力密集的过程。甚至在信用卡申请（1.3节）例子中，只有1000个适当的训练实例。在供电数据（1.3节）中，如果追溯到15年前，共有5000天，但其中只有15个圣诞节、15个感恩节、4个2月29日和4个总统大选日。在电子机械诊断应用（1.3节）中，虽有20年的使用记录，但是其中只包含了300个可用的故障例子。虽然市场和销售应用（1.3节）肯定涉及大量数据，但是许多其他应用经常依赖于某些专家的专业意见，以至于数据缺乏。

基于有限数据的性能预测是一个有趣的问题，仍存争议。性能预测有许多不同的技术，其中重复交叉验证（repeated cross-validation）在实践中或许是适合大部分有限数据情形的预测方法。比较不同的机器学习方法在某个给定问题上的性能也并非易事，需要用统
147 计学检验来确定那些明显的差异并非是偶然产生的。

到目前为止，我们默认所要预测的是对测试实例进行正确分类的能力。然而，在某些情况下，却要涉及预测分类概率而非类别本身，另一些情况需要预测数值型而不是名目属性值。需要视不同情形而使用不同的方法。接下来我们要看看成本问题。在大多数的实际数据挖掘情形中，分类错误的成本是由错误的类型所决定的，如错误是将一个正例错误地归类为负例，还是反过来（将负例归类为正例）。在进行数据挖掘及性能评估时，这些成本的考虑是非常重要的，所幸的是采用一些简单的技术能使大多数的学习方法具有成本敏感性，而不需要在算法内部实现。最后，从整体上看，评估有着迷人的哲学含义，哲学家已对如何评估科学理论辩论了2000年，此议题也是数据挖掘的一个焦点，因为从本质上来看，我们挖掘的是数据的“理论”。

5.1 训练和测试

对于分类问题，自然是采用*误差率*（error rate）来衡量一个分类器的性能。分类器对每个实例进行类别预测，如果预测正确，则分类正确，反之则分类错误。误差率就是所有

错误在整个实例集中所占的比例。误差率是对分类器总体性能的一个衡量。

当然，我们感兴趣的是分类器对未来新数据的分类效果，而非旧数据。训练集中每个实例（训练集）的类都是已知的，正因为如此才能用它进行训练。通常我们不是对学习这些实例的分类感兴趣，除非是要进行数据整理而非预测。问题是在旧数据集上得出的误差率是否可以代表在新数据集上的误差率？答案当然是否定的，如果分类器是用旧数据集训练出来的。

这是一个令人惊讶的，也是非常重要的事实。分类器对训练集进行分类而得出的误差率并不能很好反映分类器未来的工作性能。为什么？因为分类器正是通过学习这些相同的训练数据而来的，因此该分类器在此训练数据集上进行的任何性能评估结果都是乐观的，而且是绝对乐观。

我们曾在劳资关系数据集中见过这样的例子。图1-3b是由训练数据直接产生的，图1-3a则是经过剪枝处理的。若用训练数据对二者进行评估，前者似乎更准确。但若用独立的测试数据对二者进行评估，前者的表现很可能会不如后者，因为前者与训练数据过度拟合。根据在训练数据上得出的误差率，前一个决策树在训练数据上的误差率看起来比后一个决策树要好，但这并不能反映它们将来在独立的测试数据上的表现。

用训练数据进行测试所产生的误差率称为*再代入误差*（resubstitution error），因为它是将训练实例重新代入由这些训练实例而产生的分类器进行计算的。虽然它不能可靠地反映分类器在新数据上真实的误差率，但依然是有参考价值的。 148

为了能预测一个分类器在新数据上的性能表现，需要一组没有参与分类器建立的数据集，并在此数据集上评估分类器的误差率。这组独立的数据集叫*测试集*（test set）。我们假设训练数据和测试数据都是潜在问题的代表性样本。

在某些情况下，测试数据也许和训练数据存在着明显的差别。例如，在1.3节中提到的信用风险问题。假设银行现有来自纽约和佛罗里达州两个分行的训练数据，银行想用其中的一个数据集来训练出一个分类器，然后看看此分类器用在内布拉斯加州新分行结果会如何。可以将佛罗里达州的数据作为测试数据，评估由纽约数据训练的分类器；同时将纽约的数据作为测试数据，评估由佛罗里达州数据训练的分类器。如果在训练前就将两个分行的数据合并，在测试数据上的性能评估恐怕不能较好地反映此分类器将来用于另一个完全不同的州银行的分类性能。

测试数据不能以任何方式参与分类器的创建，这点非常重要。举例来说，有些学习方法包括两个阶段，第一阶段是建立基本结构，第二阶段是对结构所包含的参数进行优化，这两个阶段需要使用不同的数据集。或者你可能会在训练数据上尝试多种方法，然后用新的数据集对这些分类器进行评估，找出最好的。但是所有这些数据都不可用于估计未来的误差率。

这就是人们经常提到的三种数据集：*训练数据*（training data）、*验证数据*（validation data）和*测试数据*（test data）。训练数据用在一种或多种学习算法中创建分类器；验证数据用于优化分类器的参数，或用于选择某一分类器；测试数据则用于计算最终经过优化的某一方法的误差率。三个数据集必须保持独立性，验证数据集必须有别于训练数据集以获得较好的优化或选择阶段的性能，同时测试数据集也必须有别于其他两个数据集以获得对真实误差率的可靠估计。

一旦确定了误差率，便可以将测试数据合并到训练数据中，由此产生新的分类器应用于实践中。这并没有错，使用尽可能多的数据来建立分类器，这是一种实践中常用的方法。对于表现好的学习方法，这样做不会降低预测性能。同样，一旦验证数据已被使用（也许用于选择最好的学习方法），那么可以将验证数据合并到训练数据中，使用尽可能多的数据重新训练学习方法。

如果数据源充足，一切都没有问题。可以取一个大的样本用来训练，取另一个不同的且独立的大样本数据用于测试。这两个样本都具有代表性，由测试集得出的误差率将反映其未来的真实性能。一般来说，训练样本越大，创建的分类器性能越好，虽然当训练样本
149 超过一定的限度时，性能提高将会有所减缓。测试样本越大，误差估计越准确。误差估计的准确性可从统计学角度进行量化，这点我们将在5.2节中进行分析。

当数据源不充足时会出现问题。在许多情况下，训练数据必须由人工分类，为了进行误差估计，测试数据也是如此。这使可用于训练、验证和测试的数据量非常有限。问题在于怎样才能最好地利用这样有限的数据集。将数据集中的一部分数据置于一旁用于测试称为*旁置*（holdout）过程，剩余的数据用于训练（如有必要可再保留一部分用于验证）。这里出现了一个难题：要得到一个好的分类器需要尽可能多的数据用于训练；而要得到一个准确的误差估计，也需要尽可能多的数据用于测试。我们将在5.3节和5.4节回顾用于解决这个难题的常用方法。

5.2　预测性能

假设用测试集度量分类器的误差率，得到一个误差率，假设为25%。在这一节中我们实际上要谈论的是正确率而不是误差率，那么对应的正确率是75%。这仅是一个估计值，那么目标总体真正的正确率是多少呢？当然，预计应接近75%。但到底有多接近？5%以内？10%以内？这个答案依赖于测试数据集的规模。一般来说，75%的正确率若是基于10 000个实例的测试集而得到的，那么它的可信度要高于基于100个实例的测试集而得到的。但可信度到底高多少？

为了回答这个问题，需要一些统计学推理。在统计学中，一连串不是正确就是错误的独立事件，称为伯努利过程（Bernoulli process）。抛掷硬币是一个经典的例子。每次抛掷是一个独立事件。假使总是预测正面出现，这里我们不用“正面”或“反面”来描述，我们把每次抛掷结果可视为“正确”或“错误”。假设硬币正、反面是有偏差的，但并不知道正面的概率有多大。如果抛掷100次，其中75次是正面，那么就拥有了一个与上述在测试集上有75%正确率的分类器极为相似的情况。应该怎样描述真正的正确率呢？换句话说，想像存在一个伯努利过程，一个有偏差的投币，它的真实正确率为p（但是未知的）。在N次试验中，S次是正确的：这样观察到的正确率是$f=S/N$。问题是，这对于了解真实的正确率p有何帮助？

这个问题的答案通常被表达为一个*置信区间*（confidence interval），即真实正确率p以某个特定的置信度存在于某个特定的区间中。例如，如果观察到$N=1000$次试验中，有$S=750$次是正确的，这表明真实正确率在75%左右。但到底有多接近75%？若置信度为80%，真实正确率p则在73.2%～76.7%之间。如果观察到$N=100$次试验中，存在$S=75$次是正确的，这也表明真实正确率在75%左右。但是由于试验次数较少，同样是80%的
150 置信度，真实正确率p的区间则较宽，扩展为69.1%～80.1%。

这很容易定性，但如何来给它们定量呢？推理如下，正确率为 p 的单次伯努利试验的平均值（mean）和方差（variance）分别为 p 和 $p(1-p)$。如果一个伯努利过程中包含 N 次试验，那么期望的正确率 $f=S/N$ 是一个平均值同样为 p 的随机变量，而方差则变成 $p(1-p)/N$。N 值较大时，这个随机变量的分布接近于正态分布。这些都是统计学的知识，这里将不做推导。

一个随机变量 X，平均值为0，落入某个宽度为 $2z$ 的置信区间的概率为

$$\Pr[-z \leqslant X \leqslant z] = c$$

对于正态分布，大多数统计学课本的背后都有 c 值和对应的 z 值的列表。但是这种传统列表形式（与此）略有不同：它们给出的是随机变量 X 将落在某范围之外的置信度，而且只给出上半个区间的值：

$$\Pr[X \geqslant z]$$

这称为单尾（one-tailed）概率，因它只涉及整个分布的上半部分的“尾巴”。正态分布是对称的，因此它的下尾概率

$$\Pr[X \leqslant -z]$$

是一样的。

表5-1给出一个示例。与其他的正态分布表一样，这里也假设随机变量 X 的平均值为0，方差为1。或者，也可以说 z 是距离平均值（有多少个）标准差的度量。因此，$\Pr[X \geqslant z]=5\%$ 意味着 X 落在高于平均值1.65个标准差以上的概率是5%。由于分布是对称的，所以 X 落在距离平均值1.65个标准差以外（高于或低于）的概率是10%，或者说

$$\Pr[-1.65 \leqslant X \leqslant 1.65] = 90\%$$

表5-1　正态分布的置信界限

$\Pr[X \geqslant z]$	z	$\Pr[X \geqslant z]$	z
0.1%	3.09	10%	1.28
0.5%	2.58	20%	0.84
1%	2.33	40%	0.25
5%	1.65		

现在所要做的就是减小随机变量 f，使它的平均值为0，并将方差单位化。为此我们减去平均值 p 并除以标准差 $\sqrt{(p\ (1-p)\ /N)}$。从而得到

$$\Pr\left[-z < \frac{f-p}{\sqrt{p(1-p)/N}} < z\right] = c$$

以下是得到置信边界的过程。对于某一给定的置信度值 c，在表5-1中查到相应的 z 值。在查表之前先用1减去 c，再将结果除以2。对于 $c=90\%$，则要用5%在表中查找。可以用线性内插法得到（两个给出的置信度）中间的置信度对应的 z 值。然后将上面的不等式写成等式，再将其转换为 p 的表达式。

最后一步涉及解二次方程。虽然不难解，但得出的却是一个看似恐怖的置信边界表达式：

$$p = \left(f + \frac{z^2}{2N} \pm z\sqrt{\frac{f}{N} - \frac{f^2}{N} + \frac{z^2}{4N^2}}\right) \Big/ \left(1 + \frac{z^2}{N}\right)$$

表达式中的符号 ± 给出两个 p 值，分别代表置信上界和下界值。虽然公式看起来有点复杂，但在实际应用中并不太难。

该结果可以用于得到前面给出的数值型例子中的取值。设置 $f=75\%$，$N=1\,000$，

151 $c=80\%$（因此 $z=1.28$）这会使 p 的区间为［0.732，0.767］。如果 $N=100$，而置信度不变，则 p 的区间为［0.691，0.801］。注意，只有对于较大的 N（例如，$N>100$）正太分布的假设才是有效的。因此，$f=75\%$，$N=10$ 会使得置信区间为［0.549，0.881］，但是这个结果的可信度就要大打折扣了。

5.3 交叉验证

现在来考虑当训练和测试数据数量有限时该如何处理。旁置法保留一定数量的数据用于测试，剩余的数据用于训练（如有需要可再留一部分数据用于验证）。在实践中，一般保留 1/3 的数据用于测试，而剩余的 2/3 用于训练。

当然，也许不巧：用于训练（或测试）的样本不具代表性。一般而言，你无法说一个样本具有或不具有代表性，但有个简单的检测方法值得一试。每个类在整个数据集中所占的比例在训练集和测试集中也应体现出相应的比例。如果某一类的样本不巧在训练集中一个也没有，很难想象由这样的训练集训练出来的分类器将来对属于这一类的样本数据进行分类时会有好的表现。更糟糕的是，由于训练集中没有属于这一类的实例，所以这个类不可避免地在测试集中过多地出现！因此，在随机取样时必须确保在训练集和测试集中每个类各自应有的比例。这个过程叫*分层*（stratification），我们还会提到*分层旁置*（stratified holdout）。虽然很有必要进行分层，但分层只能为防范训练集和测试集数据的样本代表性不一致提供一个基本的安全措施。

一个减少由于旁置法取样而引起的任何偏差的更为通用的方法是，重复整个过程。用
152 不同的随机样本重复进行多次训练和测试。每次迭代过程中，随机抽取一个特定比例（如 2/3）的数据进行训练，也可能经过分层处理，剩余的数据用于测试。将每次不同迭代过程中所得的误差率进行平均得到一个综合误差率。这就是*重复旁置法*（repeated holdout method）的误差率估计。

你也许会考虑在单次旁置的过程中，交换训练集和测试集的角色，即用测试集数据进行训练并用训练集数据进行测试，然后将两次不同结果平均，以此来减少训练集和测试集数据代表性不一致所产生的影响。不幸的是，只有当训练集和测试集数量比例为 50:50 时才似乎真正合理，可这个比例通常不太理想，还是用半数以上的数据进行训练效果比较好，即使牺牲了测试数据。然而，一个简单的变体方法造就了一个重要的统计学技术，即所谓的*交叉验证*（cross-validation）。在交叉验证中，先要决定一个固定的*折数*（number of folds），或者说数据的划分。假设定为 3 折，那么数据将被大致均分成 3 部分，每部分轮流用于测试而剩余的则用于训练。也就是说，用 2/3 的数据进行训练，1/3 的数据进行测试，重复此过程 3 次，从而每个实例恰好有一次是用于测试的。这就是所谓的 *3 折交叉验证*（threefold cross-validation），若同时采用了分层技术（经常如此），这就是*分层 3 折交叉验证*（stratified threefold cross-validation）。

给定一个数据样本，预测某种机器学习技术误差率的标准方法就是使用分层 10 折交叉验证。数据被随机分割成 10 部分，每部分中的类比例与整个数据集中的类比例基本一致。每部分依次轮流被旁置，其余 9/10 的数据则参与某一个学习算法的训练，而旁置的数据集则用于计算误差率。这样，学习过程共进行 10 次，每次使用不同的训练集（不同的训练集之间含有许多相同数据）。最后，将 10 个误差率估计值平均而得出一个综合误差估计。

为什么是10次？使用大量的数据集，采用不同的学习技术，经过大量的实验表明10折正是获得最好的错误估计的恰当选择，而且也有一些理论根据可以支持这一点。虽然这个论点还不是最后的论断，在机器学习和数据挖掘领域有关什么才是最好的评估方案的问题至今还持续着激烈的争辩，但是10折交叉验证法在实践中被认为是标准方法。实验还表明采用分层技术能使结果稍有改进，因此当数据集数量有限时，分层10折交叉验证法被当做标准评估技术。值得注意的是，无论是在分层还是进行10折分割时都不必很严格，只要能将数据集分割成大致相等的10部分，每部分中各类的比例基本恰当就可以了。另外，10折也并非有特殊效果，5折或20折交叉验证似乎也相差无几。

为了得到可靠的误差估计，单次的10折交叉验证恐怕还不够。采用相同的学习方法，在相同的数据集上进行不同的10折交叉验证，常常会得到不同的结果，这是由于在选择 153
确定折本身时受到随机变化的影响。分层技术可减少变化，但不能完全消除随机变化。当需要一个准确的误差估计时，标准的程序是重复10次交叉验证——即10次10折交叉验证，然后取其平均值。这将使原始数据中9/10的数据被代入学习算法中100次。可见，获得好的测试结果是一项计算密集型的任务。

5.4 其他评估方法

10折交叉验证是衡量将某学习方法应用在某数据集上的误差率的标准方法，为得到可靠的结果，建议使用10次10折交叉验证。除此之外，还有许多其他可行的方法，其中两个特别普及的方法就是*留一*（leave-one-out）交叉验证和*自助法*（bootstrap）。

5.4.1 留一交叉验证

留一交叉验证其实就是n折交叉验证，其中n是数据集所含实例的个数。每个实例依次被保留在外，而剩余的所有实例则用于学习算法的训练。它的评估就是看对那个保留在外的实例分类的正确性，1或0分别代表正确或错误。所有n个评估结果（数据集中的每个成员各产生一个结果）被平均，得到的平均值就是最终的误差估计。

这个方法有两个吸引人的地方。第一，每次都使用尽可能多的数据参与训练，从而可能会得到更准确的分类器。第二，这个方法具有确定性：无需随机取样。没有必要重复10次或任何重复操作，因为每次的结果都将是一样的。与之相对的，它的计算成本也是相当高的，整个学习过程必须执行n次，这对一些大的数据集来说通常是不可行的。不过，留一法似乎提供了一个机会，即最大限度地从一个小的数据集里获得尽可能正确的估计。

除了计算成本高之外，留一交叉验证还有一个缺点。它不但不能进行分层，而且更糟的是它一定是无层样本。分层使测试集中各类有恰当的比例，而当测试集中只含一个实例时，分层是不可能实现的。举个例子，虽然极不现实，但却非常戏剧性地描述了由此而引起的问题。想象有一个完全随机的数据集，含有数量相等的两个类。面对一个随机数据，所能给出的最好预测就是预测它属于多数类，其真实的误差率是50%。但在留一法的每一个折里，与测试实例相反的类（在训练集上）是多数类，因此每次预测总是错的，从而导致估计误差率达100%！ 154

5.4.2 自助法

第二种要描述的估计方法是自助法，它基于统计学的*放回抽样*（sampling with replacement）过程。之前的方法，一个样本一旦从数据集中被取出放入训练集或测试集，它就不再被放回。也就是说，一个实例一旦被选择一次，就不能再次被选择。这就像踢足球组队，不能选同一个人两次。但是数据集实例不是人，大多数的学习方法还是可以使用相同实例两次，并且在训练集中出现两次会产生与只在训练集中出现一次不同的学习结果（数学家将注意到，如果同一个对象可以出现一次以上，那么我们谈论的就不是真正意义的“集合”）。

自助法的想法是采取放回抽样数据集的方法来形成训练集。我们将阐述一个特例，它非常神奇（原因很快会给出），称为 0.632 *自助法*（0.632 bootstrap）。一个拥有 n 个实例的数据集进行了 n 次放回抽样，从而形成了另一个拥有 n 个实例的数据集。因为在第二个数据集中会（几乎肯定会）有一些重复实例，所以在原始的数据集中必有部分实例未被抽样——我们将用这些实例作为测试实例。

> 某个具体实例不被抽样到训练集中的概率是多少呢？每次被抽取的概率是 $1/n$，所以不被抽取的概率是 $1-1/n$。根据抽取次数（n 次），将这些概率相乘，得到
>
> $$\left(1-\frac{1}{n}\right)^n \approx e^{-1} = 0.368$$
>
> 其中 e 是自然对数的底数 2.7183（不是误差率）。这给出了某个具体实例不被抽取到的概率。因此，对一个相当大的数据集来说，测试集将包含约 36.8% 的实例，而训练集将包含约 63.2% 的实例（现在你应该了解了 0.632 自助法的由来）。训练集中包含一部分重复实例，总容量是 n，与原始数据集一样大。

用此训练集训练一个学习系统，并在测试集上计算误差率，得到的将是一个对真实误差率较为悲观的估计值。这是因为虽然训练集的容量是 n，但它只包含了 63% 的实例，这要比 10 折交叉验证法所使用的 90% 实例小一些。为了补偿这点，将测试集误差率和用训练集数据计算的再带入误差率组合在一起。如前所述，再代入误差率是对真实误差率的一个过于乐观的估计值，当然不能单独使用。自助法将它和测试误差率组合在一起，给出最
155 终误差率估计值 e：

$$e = 0.632 \times e_{测试实例} + 0.368 \times e_{训练实例}$$

然后，将整个自助过程重复进行多次，以取得不同的放回取样训练集，测试结果取平均值。

自助法对非常小的数据集来说，也许是最佳的误差率估计法。但是，就像留一交叉验证法一样，自助法也有缺点，可以通过考虑一个非常特殊的、人为假设的情况来描述此问题。实际上，我们考虑一个包含同样大小的两类而且是完全随机的数据集。对任何预测规则来说，它的真实误差率都是 50%。但一个能记住整个训练集的学习方法，会给出完美的 100% 的再代人评分，以致 $e_{训练实例}=0$，0.632 自助法再将它与权值 0.368 相乘，得出综合误差率为 31.6%（$0.632 \times 50\% + 0.368 \times 0\%$），这个结论未免过于乐观了。

5.5　数据挖掘方法比较

经常需要对解决同一问题的两种不同学习方法进行比较，看哪一种更适合使用。这看来似乎很简单，用交叉验证法（或其他合适的估计方法），也许重复多次，然后选择估计误差率较小的方法。在许多实际应用中，这已是相当足够了，如果某方法在某一具体数据集上的估计误差率比另一方法低，那么最好采用前者的模型。但是，有时差别只是源于估

计错误，在某些情况下，重要的是我们要确定一个学习方法对某个具体问题的解决是否真的优于另一个方法。这是对机器学习研究者的一个挑战。如果要提出一个新的学习算法，它的提出者必须证明新算法与目前最好的算法相比对问题的解决是有改进的，而且还要证明观察到的改进不只是估计过程中所产生的偶然结果。

这是一项给出置信边界的统计检验工作，正如我们先前谈到的，根据已给出的测试集误差率来预测其真实性能。假设有无限的数据来源，则可以用大量的数据进行训练，然后再用另一个大型的独立测试数据集进行性能评估，像先前一样得到置信边界。但是，如果差别很显著，必须确定其原由不是因碰巧使用某个具体数据集进行测试而引起的。我们要决定一个方法从整体上来看比另一个好还是差，这要涵盖能从这个领域得到的所有训练集和测试集数据。训练集数据的大小自然会影响性能，因此所有的数据集大小要一致：实际上，也可用不同大小的数据集进行重复实验以得到一条学习曲线。

此刻，假定数据来源是无限的。为明确起见，假设用交叉验证法来进行误差估计（其他估计法，如重复交叉验证，也是同样可行的）。可以提取几个一样大小的数据集，对每个学习方法在每个数据集上用交叉验证法得到一个正确率估计，然后计算出正确率估计的平均值。每个交叉验证实验产生一个不同的、独立的误差估计，而我们感兴趣的是这个涵 157
盖所有可能的相同规模数据集的平均正确率，以及这个平均值是否在使用某一方法时较大一些。

从这个角度看，我们正在试图判断一组样本的平均值是否显著高于或低于另一组样本的平均值，这里的样本是指对于从某个领域抽取的不同数据集进行交叉验证所得到的估计值。这是一项统计学工作，称为 t 检验（t-test）或学生 t 检验（Student's t-test）。由于可以在两个学习方法上使用同样的交叉验证测试，使得在每个数据集上的实验都能获得配对的结果，因此可以使用 t 检验的一种更为敏感的形式，假设配对 t 检验（paired t-test）。

现在需要定义一些符号。有一组样本 x_1，x_2，…，x_k，是使用某种学习方法进行连续的10折交叉验证而得到的。第二组样本 y_1，y_2，…，y_k，是使用另一种学习方法进行连续的10折交叉验证而得到的。每个交叉验证估计使用不同的数据集（但所有的数据集大小相同，且来源于同一领域）而产生的。如果完全相同的交叉验证的数据集划分用于两个学习方法，将会得到最好的结果。因此，x_1 和 y_1 是在使用相同的交叉验证分割条件下而得到的，x_2 和 y_2 也是如此，依此类推。第一组样本的平均值用 $\bar{x}$ 来表示，第二组用来 $\bar{y}$ 表示。我们要试图判定 $\bar{x}$ 和 $\bar{y}$ 是否有显著的差别。

如果样本足够，无论样本本身的分布如何，独立样本（x_1，x_2，…，x_k）的平均值（$\bar{x}$）应呈正态（即高斯）分布，假设真实的平均值为 μ。如果知道该正态分布的方差，那么可将其零均值化并将方差单位化，给出样本平均值（$\bar{x}$）就能得到 μ 的置信界限。可是，方差是未知的，唯一的办法就是从样本集中将其估计出来。

这并不难，$\bar{x}$ 的方差估计可以将由样本 x_1，x_2，…，x_k 计算而来的方差（称为 σ_x^2）除以 k 而得到。可用下列公式将 $\bar{x}$ 的分布零均值化并将方差单位化

$$\frac{\bar{x}-\mu}{\sqrt{\sigma_x^2/k}}$$

但是我们不得不估计方差这个事实，多少使结果有点变化。因为方差只是估计值，所以这不能算是正态分布（虽然当 k 值足够大时呈现出正态分布）。它是一种叫做自由度为 $k-1$ 的学生分布（Student's distribution with $k-1$ degrees of freedom）。在实践中，这意味着要使用学生分布的置信区间表来代替原先的正态分布置信区间表。表 5-2 列出了自由度为 9 时（这是使用 10 次交叉验证法取平均值所应当用的正确自由度）的置
157 信界限。如果将它与表 5-1 比较，你会发现学生分布稍许保守一点。对于一个给定的置信度，学生分布区间稍宽，这正反映了不得不进行方差估计所带来的不确定性因素。不同的自由度有不同的列表。如果自由度超过 100，学生分布与正态分布的置信界限非常接近。与表 5-1 一样，表 5-2 中的数值也是“单边”置信区间。

表 5-2 自由度为 9 的学生分布置信界限

$Pr[X \geqslant z]$	z	$Pr[X \geqslant z]$	z
0.1%	4.30	5%	1.83
0.5%	3.25	10%	1.38
1%	2.82	20%	0.88

要判断平均值 $\bar{x}$ 和 $\bar{y}$（都是 k 个样本的平均值）是否相等，我们来考虑每组对应的观察点之间的差值 d_i，$d_i = x_i - y_i$。这样考虑是合理的，因为这些观察点都是成对的。这些差值的平均值正是两个平均值（$\bar{x}$ 和 $\bar{y}$）之间的差 $\bar{d} = \bar{x} - \bar{y}$。和平均值本身一样，平均值差值也是 $k-1$ 自由度的学生分布。如果平均值相等，则差值为 0（称为零假设（null hypothesis））；如果有显著差异，则差值将与 0 有着显著差距。因此，对一个给定的置信度，我们要检查其真实差值是否超过置信界限。

首先要将差值零均值化，将方差单位化，得到的变量被为 t 统计量（t-statistic）：

$$t = \frac{\bar{d}}{\sqrt{\sigma_d^2 / k}}$$

这里 σ_d^2 是样本差值的方差。然后确定置信度，在实践中，通常使用 1% 或 5%。如果 k 是 10，置信界限 z 就可从表 5-2 中得到；若不是 10，应采用与 k 对应的学生分布置信界限表。用双尾检验（two-tailed test）比较合适，因为我们不知道 x 的平均值是否可能大于 y 的平均值，或者相反。因此，对于 1% 的检验，我们采用表 5-2 中 0.5% 所对应的值。如果根据上面公式得到的 t 值大于 z 或小于 $-z$，就拒绝平均值相等的零假设，而认为这两个学习方法针对这个领域、这样的数据集容量，确实存在明显差别。

关于这个过程，有两个观察得一提。第一个是技术上的：如果观察点不是配对的怎么办？换句话说，如果由于某种原因，无法让每个学习方法在同样的数据集上进行误差评估怎么办？如果每个方法使用的数据集个数不同怎么办？这些情况发生在当某人已经对一个方法进行了评估，并公布了针对某个具体领域、某个具体数据集容量的几种不同的估计（或者只是它们的平均值和方差），而我们想要将其与其他不同的方法进行比较时。这时就有必要使用常规的不配对的 t 检验。如果如我们所假设的，平均值是正态分布的，那么平均值的差值也是正态分布的。我们计算平均值的差值 $\bar{x} - \bar{y}$ 来代替计算差值的平均值 $\bar{d}$。当然这是一码事，差值的平均值等于平均值的差值，但是差值的方差却不同。如果样本 $x_1, x_2, \cdots, x_k$ 的方差是 σ_x^2，样本 $y_1, y_2, \cdots, y_\ell$ 的方差是 σ_y^2，则

$$\frac{\sigma_x^2}{k} + \frac{\sigma_y^2}{\ell}$$

是一个很好的对平均值差值的方差估计。这个方差（更准确地说，是它的平方根）应当作为上述 t 统计量计算公式中的分母。查询学生分布置信界限表所必需的自由度应保守地选择两个样本中小的一个。从本质上看，知道观察点是成对的，就能使用更好的方法估计方差，产生一个更为严格的置信边界。

第二点观察涉及我们所做的假设，即数据来源是无限的，可以使用几个恰当容量的独立数据集。而在实践中，经常只有一个容量有限的数据集可用。该怎么办？可将整个数据集分割成多个（也许10个）子集，对每个子集分别进行交叉验证。但是，验证的综合结果只能说明一个学习方法是否适合于这个具体容量的数据集，也许是原始数据集的1/10。或者，重复利用原始数据集，比如在每次交叉验证时对数据集进行不同的随机化。然而，这 158
样得出的交叉验证估计不是独立的，因为它们不是从独立的数据集上得来的。在实践中，这意味着被判定为有明显差异的情形实际却未必。实际上，增加样本的数目 k（即交叉验证的次数），最终将导致产生明显差异，因为 t 统计量的值在毫无限制地增加。

围绕这个问题，已经提出了多种对于标准 t 测试的改进方法，但这些都只是直观推断，缺乏理论依据。其中有一种方法在实践应用中似乎不错，称为纠正重复取样 t 检验（corrected resampled t-test）。假设使用重复旁置法来代替交叉验证法，将数据集进行不同的随机分割 k 次，获得对两种不同学习方法的正确率估计。每次用 n_1 个实例训练，用 n_2 个实例测试，差值 d_i 则根据在测试数据上的性能计算而来。纠正重复取样 t 检验使用经修改的统计量

$$t = \frac{\bar{d}}{\sqrt{\left(\frac{1}{k} + \frac{n_2}{n_1}\right)\sigma_d^2}}$$

和标准的 t 统计量计算方式几乎一致。再仔细看看这个公式，现在 t 值不再容易随着 k 值的增加而增加了。在重复交叉验证中也可以使用这样的修改统计量，其实这只是重复旁置法的一个特例，每个交叉验证所使用的测试集是不重叠的。对于重复10次的10折交叉验证，$k=100$，$n_2/n_1=0.1/0.9$，σ_d^2 则基于100个差值。

5.6 预测概率

本章我们假设目的是要获得最大的预测正确率。如果对测试实例的预测值与实际值一致，预测结果视为正确；如果不一致，则视为不正确。不是黑色就是白色，不是正确就是不正确，不存在灰色。许多情况下，这是最妥当的观点。如果一个学习方法被真正采用，导致一个不是正确就是错误的预测，正确与否就是一个合适的量度。有时称为0-1损失 159
函数（0-1 loss function），如果预测正确，“损失”为0；不正确，为1。损失（loss）是一个习惯用语，而使用收益来表示结果则是一个更为乐观的术语。

其他情况属于模糊边界。大多数的学习方法能将预测和概率结合在一起（如朴素贝叶斯方法）。在判定正确性时，考虑它的概率是很自然的。例如，一个概率为99%的正确预测多半会比一个概率为51%的正确预测分量更重一些。如在一个二类情况下，51%的正确预测并不比概率为51%的不正确预测好多少。是否要考虑预测的概率，要看具体应用。如果最终的应用只是要一个预测结果，并且对预测值可能性的现实评估也

不会有任何好处，那么使用概率似乎不妥。如果预测值还要进一步处理，也许还要涉及人为的评估或者成本分析，甚至或许要作为第二阶段学习过程的输入，那么进行概率考虑也许是很合适的。

5.6.1　二次损失函数

假设一个单独的实例有 k 种可能的结果，或者说 k 种可能的类。对某个给定的实例，学习方案对这些类计算出一组概率向量 p_1，p_2，…，p_k（这些概率的和为 1）。这个实例的真实结果是这些可能的类中的某一个。然而，更方便的方法是将其表示为一个向量 a_1，a_2，…，a_k，其中第 i 个元素（i 就是真实的类）等于 1，其他都等于 0。这样我们可以将损失表示为一个依赖于向量 $\boldsymbol{p}$ 和向量 $\boldsymbol{a}$ 的损失函数。

一个常用于评估概率预测的标准就是*二次损失函数*（quadratic loss function）：

$$\sum_j (p_j - a_j)^2$$

注意这只是针对单个实例，这里的总和是所有可能的输出的总和，而非不同的实例的总和。其中只有一个 $\boldsymbol{a}$ 值等于 1，其余的 $\boldsymbol{a}$ 值都为 0。因此，总和里包括由不正确预测而得到的 p_j^2 和由正确预测而得的 $(1-p_j)^2$，从而公式可以转换为

$$1 - 2p_i + \sum_j p_j^2$$

这里 i 是正确的类。当测试集有多个实例时，损失函数就是所有的单个实例损失函数的
160 总和。

> 这里存在一个有趣的理论事实，当真实的类是按一定概率产生时，如果要使二次损失函数值最小化，最好的策略就是让向量 $\boldsymbol{p}$ 选择各类的真实概率，即 $p_i = \Pr[\text{class} = i]$。如果真实概率已知，它就是 $\boldsymbol{p}$ 的最佳选择。如果不知道，寻求最小二次损失值的系统则要力争得到对 $\Pr[\text{class} = i]$ 的最好估计并将其作为 p_i 的值。
>
> 这点相当容易证明。真实概率表示为 p_1^*，p_2^*，…，p_k^*，则 $p_i^* = \Pr[\text{class} = i]$。对一个测试实例的二次损失函数的期望值可以重新表达如下：
>
> $$E\left[\sum_j (p_j - p_i)^2\right] = \sum_j (E[p_j^2] - 2E[p_j a_j] + E[a_j^2]) = \sum_j (p_j^2 - 2p_j p_j^* + p_j^*)$$
> $$= \sum_j ((p_j - p_j^*)^2 + p_j^*(1 - p_j^*))$$
>
> 第一步将期望符号放到求和符号里并将平方展开。第二步 p_j 是一个常数，a_j 的期望值就是 p_j^*，并且因为 a_j 不是 0 就是 1，所以 $a_j^2 = a_j$，期望值也等于 p_j^*。第三步直接进行代数运算。要使总和最小，很明显就是使 $p_j = p_j^*$，这样平方项消失，剩下的只有控制实际类的真实分布的方差。

误差平方最小化在预测问题上已有很长的一段历史，二次损失函数促使预测器选择最好的概率估计，或者优先选择能对真实概率做出最好猜测的预测器。另外，二次损失函数有一些有用的理论性质，不在这里讨论。由于上述种种原因，二次损失函数常当做评估概率预测正确的标准。

5.6.2　信息损失函数

另一个较为普遍的评估概率预测的标准就是*信息损失函数*（informational loss function）：

$$-\log_2 p_i$$

其中，第 i 个预测是正确预测。实际上，这相当于一个负的*对数似然函数*（log-likelihood function），是经 Logistic 回归优化的函数，曾在4.6节中讲述过。它用位数来代表所需的信息量，这个信息量用来表示实际类 i 的概率分布 p_1，p_2，…，p_k。换句话说，如果给定一个概率分布，某人必须同你交流实际出现的应属哪一类，这就是对信息进行尽可能最有效的编码所需要的位数。（当然可能总是会需要更多的位数）。因为概率总是小于1，所以它们的对数是负数，公式中的减号使结果成为正数。例如，一个二类问题，即正面或者反面，每个类的概率是相等的，出现正面则需要1位来传输，因为 $-\log_2(1/2)$ 等于1。 161

> 如果真实概率是 p_1，p_2，…，p_k，信息损失函数的期望值就是
>
> $$-p_1^*\log_2 p_1 - p_2^*\log_2 p_2 - \cdots - p_k^*\log_2 p_k$$
>
> 与二次损失函数一样，选择 $p_j = p_j^*$ 将表达式最小化，这样表达式变成真实分布的熵：
>
> $$-p_1^*\log_2 p_1^* - p_2^*\log_2 p_2^* - \cdots - p_k^*\log_2 p_k^*$$
>
> 这样，信息损失函数能使知道真实概率的预测器做出真实的预测，并促使不知真实概率的预测器做出最好的猜测。

信息损失函数的一个问题是，如果赋予一个0概率给实际发生的事件，函数值就成负无穷大。好像在赌博中连衬衣都输了。谨慎的基于信息损失函数的预测器从不赋予任何结果以0概率。当没有任何信息可以提供给这个结果作为预测基础时，就导致了一个问题，称为*零概率问题*（zero-frequency problem），人们提出了不同的解决方案，如在（4.2节）朴素贝叶斯中讨论过的拉普拉斯估计。

5.6.3　讨论

如果你从事概率预测的评估工作，你将使用两种损失函数中的哪一种呢？这是个好问题，没有一致的答案，这其实是个人喜好问题。它们都在做损失函数所期待的基本工作：最大限度地使预测器正确地预测真实概率。但是它们之间存在一些客观的区别，这有助于你做出自己的选择。

二次损失函数不仅考虑了实际发生事件的概率，同时还考虑其他事件的概率。比如，一个四类的问题，假设将40%的概率赋予实际遇到的类，而将剩余的分配给其余的三个类。先前的二次损失函数表达式中出现的 p_j^2 的总和，使得如何分配剩余的概率将决定二次函数损失值。如果将剩余的60%均匀分配给另外三个类，那么达到的损失是最小的。不均匀的分配将使平方和增加。另一方面，信息损失函数只依赖于对实际发生的事件所赋予的概率。如果你对某个即将发生的事件下了赌注，而且押对了，谁还在乎你其余的钱在其他事件上是如何分配的？ 162

如果你对某一实际发生的事件赋予了很小的概率，那么信息损失函数会给你很大的惩

罚。最大的惩罚是对 0 概率，是无穷的。而二次损失函数属于比较温和的，限定在

$$1 + \sum_j p_j^2$$

绝对不会超出 2。

最后，信息损失函数的支持者提出一种对学习性能评估的一般理论，称为*最小描述长度*（Minimum Description Length，MDL）*原理*。他们主张一种方案所学习的结构大小可以用信息的位数来衡量，如果损失值也用相同的单位来衡量，那么二者可以有效地结合在一起。我们将在 5.9 节中讨论。

5.7　计算成本

到目前为止，所讨论的评估方法都没有考虑到错误决策、错误分类的成本问题。不考虑错误成本的情况下，最大化分类正确率经常会导致奇怪的结果。有一个例子，机器学习曾用于判断奶牛场里的每一头母牛的确切发情期。用电子耳签来标识母牛，并使用各种不同的特征，如产奶量及化学成分（由高科技的挤奶机器自动记录）、挤奶次序（母牛是有秩序的动物，通常是按相同的次序进挤奶棚的，除非是处于类似发情期这类非正常的情况）。在现代化的牧场管理中，事先知道母牛何时做好准备也很重要：动物的人工受精错过一个周期即导致不必要的延期产仔，并会导致以后出现并发症。在早期试验中，机器学习方案总是顽固地预测母牛始终没有处在发情期。与人类一样，母牛也有大约 30 天左右的生理周期，因此这个“零”规则在约 97% 的时候都是正确的，这个正确率在任何农业领域都是令人难忘的！但是，我们所需要的当然是“处于发情期”的预测准确率高于“不在发情期”的准确率的分类规则：这两种误差的代价是不同的。使用分类准确率进行评估默认的假设是错误成本相同。

其他反映不同错误成本的例子包括贷款决策：贷款给违规者的代价远高于由于拒绝贷款给不违规者而造成生意损失的代价。在海面浮油探测中，未能探测出威胁环境的海面浮油的错误成本远高于错误报警的代价。在负荷预测中，为防范一场实际未发生的暴
163 风雪而调整发电机组所产生的成本远低于由于对暴风雪的袭击毫无防范所造成的损失。在诊断问题中，实际上没有问题的机器被误诊为有问题所产生的成本远小于忽视导致机器故障的问题而造成的损失。在散发促销邮件时，散发垃圾邮件得不到回应所产生的成本远小于由于没有将邮件发送到会有回应的家庭而丧失生意机会所造成的损失。为什么第 1 章中列举的所有实例都在这里！事实上，你很难找到不同类型错误的成本是相同的应用场景。

对一个 yes 和 no 的二类问题，如借或不借、将可疑的斑点标记为浮油或不是浮油等，一个预测可能产生 4 种不同的结果，见表 5-3。*真正例*（True Positive，TP）和*真负例*（True Negative，TN）都是正确的分类结果。*假正例*（False Positive，FP）发生在当预测结果为 yes（即正例）而实际上是 no（即负例）时；*假负例*（False Negative，FN）发生在当预测结果为负例而实际上是正例时。*真正率*（true positive rate）是 TP 除以正例的总数 TP + FN；*负正率*（false positive rate）是 FP 数值除以负例的总数 FP + TN。整体的正确率是正确的分类数除以分类样本的总数：

$$\frac{TP + TN}{TP + TN + FP + FN}$$

最后，误差率就是用 1 减去它。

表 5-3　二类预测的不同结果

		预测类别	
		yes	no
实际类别	yes	真正例	假负例
	no	假正例	真负例

在多类预测中，对测试集的预测结果经常使用 2 维混淆矩阵（confusion matrix）来表示，每个类都有对应的行和列。每个矩阵元素显示的是测试样本的数目，这些样本的真实类以对应的行显示为准，预测类则是对应的列所显示的类。好的结果是在主对角线上数值大，而非主对角线元素的数值小（理想情况为 0）。表 5-4a 给出了一个三类问题的例子。在这个例子中，测试集有 200 个实例（矩阵中 9 个数字的总和），其中 88 + 40 + 12 = 140 是正确的预测，因此正确率是 70%。

但这是公正的整体正确率度量方法吗？其中有多少是偶然得到的正确预测？这个预测器预测 120 个测试样本属于 *a* 类，60 个属于 *b* 类，20 个属于 *c* 类。如果有一个随机预测器也达到与此相同的预测数目又会怎样呢？答案可在表 5-4b 中看到。表 5-4b 中第一行将测试集中 100 个实际属于 *a* 类的实例按各类总体比例分摊。其余两类在第二行和第三行也照此法按比例分摊。当然，这样得到的矩阵每行、每列的总和与先前的矩阵是相同的，实例数量没有改变，而且也保证了随机预测器与真实预测器对 *a*、*b*、*c* 三个类的预测数目是相等的。 164

表 5-4　一个三类问题的不同预测结果：a）真实的；b）随机的

a)

		预测类别			
		a	*b*	*c*	总计
实际类别	*a*	88	10	2	100
	b	14	40	6	60
	c	18	10	12	40
	总计	120	60	20	

b)

		预测类别			
		a	*b*	*c*	总计
实际类别	*a*	60	30	10	100
	b	36	18	6	60
	c	24	12	4	40
	总计	120	60	20	

这个随机预测器使 60 + 18 + 4 = 82 个实例获得了正确的预测。一种称为 Kappa 统计量（Kappa statistic）的度量将这个随机预测的预期值考虑进去，通过将其从预测器的成功数中扣除，并将结果表示为它与一个完美的预测器所得结果的比例值，即从 200 − 82 = 118 个可能的成功数中得到 140 − 82 = 58 个额外的成功数，或者说，49.2%。Kappa 的最大值是 100%，而具有相同列的随机预测器的 Kappa 期望值是 0。总的来说，Kappa 统计量用于衡量对一个数据集预测分类和观察分类之间的一致性，并对偶然得到的正确预测进行修正。但是与普通的正确率计算一样，它也没有考虑成本问题。

5.7.1　成本敏感分类

如果成本已知，它们可以应用到决策过程的收益分析中。在一个二类问题中，混淆矩阵如表 5-3 所示，它的两种错误类型，假正例和假负例，将有不同的成本；同样，两种不同的正确分类也可能带来不同的收益。二类问题的成本可概括成一个 2 × 2 的矩阵，主对角元素代表了两种类型的正确分类，而非主对角元素代表了两种类型的错误分类。在多类情况下，它推广为一个方阵，方阵大小就是类的个数，并且主对角元素也是代表了正确分类的成本。表5-5a、b分别展示了二类和三类默认的成本矩阵，矩阵只是简单地给出了错误数目：每个错误分类成本都是1。

表5-5　默认的成本矩阵：a）二类情况；b）三类情况

		预测类别	
		yes	no
实际类别	yes	0	1
	no	1	0

a）

		预测类别		
		a	b	c
实际类别	a	0	1	1
	b	1	0	1
	c	1	1	0

b）

考虑成本矩阵，用每个决策的平均成本（或者从正面看，考虑收益）来代替正确率。虽然这里我们不这样做，但决策过程中完整的收益分析也许还要考虑使用机器学习工具的165~166 成本，包括搜集训练集的成本和模型使用的成本，或者产生决策结构的成本，即决定测试实例属性的成本。如果所有这些成本都是已知的，成本矩阵中反映不同结果的数值可以估计出来，比如使用交叉验证法估计，那么进行这种收益分析就很简单了。

给定成本矩阵，可以计算某个具体学习模型在某个测试集上的成本，只要将模型对每个测试实例进行预测所形成的成本矩阵中的相关元素相加。进行预测时，成本将被忽略，但进行评估时则考虑成本。

如果模型能够输出与各个预测相关联的概率，就能将期望预测成本调整到最小。给出对某个测试实例各个预测结果的概率，一般都会选择最有可能的那个预测结果。或者，模型也可以选择期望错误分类成本最低的那个类作为预测结果。例如，假设有一个三类问题，分类模型赋予某一个测试实例属于a、b、c三个类的概率分别为p_a、p_b和p_c，它的成本矩阵如表5-5b所示。如果预测属于a类，并且这个预测结果是正确的，那么期望预测成本就是将矩阵的第一列［0，1，1］和概率向量［p_a，p_b，p_c］相乘，得到p_b+p_c，或者$1-p_a$，因为三个概率的和等于1。类似地，另外两个类的预测成本分别是$1-p_b$和$1-p_c$。对这个成本矩阵来说，选择期望成本最低的预测就相当于选择了概率最大的类。对于不同的成本矩阵，情况可能会有所不同。

我们假设前提是学习方案能输出概率，就像朴素贝叶斯方法那样。即使通常情况下不输出概率，大多数分类器还是很容易计算概率的。如决策树，对一个测试实例的概率分布就是对应叶子结点上的类分布。

5.7.2　成本敏感学习

我们已经看到怎样利用一个在建模时不考虑成本的分类器做出对成本矩阵敏感的预测。在这种情况下，成本在训练阶段被忽略，但在预测阶段则要使用。另一种方法正好相反，在训练过程中考虑成本，而在预测时忽略成本。从理论上讲，如果学习算法给分类器合适的成本矩阵，可能会获得较好的性能。

对一个二类问题，有一个简单的常用方法能使任何一个学习方法变为成本敏感的。想法是生成拥有不同类别比例的yes和no的实例训练数据。假设人为地提高数据集中属于no类的实例数量为原来的10倍，然后用这个数据集进行训练。如果学习方案是力争使错误数最小化的，那么将形成一个倾向于避免对no类实例错误分类的决策结构，因为这种错误会带来10倍的惩罚。如果在测试数据中，属于no类实例的比例还是按照它在原始数据中的比例，那么no类实例的错误将小于属于yes类的实例，也就是说，假正例将少于假负例，因为假正例已被加权而达到10倍于假负例。改变训练集中实例的比例是一种建立成本敏感分类器的常用技术。 167

改变训练集实例比例的一种方法是复制数据集中的实例。然而，很多学习方案允许对实例加权（正如我们在3.2节中提到的，这是处理缺失值的一种常用技术）。实例的权值通常初始化为1。为了建立成本敏感的分类器，权值可以初始化为两种错误的相对成本，即假正例和假负例所对应的成本。

5.7.3　提升图

在现实中，很难知道成本是多少，有多准确，人们要考虑各种不同的场景。想象你正在从事直接邮寄广告的业务，要将一个促销广告大规模地邮寄给1 000 000户家庭，当然大部分家庭是不会有回应的。根据以往的经验，得到回应的比例是0.1%（有1000个回应者）。假设我们现有一套数据挖掘工具，根据我们对这些家庭掌握的信息，能识别出其中的100 000户家庭子集，回应率达0.4%（有400个回应者）。根据邮寄成本与回应所带来盈利的比较，将邮寄广告限定在这100 000户家庭上也许是很划算的。在市场学术语中，回应率的增加，在这个例子中系数为4，称为由学习工具带来的**提升因子**（lift factor）。如果知道成本，就能确定某个具体提升因子所隐含的盈利。

然而，你很可能还需要评估其他的可能性。采用相同的数据挖掘方法而选择不同参数设置，也许会识别出其中的400 000户家庭，回应率为0.2%（有800个回应者），对应的提升因子为2。同样，这样邮寄广告是否更有利可图，可以从所投入的成本计算中看出。考虑模型建立和模型应用成本因素也许是必要的，这包括生成属性值所需要的信息搜集。毕竟，如果模型生成代价非常昂贵，大规模的邮寄比锁定目标更具成本效率。

给定一个能输出对测试数据集每个成员的类预测概率的学习方案（如朴素贝叶斯方法），你的工作是找出一些测试实例子集，这些子集所含的正例的比例高于正例在整个测试集中所占的比例。为此，将所有测试实例按照预测yes概率的降序排列。这样，要找出一个给定大小、正例所占比例尽可能大的样本，只要在测试实例序列中从头开始读取要求数量的实例。如果每个测试实例的真实类别已知，就可以计算提升因子，只要将样本中正例的数量除以样本数量得到一个正确比例，然后再除以整个测试集的正确比例，就可以得到提升因子。 168

表5-6给出一个例子，一个包含150个实例的小数据集，其中50个是yes（即有回应），因此总体正确比例是33%。所有的实例已经按照它们被预测为yes概率的降序排列。序列中的第一个实例是学习方法认为最有可能得到回应的，第二个是下一个最有可能的，依此类推。概率的数值并不重要：排名才是重要的。每个实例的真实类都已给出。可以看出，这个学习方法对第一项和第二项的预测都是正确的，它们确实是正例。可是第三项却是错误的，它的结果是负例。如果你现在要寻找10个最有希望的实例，但只知道预测概率而不知真实的类，那么最佳的选择就是排名中的前10个实例。其中8个是有肯定回应的，因此正确比例就是80%，对应的提升因子约为2.4。

表 5-6 提升图数据

排名	预测值	实际类别	排名	预测值	实际类别
1	0.95	yes	11	0.77	no
2	0.93	yes	12	0.76	yes
3	0.93	no	13	0.73	yes
4	0.88	yes	14	0.65	no
5	0.86	yes	15	0.63	yes
6	0.85	yes	16	0.58	no
7	0.82	yes	17	0.56	yes
8	0.80	yes	18	0.49	no
9	0.80	no	19	0.48	yes
10	0.79	yes	…	…	…

如果你知道所投入的不同成本，就可以对不同大小的样本计算成本，然后选择收益最大的样本。然而，通过图形展示各种不同的可能性经常比只提供一个“最佳”决策更有启发作用。用不同大小的样本重复上述操作，就能画出如图 5-1 的提升图。横轴是样本大小与所有可能邮寄数量的比例。纵轴是所得到的回应数量。左下角点和右上角点分别代表没有邮寄得到 0 个回应和全数邮寄得到 1000 个回应。对角线给出了针对不同大小的随机样本的期望结果。但我们不是随机抽取样本，而是利用数据挖掘工具选择那些最有可能给出回应的实例样本。这在图中对应位于上方的那条曲线，它是由实际得到的回应样本数之和与对应的按概率排序的实例百分比来确定的。上面讨论过的两个具体例子在图 5-1 中标记为：10% 邮寄比例产生 400 个回应者和 40% 邮寄比例产生 800 个回应者。

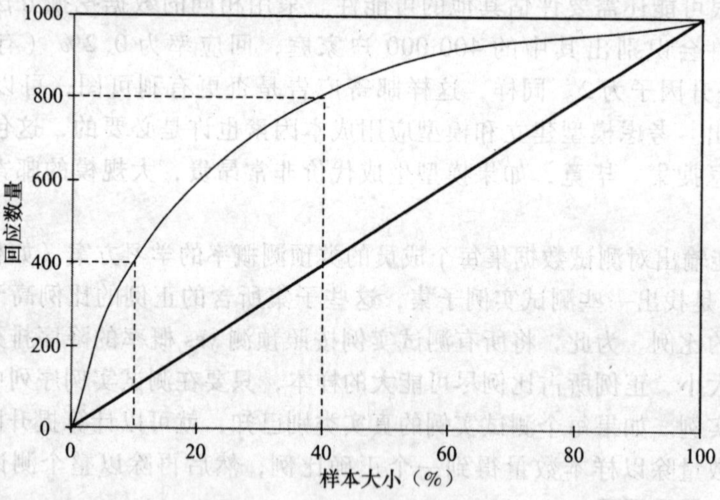

图 5-1 一个假设的提升图

你所希望的位置是在图中靠近左上角，最好的情况是 1000 个邮寄广告获得 1000 个回应，这时你只将邮件寄给会有回应的家庭并获得 100% 的成功率。任何名副其实的选择程序都会让你保持在对角线上方，否则你的结果比随机取样还差。因此，提升图的工作部位是在上三角位置，离左上角越近越好。

图 5-2a 显示了一个交互式的探索不同成本情况下的可视化结果（叫做成本 - 收益分析器（cost-benefit analyer），它是 Weka 工作台的一部分，将在第三部分介绍）。这里，它显示了贝叶斯分类器在一个真实的直接邮寄数据集上的预测结果。在这个例子中，47 706

个实例用于训练，另外有47 706个实例用于测试。测试实例根据预测出的邮寄广告回应的概率排列。该图左半部分显示了提升图，右半部分显示了对应样本的总成本（或收益）。左下是混淆矩阵，右下是成本矩阵。

可以将分类错误的成本和分类正确的收益填入矩阵中，这将会影响上方曲线的形状。中间的水平滑块允许用户改变从排序的列表中选择样本的比例。或者，可以通过调整召回率（样本中正例的比例）或者通过调整正例概率的阈值来确定样本大小，这里的正例是指对邮寄广告有回应的实例。移动滑块时，两个图上都会有╳符号表示相应的点。右下角会显示样本大小确定时的总成本或收益，以及同样条件下随机邮寄广告的期望成本或收益。 169 ~ 170

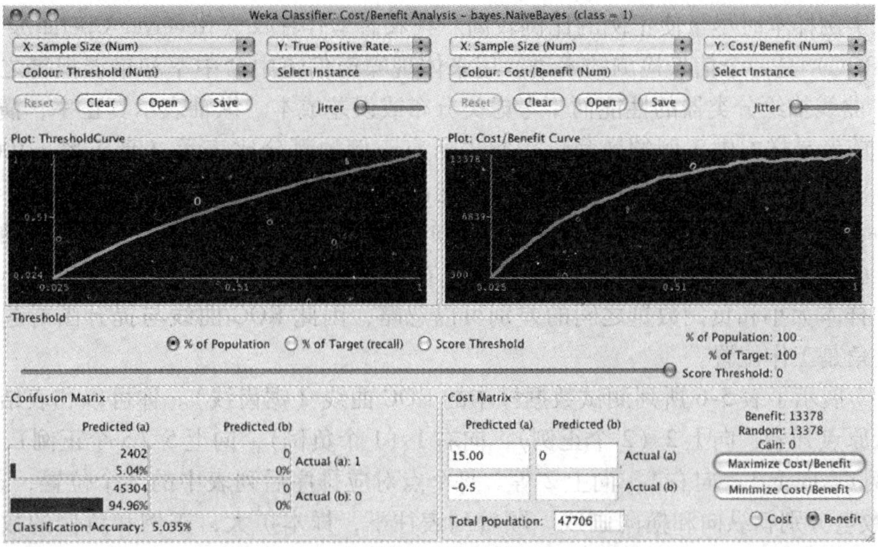

a）邮寄成本为0.50美元

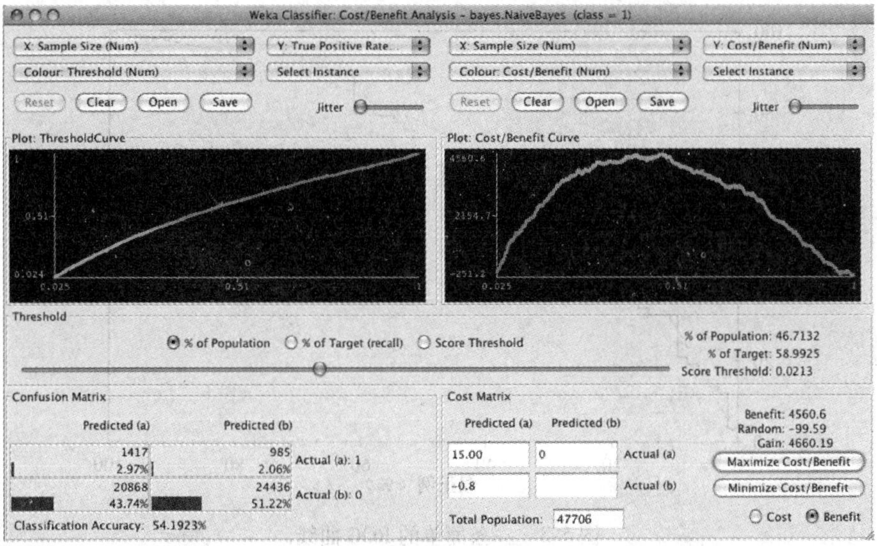

b）邮寄成本为0.80美元

图5-2　分析邮寄广告的期望收益 171

图5-2a中的成本矩阵中，没有回应的邮寄成本是0.50美元，有回应带来的收益是15.00美元（减去邮寄成本之后）。在这些条件下，使用贝叶斯分类器，在排序的列表中

取前面的任何子集都不会比使用整个列表得到更高的收益。但是，稍微提高一点儿邮寄成本，情况就会发生很大变化，图 5-2b 显示了邮寄成本增加到 0.80 美元时发生的情况。假设每个回应带来的收益仍是 15.00 美元，给前 47.6% 的样本邮寄广告将会取得最大的收益为 4560.60 美元，而同样大小的随机抽样则会亏损 99.59 美元。

5.7.4 ROC 曲线

提升图是非常有用的工具，广泛应用于市场营销领域。它与一种评估数据挖掘方案的图形技术（ROC 曲线（ROC curve））关系密切。ROC 曲线同样适用于上述情形，学习器选择测试实例样本时尽量使正例的比例较高。接收器工作特性（Receiver Operating Characteristic，ROC）是一个信号检测的术语，用来体现噪声信道中命中率和错误报警之间的权衡。ROC 曲线描绘分类器的性能而不考虑类分布或误差成本。纵轴表示真正率，横轴表示真负率。前者是样本中正例的数目，用它占所有正例的百分比表示（真正率 = 100 × TP/(TP + FN)）；后者是样本中负例的数目，用它占所有负例的百分比表示（真负率 = 100 × FP/(FP + TN)）。纵轴实际上和提升图是一样的，只是它是用百分比来表示。横轴稍许有点差别，由负例的数量代替样本大小。然而，在市场直销中，正例的比例是非常小的（如 0.1%），样本大小和负例数量之间的差别可以忽略，因此 ROC 曲线与提升图看起来很相似，左上角是工作位置。

图 5-3 展示了表 5-6 所列测试数据样本的 ROC 曲线（锯齿线）。你可以和表结合在一起看。从原点开始，向上 2（2 个正例），向右 1（1 个负例），向上 5（5 个正例），向右 2（2 个负例），向上 1，向右 1，向上 2 等。每个点对应排序后列表中的某个位置，累计 yes 和 no 的数量分别朝纵向和横向画线。顺着列表往下，样本扩大，正例和负例的数量也随之增长。

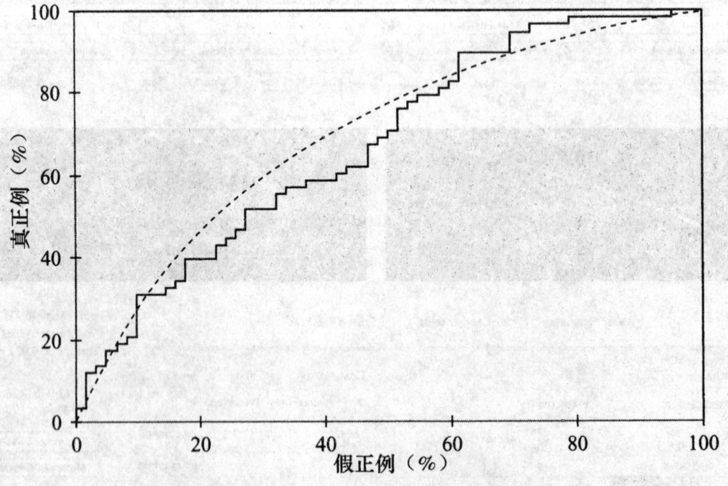

图 5-3 一条简单的 ROC 曲线

图 5-3 中的锯齿形 ROC 曲线依赖于具体测试数据样本的内容。运用交叉验证可以降低对样本的依赖。对每个不同的 no 的数量，即沿横轴方向的每个位置，取适量排在前面的实例且刚好包含这些 no 类的实例，计算其中 yes 的个数。最后将交叉验证的不同折所得的 yes 的个数取平均值。结果得到如图 5-3 中的光滑曲线，但在现实中这种曲线并不如此光滑。

这只是利用交叉验证产生ROC曲线的一种方法，更简便的方法是收集在所有不同测试集（在10折交叉验证中有10个测试集）上的预测概率，连同各个实例所对应的真实类标号，然后根据这些数据生成一个排序列表。这里假设由不同训练集建立的分类器的概率估计都是基于相同大小的随机数据样本。到底哪种方法更好并不很清楚，但是后者更易于实现。

如果学习方案不能对实例进行排序，可以如前所述先将其变为成本敏感的。在10折交叉验证的每个折中，对实例选择不同的成本比例加权，在每个加权后的数据集上进行训练，在测试集上计算真正例和假正例的数量，然后将结果画在ROC坐标轴上（测试集是否加权没有关系，因为在ROC图中坐标轴数值是用真正例或假正例的百分比来表示的）。但是，对一些原本就成本敏感的概率性分类器（如朴素贝叶斯）来说，学习成本会大大增加，因为在曲线的每个点上都要包含一个独立的学习问题。

比较由不同的学习方法得到的ROC曲线是很有帮助的。例如，在图5-4中，如果要寻求一个规模较小且集中的样本，也就是说，如果图形左侧是你的目标，那么A方法有优越性。明确地说，如果你的目标是覆盖40%的正例，就选择A模型。其假正率在5%左右，
这比假正率达20%以上的B模型好。但如果你计划使用一个大型的样本，B模型具有优越 172~173
性。如果你要覆盖80%的正例，B模型所产生的假正率在60%，而A模型则达80%。阴影区域称为两个曲线之间的凸包（convex hull），你总是要达到凸包的上边界。

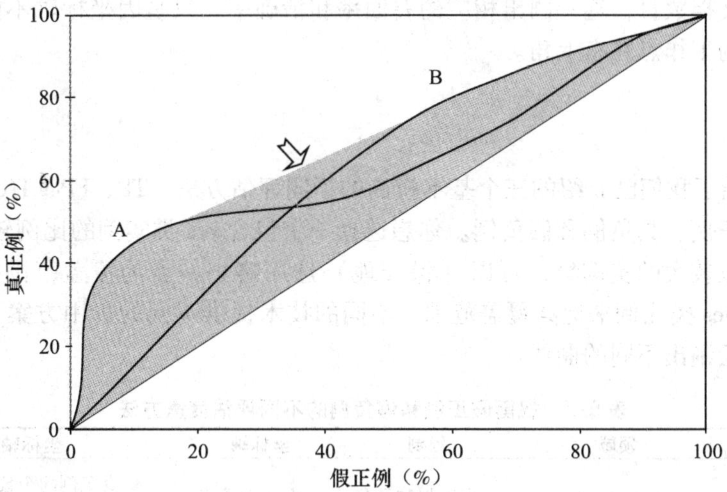

图5-4 两个学习方法的ROC曲线

那么既不属于A方法也不属于B方法的凸包中间区域呢？这是个值得注意的事实，你可以将A方法和B方法以适当的概率随机组合，而达到阴影区域的任何位置。为了说明这点，A方法的真正率和假正率分别为t_A和f_A，同样，B方法的真正率和假正率分别为t_B和f_B，我们为两种方法分别选择某一具体的概率权值。如果随意使用这两个学习方法的概率分别为p和q，且$p+q=1$，那么你将得到的真正率和假正率分别为pt_A+qt_B和pf_A+qf_B。这代表了位于（t_A，f_A）和（t_B，f_B）两点之间的直线上的某一个点，改变p和q的值可以描绘出这两点之间的整条连线。这样整个阴影区域的每个点都可以得到。只有当某个方法产生一个点正好落在凸包上边界时，单独使用这个方案；否则，最好使用多个分类器的组合，这与凸包上点对应。

5.7.5　召回率 - 精确率曲线

人们已经通过描绘各个不同领域的提升图和 ROC 曲线，解决了一些基本性的权衡问
174 题。信息检索就是一个很好的例子。提交一个查询，网络搜索引擎就列出一串经推测与查询相关的文件。某个系统有 100 个文件，其中 40 个为相关文件，而另一个系统有 400 个文件，其中 80 个为相关文件。比较两个系统，哪个更好呢？答案很明显，它是由假正例（返回但却不相关的文件）以及假负例（相关的却没有返回的文件）对应的成本决定的。信息检索研究人员定义了两个参数，称为*召回率*（recall）和*精确率*（precision）：

$$\text{召回率} = \frac{\text{被检索到的相关的文档数}}{\text{相关文档的总数}}$$

$$\text{精确率} = \frac{\text{被检索到的相关的文档数}}{\text{检索得到的文档的总数}}$$

例如，如果表 5-6 中所列出的是检索反馈的文件排名，yes 和 no 表示这个文件是否相关，而整个文档集中共包含了 40 个相关的文件，那么“文档数为 10 的召回率”就是指排名中前 10 项的召回率，即是 8/40 = 20%；“文档数为 10 的精确率”就是 8/10 = 80%。信息检索专家使用*召回率 - 精确率曲线*（recall-precision curve），与 ROC 曲线和提升图一样，对不同的检索文档数目，逐一画出相应的召回率和精确率。只是因坐标轴不同，曲线成双曲形状，期望的工作点在右上角。

5.7.6　讨论

表 5-7 总结了我们已介绍的三个基本权衡的不同评估方法，TP、FP、TN 和 FN 分别代表真正例、假正例、真负例和假负例。你想选择一个包含 yes 类实例的比例较高，并且 yes 类的覆盖范围也较大的实例集，可以（保守地）选用略小一点的覆盖范围提高 yes 类比例，或者损失 yes 类比例来提高覆盖范围。不同的技术提供不同的折中方案，并可用上述任何一种图形绘制出不同的曲线。

表 5-7　权衡假正例和假负例的不同评估度量方法

	领域	绘制	坐标轴	坐标轴含义
提升图	市场营销	真正例和子集大小	真正例子集大小	真正例的个数 $\frac{TP+FP}{TP+FP+TN+FN}\times 100\%$
ROC 曲线	通信	真正率和假正率	真正率假正率	$tp=\frac{TP}{TP+FN}\times 100\%$ $fp=\frac{FP}{FP+TN}\times 100\%$
召回率 - 精确率曲线	信息检索	召回率和精确率	召回率精确率	与上面的真正率 tp 相同 $\frac{TP}{TP+FP}\times 100\%$

人们还试图寻找单一的量度来体现性能。在信息检索中使用的两种方法就是 *3 点平均召回率*（three-point average recall），即在召回率达 20%、50% 和 80% 时，所对应的 3 个精确率的平均值；另一种是 *11 点平均召回率*（11-point average recall），即在召回率达 0%、10%、20%、30%、40%、50%、60%、70%、80%、90% 和 100% 时所对应的精确率的

平均值。信息检索领域也经常使用 *F 度量*（F-measure），即

$$\frac{2 \times \text{召回率} \times \text{精确率}}{\text{召回率} + \text{精确率}} = \frac{2 \times \mathrm{TP}}{2 \times \mathrm{TP} + \mathrm{FP} + \mathrm{FN}}$$

不同的领域使用不同的术语。例如，在医学上谈论诊断试验的*敏感性*（sensitivity）和*特异性*（specificity）。敏感性是指在患病人群中，诊断结果是阳性（得病）的比例，即 tp。特异性是指在没有病的人群中，诊断结果也是阴性的比例，即 $1-fp$。有时它们的乘积被当做一种总体度量：

$$\text{敏感性} \times \text{特异性} = tp(1-fp) = \frac{\mathrm{TP} \times \mathrm{TN}}{(\mathrm{TP}+\mathrm{FN}) \times (\mathrm{FP}+\mathrm{TN})}$$

最后，当然还有我们的老朋友，正确率：

$$\frac{\mathrm{TP}+\mathrm{TN}}{\mathrm{TP}+\mathrm{TN}+\mathrm{FP}+\mathrm{FN}}$$

为了将 ROC 曲线概括成单一的度量，人们有时选用*曲线下面积*（Area Under the Curve，AUC），因为一般说来，面积越大，模型越好。这个面积也可以很恰当地解释为分类器将任意抽取的正例实例排列在任意抽取的负例实例之前的概率。如果在成本和类分布都是未知的情况下，要选择一种方案来处理所有的情况，这种度量方法也许会有帮助。但是仅靠一个数字是无法尽善尽美地处理一个折中问题的，只有类似于提升图、ROC 曲线和召回率 - 精确率曲线那样的 2 维描述才能解决。

目前有几种常用的计算 ROC 曲线下面积的方法。一种是几何学的方法，用曲线下方填充梯形的面积之和来近似。另一种方法是计算分类器将一个随机选择的正例排在一个随机选择的负例前的概率。这可以通过计算曼 - 惠特尼 *U 统计量*（U statistic）得到，或者更确切地说，是基于 U 统计量计算 ρ 统计量（ρ statistic）。这个值很容易计算。将测试集按预测为正例的概率降序排列，对于每一个正例，计算有多少个负例排在它后面（如果正例和负例在列表中的位置相同，即为预测为正例的概率相同，则每个负例按 1/2 计算）。所有这些计数的总和就是 U 统计量，而将 U 统计量除以正例个数和负例个数之积，得到的就是 ρ 统计量。也就是说，如果所有的正例都排在负例的前面，那么 U 统计量等于正例个数和负例个数之积，ρ 统计量等于 1。

召回率 - 精确率曲线下面积（Area Under the Precision-Recall Curve，AUPRC）也是在实践中可以选择使用的一种汇总统计量，特别是在信息检索领域。

5.7.7　成本曲线

ROC 曲线以及与此类似的其他方法在研究不同分类器及其成本之间的权衡是非常有用的。但是它们不适用于在已知错误成本的情况下评估机器学习模型。比如要读出某个分类器的期望成本，即一个确定的成本矩阵和类分布，并不是一件容易的事。要确定不同分类器的适用性也不容易。在图 5-4 中，在两条 ROC 曲线交叉点，很难说分类器 A 以多大的成本和类分布胜过分类器 B。 174～177

成本曲线（cost curve）是另一种不同的展示方法，一个分类器对应一条直线，它所展示的是性能如何随类分布的变化而变化。它们也是针对二类问题效果最佳，尽管多类问题总是可以通过挑选其中一个类对照其余的类而转化为二类问题。

图 5-5a 画出了期望误差与其中一个类概率之间的关系。你可以想象通过对测试集不

均匀重新取样来调整这个概率。我们将两个类分别表示为+和-，两条对角线展示的是两个极端的分类器的性能表现：其中一个分类器始终预测是+类，如果数据集中没有属于+类的实例，那么期望误差则为1；如果所有实例都属于+类，那么期望误差则为0。另一种分类器始终预测是-类，则给出正好相反的性能。水平虚线表示分类器预测始终是错误的，而x轴本身则表示始终预测正确的分类器。当然这些在实践中都是不现实的。好的分类器误差率低，因此你所想要的是尽可能地接近图形底部。

直线A代表了某个分类器的误差率。如果你在某个测试集上计算它的性能表现，假正率fp就是它在全部为负例（$p[+]=0$）的测试子集上的期望误差率，而假负率fn就是它在全部为正例（$p[+]=1$）的测试子集上的误差率。它们的值分别是直线左右两端的纵坐标值。从图5-5a中可以发现，当$p[+]$约小于0.2时，始终预测-类的极端分类器性能优于预测器A，而当$p[+]$约大于0.65时，另一个极端分类器性能优于预测器A。

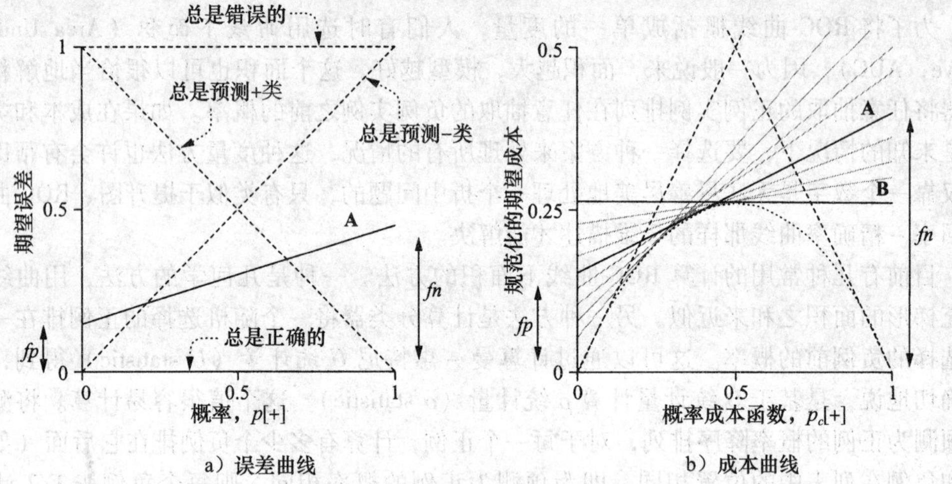

178 图5-5　概率阈值变化所产生的影响

到目前为止，我们还没有考虑成本问题，或者可以说用的是默认成本矩阵，所有的错误产生的成本是一样的。考虑误差成本的成本曲线，除了坐标轴不同外，看起来非常地相似。图5-5b展示了分类器A的成本曲线（注意，为方便，纵坐标比例放大了。我们现在暂时忽略图中的灰线条）。成本曲线图展示的是使用A的期望成本对应的概率成本函数。概率成本函数其实是$p[+]$的变形，同样保持着两种极端：当$p[+]=0$时，期望成本为0；当$p[+]=1$时，则为1。当实例预测值是+类而实际上是-类时，成本表示为$C[+|-]$，反之则表示为$C[-|+]$。这样，图5-5b的坐标轴分别是：

$$\text{规范化后的期望成本} = fn \times p_C[+] + fp \times (1 - p_C[+])$$

$$\text{概率成本函数}\ p_C[+] = \frac{p[+]C[-|+]}{p[+]C[-|+] + p[+]C[+|-]}$$

这里假设正确的预测是没有成本的，即$C[+|+]=C[-|-]=0$。如果不是这样，上述公式要复杂一些。

规范化后的期望成本最大值可达到1，这也是为什么称它是“规范化”的原因。好在成本曲线与误差曲线一样，图中5-5b的左右极端成本值正是fp和fn，因此可以很容易地画出任意一个分类器的成本曲线图。

图5-5b中分类器B的期望成本始终保持一致，也就是说它的假正率和假负率是相等的。正如你所看到的，当概率成本函数值约大于0.45时，它的性能优于分类器A，知道了成本，我们就能很容易地计算相应的类分布。遇到有不同类分布的情形，用成本曲线可很容易地表明某个分类器性能优于另一个。

在何种情况下这会有用呢？回到我们讲述的预测母牛发情期的例子，它们有30天的周期，或者说1/30的先验概率，一般不会有很大的变化。（除非基因突变！）但某个牧场在任何指定的星期里很可能处于发情期的母牛会有不同的比例，也许和月亮的月相同步，谁知道呢？因此，不同的时期适合使用不同的分类器。在石油泄漏的例子中，不同批的数据会得到不同的泄漏概率。在这些情况下，成本曲线可帮助显示何时使用何种分类器。

在提升图、ROC曲线或召回率－精确率曲线上，每一个点代表一个由某种算法（如朴素贝叶斯算法）取不同阈值所获得的分类器。成本曲线中每个分类器由一条直线代表，一系列的分类器将扫出一条弯曲的分类器包络线，它的下限显示出这种类型的分类器当参数选择适当时性能表现将如何。图5-5b用一系列的灰线条展示了这些。如果继续下去，最终将扫出图中的那条用虚线画的抛物线。

分类器B的工作区间在概率成本值0.25～0.75之间。在这个区间之外，由虚线表示的其他分类器性能比B好。假设我们决定要在这个工作区中使用分类器B并在这个工作区之上或之下的范围使用其他合适的分类器。所有在抛物线上的点肯定都比这个方案好，但究竟有多好？从ROC曲线的角度很难回答这个问题，但从成本曲线来看就很容易解答。当概率成本值在0.5左右时，性能差异可忽略不计；当小于0.2或大于0.8时，也几乎看不到差异。最大的差异发生在概率成本值为0.25和0.75时，差异约有0.04，即最大可能成本值的4%。 179

5.8　评估数值预测

我们目前所讨论的评估方法都是有关分类预测问题，而不是数值预测问题。要使用独立于训练集之外的测试集，使用旁置法、交叉验证法等来做性能评估，这个基本原理同样适用于数值预测。而由计算误差率所提供的基本定性方面的量度已不再合适：错误不再是简单的有或没有的问题，错误会呈现出不同的大小。

表5-8总结了几种方法，可用来评估数值预测成功与否。对测试实例的预测值为p_1，p_2，…，p_n，真实值为a_1，a_2，…，a_n。注意p_i在这里与上一节中提到的有非常大的区别：上节中是指预测结果为第i类的概率，这里是指对第i个测试实例的预测值。

表5-8　数值预测的性能度量

均方误差	$\frac{(p_1-a_1)^2+\cdots+(p_n-a_n)^2}{n}$
方均根误差	$\sqrt{\frac{(p_1-a_1)^2+\cdots+(p_n-a_n)^2}{n}}$
平均绝对误差	$\frac{\lvert p_1-a_1\rvert+\cdots+\lvert p_n-a_n\rvert}{n}$
相对平方误差*	$\frac{(p_1-a_1)^2+\cdots+(p_n-a_n)^2}{(a_1-\bar{a})^2+\cdots+(a_n-\bar{a})^2}$
相对平方根误差*	$\sqrt{\frac{(p_1-a_1)^2+\cdots+(p_n-a_n)^2}{(a_1-\bar{a})^2+\cdots+(a_n-\bar{a})^2}}$

（续）

相对绝对误差*	$\dfrac{\lvert p_1-a_1\rvert+\cdots+\lvert p_n-a_n\rvert}{\lvert a_1-\bar{a}\rvert+\cdots+\lvert a_n-\bar{a}\rvert}$
相关系数**	$\dfrac{S_{PA}}{\sqrt{(S_P S_A)}}$，其中 $S_{PA}=\dfrac{\sum_i (p_i-\bar{p})(a_i-\bar{a})}{n-1}$，$S_P=\dfrac{\sum_i (p_i-\bar{p})^2}{n-1}$，$S_A=\dfrac{\sum_i (a_i-\bar{a})^2}{n-1}$

注：* 这里，$\bar{a}$ 是训练数据的平均值。
　　** 这里，$\bar{a}$ 是测试数据的平均值。

均方误差（mean-squared error）是最常用的基本度量，有时再取其平方根获得与预测值一致的尺度。在许多数学方法中（如第4章中讨论的线性回归）都应用均方误差，因为在数学处理上它似乎是最容易方法，正如数学家说的“循规蹈矩”。但是，这里我们把它当做一种性能量度，而所有的性能量度都是易于计算的，因此均方误差没有什么优势。问题是它是否是合适的度量方法呢？

平均绝对误差（mean absolute error）是另一种可供选择的方法：将各个误差的大小取平均值，不考虑它们的正负符号。均方误差趋向夸大离群值（即预测误差比其他都大的实例）的影响，而绝对误差没有这种效果，对所有的误差，根据它们的大小公平对待。

有时*相对误差*比*绝对误差*值更重要。举例来说，如果10%的误差率无论对于预测值为500而其中误差值为50，还是对于预测值为2而其中误差值为0.2的情况下都是同样重要的，那么绝对误差就毫无意义了，而考虑相对误差比较适当。可以在计算均方误差或平均绝对误差中使用相对误差来将这个问题考虑进去。

表5-8中的*相对平方误差*（relative squared error）含义有些特别。这个误差是由预测器和另一个简单的预测器相比较而得到的。这里所指的简单预测器只是训练集真实数值的平均值 $\bar{a}$。因此相对平方误差是将该预测器总的平方误差规范化，即除以默认预测器总的平方误差。而相对平方根误差显然是相对平方误差的平方根。

下一个误差度量称为*相对绝对误差*（relative absolute error），其实只是将总的绝对误差同样进行规范化。这三个相对误差度量都是使用预测平均值的简单预测器误差进行规范化。

表5-8中的最后一个度量是*相关系数*（correlation coefficient），它度量真实值 a 和预测值 p 之间的统计相关性。相关系数从完全正相关时等于1，到完全不相关时等于0，再到完全负相关时等于-1。当然，对一个合理的预测方法来说是不会出现负数的。相关性和其他的度量方法相比有些不同，因为它是与尺度无关的，如果你得到一组具体的预测值，当真实值不变而所有的预测值都乘以某个常数因子时，它的相关系数是不会改变的。这个常数因子在分子 S_{PA} 的每一项中出现，也在分母 S_P 的每一项中出现，因此可以相互抵消
180~181 （这个特性在相对误差中不成立，如果你将所有的预测值都乘以一个较大的常数，那将使预测值和真实值的差值明显变化，从而使误差百分率也明显变化）。另一个不同点在于，性能好的预测器其相关系数较大，而其他方法度量的是误差，性能好的预测器度量值较小。

对于一种给定情形，使用何种度量比较合适，只有通过分析各种应用本身来决定。我们试图使什么达到最小化？不同误差类型的成本是多少？这些通常都是不易决定的。平方误差和平方根误差度量对大差异加权比小差异重得多，而绝对误差则不是这样。取平方根（方均根误差）的方法只是降低量度的维度使其与要预测的变量一致。相对误差试图均衡

输出变量基本的可预知性或不可预知性，如果预测值相当接近平均值，那么认为预测较好，相对误差值均衡了这一点。否则，如果误差在一种情形下比在另一种情形下大很多，也许是因为在前一种情形下数值原本变化幅度较大，因此更难预测，而并非是预测器性能变差了。

值得庆幸的是，在大多数实际情形中，最好的数值预测方法无论使用何种误差度量方法结果都是最好的。例如，表5-9列出了4种不同的数值预测技术在某个数据集上，采用交叉验证法的测试结果。根据5种误差度量的计算结果，方法D是最好的：所有误差度量的值都是最小的，相关系数最大。方法C列第二位。方法A和B的性能是有争议的：它们的相关系数相等，从均方误差和相对平方误差来看，A比B好；但从绝对误差和相对绝对误差来看，结论正相反。这个差异或许是公式中的平方运算对离群值进行了额外的加权而导致的。

表5-9　4种数值预测模型的性能度量

	A	B	C	D
方均根误差	67.8	91.7	63.3	57.4
平均绝对误差	41.3	38.5	33.4	29.2
相对平方根误差	42.2%	57.2%	39.4%	35.8%
相对绝对误差	43.1%	40.1%	34.8%	30.4%
相关系数	0.88	0.88	0.89	0.91

当比较两种不同数值预测的学习方法时，5.5节中所述的方法也是可行的。差别只在进行显著性检验时，成功率被适当的性能度量（如方均根误差）所替代了。

5.9　最小描述长度原理

机器学习方法学习到的是样本所描述的关于某个领域的一种“理论”，这个理论是有预测力的，能揭示有关这个领域的新的事实，换个说法就是，能预测未知实例的类别。理论是一个相当宏大的术语：这里我们只是指一个有预测力的模型，因此理论有可能由决策树或一系列规则所组成，它们不必比这更理论化。 182

长期以来，科学界一贯认为在其他条件相同的情况下，简单的理论比复杂的理论更可取。这就是中世纪哲学家William Occam提出的著名的奥卡姆剃刀（Occam's Razor）。奥卡姆剃刀剃去了理论的哲学毛发。它的观点是：最好的科学理论应该是最简单的，但能解释所有的事实真相。正如爱因斯坦的一句名言：“所有东西都要尽可能地简单化，没有更加简单的。”当然，在“其他条件相同”的背后隐藏着许多东西，并且很难客观地评估某个具体理论是否真的能“解释”它所基于的所有事实真相，这就是科学界的争议所在。

在机器学习中，大多数理论都有误差。如果说所学的是理论，那么所犯的错误就如同是这个理论的例外。一种确保其他条件相同的方法就是要强调当判定理论的“简单性”时，例外所包含的信息是理论的一部分。

想象一条并不完美的理论，它有几个例外。这个理论不能解释所有的数据，但可以解释大部分。我们所要做的就是将例外附加在理论中，清楚地说明这些是例外。新的理论变大了：这是代价，非常公平，是为它没有能力解释所有数据而付出的。然而，与全面而准确的复杂理论相比，原始理论的简单性（称为简练是否有些过奖了？）也许足以弥补它不能解释所有东西的缺陷。

例如，Kepler（开普勒）在那个时代提出的三条行星运行规律不如 Copernicus（哥白尼）最后对 Ptolemaic（托勒密）本轮理论进行修正后那样，能贴切地解释所有已知数据，它们的优势却在于复杂度很低，这便弥补了它的些许不准确。Kepler 很清楚简洁理论的益处，尽管这个理论违背了他自己的美学观点，它是基于“椭圆”而非完美的圆周运动。他曾用了一个很有个性的比喻：“我清除了宇宙循环和旋转中最脏的部分，在我身后留下的只是一车垃圾。”

最小描述长度（Mininum Description Length，MDL）原理是指对于一堆数据来说，最好的理论是最小化理论本身大小加上用于说明相关例外所需信息量，即最小的“一车垃圾”。在统计估计理论中，它已非常成功地应用在各种参数拟合上。在机器学习中应用如
183 下：给定一组实例，使用一个学习方法从这些实例中推出一条理论，一条很简洁的理论，也许不配称为理论。这里借用通信的比喻，想象这些实例正在一条毫无干扰的信道中传输信息，探测到的任何相似之处都被挖掘出来概括为更加压缩的编码。根据 MDL 原理，最好的理论是使传输理论本身所需的位数以及实例标号的位数之和最小的理论。

现在和 5.6 节中介绍的信息损失函数联系起来。给定理论预测的概率值，信息损失函数用传输实例类标号所需的位数来衡量误差。根据 MDL 原理，我们还需要加入经过适当编码的理论“大小”（用位数表示），得到一个反映理论复杂度的综合数值。MDL 原理涉及传输样本所需的信息，这里样本是指理论形成所基于的样本，即训练集实例而非测试集实例。这时过度拟合问题将避免，因为相对于简单理论来说，由于过度拟合的复杂理论需要较多的位数来进行编码而受到惩罚。一种极端是一个非常复杂、极过度拟合的理论在训练集上没有任何错误。另一种极端是一个非常简单的理论（没有理论），它对训练集的传输没有任何帮助。存在于这两者之间的是中等复杂度的理论，做出的概率预测不是很完美，需要通过传输一些有关训练集的信息来纠正。MDL 原理提供了一种比较所有可能理论的方法，从统一的观点来看哪一种是最好的。我们找到了圣杯：一种只用训练集而不需要独立测试集的评估方案。但是魔鬼隐藏在细节之中，我们将在后面看到。

假设一个学习方法基于训练集 E 的样本得出某一理论 T，理论编码所需要的位数为 $L[T]$（L 代表长度）。我们只对正确预测类标号感兴趣，因此我们假设 E 代表训练集中类标号的集合。给定理论，训练集本身编码位数为 $L[E \mid T]$。$L[E \mid T]$ 实际上是由所有训练集成员信息损失函数值总和所给定。那么理论和训练集描述长度总和为

$$L[T]+L[E \mid T]$$

MDL 原理建议采用使总和达到最小值的理论 T。

MDL 原理和基本概率理论之间存在着一个显著的联系。给定一个训练集 E，我们寻找“可能性最大”的理论 T，即寻找能使后验概率 $\Pr[T \mid E]$（样本出现后的概率）最大化的理论。与在 4.2 节中所见的贝叶斯规则的条件概率一样

184

$$\Pr[T \mid E]=\frac{\Pr[E \mid T]\Pr[T]}{\Pr[E]}$$

取其负对数

$$-\log\Pr[T \mid E]=-\log\Pr[E \mid T]-\log\Pr[T]+\log\Pr[E]$$

求概率的最大值相当于求其负对数的最小值。现在（如在 5.6 节中所见）编码所需的位数就是取其概率的负对数。而且，最后一项 $\log[\Pr[E]]$ 只取决于训练集而与学习方

法无关。因此，选择使概率 $\Pr[T \mid E]$ 达到最大值的理论等价于选择使

$$L[T] + L[E \mid T]$$

达到最小值的理论。换句话说，就是等价于MDL原理！

考虑训练集的理论后验概率并使其最大化的观点与MDL原理有如此令人诧异的关联，更增添了我们对最小描述长度原理的信任。但从中也指出了在实践中运用MDL的问题所在。直接应用贝叶斯理论的困难在于如何得到理论上恰当的先验概率分布 $\Pr[T]$。在MDL公式中，问题转换为如何用最有效的方法将理论 T 按位编码。编码有很多方法，编码和解码都要依赖于某个共同的先决假设，如果你事先知道理论将采用何种形式，你便能有效地利用这个信息进行编码。究竟怎样对理论 T 进行编码呢？困难随着对问题细节的深入出现了。

根据 T 对 E 进行编码得到 $L[E \mid T]$ 看起来比较直接。先前已遇到过信息损失函数，但实际上当你对训练集中的每个成员依次编码时，你是在进行一种序列编码而不是对数据集编码。没有必要将训练集按一定的顺序传送，考虑这点应当有可能减少所需的位数。常用的近似方法是简单地减去 $\log n!$（这里 n 是训练集 E 所含的成员数量），这是对训练集按某特定排列进行说明所需的位数（这个值对所有的理论来说都是一样的，实际上并不影响不同理论之间进行比较）。但是，人们可以想象利用个体误差频率来减少对误差编码的位数。当然，误差编码使用的方法越精密，对理论编码的精密要求就越低。因此，判断一条理论是否合理，在某种程度上取决于如何对误差进行编码。注重细节，并非想象中那么简单。

如本节的开头那样，我们还用哲学观点来结束。非常感谢奥卡姆剃刀，简洁理论优先于复杂理论，站在哲学角度说，这是个公理，而不是能由基本理论证明出来的。这是我们所受的教育以及所处时代的产物，可以看成是不证自明的。简洁为先是（或者也许是）文化偏好的，而非绝对的。 185

希腊哲学家Epicurus（喜好美食、美酒，提倡享受世俗快乐，当然不是过分地）提出了几乎相反的观点。他的*多种解释原理*（principle of multiple explanations）建议“如果多种理论都与数据相符，就保留这些理论”，他的基本观点是，如果几种解释是一致的，那么考虑所有的解释也许能得到更精确的结论。总之，武断地丢弃任何解释都是不科学的。这种观点引出了基于实例的学习方法，保留所有的证据提供预测，然后使用组合决策的方法，如装袋（bagging）和提升（boosting）（将在第8章中讨论），它们确实是依靠组合多种解释来获得预测能力的。

5.10 在聚类方法中应用MDL原理

最小描述长度原理的好处之一是，它与其他的评估标准不同，它可适用于各种完全不同的情况。虽然如我们先前所见，MDL在某种意义上与贝叶斯规则一样，但给理论设计一套更编码方案等价于要赋予一个先验概率分布。在具体实现中，编码方案较先验概率更切实、容易一些。为了说明这一点，在不涉及编码细节的情况下，我们简单地介绍MDL是怎样应用在聚类方法中的。

聚类似乎很难评估，分类或关联学习都有一个客观的成功判定标准，即对测试数据的预测是正确还是错误，而聚类却非如此。唯一可行的评估方法似乎是要看学习的结果，即聚类结果是否有助于实际应用环境（值得一提的是，这点适用于评估所有的学习方法，并

非单指聚类方法）。

除此之外，聚类可以从描述长度的观点来评估。假设一种聚类学习技术将训练集 E 分割为 k 个簇，如果这些簇是原本就存在的，那么用它们对 E 进行编码可能会很有效。最好的聚类方法将支持最有效的编码。

按给定的聚类方案，对训练集 E 中的实例进行编码的一种方法是从聚类中心（聚类中所有实例的每个属性的平均值）的编码开始，然后将 E 中的每个实例依据它的属性值与聚类中心的关系，可能使用每个属性值与中心点属性值的差值，传送它属于哪一类（用 $\log_2 k$ 位）。使用平均值或差值，这种描述方法的前提条件是数值属性，同时也提出了一个棘手的问题，那就是怎样有效地对数值进行编码。名目属性可以用类似的方法处理，每个聚类都存在一个属性值概率分布，不同的聚类属性值概率分布不同。这样，编码问题就变得很直接了：将属性
186 性值根据相应的属性概率分布进行编码，这是一种标准的数据压缩操作。

如果数据呈现出相当明显的聚类，那么使用这种技术将使描述长度比不用任何聚类而简单地传输训练集 E 中的数据要短。但是，如果聚类效果不很明显，那么描述长度非但不能减小，而且很可能还要增加。这时，传输属性值的特定聚类分布所用的耗费大于对每个训练实例按相应的聚类进行编码所获得的益处。这正是需要应用精密编码技术的地方。一旦聚类中心传输完毕，就有可能通过与相关的实例合作来实现自适应地传输特定聚类的概率分布：实例本身能帮助定义概率分布，概率分布又帮助定义实例。这里我们不再深入编码技术，重点是 MDL 公式如何合适地运用，足以灵活地支持聚类的评估，但在实践中要得到满意的效果并不容易。

5.11　补充读物

基本的统计学置信度检验在大多数统计学教材中都有提到，此外还提供正态分布和学生分布表（我们参考了一本非常优秀的教材（Wild 和 Seber(1995)）。如果你能有机会得到，我们极力推荐此书）。“Student”是统计学家 William Gosset 的笔名，他于 1899 年在爱尔兰都柏林的 Guinness 酿酒厂任化学家，发明了 t 检验，用以处理酿酒业中使用少量的样品测试来实行质量控制。纠正重复取样 t 检验是由 Nadeau 和 Bengio(2003) 提出的。交叉验证法是一种标准的统计技术，已广泛应用于机器学习中，并被 Kohavi(1995) 拿来与自助法进行比较。自助法是由 Efron 和 Tibshirani(1993) 完整提出的。

Kappa 统计量是由 Cohen(1960) 提出的。Ting(2002) 研究了将 5.7 节中给出的使二类问题学习方法具有成本敏感性的算法，采用启发式的方法推广到多类问题的情形。Berry 和 Linoff(1997) 提出了提升图，Egan(1975) 则介绍了在信号检测理论中使用 ROC 分析，这项工作后来又被 Swets(1988) 扩展到对诊断系统的可视化和行为分析，还被应用于药物学上（Beck 和 Schultz 1986）。Provost 和 Fawcett(1997) 带来的 ROC 曲线的分析方法引起了机器学习及数据挖掘界的注意。Witten 等（1999）解释了召回率 - 精确率曲线在信息检索系统中的应用，van Rijsbergen(1979) 描述了 F 度量。Drummond 和 Holte(2000) 介绍了成本曲线并对它们的特性做了研究。

最短描述长度原理是由 Rissanen(1985) 系统阐述的，Koestler(1964) 详细描述了开普勒的三个行星运动规律的发现以及开普勒本人对此发现的怀疑。

187 Li 和 Vityani(1992) 引用了 Asmis(1984)，提及了 Epicurus 的多种解释原理。

第二部分

Data Mining: Practical Machine Learning Tools and Techniques, Third Edition

高级数据挖掘

实现：真正的机器学习方案

我们已经了解了机器学习方法的几种基本思想，并详细研究了怎样评估它们应用在实际数据挖掘问题中的性能。现在，我们做好了充分准备来了解真实的、工业级的机器学习算法。目标是既要在概念上，又要在相当多的技术细节上解释这些算法，使大家能彻底理解算法并意识到实现算法过程中出现的关键问题。

事实上，第4章中所描述的最简单的方法和广泛应用于实践中的真实算法之间是有很大差距的。虽然原理相同，输入和输出——知识表达方法亦相同，但是实践中的算法更为复杂。主要是因为这些算法必须能成熟、明智地处理真实世界中的问题，如数值属性、缺失值以及最富挑战性的噪声数据。为了了解各种不同方法是如何处理噪声的，我们需要利用在第5章中学习到的一些统计学知识。

第4章从如何推理出基本规则开始，分析统计模型和决策树。然后转向规则归纳，继而是关联规则、线性模型、基于实例学习的最近邻方法和聚类。本章将详述所有这些主题。

本章从决策树归纳开始，继而对C4.5系统进行了完整描述。C4.5系统是素有里程碑之称的一种决策树程序，也许是到目前为止在实践中应用最为广泛的机器学习算法。接下来，讨论决策规则归纳。虽然思想方法简单，但在实践中要归纳决策规则以达到能与顶尖水准的决策树相类似的性能还是相当困难的。多数高性能的规则归纳器先找出一个初始的规则集，然后对规则集进行精练，精练则是通过一个相当复杂的优化过程，丢弃或调整个体规则使规则集能更好地工作。本章还阐述了有噪声的情况下规则学习所基于的思想，然后介绍使用局部决策树的方法，这个方法已被证明能达到与其他高水准的规则学习器同样好的性能，同时又避免使用一些复杂而特别的启发式方法。此后，再简要地来看看怎样建立3.4节中介绍的包含例外的规则，然后介绍了用于关联规则学习的快速数据结构。

191 *支持向量机*（support vector machine）的提出再次引起人们对线性模型的兴趣。支持向量机是一种线性模型和基于实例学习模型的混合体，它从每个类中挑选了很少数量的、称为*支持向量*（support vector）的边界实例，然后建立一个线性判别函数，尽可能地将各个类别分隔开。这种基于实例的方法可通过在函数中包含另一部分非线性项，从而超越了线性边界的限制，使形成二次、三次，甚至更高次的决策边界成为可能。在4.6节中介绍的感知机以及最小平方回归中都可采用同样的技术来实现复杂的决策边界。一种用于扩展感知机的较老的技术就是将各个单元连接起来形成多层“神经网络”。所有这些思想都在6.4节中进行了叙述。

6.5节描述了经典的基于实例的学习器，发展了在4.7节中介绍的简单的最近邻方法，并且展示了几种具有显示泛化能力的更为有效的方法。此后把适用于数值预测的线性回归法扩展为一个更为复杂的过程，从而形成3.3节中介绍的树的表示方式。然后继续讨论局部加权回归，这是一种基于实例的数值预测策略。接下来讨论贝叶斯网络，一种非常有潜力的朴素贝叶斯方法的扩展，它能处理存在内部依赖关系的数据集，使朴素贝叶斯方法不再那么“朴素”。随后再回到聚类方法，回顾一些比简单的 k 均值更为复杂的方法，这些方法产生层次聚类和概率聚类。我们还会讨论半监督学习，它可以看成是聚类和分类的结合。最后我们讨论比 4.9 节介绍的更高级的多实例学习方法。

由于本章所涉及内容的特性，所以它与本书的其他章节有所不同。每节都可单独阅读，是独立的，在每节最后的讨论部分包含各自的补充读物。

6.1 决策树

第一个要详细介绍的机器学习方法——C4.5 算法，源自 4.3 节所描述的用于建立决策树的简单的分治算法。在它用于解决实际问题之前，需要在几个方面得到扩展。首先要考虑如何处理数值属性，还要考虑处理缺失值的问题。然后，还需要处理十分重要的决策树剪枝问题，因为用分治算法建立的决策树虽然在训练集上表现良好，但常常由于和训练数据过度拟合而不能很好地推广到独立的测试集上。其次要考虑如何将决策树转换为分类规则，然后讨论 C4.5 算法本身提供的选项。最后我们将讨论另一种剪枝策略，著名的 CART 系统实现了该策略，用于学习分类和回归树。 192

6.1.1 数值属性

以前描述过的方法只是在所有属性都是名目属性时才有效，但正如我们所了解的，大多数真正的数据集都包含一些数值属性。将算法扩展来处理这些数值属性并不太难。对于数值属性，将其分为两类或者说分裂成两部分。假设我们使用有一些数值属性的天气数据（见表 1-3），那么在考虑温度作为第一个分裂的属性时，涉及的温度值如下：

64	65	68	69	70	71	72	75	80	81	83	85
yes	no	yes	yes	yes	no	no	yes	no	yes	yes	no
						yes	yes				

重复的数值叠在一起，共有 11 个可能的断点，如果断点不允许将同属一个类的项目分开，那么断点就是 8 个。在每个断点处的信息增益可以用通常的方法计算。例如，用 temperature < 71.5 进行测试，产生 4 个 yes 和 2 个 no；用 temperature > 71.5 进行测试，则产生 5 个 yes 和 3 个 no，所以这个测试的信息值是：

$$\text{info}([4,2],[5,3]) = (6/14) \times \text{info}[4,2] + (8/14) \times \text{info}[5,3] = 0.939 \text{ 位}$$

虽说采用更为复杂的方法可能会获得更多的信息，但在数值区间一半的地方设定数字阈值作为概念划分界限是很常见的做法。例如，下面将看到一种最简单的基于实例学习方法，它将概念划分界限置于概念空间的中间，人们还建议采用其他一些不只是包括两个最近邻样本的方法。

当用分治法建立决策树时，一旦选定第一个要分裂的属性，就在树的顶层创建一个结点对这个属性进行分裂，算法递归地在每个子结点上继续下去。对于每一个数值属性，从表面上看，似乎必须对每个子结点的实例子集重新按照属性值进行排序，事实上这是决策树归纳程序通常使用的编写方法。但实际上并没有必要重新排序，因为在父结点的排序可以作为每一个子结点的排序，形成一种快速的实现方法。考虑天气数据中的温度属性，它的属性值排序（这次包含重复的值）是：

64	65	68	69	70	71	72	72	75	75	80	81	83	85
7	*6*	*5*	*9*	*4*	*14*	*8*	*12*	*10*	*11*	*2*	*13*	*3*	*1*

每个温度值下面的斜体数字是拥有这个温度值的实例的序号，因此实例 7 的温度值 193

为64，实例6的温度值为65，以此类推。假设决定在顶层对属性 outlook 进行分裂。考虑满足 outlook = sunny 的子结点，实际拥有这个 outlook 属性值的实例是第1、2、8、9和11。如果斜体的顺序和样本集一起存储（要为每一个数值属性存储一个不同的顺序），也就是说，实例7指向实例6，实例6指向实例5，实例5指向实例9，以此类推，那么要依次读取 outlook = sunny 的实例就是一件简单的事情了。所需要的只是按照所示的次序对实例进行扫描，检查每个实例的 outlook 属性值并对拥有适当属性值的实例进行记录：

```
9    8    11    2    1
```

这样，根据每个数值属性，将每个实例子集和实例的顺序一起存储，可以避免重复排序。必须在一开始就为每一个数值属性决定排列次序，以后就不再需要排序了。

当决策树像4.3节所述的那样对名目属性进行测试时，需要为这个属性的每一个可能的取值创建一个分支。然而，我们已经将数值属性限制为只分裂成两部分，这就造成了数值属性和名目属性的一个重大不同：为某个名目属性建立分支后，就用尽了属性所提供的所有信息，而在一个数值属性上的后续分裂还会产生新的信息。一个名目属性在从树根到叶子结点的路径中只能被测试一次，而一个数值属性则能被测试多次。由于对单个数值属性的测试不是集中在一起而是分散于路径上，所以这会造成树的凌乱而难以理解。另一种方法，相对较难以实施但可以创建更加易读的树，就是允许对数值属性进行多重测试，对树中的单个结点上进行多个不同常量的测试。一个更为简单但效果稍差的解决方法是如7.2节将要讨论的对属性值进行预先离散化。

6.1.2 缺失值

对决策树构建算法的下一个改进是关于缺失值问题的处理。缺失值是现实生活中的数据集所无法避免的。正如第2章（2.4节）所解释的，一种办法是把它们当做属性的另一个可能值来处理。当属性值缺失在某种程度上是有意义的，这种办法就是合适的。这样不需要再采取进一步的处理。但如果某个实例缺少属性值没有特别的含义，就需要一个更精细的解决方法。简单地忽略所有含有缺失值的实例当然是很诱人的办法，但这种解决办法过于苛刻而不太可行。有缺失值的实例往往提供了相当多的信息。有时，含有缺失值的属性在决策中并不起作用，因此这些实例和其他实例一样好。

194 一个问题就是，当有一些要测试的属性有缺失值时，如何将决策树应用到这个实例中。在3.3节中示范了一个解决方法，想象将这个实例分成多个部分，采用数值加权方案，将各个部分按比例分配到各个分支上，这个比例是指各个分支上训练实例数量的比例。最终实例的各个部分都会到达某一个叶子结点，最终的决策必须根据事先确定好的权重将各个叶子结点的决策重新组合得到。在4.3节中描述的信息增益和增益率的计算同样可以应用于部分实例。使用权值代替整数累计来计算这两个增益值。

另一个问题就是，一旦分裂属性选定后，应该如何分裂训练集，从而在每个子结点上递归运行决策树的形成过程。需要运用同样的加权过程。相关的属性值出现缺失的实例从概念上分裂成几个部分，每个分支含一个部分，分裂比例就是分配到各个分支上的已知实例的比例。这个实例的各个部分在下层结点为决策做贡献，同样可用一般的信息增益计算方法，只是它们是加了权值的。当然，如果其他属性的值也有缺失，那么在下层结点上可能还需要进一步分裂。

6.1.3　剪枝

完全展开的决策树经常包含不必要的结构，建议在实际应用决策树之前，先对它们进行简化。现在就来学习如何对决策树剪枝。

先建立一个完整的决策树，然后对其剪枝，我们采取的是*后剪枝*（postpruning）策略（有时称为*反向剪枝*（backward pruning））而不是*先剪枝*（prepruning）（或称*正向剪枝*（forward pruning））策略。先剪枝需要在建立树的过程中决定何时停止建立子树，这是非常吸引人的一面，因为这能避免建立某些子树所需的全部工作，而这些子树将来是要被舍弃的。当然，后剪枝确实也有一些优势。例如，两个属性单独不能有所贡献，但两者结合起来预测能力却很强，一种两个属性的正确结合能提供很强的信息而两个属性单独运用则不能的、所谓密码锁效果。大多数决策树采用后剪枝，然而当特别关注运行时间时，也可以考虑先剪枝。

在后剪枝过程中要考虑两种完全不同的操作：*子树置换*（subtree replacement）和*子树提升*（subtree raising）。在每一个结点上，一个学习方案也许要决定是采取子树置换还是子树提升，或者让子树和原先一样，不进行剪枝。首先来观察子树置换，它是主要的剪枝操作。它的想法是选择一些子树并用单个叶子结点来代替它们。例如，图1-3a中包括2个内部结点和4个叶子结点的整个子树，被单个叶子结点bad所替换。如果原先的决策树是由前面所述的决策树算法建立的，当然会引起在训练集上的准确率下降，因为算法要继续创建决策树直至所有的叶子结点都是纯的（或者说，直至所有的属性都被测试过）。不 195
过这也许会提高在独立选出的测试集上的准确率。

子树置换是从叶子结点向树根方向进行处理的。在图1-3的例子中，整个子树不会马上被置换成如图1-3a所示。首先，要考虑将health plan contribution子树上的3个子结点替换成单个叶子结点。假设做出要进行更换的决定（马上会讨论如何做出这个决定）。然后，继续从叶子结点开始工作，考虑将现在只有两个子结点的working hours per week子树换成单个叶子结点。在图1-3的例子中，这个替换实际上也已完成，图1-3a中的整个子树被替换成了标为bad的单个叶子结点。最后，考虑用单个叶子结点来置换wage increase 1st year子树的两个子结点。在这个例子中这个决定未能实现，因此决策树保持不变，如图1-3a所示。后面将要简要讨论这些决定实际上是如何做出的。

第二种剪枝操作，子树提升，更复杂，也不是很清楚是否有必要。这里描述它，因为它应用于有影响力的C4.5决策树系统中。子树提升在图1-3例子中没有发生，所以用图6-1所示的虚拟例子来解释。这里，考虑对图6-1a所示的树进行剪枝，剪枝结果显示在图6-1b中。整个自C以下的子树被提升上来置换子树B。注意，虽说这里的B和C的子结点是叶子结点，但它们也可以是完整的子树。当然，如果要进行提升操作，有必要将标有4和5的结点处的样本重新划分到标为C的新子树中。这就是为何那个结点的子结点被标为：1'、2'和3'——表明它们并不与原来的子结点1、2和3相同，而是包含了原本被4和5涵盖的样本。

子树提升可能是一个耗时的操作。在实际的实现中，它被限制在只能提升最为普及的分支。就是说，由于从B至C的分支比从B至结点4或者B至结点5的分支有更多的训练样本，所以考虑图 6-1 中的提升。否则，如果（举个例子）结点 4 是 B 的主要子结点，那么将考虑提升节点 4 代替 B，并重新对所有 C 以下的样本以及结点 5 的样本进行分类以加入到新的结点。

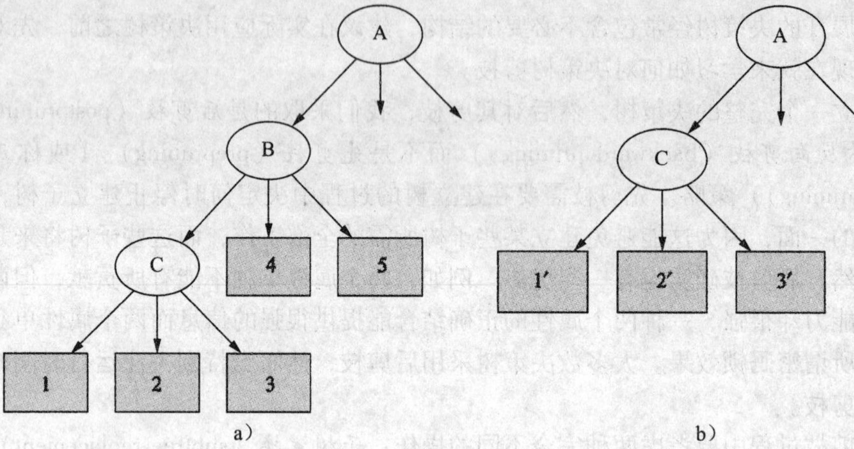

图 6-1　子树提升的例子，结点 C “提升” 并包含结点 B

6.1.4　估计误差率

两种剪枝操作就讨论到此。现在必须来解决怎样决定是否要用单个叶子结点来替换一个内部结点（子树置换），或者是否要用位于一个内部结点下面的某个结点来替换它（子树提升）的问题。为了能做出理性的决定，必须用一个独立的测试集在某个结点处进行期望误差率估计。既要在内部结点处又要在叶子结点处进行误差估计。如果有了这样的估计值，只要简单地比较子树的估计误差和其要替换的子树的估计误差，就能明确地决定是否要对某个子树进行置换或提升操作。在对预备提升的子树进行误差估计之前，当前结点的兄弟结点所含的样本，即图 6-1 中结点 4 和结点 5 所含样本必须暂时重新分类到被提升的树中。

用在训练集上的误差作为误差估计是无效的，将导致不会有任何剪枝，因为树是特为训练集建立的。一种取得误差估计的办法是采用标准验证技术，保留部分原始数据作为一个独立的测试集来估计每个结点上的误差。这称为减少 - 误差（reduced-error）剪枝。它的缺点是决策树是在较少的数据上建立的。

另一个方法是试图以训练集本身为基础来估计误差。这正是 C4.5 算法中所实现的，这里介绍这个方法。这是一种基于某些统计推理的启发式方法，但这个统计基础有点薄弱并且比较特殊。然而，在实际运用中似乎效果良好。它的想法是考虑到达每个结点的实例集，并想象选择多数类来代表这个结点。这便能提供一个在实例总数 N 中所占的“错误”数量 E。现在想象在结点上的错误的真实可能性是 q，并且 N 个样本是由参数为 q 的伯努利过程所产生的，E 就是错误数量。

这个情形如同在 5.2 节中讨论旁置法时所考虑的情形，已知某个观察到的成功率，计算真实成功率 p 的置信区间。有两点不同。第一个是微不足道的：这里讨论的是误差率 q
196~197 而非成功率 p；它们之间存在简单的关系 $p+q=1$。第二个比较重要：这里数据 E 和 N 来自训练集，而在 5.2 节中考虑的是使用独立的测试集。由于这个不同，需要使用置信度上限来为误差率做一个较为悲观的估计，而不是给出估计值置信区间。

这里用到的数学知识是和前面一样的。给定某个特定的置信度 c（C4.5 所使用的默认值$c=25\%$），找出它的置信界限 z，使得

$$\Pr\left[\frac{f-q}{\sqrt{q(1-q)/N}} > z\right] = c$$

这里 N 是实例的数量，$f=E/N$ 是观察到的误差率，q 是真实误差率。和前面一样，这将得到 q 的一个置信度上限。现在就用这个置信度上限为在结点上的误差率 e 做一个（悲观的）估计：

$$e = \frac{f + \frac{z^2}{2N} + z\sqrt{\frac{f}{N} - \frac{f^2}{N} + \frac{z^2}{4N^2}}}{1 + \frac{z^2}{N}}$$

注意，在分子的平方根前面用 + 号来获得置信度上限。这里，z 是对应于置信度 c 的标准差，当 $c=25\%$ 时，$z=0.69$。

要知道在实际中怎样计算，再来看看图1-3 的劳资协商决策树，图6-2 对其中特别的部分重新展示，添加了到达叶子结点的训练实例的数量。利用前面的公式，置信度设为 25%，那么 $z=0.69$。考虑底层左边的叶子结点，$E=2$，$N=6$，因此 $f=0.33$。将这些数据代入公式，误差置信度上限计算出为 $e=0.47$。这意味着将要用47%这个悲观的误差估计来替代在这个结点训练集上得到的33%的误差率。这确实是悲观的估计，对于一个二类问题，若误差率高于50%便是很大的失误。与这个结点相邻的叶子结点 $E=1$，$N=2$，由于计算出误差置信度上限为 $e=0.72$，情况就显得更糟糕了。第三个叶子结点 e 的值和第一个是相同的。下一步是将这三个叶子结点的误差估计根据它们各自所覆盖的实例数量的比率6:2:6 进行组合，得到组合误差估计值 0.51。现在来考虑它们的父结点 health plan contribution。这个结点覆盖了9 个类别为 bad 的实例和5 个类别为 good 的实例，因此在训练集上的误差率是 $f=5/14$。根据这些数据，按照前面的公式计算得到一个悲观的误差估计 $e=0.46$。由于这个值小于三个子结点的组合误差估计，因此子结点就被剪掉了。

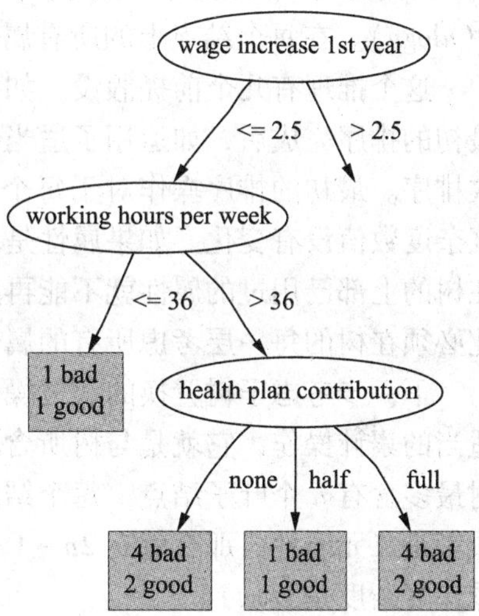

图6-2 劳资协商决策树的剪枝

下一步处理 working hours per week 结点，它现在含有两个都为叶子的子结点。第一个子结点 $E=1$、$N=2$，它的误差估计为 $e=0.72$，第二个正是先前讨论的 $e=0.46$。把它们按照比率 2:14 组合起来，得到一个比 working hours 结点的误差估计更高的值，因此子树也被剪掉，用一个叶子结点来代替。

从这些样本中获得的误差估计值需要有所保留，因为这种估计是一种启发式估计并且是建立在多个弱假设上：置信度上限的使用、正态分布假设以及采用在训练集上取得的统计数据这个事实。但是不管怎样，误差公式在性质上是正确的，而且这个方法似乎在实践运用中效果良好。如果有必要，可以对所应用的置信度水平 25% 进行修正以取得更满意的结果。 198

6.1.5 决策树归纳的复杂度

我们已经学习了如何完成剪枝操作，了解了决策树归纳法的所有核心部分。现在思考决策树归纳算法的计算复杂度。使用标准符号 $O(n)$ 表示一个随 n 线性增长的量，$O(n^2)$ 是随 n 的二次方增长的量，以此类推。

假设训练集拥有 n 个实例和 m 个属性。我们需要对树的大小做一个假设，假设树的深度大约为 $\log n$，即 $O(\log n)$。这是一个含有 n 个叶子结点的树的标准增长率，假设树保持"浓密"生长，没有退化成非常深且长丝状的分支。注意这里假设大多数的实例都是不同的，也就相当于 m 个属性能提供足够多的测试，以区分每个实例。例如，如果只存在少数几个二元属性，那么它们只允许有这么多的不同实例，树的生长不可能超出某个限度，表现这种极限情况的分析是毫无意义的。

建树的计算成本首先是 $O(mn\log n)$。考虑一个属性在树的所有结点上所做的工作量。当然不必在每一个结点上考虑所有的实例。但在树的每一层，最坏的情况下必须考虑含有 n 个实例的整个实例集。由于树有 $\log n$ 个不同的层，所以处理一个属性所需要的工作量是
199 $O(n\log n)$。在每个结点上的所有属性都要被考虑，因此总的工作量是 $O(mn\log n)$。

这个推理有几个前提假设。如果一些属性是数值型的，它们必须是经过排序的，一旦最初的排序完成后，如运用了适当的算法（见 6.1 节），就没有必要在树的每一层进行再次排序。最初的排序操作对于每个属性工作量为 $O(n\log n)$，共有 m 个属性：因此前面的复杂度数值没有变化。如果属性是名目属性，没有必要在每个结点上考虑所有属性，因为在树的上部已用过的属性就不能再用了。然而，如果是数值属性，属性可以再次应用，因此必须在树的每一层考虑所有的属性。

下一步考虑子树置换的剪枝操作。首先对于每个树结点都进行误差估计。假设使用了适当的累计操作，它就是与树所含的结点数存在线性关系。对每个结点都要做置换考虑。树最多含有 n 个叶子结点，每个结点含一个实例。如果是二叉树，每个属性都是数值型的或者是二元属性，那么就有 $2n-1$ 个结点。多路分支只会减少内部结点数。因此子树置换操作复杂度是 $O(n)$。

最后，子树提升和子树置换的复杂度基本一致。但由于在提升操作中需要对实例进行重新分类而产生了一个额外成本。在整个过程中，对于每个实例，也许需要在它的叶子结点和根结点之间的每个结点进行重新分类，即 $O(\log n)$ 次。那么重新分类总次数为 $O(n\log n)$。并且重新分类并非是单个操作：在靠近根结点进行时，需要 $O(\log n)$ 次操作，在平均高度处进行时则需要这个数的一半。这样，总的子树提升的复杂度是：$O(n(\log n)^2)$。

这样，考虑所有的操作，完整的决策树归纳算法复杂度是：

$$O(mn\log n) + O(n(\log n)^2)$$

6.1.6 从决策树到规则

正如3.4节中提到的，通过为每个叶子结点建立一个规则，把从根结点到叶子结点的路径中遇到的所有测试条件联合起来，这使得从决策树上直接读出一组规则集成为可能。这样创建的规则是清楚明确的，以什么顺序执行无关紧要。但是这样的规则会导致某些不必要的复杂性。

上面讲到的误差率估计提供的正是对规则剪枝所需要的机制。对于某一个具体的规

则，考虑将它的单个条件暂时去除，找出规则现在所涵盖的训练实例，用这些实例计算出新规则的误差率的悲观估计，并将此与原来规则的误差率的悲观估计相比较。如果新规则的结果比较好，则删除这个条件，然后继续找其他条件进行删除。当删除任何条件都不再能改善规则时，则保持规则不变。一旦所有的规则都用这种方法剪枝过了，有必要看看是否有重复的规则，应把它们从规则集里去除。 200

这是一个用于探测规则中冗余条件的贪心方法，不能保证最好的条件组合是否会被删除。一种改进是考虑所有的条件子集，但是这样的成本太高了。另一种解决办法是采用优化技术，如模拟退火或者遗传算法来选择这个规则的最佳版本。然而，这个简单的贪心方法似乎可以产生相当好的规则集。

即使采用贪心方法，计算成本也是一个问题。对于每个条件，它们都是候选的被删除对象，规则的效果必须在所有的训练实例上进行重新评估。这意味着从树中形成规则会是很慢的过程。下一节要介绍一种较快的方法，它是直接产生分类规则而不用首先形成决策树。

6.1.7 C4.5：选择和选项

我们以讨论标志性的决策树程序 C4.5 以及其后继者 C5.0 在实践中的一些应用来结束决策树的学习。它们是由 J. Ross Quinlan 从 20 世纪 70 年代末期开始，用 20 年的时间设计的。20 世纪 90 年代初期，关于完整 C4.5 描述是一本优秀的可读性很强的书（Quinlan, 1993)，附有全部源代码。更新的版本 C5.0 已经商业化。它的决策树归纳基本和 C4.5 相同，测试结果略有不同，但改进不明显。虽然未在公开文献上发表，但它的规则产生迅速并显然运用了不同的技术。

C4.5 本质上就如上节中所描述的。默认置信度设定为 25% 并在绝大多数场合运行良好。如果在测试集上决策树的实际误差率比估计的高许多，那么也许这个置信度可以设置更低一些，从而导致更“剧烈”的剪枝。另外还有一个重要参数，它的作用是消除那些几乎在所有训练实例上结果都相同的测试。这类测试经常是没有什么用的。因此，测试不会加入到决策树中，除非它们至少能产生两个结果，即覆盖实例数量达某个最小值。这个最小值的默认值是 2，但这个数是可以控制的，对于含许多噪声数据的情况也许应该提高这个值。

C4.5 中应用的另一个启发式规则是对于数值属性的分裂过程，只有当数值属性至少对当前结点的每个类别分割 10% 或者 25 个实例时（取两者的较小值，但是在默认情况下也强制要求最小值不小于 2），该数值属性才会作为候选的分裂属性进行考虑。

C4.5 的版本 8，最后一个非商业版本，对数值属性分裂的信息增益的计算包括了一个基于 MDL 的调整。确切地说，如果当前结点对某个数值属性有 S 个候选分裂，那么将会从信息增益中减去 $\log_2(S)/N$，其中 N 是该结点的实例数。Quinlan (1986) 提出了该启发式规则，目的是防止过度拟合。减去 $\log_2(S)/N$ 后，信息增益可能会变成负值。如果没有属性的信息增益为正的，那么树会停止增长，这是一种先剪枝的形式。这里我们提到它，因为即使不使用后剪枝，该启发式规则也会令人惊讶地得到一个剪枝后的树。该启发式规则在本书第三部分的软件中也已经被实现了。 201

6.1.8 成本-复杂度剪枝

正如前面提到的，C4.5 中的后剪枝方法是基于一些弱的统计假设，实践证明它的剪枝还不够。另一方面，它运行得很快，因此在实践中很流行。然而，在许多应用中，还是值得花一定的计算成本来获得更加紧凑的决策树。实验表明 C4.5 的剪枝方法最终得到的树会包含不必要的额外结构：将更多的实例加入到训练集时，树的规模仍然会增大，即使这不会进一步提高算法在独立测试数据上的性能。这种情况下，分类和回归树（CART）学习算法中更保守的成本 - 复杂度剪枝（cost-complexity pruning）方法也许会更合适。

成本 - 复杂度剪枝基于以下思想：首先剪枝那些相对于它们自身大小，使训练数据上误差增长最小的子树。误差的增长用 α 度量，α 定义为与该子树相关的叶子结点平均误差增长。在剪枝过程中检查该量，算法会得到一系列很好的剪枝后较小的树。在每次迭代过程中，它会剪除当前决策树的所有剩余子树中 α 值最小的所有子树。

在剪枝后的结果序列中，每个候选树都对应一个阈值 α_i。现在的问题变为，应该选择哪棵树作为最终的分类模型？为了确定最有预测能力的树，成本 - 复杂度剪枝使用一个旁置集来估计每棵树的误差率，或者如果数据有限时，使用交叉验证。

使用旁置集是很直接的方法。然而，对于交叉验证训练的 k 折得到的剪枝后的树序列中观测到的 α 值，交叉验证会把它与对于根据整个数据集得到的剪枝后的树序列中的 α 值关联起来，这会引起问题，因为这些值通常是不同的。这个问题可以通过对完整数据集的树 i 首先计算 α_i 和 α_{i+1} 的几何平均值来解决。然后对于交叉验证的每个 k 折，选择最大的 α 值小于该平均值的树。在 k 折相应的测试数据集上进行估计，得到的这些树的平均误差估计，就是对于树 i 在完整数据集上交叉验证的误差。

6.1.9　讨论

自上而下的决策树归纳法或许是数据挖掘中被研究最多的机器学习方法。研究者对学习过程中几乎所有可能的方面都进行了各种探究，例如，不同的属性选择标准或修改的剪
202 枝方法。可是很少能在大量不同数据集上使准确率得到真正的改善。正如前面讨论过的，使用 CART 系统中的剪枝方法来学习决策树（Breiman 等，1984）通常会产生比 C4.5 剪枝方法更小的决策树。Oates 和 Jensen（1997）通过实验研究了该问题。

在关于决策树的讨论中，我们假设在每一个结点上，仅仅用一个属性来将数据分裂成子集。然而，也可以允许测试条件一次涉及多个属性。例如，对于数值属性，每个测试可以是属性值的线性组合。那么最终形成的树是如 4.6 节中讨论的分层的线性模型组成，分裂也不再局限于与坐标轴平行。相对于常用的单变量（univariate）树，测试涉及一个以上属性的树称为多变量（multivariate）决策树。CART 系统包含生成多变量测试的选项。它们通常更精确，比单变量树更小，但生成树的时间要长得多并且较难解释。在 7.3 节的主成分分析部分，我们将简要地介绍一种生成它们的方法。

6.2　分类规则

在 4.4 节中为生成规则所用的基本覆盖算法是一种变治（separate-and-conquer）的技术，它先确定一条规则能覆盖属于某个类的实例（并排除不属于此类的实例），将这些实例分离出来，然后继续对所剩的实例进行处理。这种算法是许多生成规则系统的基础。我们还描述了一个简单的基于纠正的方法用于选择在每个阶段对规则增加何种测试。但是，还有许多其他可能的方法，具体方案的选择对规则生成具有重大影响。在这一节中要考察

为了选择测试所采用的不同方案。还要讨论怎样通过处理缺失值和数值属性将基本的规则生成算法应用到实践中。

所有这些规则生成方案的真正问题在于它们有对训练数据过度拟合的倾向，不能很好地推广到独立的测试数据集上，特别是在噪声数据上。为了能生成适合噪声数据的好规则，有必要使用某些方法来衡量单个规则的真正价值。评估规则价值的标准方法就是评估规则在某个独立实例集上的误差率，这个独立实例集是从训练集中保留出来的一部分，我们将在后面解释这个问题。然后讨论两种工业级的规则学习器：一种是将简单的变治技术和全局优化步骤结合起来的方法，另一种是重复建立局部决策树并从中提取规则。最后讨论怎样产生含有例外的规则，以及例外的例外。

6.2.1 选择测试的标准

在4.4节中介绍基本规则学习器时曾指出必须找出一种方法，从许多可能的测试中选定某个测试加到规则中，以避免规则覆盖任何负例。为了此目的，使用能使比率 p/t 达到最大值的测试，这里 t 是指新规则所覆盖的实例总数，p 是其中正例的数目，即属于目标类的实例数目。试图使规则的“正确性”最大化，所覆盖的正例样本比率越高，规则就越是正确。另一种方法是计算信息增益： 203

$$p\left[\log\frac{p}{t}-\log\frac{P}{T}\right]$$

和前面一样，p 和 t 分别是新规则所覆盖的正例数量和所有实例数量，P 和 T 分别是添加新测试之前，规则所覆盖的对应的实例数量。原理是它代表了关于当前正例样本的总信息增益，是由满足新测试的样本数量乘以信息增益所给出的。

选择加入到规则中的测试的基本标准是找出尽可能多的覆盖正例样本，并尽可能少地覆盖负例样本的测试。原始的基于正确性的启发式规则，只是看正例样本在规则所覆盖的所有样本中所占的百分比，而不管规则究竟覆盖多少数量的正例样本，当它没有覆盖任何负例样本时便会得到一个最大值。因此使规则精确的测试便优先于使规则不精确的测试，不管前者所覆盖的正例样本数有多么小，也不管后者所覆盖的正例样本数有多么大。例如，如果有一个候选的测试覆盖1个样本，这个样本是正例样本，那么这种标准将使这个测试优先于另一个能覆盖1000个样本其中含1个负例样本的测试。

另一方面，基于信息的启发式规则更注重于规则所覆盖的大量正例样本而不管所创建的规则是否精确。当然，两种算法都是持续增加测试直到最终的规则是精确的为止，这意味着使用基于正确性的方法将会较早结束，而使用基于信息的方法将会增加更多的测试项。这样基于正确性的方法可能会发现一些特殊情形，完全排除它们，避免了后面规则的大量描绘（由于特殊情形已经处理了，后面更具推广性的规则也许更为简单）。基于信息的方法先要试图产生高覆盖率的规则而将特殊情形放在后面处理。使用两种策略产生精确的规则集，哪种更有优势并不明显。而且，事实上正如下面将要讲到的，规则集可能要被剪枝并且要容许不精确的规则存在，因此整个情形变得更为复杂。

6.2.2 缺失值和数值属性

如同分治决策树算法一样，实践中令人厌烦的对于缺失值和数值属性的考虑是无法回

避的问题。事实上，也没有什么可以多说的。现在我们已知道在决策树归纳中是如何解决
204 这些问题的，那么适用于规则归纳的解决方案就很容易得到了。

当使用覆盖算法产生规则时，处理缺失值的最好方法就是把它们当做不符合任何测试。这在产生决策列表时特别合适，因为它会促进学习算法利用肯定会成功的测试来将正例分离出来。这样的效果是要么使用不涉及缺失值属性的规则来对缺失值实例进行处理，要么在绝大多数实例都已经处理完成后再来处理这些实例，这时测试可能涵盖的是其他属性。覆盖算法应用于决策列表相对于决策树来说，在这方面有一个明显的优势：有麻烦的样本可以稍后处理，这样由于绝大多数样本都已经分类完成并从实例集中去除，那时它们就显得不那么麻烦了。

数值属性可以采用它们在决策树中的相同办法处理。对于每一个数值属性，根据属性值将实例进行排序，对于每一个可能的阈值，考虑一个二元的小于/大于测试，评估则完全采用对二元属性进行评估的方法。

6.2.3 生成好的规则

假设你并非要生成对所有训练集实例都能正确分类的完美规则，而是要生成“明智的”规则，能避免对训练集实例过度拟合从而对于新的测试实例能有较好的性能。怎样决定哪些规则是有价值的呢？为了排除个别讨厌的错误实例，要持续地向规则中添加测试项，但同时也会排除越来越多的正确实例。怎样知道何时开始起反作用了呢？

下面来看看关于表 1-1 所列的隐形眼镜问题的几个可能的规则，有些是好的规则，有些是坏的规则。首先来看第一个规则，

```
If astigmatism = yes and tear production rate = normal
   then recommendation = hard
```

这条规则覆盖 6 种情形，其中 4 种能得到的是正确结论。因此，它的成功比例就是 4/6。假设又添加了一个测试项使之称为“完美的”规则：

```
If astigmatism = yes and tear production rate = normal
   and age = young then recommendation = hard
```

这使准确率提高为 2/2。哪条规则更好呢？第二条规则对训练集数据具有较高的准确率，但是只能涵盖两种情形，而第一条规则却能涵盖 6 种情形。第二条规则或许是对训练数据过度拟合了。在规则学习实践中，需要有一种基本方法能用于选择较合适的规则版本，即选出能在未来的测试数据上获得最高准确率的规则。

假设将训练数据分成两个部分，称为生长集（growing set）和剪枝集（pruning set）。
205 生长集运用基本的覆盖算法生成规则。然后从规则中去除某个测试项，并使用剪枝集来对这个经剪枝的规则进行结果评估，看看是否比原先的规则更好。重复这样的剪枝过程直至去除任何测试项都不再能使规则有任何改进。对每个类都重复整个过程，为每个类获得一条最好的规则，而总体最好的规则是通过使用剪枝集对这些规则进行评估而获得的。将这条（最好的）规则添加到规则集中，将它所覆盖的实例从训练数据中去除，生长集和剪枝集中相应的实例也都要去除，并重复整个过程。

为何不在建立规则时进行剪枝而是在规则集建立之后才丢弃其中的某部分呢？即为何不采用先剪枝而采用后剪枝呢？就像决策树剪枝时那样，最好是先生成一个最大的树，然后再往回剪枝，对于规则也是同样的，最好是先形成最完美的规则然后再对它进行剪枝。谁知道呢？最后一个测试项的添加也许会形成一条相当好的规则，这也许是在采用大胆的

先剪枝策略时绝不会注意到的。

生长集和剪枝集必须要分隔开是很关键的，因为使用形成规则的数据来评估一条规则会产生误导：会由于优先选择过度拟合的规则而导致严重错误。通常2/3的训练数据用于生长，而1/3的训练数据用于剪枝。缺点是算法只在生长集数据上进行学习，若某些关键实例被分隔在剪枝集中，算法可能会遗失一些重要规则。另外，错误的规则有可能获得优先，因为剪枝集只含1/3的训练数据也许并不能完全具有代表性。这些影响可以通过在算法所进行的每次循环中，即在每条规则最终选择之后，将训练数据重新分裂为生长集和剪枝集来改进。

使用隔离的剪枝集进行剪枝，它既适用于决策树也适用于规则集，称为*减少－误差剪枝*（reduced-error pruning）。前面描述的在规则每次生成时就立即剪枝的规则称为*增量减少－误差剪枝*（incremental reduced-error pruning）。另一种可能方法是先建立未剪枝的完整规则集，然后再丢弃单个测试来进行剪枝。然而这种方法慢多了。

当然，有多种不同方法能以剪枝集为基础，评估一条规则的价值所在。一种简单的方法是在闭合形式的假设条件下，如果某个规则是某个理论的唯一规则，考虑应用这个规则从其他类别中识别出预测类究竟完成得有多好。如果规则所覆盖的 t 个实例中能得到 p 个实例是正确的，并且在所有的 T 个实例中有 P 个实例是属于这个类的。规则所没有覆盖的负例有 $N-n$ 个，这里 $n=t-p$ 是指规则所覆盖的负例数量，$N=T-P$ 是负例的总数量。因此，规则对 $p+(N-n)$ 个实例做出了正确的决策，因此总的成功率是

$$[p+(N-n)]/T$$ 206

在测试集上评估所得到的这个值用来评估采用减少－误差剪枝所得到的规则的成功性。

这种方法将被规则覆盖的负例样本的重要性等同于规则所覆盖的正例样本的重要性，这是不切实际的，实际情况是被评估的这条规则最终将伴随着其他规则共同工作，所以对这种方法批评意见较多。例如，一条规则所覆盖的3000个实例中有 $p=2000$ 个实例得到正确预测（即有 $n=1000$ 个是错误的），相比另一条规则覆盖1001个实例，其中有 $p=1000$ 个实例得到正确预测（即有 $n=1$ 个是错误的），评估结果是前者比后者更成功，因为在第一种情形中 $[p+(N-n)]/T$ 等于 $[1000+N]/T$，而在第二种情形中却只有 $[999+N]/T$。这是违背直觉的：第一条规则预测能力明显比第二条差，其误差率是33%对0.1%。

利用成功率 p/t 来衡量，就像覆盖算法的原始表达式（见图4-8）那样，也不是完美的解决方法，因为它会选择能得到1个正确预测（$p=1$）而总覆盖数为1（因此 $n=0$）的规则优先于更有用的能从1001个实例中得到1000个正确预测的规则。另一种曾应用的方法是计算 $(p-n)/t$，但它也存在同样的问题，因为 $(p-n)/t=2p/t-1$，所以在比较两条规则时，结论等同于两个成功率的比较。看来似乎很难找到一种简单的方法来衡量规则的价值，这个价值要在所有情形下都能和直觉相符。

无论使用何种衡量规则价值的启发式方法，增量减少－误差剪枝算法都是相同的。图6-3给出了一种以这种思想方法为基础的可能的规则学习算法。它产生一组决策列表，依次为每个类生成规则，在每个阶段根据它在剪枝数据上得出的价值，选择出最好的规则。应用生成规则的基本覆盖算法（见图4-8）来为每个类生成好的规则，并利用先前讨论的准确率量度 p/t 来选择加入规则的条件。

```
将 E 初始化为实例集
将 E 按 2:1 分为生长集和剪枝集
        对于生长集和剪枝集中都含有实例的每个类 C
            使用基本覆盖算法，为类别 C 生成最好的规则
            在剪枝集上计算规则的价值 w(R)，以及将最后一个条件去除后的价值 w(R-)
            当 w(R-) > w(R) 时，从规则中去除最后一个条件并重复上一步骤
        从所生成的规则中选择 w(R) 值最大的那个规则
        输出规则
        从 E 中去除被这个规则所覆盖的实例
    继续循环
```

207 图 6-3　增量减少 - 误差剪枝算法形成规则的算法

这个方法用于产生规则归纳方案，这些方案能处理大量数据并且运行速度很快。通过为排序的类生成规则来替换原先在每个阶段为每个类生成一条规则并选择最好的，该算法还可以提速。一种较合适的排序是按照各个类在训练集中出现次数的升序排列，因此最少出现的类第一个处理，最常见的类最后处理。可获明显提速的另一方面是当产生了某个足够小的准确率的规则时，就停止整个程序，这样就可以避免在最后为生成许多覆盖量很小的规则而花费时间。但是，非常简单的停止条件（比如，当一条规则的准确率低于它所预测的类的默认准确率时即停止）并不能获得最好的性能，而目前所发现的似乎能提高性能的条件是相当复杂的，它们是以 MDL 原理为基础的。

6.2.4　使用全局优化

通常，使用增量减少 - 误差剪枝算法来生成规则，特别是在大的数据集上，效果相当不错。但是，在规则集上使用全局优化步骤能获得有价值的性能优势。动机是通过修改或替换个体规则来提高规则集的准确率。实验显示使用后归纳优化，规则集的大小和性能都获明显改善。但另一方面，整个过程相当复杂。

为了对这个精巧的、富有启发的以及工业级的规则学习器是怎样形成的提供一个概念，图 6-4 展示了一种称为 RIPPER 的算法，它是*重复增量剪枝以减少误差*（incremental pruning to produce error reduction）的缩写。检验是按照各个类（所含实例数量。——译者注。）由小到大的顺序来进行，类的初始规则集是用增量减少 - 误差剪枝算法产生的。引入一个额外的停止条件，它是依赖于样本和规则集的描述长度。描述长度 DL 有一个复杂的公式，它要考虑传送关于某组规则的一组样本所需的位数，传送带有 k 个条件的规则所需的位数，以及传送整数 k 所需位数之和，乘以 50% 用以补偿可能发生的重复属性所需的位数。

在为某个类建立了规则集之后，重新考虑每条规则，产生两种变体，再次使用减少 - 误差剪枝算法，但在这个阶段，把为这个类而建立的其他规则所覆盖的实例从剪枝集中去除，在剩余的实例上所获的成功率用来作为剪枝标准。如果两种变体中的某一种产生一个较好的描述长度，那么就用它来替换规则。接下来再次激活最初的创建规则阶段，对任何属于这个类而未被规则覆盖的实例进行扫尾工作。为了确保每条规则对减少描述长度都做了贡献，在进行下一个类的规则生成程序之前要做最后的检查。

6.2.5　从局部决策树中获得规则

规则归纳还有另外一种方法，它避免了全局优化但仍能生成一个精确的、紧凑的规则
208 集。这个方法将决策树学习所应用的分治策略和规则学习的变治策略结合起来。它是这样

采用变治策略的：先建立一条规则，将规则所覆盖的实例去除，然后递归地为剩余的实例建立规则，直至没有剩余实例。它与标准方法的不同之处在于每条规则都是创建出来的。在本质上，创建一条规则就是先为当前的实例集创建一个经剪枝的决策树，将覆盖实例最多的叶子结点转换成一条规则，然后丢弃这个决策树。

```
将E初始化为实例集
对每个类C，从最小到最大
  建立：
    将E按2:1分裂为生长集和剪枝集
    重复循环直至（a）不存在未被覆盖的、类别为C的实例；或（b）规则集和实例集的
        描述长度（DL）比目前找到的最短描述长度大64位以上；或（c）误差率超过50%：
    生长阶段：贪心式地增加条件来建立规则，直至规则达到100%准确率，（所增加
        的条件是）通过测试每个属性的每种可能属性值，并选择其中能获得最大信息
        增益G的条件
    剪枝阶段：按从后到前的顺序对条件剪枝，只要规则的价值W上升则继续
  优化：
    产生变体：
    对于类别C的每个规则R，
        重新将E分裂为生长集和剪枝集
        从剪枝集中去除类别C的其他规则所覆盖的实例
        使用GROW和PRUNE在新分裂的数据上产生并剪枝两个竞争规则：
            R1是一个重建的新规则
            R2是通过贪心式地在R中添加测试条件来生成的
        采用A度量（代替W）在减少的数据上进行的剪枝
    选择代表：
        将R、R1和R2中描述长度最小的一个来代替R
    扫尾：
        如果还有未被（规则）覆盖的、属于类别C的残余实例，则返回到建立（BUILD）
            阶段，在这些实例上建立更多的规则
    整理：
        为整个规则集计算DL（描述长度）并依次除去规则集中的每个规则计算DL；去除使
            DL增加的规则
        去除由生成的规则所覆盖的实例
  继续循环
```

a）规则学习算法

$G = p[\log(p/t) - \log(P/T)]$

$W = \dfrac{p+1}{t+2}$

$A = \dfrac{p+n'}{T}$；规则的准确率

p = 规则所覆盖的正例样本数量（真正例）

n = 规则所覆盖的负例样本数量（假负例）

$t = p + n$；规则所覆盖的样本总数

$n' = N - n$；未被规则覆盖的负例样本数量（真负例）

P = 属于这个类的正例样本数量

N = 属于这个类的负例样本数量

$T = P + N$；属于这个类的样本总数

b）符号的含义

图6-4　RIPPER

重复建立决策树只是为了丢弃绝大部分的树，但这并不像表面看起来的那样古怪。利用已剪枝的树得到一条规则，取代通过每次去除一个联合条件递增地剪枝规则，可以避免过度剪枝倾向，过度剪枝是基本的变治规则学习法的一个典型问题。将变治学习法和决策树结合起来能提高灵活性和速度。建立完整决策树只是为了得到一条规则，的确很浪费，然而这个程序还可被显著加速而不牺牲上述优点。

关键思路是建立局部决策树而不展开整个树。局部决策树是一个普通的决策树，它包含了一些未定义子树的分支。为了建立这样的树，将构建和剪枝操作结合成一体以便能找到一个"稳定"的、不能再简化的子树。一旦找到这样的子树，建树过程即停止并从中读出一条规则。

图 6-5 总结了建立树的算法：它将一组实例递归地分裂成一个局部树。第一步是选择一种测试条件，将实例集分成几个子集。这个测试条件的确定是采用建立决策树时常用的信息增益法（见 4.3 节）。然后将子集按它们的平均熵的升序依次展开。这样做的原因是排在后面的子集很可能不因这次展开而结束，而平均熵较低的子集更可能导致形成小的子树，从而产生一个更通用的规则。递归进行这个过程直到这个子集展开成为叶子结点，然后返回继续下一步。一旦出现一个内部结点，它的所有子结点都成了叶子结点，算法就立即检查是否用一个叶子结点来替换这个内部结点会更好。这正是用于决策树剪枝的标准的"子树置换"操作（见 6.1 节）。如果执行了置换操作，算法接着按标准方式返回，展开这个新近置换结点的兄弟结点。但是，如果在返回时，遇到某个结点，它的所有已展开的子结点并不全是叶子结点，那么当有一个潜在的子树置换没有执行时，这样剩下的子集就不再展开，相应的子树也就未被定义。由于算法采用了递归结构，所以这种情况的出现会自动终止建树过程。

```
expand-subset (S):
    选择一个测试 T，将实例集分裂为子集
    将子集按平均熵的升序排列
    while（存在一个未被展开的子集 X，并且目前已展开的所有子集都是叶子结点）
        expand-subset (X)
    if（所有的已展开的子集都是叶子结点，并且子树估计误差≥结点估计误差）
    取消子集的展开并将该结点变为叶子结点
```

图 6-5　将样本展开成局部树的算法

图 6-6 展示了一个逐步建立局部树的例子。在图 6-6a ~ 图 6-6c 的各个阶段，是按一般的方式进行递归建树，除了每次展开都是从兄弟结点中选择熵最低的那个结点进行：在图 6-6a、图 6-6b 阶段是结点 3。灰色椭圆结点是目前还未展开的结点；长方形结点是叶子结点。从图 6-6b ~ 图 6-6c，长方形结点比兄弟结点（结点 5）的熵低，但由于它是叶子结点，所以已不能再展开了。这时就进行返回过程，选择结点 5 进行展开。一旦到达图 6-6c 阶段，就出现一个结点 5，它的所有子结点都被展开成为叶子结点，这触发了剪枝操作。考虑并接受对结点 5 进行子树置换，进入图 6-6d 阶段。现在又要考虑对结点 3 进行子树置换，这个操作也被接受了。继续进行返回操作，结点 4 的熵比结点 2 小，因此它被展开成 2 个叶子结点。现在考虑对结点 4 的子树进行置换：假设结点 4 没有被置换。这时程序在图 6-6e 阶段终止，形成带有 3 个叶子结点的局部树。

如果数据是无噪声的，并且包含了足够实例以避免算法进行任何剪枝操作，那么算法只会展开完全树中的一条路径。与每次将整个树都展开的原始方法相比，这种方法获得了最大的性能提高。这个提高随着剪枝操作的增加而减小。对于数值属性的数据集来说，算法的渐近时间复杂度和建完全决策树是相同的，因为在这种情形下复杂度是由算法开始时属性值排序所需时间决定的。

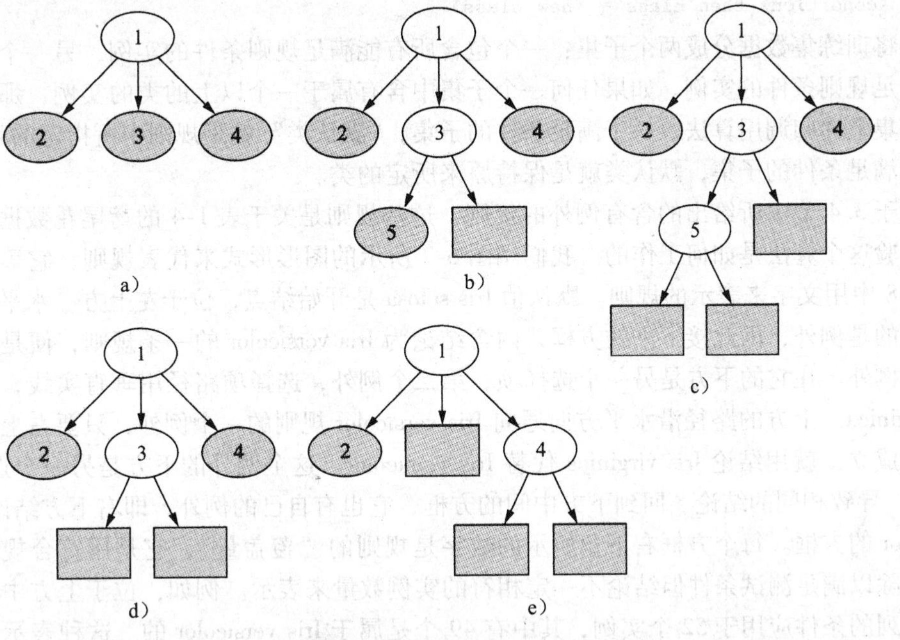

图6-6　建立局部树的例子 209~211

一旦建立了局部树，就能从树中提取一条规则。每个叶子结点对应于一条可能的规则，我们要在那些被展开成叶子结点的子树（少数的几个子树）中寻找一个"最好"的叶子结点。试验表明最好选择覆盖实例数量最多的叶子结点以得到最为通用的规则。

当一个数据集含有缺失值时，可以用建立决策树时使用的相同方法处理。如果一个实例由于缺失值问题而不能分到任何分支中，就将它按照权值比例分到每个分支中，权值比例是将各个分支所含的训练实例数量，用结点所含的所有已知训练实例数量进行规范化得到的。在测试中，对每条规则也进行同样的过程，这样就可将权值和每条规则在测试实例上的应用联系起来了。在规则列表中的下一条规则测试之前，将这个权值从实例的总权值中扣除。一旦权值减为0，就将预测类的概率根据权值组合起来形成最终的分类结果。

这就产生了一个用于噪声数据决策列表学习的简单却出乎意料有效的方法。对比其他一些规则形成方法，它的主要优点在于简便，因为其他方法需要采用复杂的全局优化才能达到相当的性能水准。

6.2.6　包含例外的规则

在3.4节中我们曾学习将规则自然扩展以便允许它们包含例外，以及例外的例外等。实际上，整个规则集可以看做是没有应用其他规则时的一个默认分类规则的例外。利用前面所述的某种度量产生一个"好"规则的方法，正是提供了一种产生包含例外的规则所需的机制。

首先，为最顶层的规则选择一个默认类，自然是使用在训练集中最常出现的类。然后，找到关于某个类的一条规则，这个类是指任何一个有别于默认值的类。自然是要在所

有类似的规则中寻找最有区别能力的（比如，在测试集上评估结果最好的）那个。假设这条规则有如下形式

```
if <condition> then class = <new class>
```

用它可将训练集数据分成两个子集：一个包含所有能满足规则条件的实例，另一个包含所
212 有不满足规则条件的实例。如果任何一个子集中含有属于一个以上的类的实例，那么就在这个子集上递归调用算法。对于满足条件的子集，“默认类”就是规则中所指定的新的类；对于不满足条件的子集，默认类就是保持原来所定的类。

对于3.4节中所给出的含有例外的规则，这些规则是关于表1-4的鸢尾花数据的，下面来检验这个算法是如何工作的。我们用图6-7所示的图形形式来代表规则，它等价于前面图3-8中用文字来表示的规则。默认值Iris setosa是开始结点，位于左上方。水平虚线路径指向的是例外，因此接下来的方框，内含结论为Iris versicolor的一条规则，便是默认值的一个例外。在它的下方是另一个选择项，第二个例外，选择项路径用垂直实线，结论是Iris virginica。上方的路径沿水平方向通向Iris versicolor规则的一个例外，只要右上方框中的条件成立，就用结论Iris virginica代替Iris versicolor。这个例外的下方是另一个选择项，（碰巧）导致相同的结论。回到下方中间的方框，它也有自己的例外，即右下方结论为Iris versicolor的方框。每个方框右下角所示的数字是规则的“覆盖量”，它是用符合规则的实例数量除以满足测试条件但结论不一定相符的实例数量来表示。例如，位于上方中间的方框中所列的条件应用于52个实例，其中有49个是属于Iris versicolor的。这种表示法的优点在于，你能感觉到位于左侧方框中的规则效果非常好，而位于右侧方框中的只是覆盖少数几个例外的情况。

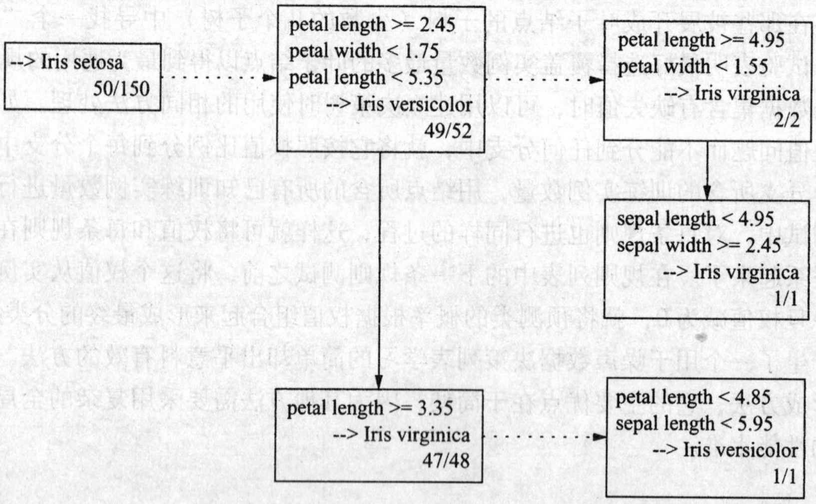

图6-7　鸢尾花数据的包含例外的规则

为了要产生这些规则，将默认值先定为Iris setosa，通常是选择数据集中最频繁出现的
213 类。这里是任意选择的，因为对这个数据集来说，所有的类都正好出现50次。如图6-7所示，这个默认“规则”在150种情形中有50种是正确的。然后寻找出能预测其余类的最好规则。在这个例子中是

```
if petal-length ≥ 2.45 and petal-length < 5.355
   and petal-width < 1.75 then Iris-versicolor
```

这条规则覆盖了52个实例，其中49个属于Iris versicolor。它将数据集分裂成两个子集：52个满足规则条件的实例，剩余的98个不满足条件。

先处理前一部分子集，这部分实例的默认类是Iris versicolor：只有3个实例例外，这3个实例正好都属于Iris sctosa。对于这个子集，预测结果不是Iris versicolor的最好规则是：

```
if petal-length ≥ 4.95 and petal-width < 1.55 then Iris-virginica
```

它覆盖了3个Iris setosa实例中的2个。这条规则将子集再次分裂成两个部分：满足规则条件的和不满足条件的。幸运的是，这次满足条件的实例都是属于Iris virginica，因此不再需要例外了。但剩下的实例中还包含第三个Iris virginica实例和49个属于默认类的Iris versicolor实例。再次找到最好的规则：

```
if sepal-length < 4.95 and sepal-width ≥ 2.45 then Iris-virginica
```

这条规则覆盖了剩余的那个Iris virginica实例，因此也不再需要例外。而且子集中所有其他不满足这个规则条件的实例都是属于Iris versicolor类，这正是当前的默认类，因此不再需要做什么了。

现在回到由初始规则分裂出的第二部分子集，所有不满足下面条件的实例：

```
petal-length ≥ 2.45 and petal-length < 5.355 and petal-width < 1.75
```

对于这些实例，预测它们的类别不是默认值Iris setosa的所有规则中，最好的规则是

```
if petal-length ≥ 3.35 then Iris-virginica
```

它覆盖了这个样本集所含的所有47个Iris virginica实例（如前面所解释的，另外3个被第一条规则去除了）。它还包含一个Iris versicolor实例。这就需要用最后那条规则作为例外处理：

```
if petal-length < 4.85 and sepal-length < 5.95 then Iris-versicolor
```

幸运的是，凡是不满足规则条件的实例都是属于默认类Iris setosa。因此结束整个程序。

所产生的这些规则有一个特点，即大多数的实例都被高层的规则所覆盖，而低层的规则正好代表例外。例如，先前规则中的最后一个例外子句以及嵌套的else子句的最深层都 214
只覆盖了单个实例，如将它们去除几乎不会有什么影响。即使是其余的嵌套内的例外规则也只覆盖了2个实例。因此人们可以忽略所有深层结构而只关心第一、二层就能对这些规则到底干什么能有非常清楚的认识。这正是包含例外规则的诱人之处。

6.2.7 讨论

以上所讨论的所有产生分类规则的算法都是使用基本的覆盖或变治方案。对于简单而无噪声的情形，所使用的是一种简单易懂的算法，称为PRISM（Cendrowska，1987）。当应用于有封闭世界假定的二类问题时，只需要对其中的一个类建立规则：规则属于析取范式，应用于测试实例时不会产生模棱两可的情形。当应用于多类问题时，为每个类生成一个规则集。这样，一个测试实例可能被赋予一个以上的类别，或者一个也没有，如果要寻找单一的预测类，有必要考虑进一步的解决方法。

为减少有噪声情形下的过度拟合问题，有必要产生一些甚至在训练集上也不“完美的”规则。为了做到这点，需要对规则的“良好度”或价值进行度量。有了这种度量，才有可能放弃基本的覆盖算法所使用的一个类接一个类的逐个进行的方法，而采用以产生

最好的规则为开端，无论它是对哪个类别的预测，然后将这个规则所覆盖的所有实例去除，再继续这个过程。这形成了产生决策列表的方法，而不是产生一系列独立的分类规则。决策列表的重大优点是用它们做判定时不会产生不明确的结论。

增量减少-误差剪枝法的思想归功于 Fürnkranz 和 Widmer（1994），为快速且有效的规则归纳法的形成奠定了基础。RIPPER 规则学习器是由 Cohen（1995）提出的，尽管公开发表的论述在关于描述长度（DL）怎样影响停止条件问题上，看起来与实现时有所不同。这里呈现的只是算法的一些基本理念，在实现时还有太多的细节。

衡量一条规则的价值问题至今还未得到满意的解决。人们提议了许多不同的方法，有些是明显的启发式规则，另一些基于信息理论或概率。然而，至于哪种才是最好的方案还没有达成统一意见。Fürnkranz 和 Flach 对于各种不同标准做了深入的理论研究（2005）。

基于局部决策树的规则学习方法是由 Frank 和 Witten（1998）提出的。它所产生的规则集的准确率与由 C4.5 所产生的结果相当，并且比 RIPPER 产生的规则集的准确率更高，当然它与 RIPPER 相比也会产生更大的规则集。然而，它的主要优点不在于性能上，而在于它的简单性：将自上而下的决策树归纳法和变治规则学习法结合起来，它不需要进行全
215 局优化却能获得好的规则集。

产生包含例外的规则的程序是由 Gaines 和 Compton（1995）在创建归纳系统时提出的一种主张，称为涟波下降（ripple-down）规则。在对一个大型的医学数据集（22 000 个实例，32 个属性，60 个类别）进行试验时，他们发现用含例外的规则来表现大型系统，比用普通规则来表现更易于理解。因为这正符合人们对复杂医学诊断所使用的思考方式。Richards 和 Compton（1998）把它们描述成是典型知识工程的另一种方法。

6.3　关联规则

在 4.5 节我们研究了 Apriori 算法用于生成满足最小支持度和置信度阈值的关联规则。Apriori 按照生成-测试的方法寻找频繁项集，使用较短的频繁项集生成较长的候选项集。每个不同大小的候选项集都需要扫描一遍数据集以确定它是否超过了最小支持度阈值。尽管已经提出了一些对于该算法的改进，以减少扫描数据集的次数，但是生成过程的组合特性会使算法成本很高，尤其是有许多项集或者项集很大时。当使用较低的支持度阈值时，即使对于大小适中的数据集，这两种情况也会经常发生。并且，无论使用多高的支持度阈值，如果数据太大不能装入主存，重复的扫描数据集就会很麻烦，况且大多数关联规则的应用都会涉及真正大量的数据。

使用合适的数据结构可以改善这些问题。我们将要介绍一种叫做 FP-growth 的方法，该方法使用一种扩展的前缀树（频繁模式树，或者叫做 FP-tree）在主存中存储压缩后的数据集。将数据集映射成一个 FP-tree 只扫描数据集两遍。算法不先生成候选项集而是首先以递归的方式使树增长成大的项集，然后在整个数据集上进行测试。

6.3.1　建立频繁模式树

与 Apriori 相似，FP-growth 算法首先统计数据集中单个项（也就是属性-值对）出现

的次数。第一遍扫描数据集后，树结构在第二遍扫描的过程中建立。开始时，树是空的，然后逐渐向树中添加数据集中的实例。

得到能够快速查找大项集的压缩的树结构的关键在于，在把项插入到树结构前，将每个实例中的项按它们在数据集中出现的频率降序排列，而这些频率在第一遍扫描数据集时已经记录下来。每个实例中不满足最小支持度阈值的单个项不会插入到树中，这就有效地将它们从数据集中去除了。目的是希望多个实例将会共享最频繁出现的项，最终在树的根部取得高度的压缩效果。 216

我们用表6-1所示的天气数据来说明这一过程，使用的最小支持度阈值是6。算法很复杂，复杂到远远超出了对这个简单例子来说合理的范围，但是一个简单的例子是最好的解释算法的方法。表6-1b展示了单个项以及它们的频率，这是第一遍扫描数据集得到的。它们以降序存储，超过最小支持度阈值的项用粗体表示。表6-1c展示了原始的实例，它们的编号与表6-1a中的编号相同，且每个实例的项按频率的降序排列。最后，为了事先看一看最终结果，表6-1d展示了满足最小支持度阈值的两个多项集。它们与表6-1b中6个加粗的单项集一起构成了最终的结果：总共8个项集。为了得到表6-1d中的2个多项集，我们还要使用FP-tree方法做大量的工作。

表6-1 为插入FP-tree而准备的天气数据

a)	outlook	temperature	humidity	windy	play
1	sunny	hot	high	false	no
2	sunny	hot	high	true	no
3	overcast	hot	high	false	yes
4	rainy	mild	high	false	yes
5	rainy	cool	normal	false	yes
6	rainy	cool	normal	true	no
7	overcast	cool	normal	true	yes
8	sunny	mild	high	false	no
9	sunny	cool	normal	false	yes
10	rainy	mild	normal	false	yes
11	sunny	mild	high	true	yes
12	overcast	mild	normal	true	yes
13	overcast	hot	normal	false	yes
14	rainy	mild	high	true	no

b)

play = yes	**9**
windy = false	**8**
humidity = normal	**7**
humidity = high	**7**
windy = true	**6**
temperature = mild	**6**
play = no	5

（续）

outlook = sunny	5
outlook = rainy	5
temperature = hot	4
temperature = cool	4
outlook = overcast	4

c）

1	**windy = false**，**humidity = high**，play = no，outlook = sunny，temperature = hot
2	**humidity = high**，**windy = true**，play = no，outlook = sunny，temperature = hot
3	**play = yes**，**windy = false**，**humidity = high**，temperature = hot，outlook = overcast
4	**play = yes**，**windy = false**，**humidity = high**，**temperature = mild**，outlook = rainy
5	**play = yes**，**windy = false**，**humidity = normal**，outlook = rainy，temperature = cool
6	**humidity = normal**，**windy = true**，play = no，outlook = rainy，temperature = cool
7	**play = yes**，**humidity = normal**，**windy = true**，temperature = cool，outlook = overcast
8	**windy = false**，**humidity = high**，**temperature = mild**，play = no，outlook = sunny
9	**play = yes**，**windy = false**，**humidity = normal**，outlook = sunny，temperature = cool
10	**play = yes**，**windy = false**，**humidity = normal**，**temperature = mild**，outlook = rainy
11	**play = yes**，**humidity = normal**，**windy = true**，**temperature = mild**，outlook = sunny
12	**play = yes**，**humidity = high**，**windy = true**，**temperature = mild**，outlook = overcast
13	**play = yes**，**windy = false**，**humidity = normal**，temperature = hot，outlook = overcast
14	**humidity = high**，**windy = true**，**temperature = mild**，play = no，outlook = rainy

d）

play = yes and windy = false	6
play = yes and humidity = normal	6

注：a）原始数据，b）项集频率排序，频繁项集加粗，c）每个实例中的数据按频率排序，d）两个多项频繁项集

图 6-8a 展示了最小支持度为 6，使用这些数据最终得到的 FP-tree 结构。树本身用实线箭头表示。每个结点的计数表示向上直到该结点（包括该结点）排序好的项的前缀在数据集中出现的次数。例如，沿着树左数第三个分支，我们可以看到，排序后以前缀 humidity = high 开始的实例有两个，也就是表 6-1c 中第二个和最后一个实例。沿着那个分支继续向下，下一个结点记录了同样的有两个实例的最频繁项是 windy = true。分支最底层的结点同样显示了两个实例中的一个（即表 6-1c 中最后一个实例）实例包含 temperature = mild。另一个实例（即表 6-1c 中第二个实例）在这个阶段被去除，因为它的下一个最频繁项不满足最小支持度约束，因此它从树中去除。

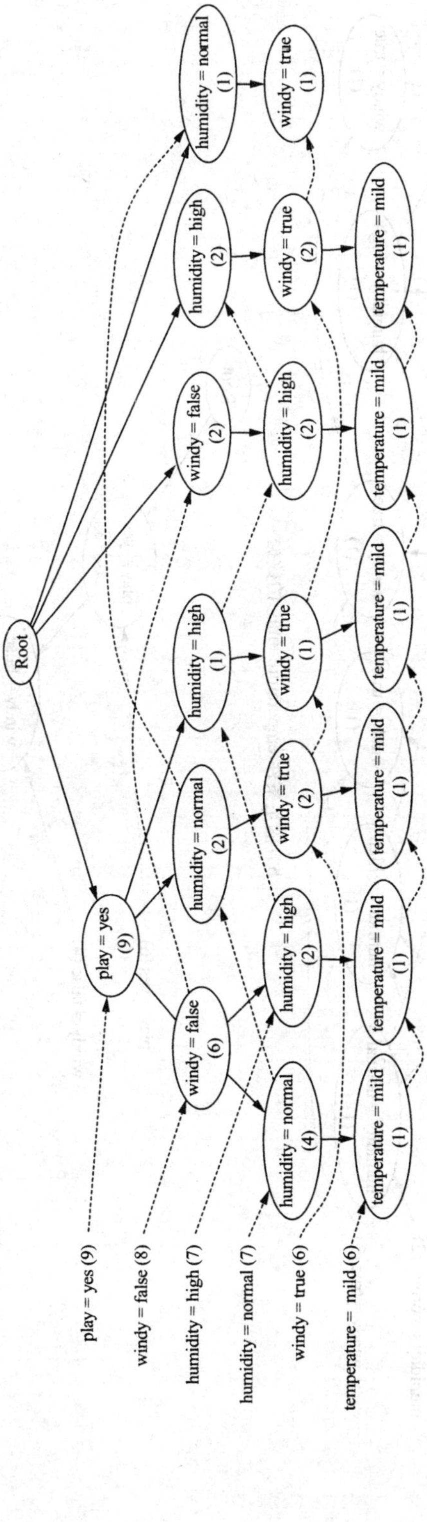

a）全部数据

图6-8　天气数据的扩展前缀树

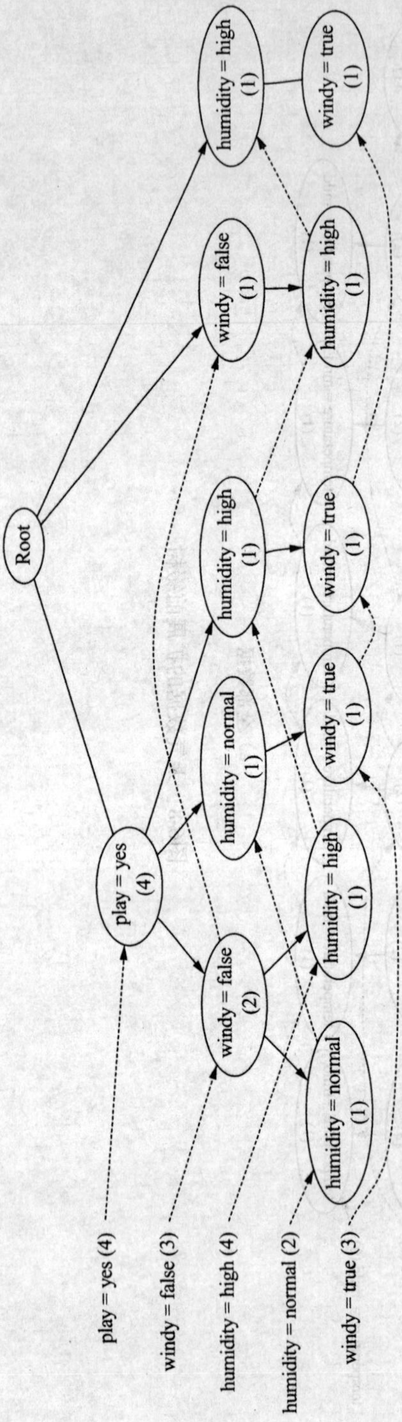

b）满足条件temperature =mild的数据

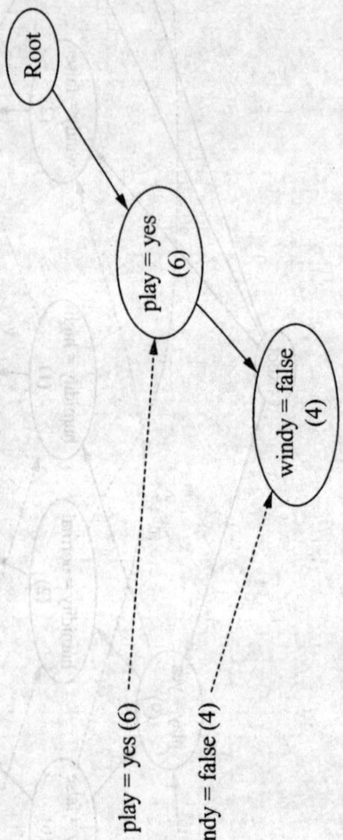

c）满足条件humidity =normal的数据

图6-8　（续）

图的左侧，一个“标题表”（header table）展示了数据集（见表6-1b）中单个项的频率。这些项按降序排列，并且只包括了满足最小支持度的项。标题表中的每一项指向它在树中第一次出现的位置，树中后续的相同名称的项连接在一起形成一个列表。这些列表以标题表中的项为表头，在图6-8a中用虚线箭头表示。

从树中可以很明显地看出，只有两个结点满足最小支持度阈值，分别是最左侧分支中的项集 play = yes（计数为9）和 play = yes 以及 windy = false（计数为6）。标题表中的每一项本身都是满足阈值的单项集。这样就得到了表6-1b中加粗的项以及表6-1d中的第一个项集。我们已经事先知道了结果，可以看到只有一个项集（表6-1d中第二个）需要去发现。但是，在图6-8a的数据结构中没有任何线索，我们还需要做大量的工作来发现它。

6.3.2 寻找大项集

从标题表到树结构的链接的作用是帮助遍历树结构，以便找到除了已经在树中的两个项集之外的其他大项集。使用分治法递归地处理树以得到逐渐增大的项集。每个标题表的列表从表的底部向上依次遍历。实际上，可以以任何顺序处理标题表，但是很容易想到先处理树中最长的路径，这对应于频率最低的项。

从标题表的底部开始，我们可以立刻将 temperature = mild 加入大项集列表中。图6-8b 217~219
展示了下一步的结果，即数据集中包含 temperature = mild 的实例对应的 FP-tree。这个树不是通过重新扫描数据集创建，而是进一步对图6-8a中的树进行如下处理得到的。

为了检查是否有包含 temperature = mild 的更大的项集，我们沿着标题表的链接进行。这使得我们能找出所有包含 temperature = mild 的实例。将原始树中满足条件 temperature = mild 的实例的计数映射，就得到了图6-8b中的新树。其过程是从结点 temperature = mild 向上传播计数，每个结点的计数是它所有子结点的计数之和。

快速地检查这个新 FP-tree 的标题表，就可以知道模式 temperature = mild 不能增大，因为没有任何满足条件 temperature = mild 的项能达到最小支持度阈值。注意，有必要创建图6-8b中的完整的树，因为从底向上创建树很快，并且左侧标题表中的数值是通过树的所有结点来计算的。这里就出现了递归，递归地处理原始 FP-tree 中标题表中剩余的项。

图6-8c展示了第二个例子，沿着标题表 humidity = normal 的链接最终得到 FP-tree。这里结点 windy = false 的计数为4，表示原始树中该结点左侧的分支有4个实例满足 humidity = normal。同样，结点 play = yes 的计数为6，对应原始树中结点 windy = false 的4个实例，以及图6-8a中以 play = yes 为根的子树中间分支满足 humidity = normal 的两个实例。

对该 FP-tree 标题表的处理表明，项集 humidity = normal 可以增长以便包含 play = yes，因为这两个同时出现了6次，达到了最小支持度阈值。这对应于表6-1d中的第二个项集，这已经是最终的结果了。但是为了确定没有其他满足条件的项集，还是有必要继续处理图6-8a中的整个标题表。

一旦树的递归挖掘过程完成，所有满足最小支持度阈值的大项集便都被找出来了。然后使用4.5节所述的方法创建关联规则。研究表明在寻找大项集上，FP-growth 算法比 Apriori 快一个量级，尽管这个速度还要取决于具体实现以及数据集的特性。

6.3.3 讨论

递归地创建投影 FP-tree 的过程可以使用前缀树结构有效地实现，该前缀树的每个结

点以及标题表中的每项都要包含一个由递归深度索引的频率列表。树本身通常比原始数据
220~222 集小很多，如果数据集很稠密，那么这会达到很高的压缩程度。相对于每个结点需要维持的指针以及计数来说这是值得的。只有当支持度阈值很小时，FP-tree 的压缩能力才会降低。在这种情况下，树会变得很稠密，共享结点很少。对于频繁模式树超过主存容量的大规模数据集来说，已经为关系数据库系统开发出了使用索引技术来构建驻留硬盘的树。

寻找大项集而不生成候选项集的 FP-tree 数据结构和 FP-growth 算法，是由 Han 等（2000）在 Zaki 等（1997）的前期工作的基础上提出来的；Han 等（2004）给出了一个更易于理解的描述。它在许多方面都进行了扩展。Wang 等（2003）提出了一个叫做 CLOSET + 的算法，用它来挖掘闭项集，即没有相同支持度的真超集的项集。本质上，找出大的闭项集和找出所有的大项集所得到的信息是一样的，但是这会减少冗余规则，因此会减少用户检查挖掘结果时面对的工作。广义序贯模式（Generalized Sequential Patterns，GSP）是基于 Apriori 算法用来挖掘数据库中事件序列模式的方法（Srikant and Agrawal，1996）。与 FP-growth 相似的用于挖掘事件序列的算法有 PrefixSpan（Pei 等，2004）和 CloSpan（Yan 等，2003），对于图模式的挖掘算法有 gSpan（Yan 和 Han，2002）和 CloseGraph（Yan 和 Han，2003）。

Ceglar 和 Roddick（2006）对关联规则挖掘进行了综述。有些作者将关联规则挖掘和分类结合在一起。例如，Liu 等（1998）挖掘一种关联规则，叫做“分类关联规则”，并且在这些规则的基础上使用基于关联的分类（Classification Based on Associations，CBA）技术建立了分类器。Mutter 等（2004）使用分类来评估基于置信度的关联规则挖掘的结果，发现当关注运行时间和规则集大小时，标准的分类规则学习器一般优于 CBA。

6.4 扩展线性模型

4.6 节介绍了如何在所有属性都为数值型的情形下，使用简单的线性模型进行分类。它们最大的缺点是只能表示存在于类之间的线性边界，对于很多实际应用来说，这未免太过简单了。支持向量机能利用线性模型来实现非线性分类边界（虽说支持向量机（support vector machine）是一个应用广泛的术语，却有点用词不当，实际上是算法，而不是机器）。这怎么可能呢？诀窍很简单，将输入进行非线性映射的转换，换句话说，将实例空间转换为一个新的空间。由于使用了非线性映射，所以在新空间里的一条直线，在原来的空间里看起来却不是直的。在新空间里建立的线性模型可以代表在原来空间里的非线性决策边界。

想象在 4.6 节介绍的普通线性模型中直接应用这个想法。例如，原先的属性集可以替换成它们所能组成的所有 n 次乘积所形成的属性集。举例来说，对于两个属性，所能组成的所有 3 次乘积是

223

$$x = w_1 a_1^3 + w_2 a_1^2 a_2 + w_3 a_1 a_2^2 + w_4 a_2^3$$

这里 x 是结果，a_1 和 a_2 是两个属性值，有 4 个权值 w_i 需要学习。如 4.6 节所述，结果可用于分类。针对每个类各训练一个线性系统，将一个未知的实例归到输出结果值 x 最大的类，这是多响应线性回归的标准方法。a_1 和 a_2 是测试实例的属性值。

为了要在这些乘积所跨越的空间上形成一个线性模型，每个训练实例通过计算它的两个属性值所有可能的 3 次乘积，被映射到新的空间。学习算法也因此被应用到转换后的实例集上。为了要对一个实例进行分类，在分类前也要对实例先进行相同的转换处理。没有

什么可以阻止我们增添更多的合成属性。比如，如果再包括一个常数项、原始属性自身以及所有的两个属性的乘积，总共将产生10个需要学习的权值（或者，增加一个额外的属性，属性值永远是一个常数，效果也是一样的）。实际上，达到足够高的次数的多项式能以任何要求的精确度接近决策边界。

似乎好的难以置信，的确如此。你也许已猜测到，在任何现实环境中由转换引入的大量系数会使这个过程出现问题。第一个障碍是计算复杂度。假设原始数据集中有10个属性，我们要包含所有的5次乘积，那么这个学习算法必须要确定2000多个系数。如果对于线性回归，运行时间以属性数量的立方来计算，那么训练将无法实现。这是一个实用性问题。第二个问题是个基本问题，过度拟合。如果相对于训练实例的数量，系数数目过多，那么所形成的模型会“过度非线性化”，将对训练数据过度拟合。模型中的参数实在是太多了。

6.4.1　最大间隔超平面

支持向量机能解决这两个问题。支持向量机是基于寻找一种特别的线性模型：*最大间隔超平面*（maximum margin hyperplane）的算法。我们已经知道了什么是超平面，它只是线性模型的另一个用词。为了直观感受最大间隔超平面，想象一个含有两个类的数据集，这两个类是线性可分的，也就是说在实例空间上存在一个超平面能对所有的训练实例进行正确分类。最大间隔超平面是一个能使两个类之间达到最大限度分离的超平面，它对两个类都是尽可能地不靠近。图6-9给出了一个例子，两个类分别用空心圈和实心圈来表示。从技术上说，一系列点的凸包（convex hull）是最紧凑的凸多边形，它的轮廓是通过将每个点与其他所有的点连接而形成的。我们已经假设这两个类是线性可分隔，它们的凸包不能重叠。在所有能分隔这两个类的超平面中，最大间隔超 224
平面是其中离两个凸包距离尽可能远的那个，它垂直平分两个凸包间距离最短的线段（见图6-9中的虚线）。

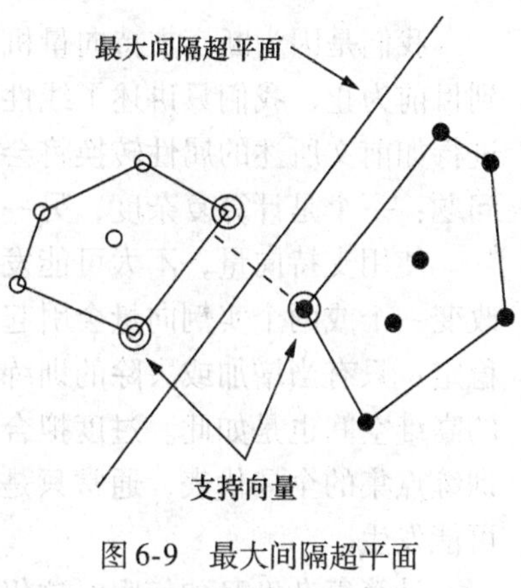

图6-9　最大间隔超平面

最靠近最大间隔超平面的实例，即距离超平面最近的实例，称为*支持向量*（support vector）。每个类至少有一个支持向量，经常是多个。重要的是支持向量能为学习问题定义唯一的最大间隔超平面。给出两个类的支持向量，我们可以很容易地构造最大间隔超平面。其他的训练实例都是无关紧要的，即使被去除也不会改变超平面的位置。

在含有两个属性的情况下，一个分隔两个类的超平面可表示为

$$x = w_0 + w_1 a_1 + w_2 a_2$$

其中 a_1 和 a_2 是两个属性值，有3个权值 w_i 需要学习。然而，定义最大间隔超平面的等式也可以从支持向量的角度，用另一种形式表示。训练实例的类值 y 是1（表示yes，属于这个类），或者 -1（表示no，不属于这个类）。那么最大间隔超平面就是

$$x = b + \sum_{i\text{是支持向量}} \alpha_i y_i \boldsymbol{a}(i) \cdot \boldsymbol{a}$$

这里，y_i 是训练实例 $\boldsymbol{a}(i)$ 的类别值；b 和 α_i 是需要由学习算法来决定的数值参数。注意 $\boldsymbol{a}(i)$ 和 $\boldsymbol{a}$ 是向量。向量 $\boldsymbol{a}$ 代表一个测试实例，如在前面公式中向量 $[a_1, a_2]$ 代表一个测试实例一样。向量 $\boldsymbol{a}(i)$ 是支持向量，即图 6-9 中被圈起来的点，它们是从训练集中挑选出来的。$\boldsymbol{a}(i) \cdot \boldsymbol{a}$ 代表了测试实例和一个支持向量的标量积（点积）：$\boldsymbol{a}(i) \cdot \boldsymbol{a} = \sum_j a(i)_j a_j$。如果你对标量积的概念不熟悉，你依然能理解随后的要点，只要把 $a(i)$ 看做是第 i 个支持向量的整个属性值的集合。最后，b 和 α_i 是决定超平面的参数，就像在前面一个公式中的权值 w_0、w_1 和 w_2 一样，是决定超平面的参数。

寻找实例集的支持向量，并决定参数 b 和 α_i，属于标准的优化问题，称为约束二次优化（constrained quadratic optimization）。有现成的软件包可用来解决这些问题（参见 Fletcher，1987，介绍了全面、实用的解决方法）。然而，如果采用特别的算法来训练支持向量机，可降低计算复杂度、加速学习过程，但这些算法的详细内容不在本书
225 讨论的范围内（见 Platt，1998）。

6.4.2 非线性类边界

我们是因为断言支持向量机可用于建模非线性分类边界而引入介绍支持向量机的。但到目前为止，我们只讲述了线性的情况。考虑在确定最大分隔超平面之前，对训练集数据进行如前文所述的属性转换将会发生什么。直接应用这种转换来建立线性模型，存在两个问题：一个是计算复杂度，另一个是过度拟合。

使用支持向量，不太可能发生过度拟合。原因是过度拟合与不稳定性是密切相关的，改变一个或两个实例向量会引起大范围的决策边界的变化。但最大间隔超平面则相对比较稳定：只有当增加或去除的训练实例是支持向量时，边界才会改变，即使在经非线性转换的高维空间也是如此。过度拟合是决策边界过度灵活、过度复杂造成的。支持向量是整个训练点集的全局代表，通常只是它们中的极小部分，很少会过度复杂。因此过度拟合不太可能发生。

计算复杂度又如何呢？这仍然是个问题。假设转换的空间是高维空间，那么转换后的支持向量和测试实例由许多分量组成。根据上面的等式，每次对一个实例分类时，必须计算它和所有支持向量的标量积。在经非线性映射所得到的高维空间上，这是相当耗时的。要得到标量积，涉及对每个属性进行乘积运算和求和运算，并且新空间的属性数目可能是庞大的。问题不仅仅发生在分类过程中，在训练过程中也存在这个问题，因为优化算法必须非常频繁地进行同样的标量积计算。幸运的是，可以在进行非线性映射之前，使用叫做基于标量积的核函数来对原始属性集的标量积进行计算。

上述等式的一个高维表达式可以简化为

$$x = b + \sum \alpha_i y_i (\boldsymbol{a}(i) \cdot \boldsymbol{a})^n$$

这里 n 是所选的转换系数（我们先前的例子中用的是 3）。如果将项 $(\boldsymbol{a}(i) \cdot \boldsymbol{a})^n$ 展开，将发现它包含了当测试和训练向量按涵盖所有可能的 n 次乘积转换，然后取标量

积作为结果所涉及的所有高维项（如果计算，你会注意到一些常量因子，即二项式系数，被引入。但这不要紧，我们关注的是空间维数，常量只是关系到坐标轴刻度比例）。

由于在数学上的等价关系，所以标量积可以在原先的低维空间上进行计算，因此，问题就解决了。在实现时，可选用约束二次优化软件包，将每次求 $\boldsymbol{a}(i)\cdot\boldsymbol{a}$ 的值替换为求 $(\boldsymbol{a}(i)\cdot\boldsymbol{a})^n$ 的值。就是这么简单，因为在优化和分类算法中，这些向量都只是以标量积的形式参与。训练集向量，包括支持向量，以及测试实例，在计算过程中都保留在原来的低维空间里。 226

函数 $(\boldsymbol{x}\cdot\boldsymbol{y})^n$，计算向量 $\boldsymbol{x}$ 和向量 $\boldsymbol{y}$ 的标量积并将结果上升为 n 次幂，称为*多项式核*（polynomial kernel）函数。选择 n 的好方法是从 1（一个线性模型）开始，然后递增，直到估计误差不再有改进为止。通常，相当小的值就足够了。为了包含低次项，我们可以使用核 $(\boldsymbol{x}\cdot\boldsymbol{y}+1)^n$。

也可以换用其他的核函数来实现不同的非线性映射。两个经常建议使用的核函数是*径向基函数*（Radial Basis Function，RBF）和 sigmoid *核函数*（sigmoid kernel）。哪一种能产生最好的效果取决于应用，但在实践中它们的差别并不很大。有趣的是，使用 RBF 核函数的支持向量机只是神经网络的一种，称为*径向基函数网络*（RBF network）（我们将在下面讨论），而使用 sigmoid 核函数的支持向量机实现的是另一种神经网络，即带一个隐层的多层感知机（也将在下面讨论）。

在数学上，任何能写成 $K(\boldsymbol{x},\boldsymbol{y})=\boldsymbol{\Phi}(\boldsymbol{x})\cdot\boldsymbol{\Phi}(\boldsymbol{y})$ 形式的函数 $K(\boldsymbol{x},\boldsymbol{y})$ 都是一个核函数，其中 $\boldsymbol{\Phi}$ 是将实例映射到（潜在的高维）特征空间的函数。换句话说，核函数表示一个由 $\boldsymbol{\Phi}$ 创建的特征空间内的点积。在实际应用中，人们也会使用一些不是真正核函数的函数（例如某些参数条件下的 sigmoid 核函数）。尽管没有理论上的保证，但这也会得到很精确的分类器。

在本节中，我们都假设训练数据是线性可分的——在实例空间或在经过非线性映射的新空间。事实证明支持向量机可以推广到训练数据不可分的情形。最终的实现要给上述系数 α_i 设定一个上限。不幸的是，这个参数需要用户自己选择，而最好的设置只有从实验中得出。而且在大多数情况下，不可能事先判定一个数据集是否线性可分。

最后，我们必须提醒的是，和其他的学习方法（如决策树）相比较，即使是最快的支持向量机训练算法应用在非线性情形下也是很慢的。然而，由于它们能得到微妙复杂的决策边界，所以通常能产生精确度很高的分类器。

6.4.3　支持向量回归

最大间隔超平面的概念只能应用于分类。但是，支持向量机算法已发展成能适用于数值预测，它共享许多在分类应用中所遇到的特性：产生一个通常只是由少许支持向量来表示的模型，并可以利用核函数将其应用于非线性问题中。与介绍普通的支持向量机一样，我们只讨论它所引入的概念，而不具体描述算法实际是如何工作的。 227

和 4.6 节中讨论的线性回归一样，基本理念是通过使预测误差最小化来寻找一个能较好地接近训练数据点的函数。主要的差别在于所有在用户指定参数 ε 之内的偏差都被简单地丢弃了。同样，在进行误差最小化时，由于同时试图使函数平面度最大化，所以过度拟合的风险降低了。另一个差别在于被最小化的通常是预测值的绝对误差，用以替换线性回归中所用的平方误差（但是也有使用平方误差的算法版本）。

用户指定参数 ε 是在回归函数周围定义一个管道，在这个管道内的误差将被忽略：对于线性支持向量回归，这个管道是个圆柱体。如果所有的训练点都在宽度为 2ε 的管道内，那么算法输出一个位于最平的管道中央的函数。这个情况下，总的误差为 0。图 6-10a 展示了一个含有 1 个属性、1 个数值型类和 8 个实例的回归问题。在这个例子中，ε 设为 1，因此回归函数周围管道宽度（图 6-10 中由虚线画出）为 2。图 6-10b 展示的是当 ε 设为 2 时的学习结果。正如你所见，较宽的管道可能产生一个较平的函数。

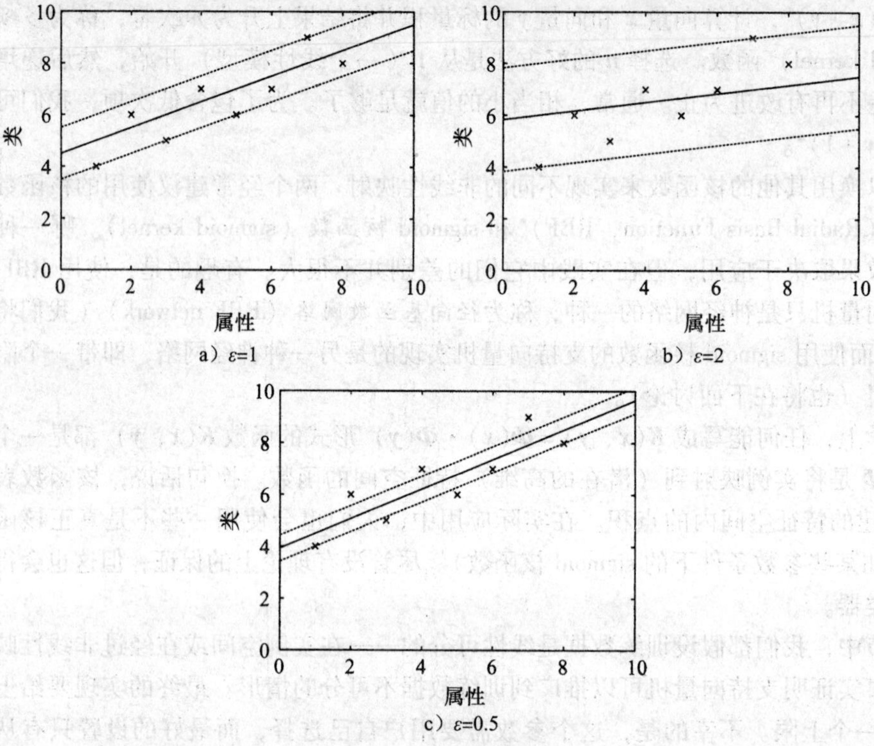

图 6-10　支持向量回归

ε 值控制了函数与训练集数据的拟合程度。这个值太大将产生一个毫无意义的预测器。极端的情形是，当 2ε 超出训练数据类值的范围时，回归线是水平的，并且算法的预测结果总是类的平均值。另一方面，ε 值太小，也许不存在能包含所有训练数据的管道。在这种情况下，部分训练数据点将出现非零误差，这里预测误差和管道的平面度之间就存在一个折中问题。在图 6-10c 中，ε 设为 0.5，而没有一个宽度为 1 的管道可以包含所有的数据。

在线性情况下，支持向量回归函数可以写成

$$x = b + \sum_{i\text{是支持向量}} \alpha_i \boldsymbol{a}(i) \cdot \boldsymbol{a}$$

如同分类问题一样，在处理非线性问题时，标量积可以用核函数来代替。支持向量是所有那些不是确实落入管道内的点，即那些在管道外及管道边缘上的点。与分类问题一样，所有其他点的系数为0，都可以从训练集中去除而不改变学习的结果。与分类问题不同的是，这里 α_i 可能是负的。

正如我们先前提到的，在使误差最小化的同时，算法还要试图使回归函数平面度最大化。在图6-10a、b中，存在包含所有训练数据点的管道，而算法只输出其中最平的管道。但在图6-10c中，不存在误差为0的管道，在预测误差和管道平面度之间要进行权衡。这个权衡是通过对系数 α_i 的绝对值设定上限值 C 来控制的。这个上限值约束了支持向量对回归函数形状的影响，它是除了 ε 外，必须由用户设定的另一个参数。C 值越大，函数越与数据拟合。在 $\varepsilon=0$ 的情况下，算法只是简单地执行在系数受限条件下的最小绝对误差回归，所有的训练数据都成为支持向量。相反，如果 ε 足够大而能使管道包含所有的训练数据，那么误差为0，不需要进行权衡，算法输出的是包含数据且与 C 值无关的最平的管道。

6.4.4　核岭回归

第4章已经介绍了用于数值预测的经典最小平方线性回归技术。上一节，我们见到了支持向量机用于回归的能力，以及如何用核函数来代替支持向量公式中的点积运算来解决非线性问题的，这通常叫做“核技巧”。对于使用平方损失函数的经典线性回归，只需要进行简单的矩阵操作就能得到模型，但是由用户指定损失参数 ε 的支持向量回归则不行。最好能将核技巧的力量和标准最小平方回归的简单结合在一起。*核岭回归*（Kernel ridge regression）就是这样。与支持向量不同，它并不忽略小于 ε 的误差，并且用平方误差代替绝对误差。 228~229

第4章中对于一个给定的测试实例 $\boldsymbol{a}$，线性回归模型的预测类别的值表示为所有属性值的加权和，而这里它表示为每个训练实例 $\boldsymbol{a}_j$ 与测试实例的点积的加权和：

$$\sum_{j=0}^{n} \alpha_j \boldsymbol{a}_j \cdot \boldsymbol{a}$$

这里我们假设函数通过原点，没有截距。对于每个训练实例都包含一个系数 α_j，除了 j 是涵盖所有实例而不是只包含支持向量这点外，它与支持向量机还是十分相似的。同样，可以用核函数代替点积来产生一个非线性模型。

模型在训练数据上的预测平方误差的和如下

$$\sum_{i=1}^{n} \left(y_i - \sum_{j=0}^{n} \alpha_j \boldsymbol{a}_j \cdot \boldsymbol{a}_i \right)^2$$

与第4章相同，这是二次损失函数，同样我们通过选择合适的 α_j 以使它达到最小值。但是，这对于每个训练实例都会有一个系数，而不是每个属性对应一个系数，并且大多数数据集中实例的数量要远远大于属性的数量。这意味着当使用核函数代替点积来获得非线性模型时，将会有很大的对训练数据过度拟合的风险。

这就是核岭回归中“岭”的由来。此处我们没有最小化二次损失函数，而是通过引入惩罚项

$$\sum_{i=1}^{n} \left(y_i - \sum_{j=0}^{n} \alpha_j \boldsymbol{a}_j \cdot \boldsymbol{a}_i \right)^2 + \lambda \sum_{i,j=1}^{n} \alpha_i \alpha_j \boldsymbol{a}_j \cdot \boldsymbol{a}_i$$

从而在拟合程度和模型复杂度之间进行权衡。公式中第二个求和部分会惩罚大的系数。这会防止模型为单个训练实例赋予很大的权值而过于强调单个训练实例的作用，除非这会导致训练误差明显增大。参数 λ 控制拟合程度和模型复杂度之间的权衡。当使用矩阵操作来求解模型系数时，岭惩罚对于稳定的退化情况还有额外的好处。由于这个原因，它也会应用于标准最小平方线性回归中。

尽管核岭回归与支持向量机相比有计算简便的优点，但它的缺点是它的系数向量不具有稀疏性，也就是说没有“支持向量”的概念。这使得两种方法的预测时间相反，因为支持向量机只需要将支持向量的集合相加，而核岭回归则需要面对整个训练集。

230 在典型的实例数多于属性数的情况下，即使使用点积而不使用核函数，核岭回归的计算成本也比标准线性回归高。这是因为要得到模型的系数向量需要使用矩阵求逆操作。标准的线性回归需要求一个 $m\times m$ 矩阵的逆，复杂度为 $O(m^3)$，其中 m 是数据中属性的数量。核岭回归则要求 $n\times n$ 矩阵的逆，复杂度为 $O(n^3)$，其中 n 是训练数据中实例的个数。然而，在需要进行非线性拟合或者属性比训练实例多的情况下，使用核岭回归还是有优势的。

6.4.5　核感知机

在4.6节中，我们介绍了用于学习线性分类器的感知机算法。核技巧也可以应用于这个算法，使之升级用以学习得到非线性决策边界。

为了了解这点，我们先来复习线性的情况。感知机算法让训练集实例一个接一个进行重复迭代，当其中的一个实例按目前所学习的权向量进行分类出现错误时，就要更新权向量。更新只是简单地在权向量上加上或减去这个实例的属性值。这意味着最终的权向量是被错误分类的实例的总和。感知机做预测是基于

$$\sum_i w_i a_i$$

大于0还是小于0，其中 w_i 是第 i 个属性的权值，a_i 是要进行分类的实例所对应的属性值。相反，也可以用

$$\sum_i \sum_j y(j)\, a'(j)_i\, a_i$$

这里，$\boldsymbol{a}'(j)$ 是第 j 个被错误分类的训练实例，$a'(j)_i$ 是它的第 i 个属性值，$y(j)$ 是它的类值（不是+1就是−1）。在实现时，我们不再需要清楚地记录权向量，只需要保存当前被错误分类的实例，然后利用上面的表达式来预测。

看来似乎没有什么可取之处——事实上，这个算法相当慢，因为每做一次预测需要重复处理所有的错误分类实例。然而，再仔细地看看这个公式，发现它可以用实例间的标量积来表示。首先交换求和符号，得到

$$\sum_j y(j) \sum_i a'(j)_i\, a_i$$

第二个求和正是两个实例之间的标量积，可以写成

$$\sum_j y(j)\, \boldsymbol{a}'(j) \cdot \boldsymbol{a}$$

关键在此！类似于支持向量机的表达式使我们能利用核函数。确实，这里我们可以采取完全相同的技巧，利用核函数来替换标量积。将这个函数表示为 $K(\cdots)$，得到

$$\sum_j y(j)K(\boldsymbol{a}'(j),\boldsymbol{a})$$

这样，感知机算法只要简单地记录在训练过程中被错误分类的训练实例，用上面的表达式来做预测，就能学习得到非线性分类器。 231

如果在由核函数创建的高维空间中存在一个分隔超平面，那么利用这个算法会得到一个超平面。但是，所得到的不是支持向量机分类器所能得到的最大间隔超平面。这意味着它的分类性能通常比较差。从好的方面看，这个算法容易实现并且支持增量学习。

这个分类器称为*核感知机*（kernel perceptron）。结论是所有学习线性模型的算法都可以类似地通过应用核技巧进行升级。例如，Logistic 回归可以转变为*核 Logistic 回归*（kernel Logistic regression）。正如前面看到的，核技巧同样适用于回归问题：线性回归也可以利用核函数来升级。这些高级的线性回归和 Logistic 回归方法的缺点（如果它们采取直接应用核技巧）是结果不是“稀疏的”：每个训练实例对最终的结果向量都有贡献。在支持向量机和核感知机中，只是部分训练实例影响最终的结果，这点在计算效率上会造成很大的差别。

感知机算法所得到的结果向量在很大程度上依赖于实例的顺序。一种可以使算法比较稳定的方法是使用在训练过程中所经历到的所有权向量，不只是最终的那个，让它们对预测进行投票。每个权向量贡献一定数目的票数。直观地来看，一个权向量的“正确性”可以粗略地用它自形成后对随后的训练实例进行正确分类而无需更新的数目来度量。可以将这个度量赋予这个权向量作为它要贡献的票数，这个算法就是*投票感知机*（voted perceptron），它的性能与支持向量机相差无几（注意，如前所述，投票感知机中的不同权向量也不需要显示记录，核技巧在这里也同样适用）。

6.4.6 多层感知机

为建立一个基于感知机的非线性分类器，使用核函数并不是唯一的方法。实际上，核函数是近期才发展起来的机器学习方法。以前，神经网络对于非线性分类问题采用另一种不同的方法：它们将许多简单的类似感知机的模型按层次结构连接起来。这样就能表现非线性决策边界。

在 4.6 节中曾解释过感知机代表一个存在于实例空间的超平面。我们曾提到它有时被描述为人工“神经元”。当然，人和动物的大脑能成功地完成非常复杂的分类问题，例如，图像识别。单靠大脑中单个神经元的功能是不足以完成这些壮举的。类似大脑的结构是如何解决这类问题的呢？答案在于大脑神经元是大规模地相互连接的，它能将一个问题分解为可以在神经元这一层来解决的子问题。这个观察结果启发了人工神经网络的发展。 232

考虑图 6-11 中简单的数据集。图 6-11a 展示了一个 2 维实例空间，含有 4 个实例，实例的类别为 0 和 1，分别用白的和黑的圆点来表示。无论你怎样在这个空间上画直线，都无法找到一条直线能将黑白圆点分隔开来。换句话说，这个问题不是线性可分的，简单的感知机算法无法生成分隔超平面（在 2 维实例空间，超平面只是一条直线）。图 6-11b、c 的情形就不同了：这两种情况都是线性可分的。图 6-11d 的情况也是如此，图中展示了在 1 维实例空间中的两个实例点（在 1 维实例空间，超平面退缩成一个分隔点）。

如果你熟悉命题逻辑，你也许会注意到图 6-11 中的 4 种情况正好对应 4 种逻辑关系。

图 6-11a 代表逻辑异或（XOR），当且仅当有一个属性值为 1 时，类值为 1。图 6-11b 代表逻辑与（AND），当且仅当两个属性值都为 1 时，类值为 1。图 6-11c 代表逻辑或（OR），当且仅当两个属性值都为 0 时，类值为 0。图 6-11d 代表逻辑非（NOT），当且仅当属性值为 1 时，类值为 0。由于后面三种情况都是线性可分的，所以感知机可以代表逻辑与、逻辑或及逻辑非。图 6-11f ~ 图 6-11h 分别展示了与数据集相对应的感知机。可是简单的感知机不能代表逻辑异或，因为它不是线性可分的。解决这个问题的分类器仅用一个感知机是不够的，需要多个感知机。

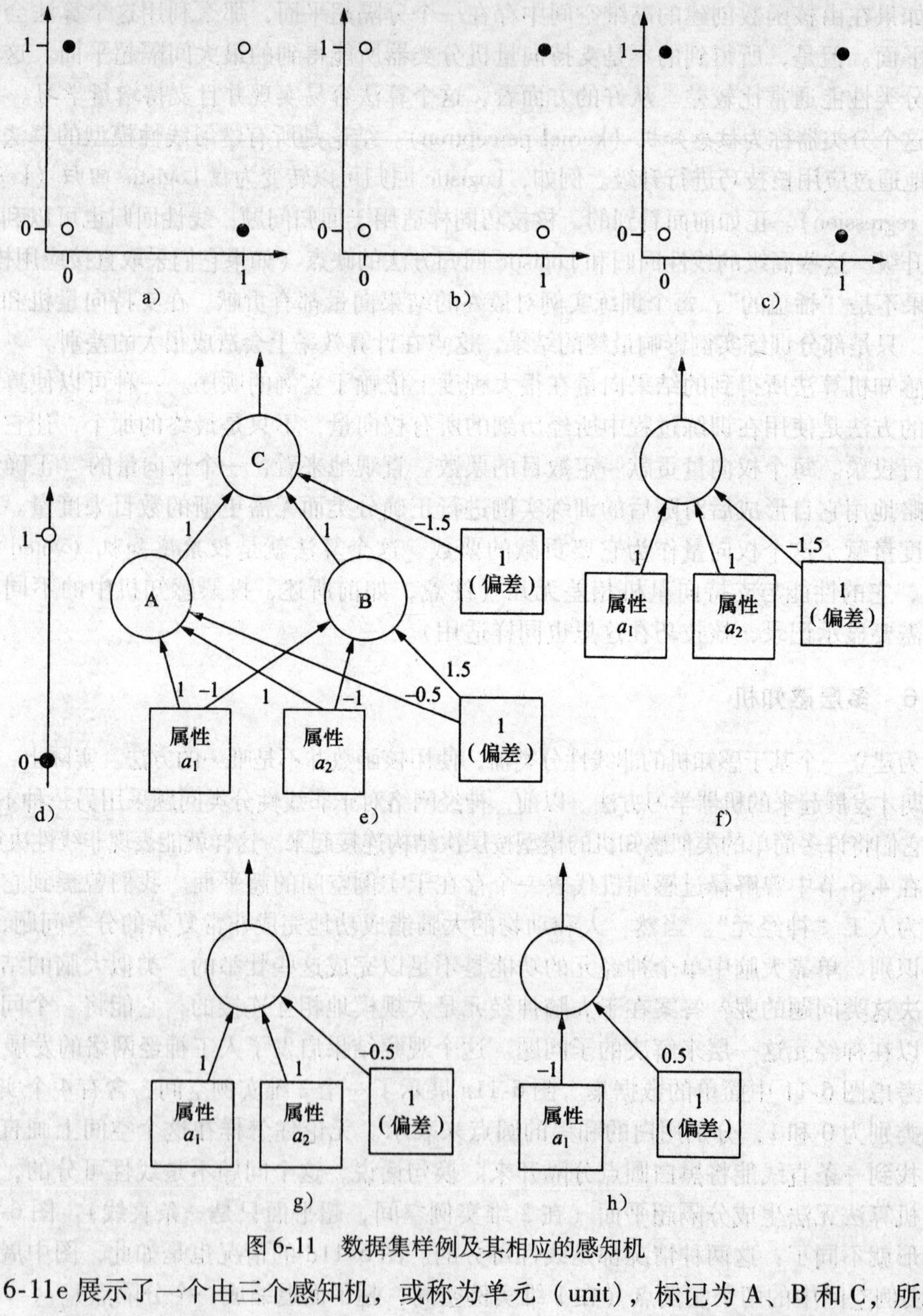

图 6-11 数据集样例及其相应的感知机

图 6-11e 展示了一个由三个感知机，或称为单元（unit），标记为 A、B 和 C，所组成的网络。前面两个与网络输入层（input layer）相连接，输入层代表数据的属性。就像在

简单的感知机中一样，输入层还附加一个称为*偏差*（bias）的常量输入。然而，第三个单元却和输入层没有任何连接。它的输入是由单元 A、B 的输出（非0即1）和另一个常量偏差单元所组成。这三个单元构成了多层感知机的*隐层*（hidden layer）。称为“隐层”是因为单元与外部环境没有直接的连接。正是这一层让系统有表示异或（XOR）的功能。可以用所有4种可能的输入信号组合来进行核实。例如，如果属性 a_1 为1，a_2 也为1，那么单元 A 将输出1（因为 $1\times1+1\times1-0.5\times1>0$），单元 B 将输出0（因为 $-1\times1+(-1)\times1+1.5\times1<0$），单元 C 将输出0（因为 $1\times1+1\times0+(-1.5)\times1<0$）。这是正确的答案。仔细检查这三个单元的功能就会发现，第一个代表或，第二个代表与非（NAND）（逻辑非和逻辑与组合在一起），第三个是与。组合在一起代表了（a_1 OR a_2）AND（a_1 NAND a_2），这正是异或的精确定义。

正如这个例子所展示的，命题计算的任何表达式都可以转化为一个多层感知机，因为逻辑与、逻辑或和逻辑非这三种连接关系就已足够用了，并且我们也已经看到了感知机是如何代表每种关系的。个体单元可以连接在一起来表示任意复杂的表达式。因此多层感知机也具备相同的表达能力，譬如说，与决策树相比。实际上，一个两层感知机（不算输入层）就足够了。这时，隐层的每个单元对应不同的逻辑与，因为我们假设它可能在做逻辑与之前，部分输入要进行逻辑非操作。然后在输出层进行逻辑或操作，它是由单个单元来表示的。换句话说，隐层的每个单元所担当的角色就如同叶子结点在决策树中，或者单个规则在决策规则集中所担当的角色。

重要的问题是怎样学习多层感知机。这个问题有两个方面：一方面是学习网络结构，另一方面是学习连接权值。对于一个给定的网络结构，有一种相当简单的算法可用来决定权值。这个算法称为*反向传播*（backpropagation）法，将在下一节讨论。虽然现有许多试图识别网络结构的算法，但这方面的问题通常是通过实验来解决的，也许需要结合一些专业知识。有时可以将网络分隔成不同的模块，代表不同的子任务（例如，在图像识别问题中，辨别一个物体不同的组成部分），这开创了一种将领域知识与学习过程结合起来的方法。通常一层隐层就是所需的全部，而合适的隐层单元数目则是通过最大化估计准确率来决定的。

反向传播

假设现有一些数据，我们要寻找一个多层感知机，它是潜在分类问题的准确预测器。给定固定的网络结构，必须决定合适的网络连接权值。在没有隐层的情况下，可以用4.6节中的感知机学习规则来找到合适的值。但是现在假设有隐层。要是知道输出单元该预测什么，就能根据感知机规则来调整连接这个单元的权值。可是连接到隐层单元的正确输出结果是未知的，因此感知机规则在这里不适用。

一般来说，解决办法是根据每个单元对最终预测的贡献调整与隐层单元连接的权值。有一种称为*梯度下降法*（gradient descent）的标准数学优化算法能达到此目的。不幸的是，需要求导数，而简单的感知机使用阶跃函数来将加权的输入总和转换为0/1预测，而阶跃函数是不可微的。因此必须考虑是否能将阶跃函数替换为其他形式的函数。

图6-12a 展示了阶跃函数：如果输入小于0，输出为0，否则输出为1。我们需要找一个形状类似，但可微的函数。通常使用的替代函数是图6-12b 所展示的函数。在神经网络术语中，称为 sigmoid 函数并定义为 233~235

$$f(x)=\frac{1}{1+e^{-x}}$$

在4.6节讨论Logistic回归中使用对数变换时，我们曾遇到过sigmoid函数。实际上，学习一个多层感知机与Logistic回归是密切相关的。

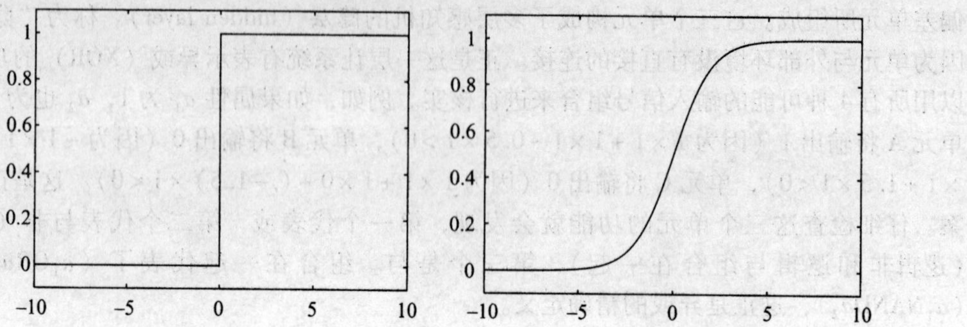

a）阶跃函数　　　b）sigmoid函数

图6-12　阶跃与sigmoid

为了应用梯度下降过程，通过调整权值使误差函数达到最小化，因此误差函数也必须是可微的。用5.6节中介绍的离散的0－1损失函数来衡量错误分类数目，也不符合这个标准。另外，在多层感知机训练时，一般是将网络输出的平方误差最小化，本质上是把它看做是对类概率的估计（其他损失函数也可以用。例如，如果用负对数似然函数代替平方误差，学习sigmoid的感知机和Logistic回归是一样的）。

我们采用平方误差损失函数，因它的应用最为广泛。对单个训练实例来说，它是

$$E = \frac{1}{2}(y - f(x))^2$$

这里，$f(x)$是从输出单元得到的网络的预测值，y是实例的类标（这里假设不是1就是0）。系数1/2只是为了方便，当开始计算导数时就去掉。

梯度下降揭示了将被最小化的函数，这里是误差函数的导数所提供的信息。举个例子，假设误差函数正好是w^2+1，如图6-13所示。x轴代表一个要进行优化的假设参数w。w^2+1的导数是$2w$。重要的是，根据导数可以计算函数在任意点的斜率。如果导数是负的，则函数向右下方倾斜；如果是正的，则向左下方
236 倾斜。导数的大小决定了倾斜的陡峭度。梯度下降法利用这些信息来调整函数的参数，它是一个迭代优化的过程。它将导数值乘以一个称为学习率（learning rate）的小常量，然后将计算结果从目前的参数值中减去。代入新的参数重复这个过程，以此类推，直到达到最小值。

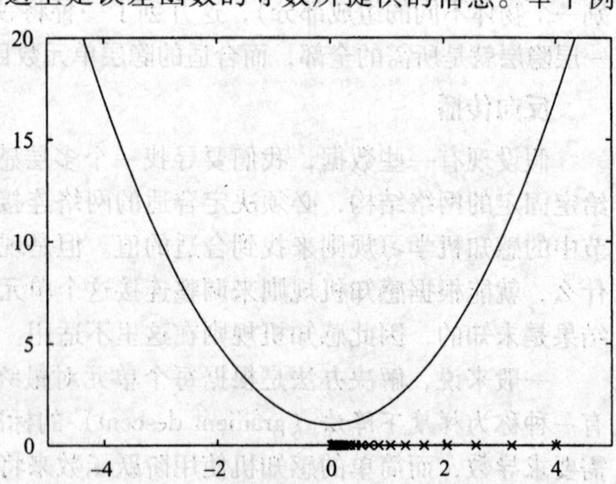

图6-13　误差函数w^2+1的梯度下降

回到上述例子中，假设学习率设定为0.1，目前的参数值w为4。导数是它的两倍，就是8。乘以学习率得到0.8，再将其从4中减去，得到3.2，这就是新的参数值。用3.2作为参数值再重复这个过程，得到2.56，然后又得到2.048，等等。图6-13中的小叉显示

的就是在这个过程中所产生的数值。一旦参数值变化变得非常小，就停止这个过程。在此例子中，这个情况发生在当参数值逼近于0时，这个值对应于 x 轴上的位置正是假设误差函数达到最小值的位置。

学习率决定了改变的大小，因此决定了多快能使搜索达到收敛。如果这个值太大，误差函数又有几个极小值，搜索也许会越过目标，错过极小值，或者出现大幅振荡。如果太小，靠近极小值的进程可能会很慢。注意，梯度下降法只能找到局部极小值。如果函数有多个极小值，那么多层感知机的误差函数通常有多个极小值，找到的也许不是最好的。这是标准多层感知机与其他方法（如支持向量机）相比的一个最明显的缺陷。 237

为了利用梯度下降法来寻找多层感知机的权值，平方误差的导数必须根据每个参数来决定，即在网络中的每个权值来决定。先来看看不带隐层的简单感知机。根据某个具体的权值 w_i，对上述误差函数求导，得到

$$\frac{\mathrm{d}E}{\mathrm{d}w_i} = (f(x) - y)\frac{f(x)}{\mathrm{d}w_i}$$

这里 $f(x)$ 是感知机的输出，x 是加权的输入总和。

要计算等式右边第二个因子，需要对 sigmoid 函数求导。得到的是可以用函数 $f(x)$ 自身来表示的特别简单的形式：

$$\frac{\mathrm{d}f(x)}{\mathrm{d}x} = f(x)(1 - f(x))$$

用 $f'(x)$ 表示这个导数。可我们是要对 w_i 求导而不是对 x 求导。因为

$$x = \sum_i w_i a_i$$

所以 $f(x)$ 对 w_i 求导得到

$$\frac{\mathrm{d}f(x)}{\mathrm{d}w_i} = f'(x)a_i$$

将这个结果代入对误差函数的导数，得到

$$\frac{\mathrm{d}E}{\mathrm{d}w_i} = (f(x) - y)f'(x)a_i$$

这个表达式给出了改变权值 w_i 计算所需的全部，这个改变是由于某个具体的实例向量 $\boldsymbol{a}$（如前所述，再附加一个偏差1）所引起的。对每个训练实例重复进行这样的计算，然后把改变值按具体的 w_i 分别相加，乘以学习率，再从当前的 w_i 值中减去计算结果。

到现在为止都还不错。但是所有这些都是在假设没有隐层的前提下。带有隐层就稍许难处理一些。假设 $f(x_i)$ 是第 i 个隐层单元的输出，w_{ij} 是从输入 j 到第 i 个隐层单元连接的权值，w_i 是第 i 个隐层单元和输出单元之间的权值。图6-14 描绘了这个情形。和前面一样，$f(x)$ 是输出层的单个输出单元。权值 w_i 的更新规则和上述方法基本相同，除了用第 i 个隐单元的输出替换了 a_i 外：

$$\frac{\mathrm{d}E}{\mathrm{d}w_i} = (f(x) - y)f'(x)f(x_i)$$

然而，为了更新权值 w_{ij}，需要进行相应的求导计算。应用链式规则得出

$$\frac{\mathrm{d}E}{\mathrm{d}w_{ij}} = \frac{\mathrm{d}E}{\mathrm{d}x}\frac{\mathrm{d}x}{\mathrm{d}w_{ij}} = (f(x) - y)f'(x)\frac{\mathrm{d}x}{\mathrm{d}w_{ij}}$$

前两个因子与先前的公式是一样的。要计算第三个因子，需要进一步求导。因为

$$x = \sum_i w_i f(x_i)$$

那么

$$\frac{\mathrm{d}x}{\mathrm{d}w_{ij}} = w_i \frac{\mathrm{d}f(x_i)}{\mathrm{d}w_{ij}}$$

而且，

$$x_i = \sum_j w_{ij} a_j$$

因此

$$\frac{\mathrm{d}f(x_i)}{\mathrm{d}w_{ij}} = f'(x_i)\frac{\mathrm{d}x_i}{\mathrm{d}w_{ij}} = f'(x_i)a_j$$

这意味着问题解决了。将所有这些归纳在一起，得到误差函数对权值 w_{ij} 求导的公式：

$$\frac{\mathrm{d}E}{\mathrm{d}w_{ij}} = (f(x) - y)f'(x)w_i f'(x_i)a_j$$

同前面一样，对每个训练实例进行这样的计算，然后把改变值按具体的 w_{ij} 分别相加，乘以学习率，再从目前 w_{ij} 值中减去计算结果。

这个求导方法是应用于含一层隐层的感知机。如果存在两层隐层，可以再次应用相
238 同的策略来更新第一层隐层的输入连接权值，错误从输出单元通过第二层隐层传播到第一层。由于这样一种错误传播机制，所以这种普通的梯度下降策略称为反向传播法。

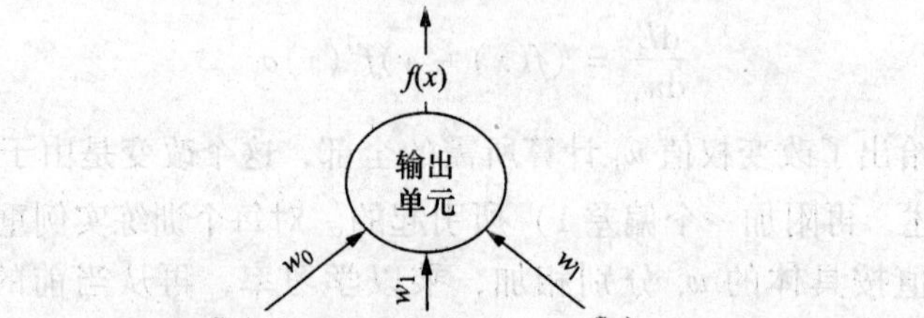

图 6-14　带一层隐层的多层感知机

我们默认假设网络输出层只有一个单元，这适合于二类问题。对含有两个以上类的情况，可以将每个类和其他的类区分开来进行一个个单独的网络学习。也可以通过为每个类各建立一个输出单元，将隐层的每个单元和每个输出单元相连接，从而能在单个网络上获得一个更为紧凑的分类器。某个具体训练实例的平方误差是所有输出单元的平方误差的总和。相同的技术亦可应用于同时预测多个目标或者多个属性值，它是通过为每个（目标或属性值）各建立一个输出单元来实现的。从直觉上看，如果潜在的各项学习任务之间存在联系，那么这种方法可能比给每个类各建立一个分类器的预测准确率高。 239

我们已经假设权值只是在所有训练实例都传送到网络后才进行更新，所有相应的权值改变是累积起来的。这是*批量学习*（batch learning），因为所有的训练数据是在一起处理的。但是也可以用完全相同的公式，在对每一个训练实例进行处理后立即更新权值。由于每次更新后，总体误差率不一定下降，所以这叫做*随机反向传播*（stochastic backpropagation）。它可用于在线学习，这种情形下新数据以连续的数据流形式传送进来，对每个训练实例只处理一次。在这两种反向传播方法中，先将属性标准化使之平均值为0、标准差为1，通常是很有帮助的。在开始学习前，将每个权值初始化为基于平均值为0的正态分布的、一个很小的随机值。

与其他学习方案一样，用反向传播法训练的多层感知机可能会过度拟合，特别是当网络规模远大于表达潜在学习问题结构的需要时。人们提出许多修改方案来避免这个问题。一个非常简单的方法称为*提前停止*（early stopping），与规则学习器中的减少-误差剪枝算法一样：用一个旁置数据集来决定何时停止反向传播算法的迭代过程。测量旁置数据集上的错误，一旦错误开始增加就停止，因为这表明与训练实例过度拟合了。另一种方法称为*权值衰减*（weight decay），即在误差函数上加一个惩罚项，它由网络中所有权值总和的平方组成。它试图通过惩罚那些权值较大却不能相应地为降低误差做贡献的权值来限制网络预测中无关连接的影响。

虽然标准梯度下降法是用于学习多层感知机权值的最简单技术，但这并不意味着它是最快速的方法。实际上，这个方法相当慢。一个经常能带来性能改善的诀窍是在更新权值时包含一个*动量*（momentum）项：在新更改的权值上再加上前次迭代更新量的一小部分数值。这使方向改变上不那么突然，平滑了搜寻过程。更复杂的方法是利用误差函数的二次求导信息，这样能更快地达到收敛。然而，与其他的分类器学习方案相比较，即使采用这样的算法还是很慢。

带有隐层的多层感知机的一个严重缺陷是十分难于理解。有几种技术试图从训练好的神经网络中提取规则。但是，并不很清楚这与从数据中直接导出规则集的标准规则学习器相比是否有优势，特别是首先考虑标准规则学习法一般比学习一个多层感知机要快很多。 240

虽然多层感知机是神经网络中最著名的，但还有很多类型的神经网络。多层感知机是属于一种称为*前馈网络*（feed-forward networks）的网络类型，因为它们不包含任何环，网络的输出仅仅依赖于当前的输入实例。*回复式*（recurrent）神经网络包含环。将先前输入得到的计算结果反馈到网络中，使网络具有类似记忆的能力。

6.4.7 径向基函数网络

另一种常用的前馈网络是*径向基函数*（RBF）网络。不算输入层，它共有两层，与多层感知机的不同之处在于它的隐层单元会进行计算。本质上，每个隐层单元代表输入空间中的某个特定的点，而对于一个给定实例，隐单元的输出或称为*激活*（activation），是由它的点和这个实例，即另外一个点之间的距离决定的。从直觉上看，这两点越接近，激活就越强。这是通过非线性转换函数将距离转换为相似度来实现的。钟形的高斯*激活函数*（activation function）就是为实现这个目的的一种常用函数，它的每个隐层单元的高斯激活函数的宽度可能是不同的。隐层单元称为径向基函数，因为在实例空间中的各点通过一个给定的隐层单元对其产生相同的激活，形成一个超球面或超椭圆体（在多层感知机中，就是超平面）。

RBF 网络的输出层和多层感知机的输出层是相同的：在分类问题中，它是隐层输出的线性组合，并且使用 sigmoid 函数（或者其他类似形状的函数）进行传递。

这种网络要学习的参数是：(a）径向基函数的中心和宽度；(b）用于形成隐层输出的线性组合的权。RBF 网络明显优于多层感知机的一点是，第一组参数的确定可以独立于第二组参数而仍然能产生精确的分类器。

决定第一组参数的一种方法是使用聚类。可以应用 4.8 节中介绍的简单的 k 均值聚类算法，独立地对每个类进行聚类得到 k 个基函数。从直觉上说，所得到的径向基函数代表了实例原型。然后可以学习第二组参数，第一组参数保持固定不变。这涉及使用我们讨论过的技术（例如，线性或 Logistic 回归）学习一个线性模型。倘若隐层单元数目比训练实例数目小很多，学习很快就完成了。

RBF 网络的缺点是，由于在距离计算中所有属性采用相同的处理，所以赋予每个属性相同的权值，除非属性权值参数包含在全局优化过程中。因此和多层感知机相比，它不能有效地处理无关的属性。支持向量机也存在同样的问题。实际上，用高斯核函数的支持向量机（即“RBF”核函数）是 RBF 网络的一种特例，即基函数是以每个训练实例为中心，
241 输出是通过计算最大间隔超平面来得到线性组合。它的效果是只有部分径向基函数有非零的权值，即那些代表支持向量的径向基函数。

6.4.8　随机梯度下降

我们已经介绍了梯度下降和随机反向传播作为神经网络权值学习的优化方法。梯度下降实际上是一种通用的优化技术，可以应用到任何目标函数可微的情况中。实际上，通过使用一种叫*次梯度*（subgradient）的策略，它还可以应用到目标函数不是完全可微的情况中。

一种应用是使用梯度下降学习线性模型，如线性支持向量机或 Logistic 回归等。使用梯度下降学习这些模型比优化非线性神经网络容易，因为这些模型的目标函数有一个全局的最小值，而不是像非线性神经网络那样有多个局部极小值。对于线性问题，随机梯度下降过程可以设计得计算简单、收敛很快，允许支持向量机和 Logistic 回归等模型能够从大数据集中学习。此外，随机梯度下降允许模型以在线的方式增量学习。

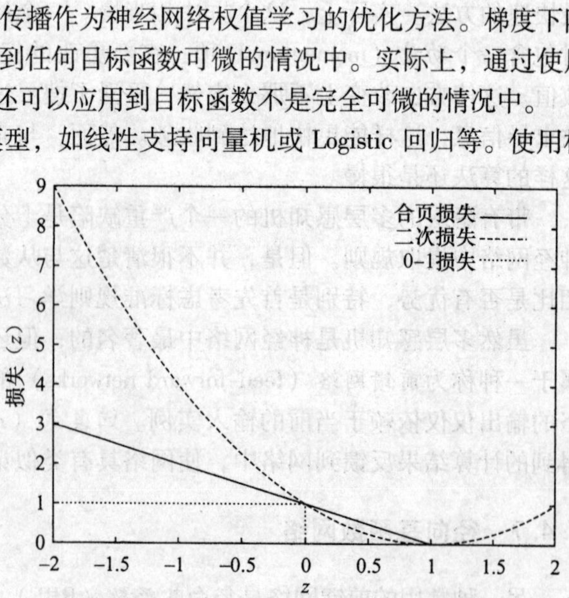

图 6-15　合页损失函数、二次损失函数和 0 - 1 损失函数

对于支持向量机来说，最小化的损失函数叫做*合页损失*（hinge loss）函数。如图 6-15 所示，它是由一段向

下倾斜的线性部分和 $z=1$ 处的水平部分组成的，因此而得名。形式化表示为 $E(z)=\max\{0, 1-z\}$。为了比较，该图还同时显示了不连续的0－1损失函数，以及连续可微的二次损失函数。这些函数被绘制成边缘函数 $z=yf(x)$，其中类别 y 为 -1 或 $+1$，$f(x)$ 是线性模型的输出。当 $z<0$ 时，分类错误，因此所有的损失函数在负数区域内所受惩罚最大。在线性可分的情况下，对于成功分开数据的函数，合页损失为0。最大间隔超平面是由合页损失为0的最小权向量确定的。

与0－1损失函数不同，合页损失函数是连续的，但是在 $z=1$ 处不可微，而二次损失函数处处都可微。如果在处理一个训练实例后使用梯度下降法更新模型的权值，由于需要求损失函数的导数，所以不可微会带来问题。这时就要引入次梯度的概念。基本的思想是，尽管无法计算梯度，但是如果可以用一个与梯度类似的东西代替，同样可以找到最小值。在合页损失函数的情况下，将不可微点处的梯度设置为0。实际上，对于 $z\geqslant 0$ 合页损失为0，那么我们就可以只关注可微的部分（$z<0$），并正常处理。

要找到最小的权向量必须忽略权值衰减，对于使用合页损失函数的支持向量机，更新的权值是 $\Delta w_i=\eta a_i y$，其中 η 是学习率。对于随机梯度下降，对每个实例计算 z 只需计算权向量和实例之间的点积，结果乘以实例的类值，检查结果是否小于1。如果结果小于1，则更新相应的权值。与感知机一样，也可以将权向量扩展增加一个元素并为每个训练实例包含一个额外的值总是为1的属性，以此来引入一个偏差项。

6.4.9 讨论

支持向量机源自统计学习理论的研究（Vapnik，1999），对它的探索始于 Burges（1998）提供的指南。Cortes 和 Vapnik（1995）发表了一篇概括性的描述，包括将其推广到数据处于不可线性分隔的情形。本书介绍了标准的支持向量回归。Schölkopf 等（1999）提出了一个不同的版本，用一个参数来代替两个参数。Smola 和 Schölkopf（2004）提供了一个支持向量回归的深入指南。

岭回归是 Hoerl 和 Kennard（1970）提出的，现在可以在标准的统计学教材中找到它们。Hastie 等（2009）给出了关于核岭回归的详细描述。核岭回归与高斯过程回归在点估计方面是等价的，高斯过程的讨论超出了本书的范围。最有效的通用矩阵求逆算法的时间复杂度实际上是 $O(n^{2.807})$ 而不是 $O(n^3)$。

Freund 和 Schapire（1999）提出了（投票）核感知机。Cristianini 和 Shawe-Taylor（2000）对支持向量机和其他一些基于核函数的方法，包括支持向量学习算法中的优化理论都做了很好的介绍。我们只是略读了这些机器学习方法的表层，主要是因为它们隐含了高深的数学。利用核函数来解决非线性问题的思路被应用在许多算法中，例如主成分分析（将在7.3节中讨论）。核函数从本质上来看是一个带有某种数学特性的相似函数，任何一种结构都可以用核函数来定义，如集合、字符串、树以及概率分布。Shawe-Taylor 和 Cristianini（2004）以及 Schölkopf 和 Smola（2002）对基于核函数的学习做了详尽的介绍。 242~243

有关神经网络的文献很多，Bishop（1995）为多层感知机和 RBF 网络都提供了非常好的介绍。自从支持向量机的出现，人们对神经网络的兴趣似乎减少了，或许是因为支持向量机需要调整的参数较少，而能达到相同（甚至更高）的准确率。但是多层感知机有它的优势，它们能学习忽略无关属性，利用 k 均值训练的 RBF 网络可以看做是寻找非线性分类器的一种快速粗糙的方法。最近的研究表明，在许多实际的数据集上，多层感知机能达到与更现代的机器学习方法相媲美的性能。

近年来，对梯度方法学习分类器的兴趣又有所恢复。尤其是，由于随机梯度方法可以用于大规模数据集和在线学习的场景，所以被经常研究。Kivinen 等（2002）、Zhang（2004）和 Shalev-Shwartz 等（2007）研究将这些方法应用于支持向量机。Kivinen 等和 Shalev-Shwartz 等提出了基于当前迭代的梯度下降的设置学习率的方法，该方法只需要用户提供一个参数（叫做正规化参数）用于确定对训练数据的拟合程度。一般的正规化方式是通过限制能够更新数目来完成的。

6.5 基于实例的学习

在 4.7 节中已经看到最近邻规则是怎样应用于实现基本的基于实例学习的。这个简单的方案存在一些实际问题。第一，对于较大规模的训练数据集，它的速度往往很慢，因为对每个测试实例来说，整个训练集都要被搜寻一遍——除非使用像 kD 树或球树（ball tree）那样更复杂的数据结构。第二，对于噪声数据，性能较差，因为测试实例的类是由单个最近邻的实例决定的，所以没有使用任何“取平均值”来帮助消除噪声。第三，当不同的属性对分类结果存在不同程度的影响时，极端的情形是当某些属性对分类完全无关
244 时，性能较差，这是因为在距离公式中所有属性的贡献是均等的。第四，它不能实现显式的泛化，尽管在 3.5 节中提到（并在图 3-10 中描述）某些基于实例的学习系统确实能实现显式的泛化。

6.5.1 减少样本集的数量

普通的最近邻规则存储了许多冗余样本。几乎完全没有必要保存所有目前所见过的实例。一个简单的变体就是用所见的实例对每个实例进行分类，只保存被错误分类的实例。这里用了一个术语样本集（exemplars）特指先前已见过的、用于分类的实例集。丢弃被正确分类的实例以减少样本的数量，这被证明是剪枝样本数据库的一个有效方法。理想状况是只为实例空间上的每个重要区域存储单个样本。但是在学习过程早期被丢弃的实例，也许在后期看来是重要的实例，这可能导致预测准确率的降低。随着存储实例数目的增加，模型的准确率也随之得以改善，因此系统错误随之减少。

不幸的是，只存储被错误分类的实例在碰到噪声数据时不能正常工作。噪声实例很可能被错误分类，因此导致所存储的样本集是在累积那些最无用的实例。这个结论很容易通过实验观察到。因此，这个策略只是在探寻有效的基于实例学习方法道路上的一块踏脚石。

6.5.2 对噪声样本集剪枝

对任何不抑制噪声样本集的最近邻方案来说，噪声样本集不可避免地会降低性能，因为它们会重复地造成对新实例的错误分类。有两种方法可以解决这个问题：一种是局部的，预先确定一个常数 k，然后查找 k 个最近邻的实例来代替查找单个最近邻实例，并将多数类赋予未知实例。问题是怎样给定合适的常数 k。简单最近邻学习对应的 k 值等于 1。

噪声越多，k 值就应越大。第一种方法是设定几种不同的 k 值进行交叉验证，然后选择其中最好的。虽然这样计算时间耗费很多，但通常能达到非常好的预测性能。

第二种方法是监测每个存储样本的性能，丢弃性能不好的。这可以通过记录每个样本所做出的正确和错误的分类决策数目来完成。在正确率上要预设两个阈值。当某个样本的性能低于阈值下限时，它将从样本集中删除。如果性能超过阈值上限，它将用于测试新的实例。如果性能介于两者之间，它将不参与预测，但只要它是新实例最靠近的样本（假如 245 它的性能记录足够好，它就会参与预测），它的成功统计就要被更新，就好像它参与了预测那个新的实例。

为了完成这个任务，要利用5.2节中推导的伯努利过程成功概率的置信边界。回想一下，我们将 N 次实验中含有 S 次成功作为潜在真实正确率 p 的置信边界的依据。给定某一置信度，比如说5%，可以计算上界、下界，并有95%的把握将 p 落入上界、下界之内。

为了把这点运用于决定何时接受某个样本，先假设某个样本已参与 n 次对其他实例的分类，其中 s 次是正确的。这使我们能估计出在某一置信度下，这个样本真实正确率的边界。现在假设这个样本的类在 N 个训练实例中出现 c 次。这使我们能估计出默认正确率的边界，这里默认正确率是指对这个类的实例分类的成功概率，而不考虑其他实例的任何信息。我们主张真实正确率的置信边界下界要高于默认正确率置信边界的上界。用同样的方法来设计丢弃性能差的样本的准则，丢弃的条件是真实正确率的置信边界上界低于默认正确率置信边界的下界。

选择适当的阈值，这个方案工作得很好。在IB3即“基于实例的学习器版本3”的实现中，决定接受的置信度设为5%，决定丢弃的置信度设为12.5%。较低的百分率将产生较宽的置信区间，是为更严格的准则设计的，因为这使一个区间的下限要位于另一个区间的上限之上更加困难。决定接受的准则比决定丢弃的准则更严格，使一个实例被接受更为困难。丢弃准则不那么严格的原因在于丢弃分类准确率中等偏差的实例几乎不会有什么损失：很有可能以后会有类似的实例来取代它。运用这些阈值能使基于实例的学习方案的性能得到提高，同时大幅减少了存储的样本数目，特别是噪声样本。

6.5.3　属性加权

经过修改的欧几里得距离函数使所有的属性值按比例转换为0～1之间的数值，这在各个属性与结果的相关性等同的情况下能较好地工作。然而，这种情况只是一种例外而非常规。在多数情况下，部分属性与结果无关，并在相关属性中部分属性不如其他属性重要。基于实例学习的下一步改进就是通过动态更新属性权值来增量学习每个属性的相关性。

在一些方案中，权值是与具体类别相关的，即一个属性可能对某种类比对其他类更为重要。为了配合这一点，对每个类进行描述，使每个类的成员与属于其他类的成员区分开 246 来。这就带来了一个问题，即一个未知的测试实例可能会被赋予多个不同的类，或者一个类也没有，这是一个我们在讨论规则归纳中很熟悉的问题。可用启发式解决方案来解决这些问题。

距离度量在各个维上将各自属性权值 w_1，w_2，…，w_n 合并在一起考虑：

$$\sqrt{w_1^2(x_1-y_1)^2+w_2^2(x_2-y_2)^2+\cdots+w_m^2(x_m-y_m)^2}$$

当特征权值与类别相关时，每个类各自拥有一组权值。

对每个训练实例进行分类之后，所有的属性权值都要被更新，更新是基于最类似的样本（或每个类最类似的样本）。训练实例 x，最类似样本 y，对于每个属性 i，差值 $|x_i - y_i|$ 是这个属性对分类决策所做贡献的一种度量。如果差值很小，这个属性的贡献是正向的；而差异很大时，贡献则是负向的。基本的思想是依据这个差值的大小以及分类是否正确来更新第 i 个属性的权值。如果分类正确，相关的权值增加；如果分类错误，则减小。增加或减少的幅度由差值大小来控制，如果差异小，幅度就大，反之亦然。跟随权值改变之后的通常是重归范化步骤。一个可能达到相同效果而更为简单的方法是，如果决策正确，权值不变；如果错误，则增加差异最大的那些属性的权值，以强调差异。Aha（1992）对这些权值调整的算法进行了详细介绍。

一个检验属性加权方案是否有效的好方法是在数据集所有实例中添加无关属性。理想状况是，无关属性的介入，既不影响预测质量，也不影响存储样本的数目。

6.5.4　泛化样本集

泛化后的样本集是实例空间上的矩形区域，因为它们是高维的，所以称为**超矩形**（hyper-rectangle）。在对新的实例进行分类时，很有必要按下面所述的方法来修正距离函数，使之能计算实例与超矩形间的距离。当一个新实例被正确分类时，泛化就是简单地将它与同一个类中最近邻的样本合并起来。最近邻样本不是单个实例就是一个超矩形。在前一种情形下就产生一个新的超矩形，它包含新的和旧的实例。在后一种情形下，超矩形就会扩大，将新的实例包含进去。最后，如果预测不正确，而且导致做出错误预测的是一个
247 超矩形，那么这个超矩形的边界就会改变，从而缩小并远离新的实例。

很有必要在一开始就决定是否允许由于超矩形嵌套或重叠而引起的过度泛化。如要避免过度泛化，在泛化一个新实例之前要进行检查，看看新的超矩形是否会与任何属性空间的区域相冲突。如果有冲突就放弃泛化，将这个实例如实存储起来。注意超矩形的重叠正如同在一个规则集里，同一个实例被两条或两条以上的规则所包含。

在某些方案中，当一个已泛化的样本集完全包含在另一个样本集中时，可使用嵌套，就像在某些表达中，规则会有例外一样。为了达到这个目的，当一个实例被错误分类时，应用一个后退启发式方法，即如果第二近邻样本能产生正确的预测，则使用第二个近邻样本，再次尝试泛化。这种使用第二次泛化机制的方法促使超矩形的嵌套。如果一个实例正好落入一个代表错误类的矩形中，而这个矩形已含有一个与此实例同类的样本，那么它们两个就进行泛化，形成嵌套在原来的矩形中的一个新的“例外”超矩形。对于嵌套泛化样本，为了防止同属于一个类的所有实例泛化成单个矩形而占据问题空间的大部分，学习过程经常开始于一小部分的实例。

6.5.5　用于泛化样本集的距离函数

对于泛化样本集，很有必要对距离函数进行泛化，用于计算某个实例距一个泛化样本集或另一个实例的距离。当实例点落在超矩形内时，这个实例距超矩形的距离定义为零。一个最简单的用于计算位于超矩形外的实例距超矩形距离的方法是在超矩形内选择离这个实例最近的实例，并计算它们之间的距离。但是，这种方法削弱了泛化的益处，因为它引发了对某个具体实例的依赖。更精确地说，正好落入超矩形的新实例能继续保留泛化的益

处，而位于超矩形之外的则不能。或许使用（新实例）离超矩形最近部分的距离来替代会更好。

图6-16展示了使用最近邻点距离度量方法时，两个矩形类之间的隐含边界。即使是在2维空间，边界也包含9个区域（图中用数字标出，方便辨认）。那么在高维超矩形的情况下就更复杂了。

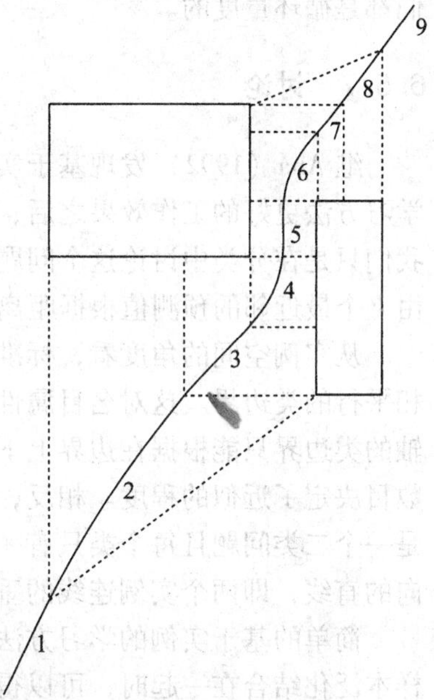

图6-16 两个矩形类间的边界

从左下角开始，第一个区域分界线是直线，区域位于两个矩形范围之外，即大矩形两边界的左方，小矩形两边界的下方。第二个区域是在一个矩形范围之内，即大矩形左边界的右方，但在另一个矩形范围之外，即小矩形两边界的下方。在这个区域中分界线呈抛物线形，因为离一条给定线和一个给定点距离相等的所有点的集合是一条抛物线（parabola）。第三个区域是分界线向上能投射到大矩形的下边界而向右能投射到小矩形的左边界的区域。这条区域中的分界线是直线，因为它离两条矩形边界是等距离的。第四个区域分界线位于大矩形的右下方。这时分界线呈抛物线形，因为它是离大矩形右下角和小矩形左边界等距的点的轨迹。第五个区域位于两个矩形之间：这里分界线是竖直的。右上部分图形重复这样的模式：先是抛物线，接着是直线，然后又是抛物线（虽然这条抛物线和直线很难区分），最后是从两个矩形的范围向外延伸的线性分界线。

这个简单的情形定义了一个复杂的分界边界！当然没有必要显式地表示分界线，它是通过最近邻法计算得出的。然而，这还不是很好的方法。用超矩形中的最近邻实例来计算距离过度依赖于某个具体实例的位置，即过度依赖于矩形的某个角，最近邻实例可能离这个角较远。

最后关注重叠或嵌套超矩形的距离度量问题。因一个实例可能落入多个超矩形中，使问题复杂化。适用于这种情况的一个启发式方法是，选择包含这个实例且超矩形最为具体化的类，即覆盖实例空间最小的类。

无论是否允许重叠或嵌套，都要修正距离函数，以便考虑样本预测的准确率以及不同属性的相对重要性，如前一节所述的剪枝噪声样本和属性加权一样。

6.5.6 泛化的距离函数

248~249

定义距离函数有很多不同的方法，也很难找出理由来进行任何一种具体的选择。一个较好的方法是考虑将一个实例通过一系列预设的初级运算转换成另一个实例，然后计算当运算方式为随机选择时这个系列运算会出现的概率。如果考虑所有可能的转换路径，用它们的概率进行加权，这将使方案更加健壮。将这个方法自然泛化到计算某个实例和其他一系列实例之间的距离问题时，就要考虑将这个实例转换为系列中的所有实例。通过这种技术，使得考虑每个实例的“影响范围”成为可能，这个范围是软边界而非 k 最近邻规则对某个实例的决策不是“内”就是“外”的硬边界分隔。

用这种方法，对于一个类未知的测试实例，依次计算它和每个类的训练实例集的距离，选择距离最近的类。在这种基于转换的方法中，通过定义不同的转换集，该方法对名目属性和数值属性都同样适合，甚至可用于一些不常用的属性类型，如弧度、星期等，它们都是循环量度的。

6.5.7　讨论

继 Aha（1992）发现基于实例的学习方法结合剪枝噪声样本和属性加权能达到比其他学习方法更好的工作效果之后，最近邻法在机器学习领域流行起来。值得一提的是，虽然我们只是在分类中讨论这个问题而没有对数值预测进行讨论，但它们是同等适用的：可以由 k 个最近邻的预测值根据距离加权组合得出最终的预测。

从实例空间的角度看，标准规则和基于树的表示方法，只能表示与属性定义的坐标轴相平行的类边界。这对名目属性来说不是一个障碍，但对数值属性来说则有问题。非平行轴的类边界只能根据在边界上下的一些与坐标轴平行矩形所覆盖的区域进行近似，矩形的数目决定了近似的程度。相反，基于实例的方法可以很容易地表示任意的线性边界。即使是一个二类问题且每个类只有一个实例的情况，由最近邻规则得到的边界也是一条任意方向的直线，即两个实例连线的垂直平分线。

简单的基于实例的学习方法除了选择代表样本外，不提供显示的知识表达。但当它和样本泛化结合在一起时，可以得到一组规则集，这组规则集可用来与其他机器学习方案所产生的规则集相比较。这些规则更趋于稳定，因为改进的、结合了泛化样本的距离度量，
250 可用于处理不落入规则内的实例。这减少了产生覆盖整个实例空间，甚至所有训练实例的规则所带来的压力。另一方面，大多数基于实例的学习方案的增量特性，意味着在只看到一部分训练集时，就很迫切地产生规则，而这不可避免地会降低规则的质量。

因为不清楚用何种方法进行泛化，所以我们没有提供各种运用泛化的基于实例学习的精确算法。Salzberg（1991）提出使用嵌套样本的泛化可以在多种问题的分类中取得较高的分类准确率。Wettschereck 和 Dietterich（1995）争论说这些结论是偶然的，在其他领域并不成立。Martin（1995）揭示了性能表现差的原因是因为当超矩形重叠或嵌套而引起过度泛化，而不是泛化造成性能差。他还证实了在很多领域中，如果避免了重叠或嵌套的发生，就会得到很好的效果。Cleary 和 Trigg（1995）提出了基于转换的泛化距离函数。

样本泛化是一种少见的学习策略的例子，它的搜索过程是从具体到一般，而树或规则归纳过程是从一般到具体。没有特别的理由要求这个从具体到一般的搜索必须对实例采用严格的增量模式，使用基本的基于实例的方法来产生规则的批量处理方案也是存在的。另外，进行保守的泛化，对没有覆盖的实例挑选“最近”泛化是非常好的主意，通常会对树或者规则归纳有帮助。

6.6　局部线性模型用于数值预测

用于数值预测的树就像普通的决策树，但在叶子结点所存储的是代表叶子结点处实例平均值的一个类值，这种树称为*回归树*（regression tree），或者是在叶子结点存储了能预测达到叶子结点的实例类值的一个线性回归模型，这种树称为*模型树*（model tree）。下面我们要讨论模型树，因为回归树实际上是模型树的一种特殊情况。

回归树和模型树首先使用决策树归纳算法建立一个初始树。但是，在大多数的决策树算法中，属性分裂是根据信息增益最大化来选择的，在数值预测中，使每个分支子集内部类值变化最小化来进行属性分裂是可行的。一旦形成了基本树，就要考虑从每个叶子结点往回对树剪枝，就像普通决策树一样处理。回归树和模型树归纳法的区别只是在于，后者的每个结点用一个回归平面来替代一个常量值。参与定义回归平面的属性，正是那些参与决定子树剪枝的属性，即在当前结点的下层结点中，或者在到根结点的路径中出现的属性。 251

在广泛讨论模型树后，我们将简单地讨论怎样从模型树中产生规则，然后介绍另一种基于生成局部线性模型的数值预测方法：局部加权线性回归。模型树是从基本的分治决策树算法演变而来，局部加权回归则是受启发于前一节讨论的基于实例的分类方法。与基于实例的学习一样，它在预测阶段进行所有“学习”。局部加权回归利用线性回归使模型与实例空间的特定区域局部拟合来构建模型树，但它采用了相当不同的方法。

6.6.1　模型树

当使用模型树来对一个测试实例进行数值预测时，像普通的决策树一样，在每个结点根据实例的属性值来决定走向，直至树的叶子结点。叶子结点含有一个基于部分属性值的线性模型，使测试实例得到一个原始的预测值。

在已剪枝树的两个相邻叶子结点的线性模型之间不可避免地会产生突变点，使用平滑处理以减少突变点，而不是直接使用原始的预测值，事实证明这是有益的。这是在小规模的训练集上构建模型的特殊问题。与叶子结点一样，平滑可以通过在建树的时候，为每个内部结点构建线性模型来实现。当一个测试实例根据叶子结点模型得到一个原始预测值时，这个值沿着树的一条路径过滤返回根结点，每个结点将这个值与该结点的线性模型所提供的预测值结合进行平滑处理。

一个合适的平滑计算公式是

$$p' = \frac{np + kq}{n + k}$$

这里 p' 是要向上一层结点传输的预测值，p 是由下层结点传输来的预测值，q 是这个结点提供的预测值，n 是下层结点的训练实例数量，k 是平滑常量。实验表明平滑处理大大提高了预测的准确性。

然而，不连续点仍然存在，最终的结果函数也不是平滑的。实际上，在树构建完后再把内部结点模型组合到叶子结点模型中，可以达到同样的平滑处理效果。在分类过程中，只需要使用叶子结点模型。缺点是叶子结点模型变得大而难以理解，因为当内部结点模型加入后，很多原来为零的系数现在变为非零系数了。 252

6.6.2　构建树

分裂标准用于决定对某个具体结点的训练数据 T 按哪个属性分裂最好。该标准基于把数据 T 中类值的标准差看做是对这个结点的误差的度量，并且计算期望误差减少值作为对这个结点每个属性进行测试的结果。选择使期望误差减少值达到最大的属性作为这个结点的分裂属性。

期望误差减少值称为标准差减少值（Standard Deviation Reduction，SDR），计算如下：

$$\mathrm{SDR}=\mathrm{sd}(T)-\sum_i \frac{|T_i|}{|T|}\times \mathrm{sd}(T_i)$$

这里 T_1，T_2，…是根据所选属性在结点进行分裂的结果数据集。sd(T) 是类值的标准差。

当一个结点的实例类值变化非常细微时，即当标准差的减少值只是占原始标准差的一小部分时（比如小于 5%），就终止分裂过程。当只剩下很少的实例时（比如，4 个或更少）也终止分裂。实验表明所得的预测结果对这些阈值选择并不很敏感。

6.6.3 对树剪枝

如前文所述，不仅在树的每个叶子结点有线性模型，而且在每个内部结点也有线性模型，这是为了进行平滑处理。在剪枝前，未剪枝树的每个结点上都计算得到一个模型。模型的形式为

$$w_0+w_1a_1+w_2a_2+\cdots+w_ka_k$$

这里 a_1，a_2，…，a_k 是属性值，权值 w_1，w_2，…，w_k 用标准回归法计算。然而，这里只使用了所有属性的一个子集——例如，只有这个结点下层的子树中或者在到根结点的路径中的测试属性才用于回归。注意，我们默认假设它们都是数值属性。在下一节中，我们将讨论名目属性的处理方法。

剪枝过程使用了一个估计器，是每个结点对测试数据期望误差的估计器。首先，用这个结点上所有训练集实例的预测值与真实类值之间的绝对误差计算平均值。由于树是用这个数据集建立的，所以这个平均值对于未知情形来说，是一个低估的期望误差。为了补偿这一点，将它与系数 $(n+v)/(n-v)$ 相乘，这里 n 是这个结点的训练实例数量，v 是给
253 出这个结点预测类值的线性模型所用的参数数量。

在某个结点对测试数据的期望误差计算如上所述，使用线性模型进行预测。因为有补偿系数 $(n+v)/(n-v)$，所以可以通过减少项数使估计误差达到最小化，从而使线性模型进一步简化。减少一项就减小了相乘的系数，这也许足以抵消在训练实例上平均误差的不可避免的增加。只要估计误差还在降低，就可以继续采用贪心策略逐个减少项数。

最后，一旦每个内部结点的线性模型都已计算完成，只要期望估计误差还在降低，就可以从叶子结点返回对树剪枝。将结点的线性模型期望误差与其子树的模型期望误差进行比较。为了计算后者，将来自每个分支的误差组合起来产生一个综合值。这个综合值根据分支训练实例的数量比例对分支加权，利用这些权值将误差估计进行线性组合。或者，也可以计算子树的训练误差，并且把它乘以前面的补偿系数，这是基于对树中参数数目的一个特定的估计（也许是给每个分裂点加 1）得到的。

6.6.4 名目属性

在构建模型树前，所有的名目属性都转换成二进制变量，随后就被当做数字一样对待。对每个名目属性，根据训练实例计算每个可能的属性值所对应的平均类值，然后按照这些平均值将属性值排序。如果名目属性有 k 个可能的取值，就要用 $k-1$ 个合成二元属性来替代。如果属性取值是属性序列中前 i 个中的一个，那么第 i 个属性值为 0，否则为 1。这样所有的分裂都是二分的：所涉及的不是一个数值属性就是一个可与数值属性同样对待的合成二元属性。

可以证明在某个结点对于含有 k 个取值的类别变量，最好的分裂点是按每个属性值的平均类值大小排序所得到的 $k-1$ 个位置中的一个。这个排序过程确实要在每个结点重复进行。但是，由于在树的下层结点中训练实例数目很小（在某些情况下，结点没有表现出某些属性所有的取值），噪声的增加是难以避免的，而只在构建模型树之前进行一次排序并不会使性能损失很多。

6.6.5 缺失值

为了考虑缺失值，对标准差减少值（SDR）公式进行修改。包括缺失值补偿，最后的公式为

$$\mathrm{SDR} = \frac{m}{|T|} \times \left[\mathrm{sd}(T) - \sum_{j \in \{L,R\}} \frac{|T_j|}{|T|} \times \mathrm{sd}(T_j)\right]$$

这里 m 是没有缺失值属性的实例数量，T 是这个结点上的实例集，T_L、T_R 是用这个属性进行分裂所得到的两个实例集，对属性的所有测试都是二分的。 254

在处理训练和测试实例时，一旦选定某个属性用于分裂，就必须将实例根据它们各自在这个属性上的取值分成两个子集。很明显，当属性值缺失时就会发生问题。一种有趣的称为代理分裂（surrogate splitting）的技术用于处理这类问题。它寻找另一个分裂属性来代替原来的分裂属性。被选择的属性要与原来的属性相关性最高。但是，这种技术不仅复杂而且执行起来很耗时。

一个比较简单的启发式规则是用类值作为代理属性，相信根据推理，它是最有可能与分裂属性相关的一个属性。当然这只能是用于处理训练实例，因为测试实例的类是未知的。对测试实例解决该问题的一个简单方法是用这个结点上训练实例的对应属性的平均值来代替这个未知的属性值，对二元属性来说，结果是选择拥有多数实例的子结点。这个简单的法在实际应用中效果不错。

现在来详细讨论怎样在训练过程中利用类值作为代理属性。首先处理分裂属性值已知的所有实例。我们决定用常规方法来分裂阈值，将实例按属性值排列，对每个可能的分裂点根据上述公式计算 SDR，选择误差减少值最大的分裂点。只有分裂属性值已知的实例才参与决定分裂点。

然后根据测试将这些实例分成 L 和 R 两个子集。再决定 L 或 R 中实例的哪个平均类值较大，并计算这两个平均类值的平均值。这样，属性值未知的实例就根据它的类值是否超过总平均值来决定将它放入 L 还是 R 中。如果超过总平均值，它将加入 L 或 R 中具有较大平均类值的那个，否则就加入具有较小平均类值的那个。当分裂停止时，所有的缺失属性值都用叶子结点上训练实例的相应属性平均值来替代。

6.6.6 模型树归纳的伪代码

图 6-17 给出了我们前面讨论的模型树算法的伪代码。其中有两个主要部分：一个是通过连续不断地分裂结点来构建树，由函数 split 来实现；另一个是从叶子结点向上对树剪枝，由函数 prune 来实现。数据结构 node 包括：标明这个结点是内部结点还是叶子结点的类型标记；指向左分支和指向右分支的指针；到达结点的实例集；结点的分裂属性；一个代表这个节点线性模型的结构。

```
MakeModelTree (instances)
{
  SD = sd(instances)
  for each k-valued nominal attribute
    convert into k-1 synthetic binary attributes
  root = newNode
  root.instances = instances
  split(root)
  prune(root)
  printTree(root)
}
split(node)
{
  if sizeof(node.instances) < 4 or sd(node.instances) < 0.05*SD
    node.type = LEAF
  else
    node.type = INTERIOR
    for each attribute
      for all possible split positions of the attribute
        calculate the attribute's SDR
    node.attribute = attribute with maximum SDR
    split(node.left)
    split(node.right)
}
prune(node)
{
  if node = INTERIOR then
    prune(node.leftChild)
    prune(node.rightChild)
    node.model = linearRegression(node)
    if subtreeError(node) > error(node) then
      node.type = LEAF
}
subtreeError(node)
{
  l = node.left; r = node.right
  if node = INTERIOR then
    return (sizeof(l.instances)*subtreeError(l)
          + sizeof(r.instances)*subtreeError(r))/sizeof(node.
          instances)
  else return error(node)
}
```

图6-17　模型树归纳伪代码

主程序一开始就调用 sd 函数，在 split 开始时又再次调用 sd 计算实例集类值的标准差。接着是如前所述的得到合成二元属性过程。创建一个新结点并输出最终树的标准程序没有在这里展示。在 split 中，sizeof 返回一个集合中所含元素的数量。缺失属性值的处理采用前面所述的方法。SDR 根据上一节开头部分的公式计算。虽然没有在代码中显示，但如果一个属性分裂所产生的叶子结点包含的实例数少于两个，它的结果就被设定为
255~256 无穷大。在 prune 中，linearRegression 程序沿着子树一直向下搜集属性进行递归，对结点所含实例的这些属性执行线性回归形成函数，然后如前所述只要能改进误差估计，就可以贪心地减少项。最后，误差函数 error 返回

$$\frac{n+v}{n-v}\times\frac{\sum_{\text{实例}}|\text{预测类值的减少值}|}{n}$$

这里 n 是结点上的实例数量，v 是结点线性模型的参数数量。

图 6-18 是利用这个算法对一个含有两个数值属性和两个名目属性问题建立模型树的例子。要预测的是模拟伺服系统的上升时间，系统包括伺服放大器、电机、导螺杆和滑架。名目属性在其中担当着重要的角色。各含有 5 个属性值的名目属性 motor 和 screw 由 4 个合成二元属性所替代，表 6-2 列出了对应的两组值。这些属性值的顺序：motor 为 D、E、C、B、A，screw 正巧也是 D、E、C、B、A，都是由训练数据决定的。使用 motor = D 的所有实例的上升时间平均值小于使用 motor = E 的所有实例的上升时间平均值，使用 motor = E 的又小于使用 motor = C 的，以此类推。从表 6-2 所列的系数大小可以明显看出，motor = D 相对于 E、C、B、A，screw = D、E、C、B 相对于 A，在 LM2、LM3 和 LM4 模型中（相对于其他模型）起着主导作用。motor 和 screw 在某些模型中都处于次要角色。

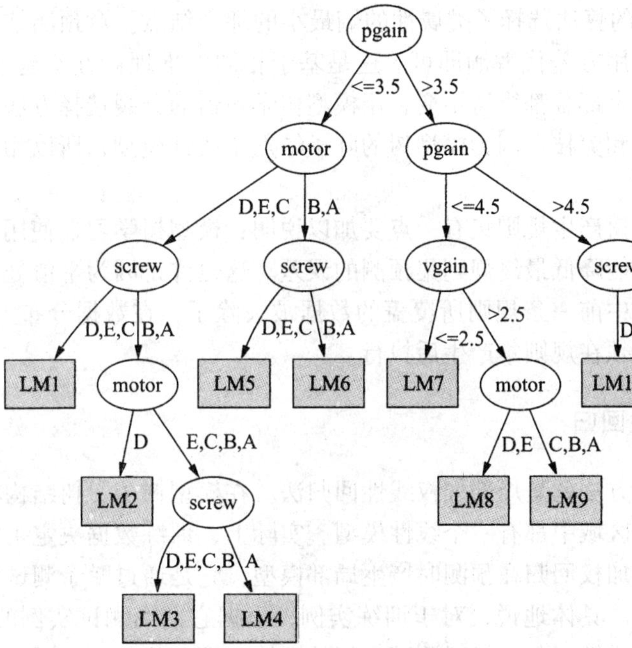

图 6-18 包含名目属性数据集的模型树 257

表 6-2 模型树中的线性模型

模型	LM1	LM2	LM3	LM4	LM5	LM6	LM7	LM8	LM9	LM10	LM11
常数项	0.96	1.14	1.43	1.52	2.69	2.91	0.88	0.98	1.11	1.06	0.97
pgain	−0.38	−0.38	−0.38	−0.38	−0.38	−0.38	−0.24	−0.24	−0.24	−0.25	−0.25
vgain	0.71	0.49	0.49	0.49	0.56	0.45	0.13	0.15	0.15	0.10	0.14
motor = D 对应于 E，C，B，A	0.66	1.14	1.06	1.06	0.50	0.50	0.30	0.40	0.30	0.14	0.14
motor = D，E 对应于 C，B，A	0.97	0.61	0.65	0.59	0.42	0.42	−0.02	0.06	0.06	0.17	0.22
motor = D，E，C，对应于 B，A	0.32	0.32	0.32	0.32	0.41	0.41	0.05				
motor = D，E，C，B，对应于 A					0.08	0.05					
screw = D 对应于 E，C，B，A											
screw = D，E，对应于 C，B，A	0.13										
screw = D，E，C，对应于 B，A	0.49	0.54	0.54	0.54	0.39	0.40	0.30	0.20	0.16	0.08	0.08
screw = D，E，B，C，对应于 A		1.73	1.79	1.79	0.96	1.13	0.22	0.15	0.15	0.16	0.19

258

6.6.7 从模型树到规则

从本质上，模型树就是在叶子结点带有线性模型的决策树。与决策树一样，它们都会存在3.4节中提到的子树重复的问题，有时用规则集代替树来表示这个结构会更加精确一些。可以从数值预测中产生规则吗？回顾6.2节中所述的规则学习器，它用变治法与局部决策树共同协作来从树中提取决策规则。可以应用同样的策略从模型树中产生用于数值预测的决策列表。

首先用所有的数据构建一个局部模型树。选择其中的一个叶子结点把它转变为一条规则。将这个叶子结点所涵盖的数据去除，重复上述步骤对剩余的数据进行处理。问题是怎样构建局部模型树，即一个未扩展结点的树？这个问题归结为怎样选择下一个扩展结点。图6-5（见6.2节）中的算法选择了类属性的熵最小的那个结点。对预测结果是数值的模型树来说，只要简单地用方差代替熵即可。这是基于相同的推理：方差越小，子树越浅，规则就越短。算法的其余部分都维持不变，用模型树学习器的分裂选择方法和剪枝策略代替决策树学习器的分裂和剪枝。因为模型树的叶子结点是线性模型，所以相应规则的右边也是线性模型。

用此方法使用模型树产生规则集有一点要加以说明：模型树学习器使用平滑处理。使用平滑处理的模型树不能降低最终规则集预测的误差。这也许是因为平滑处理最好是用于连续数据，但在变治法中前一条规则所覆盖的数据被去除了，在数据分布上留下了空洞。如果要进行平滑，就必须在规则集产生后执行。

6.6.8 局部加权线性回归

数值预测的另一种方法就是局部加权线性回归法。在模型树中，树结构将实例空间分隔成不同的区域，每个区域中都有一个线性模型。实际上，训练数据决定了实例空间如何分区。另一方面，局部加权回归在预测时产生局部模型，它是通过赋予测试实例的近邻实例较高的权值来实现的。具体地说，对于训练实例，根据它们离测试实例的距离来加权，然后对加权的数据进行线性回归。靠近测试实例的训练实例权值较高，远离测试实例的权值较低。换句话说，这就是为某个具体的测试实例特制一个线性模型，并用它预测这个测试实例的类值。

259 为了使用局部加权回归，必须为训练实例确定一个基于距离的加权方案。一种常用的选择是根据训练实例离测试实例的欧几里得距离的倒数来进行加权。另一种可能的选择是利用欧几里得距离和高斯核函数来进行加权。然而，没有证据证明加权方案的选择是关键。更重要的是用于衡量距离函数的“平滑参数”的选择，距离要与这个参数的倒数相乘。如果这个值设得太小，只有非常靠近测试实例的实例才会得到显著的权值；如果这个值设得太大，则更多远距离的实例对模型的建立也会有着显著的影响。

选择平滑参数的一种方法是将其设定为与它第 k 近的训练实例之间的距离，从而随着训练实例数量的增加，这个值会越来越小。k 值的最佳选择依赖于数据中的噪声的多少。如果权值函数是线性的，例如1距离（1-distance），那么所有比第 k 近实例远的实例的权值均为0。其次，权值函数是有边界的，并且只需考虑（$k-1$）个最近的邻居来构建线性模型。噪声实例越多，线性模型中就需要包含越多的近邻实例。通常，合适的平滑参数是通过交叉验证得到的。

与模型树一样，局部加权线性回归可以逼近非线性函数。它的一个主要优点就是非常适合于增量学习：所有训练都在预测时完成，因此新的实例可以随时加入训练集中。但与其他基于实例的学习一样，获得对一个测试实例的预测会很慢。首先，要扫描训练实例计算它们的权值，然后再对这些实例实行加权线性回归。另外，与其他基于实例的方法一样，局部加权回归几乎不能提供有关训练数据集全局结构的信息。注意，如果平滑参数是基于第 k 个最近邻实例，并且加权函数赋予远距离实例的权值为 0，那么使用 4.7 节中讨论的 kD 树和球树可以提高寻找相关近邻实例的速度。

局部加权学习并不只局限于线性回归，它可以应用于任何能够处理加权实例的学习技术。特别是可以应用于分类。大多数算法都很容易调整以适应处理权值。诀窍是意识到（整数）权值可以模拟成创建同一个实例的多个副本。当学习算法使用一个实例计算模型时，就假设这个实例同时有恰当数量的相同实例伴随着。如果权值不是整数，这点也同样适用。比如在 4.2 节中讨论的朴素贝叶斯算法乘以源自实例权值的计数。你拥有了一个可以用于局部加权学习的朴素贝叶斯法版本。

实践证明局部加权的朴素贝叶斯法工作非常出色，比朴素贝叶斯法和 k 最近邻技术都好。它放宽了朴素贝叶斯固有的独立假设，与更复杂的增强朴素贝叶斯算法进行比较，也能获得较好的结果。局部加权学习的独立假设仅仅是在近邻实例之间，而不像标准的朴素贝叶斯方法那样，是在整个实例空间的全局独立假设。 260

原则上，局部加权学习也可以应用到决策树以及其他一些比线性回归和朴素贝叶斯更为复杂的模型。但是，此时应用局部加权学习获益较少，因为它从根本上来说是一种能让简单模型更具灵活性的方法，是通过允许简单模型接近任意目标来实现的。如果基本学习算法已经能做到这点，就没有理由应用局部加权学习。尽管如此，它仍可以改进其他一些简单模型，如线性支持向量机和 Logistic 回归模型。

6.6.9 讨论

回归树是 Breiman 等（1984）在*分类和回归树*（Classification And Regression Tree，CART）系统中提出的。CART 可以用于离散类的决策树归纳，如 C4.5，还可以作为归纳回归树的一种方案。上述许多技术，如处理名目属性的方法和处理缺失值的代理策略，都包含在 CART 中。模型树只是在近期才出现的，最初是由 Quinlan（1992）提出的。利用模型树生成规则集（虽然不是局部树），是 Hall 等（1999）提出的。

模型树归纳的一个易于理解的描述（以及实现）技术是由 Wang 和 Witten（1997）给出的。对于数值预测，也经常使用神经网络，虽然神经网络存在缺点，它生成的模型结构不明确并且不能帮助理解方案的本质所在。即便现在已有能提供可理解的、洞察神经网络结构的技术，但内部表达的任意性意味着由相同数据训练出来的相同网络体系也许存在着巨大的差异。将所归纳的函数分隔成线性模块，模型树提供了可复制的、至少较易理解的一种表示法。

有很多不同的局部加权学习的变体。例如，统计学家考虑用局部二次模型代替线性模型，应用局部加权 Logistic 回归来处理分类问题。而且可以在文献中找到许多不同的潜在加权和距离函数。Atkeson 等（1997）写出了一篇非常出色的关于局部加权学习的调研报告，主要是回归问题。Frank 等（2003）对局部加权学习和朴素贝叶斯法的结合应用进行了评估。

6.7 贝叶斯网络

4.2 节中的朴素贝叶斯分类器和 4.6 节中的 Logistic 回归模型都是产生概率估计来代替硬性的分类。对于每个类值，它们都是估计某个实例属于这个类的概率。如有必要，大多
261 数其他类型的分类器都可以强制产生这类信息。例如，通过计算叶子结点上每类的相对频率，就能从决策树中得到概率。同样通过检验某条规则所覆盖的实例，就能从决策列表中得到概率。

概率估计经常比简单的预测更为有用。它们可以对所做的预测进行排名，使期望成本达到最小化（见 5.7 节）。事实上，把分类学习当做是从数据中学习类概率估计的任务来完成，还存在很大的争议。所估计的是给定其他属性值时类属性值的条件概率分布。理想情况下，分类模型是用一种简洁易懂的形式来表达这个条件分布。

由此看来，朴素贝叶斯分类器、Logistic 回归模型、决策树等只是用不同的方法表达条件概率的分布。当然，它们的表达能力有所差别。朴素贝叶斯分类器和 Logistic 回归模型只能表达较简单的分布，而决策树却至少可以近似表达任意分布。但决策树也有缺陷：它们将训练集分隔成越来越小的数据集，必然造成概率估计可靠性的下降，并且还存在 3.4 节中提到的重复子树问题。规则集似乎可以克服这些缺点，但是一个好的规则学习器设计所采用的启发式方法尚缺乏理论依据。

这是否意味着只能认命，让这些缺陷继续存在？不！有一种基于统计理论的方法：具有较强的理论根基，采用图形方式简洁易懂地表达概率分布的方法。这个结构称为*贝叶斯网络*（Bayesian network）。画出的图形就像是节点的网络图，每个结点代表一个属性，节点间用有向线段连接，但不能形成环，即一个*有向无环图*（directed acyclic graph）。

在解释贝叶斯网络如何工作的以及怎样从数据中学习贝叶斯网络时，要做一些简化假设。假设所有属性都是名目属性并且没有缺失值。有些高级的学习算法可以产生包含在数据之外的新属性，称为隐藏属性，它们的属性值是看不到的。如果这些属性表现了潜在问题的特征，就能支持产生更好的模型，而贝叶斯网络提供了一个很好的方法能在预测时使用这些属性。然而，这使得学习和预测更为复杂并且耗时，因此这里不对它进行讨论。

6.7.1 预测

图 6-19 展示了一个关于天气数据的贝叶斯网络的简单实例。图 6-19 中数据的 4 个属性 outlook、temperature、humidity 和 windy 以及类属性 play 分别用结点表示。从 play 结点到其他结点各有一条边。但在贝叶斯网络中图结构只是它的一部分。在图 6-19 中，每个
262 结点内还含有一个列表。表中的信息定义了将用于预测任意一个实例类概率的概率分布。

在讨论怎样计算这个概率分布之前，先考虑表中的信息。下方的 4 个表（outlook、temperature、humidity 和 windy）被一根竖线划分成两个部分。左边是 play 的属性值，右边对应的是这个结点所代表属性的各个属性值的概率。一般来说，左边包含的每列分别代表每个指向该结点的属性，这里只有 play 属性。这也是 play 结点本身列表中左边没有信息的原因：它没有父结点。每行的概率对应于一组父结点属性值组合，行中的每个概率代表了

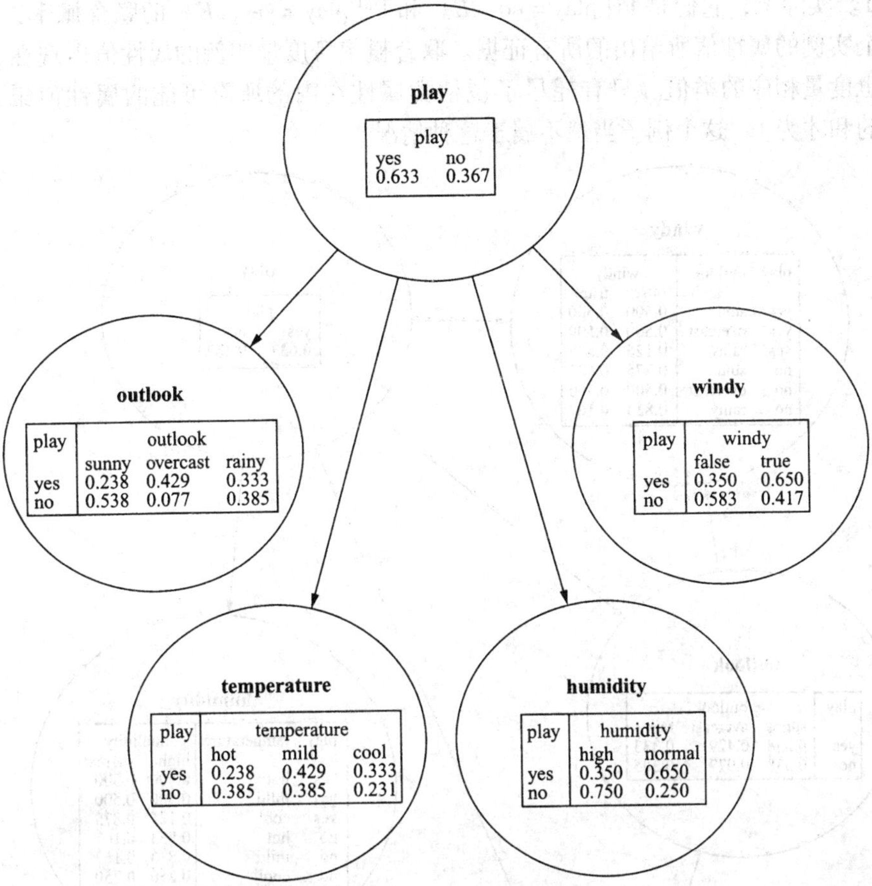

图6-19　天气数据的一个简单的贝叶斯网络实例

这个结点属性的每个属性值对应于该属性值组合的概率。实际上，每行都是对该结点属性的属性值的一个概率分布定义。每行中各个概率的总和始终是1。 263

图6-20展示了相同问题的一个更为复杂的网络，这时其中3个结点（windy、temperature和humidity）有两个父结点。而且，每个父结点都会在左边产生一列，右边的列数等于结点属性的属性值数量。考虑temperature结点所含列表的第一行。左边列出了它的每个父结点属性的属性值：play和outlook；右边列出了每个temperature属性值的概率。例如，第一个数字（0.143）是当play和outlook的属性值分别为yes和sunny时，temperature的属性值为hot的概率。

怎样利用这些表来预测某个实例的每个类值的概率呢？由于假设没有缺失值，所以这就变得很简单了。实例的每个属性都有确定的属性值。对网络中的每个结点，根据父结点属性值找到相应的行，查看该行结点属性值的概率。然后将这些概率相乘。

例如，考虑这样一个实例outlook = rainy，temperature = cool，humidity = high，windy = true。为了计算play = no的概率，查看图6-20中的网络，play结点给出概率0.367，outlook结点给出概率0.385，temperature结点给出概率0.429，humidity结点给出概率0.250，windy结点给出概率0.167。它们的乘积是0.0025。对play = yes也做相同的计算，得到0.0077。显然，这并不是最终的答案：最终概率之和应为1，而现在0.0025和0.0077之和不等于1。实际上，它们是 Pr[play = no，E] 和 Pr[play = yes，E] 的联合概率，其中 E 是指由这个实例的属性值所给出的所有证据。联合概率既度量实例的属性值出现在 E 中的可能性，也度量相应的类值。只有耗尽了包括类属性在内的所有可能的属性值组合空间时，它们的和才为1。这个例子当然不属于这种情况。

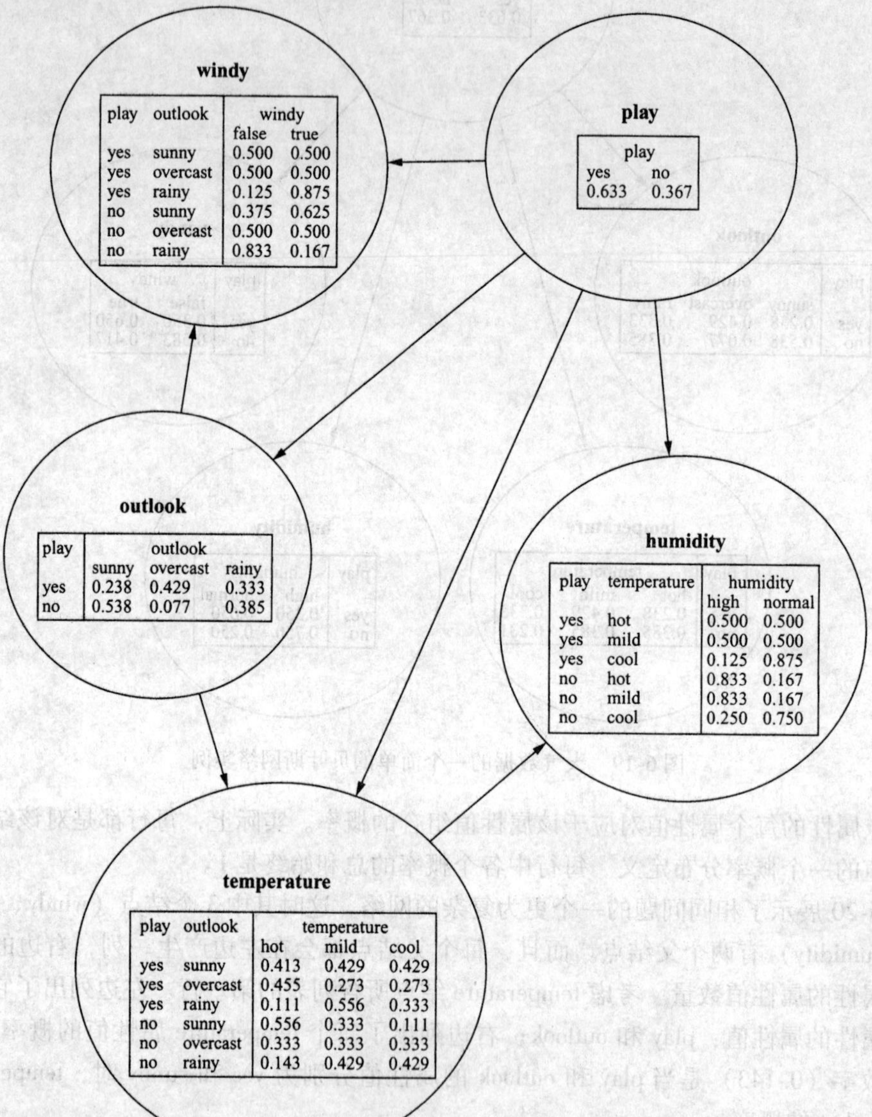

图6-20　天气数据的另一个贝叶斯网络

解决方法很简单（在4.2节中曾遇到过）。要得到条件概率 Pr[play = no，E] 和 Pr[play = yes，E]，只要将这两个联合概率归范化处理，即分别除以两者之和。得到 play = no 的概率为0.245，play = yes 的概率为0.755。

只剩下一个未解决的问题了：为什么将这些概率相乘呢？乘积步骤的有效性是有一个前提假设，那就是给定每个父结点的属性值，知道任何其他非子孙结点的属性值并不能使该结点的各个可能的属性值所对应的概率发生变化。换句话说，就是非子孙结点并不能提

供任何多于父结点所能提供的有关该结点属性值的信息。这点可以表示为

Pr[结点｜父结点加上其他非子孙结点] = Pr[结点｜父结点]

所有涉及结点和属性的值都必须遵守这条假设。在统计学中，这称为条件独立性（conditional independence）。给定父结点，每个结点对于它的祖父结点、曾祖父结点以及其他非子孙结点都是条件独立的，在这种情形下乘积是有效的。乘积步骤遵循概率论中的链式规则，链式规则表明 m 个属性 a_i 的联合概率可以分解为如下的乘积：

$$\Pr[a_1, a_2, \cdots a_n] \prod_{i=1}^{m} \Pr[a_i \mid a_{i-1}, \cdots, a_1]$$

这个分解表达式对于任何一种属性排列都是成立的。因为贝叶斯网络是一个无环图，可以将网络结点进行排列，使结点 a_i 的所有祖先的序号都小于 i。然后，由于有条件独立的假设，

$$\Pr[a_1, a_2, \cdots a_m] \prod_{i=1}^{m} \Pr[a_i \mid a_{i-1}, \cdots, a_1] = \prod_{i=1}^{m} \Pr[a_i \mid a_i \text{ 的父结点}]$$

这正是前面所应用的乘积规则。

图6-19和图6-20展示的两种贝叶斯网络是完全不同的。第一个（见图6-19）具有更为严格的独立假设，因为它的每个结点的父结点都是第二个（见图6-20）中所对应的每个结点的父结点的一个子集。实际上，图6-19几乎就是4.2节中的朴素贝叶斯分类器（概率计算略有不同，只是因为每个累计数都被初始为0.5以避免零频率问题）。图6-20网络中的条件概率列表含有更多的行，因此需要更多的参数。它可能是对潜在领域更精确的一种表示法。

假设贝叶斯网络中的有向边代表的是因果关系，这是一个非常诱人的假设。要谨慎！在上述例子中，play的属性值会使outlook的某个具体值所对应的期望值提高，但事实上两者并没有因果关系，也许有可能是相反的。可以建立不同的贝叶斯网络来表示具有相同概率分布的相同问题。这可以利用条件独立性对联合概率分布进行分解来实现。使用有向边反映因果关系模式的网络是最简单的，它包含的参数最少。因此，为某个特定领域构建贝叶斯网络的专家经常受益于用有向边来表示因果关系。然而，当使用机器学习技术从因果结构未知的数据中推导模型时，所能做的只是根据从数据中观察到的相关性建立网络。而从相关性推导因果关系的风险总是很大的。

6.7.2 学习贝叶斯网络

为贝叶斯网络建立一种学习算法的主要方法是定义两个组成部分：一个是对基于某个数据集的网络进行评估的评估函数，另一个是在所有可能的网络空间中搜索的搜索方法。某个给定网络的质量是根据给定网络的数据概率来度量的。我们计算网络与每个实例相符的概率，然后将所有实例的概率相乘。在实践中，很快会使这个数字变得非常小，以至于不能较好地反映质量（称为算术下溢（arithmetic underflow）），因此我们使用概率对数的总和来代替原先的乘积。最终的计算结果就是给定数据的网络的对数似然。 264~266

假设网络结构（即所有的边）是已知的。很容易估计条件概率表中所列的数字：只要计算训练数据中对应属性值组合的相对频率。为了避免零频率的出现，像4.2节所述的那样使用一个常量来初始化计数。例如，为要找出已知 play = yes 和 temperature = cool 时，humidity = normal 的概率（图6-20中的humidity节点表中第三行的最后一个数字）。从表1-2中可观察到，天气数据中有3个实例含有这样的属性值组合，却没有 humidity =

high，同时含相同的 play 和 temperature 属性值的实例。将 humidity 两个属性值的计数初始设为0.5，得到 humidity = normal 的概率为 $(3+0.5)/(3+0+1)=0.875$。

网络中的结点是预设好的：每个属性各有一个（包括类别）。学习网络结构等于是在可能的有向边空间进行搜索，对每组的条件概率表进行估计，并计算结果网络基于某个数据集的对数似然，以此作为对网络质量的度量。各种贝叶斯网络学习算法的不同之处在于它们在网络结构空间的搜索方式。以下是一些算法的介绍。

有一点需要说明。如果对数似然基于训练数据集进行了最大化，增加更多的有向边总是会获得较好的结果。造成最终的网络过度拟合。很多方法可用于解决这个问题。一种可能的方法是采用交叉验证法来估计拟合的良好度。第二种是根据参数数目，相应增加网络复杂度惩罚，即在所有概率列表中独立估计的总数目。每个表中，独立概率的数目是表中所有概率的总个数减去最后一列中的个数。由于每行概率的和应为1，所以最后一列的概率可以根据其他列的值导出。假设 K 为参数数量，LL 表示对数似然，N 为数据集中的实例数量，有两个常用的度量方法可用于评估网络质量：Akaike 信息准则（Akaike Information Criterion，AIC）：

$$\text{AIC 得分} = -\text{LL} + K$$

下面是基于最短描述长度原理的 MDL 度量：

$$\text{MDL 得分} = -\text{LL} + \frac{K}{2}\log N$$

267 这两个表达式中对数似然都是负数，因此目标就是使它们的得分最小化。

第三个可能的方法是赋予网络结构一个先验分布，通过组合先验概率以及数据与网络相符的概率，找出可能性最大的网络。这是网络评分的“贝叶斯”方法。根据所使用的先验分布，可以有多种形式。但是，真正的贝叶斯要平衡所有可能的网络结构，而不是只取其中某个具体网络进行预测。不幸的是，这需要进行大量的计算。一个简化的方案是平均某个给定网络的所有子结构网络。改变计算条件概率表所采用的方法，从而使结果概率估计包含来自所有子网络的信息，这个方案实现起来非常有效。这个方案的细节也相当复杂，这里就不再讨论了。

如果使用适当的评分度量，搜寻一个好的网络结构的任务可以大大地简化。回顾一个网络中某个实例的概率是所有条件概率表中单个概率的乘积。数据集的总体概率是把所有实例的这些乘积再进行乘积运算得到的。由于乘积运算中的项是可互换的，所以这个乘积可以重写为把同属一个表的各个系数组合在一起的形式。这同样适合使用对数似然用求和运算代替乘积运算。这意味着似然的优化可以在网络的每个结点中分别进行。它可以通过增加或去除其他结点指向正在进行优化的结点的边来完成，唯一的限制就是不可引入环。如果使用局部评分度量（如 AIC 或 MDL）方案来代替朴素的对数似然，这个诀窍也同样生效，因为惩罚项会被分裂成多个组成部分，每个结点各一个，而且每个结点可以进行独立的优化。

6.7.3 算法细节

现在来看看用于贝叶斯网络学习的实际算法。一个简单而快速的叫做 K2 的学习算法起始于某个给定的属性（即结点）的排序。然后，对每个结点依次进行处理，贪心地增加从先前处理过的结点指向当前结点的边。每一步过程中都增加那些能使网络得分达到最高值的边。当不再有改进时，便将注意力转向下一个结点。每个结点的父结点数量可以限制在一个预设的最大值范围内，这是为防止过度拟合附加的机制。由于只考虑起始于前面已经处理过的结点的边，并且顺序是固定的，所以这个过程不会产生环。但是，结果依赖于初始排序，因此采用不同的随机排序多次运行算法是有意义的。

朴素贝叶斯分类器是这样一种网络，它的边是由类属性指向其他每个属性。当为分类建立网络时，使用这种网络作为搜寻起点有时还是有帮助的。可以使用 K2 方案来实现，强制把类属性列为序列中的第一个属性并合理地设定初始边。 268

另一个潜在的有用技巧就是要确保数据的每个属性都在类属性结点的*马尔可夫毯*（Markov blanket）范围内。一个结点的马尔可夫毯包含该结点的父结点、子结点以及子结点的父结点。可以证明结点与它的马尔可夫毯内的所有其他结点都是条件独立的。因此，如果一个结点不包括在类属性的马尔可夫毯内，那么该结点所代表的属性与分类就是毫无关系的。反过来，如果 K2 发现一个网络没有将某个相关属性包含在类属性的马尔可夫毯内，或许可以增加一条边来纠正这个缺点。一个简单的方法就是增加一条从这个属性结点指向类结点（或相反）的边，这要取决于哪种方向可以避免环。

不进行节点排序，而是采取贪心考虑增加或去除任意一对结点间的边（当然始终要保证无环）是一个更为周全但却较慢的 K2 版本。再进一步就是要同时考虑反转现有的边。使用任何的贪心算法，结果网络都只能代表某个评分函数*局部*最大值：通常建议采用不同的随机初始值多次运行算法。还可使用如模拟退火、禁忌搜索或者遗传算法等更为复杂的优化策略。

另一种较好的贝叶斯网络分类器学习算法称为*树扩展朴素贝叶斯*（Treeaugmented Naïve Bayes，TAN）。正如它的名称所暗示的，它是在朴素贝叶斯分类器上添加边得到的。类属性是朴素贝叶斯网络中每个结点的单个父结点，TAN 考虑为每个结点增加第二个父结点。如果排除类结点和其相应的所有边，假设只有一个结点没有增加第二个父结点，那么结果分类器包含一个以无父结点的结点为根结点的树结构——这也是 TAN 名称的由来。对于这类限制型的网络，有一种有效的算法能找出使网络似然达到最大值的边集，它是以计算网络的最大加权生成树为基础的。这个算法与实例数量呈线性关系，与属性数量呈二次关系。

TAN 算法学习得到的网络类型叫做*单依赖估计器*（one-dependence estimator）。一种更为简单的网络类型叫做*超父单依赖估计器*（superparent one-dependence estimator）。这里，除了类结点以外，只有一个其他结点与父结点的状态相关，并且该结点是每个其他非类结点的父结点。将这些单依赖估计器简单组合在一起就可以得到一个非常准确的分类器：在每个单依赖估计器中，都有一个不同的属性成为额外的父结点。那么，在预测时，从不同的单依赖估计器得到的类概率估计只是简单的取平均值。这个方法叫做*平均单依赖估计器*（Averaged One-Dependence Estimator，AODE）。通常，只有数据中满足一定支持度的估计器才会用于组合中，但是也可以使用更加复杂的筛选方法。由于每个超父单依赖估计器都不涉及结构学习，所以 AODE 是一个非常快的估计器。

到目前为止所讨论的评分度量都是基于似然的，意义在于使每个实例的联合概率
$\Pr[a_1, a_2, \cdots, a_n]$ 最大化。然而，在分类问题中，真正要最大化的是在给定其他属性值 269
的情况下类的条件概率，换句话说就是条件似然。不幸的是，对贝叶斯网络的列表中所需要的最大条件似然概率估计没有解析解。另一方面，为某个给定的网络和数据集计算条件

似然是很直截了当的，这正是 Logistic 回归所要做的。因此有人提议在网络中使用标准最大似然概率估计，而对某个具体的网络结构则采用条件似然来评估。

另一种使用贝叶斯网络进行分类的方法是为每个类的值根据属于该类的数据分别建立网络，并利用贝叶斯规则来组合这些网络预测结果。这一组网络称为贝叶斯复网（Bayesian multinet）。要得到某个类值的预测，将相应网络的概率乘以类值的先验概率。与前面一样，对每个类都进行如此操作并将结果进行规范化处理。在这种情形下，我们不采用条件似然为每个类值进行网络学习。

上述所有网络学习算法都是基于得分的。另一种不同的策略是，通过对各个基于属性子集的条件独立性进行测试，拼凑一个网络，这里不进行讨论。这就是所谓的条件独立测试的结构学习（structure learning by conditional independence tests）。

6.7.4 用于快速学习的数据结构

学习贝叶斯网络涉及大量的计数。对于搜索过程中考虑的每个网络结构，必须重新扫描数据，以获得填写表中的条件概率所需的计数。是否可以将它们保存在某种数据结构中以消除一次又一次重新扫描数据的需要呢？一种显而易见的方法就是预先计算计数并将非零数值保存在一个表中，比如4.5 节中提到的散列表。即使如此，任何非平凡的数据集都将会产生大量的非零计数。

再次考虑表 1-2 中的天气数据。表中有 5 个属性，其中 2 个属性各含 3 个属性值，另外 3 个属性各含 2 个属性值。这就给出 $4\times4\times3\times3\times3=432$ 个可能的计数。乘积中的每个部分各对应于一个属性，各自对于乘积的贡献比它所含属性值数量多一个，这是因为在计数中这个属性可以没有。所有这些计数计算可以当做如 4.5 节中所描述的项集来处理，最小覆盖数量设为 1。即使不保存零计数，运行这个简单的方案也会很快带来内存问题。6.3 节中的 FP-growth 数据结构是用于挖掘项集时的有效数据表示。下面我们将介绍一个用于贝叶斯网络的类似的数据结构。

可以用一种称为全维树（All-Dimensionstree tree，AD tree）的结构来有效地存储计数，它类似于 4.7 节所描述的用于最近邻搜索的 kD 树。为了简单，这里使用简化版的天气数
270 据来进行描述，简化数据只含有 humidity、windy 和 play 这三个属性。图 6-21a 汇总了数据。虽然图中只列出了 8 组数据，但可能的计数数量有 $3\times3\times3=27$ 个。例如，play = no 的计数是 5。(累加起来！)

图 6-21b 展示的是这个数据的 AD 树。每个结点显示了从树根到该结点路径满足每个属性值测试的实例数。例如，最左端的叶子结点显示有 1 个实例，它的 humidity = normal，windy = true 以及 play = no，而最右端的叶子结点显示有 5 个 play = no 的实例。

将所有 27 种计数情形都显示出来的树没有什么意义。然而，由于只包含 8 个计数，所以这个树所能获得的计数没有比简单的表多，显然这不是图 6-21b 中的树。例如，没有测试 humidity = high 的分支。树是怎样创建的，怎样才能从中得到所有的计数呢？

假设数据的每个属性都分配了一个索引。在简化版天气数据中，赋予 humidity 索引为 1，windy 索引为 2，play 索引为 3。AD 树是这样形成的，每个结点都有一个对应的属性 i，
271 该结点是根据索引 $j>i$ 的所有属性的属性值进行扩展的，它有两个重要约束：对每个属性涉及最广的扩展省略不做，同样计数为零的扩展也省略不做。根结点的索引为 0，因此对

于根结点，所有属性都得到扩展，但同样受限于上述两个约束。

Humidity	Windy	Play	Count
high	true	yes	1
high	true	no	2
high	false	yes	2
high	false	no	2
normal	true	yes	2
normal	true	no	1
normal	false	yes	4
normal	false	no	0

a）简化的版本

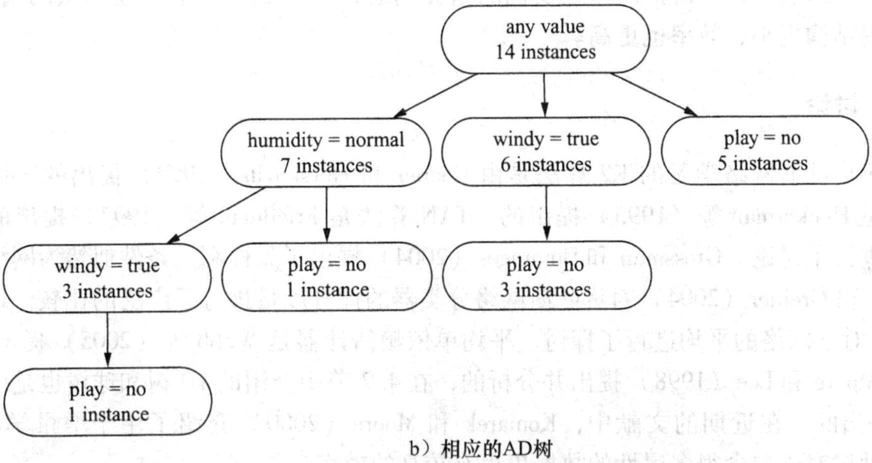

b）相应的AD树

图6-21　天气数据

例如，图6-21b中的根结点没有对 windy = false 进行扩展，因为有8个这样的实例，是涉及最广的扩展：数据中出现 false 值的次数大于出现 true 值的次数。类似地，结点 humidity = normal 也没有对 windy = false 进行扩展，因为 humidity = normal 的所有实例中 windy = false 值是最为普遍的。实际上，在这个例子中的第二条限制，即计数为0的扩展省略不做不会用到，因为第一条限制已经排除了任何以 humidity = normal 以及 windy = false 为开始的测试，而这正是图6-21a中唯一计数为0的情形。

树的每个结点代表某种具体属性值组合的发生。可以直接从树中获取某种组合出现的计数。但是由于每个属性最普遍的扩展都被省略，所以造成许多非0计数不能在树中显式地表现出来。例如，humidity = high 和 play = yes 的组合在数据中出现了3次，但在树中却没有这个结点。然而，结论是任何计数都可以由显式地存储在树中的计数计算获得。

这里有个简单的例子。图6-21b中没有包含 humidity = normal、windy = true、play = yes 的结点。但是，它显示了3个 humidity = normal 和 windy = true 的实例，其中有1个实例 play 的属性值不是 yes。这说明一定有2个实例 play = yes。现在来看一个更为巧妙的情况：humidity = high、windy = true、play = no 出现多少次？一眼看上去似乎不可能知道答案，因为根本就没有 humidity = high 的分支。然而，我们可以用 windy = true 和 play = no 的计数（3）减去 humidity = normal、windy = true、play = no 的计数（1）得出。从而得出正确的计数2。

这个方法适用于任何属性分支以及任何属性值组合，但也许需要使用递归。例如，要得到 humidity = high、windy = false、play = no 的计数，需要知道 windy = false 和 play = no 的计数以及 humidity = normal、windy = false、play = no 的计数。前者可以通过从 play = no 的计数（5）中减去 windy = true 和 play = no 的计数（3）而获得，结果是 2。后者可以通过从 humidity = normal 和 play = no 的计数（1）中减去 humidity = normal、windy = true、play = no 的计数（1）而获得，结果为 0。因此正确答案一定是有 2 - 0 = 2 个实例 humidity = high、windy = false、play = no。

只有当数据含有数千个实例时，才能显示 AD 树的价值所在。很明显，对于天气数据，AD 树并没有多大作用。它们不能有益于小数据集的事实意味着，在实践中树结构一直向下扩展到叶子结点是没有多大意义的。通常可以应用一个截止参数 k，在覆盖实例数量小于 k 的结点上，保留指向这些实例的指针列表，而不是指向下其他结点的指针列表。

272 从而使树结构更小、效率也更高。

6.7.5 讨论

用于贝叶斯网络学习的 K2 算法是由 Cooper 和 Herskovits（1992）提出的。贝叶斯评分度量是 Heckerman 等（1995）提出的。TAN 算法是 Friedman 等（1997）提出的，他还对复网进行了讨论。Grossman 和 Domingos（2004）提出了怎样利用条件似然为网络进行评分。Guo 和 Greiner（2004）对贝叶斯网络分类器的评分度量进行了广泛的比较。Bouckaert（1995）对子网络的平均进行了探讨。平均单依赖估计器是 Webb 等（2005）提出的。AD 树是由 Moore 和 Lee（1998）提出并分析的，在 4.7 节中介绍的 kD 树和球树也是由 Andrew Moore 提出的。在近期的文献中，Komarek 和 Moore（2000）介绍了用于增量学习的 AD 树，这种树对于包含很多属性的数据集也有较高的效率。

我们只是简单地介绍贝叶斯网络。留下缺失值、数值属性以及隐藏属性等没有讨论，也没有讲述怎样在回归任务中使用贝叶斯网络。贝叶斯网络是叫做图模型（graphical models）的一类广泛的统计模型中的一个特例，图模型也包括无向边的网络，称为马尔可夫网络（Markov network）。近年来，图模型引起了机器学习界的广泛关注。

6.8 聚类

在 4.8 节中我们考察了 k 均值聚类算法，它是选择 k 个初始点代表 k 个初始的聚类中心，所有的数据点都被赋予最靠近的聚类中心，计算每个聚类中数据点的平均值作为新的聚类中心，如此不断重复直至聚类不再变化。这个过程只有当事先知道聚类数目才可行，本节以讨论聚类数目未知时该如何处理作为开始。

接下来，我们考察一种用于创建层次聚类结构的技术，它是通过“凝结”来实现的，即从单个实例开始，把它们联合起来形成聚类。然后考察一种增量的方法，即当新实例出现时处理它。该方法是在 20 世纪 80 年代末期创建的，包含在 Cobweb（用于名目属性）和 Classit（用于数值属性）两个系统中的增量聚类方法中。这两个系统都对实例进行层次化的分组，并且使用称为*分类效用*（category utility）的聚类“质量”度量。最后，我们考察一种统计学聚类方法，它是基于不同概率分布的一种混合模型，每个聚类有一个概率分布。它不像 k 均值那样，明确地将实例分到不同的聚类中，而是概率性地为实例赋予多个类别。我们将要解释一些基本技术，然后介绍一种易于理解的、称为 AutoClass 的聚类方

273 案是如何工作的。

6.8.1 选择聚类的个数

假设要使用 k 均值法，但聚类的个数未知。一种解决方法是对不同的可能个数进行试验，看看哪个最好。简单的方法是从一个给定的最小个数开始，或许是 $k=1$，然后一直试验到一个较小的、固定的最大值。注意，在训练数据上根据距离平方总和标准得到的“最佳”聚类，将总是选择与数据点一样多的聚类！为了抑制选择很多聚类的方案，必须应用在5.9节中所述的MDL准则等类似的方法。

另一种可能方法是开始先找出很少几个聚类，然后决定是否值得将它们分裂。你可选择 $k=2$，执行 k 均值聚类直到它终止，然后考虑分裂每个聚类。如果最初考虑的二分聚类是不能取消的，并且每个部分的分裂是独立考察的，那么计算时间将大大减少。分裂聚类的一种方法是在变化最大的方向、距离聚类中心一个标准差的位置产生一个新的种子，随后在反方向、等距建立第二个种子（如果速度太慢，另一种方法是在任意方向，选择一个与聚类边界范围成比例的距离）。然后运用这两个新的种子，对聚类中的点进行 k 均值聚类。

聚类分裂暂时完成，是否值得保留分裂，或者原来的聚类也是合理的？察看所有点离聚类中心距离的平方和是没有用的，两个子聚类的和一定是较小的。应该为创建一个额外的聚类引入惩罚，这是MDL准则的作用。利用这个原理察看表示两个新聚类中心以及每个点与它们之间关系所需的信息，是否超过表示原先的聚类中心以及所有点与它们之间关系所需要的信息。如果超过了，那么新的聚类是徒劳的，将被放弃。如果分裂被保留下来，试着对每个新的聚类进一步分裂。这个过程一直继续直到不再有值得保留的分裂。

将这个迭代聚类过程和4.8节中提出的 kD树或球树数据结构结合起来，可在实现过程中获得额外的效率。然后，从根结点沿着树一直向下到达数据点。当考虑分裂一个聚类时，没有必要考虑整个树，只需考虑要覆盖这个聚类所需要的部分。例如，当决定是否分裂图4-16a左下方（粗线下方）的聚类时，只需要考虑图4-16b中的树结点A和B，因为结点C与这个聚类无关。

6.8.2 层次聚类

首先形成一对初始聚类，然后递归地考虑每个结点是否值得分裂，这会得到一个层次结构，该层次结构可以用一种叫做*树状图*（dendrogram）的二叉树表示。实际上，我们在图3-11d中已经给出了一个树状图（其中有些分支是三叉的）。也可以用集合或子集的文氏（Venn）图来表示同样的信息：层次结构对应于子集间可以相互包含但不能相交。在某些情况下，集合中的聚类之间存在一种差异性的度量；树状图中每个结点的高度可以与它们子结点之间的差异性成比例。这为层次聚类提供了一个容易解释的图形。 274

替代自顶向下形成聚类层次结构的方法是，使用叫做*凝聚聚类*（agglomerative clustering）的自底向上的方法。很多年前就有人提出了这个想法，但最近它又流行起来。基本的算法很简单。你只需要一个任意两个聚类之间距离的度量（如果有一个相似性度量，它可以很容易转换成一个距离）。首先，将每个实例看做一个聚类，然后找出两个最近的聚类，将它们合并，继续直到只剩下一个聚类。合并过程的记录会形成一个层次聚类结构，即一个二叉树状图。

可能的距离度量有许多种。一种是聚类之间的最小距离，即最近的两个成员间的距离。这就得到*单链接*（single-linkage）聚类算法。由于该度量值考虑了两个聚类中最近的两个成员间的距离，所以该过程对离群点很敏感：增加单个实例就能完全改变整个聚类结构。同样，如果我们定义聚类的直径作为聚类成员之间的最大距离，单链接聚类就会产生直径非常大的聚类。另一种度量是聚类间的最大距离，而不是最小距离。只有两个聚类的所有成员都相似时，才认为两个聚类的距离很近，有时也称为*完全链接*（complete-linkage）方法。这种度量也对离群点敏感，并且倾向于寻找紧凑的、直径较小的聚类。然而，最后也会出现一些实例与其他聚类的距离比与它自己所在聚类内其他点的距离近很多的情况。

还有很多其他的距离度量，它们代表了聚类成员间最小和最大距离的一种折中。一种度量与 k 均值算法类似，用聚类成员的中心来代表聚类，使用中心之间的距离，叫做中心链接（centroid-linkage）方法。当实例位于欧几里得空间时，中心的定义很明确，该方法效果很好。但当实例之间只有成对的相似性度量时，由于中心不能用实例表示，它们之间的相似性不能定义，所以该方法不可行。

另一种避免该问题的度量，是计算两个聚类每对成员之间的平均距离，叫做*平均链接*（average-linkage）方法。这看起来似乎要做大量运算，但既然要计算所有成对成员的距离来找出最大和最小距离，那么对它们取平均值也不会带来额外的负担。这些度量都有一个技术上的缺陷：它们的结果依赖于距离度量的数值规模。最小和最大距离度量得到的结果
275 只依赖于距离的*大小顺序*（ordering）。相反，对所有的距离进行单调变换，即使保持它们的相对顺序不变，基于中心的和平均距离的聚类结果也会改变。

另一种叫做*组平均*（group-average）聚类的方法，它使用合并后的聚类中所有成员间的平均距离。这与前面提到的“平均”方法不同，因为它包含了相同原始聚类的平均值对。最后，Ward 聚类方法计算两个聚类合并前后所有实例距聚类中心距离的平方和的增量。思想是在每个聚类步骤中，最小化该二次距离的增量。

如果所有的聚类都是紧凑并且分隔良好的，那么所有这些度量都会得到同样的层次聚类结果。否则，它们会得到相当不同的结构。

6.8.3　层次聚类的例子

图 6-22 展示了凝聚层次聚类的结果（这些可视化结果是由 FigTree 程序[⊖]生成的）。这个数据集包含 50 个不同生物种类的实例，从海豚到猫鼬，从长颈鹿到龙虾都有。有一个数值属性（腿的数目，从 0 ~ 6，但映射到了［0，1］范围内）和 15 个布尔属性，例如是否有羽毛、是否下蛋以及是否有毒，在计算距离时这些属性都可以看做值为 0 和 1 的二元属性。

共有两种显示方式：一种是标准的树状图，一种是极坐标图。图 6-22a 和 b 用两种方式展示了一个凝聚聚类的结果，图 6-22c 和 d 用同样的两种方式展示了另一个凝聚聚类的结果。不同之处在于，图 6-22a 和 b 中的实例对是使用完全链接度量产生的，而图 6-22c 和 d 中的实例对是使用单链接度量产生的。可以看到，完全链接方法倾向于产生紧凑的聚类，而单链接方法在树的底层会产生直径很大的聚类。在所有 4 个可视化结果中，树状图中每个结点的高度是与它们子结点的差异性成比例的，该差异性用实例间的欧式距离度量。图 6-22a 和 c 的下方提供了一个数值刻度。图 6-22a 和 b 中的完全链接方法与图 6-22c 和 d 中的单链接方法相比，从根结点到叶子结点总的差异性要大很多，这是由于前者使用的是每个聚类实例间的最大距离，而后者使用的是最小距离。第一种情况下，总的差异性略小于 3.75，这几乎就是实例间最大的可能距

⊖ 详细信息见 http://tree.bio.ed.ac.uk/software/figtree/。

离（两个有 15 个属性的实例，其中 14 个属性是不同的，这两个实例之间的距离是 $\sqrt{14} \approx 3.74$）。第二种情况下，总的差异性略大于 2（即 $\sqrt{4}$），这是 4 个布尔属性不同时计算得到的结果。 276

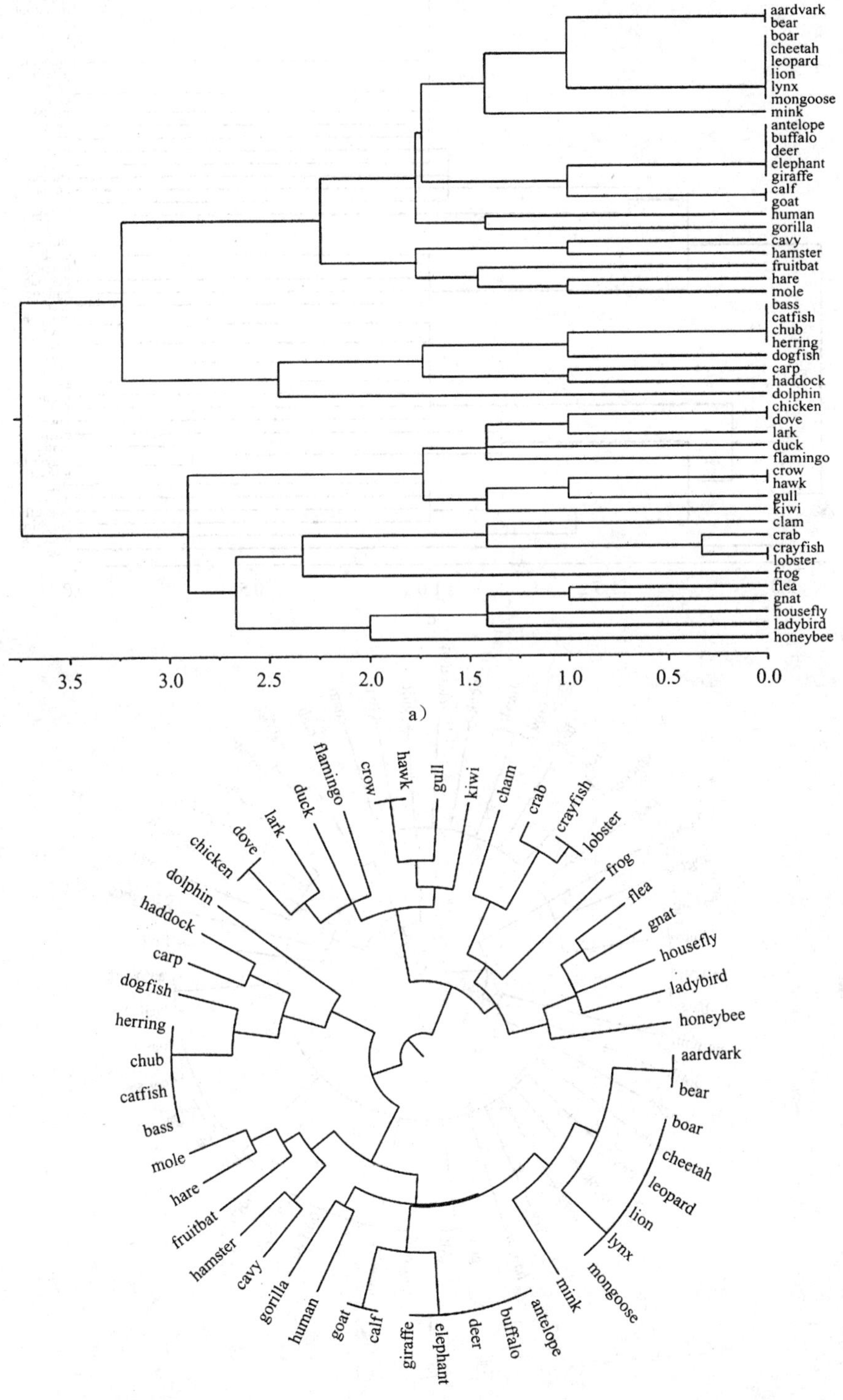

a）

b）

图 6-22　层次聚类结果展示

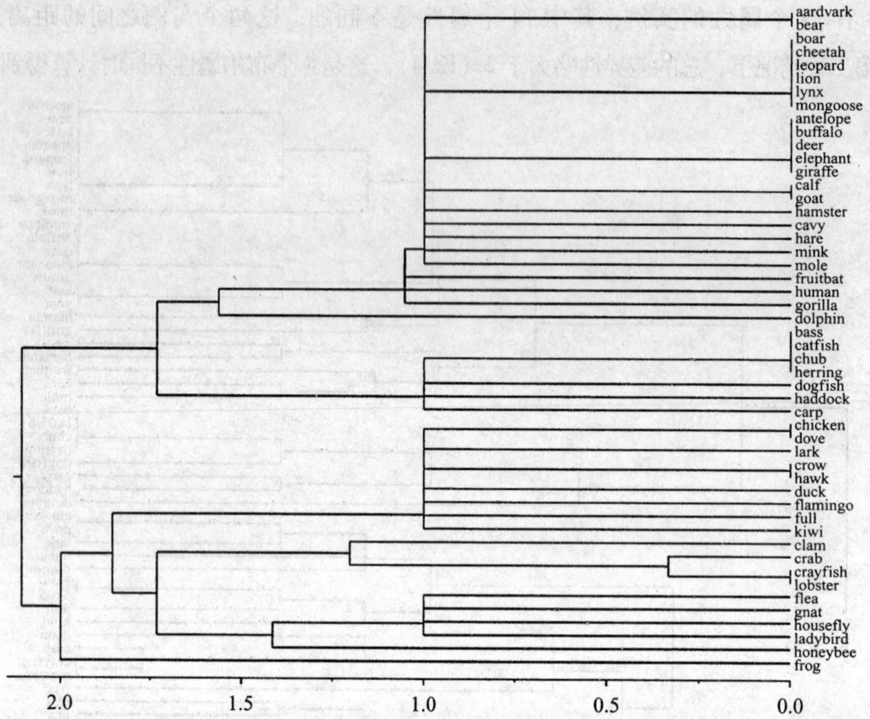

c）

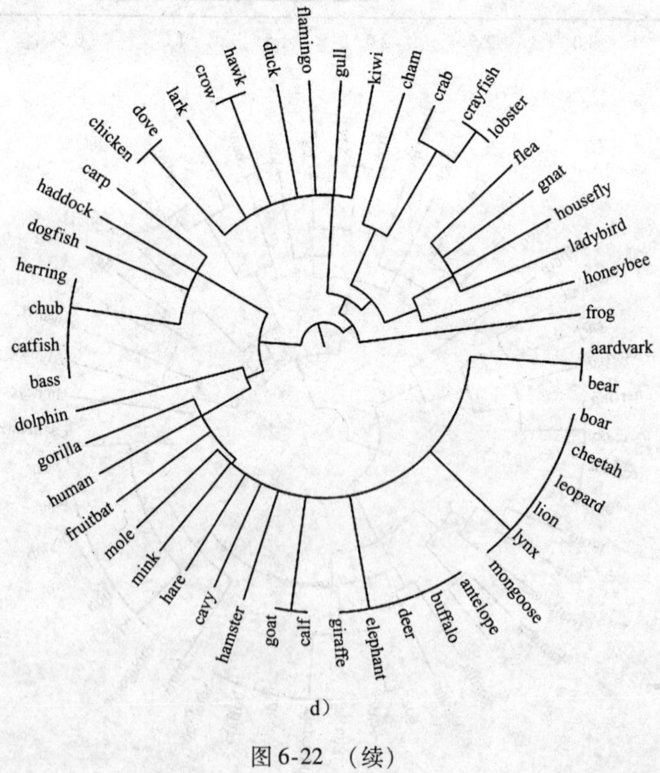

d）

277 ~ 278

图 6-22 （续）

对于完全链接方法（见图 6-22a），在差异性为 1 时许多元素连在一起，这相当于只有一个布尔属性不同。只有一个实例的差异性较小：crab 和 crayfish 只有腿的数目不同（在映射之后，分别是4/6和6/6)。其他经常出现的差异性的值如$\sqrt{2}$、$\sqrt{3}$、$\sqrt{4}$等，分别相应于2个、3个、4个布尔属性值不同的情况。对于使用聚类间最小距离的单链接方法（见图6-22c），在差异性为1时连在一起的元素就更多了。

标准树状图和极坐标图，这两种显示方法哪种更有用，这是个人喜好问题。尽管可能开始时对极坐标图不是很熟悉，但它将可视化结果展开，能更平均地利用整个可用空间。

6.8.4 增量聚类

k 均值算法对整个数据集进行迭代运算直至收敛，层次聚类方法会在合并阶段检查目前所有的聚类，而下面我们将要考察的聚类方法则是一个实例接一个实例增量工作。在任何阶段，聚类都形成一棵，树的叶子结点是实例，根结点则代表整个数据集。开始时树只有一个根结点。实例一个个加进来，树则在每个阶段进行适当的更新。更新也许只是寻找恰当的位置来放置代表新实例的叶子结点，或者彻底重建受到新实例影响的部分树。决定怎样更新以及在哪里更新的关键是一个称为*分类效用*（category utility）的量，它度量将实例集划分成聚类的总体质量。将在下一节中详细讨论它是怎样定义的。先来看看聚类算法是如何工作的。

这个过程最好用一个例子来说明。再次使用大家熟悉的天气数据，但不包括属性play。为了便于跟踪程序，14个实例分别被标为a，b，c，…，n（见表4-6)。出于兴趣，我们包含了类标yes或no，尽管必须强调对于这个人造数据集来说，假设实例的两个类必须是两个完全分隔的类别范畴几乎是没有什么意义的。图6-23展示了聚类过程中出现的一些重要情形。

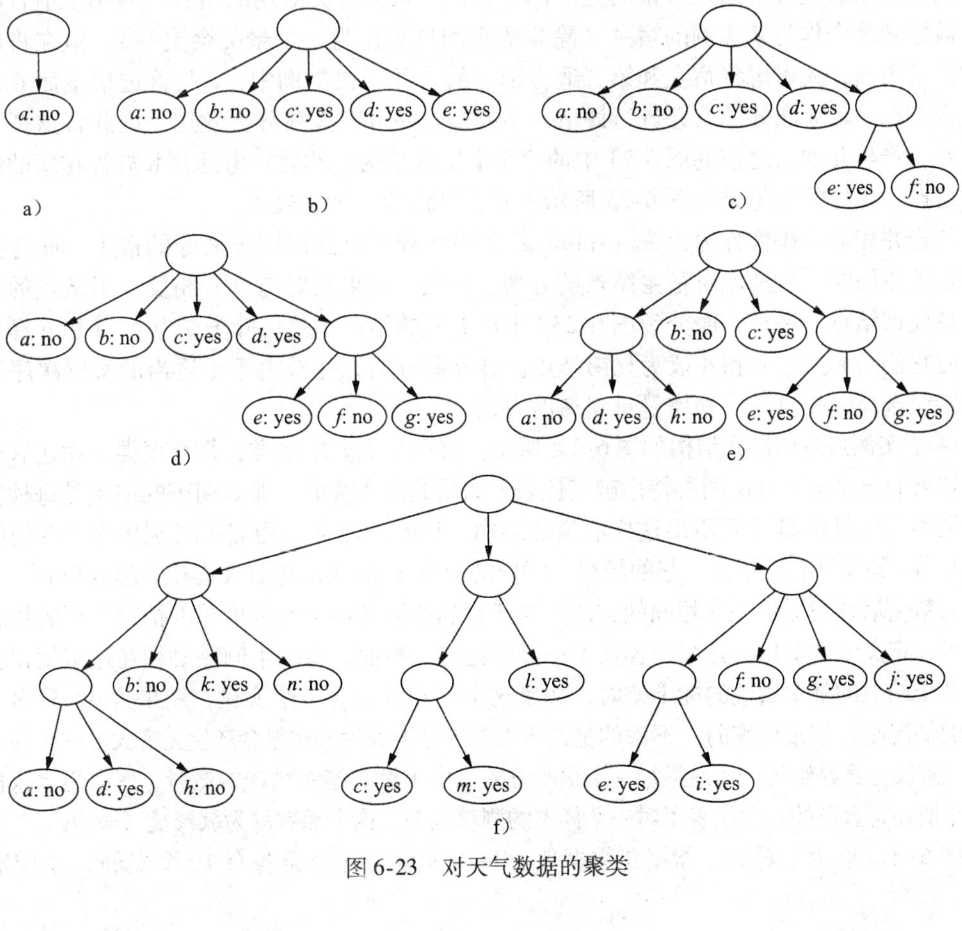

图6-23 对天气数据的聚类

开始时，当新的实例被纳入结构中时，它们各自形成顶层总聚类下的子聚类。每个新实例都被试探着放入现有的叶子结点，然后对顶层结点的子结点集进行分类效用评估，看看这个叶子结点是否是新实例的一个好的“宿主”。对前5个实例来说，没有这样的宿主：根据分类效用，最好让每个实例形成一个新的叶子结点。第6个实例终于可以形成一个聚类了，将新实例f和旧实例（即宿主）e结合在一起。再回过头来看看表4-6，你将发现第
279 5个和第6个实例的确非常相似，只有windy属性值不同（这里忽略的play属性值不同）。接下来实例g被置入同一个聚类中（它和f比较，只是outlook属性值不同）。这涉及再次调用聚类过程。首先，对g进行评估，看看根结点的5个子结点中哪个能成为最佳宿主，结果是已经成为聚类的最右边的那个子结点。然后运用聚类算法将这个结点作为根结点，对它的两个子结点进行评估，看看哪个是较好的宿主。在这个例子中，根据分类效用度量，将新实例自己作为一个子聚类是最好的。

如果按这样的方法继续下去，不会有从根本上重建树的机会，那么最终的聚类结果会过度依赖于实例的顺序。为了避免这点，需要有一些重建的规则，在图6-23e中展示的下
280 一步中，当实例h加入进来时，你就能看到这点。这时，两个现存的结点合并成一个聚类：在新实例h添加进来前，节点a和d合并。一种实现的方法是考虑所有成对结点的合并，评估每对的分类效用。然而，这样做计算量很大，如果在每个新实例添加时都运行，就会带来许多重复工作。

不用上面的方法，还有另一种方法就是当为寻找合适的宿主而对某层的结点进行扫描时，同时记录最适合的结点（能对这层的分裂产生最大分类效用的结点）和第二适合的结点。最好的那个作为新实例的宿主（除非新实例自身作为一个聚类会更好）。但在将新实例加入宿主前，先考虑将宿主和第二适合结点的合并。在本例中，a是首选宿主而d是第二适合节点。对a和d的合并进行评估，结果是合并可以提高分类效用。因此将这两个结点合并，产生h加入之前的图6-23中的第5个层次结构。然后，考虑将h放置在新的经合并的结点，最好的结果是如图6-23所示将它自己作为一个子聚类。

与合并相反的操作称为分裂（splitting），也实现了。当识别出最好的宿主，而合并又证明是无益的时，就考虑对宿主结点的分裂。分裂的效果正好与合并相反，用结点的子结点来替代该结点。例如，要分裂图6-23d中最右侧的结点，就将叶子结点e、f和g提升一层，使它们与a、b、c和d成为兄弟结点。合并和分裂为弥补由于不适当的实例次序所引起的错误选择，提供了一种增量重建树的方法。

14个实例最终的层次结构如图6-23f所示。有两个主要的聚类，每个聚类下面还有子聚类。如果play/don't play两种特性确实代表了数据的内在特征，那么期望的结果是每种各有一个聚类。从图6-23中看不出这样清晰的结构，只能（非常）粗略地辨别出来，在树的底层标有yes的实例有聚集在一起的趋势，同样的标有no的实例也有聚集在一起的趋势。

对数值属性可采用完全相同的方法。基于对属性的平均值和标准差的估计，对数值属性同样可以定义分类效用。详细内容在下一节中论述。然而，有一个问题必须在这里提出：当估计某个结点的某个属性的标准差时，如果这个结点只包含一个实例，结果为0，只含一个实例的情况是比较常出现的。不幸的是，零方差在分类效用公式里会产生无穷大。一个简单的启发式解决方案是给每个属性强加一个最小方差。由于没有绝对精确的测量，所以强加这样一个最小值还是合理的：它代表了对一个样本的测量误差。这个参数称为敏锐度（acuity）。

图6-24a展示了对部分鸢尾花数据集（30个实例，每个类各有10个实例）采用增量

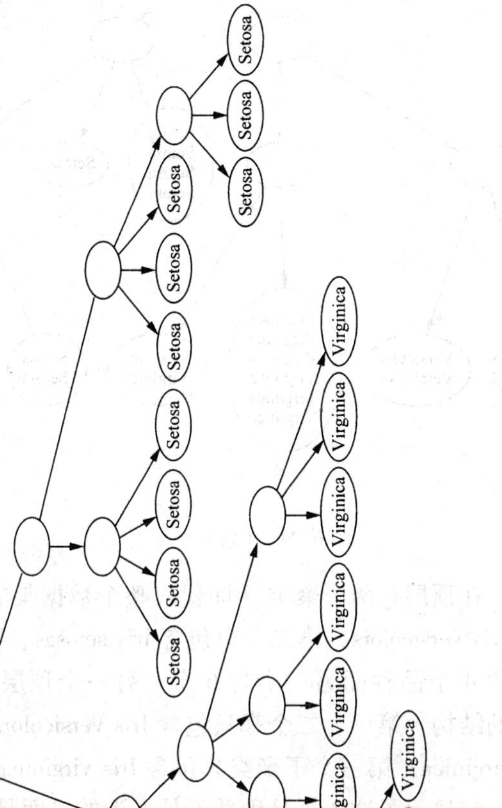

a）

图6-24　鸢尾花数据集的层次聚类

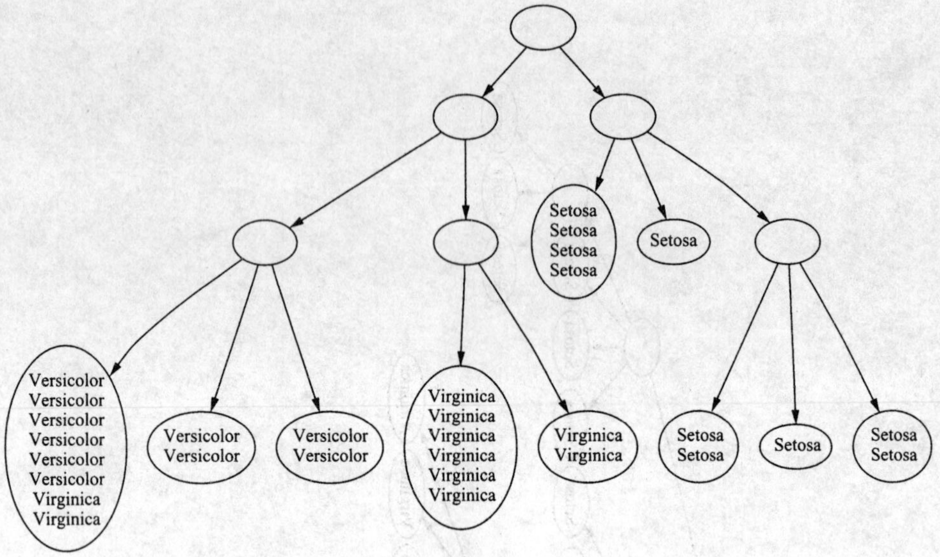

b）

图 6-24 （续）

算法得到的层次聚类结果。在顶层有两个聚类（即代表整个数据集的结点的子聚类）。第
281 一个包括 Iris virginicas 和 Iris versicolors，第二个只包含 Iris setosas。Iris setosas 本身又分裂成两个子聚类，其中一个含 4 个品种而另一个含 6 个。另一个顶层聚类分裂成 3 个子聚类，每个都含有相当复杂的结构。第一、二个都只包含 Iris versicolors，有一个例外，即每个都含有一个离群的 Iris virginica；第三个子聚类只包含 Iris virginicas。这是对鸢尾花数据相当令人满意的聚类结果：它显示了这 3 个品种并不是人为的，而是反映在数据上存在真实的差异。但这还是一个有点过于乐观的结论，因为为得到这个适当的分类，必须对敏锐度参数的设定做相当多的实验。

用此方案聚类，使每个实例产生一个叶子结点。这使得正常大小的数据集不可避免地会形成一个很大的层次结构，从某种意义上相当于对数据集的过度拟合。因此第二个数值参数称为截止（cutoff）参数，用来限制结构增长。某些被断定为与其他实例足够相似的实例则不准有它们自己的子结点，这个参数就是用来控制相似度阈值。截止是根据分类效用来确定的，当加入一个新结点所带来的分类效用的增加足够小时，就将这个结点截掉。

图 6-24b 展示的同样是鸢尾花数据，但聚类应用了截止参数。许多叶子结点含多个实例：它们的父结点被截掉了。由于一些细节被抑制了，所以 3 种鸢尾花的划分从这个结构
282~283 图中就比较容易看出来了。同样，为得到这个聚类结果，必须对截止参数的设定做一些实验，而且事实上更加强烈的截止，将导致更差的聚类结果。

如果使用含有 150 个实例的完整鸢尾花数据集，得到的聚类结果是相似的。但是，聚类结果还是有赖于实例的次序：图 6-24 是变更了输入文件的 3 种鸢尾花的次序所得到的结果。如果所有的 Iris setosas 最先出现，接着是所有的 Iris versicolors 和所有的 Iris virginicas，最终的聚类结果则是相当差的。

6.8.5 分类效用

现在来看看怎样计算分类效用，它度量将实例集分隔成聚类的总体质量。在5.9节，我们从理论上学习了怎样应用最短描述长度原理来度量聚类的质量。分类效用不是以MDL为基础的，而是一个类似于定义在条件概率上的二次损失函数。

分类效用的定义看起来是相当令人恐怖的：

$$\mathrm{CU}(C_1, C_2, \cdots, C_k) = \frac{\sum_{\ell} \Pr[C_\ell] \sum_i \sum_j (\Pr[a_i = v_{ij} \mid C_\ell]^2 - \Pr[a_i = v_{ij}]^2)}{k}$$

这里C_1，C_2，…，C_k是k个聚类；外层的求和是针对这些聚类的；接下来的那个内层求和是针对属性的；a_i代表第i个属性，它的值有v_{i1}，v_{i2}，…，v_{ij}，一共要处理j个。注意概率本身是对所有实例求和得到的：因此还要内含一层求和。

如果多花点时间分析这个表达式，就能深入理解它的意义。聚类的意义在于它有利于更好预测聚类中实例的属性值，即对于聚类C_ℓ中的某个实例，属性a_i的值为v_{ij}的概率是$\Pr[a_i = v_{ij} \mid C_\ell]$，相对于概率$\Pr[a_i = v_{ij}]$来说，是一个更好的估计，因为它考虑实例所在的聚类。如果该信息不起作用，则说明聚类并不理想。因此上述表达式内部多个求和操作所计算的就是这个信息的作用，它是根据这两个概率平方差来度量的。这并不是非常标准的二次差分度量方法，因为二次差分是所有差值的平方和（能产生对称结果），而现在的计算是总和平方的差值（虽然适合但不是对称的）。里面的两层求和符号对所有属性、所有可能属性值的概率平方差进行求和计算。然后外面的那个求和符号是针对所有的聚类，利用它们各自的概率进行加权，进行求和计算。

最后总数除以k有点难以说明理由，因为已经对所有类的平方差求和。分类效用提供“每个聚类”的特征来阻止过度拟合。否则，由于概率是累计所有适当的实例获得的，如果每个实例单独作为一个聚类，分类效用将是最好的。对属性a_i来说，当属性值为聚类中单个实例实际的a_i属性值时，$\Pr[a_i = v_{ij} \mid C_\ell]$为1，而对于其他属性值这个概率都为0。分类效用计算公式的分子最终变为

$$m - \sum_i \sum_j \Pr[a_i = v_{ij}]^2$$

这里m是属性的总个数。这是分子所能达到的最大值。如果在分类效用计算公式中不除以k，就没有理由生成含有一个以上成员的聚类。把这个额外的系数看成基本的避免过度拟合的措施是最好的了。 284

这个分类效用公式只适合于名目属性。然而，假设属性是正态分布的，给出（观察所得）平均值m和标准差s，很容易将其扩展应用于数值属性。属性a的概率密度函数为

$$f(a) = \frac{1}{\sqrt{2\pi}\sigma} \exp\left(\frac{-(a-\mu)^2}{2\sigma^2}\right)$$

属性值概率的平方求和计算可类推为

$$\sum_j \Pr[a_i = v_{ij}]^2 \Leftrightarrow \int f(a_i)^2 \mathrm{d}a_i = \frac{1}{2\sqrt{\pi}\sigma_i}$$

这里 σ_i 是属性 a_i 的标准差。因此对数值属性，我们从数据中来估计标准差，所用的数据既包含某个聚类中的数据（$\sigma_{i\ell}$）又包含所有聚类中的数据（σ_i），将这些运用到分类效用公式中得到：

$$\mathrm{CU}(C_1,C_2,\cdots,C_k)=\frac{1}{k}\sum_{\ell}\Pr[C_\ell]\frac{1}{2\sqrt{\pi}}\sum_i\left(\frac{1}{\sigma_{i\ell}}-\frac{1}{\sigma_i}\right)$$

现在，前面提到的当标准差估计为 0 时出现的问题便能看得更清楚了：零标准差使分类效用计算结果为无穷大。为每个属性强制加上一个最小方差，即敏锐度，是一个粗糙的问题解决方法。

6.8.6 基于概率的聚类

上述启发式聚类的某些缺点已经很明显了：分类效用公式中为避免过度拟合必须选择除数 k，需要提供一个人为的聚类标准差最小值，以及为避免每个实例成为一个聚类的特定的截止值。另外，还有增量算法本身所带来的不确定性。结果在多大程度上依赖于实例的顺序？合并、分裂等局部重建操作是否足以扭转由不好的实例次序所带来的糟糕的初始决定？最终结果是否代表分类效用的*局部*最大值？无法知道最终的结果离全局最大值到底有多远，并且重复几次聚类过程然后选择最好的这种标准技巧会损害这个算法的增量特性。最后，结果的层次性也不能回避哪个是*最好*的聚类这个问题。图 6-24 中的聚类有那么多，就像要从糠中筛出小麦那么困难。

一个更为理论性的统计学方法可以克服聚类问题的部分上述缺点。从概率的角度看，聚类的目标是寻找给定数据的最有可能的集合（不可避免地要用到先验期望值）。由于任何有限数量的证据都不足以对某件事做完全肯定的结论，所以实例甚至是训练实例也不能
285 绝对地被分在这个聚类或那个聚类：而应当说实例都以一定的可能性分属于每个聚类。这有助于消除那些硬性而快速的判断方案引发的脆弱性。

统计聚类的基础是建立在一个称为*有限混合*（finite mixtures）的统计模型上。混合是指用 k 个概率分布代表 k 个聚类，控制聚类成员的属性值。换句话说，对某个具体实例，每个分布给出假设已知实例属于这个聚类，并且它有某组属性值集合的概率。每个聚类都有不同的分布。任何具体实例“实际上”属于且只属于一个聚类，但不知是哪个。最后，各个聚类并不是同等可能的：存在某种反映它们相对总体数量的概率分布。

最简单的有限混合情况是只有一个数值属性，每个聚类是呈高斯或正态分布，但有不同的平均值和方差。聚类问题是获得一系列的实例，这时每个实例只是一个数字和一个事先设定的聚类数目，然后计算每个聚类的平均值和方差，以及聚类之间的总体分布。混合模型将几个正态分布组合起来，它的概率密度函数看起来像一组山脉，每座山峰代表一个正太分布。

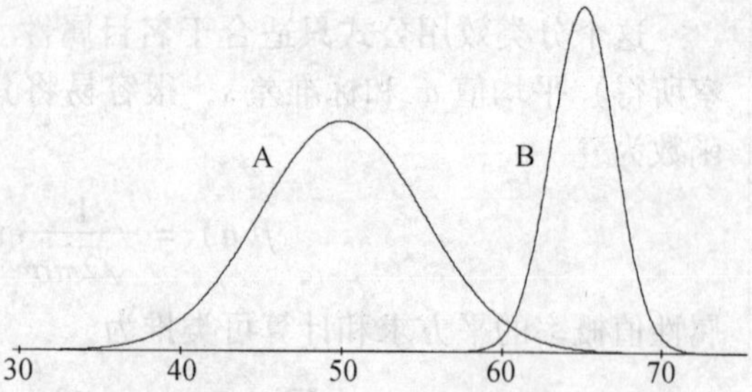

图 6-25　一个二类混合模型

286 图 6-25 展示了一个简单的例子。图 6-25 中有两个聚类 A 和 B，每个都呈正态分布，聚类 A 的平均值和标准差是 μ_A 和 σ_A；聚类 B

的平均值和方差是 μ_B 和 σ_B。从这些分布中抽样，聚类 A 的抽样概率为 p_A，聚类 B 的抽样概率为 p_B（其中 $p_A+p_B=1$），得到如图 6-25 所列的数据集。现在，想象所给的数据集没有类值，只有数据，要求确定模型的 5 个参数：μ_A、σ_A、μ_B、σ_B 和 p_A（参数 p_B 可以直接从 p_A 计算得到）。这就是有限混合问题。

如果知道每个实例是由哪个分布而来的，就很容易找到 5 个参数值，只要使用下面的公式，分别对聚类 A 和 B 的两个样本估计平均值及标准差。

$$\mu=\frac{x_1+x_2+\cdots+x_n}{n}$$

和

$$\sigma^2=\frac{(x_1-\mu)^2+(x_2-\mu)^2+\cdots+(x_n-\mu)^2}{n-1}$$

（第二个公式分母用 n-1 而不用 n 是一种抽样技术：在实践中如用 n 几乎没有什么差别。）这里 x_1，x_2，…，x_n 是取自分布 A 或 B 的样本。要估计第 5 个参数 p_A，只需计算聚类 A 所含实例数占实例总数的比例。

如果 5 个参数已知，要找出某个给定实例来自每种分布的概率就很简单了。给定实例 x，它属于聚类 A 的概率是

$$\Pr[A\mid x]=\frac{\Pr[x\mid A]\times\Pr[A]}{\Pr[x]}=\frac{f(x;\mu_A,\sigma_A)p_A}{\Pr[x]}$$

这里，$f(x;\ \mu_A,\ \sigma_A)$ 是聚类 A 的正态分布函数，即

$$f(x;\mu,\sigma)=\frac{1}{\sqrt{2\pi}\sigma}\mathrm{e}^{-\frac{(x-\mu)^2}{2\sigma^2}}$$

分母 $\Pr[x]$ 将消失：计算分子 $\Pr[A\mid x]$ 和 $\Pr[B\mid x]$，然后要除以两者之和进行规范化。整个过程与 4.2 节中朴素贝叶斯学习方案对数值属性所用的处理方法相同。那里讨论中所做的说明这里也同样适用：严格地说，$f(x;\ \mu_A,\ \sigma_A)$ 并不是概率 $\Pr[x\mid A]$，因为 x 等于任何具体实数值的概率为零，然而规范化过程使得最终的结果是正确的。注意最终结果不是某个具体的聚类，而是 x 属于聚类 A 和聚类 B 的概率。

6.8.7　EM 算法

问题是既不知道每个训练实例来自哪个分布，也不知道混合模型的 5 个参数值。因此，我们借鉴 k 均值聚类算法的过程，进行迭代。从对 5 个参数值进行初始估计开始，用初始估计值对每个实例进行聚类概率计算，用这些概率对参数进行重新估计，然后重复此过程（如果愿意，也可以从对每个实例的类进行初始估计开始）。这种方法称为期望最大化（Expectation Maximization，EM）算法。第一步，计算聚类概率（即“期望的”类值），这便是“期望”；第二步，计算分布参数，即对给定数据的分布进行似然“最大化”处理。 287

考虑到已知的只是每个实例所属聚类的概率而非聚类本身，因此必须对参数估计公式稍做一点调整。这些概率作用就像是权值。如果 w_i 是实例 i 属于聚类 A 的概率，那么聚类 A 的平均值和标准差是

$$\mu_A = \frac{w_1 x_1 + w_2 x_2 + \cdots + w_n x_n}{w_1 + w_2 + \cdots + w_n}$$

和

$$\sigma_A^2 = \frac{w_1 (x_1 - \mu)^2 + w_2 (x_2 - \mu)^2 + \cdots + w_n (x_n - \mu)^2}{w_1 + w_2 + \cdots + w_n}$$

这里 x_i 不单是属于聚类 A 的实例，而是包括所有的实例（这和前面的标准差估计公式有些不同：如果所有的权值都是相等的，那么分母是 n 而不是 $n-1$。从技术上讲，这是一个方差的“最大似然”估计器，前面所列的是一个“无偏”估计器。它们之间的差别在实践中并不重要）。

现在来考虑怎样终止迭代。k 均值算法是当实例的类值在下一轮循环中没有变化时终止，即达到一个“固定点”。在 EM 算法中，情况并非如此简单：算法会向某个固定点收敛但是却不能真正达到这个点。然而可以通过给定 5 个参数值来计算数据集数据的总体似然，找出它的靠近程度。总体似然是将单个实例 i 的概率相乘得到的：

$$\prod_i (p_A \Pr[x_i \mid A] + p_B \Pr[x_i \mid B])$$

这里聚类 A 和聚类 B 的概率是由正态分布函数 $f(x;\ \mu,\ \sigma)$ 决定的。这个总体似然是对聚类“良好性”的一种度量，在 EM 的每次迭代中不断增加。

这里又出现了将 x 的某个具体取值的概率等同于 $f(x;\ \mu,\ \sigma)$ 的技术难题，由于没有对概率进行规范化操作，这个影响并没有消失。结果是上面的似然表达式代表的不是概率，不一定在 0 ~ 1 之间。然而，它的大小仍然反映了聚类质量的好坏。在算法具体实现中一般取它的对数：只需计算每个组成部分的对数总和，避免了相乘的计算。总体结论还是保持不变，逐次迭代直到对数似然的增加可忽略不计。例如，在一个具体的实现中，可以逐次迭代直至出现连续 10 次迭代前后两个对数似然的差值小于 10^{-10}。一般来说，前面几轮迭代的对数似然会急剧上升，然后快速收敛于某个几乎是固定的点。

虽然 EM 算法能保证收敛于某个极大值，但也许只是局部极大值而不是全局最大
288 值。为了能有机会得到全局最大值，整个过程必须重复多次使用不同的初始估计参数值。可以用总体对数似然数值来比较不同的参数配置：只选择其中最大的。

6.8.8　扩展混合模型

我们已经看了含两个高斯分布的混合模型，现在来考虑怎样将其扩展到更现实的情况中。基本方法是相同的，但由于数学表达更令人恐怖，这里就不全面展开了。

只要正态分布数量 k 事先已知，将适用于二类问题的算法转换为适合解决多类问题是非常简单的。只要假设属性之间是独立的，适合于单个数值属性实例的模型可以扩展为适合于多个数值属性实例的模型。就像朴素贝叶斯方法那样，将每个属性的概率相乘得到这个实例的联合概率。

当已知数据集含有相关属性时，独立假设就不再成立。此时，两个属性可用 2 维正态分布建立联合模型，每个分布有各自的平均值，但采用含 4 个数值参数的“协方差矩阵”

来代替两个标准差。有标准的统计技术用于估计实例的类概率，以及已知实例和类概率时估计平均值和协方差矩阵。对多个相关属性，可以使用多维分布来处理。参数的数量随着联合属性数量的平方而增加。对于 n 个独立属性，有 $2n$ 个参数，各含一个平均值和一个标准差。对于 n 个协变属性，有 $n+n(n+1)/2$ 个参数，各含一个平均值和一个 $n\times n$ 协方差矩阵，这个矩阵是对称的，因此有 $n(n+1)/2$ 个不同的数值。像这样的参数数量增长将造成严重的过度拟合，我们将稍后讨论。

为了适应名目属性，必须放弃正态分布。对一个含有 v 个可能值的名目属性，用 v 个数字来代表每种值的概率。对每个类需要不同的数字组合，总共有 kv 个参数。这个情形与朴素贝叶斯方法很相似。对应的期望和最大化这两个步骤与先前所述的操作是一样的。期望：给定分布参数，对每个实例所在的聚类进行估计，如同对未知实例进行类预测。最大化：用已分类的实例对参数进行估计，如同从训练实例中决定属性值的概率，一个小区别在于 EM 算法中给实例赋予的是类概率而不是类别。在 4.2 节中我们已遇到估计概率可能为 0 的问题，这里也同样会碰到。幸运的是，解决方法很简单，使用拉普拉斯估计器。

朴素贝叶斯假设属性是独立的，这是它称为“朴素”的原因所在。一对分别有 v_1 个和 v_2 个可能属性值的相关的名目属性，可以用有 v_1v_2 个可能属性值的单个协变属性来代替。同样，参数的数量随着相关属性数量的增加而增多，这将涉及概率估计及过度拟合问题。 289

对既有数值属性又有名目属性的数据进行聚类没有什么特别的问题。协变量的数值和名目属性处理起来更加困难，这里不做讨论。

可以使用多种不同的方法来调整以适应缺失值。原则上，缺失值可以当做未知量，在 EM 过程中与聚类的平均值和方差一样进行估计。一种简单的方式是在预处理过程中用平均值或最常出现的模式代替缺失值。

有了这些改进，概率聚类变得相当完备。EM 算法贯穿于整个工作过程中。用户必须指定要搜索的聚类数目、每个属性的类型（数值属性或名目属性）、哪些属性要应用协变模式以及如何处理缺失值。另外，除了上述分布类型外，还可应用其他不同的分布。虽然对于数值属性来说正态分布通常是一个好的选择，但对于某些有预设的最小值（如对于属性重量来说，它的最小值为0）却没有上限的属性它并不适合，这时比较适合使用“对数正态”（log-normal）分布。同时具有上限和下限的数值属性可以用“对数优势”（log-odds）分布。属性值为整数而非实数时最好使用泊松分布。一个完善的系统应该允许对每个属性单独设定概率分布。在每种情形下，分布都要涉及数字参数：对于离散属性来说，是所有可能属性值的概率；对于连续属性来说，是平均值和标准差。

在本节中我们讨论的是聚类。也许你会想到这些改进措施也应该能很好运用于朴素贝叶斯算法，你是对的。一个完善的概率模型既适用于聚类也适用于分类学习，适用于各种不同分布的名目属性和数值属性，适合于各种不同的协变可能，也适合于不同的缺失值处理方法。作为领域知识的一部分，用户要指定各个属性所使用的分布。

6.8.9 贝叶斯聚类

然而，还有一个障碍：过度拟合。你也许会说如果不确定哪些属性是相互依赖的，为什么不安全一点将所有属性都设定为协变的？答案是参数越多最终模型结构就越可能对训练数据产生过度拟合，协变设定会使参数数量急剧上升。机器学习中总是会产生过度拟合问题，概率聚类也不例外。有两种情况会产生过度拟合：所设聚类的数目太多；所设分布参数太多。

一种聚类数目过多的极端现象是每个数据点即为一个聚类：显然这将产生对训练数据
290 的过度拟合。实际上，在混合模型中，当正态分布变得很狭窄以至于集中在一个数据点上时，就会产生过度拟合问题。因此在实现中，通常要规定聚类必须至少包含两个不同的数据值。

当参数数量多时，也会发生过度拟合问题。如果不确定哪些属性是协变的，你可能会对各种不同协变的可能进行实验，然后挑选其中能使数据处于所找到聚类的总体概率达到最大值的那个。不幸的是，参数数量越多，这个数据总体概率也越高。这个高概率并非是好的聚类造成的，而是过度拟合造成的。越多的参数参与，越是容易找到看起来似乎很好的聚类。

如果能在引入新参数的同时引入惩罚项是个不错的主意。一个基本的方法就是采用贝叶斯方法，让每个参数都有一个先验概率分布。然后当引入一个新参数时，它的先验概率要参与总体似然的计算。由于总体似然要乘以一个小于1的数字，即先验概率，所以自动产生惩罚。若要提高总体似然，新参数必须在扣除惩罚后还能产生收益。

从某种意义上看，4.2节中提到的以及上述对于名目属性值遇到零概率问题时，建议使用的拉普拉斯估计器是这样一种策略，当观察到的概率很小时，拉普拉斯估计器强制增加惩罚项，使这个0或接近0的概率提高，从而降低数据的总体似然。将两个名目属性协变会加剧这个小概率问题。原先有 v_1+v_2 个参数（这里 v_1 和 v_2 是可能的属性值个数），现在增加为 v_1v_2 个参数，同时也大大增加了产生大量小估计概率的机会。实际上，拉普拉斯估计器与引入新参数时使用某个特定的先验概率是等效的。

对于聚类数目过多的问题也可采用相同的技术来抑制，只要预设一个先验分布，当聚类数目增加时它将急剧下降。AutoClass 是一种完善的贝叶斯聚类方法，它使用有限混合模型，每个参数都带有先验分布。它适用于数值属性和名目属性，并且使用 EM 算法对概率分布参数做出最符合数据的估计。由于不能保证 EM 算法一定收敛于全局最优点，所以使用不同的初始值进行多次重复运行。不仅如此，AutoClass 还考虑不同的聚类数目、不同的协方差，以及对于数值属性的不同概率分布类型。这又涉及一个额外的外层搜寻。例如，它初始时分别对2、3、5、7、10、15和25个聚类进行对数似然评估，然后为结果数据找到合适的对数正态分布，并从中随机选择，用更多的值进行测试。正如你所想象的，整个算法非常耗时。在实际实现过程中，有一个预设的时间限度，只要在时间允许范围，就继
291 续迭代过程。这个时间限度设得越长，效果越好。

与其展示给用户最有可能的聚类，不如将所有的聚类根据概率加权并把它们全部展示给用户。最近，有人提出了对于层次聚类的完全贝叶斯技术，该技术把表示数据集的所有可能的层次结构的概率分布作为输出。图6-26是一个可视化的例子，叫做 DensiTree，它用三角形展示了某一数据集的所有树的集合。该树最好用其“进化枝”表示，这是一个来自希腊语 klados 的生物学术语，意思是包含所有祖先在内的同一种群的一组分支。此处有5个可以清晰区分的进化枝。第1个和第4个进化枝都对应于单个的叶子结点，第5个进化枝有两个非常明显的叶子，这两个叶子也可以分别看做是进化枝。第2个和第3个进化枝各有5个叶子，它们的结构具有很大的不确定性。这种可视化方式使人们很容易把握数

据中可能存在的层次聚类，至少从整体上来说是可以的。

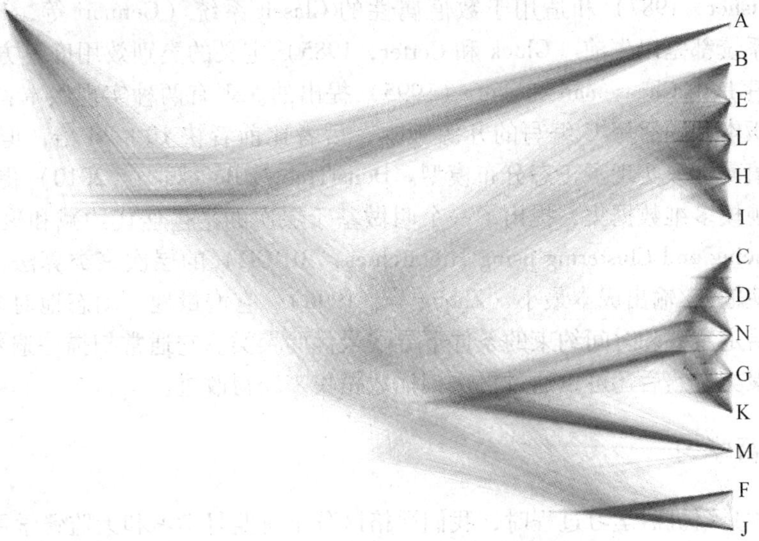

图6-26 对于一个给定数据集，使用DensiTree展示可能的层次聚类结果

6.8.10 讨论

上述各种聚类方法产生不同种类的输出。它们都能对新数据以测试集的形式，根据对训练集分析所得的聚类来进行分类。然而，只有层次聚类和增量聚类方法可以生成显式的知识结构，能够将聚类描述可视化并做出合理的论述。至于其他算法形成的聚类，如果维数不是太多，可在实例空间实现可视化。 292

如果使用聚类方法对训练集实例按照所在聚类编号赋予标签，标有标签的数据集就可用于训练一个规则或决策树学习器。规则或决策树的学习结果将形成显式的类描述。概率聚类方案也可用于同样的目的，除了每个实例可能有多个加权的标签外，因此规则或决策树学习器必须能处理加权的实例（许多学习器都可以）。

聚类的另一个应用是填补属性的缺失值。例如，可以对某个实例的未知属性值进行统计估计，根据实例本身的类分布以及其他样本中这个未知属性值来估计。

我们所考查的所有聚类方法都是在独立属性这个假设前提下的。AutoClass允许用户事先指定两个或两个以上的属性间存在相互依赖关系，并使用联合概率分布模型（然而，这里有个限定：名目属性之间也许会发生关联变化，数值属性之间同样也会，但这两种属性之间没有关联变化。另外，对于缺失值，关联变化属性也不适合）。使用某种统计学技术，譬如将在7.3节中讨论的主成分转换法，对数据集进行预处理从而使属性更加独立，或许能有些益处。注意，这些技术并不能消除存在于某些特定类内的联合变化，它只能消除存在于所有类之间的总体联合变化。

通过重复分裂聚类并考察分裂是否值得，以此来改进 k 均值法使之能找到较好的 k 值，这个方法是Moore和Pelleg（2000）提出的 X 均值算法。它使用了一个称为贝叶斯信息准则的概率方法（Kass和Wasserman，1995）来替代MDL原理。层次聚类的高效凝聚算法是Day和Edelsbrünner（1984）提出的，最近的一些书（Duda等，2001；Hastie等，

2009）也描述了该思想。基于合并和分裂操作的增量聚类程序是在适用于名目属性的 Cobweb 系统（Fisher，1987）和适用于数值属性的 Classit 系统（Gennari 等，1990）中提出的。这两个系统都是以先前（Gluck 和 Corter，1985）定义的类别效用度量方法为基础的。AutoClass 程序是由 Cheeseman 和 Stutz（1995）提出的。现有两种实现版本：用 LISP 实现的原始研究版本和随后用 C 编写的开源版本，后者比前者快 10 ~ 20 倍，但却有些局限，例如对于数值属性只实现了正态分布模型。DensiTree 是 Bouckaert（2010）提出的。

针对大规模多维数据集，提出了一个叫做基于层次的平衡迭代约减和聚类（Balanced Iterative Reducing and Clustering using Hierarchies，BIRCH）的层次聚类算法，必须使用高效的操作以使输入/输出成本最小（Zhang 等，1996）。它增量地、动态地对多维数据点进行聚类，在给定主存和时间约束的条件下寻找最优的聚类。它通常扫描一遍数据集就能找
293 到一个好的聚类，然后还可以通过再次扫描数据集来获得改进。

6.9　半监督学习

在第 2 章介绍机器学习过程时，我们严格区分了有监督学习和无监督学习（即分类和聚类）。本章我们将研究许多同时进行有监督和无监督学习的技术。最近，研究人员开始研究介于二者之间的学习方法，有时叫做*半监督学习*（semisupervised learning），它的目标是分类，但是输入中同时包含有类标的数据和无类标的数据。当然，没有带类标的数据就无法进行分类，因为只有类标表明类别是什么。有时，向少量的带类标数据中增添大量的无类标数据很有吸引力。事实表明无类标数据能帮助学习一个更好的分类器。这是怎么做到的呢?

首先，为什么需要半监督学习呢？许多情况都会产生大量未加工过的原始数据，但给这些数据标注类别的成本高昂，因为它需要人工参与。文本挖掘就是一个很好的例子。假设你想要将网页分到事先定义好的若干组中。若是在学校中，你可能对院系网页、研究生网页、课程信息网页、研究组网页以及部门网页感兴趣，你可以轻易地从学校网站上下载到成千上万的相关网页。但是为训练数据分配类标是一个费时费力的人工处理过程。或者假设你的工作是使用机器学习来辨认文本中的名字，区分出人名、公司名称和地名，你可以很容易下载兆字节或者吉字节的文本，但是从中挑选出名字并把它分类得到训练数据的过程只能人工完成。对新闻稿件分类、对电子邮件分类来学习用户的阅读兴趣，这类应用很多。先不管文本，假设你想要学习从电视广播的新闻中识别出某个特定的名人，你可以很容易记录数百或数千小时的新闻广播，但是仍然需要人工确定类标。在所有这些情况中，如果能从很少的带类标的实例中，利用大量无类标的数据来获得较好的性能，将会是十分具有吸引力的，尤其是，当你就是那个进行人工归类工作的研究生时！

6.9.1　用于分类的聚类

如何使用无类标的数据提高分类效果呢？这里有一个简单的想法。使用朴素贝叶斯方法从一个小的带类标的数据集中学习一个分类器，然后使用上一节介绍的 EM 迭代聚类算法将它扩展到大的无类标的数据集上。整个过程如下：第一步，使用带类标的数据训练一个分类器。第二步，把它应用到无类标数据上，为它标记类概率（“期望”过程）。第三步，使用所有数据的类标训练一个新的分类器（“最大化”过程）。第四步，迭代直至收

敛。你可以把它想象成迭代聚类的过程，其中初始点和聚类的类标来自于带类标的数据。EM 过程保证每次迭代过程中得到的模型参数的似然值增大或者不变。关键问题是，这些较大的参数似然估计值是否会提高分类的准确率，而这只能根据经验回答。 294

直觉上，这种方法效果可能很好。考虑文本分类问题。某些特定的短语能够表明类别。有些短语出现在带类标的文档中，其他的只出现在不带类标的文档中。当然也可能有一些文档同时包含这两者，EM 过程据此泛化学习得到的模型，使之能利用不出现在带类标的数据集中的短语。例如，supervisor 和 Ph. D. topic 都可能表明这是一个研究生的网页。假设只有前一个短语出现在了带类标的文档中。EM 迭代地泛化这个模型，使之能对包含后者的文档正确分类。

这个过程对于任何分类器和任何迭代聚类算法都是可行的。但它基本上只是一个引导程序，你必须保证反馈回路是正反馈。使用概率来代替硬性决定看起来是有益的，因为它会使程序缓慢的收敛而不是跳到一个可能错误的结论中。将朴素贝叶斯和基本的概率 EM 过程结合在一起使用，是一个特别好的选择，因为它们都依赖同样的基本假设：属性间的独立性，或者更准确地说，给定类别时属性间的条件独立性。

当然，大多数情况下，独立性假设是不满足的。即使在使用两个单词的短语 Ph. D. topic 的小例子中，具体实现时可能会使用单个单词作为属性。如果我们替换了单个短语 Ph. D. 或 topic 中的任何一个，上面这个例子就不能令人信服了。短语 Ph. D. students 更可能是指一个部门而不是研究生的网页；短语 research topic 的区分能力也可能降低。给定类别时，Ph. D. 和 topic 不是条件独立的，正是这一事实才会使得上面例子的情况发生：这两个短语的组合才描述了研究生的网页。

尽管如此，在文本分类领域，把朴素贝叶斯和 EM 以这种方式结合使用效果还很好。在某个分类任务中，与传统的分类器相比，该方法使用不到 1/3 的带类标的训练实例和 5 倍的不带类标的实例，就达到了相同的性能。当带类标的实例很昂贵而不带类标的实例几乎免费时，这是一种很好的权衡。使用少量带类标的文档，通过加入大量不带类标的文档，分类器的准确率可以得到显著提高。

还有两种对该过程的改进方法来提高性能。第一个改进的动机是因为有实验证据表明，当存在许多带类标的文档时，加入不带类标的文档并不会增加而是会降低准确率。人工标注的数据（应该）比自动标记的数据包含更少的噪声。解决方法是引入一个权值参数以减少无类标数据的贡献。通过最大化加权的带类标和不带类标实例的似然，该权值可以整合到 EM 的最大化过程中。当参数接近 0 时，不带类标的文档对于 EM 算法爬山面的形状影响很小；当参数接近 1 时，算法回到原始版本，两种文档对于爬山面的影响相等。 295

第二个改进是允许每个类有多个聚类。正如前一节所解释的，EM 聚类算法假设数据是由不同概率分布混合后随机生成的，其中每个聚类都有一个概率分布。到目前为止，我们都假设混合成分和类别之间存在一一对应关系。许多情况下，包括在文档分类中，这是不切实际的，因为大多数文档都会包含多个主题。为每个类分配多个聚类，每个带类标的文档都以概率的形式为它的每个成分初始化为随机值。EM 算法的最大化过程仍和以前一样，但是期望过程要做改动，不仅要对每个实例以概率的形式分配类标，还要为每个类内部的成分分配概率值。每个类的聚类数目是一个依赖于领域的参数，可以通过交叉验证来确定。

6.9.2　协同训练

另一种无类标数据能够改进分类性能的情况是，对于分类任务有两个不同且独立视角的分类器。再次以文档作为一个典型的例子进行说明（这次是 Web 文档），两个视角分别是网页的内容（content）和来自其他网页的链接（link）。众所周知，这两个视角都是非常有用并且不同的：成功的网络搜索引擎都秘密地结合使用这两者。链接到另一个网页上的标签文本揭示了另一个页面可能是关于什么的，或许比那个页面本身的内容更能反映这一点，尤其是如果该链接是独立的。直觉上，一个标签为 my advisor 的链接是一个有力的证据表明目标页面是一个部门成员的主页。

这就是协同训练（co-training）的思想。给定一些带类标的实例，首先从每个视角学习得到不同的分类器，这个例子中是基于文本和基于超链接的模型。然后分别使用每个分类器来对无类标的实例做标记。为每个模型选择它最确信的正例类标和最确信的负例类标，把它们加入到带类标的实例池中。更好的是，通过从两种实例中选择不等数量的实例加入到带类标的实例池中，使实例池中正例和负例保持一定比例。重复整个过程，在新增的带类标的实例池上训练这两个模型，直到所有的未标记实例都用完为止。

有实验证据表明，如果自始至终都使用贝叶斯作为学习器，那么该引导程序的性能要优于在两个视角的所有特征上从带类标的数据中学习得到的单个模型的性能。它依赖于实例有两个冗余但不完全相关的视角。该算法已经应用于各种领域，如分别使用视频和音频来发现新闻广播中的名人，同时使用视觉、声纳和距离传感器来控制移动机器人等。视角
296 的独立性减少了两个假设在一个错误标签上达成一致的可能性。

6.9.3　EM 和协同训练

在包含两个完全独立的特征集合的数据集中，实验表明协同训练得到的结果比前面描述的 EM 算法的结果好。然而，将这两种方法结合得到改进版协同训练算法会达到更好的性能，这个修改版协同训练算法叫做 co-EM。协同训练首先训练代表不同视角的两个分类器 A 和 B，然后使用这两个分类器，将两个分类器最确信的正例和负例加入到训练池中。这样得到的新实例很少并且有确定的类标。而 co-EM 算法在带类标的数据上训练分类器 A，用它以概率形式标记所有不带类标的数据。接下来同时使用带类标的数据和分类器 A 标记的不确定类标的数据来训练分类器 B，然后用它以概率形式重新标记分类器 A 标记过的所有数据。迭代整个过程直到分类器收敛。这个过程看起来性能始终要比协同训练好，因为它并不是直接承认分类器 A 和 B 生成的类标，而是在每次迭代重新估计类标的概率。

和协同训练一样，co-EM 的应用范围也受到多个独立视角这个要求的限制。但是有些实验证据表明，即使特征不能自然地分成独立的视角，人工制造这种分裂并且在分类后的数据上使用协同训练，或者更好地使用 co-EM，也会获得益处。甚至随机进行分裂时，该方法似乎也有作用。当然可以通过设计分裂使特征集的独立性最大化，从而提升性能。这为什么可行呢？研究人员猜测这些算法成功的部分原因是，分裂使它们对分类器做出的潜在假设更加具有健壮性。

没有特别的理由将底层的分类器限制为朴素贝叶斯。支持向量机可能代表了现在最成功的文本分类技术。然而，为了使 EM 迭代能够工作，分类器必须要对数据以概率形式标记，它也必须能够使用概率加权的实例进行训练。支持向量机可以很容易地扩展以满足这

两个方面。我们已经在6.6节局部加权线性回归部分，解释了如何调整学习算法以处理加权的实例。一种使支持向量机获得概率估计的方法是，对结果拟合一个1维的Logistic模型，按照4.6节描述的方法有效地对输出进行Logistic回归。有报告表明对于文本分类，使用包含支持向量机（SVM）分类器的co-EM算法能得到非常出色的结果。它比其他SVM变体的性能好，并且似乎对于不同比例的带类标和不带类标数据更具有健壮性。

6.9.4 讨论

Nigam等（2000）深入研究了将聚类用于分类的思想，展示了EM算法如何使用不带类标的数据来改进最初使用朴素贝叶斯方法建立的分类器。协同训练的想法更早一些， 297
Blum和Mitchell（1998）最先开始研究它，并发展了一个理论模型，用于从不同的独立视角使用带类标和不带类标的数据。Nigam和Ghani（2000）分析了协同训练的有效性和适用性，将它和传统的标准期望最大化联系起来以填写缺失值，他们还提出了co-EM算法。到目前为止，协同训练和co-EM主要应用于小的两类问题。Ghani（2002）使用误差纠正输出编码来处理多类别的情况。Brefeld和Scheffer（2004）使用支持向量机来代替朴素贝叶斯扩展了co-EM算法。

6.10 多实例学习

到目前为止，本章描述的所有技术都是针对标准机器学习场景的，即每个样本只包含单个实例。在进行第7章的输入数据转换方法的学习之前，我们再次讨论更加复杂的多实例学习问题，即每个样本是由一袋实例组成的。我们将说明比在4.9节中讨论的更加高级的方法。首先，我们考虑如何通过转换数据，将多实例学习转换成单实例问题。然后我们讨论如何将单实例算法升级以适应多实例的情况。最后，我们简单介绍在单实例学习中没有直接等效算法的一些方法。

6.10.1 转换为单实例学习

4.9节展示了一些通过对输入或输出聚集，将标准的单实例学习算法应用于多实例数据的方法。尽管它们很简单，但这些技术通常在实际中工作出奇地好。不过，显然在许多情况中，这些方法将会失效。考虑聚集输入的方法，该方法计算每个样本中所有实例数值属性的最小和最大值，并将结果作为一个单独的实例。这将会导致大量信息的丢失，因为属性单独且独立地被压缩成汇总统计。一袋实例能否转换为单个实例，而不必丢失如此多的信息呢？

答案是肯定的，尽管在所谓的“压缩的”表示中属性的个数可能会明显增加。基本的思想是，将实例空间划分成几个区域，在单实例的表示中为每个区域创建一个属性。在最简单的情形下，属性是布尔类型的：如果对于某一属性，一袋实例中至少有一个实例在该区域中，该属性的值就设为真，否则设为假。然而，为了保留更多的信息，压缩的表示中可以包含数值属性，属性的值是表示实例袋中位于相应区域的实例的数目。 298

若不考虑生成属性的具体类型，主要问题就是找出一个对输入空间的划分。一种较为简单的方法是将空间划分成大小相等的超立方体。不幸的是，只有当空间有少数几个维度（即属性）时，该方法才有效：要获得一个给定的粒度，所需立方体的数目会随着空间的维度成指数型增长。使该方法更实用的一种方法是使用无监督学习。简单地从所有训练数据的实例袋中将实例取出，不管它的类标，形成一个大的单实例数据集；然后用 k 均值等聚类技术处理它。这将为不同的聚类创建不同的区域（如果使用的是 k 均值算法，就得到 k 个区域）。然后，如前文所述，为每个实例袋，在压缩表示中对每个区域创建一个属性。

聚类是一个相当笨拙地从训练数据中得到区域的方法，因为它忽略了类成员的信息。另一种可选的方法是使用决策树学习来划分实例空间，这通常会得到更好的结果。树的每片叶子都代表实例空间的一个区域。但是，当每个实例袋而不是单个实例才有一个类标时，如何学习一棵决策树呢？可以使用4.9节聚集输出部分描述的方法：将实例袋的类标赋予它的每个实例。这就产生一个单实例数据集，可用于决策树学习。许多类标将会被忽略，整个多实例学习的关键在于，不清楚袋层面的类标如何与实例层面的类标相关联。然而，这些类标只用于得到实例空间的分割。下一步是将多实例数据集转换成单实例数据集，该单实例数据集代表了每个袋中的实例在整个实例空间中的分布。然后，应用另一个单实例学习方法（也许还是决策树学习），确定在压缩的表示（对应于原始空间的区域）中单个属性的重要性。

使用决策树和聚类会得到“硬”划分边界，即实例要么属于要么不属于该区域。使用距离函数，结合一些参照点，将实例分配到离它最近的参照点，这样也可以得到一个划分。它隐含地将空间划分成区域，每个参照点对应于一个区域（实际上，这正是 k 均值聚类所做的：聚类中心就是参照点）。但是没有什么重要的理由将它限制到硬边界上：我们可以使用距离（转换成相似性得分）使得区域隶属函数变“软”，以此来计算实例袋的压缩表示中的属性值。所需要的只是一种将每个袋之间的相似性得分聚集的方法，例如可以取袋中每个实例和参照点之间相似性的最大值。

在最简单的情况下，训练集中的每个实例都可以作为参照点。这会在压缩的表示中创建大量的属性，但是它在相应的单实例集中保留了大部分实例袋的信息。该方法已经被广
299 泛用于多实例学习问题中。

不管该方法是如何实现的，基本思想是通过描述该实例袋在实例空间中的距离分布将实例袋转换为单个实例。或者，也可以通过将输出而不是输入聚集，将一般的学习方法应用于多实例问题中。4.9节描述了一种简单的方式：将袋层次的类标赋予袋中的实例，这样就把袋中的实例联合在一起形成了一个单独的数据集，或许还可以为每个实例袋赋予相同的总权值，袋内的每个实例平分该总权值。然后就可以建立一个单实例分类模型。在分类时，将每个单独实例的预测值组合，例如可以取每类预测概率的平均值，得到最终的预测结果。

尽管该方法在实践中效果不错，但是将类层次的类标赋予实例的做法是过分简化的。通常，在多实例学习中，假设只有部分实例（或者只有一个）决定了该实例袋的类标。如何修改类标以得到对于真正情况的更精确的表示呢？这显然是一个困难的问题。如果解决了该问题，就不必研究其他多实例学习方法了。实际应用的一种方法是迭代：首先将每个实例的袋类标赋给它，然后用单实例分类模型的预测类标来替换该实例的类标。重复整个过程直至类标在两次迭代过程中不变。

为了得到合理的结果，还需注意一些问题。例如，假设袋中的每个实例的类标都与袋的类标不同。这个问题可以通过强制袋中至少有一个实例（例如，可以是对于该类的预测概率最大的实例）的类标与袋的类标相同来解决。

已经有人研究用这个迭代方法来解决原始的多实例场景的二类问题，只有当袋中有且只有一个实例是正例时袋才是正例。在这种情况下，假设所有来自负例袋中的实例都是真负例，并且只修改来自正例袋的实例的类标，这是有道理的。预测时，只要袋中的一个实

例是正例，那么该袋就标为正例。

6.10.2 升级学习算法

通过修改输入或输出实现用单实例学习算法处理多实例学习问题，这是很有吸引力的，因为大量的技术可以直接使用而不必做任何修改。但是，这也许不是最有效率的方法。另一种选择是修改单实例学习算法内部，使它们应用于多实例的情况。如果一个算法只通过距离（或相似性）函数来考虑数据（如最近邻分类器或支持向量机），那么就可以用相当优雅的方式实现对算法的修改。这可以通过为多实例数据提供一个距离（或相似性）函数计算两个实例袋之间的得分来实现。 300

对于基于核的方法（如支持向量机），相似性必须是一个满足特定数学特性的核函数。用于多实例数据的一个核函数是*集合核*（set kernel）。给定一个用于单实例数据的支持向量机实例对之间的核函数（如6.4节中提到的核函数中的一种），集合核对两个实例袋间所有实例对的核函数的计算结果进行累加。

可以使用Hausdorff距离的变体（该距离是为点集定义的）以便使最近邻学习适用于多实例数据。给定两个实例袋和实例对之间的距离函数（如欧几里得距离），两个袋之间的Hausdorff距离是从一个袋中的任何实例到另一个袋中离它最近的实例的最大距离。可以使用第n大距离代替最大距离，使其对于离群点更具有健壮性。

对于不基于相似性评分的学习算法，要将它们升级以适合多实例数据，则需要更多的工作。现在已经有关于规则学习和决策树学习的多实例算法，但是我们不会在这里讨论。如果算法关心的只是一个数值型的优化策略，则该优化策略通过在训练数据上最小化一个损失函数从而应用到一些函数的参数，那么调整算法以适应多实例的情况就变得直接多了。Logistic回归（见4.6节）和多层感知机（见6.4节）就属于这种情况。两者都可以通过增加一个对实例层次的预测进行聚集的函数来实现多实例学习。所谓的“软最大值”是一个适合该情况的可微函数：它对实例的预测结果进行聚集，将实例预测结果的（软）最大值作为袋层次的预测值。

6.10.3 专用多实例方法

有些多实例学习方案不是直接基于单实例算法的。这里是一个专门用于2.2节中提到的药物活性预测问题的早期技术，实例是一个又一个分子构成的（即一个袋），当且仅当它至少有一个活跃成分时，才认为它是正例。基本的想法是，学习一个超矩形，该超矩形至少包含训练数据中的每个正例袋的一个实例，并且不包含任何来自负例袋的实例。这样的一个矩形围出了所有正例袋都重叠的实例空间的区域，但是它不包含负例（活跃分子经常出现，但非活跃分子不出现的区域）。最初考虑的特定药物活性数据是高维的，每个实例有166个属性。这种情况下，很难通过计算找到合适的超矩形。因此针对这个特定的问题，提出了一个启发式方法。

也可以使用其他的形状代替超矩形。事实上，同样的基本思想也应用到了超球面（球体）上。训练实例被看做潜在的球心。在训练数据的所有袋中，为每个球心找到产生最小 301
错误数的半径。使用原始的多实例假设来做预测：当且仅当一个袋在球内至少包含一个实例时，该袋才被分类为正例。单个球通常不能得到一个好的分类性能。然而，该方法不是独立工作的。建议将它作为一个“弱学习器”，与提升算法（见8.4节）一起使用，得到一个强大的联合分类器（球的集合体）。

到目前为止，我们讨论的专用多实例方法都是硬决策边界的：一个实例要么落在球体或超矩形的内部，要么落在球体或超矩形的外部。其他的多实例算法使用以概率表示的软概念来描述。多样性密度（diverse-density）方法就是一个典型的例子，该方法在设计时就考虑到了多实例假设。它最基本和最常用的形式是在实例空间中学习一个参照点。通过实例和参照点之间的距离计算该实例是正例的概率：如果实例与参照点相同，概率为1，并且随着实例与参照点之间距离的增加，概率值会逐渐减小，这通常是基于一个钟形函数。

一个袋是正例的概率是将其包含所有实例的单个概率组合得到的，通常使用“noisy-OR”函数来进行组合。这是一个逻辑OR的概率版本。如果所有实例层次的概率都为0，noisy-OR函数的值为（即袋层次的概率）0；如果至少有一个实例层的概率为1，函数值为1；其他情况，函数值为0~1之间。

多样性密度定义为训练数据中袋的类标的概率，它是基于这个概率模型计算的。与前面讨论的两个集合方法一样，当参照点位于正例袋重叠且没有负例袋的区域时，多样性密度达到最大值。数值优化过程，如梯度上升，可以用来找到使多样性密度最大的参照点。除了参照点的位置外，多样性密度的实现也优化了每个维度距离函数的规模，因为通常不是所有的属性都是同等重要的。这可以显著提高预测性能。

6.10.4　讨论

将输入数据聚集信息得到汇总统计，这是在多关系学习中的一个著名技术，Krogel和Wrobel（2002）提出的RELAGGS中使用了该技术。多实例学习可以看做是更一般情形（de Raedt，2008）的一个特例。将简单的汇总统计替换为基于区域的属性，这个思想起源于对实例空间的划分，是由Weidmann等（2003）以及Zhou和Zhang（2007）提出的。使用参照点来压缩实例袋是Chen等（2006）提出的，Foulds和Frank（2008）在更广泛的环
302 境中评估了该方法。Andrews等（2003）提出为学习一个基于原始多实例假设的支持向量机分类器，使用迭代学习过程来改变类标。

基于Hausdorff距离变体的最近邻学习是Wang和Zucker（2000）提出的。Gärtner等（2002）实现了使用集合核为多实例数据学习一个支持向量机分类器。针对规则和决策树的多实例算法（未包含在本书中）是由Chevaleyre和Zucker（2001）以及Blockeel等（2005）提出的。Xu和Frank（2004）以及Ray和Craven（2005）提出了用于多实例学习的Logistic回归，Ramon和de Raedt（2000）提出了适合多实例的多层感知机。

Dietterich等（1997）以及Auer和Ortner（2004）分别描述了用于多实例学习的超矩形和超球面的概念。多样性密度方法是Maron（1998）博士论文的主题，Maron和Lozano-Peréz（1997）也描述了该方法。

在多实例学习的文献中，根据要学习的概念做了许多不同的假设，例如，袋层次和实例层次的类标是如何相关联的，开始时假设当且仅当袋中只有一个实例是正例袋才标记为正例。Foulds和Frank（2010）回顾了多实例学习中的这些假设。

6.11　Weka实现

对于分类器，见11.4节和表11-5。对于聚类方法，见11.6节和表11-7。

- 决策树：
  - J48（C4.5 的实现）
  - SimpleCart（如 CART，最小化成本 - 复杂度剪枝）
  - REPTree（减少 - 误差剪枝）
- 分类规则：
  - JRip（RIPPER 规则学习器）
  - Part（从局部决策树形成规则）
  - Ridor（涟波下降规则学习器）
- 关联规则（见 11.7 节和表 11-8）：
  - FPGrowth（频繁模式树）
  - GeneralizedSequentialPatterns（在序列数据中找到最大项集树）
- 线性模型及扩展：
  - SMO 及其他支持向量机变体
  - LibSVM（使用第三方的 libsvm 库）
  - MultilayerPerceptron
  - RBFNetwork（径向基函数网络）
  - SPegasos（使用随机梯度下降的 SVM） 303
- 基于实例的学习：
  - IBk（*k* 近邻分类器）
  - KStar（泛化距离函数）
  - NNge（矩形泛化）
- 数值预测：
  - M5P（模型树）
  - M5Rules（从模型树生成规则）
  - LWL（局部加权学习）
- 贝叶斯网络：
  - BayesNet
  - AODE、WAODE（平均单依赖估计器）
- 聚类：
  - XMeans
  - Cobweb（包括 Classit）
  - EM
- 多实例学习：
  - MISVM（通过重新标记实例学习 SVM 的迭代方法）
  - MISMO（多实例核的 SVM）
  - CitationKNN（使用 Hausdorff 距离的最近邻方法）
  - MILR（多实例数据 Logistic 回归）
  - MIOptimalBall（为多实例分类学习球体）
  - MIDD（使用 noisy-OR 函数的多样性密度方法） 304

第7章

Data Mining: Practical Machine Learning Tools and Techniques, Third Edition

数据转换

在第6章中我们考察了大量的机器学习方法：决策树、分类和关联规则、线性模型、基于实例的方案、数值预测技术、贝叶斯网络、聚类算法以及半监督和多实例学习。所有这些方法都是合理、成熟的技术，可用于解决实际的数据挖掘问题。

但是成功的数据挖掘远不只是选择某种学习算法并应用于数据。许多学习算法需要用到各种不同的参数，需要选择合适的参数值。在大多数情况下，选择适当的参数可以使所获结果得到显著改善，而合适的选择则是要视手头的具体数据而定的。例如，决策树可以选择剪枝或不剪枝，选择前者又需要选择剪枝参数。在基于实例的 k 最近邻学习方法中，需要选择 k 值。更为常见的是，需要从现有的方案中选择学习方法本身。在所有情况下，合适的选择是由数据决定的。

在数据上尝试几种不同的方法，并使用几种不同的参数值，然后观测哪种情况结果最好，是个诱人的方法。不过要当心！最佳选择并不一定是在训练数据上获得最好结果的那个。我们曾反复提醒要注意过度拟合问题，过度拟合是指一个学习模型与用于建模的某个具体训练数据集太过匹配。假设在训练数据上所表现的正确性能代表模型将来应用于实践中的新数据上的性能水准，这个想法是不正确的。

幸运的是，在第5章中我们已经讨论了对于这个问题的解决方法。有两种较好的方法可用来估计一个学习方法的预期真实性能：在数据源充足的情况下，使用一个与训练数据集分离的大数据集；在数据较少的情况下，则使用交叉验证法（5.3节）。在后一种情况下，在实践中的典型应用方法是单次的10折交叉验证，当然要得到更为可靠的估计需要将整个过程重复10次。一旦为学习方法选定了合适的参数，就可以使用整个训练集（即
305 所有训练实例）来生成将要应用于新数据的最终学习模型。

注意在调整过程中使用所选的参数值得到的性能表现并不是对最终模型性能的一个可靠估计，因为最终模型对于调整中使用的数据有过度拟合的倾向。要确定它的性能究竟如何，需要另外一个大的数据集，这个数据集必须与学习过程和调整过程中所使用的数据隔离开来。在进行交叉验证时也是如此，参数调整过程需要一个“内部”交叉验证，误差估计还需要一个“外部”交叉验证。采用10折交叉验证法将使学习方法运行100次。总而言之，当评估一个学习方案的性能时，所进行的任何参数调整过程都应被看做是训练过程不可分割的一部分。

当把机器学习技术应用于实际的数据挖掘问题时，还有其他一些重要过程可以大大提高成功率，这正是本章的主题。它们形成了一种（操纵）数据的技术，将输入数据设计成一种能适合所选学习方案的形式，将输出模型设计得更为有效。可以把它们看成是能应用于实际数据挖掘问题以提高成功率的一些诀窍。有时奏效，有时无效。根据目前的技术发展水平，很难预言它们是否有用。在这种以反复实验作为最为可靠的指导的领域中，特别重要的恐怕就是灵活运用并且理解这些诀窍了。

本章提出了6种不同的方法来对输入数据进行预处理使其更适合于学习方法：属性选

择、属性离散化、数据投影、抽样、数据清洗、多分类问题转化为多个二分类问题。首先来考虑属性选择。在许多实际情况中，有太多的属性需要学习方案进行处理，其中部分或绝大多数属性是明显无关或冗余的。因此，需要对数据进行预处理，从中挑选出一个属性子集运用于学习中。当然，学习方案本身也会进行适当的属性选择，忽略无关的和冗余的属性，然而实际中通过预选常常能显著提高其性能。例如，实验显示，增加无用的属性会导致诸如决策树和规则、线性回归、基于实例学习器以及聚类等学习方法的性能变糟。

如果任务涉及数值属性而所选的学习方案只能处理分类问题，数值属性的离散化就是绝对必要的。如果将属性进行预离散化处理，即使是能够处理数值属性的方案，也经常能获得更好的结果或工作更加迅速。反过来，也有需要将类别属性表示为数字形式（虽然不常见）的情况，我们将讨论适用于这种情况的技术。

数据投影包含很多技术。曾经在第2章的关系数据以及第6章的支持向量机中遇到过一种投影技术，它增加新的合成属性，目的是将现有的信息表现成一种适合机器学习方案的形式。那些不那么依赖于特定数据挖掘问题语义的更为通用的技术包括：主成分分析和 306
随机投影。同时本章还涵盖了用于回归问题的数据投影技术——偏最小二乘回归。

抽样输入在实际的数据挖掘应用中是十分重要的步骤，同时这是唯一可以处理真正大规模问题的方法。尽管抽样是相当简单的，但本章仍有一简短的节介绍抽样技术，其中包括一种在事前不知道数据集的总大小的情况下，逐步产生给定大小的随机样本的方法。

不清洁的数据困扰着数据挖掘工作。第2章曾强调认识数据的必要性，了解所有不同属性的含义、对属性进行编码所使用的惯例、缺失值及重复数据的意义、测量噪声、排版印刷错误以及系统误差，甚至是蓄意为之的错误。各种简单的可视化经常有助于解决这类问题。然而，也有一些自动清理数据、自动识别离群点以及自动发现异常的方法，我们所讨论的这些方法中包括一种称为*一分类学习*（one-class learning）的技术，它指在训练时只有一类实例可用。

最后，考察那些精炼学习方案输出的技术，这些学习方案是通过反复校准估计所得的结果来估计学习方案所得分类的概率。尽管这可以提高分类性能，但面对成本敏感的分类问题和那些需要精确概率的问题时，这些精炼技术就显得特别重要。

7.1 属性选择

多数机器学习算法都被设计为要学习哪些属性最适用于做决策。例如，决策树是在每个结点挑选最有希望成功的属性进行分裂，从理论上讲，决不选择无关的或者无用的属性。属性越多，理论上会导致更强而不是更差的识别能力。“理论上和实践中有何差别？”这是个老问题。答案是：“从理论上看，理论和实践没有差别，但在实践中有差别。”这里也一样，在实践中，往数据集里添加无关或干扰属性，经常使机器学习系统“糊涂”。

决策树学习器（C4.5）的实验显示，往标准数据集中添加一个随机的二元属性（属性值由抛掷无偏硬币产生），会影响分类性能，导致性能变差（在这种测试情形中下降了5%～10%）。变差的原因是在树的某些结点处，这个无关的属性被不可避免地选择为决定分支的属性，导致使用测试数据测试时产生随机误差。决策树学习的设计是非常巧妙的，能在每个结点挑选最适合的属性进行分裂，怎么会发生这种情形的呢？原因也很微妙。随

着程序渐渐向树的下层运行，能对属性选择决策有帮助的数据变得越来越少。在某个结
307 点，数据极少，随机属性碰巧看起来较好。由于每层的结点数量是随层数按指数级增加的，所以这个无赖（随机）属性在某处看起来较好的概率也随着树的深度成倍增加。真正的问题是树总是会到达某个深度，那里只存在少量的数据可用于属性选择。即使数据集较大，也不能避免这个问题，只是树可能更深而已。

分治树学习器和变治规则学习器都存在这个问题，因为作为判断基础的数据数量一直在减少。基于实例的学习器非常容易受到无关属性的影响，因为它们始终是在局部近邻范围内工作，每个决策只考虑少数几个训练实例就做出。实际上，基于实例的学习法要达到某个预设的性能水平，所需要的训练实例数量是随无关属性的数量按指数级增加的。相反，朴素贝叶斯不会将实例空间分割成碎片并忽略无关属性。它假设所有属性都是相互独立的，这个假设正适合（处理）随机“干扰”属性。但也正是由于这个假设，朴素贝叶斯在另一方面却付出了重大代价，其运行效率会因为加入冗余属性而受到影响。

无关的干扰使决策树和规则学习器的最优性能令人吃惊地降低。更令人惊讶的是相关属性也可能是有害的。例如，假设在一个二分类数据集中加入一个新的属性，大多数情形（65%）下，这个属性值与预测的类值是相同的，而其余情形则是相反的，这两种情形在数据集中是随机分布的。使用标准数据集进行试验的结果显示，这会造成分类正确率下降（在这个试验情形下为1% ~5%）。问题出在新属性在决策树的上层就被（自然）选中用以分裂。受此影响存在于下层结点处可用的数据是分割的实例集，以至于其他属性选择只能基于此稀疏的数据。

由于无关属性在多数机器学习方案中存在负面影响，所以通常在学习之前先进行属性选择，只保留一些最为相关的属性，而将其他属性都去除。选择相关属性最好的方法是人工选择，它是基于对学习问题的深入理解以及属性的真正含义而做出的选择。然而，自动方法也是很有用的。通过去除不适当的属性以降低数据的维数，能改善学习算法的性能。尽管属性选择可能会带来很多计算，但是还是能提高速度。更重要的是，维数降低能形成一个更为紧凑、更易于理解的目标概念表达方式，使用户的注意力集中在最为相关的变量上。

7.1.1　独立于方案的选择

选择一个好的属性子集，有两种完全不同的方法。一种是根据数据的普遍特性做出一个
308 独立评估；另一种是采用将要用于最终机器学习的算法来评估子集。第一种称为过滤（filter）方法，因为它是要在学习开始之前，先过滤属性集，产生一个最有前途的属性子集。第二种称为包装（wrapper）方法，因为学习方法被包裹在选择过程中。如果存在一个好方法能判定一个属性与类选择何时是相关的，那么对某个属性子集做独立评估就很容易了。虽然人们提出了多种不同的建议，但是目前还没有一种能被一致接受的“相关性”量度。

在属性选择中，一种简单的独立于方案的方法使用足够的属性来分割实例空间，使所有的训练实例在某种程度上分隔开来。例如，如果只考虑一两个属性，通常会有多个实例都含有相同的属性值组合。而另一个极端情形是考虑整个属性集就可能区分每个实例，因此不存在所有属性值都相同的两个实例（虽说不是必然的，但是数据集有时会存在具有相同属性值的实例却分属于不同类的情形）。直观上，我们总是选择能区分所有实例的最小

的属性集。这可以通过穷举搜索很容易地找到，尽管这需要相当大的计算成本。不幸的是，这个训练数据集上有强烈倾斜的属性集，其一致性在统计意义上并不能得到保障，而且可能会导致过度拟合，算法可能会卷入不必要的工作，用以修正由于某些噪声数据引起的不一致性。

机器学习算法可用于属性选择。例如，可先在整个数据集上应用决策树算法，然后选择那些在决策树中真正用到的属性。如果下一步只是创建另一棵树，那么这个属性选择不会产生任何效果。然而这个属性选择可能会对其他的学习算法产生影响。比方说，最近邻算法很容易受无关属性的影响，它可以通过先创建一棵用于过滤属性的决策树而使性能得到提高。最终的最近邻方案的性能比用于过滤的决策树的性能更好。

再举一个例子，在第4章中提到的简单的1规则（1R）方案，通过对不同属性分支的效果进行评估，可用于决策树学习器的属性选择（然而，像1R这样的基于误差的方法也许不是属性排序的理想选择，我们将在下面讨论有监督的离散化的相关问题时看到这点）。通常只用排在前两三位的属性构建的决策树也能达到同样好的性能，并且这棵树更容易理解。在这个方法中，需要用户决定使用多少属性来构建这棵决策树。

另一个可行的算法是建立一个线性模型，比如一个线性支持向量机，根据系数的大小来进行属性排序。一种更为精密复杂的方法是将这个算法重复运行。先建立一个模型，根据系数进行属性排序，将排在最低位的属性移除，然后重复这个过程直到所有属性都被移除。与只用单个模型进行属性排序的方法相比较，这种*递归特征消除*（recursive feature elimination）的方法应用于某些数据集上（如识别重要基因用于癌症分类）能获得更好的结果。对于这两种方法来说，保证属性具有相同的度量标准是很重要的，否则这些系数是不可比的。注意这些技术只是用于产生一个属性排序，还必须应用其他技术来决定将要使用的适当的属性数量。 309

还可以使用基于实例的学习方法来进行属性选择。从训练集中随机抽样，检查近邻的同类和不同类实例记录，即"近邻命中"（near hit）和"近邻缺失"（near miss）。如果近邻击中的某个属性有不同的值，这个属性看来似乎是不相关的，那么它的权值就要降低。另一方面，如果近邻缺失的某个属性有不同的值，这个属性看来是相关的，那么它的权值就要增加。这是基于实例学习的属性加权的标准处理方法，在6.5节中曾描述过。在这个操作过程重复多次后，就进行选择操作：只选择权值为正数的属性。在基于实例学习中的标准增量公式里，由于样本排列的次序不同，所以每次重复过程都会得到不同的结果。这点可以通过使用所有的训练实例并考虑每个实例所有的近邻命中和近邻缺失来避免。

这种方法的一个更为严重的缺点是无法探测出冗余属性，因为它与另一个属性是相关的。极端的情形是，两个相同的属性被同样的方式处理，不是都被选择就是都不被选择。有人提出了一种修正方法似乎有助于这个问题的解决，即在计算最近邻命中和缺失时考虑当前的属性权值。

既消除无关属性也消除重复属性的另一种方法就是选择一个属性子集，其中各属性与类有较大的相关性但属性内部几乎无相关性。两个名目属性A和B之间的关系可用*对称不确定性*（symmetric uncertainty）来衡量：

$$U(A,B) = 2\frac{H(A) + H(B) - H(A,B)}{H(A) + H(B)}$$

H 是 4.3 节中讲述的熵函数。熵是以每个属性值的概率为基础的；$H(A, B)$ 是 A 和 B 的联合熵，由 A 和 B 的所有组合值的联合概率计算出来。

对称不确定性总是在 0 ~ 1 之间。基于相关性（correlation-based）的特征选择决定了一个属性集的优良性：

$$\sum_j U(A_j, C) \Big/ \sqrt{\sum_i \sum_j U(A_i, A_j)}$$

这里 C 是类属性，下标 i 和 j 包括属性集里的所有属性。假设子集中有 m 个属性与类属性及另一属性密切相关，分子就为 m，分母为 $\sqrt{m^2}$，亦即 m。因此得到最大值为 1（最小值为 0）。显然这不理想，因为我们要避免冗余属性。然而这个属性集中的任何子集都会有测量值为 1 的情况。当使用这个标准来寻找一个好的属性子集时，就需要最小属性子集来打破这个约束。

310

7.1.2 搜索属性空间

属性选择的大多数方法都要涉及在属性空间搜索最有可能做出最好类预测的属性子集。图 7-1 展示了大家最熟悉的天气数据的属性空间。可能的属性子集数目随属性数量的增加呈指数增长，使得穷举搜索不切实际，它只适合最简单的问题。

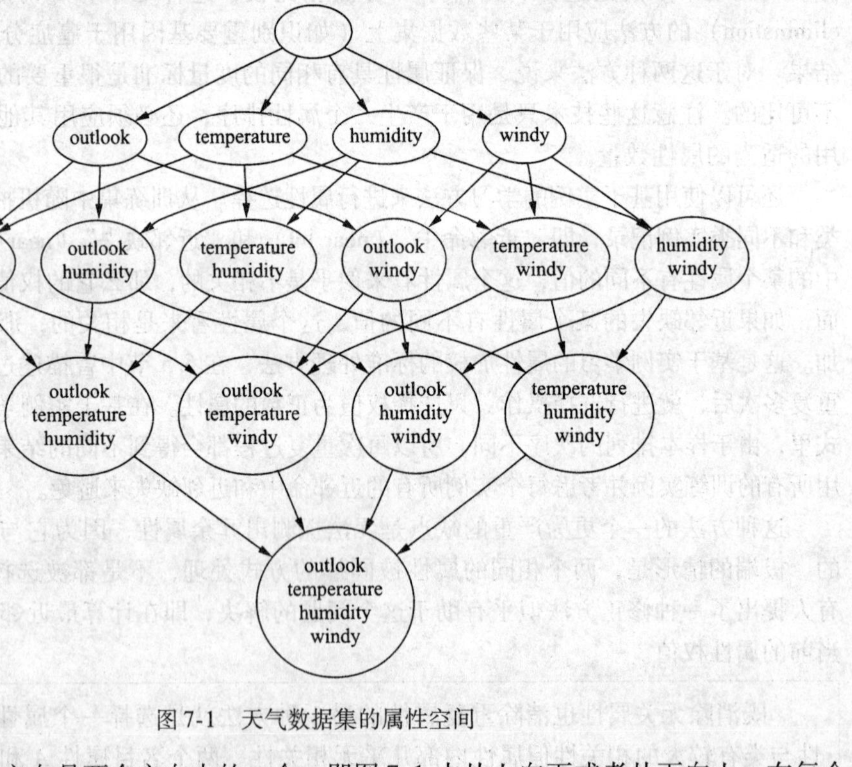

图 7-1 天气数据集的属性空间

基本上，搜索方向是两个方向中的一个，即图 7-1 中从上向下或者从下向上。在每个阶段，通过增加或删除一个属性来局部改变目前的属性子集。朝下的方向，开始时不含任何属性，然后每次增加一个，称为正向选择（forward selection）。朝上的方向，开始时包含了所有属性，然后每次减少一个，称为反向删除（backward elimination）。

在正向选择时，每个当前子集没有包含的属性被暂时加入，然后对结果子集的属性进行评估，譬如使用下一节中阐述的交叉验证。评估产生一个数字结果用于衡量子集的期望性能。通过这个方法对依次添加的每个属性所产生的效果进行量化，选择其中最好的，然后继续进行。如果目前的子集中添加任何一个属性都不能有改善，就终止搜索。这是一个标准的贪心搜索程序，它能保证找到一个局部（而不一定是全局）的最优属性集。

反向删除操作采用完全类似的模式。在这两种情形中，对于较小的属性集经常引入一个微小偏差（即倾向于选择较小的属性集）。在正向选择中，如果要继续搜索，评估值的增加必须要超出某个预先设定的最小增量。对于反向删除也采用类似的方法。

还存在一些更为精细复杂的搜索方法。正向选择和反向删除可以结合成双向搜索，此时，算法开始时可以包含所有属性也可以不含任何属性。*最佳优先搜索*（best-first search）方法不是在性能开始下降时停止搜索，而是保存到目前为止已经评估过的所有属性子集列表，并按照性能好坏排序，因此它可以重访先前的配置。只要时间允许它将搜索整个空间，除非采用某种停止标准。*束搜索*（beam search）也很类似，只是在每个阶段截取属性子集列表，因此它只含有固定数目的（束宽）最有希望的候选对象。遗传算法搜索程序松散地基于自然选择原理，使用对当前的候选子集的随机扰动，而“进化出”好的属性子集。

7.1.3 具体方案相关的选择

具体方案相关的（scheme-specific）选择的属性子集的性能是根据学习方案仅仅使用这些属性进行分类的性能来度量的。给定一个属性子集，正确率是采用5.3节中所述的交叉验证法来评估的。当然，其他评估方法，如在一个旁置集上的性能（见5.3节）或者使用自助法估计器（见5.4节），也同样适用。

整个属性选择过程是计算密集型的。如果每次评估都采用10折交叉验证，则学习过程要执行10次。对于 m 个属性，启发式的正向选择或者反向删除的评估时间要乘以一个比例因子，这个比例因子最大可达 m^2。对于更为复杂的搜索，这个比例因子远大于此；对于穷举算法，因为要检验 2^m 种可能的属性子集，所以这个比例因子可达 2^m。

已被证实这个方法在许多数据集上都能获得好的结果。一般来说，反向删除比正向选择生成的属性集更大，但是在某些情况下分类准确率更高。原因是性能度量仅仅是一个估计，单一的优化估计导致这两种搜索过程过早停止，此时反向删除的结果属性还很多，而正向选择的结果属性还不够。然而，如果重点是要理解所涉及的决策结构，那么正向选择是很有用的，因为它经常减少了属性数目而对分类准确率的影响却又很小。实践经验显示复杂的搜索技术似乎并不总是适当的，虽然它们在某些情况下能产生很好的结果。 311~312

加速搜索过程的一种方法是，一旦发现不太可能产生比另一个候选子集更高的准确率，就立即停止对这个属性子集的评估。这项工作是统计学上的配对显著性检验（significance test）工作，它在基于这个属性子集所生成的分类器和所有基于其他子集的候选分类器之间进行。两个分类器对某个测试实例分类的性能差异可表示为 -1、0 或 1，这是根据第一个分类器比第二个更差、相同或者更好而决定的。可以将配对 t 检验（见5.5节）应用于整个测试集上所得到的数据，从而有效地将每个实例的（分类）结果当成是一个有性能差异的独立估计来处理。一旦能看出一个分类器明显比另一个差

（当然也许不会发生），就立即停止交叉验证。我们可能希望更积极地丢弃某些分类器，这可通过修改 t 检验实现，计算一个分类器比另一个更好的概率至少要达到某个用户指定的最小阈值。如果这个概率非常小，我们可以丢弃前一个分类器，因为它比后者明显好的可能性很小。

这个方法称为*竞赛搜索*（race search），可以通过采用不同的基础搜索策略来实现。当采用正向选择策略时，所有可能添加的单个属性同时进行竞赛，去除那些表现不够好的属性。在采用反向删除策略时，所有可能去除的单个属性同时进行竞赛。*模式搜索*（schemata search）是一种专为竞赛设计的更复杂的方法，它要进行一系列的迭代竞赛，每次迭代都要决定是否包含某个特定属性。竞赛中其他属性在每一点评估中包含或不包含是随机的。一旦竞赛出现一个明显优胜者，就开始下一轮的迭代竞赛，将优胜者作为起始点。另一种搜索策略是先将属性排序，例如，利用它们的信息增益（假设是离散的），然后根据排序结果进行竞赛。这时竞赛依次从不含任何属性、包含排列第一的属性、包含排列前两位的属性、包含排列前三位的属性开始，以此类推。

一种简单的加速具体方案相关搜索的方法是，在应用这一具体方案相关的选择前，先通过某个标准（如信息增益）对属性排序，预选出给定数目的属性，然后丢弃其余的属性。这种方法被证明在高维数据集上工作效果出奇得好，比如基因表达和文本分类数据，运用此方法仅仅用到了两三百个属性，而不是原始的数千个属性。在正向选择情况下，一个稍微复杂的变化是限制可用属性的数目，这些从已排序的属性列表选择的可用属性用于扩展当前属性子集到某一确定大小子集，即建立一个可以伸缩的属性选择范围，而不是在每一步搜索过程中考虑所有（包括无用的）可用属性。

无论采取何种方法，具体方案相关的属性选择决不是始终都能获得性能提高。由于处理过程的复杂性，属性选择循环中包含了目标机器学习算法的反馈效果的影响会使这个复
313 杂性显著增加，同时很难预测在何种条件下是有价值的。正如在许多机器学习情况下，使用自己的特定数据反复试验是最终的仲裁者。

有一种分类器，它的具体方案相关的属性选择是它学习过程的一个重要部分：决策表。正如在3.1节中所提到的，学习决策表的全部问题在于选择合适的属性。通常是通过对不同属性子集进行交叉验证，选择表现最好的属性子集。幸运的是，留一交叉验证对于这种分类器来说，代价非常小。由于添加或删除实例并不改变表的结构，所以从训练数据获得决策表的交叉验证误差仅仅是要处理与类统计相关的表中的每个项目。属性空间的搜索通常采用最佳优先的方法，因为这个策略与其他策略（如正向选择）相比，在搜索过程中陷入局部最大值的可能性更小。

让我们用一个成功的故事来结束讨论。有一种学习方法，采用了简单的具体方案相关的属性选择方法并具有较好表现，那就是朴素贝叶斯法。尽管这个方法对于随机属性处理得相当好，但当属性之间存在依赖关系时，特别是在加入了冗余属性时，它存在误导的倾向。然而，使用正向选择算法，当有冗余属性加入时，与反向删除相比，此方法具有更强的辨别冗余属性的能力，结合使用一个非常简单、几乎是“幼稚”的量度来决定属性子集的质量，即采用学习算法在训练数据集上的性能作为度量。在第5章中曾强调，在训练集上的性能绝对不是测试集性能的可靠指示器。然而，实验表明对朴素贝叶斯法所做的如此简单的改进，在那些原本性能不如其他基于树或基于规则分类器的标准数据集上，现在却

能获得显著的性能提高，而对于那些原本就表现较好的数据集没有任何负面影响。选择性朴素贝叶斯（Selective Naïve Bayes）这种学习方法正如其名称，是一种在实践中可靠的、性能良好的机器学习技术。

7.2 离散化数值属性

有些分类和聚类算法只能处理名目属性而不能处理数值属性。为了将这些算法应用于一般数据集，数值属性必须先被“离散化”成一些不同的值域。即使是能够处理数值属性的学习算法，有时处理方法也并不完全令人满意。统计聚类方法常假设数值属性呈正态分布，这在实践中时常是不太合理的假设。朴素贝叶斯分类器用于处理数值属性的标准扩展法，也采用同样的假设。虽然大多数的决策树和决策规则学习器可以处理数值属性，但是当出现数值属性时，由于需要重复对属性值进行排序，有些分类器的工作变得相当慢。由 314
于上述种种原因产生了一个问题，在进行学习之前将数值属性离散成不同的值域，应该采取什么样的方法?

我们先前已经看到一些离散数值属性的方法。在第4章中讨论的1规则（1R）学习方案采用了一种简单而有效的技术：根据属性值将实例进行排序，在类出现变化时设定属性值的值域，除此以外，每个值域内多数类的实例数目应不小于某个最小值（6个），这意味着任何一个值域所含类值可能是混合的。这是一种在开始学习之前能应用于所有连续属性的“全局的”离散化方法。

另一方面，决策树学习器在局部进行数值属性处理，在树的每个结点处，当决定是否值得分枝时对属性进行检查，并且只在这个结点处决定连续属性的最佳分裂点。虽然在第6章中讨论的建树方法只考虑将连续属性进行二分裂，但可以设想在这个结点做完全的离散从而对数值属性进行多路分裂。采用局部方法和全局方法的优缺点很清楚。局部离散是为适应树的每个结点的实际情况，同一个属性在树的不同位置，只要看起来适当，就会产生不同的离散结果。然而，随着树深度的增加，由于这个决定是基于较少的数据而做出的，就会影响它的可靠性。如果树在剪枝之前一直往下扩展直到单个实例的叶子结点，如同采用普通的反向剪枝技术一样，很明显许多离散化决定是基于非常不充足的数据而做出的。

在应用学习方法之前采用全局离散化，有两种可能方法将离散的数据呈现给学习器。最明显的方法是把离散属性当做名目属性来处理，每个离散区间用名目属性的一个值来代表。然而，由于离散属性是从数值属性推导而来的，所以它的值是有序的，把它当做名目属性处理就丢弃了它潜在的颇有价值的排序信息。当然，如果学习方案能够直接处理有序属性，那么解决方法显而易见，将每个离散的属性声明为“有序”型的属性。

如果学习方法不能处理有序属性，仍然有一个简单的方法可用来利用排序信息，即在使用学习方法之前，将每个离散属性转换成二元属性集。假设离散属性有 k 个值，则将它转换为 $k-1$ 个二元属性。对于某一特定的实例，如果其原始的属性值为 i，就将前 $i-1$ 个二值属性设定为 false，将其余的都设为 true。换句话说，第 $i-1$ 个二元属性代表了离散属性是否小于 i。如果决策树学习器要分裂这个属性，它可利用这个编码中所隐含排序的信息。注意这个转换独立于所应用的具体离散化方法，它只是用一组二元属性来对一个有序属性进行编码。 315

7.2.1　无监督离散化

离散化问题有两种基本方法。一种是在训练集实例类未知的情况下，对每个属性量化，即所谓的*无监督离散化*（unsupervised discretization）。另一种是在离散化时考虑类属性，即*有监督离散化*（supervised discretization）。前者只有在处理类未知或类不存在的聚类问题时，才有可能碰到。

离散化数值属性的直观方法是将值域分成多个预先设定的等长区间：一个固定的独立于数据的尺度。通常是在收集数据后进行。但是，与其他无监督离散化方法一样，它存在某些风险，由于使用的等级过于粗糙而破坏了在学习阶段中可能有用的区分，或者不幸选择了将许多不同类的实例不必要地混在一起的分隔边界。

等间距装箱（equal-width binning）经常造成实例分布非常不均匀：有些箱中包含许多实例，而有的却一个也没有。这样会严重削弱属性帮助构建较好决策结构的能力。通常，更优的办法是允许有不同大小的区间存在，从而使每个区间内的训练实例数量相等。这种方法称为*等频装箱*（equal-frequency binning），根据这个轴上的实例分布将属性值域分成多个预先设定的区间，有时称为*直方图均衡化*（histogram equalization），因为如果观察结果区间内容的直方图，就会看到它是完全平直的。如果把区间数目视为一种资源，这个方法最好地利用了该资源。

然而，等频装箱仍然忽略了实例的类属性，这将导致不良的分界。例如，如果一个区间中所有实例都属于一个类，而下一个更高的区间中除了第一个实例仍属于先前的类外，其余的实例都属于另一个类，那么理所当然应尊重类特性分布，将第一个实例划分到前一个区间中，可见牺牲等频特性以保全类的同质性是很有意义的。有监督的离散化，即在离散化过程中考虑类特性当然有优势。尽管如此，人们发现等频装箱能带来非常好的结果，至少是在与朴素贝叶斯学习法相结合应用时，此时区间个数依数据而被设定为实例总数目的平方根。这个方法称为*均衡 k 区间离散化*（proportional *k*-interval discretization）。

7.2.2　基于熵的离散化

由于决策树形成过程中所采用的分裂数值属性的标准在实践中效果较好，所以通过采用递归分裂区间直至满足终止条件将其扩展为更通用的离散法不失为一个良策。在第6章中我们学习了如何将实例按照属性值排序，如何在每个可能的分裂结点考虑分裂结果的信
316 息增益。对于属性离散化来说，一旦决定第一次分裂，分裂过程可以在上部值域或下部值域递归地重复进行。

为了了解在实践中是如何工作的，再来回顾一下（见6.1节）离散天气数据中温度属性的例子，属性值为

64	65	68	69	70	71	72	75	80	81	83	85
yes	no	yes	yes	yes	no	no	yes	no	yes	yes	no
						yes	yes				

（重复值已经被叠在一起了。）11处可能的分裂点的信息增益按照常规方法计算。例如，temperature <71.5 的测试，将值域分裂为包含4个yes、2个no与5个yes、3个no，其信息值为：

$$\text{info}([4,2],[5,3]) = (6/14) \times \text{info}([4,2]) + (8/14) \times \text{info}([5,3]) = 0.939 \text{ 位}$$

这个值代表了给出此分裂后要详述各个 yes 和 no 值所需要的信息总量。我们要寻找一种离散化使子区间尽可能地纯正，因此要选择信息值最小的分裂点（这等同于要在信息增益最大处分裂，信息增益定义为未分裂与分裂后的信息值的差值）。如前所述，将数值阈值置于概念分界区域的中间位置。

图 7-2 中标记为 A 的曲线显示了第一个阶段每个可能的分裂点的信息值。最好的分裂（即信息值最小处）在温度为 84 处（0.827 位），它只是将排列在最后的、类值为 no 的实例从原先的序列中分离出来。在水平轴底下标出了实例的类属性以便说明。在温度的低值域 64 ~ 83，再次应用这个算法产生图 7-2 中标记为 B 的曲线。这次最小值在 80.5（0.800 位），将接下来的两个同属于 yes 类的实例分离开。再次在低值域上应用算法，现在是 64 ~ 80 产生标记为 C 的曲线（图 7-2 中用点线表示以便与其他曲线区别开来）。最小值在 77.5 处（0.801 位），又分离出一个类值为 no 的实例。曲线 D 的最小值在 73.5 处（0.764 位），分离出两个类值为 yes 的实例。曲线 E（再次使用虚线，只是为了易于分辨），温度值域从 64 ~ 72，最小值在 70.5 处（0.796 位），它分离出两个类值为 no 和一个类值为 yes 的实例。最后，曲线 F，值域从 64 ~ 70，最小值在 66.5 处（0.4 位）。

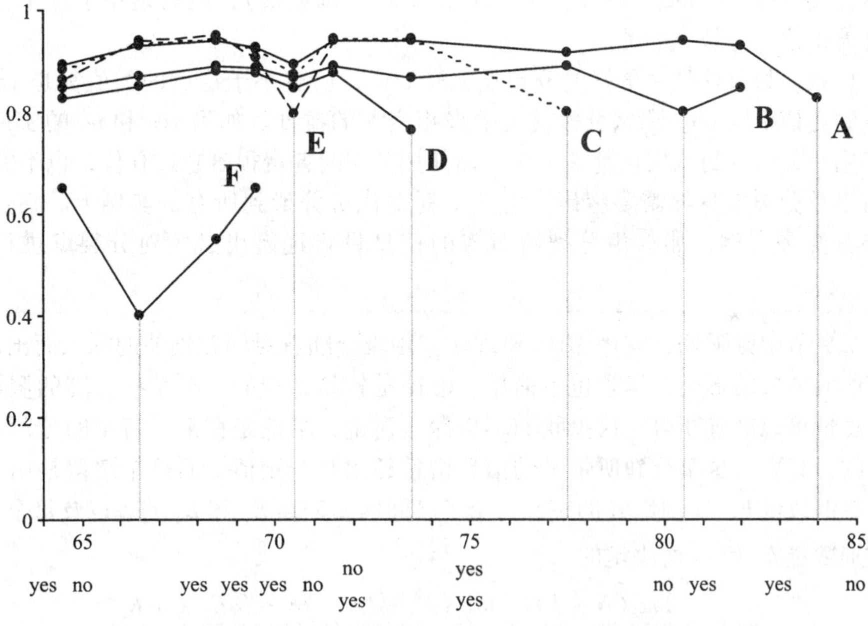

图 7-2　采用熵方法离散化 temperature 属性

最终的 temperature 属性的离散化结果如图 7-3 所示。递归只发生在每次分裂后的第一个区间上的情况，在此例中是人为因素造成的：一般来说，上部和下部区间都将被进一步分裂。每次分裂下方所示的（字母）是图 7-2 中对应于该次分裂的曲线标记，底部是分裂点真正的分裂值。

64	65	68	69	70	71	72	75	80	81	83	85
yes	no	yes	yes	yes	no	no yes	yes yes	no	yes	yes	no

F	E	D	C	B	A
66.5	70.5	73.5	77.5	80.5	84

图 7-3　temperature 属性离散化结果

从理论上来看，使信息值最小的切割点绝对不会出现在同属于一个类的两个实例之间。这个特征引入了一个有用的优化方案。只需考虑发生在不同类实例之间的潜在分裂。注意如果区间的类标签是基于区间的多数类而定的，那么不能保证相邻的区间具有不同的类标签。你也许会考虑将多数类相同的区间进行合并（例如，图7-3中的前两个区间），但是，下面你将会看到通常这样做效果并不好。

317~318 剩下要考虑的问题就是停止标准。在温度例子中，大多数经确认的区间都是“纯粹的”，即区间内所有实例的类值都相同，很显然没有必要再去分裂这样的区间（最后一个区间，我们默认不再分裂，还有70.5~73.5这个区间，是两个例外）。然而，一般情况下问题并不是这么简单。

要终止基于熵分裂的离散程序的一个好方法是利用曾在第5章中遇到的MDL原理（见5.9节）。根据这个原理，要使“理论”规模加上从理论上描述所有给定数据所需的信息量达到最小值。在这种情况下，如果进行分裂，“理论”是分裂点，需要比较在理论分裂点分裂和不分裂两种情形。在这两种情况下，都假设实例已知，但它们的类标签未知。如果不进行分裂，类别传输可以通过将每个实例的标签进行编码来实现。如果进行分裂，先将分裂点编码（$\log_2[N-1]$ 位，这里 N 是实例数量），然后是小于这个分裂点的类，再是大于这个分裂点的类。

可以想象，如果这是一个好的分裂点，譬如说，所有小于这点的类值都是yes，所有大于这点的类值都是no，那么分裂就会带来相当大的益处。如果yes和no的实例数量相等，不采用分裂时，每个实例耗费1位，而使用分裂时耗费很难超过0位，也不完全为0，因为类值以及分裂本身都需要编码，但这个耗费代价分摊到所有的实例上。在这种情形下，如果有许多实例，那么由分裂所节省的信息量将远超出必须对分裂点进行编码的惩罚。

在5.9节中曾强调，应用MDL原理时，困难会随着对问题细节的深入而出现。在相对简单的离散情形中，尽管也不简单，但还是较易处理的。在某些合理的假设条件下信息总量可以准确获得。这里我们不再深入讨论，结论是在某一特定的分割点分裂是值得的，只要由这个分裂所带来的信息增益超出某个定值，而这个定值是由实例数量 N、类别数量 k、实例集 E 的熵、每个子区间内实例集 E_1 和 E_2 的熵以及每个子区间内的类别数量 k_1 和 k_2 所决定的：

$$\text{gain} > \frac{\log_2(N-1)}{N} + \frac{\log_2(3^k-2) - kE + k_1E_1 + k_2E_2}{N}$$

上式中的第一个部分是描述分裂点所需要的信息，第二部分是传输分别对应于前面和后面的子区间的那些类别所需要的信息量的修正量。

当应用于温度例子时，这个标准将会阻止任何分裂。第一次分裂只分离出了最后一个实例，正如你所能想象的，通过这次分裂，传输这些类别时几乎没有获得什么真正的信息。实际上，MDL标准不会产生任何只含一个实例的区间。离散化temperature属性的失败，取消了它在最终的决策树结构中担当任何角色的资格，因为赋予所有实例的离散值都会是一样的。在这种情形下，这是完全合理的：对于天气数据来说，temperature属性在好的决策树或决策规则中都不会出现。实际上，离散化失败等价于

319 属性选择的效果。

7.2.3 其他离散化方法

采用基于熵的方法并应用 MDL 停止标准是有监督离散化最好的通用技术之一。人们还研究了许多其他方法。例如，替代原先自上而下并通过递归分裂区间直至满足某个停止标准的程序，你也可以自下而上，先将每个实例置于各自的区间，然后考虑是否合并相邻区间。可以应用统计标准来考察哪两个是最佳合并区间，如果统计结果超出某个事先设定的置信水准就将它们合并，重复此过程直到不再有能通过检验的潜在合并。χ^2 检验是一种很合适且已运用于实际的方法。更为复杂的技术用于自动决定合适的（置信）水准来替代预先设置重要性阈值。

一个相当不同的方法是在对训练实例的类进行预测时，统计离散化所带来的误差数量，此处假设每个区间接收多数类。例如，前面所述的1规则（1R）方法是基于误差的，它更注重于误差而非熵。然而，根据误差累计所获得的最佳离散化，往往是通过尽可能多的区间个数而得到，必须预先限定区间个数来避免这种退化情形。

寻找一种最好的方法将一个属性离散化成 k 个区间，并在一定程度上最小化累计误差。若使用穷举这样的蛮力方法来实现，误差与 k 成指数关系，因此是不可行的。但是，基于动态规划理念却有一些非常有效的方案。动态规划不仅应用于误差累计度量，而且可应用于任何给定的可加的不纯函数，能找到将 N 个实例分裂成 k 个区间，使不纯度最小化，并且消耗的时间与 kN^2 成比例。这给出了一种用于寻找最佳的基于熵的离散化方法，使之前讲述的基于熵的递归离散化方法的效果得到潜在改善（但在实践中这种改善却是可忽略的）。基于误差离散的效果更好一点儿，因为有一种方法可使误差累计最小化的时间与 N 成线性关系。

7.2.4 基于熵的离散化与基于误差的离散化

既然优化后的基于误差的离散化运行非常快，为什么不采用基于误差的离散化？答案是，基于误差的离散化有一个严重的缺点，它不让相邻区间有相同的类标签（如图7-3中的前两个）。原因是合并这样两个区间不影响误差累计，却能释放一个区间用于（离散）其他地方降低误差累计。

为什么有人要生成两个相同类标的相邻区间呢？下面的例子是最好的解释。图7-4展示了一个简单的二分类问题的实例空间，它含有两个数值属性，属性值范围从0～1。如果实例的第一个属性（a_1）值小于0.3，或者第一个属性小于0.7且第二个属性（a_2）值小于0.5，那么实例属于一个类（图7-4中圆点）；否则，实例便是属于另一个类（图7-4中三角）。图7-4中的数据就是根据这些规则人工生成的。 320

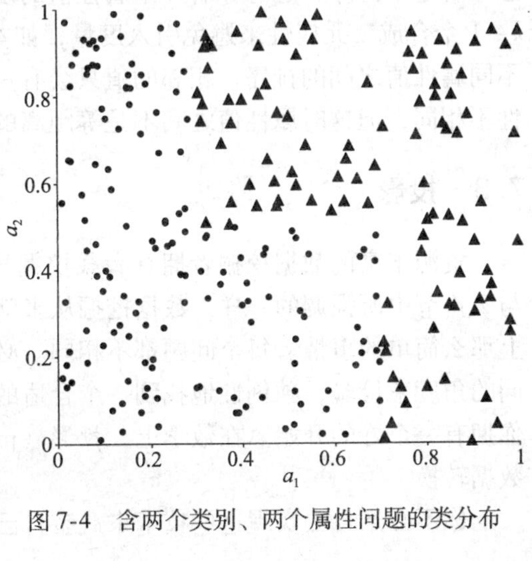

图7-4 含两个类别、两个属性问题的类分布

现在假设要将两个属性进行属性离散化，以便从离散属性中进行分类学习。最好的离

散分裂就是将 a_1 分裂成3个区间（0~0.3、0.3~0.7、0.7~1.0），将 a_2 分裂成2个区间（0~0.5、0.5~1.0）。给定这些名目属性，要学习怎样用简单的决策树或规则算法分类就很容易了。分裂 a_2 没有问题。对于 a_1 来说，第一个和最后一个区间具有相反的类标签（分别是圆点和三角）。第二个类标签是从0.3~0.7这个区间上出现较多的那个类别（对于图7-4中的数据来说实际上是圆点）。无论怎样，这个标签肯定会与一个相邻的标签相同，无论中间区域的类概率是多少，这点都是成立的。因此，这种离散化是任何一种最小化累计误差的方法都不会得到的，因为这类方法不允许相邻区间产生相同的标签。

重点是当 a_1 的属性值越过0.3这个界线时，改变的不是多数类而是类分布。多数类仍然是圆点，但类分布发生了显著变化，从以前的100%到刚过50%。当越过0.7后，类
321 分布再次变化，从50%降低到0%。即使多数类不变化，基于熵的离散化方法对于类分布变化也敏感。而基于误差的方法却不敏感。

7.2.5　离散属性转换成数值属性

有一个和离散化相反的问题。有些学习算法，特别是基于实例的最近邻法和涉及回归的数值预测技术，处理的只是数值属性。怎样将它们扩展应用于名目属性呢？

如4.7节中所描述的基于实例的学习可以通过定义两个名目属性值之间的“距离”把离散属性当做数值属性来处理，相同值距离为0，不同值距离为1，而不管实际值是多少。不用修改距离函数，而是使用一种属性转换来实现，将一个含有 k 个属性值的名目属性用 k 个合成的二元属性来替代，每个（二元属性）对应一个（名目属性）值，指示这个属性是否有这个属性值。如果属性权值相同，则它们在距离函数上的影响是相同的。距离对于属性值是不敏感的，因为只有“相同”或“不同”两种信息被编码了，而不关心与各种可能的属性值相关联的差别度。如果属性带有反映它们相对重要性的权值，就能获得更多的细微差别（信息）。如果属性值可以排序，就可以带来更多的可能性。对于数值预测问题，对应于每个名目属性值的平均类值可以从训练实例中计算得到，并可用它们来确定一个有序序列。这种技术是为6.6节中的模型树而引入的（对于分类问题，很难找到类似的方法对属性值进行排序）。很明显，一个排序的名目属性可以用一个整数来代替，这不仅意味着一个排序，还意味着一个属性值的度量。可以通过为一个含 k 个值的名目属性建立 $k-1$ 个合成二元属性来避免引入度量，如本节前面所描述的那样。这种编码方法仍然表示不同属性值之间的排序，相邻的值只会有一个二元属性不同，而间隔的值会有多个二元属性不相同，但这时属性值之间不是等距离的。

7.3　投影

资源丰富的数据挖掘者拥有满载挖掘技术的工具箱，譬如用于数据转换的离散技术。与2.4节中所强调的一样，数据挖掘从来就不是提取一个数据集，将学习算法应用于数据上那么简单的事情。每个问题都不相同。必须对数据进行思考，琢磨它的意义，然后从不同的角度来检验，独创性地找到一个合适的观点。用不同的方法对数据进行转换可以帮助你拥有一个好的开始。在数学上，投影（projection）是一种函数或映射，通过某种方式将
322 数据转换。

你不必亲自去实现这些技术来武装自己的工具箱。综合的数据挖掘环境，为你提供了

广泛的有用工具，如本书第三部分所介绍的就是其中的一种。你不必详细了解它们是怎么实现的。你所要了解的是这些工具能干什么，怎样来使用它们。本书第三部分列出并简单介绍了出现在 Weka 数据挖掘工作台上的所有转换。

数据经常要求对一系列属性进行数学转换。将指定的数学函数应用于现有的属性上对新的属性进行定义或许会有用。两个日期属性相减可能产生第三个代表年龄的属性，这是一个受原始属性含义所驱动的语义转换的例子。在已知学习算法的一些特性情况下，也建议运用其他一些转换。如果觉察到一个线性关系涉及两个属性 A 和 B，而算法只能进行轴平行的分裂（如大多数的决策树和规则学习器），那么可以将比率 A∶B 定义成一个新的属性。转换不必一定是数学函数，也可能包含一些常识，如一星期所含天数、公休假期或化学原子量等。转换可以表示为电子数据表中的运算或用任意计算机程序来实现的函数。

或者也可以将几个名目属性的属性值联合在一起成为一个属性，由分别含 k_1 个值和 k_2 个值的两个属性产生包含 $k_1 \times k_2$ 个值的单一属性。离散化将一个数值属性转换为名目属性，同时我们也看到了怎样进行逆向转换。

另一种转换是在数据集上应用聚类过程，然后定义一个新属性，对于任何实例来说，新属性的值就是实例所属的聚类的类标。或者，对于概率聚类来说，可以为每个实例增加它属于各个聚类的概率，有多少聚类就添加多少个新属性。

有时在数据上添加一些噪声数据会有帮助，可用来检测一个学习算法的健壮性；取一个名目属性，改变一定比例的属性值；通过将关系、属性名称、名目属性和字符串属性的属性值重新命名使数据混乱（因为通常使一些敏感数据集匿名化是有必要的）；将实例的次序随机化或通过重抽样产生数据集的一个随机样本；按照某个给定比例删除实例，或者删除名目属性为某些值的实例，或者删除数值属性值高于或低于某个阈值的实例，从而减小实例集；或者在数据集上应用某种分类方法，然后删除被错误分类的实例，以此去除某些离群点。

不同类型的输入要求有它们各自的转换。如果能输入稀疏数据文件（见 2.4 节），也许需要能将数据集转换为非稀疏形式，反之亦然。文本输入和时间序列输入要求有它们各自的特殊转换，将在下面的小节中详述。先来看看将数值属性转换为低维形式的两种通用技术，它在数据挖掘中比较有用。 323

7.3.1 主成分分析

对于一个含有 m 个数值属性的数据集，可将这些数据想象成在 m 维空间上密布的点，就像天上的星星、一大群被定格的飞虫、一张纸上的 2 维散点图。属性代表在空间上的坐标轴。但所用的轴，即坐标系统本身，是任意方向的。你可以在纸上放置一个水平方向和一个垂直方向的轴，然后利用这些坐标轴来表示散点图中的每个点，也可以任意画一条直线代表 x 轴，再用一条与它正交的直线代表 y 轴。要记录飞虫的位置，可以用传统的定位系统，一条南北向的轴、一条东西向的轴以及一条上下方向的轴。采用其他坐标系统也同样可行。像飞虫这样的生物不懂得东西南北，虽然由于地心引力，在某些特殊情况下，它们或许能感知上下方向。至于天上的星星，谁能说出什么是“正确”的坐标系呢？数世纪以来，我们的祖先从以地球为中心的观点转变成以太阳为中心的观点再到纯粹的相对论观点，每次观点的转变都伴随着宗教与科学之间关系的剧变，以及对于人类在上帝所创造的宇宙中所处角色的痛苦的重新审视。

回到数据集，就像上述例子所示的那样，没有任何因素可以阻止你将所有的数据点转换到一个不同的坐标系中去。但与上述例子不同的是，在数据挖掘中经常存在一个首选的坐标系，它不是由外在的惯例所决定，而是由数据本身决定的。无论采用何种坐标，数据点在每个方向上都存在一个方差，预示了数据在这个方向上的平均值周围的分散程度。一个奇怪的现象是如果将各个方向上的方差相加，然后将数据点转换到一个不同的坐标系中去并做同样的操作，两种情况下所得的方差总和是相同的。只要坐标系是*正交的*（orthogonal)，即每个坐标轴与其他坐标轴都成直角，这种关系始终是成立的。

主成分分析（principal components analysis）的思想是使用一个特殊的、由数据点决定的坐标系，将第一个坐标轴设在数据点方差最大的方向上，从而使这个轴向上的方差最大化。第二个坐标轴与第一个坐标轴正交。在 2 维空间没有其他选择，它的方向由第一个轴决定。但在 3 维空间，它可以在与第一个轴正交的平面上的任意位置，尽管其始终受到必须与第一个坐标轴正交的限制，但在更高维的空间甚至有更多的选择。遵循这个限制，选择沿轴向的方差达到最大值的方向作为第二个坐标轴的方向。如此继续选择每个轴，使该轴向的方差在所剩方差中占的份额是最大的。

> 怎样实现呢？给出一个合适的计算机程序并不难实现；给出合适的数学工具，也不难理解。技术上，对于了解下面术语的读者，首先计算已被均值中心化之后坐标系上数据点的*协方差矩阵*（covariance matrix)，并进行*对角化*（diagonalize)，然后找到*特征向量*（eigenvector)。这些就是转换后的空间上的坐标轴，并按照*特征值*（eigenvalue）进行排序，因为每个特征值提供了这个轴向上的方差。

324

图 7-5 展示了一个含 10 个数值属性，即相应的数据点是在一个 10 维空间上的特定数据集的转换结果。想象原始数据点分布于一个 10 维的空间，这是我们画不出来的！选择方差最大的方向为第一个坐标轴的方向，第二个轴选择与之正交且方差次大的方向，以此类推。图 7-5 中列表按照被选择的次序，依次列出沿每个新轴方向上的方差。由于方差的总和是一个常量而与坐标系无关，所以用方差占方差总和百分比的形式列出。我们称为*轴分量*（axis component)，每个分量要“担负”它在方差中的份额。图 7-5b 画出了每个分量序号对应的分量所代表的方差。可以使用所有的分量作为新属性来进行数据挖掘，也可以只选择前面几个，即*主成分*（principal component)，而丢弃其余的分量。在这个例子中，3 个主分量担负了数据集 84% 的方差；7 个便担负了 95% 以上。

对于数值型的数据集，在进行数据挖掘之前使用主成分分析，作为一种数据清理及属性选择的形式是很常见的。例如，你也许想要代替数值属性，用主分量轴或它们的一个子集来代表某个给定比例的方差，譬如说，95%。注意属性的规模会影响主成分分析的结果，通常的做法是先将所有属性进行标准化，使它的均值为 0 且方差为一个单位。

另一种可能性是将主成分分析法递归地运用于决策树学习器中。普通的决策树学习器在每个阶段所选择的分裂都是平行于某个轴方向的。然而，假设先进行了一次主成分转换，学习器则选择经过转换的空间中的一个轴。这等同于沿原始空间中的某条斜线进行分裂。如果每次分裂之前都重新进行转换，结果将是一种多元决策树，它的分裂方向与轴或与其他分裂方向都是不平行的。

轴	方差	累积方差
1	61.2%	61.2%
2	18.0%	79.2%
3	4.7%	83.9%
4	4.0%	87.9%
5	3.2%	91.1%
6	2.9%	94.0%
7	2.0%	96.0%
8	1.7%	97.7%
9	1.4%	99.1%
10	0.9%	100.0%

a）每个成分的方差

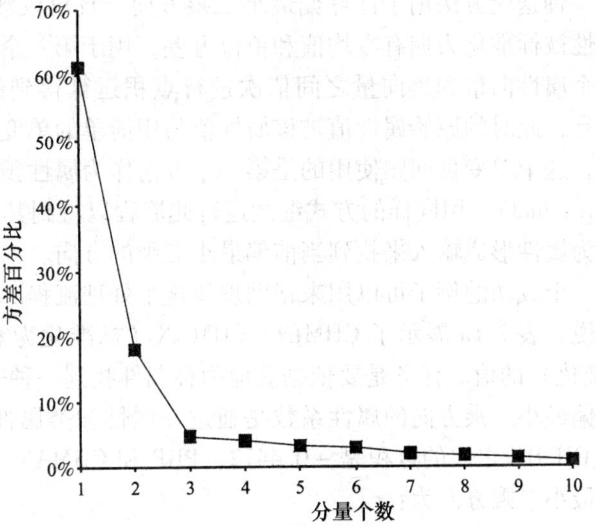

b）方差曲线图

图7-5 数据集的主成分转换

7.3.2 随机投影

主成分分析将数据线性转换到低维空间，但代价昂贵。为了找出这个转换（一个由协方差矩阵的特征向量所组成的矩阵）花费的时间将是数据维数的立方。这对于属性数目庞大的数据集是不可行的。一个更为简便的替代方法是将数据随机投影到一个维数预先设定好的子空间。找到随机投影矩阵是很容易的。但效果是否好呢?

事实上，理论表明随机投影通常能相当好地保存距离关系。这意味着它们可以和 kD 树或球树一起联合使用，在高维空间进行近似最近邻搜索。首先转换数据以减少属性数目，然后为转换的空间创建树。在最近邻分类情形下，使用多个随机矩阵来组建一个联合分类器能使结果更加稳定而且更少依赖于随机投影的选择。

为了建立标准分类器对数据进行预处理时，采用随机投影的效果没有经主成分分析仔细选择的效果好，这并不出乎意外。但是，实验显示这两者的差别并不太大，而且随着维数的升高，差别呈减小趋势。当然，随机投影计算成本要低得多。

7.3.3 偏最小二乘回归

正如之前提到的那样，主成分分析经常用于应用学习算法之前的预处理步骤。当学习算法是线性回归时，由此产生的模型称为*主成分回归*（principal components regression）。当主成分本身是原始属性的线性组合时，主成分回归的输出结果可以依据原始属性重新表示。实际上，如果所有的分量都被使用，而不是“主要的”部分，其结果与在原始输入数据上应用最小二乘回归的结果是一样的。使用少部分而不是全部分量集合的结果是一个削减了的回归。 325~326

偏最小二乘（partial least-square）不同于主成分分析的是，在构建坐标系统时，和预测属性一样，它考虑类属性。其思想是计算派生的方向，这些方向和有高方差一样，是和类有强关联的。这在为有监督学习寻找一个尽可能小的转换属性集时将很有益处。

有一种迭代方法用于计算偏最小二乘方向，且仅仅涉及点积运算。从输入属性开始，这些属性被标准化为拥有零均值和单位方差，用于第一个偏最小二乘方向的属性系数是通过每一个属性向量和类向量之间依次进行点积运算得到的。用同样的方法找到第二个方向，但是，此时的原始属性值被该属性值与用简单的单变量回归所得的预测值之间的差值所替代，这个单变量回归使用的是第一个方向作为属性预测的单一预测因子。这些差称为残差（residual）。用同样的方式继续运行此流程以得到其余的方向，用前一次迭代所得的残差作为属性形成输入来找到当前偏最小二乘的方向。

有一个成功的例子可以用来帮助理清这个处理流程。对于表 1-5 中 CPU 数据的前 5 个实例来说，表 7-1a 展示了 CHMIN、CHMAX（标准化为零均值和单位方差之后）和 PRP（未标准化）的值。任务是要依据其他两种属性找到一种表达方式用于表示目标属性 PRP。第一个偏最小二乘方向的属性系数是通过在属性和类属性之间依次进行点积运算得到的。PRP 和 CHMIN 之间的点积是 -0.4472，PRP 和 CHMAX 之间的点积是 22.981。因此，第一个偏最小二乘方向为：

$$PLS\ 1 = -0.4472CHMIN + 22.981\ CHMAX$$

表 7-1b 列出了由此公式得出的 PLS 1 的值。

表 7-1 CUP 性能数据中的前 5 个实例

	a)			b)	c)		
	chmin	chmax	prp	pls 1	chmin	chmax	prp
1	1.7889	1.7678	198	39.825	0.0436	0.0008	198
2	-0.4472	-0.3536	269	-7.925	-0.0999	-0.0019	269
3	-0.4472	-0.3536	220	-7.925	-0.0999	-0.0019	220
4	-0.4472	-0.3536	172	-7.925	-0.0999	-0.0019	172
5	-0.4472	-0.7071	132	-16.05	0.2562	0.005	132

注：a）原始值，b）第一个偏最小二乘方向，c）第一个方向的残差。

接下的步骤是准备输入数据用以找到第二个偏最小二乘方向。为此，PSL 1 依次回归到 CHMIN 和 CHMAX，由 PSL 1 得到线性方程用以单独预测这些属性中的每一个属性。这些系数通过计算 PSL 1 与求解属性之间的点积得到，且用 PSL 1 与它自身的点积来划分所得的结果。由此产生的单变量（一元）回归方程为：

$$CHMIN = 0.0483\ PSL\ 1$$

$$CHMAX = 0.0444\ PSL\ 1$$

表 7-1c 列出的是准备用于寻找第二个偏最小二乘方向的 CPU 数据。CHMIN 和 CHMAX 的原始值被残差所替代。残差是指原始值与之前给出的相应的单变量（一元）回归方程的输入之间的差值（目标值 PRP 仍然一样）。整个过程重复地使用这些数据作为输入产生第二个偏最小二乘方向，即

$$PSL\ 2 = -23.6002CHMIN + -0.4593CHMAX$$

在最后的偏最小二乘方向确定了之后，属性的残差都为 0。这反映了一个事实，正如主成分分析一样，所有方向的全集担负了原始数据的所有方差。

当把偏最小二乘方向作为输入用于线性回归时，结果模型称为偏最小二乘回归模型（partial least-squares regression model）。和主成分回归一样，若使用所有的方向，其结果与在原始数据上应用线性回归所得的结果是一样的。

7.3.4 从文本到属性向量

在2.4节中曾介绍了包含文本块的字符串属性并指出字符串属性值经常是一个完整的文档。本质上，字符串属性是未指明属性值数目的名目属性。如果只是简单地把它们当做名目属性来处理，模型可依据两个字符串属性值是否相同来建立。但这种方式没有捕捉到任何字符串内在的结构，或者显示出它所代表文本的任何有意义方面。

你可以想象将字符串属性中的文本分解为段落、句子或词组。一般地，单词是最有用的单元。字符串属性中的文本通常是一个单词序列，文本所包含的单词通常可作为它最好的代表。例如，可将字符串属性转换为一系列的数值属性，每个单词用一个数值属性，代表这个单词出现的频率。单词的集合，即新属性的集合，是由数据集决定的，它的数量是相当大的。如果存在多个需要分别处理的字符串属性，新属性的名称必须区别开来，或许可采用自定义的前缀。

转变为单词，即分词（tokenization），并不是像听起来那么简单的操作。记号可以由连续的字母序列组成，丢弃非字母字符。如果有数字，数字序列也要保留。数字可能涉及+号或-号、小数点以及幂次方。换句话说，就是根据某种定义好的数字语法对它们进行解析。一个字母、数字序列也许当做一个单独的记号。也许空格字符可作为记号的分隔符；也许空白（即包括tab键和换行符）是分隔符；也许标点符号也是分隔符。句点符很难处理：有时它们应该作为单词的一部分来考虑（与姓名首字母在一起、与称呼在一起、缩写以及数字），但有时又不能那样（如果它们是句子的分隔符）。连字号及省略号也有类似问题。 327~328

所有单词在加入词汇表前，也许都要先转变为小写。在预先设定的功能词或停用词（stopwords）（如the、and、but）的固定清单上的词可以忽略。注意停用词清单是取决于语言的。事实上，大写习惯（德语大写的都是名词）、数字语法（欧洲使用逗号代表小数点）、标点符号习惯（西班牙语疑问句在句首加问号），当然还有字符集本身，都是取决于语言的。总之，文本是很复杂的。

低频率词，譬如只出现一次的词（hapaxlegomena）[⊖]，经常被丢弃。有时在除去停用词之后，保留频率最高的k个单词，或者为每个类别保留频率最高的k个单词，是有益处的。

有个问题伴随着所有这些分词选项，即每个单词属性的属性值应是什么？属性值可以是单词累计数，即这个单词在字符串中出现的次数，也可以只是简单表明出现或未出现。可以对单词频率进行规范化使每个文件的属性向量具有相等的欧几里得长度。另一种方法是，将文件j中的单词i所出现的频率f_{ij}按照各种不同的标准方式进行转换。一种标准的对数词频率度量方法是$\log(1+f_{ij})$。在信息检索中广泛应用的度量方法是TF×IDF，即"词频率乘以文件频率的倒数"。

这里，词频率被一个因数调整，这个因数取决于这个词被其他文件运用的普及度。TF×IDF度量方法的标准定义如下：

$$f_{ij}\log\frac{\text{文件数量}}{\text{包含单词}\ i\ \text{的文件数量}}$$

⊖ 只出现一次的词（hapaxlegomena）是指在给定的文本语料库中只出现一次的词。

主要思想是文件的特征基本上是由其中经常出现的单词确定的，这是公式中的第一个因子；除去那些在每个文件或几乎每个文件中都用到的，但对于区分文件毫无用处的单词，这是公式的第二个因子。TF × IDF 不仅仅特指这个公式，而且泛指这一种类的度量方法。
329 例如，频率因子 f_{ij} 也可以用对数词频率 $\log(1+f_{ij})$ 来代替。

7.3.5　时间序列

在时间序列数据中，每个实例代表不同的时间间隔，属性给出了与该时刻所对应的值，如天气预报或股市行情预测。有时需要能将当前实例的一个属性值用过去的或将来的实例所对应的属性值来替换。更常用的是用当前实例与过去实例属性值的差值来替换当前的属性值。例如，当前实例与前一个实例属性值的差值，常称为 Delta，通常比属性值本身含有更多信息量。第一个实例由于时间位移值未知，可以删除或用缺失值来代替。从本质上来说，差值是以由时间间隔大小所决定的某个常量为量度的第一次求导，连续的 Delta 转换即为更高次的求导。

在某些时间序列中，实例不代表定期取样，每个实例的时间是由时间戳（timestamp）属性给出的。时间戳之间的差是实例的时间间隔大小，如果要取其他属性的连续差值，必须除以间隙大小以使求导规范化。另一种情形是每个属性可以代表不同的时间，而不是每个实例代表不同的时间，因此时间序列是从一个属性到下一个属性，而不是从一个实例到下一个实例。那么，如果需要差值，必须取每个实例的一个属性和下一个属性之间的差值。

7.4　抽样

在很多涉及大量数据的应用中，提出一种更小规模的随机抽样用于处理是很有必要的。随机抽样是指，原始数据中的每一个实例被抽到的概率是相同的。给定 N 个实例，任意给定大小的一个样本是很容易得到的。仅仅需要均匀地生成 1 ~ N 之间的随机整数，然后依据这个整数检索相应的实例直到收集到合适数目的实例为止。这种是*有放回抽样*（sampling with replacement），因为同一个实例可能被多次选中（实际上，在 5.4 节中自助法就是使用的有放回抽样）。对于*无放回抽样*（sampling without replacement），仅仅注意，在选择每一个实例时，判断其是否已被选择，如果已被选就放弃第二次选择。如果样本的大少比全部数据集小得多，则有放回抽样和无放回抽样之间的差别不大。

蓄水池抽样

330 抽样是非常简单的算法，它只需少量的讨论和解释。但是，在生成给定大小的随机样本的情况下会存在一些挑战。如果训练实例是一个接着一个地给出，而实例的总数，即 N 的值是预先不知道的会怎样呢？或者，假设需要能够随时从连续的实例流中取得一个给定大小的样本，并在这个样本上执行一个学习算法，而不重复执行整个抽样操作的情况呢？再或者，训练实例的数量十分巨大以至于不能在执行抽样之前全部保存所有实例的情况呢？

所有以上出现的情况都要求有一种方法，可以在没有存储所有实例的输入流中生成一个随机样本，并且不必等到最后一个实例到达之后才执行抽样程序。在这种情况下，生成一个给定大小的随机样本且同时保证每一个实例有相同的机会被选中可以实现吗？答案是肯定的。更值得高兴的是，一种简单的算法就可以做到。

一种思想是用一个大小为 r 的“蓄水池”，即需要生成的样本的大小。开始时，连续地从输入流中收集实例直到“蓄水池”满为止。如果输入流在此时停止，则得到与输入流大小一样为 r 的随机样本。但是，在大多数的情况下会有更多的实例到达。下一个实例被包含在样本里的概率为 $r/(r+1)$ ——实际上，若输入流停止在这里，$(N=r+1)$，那么任何一个实例被包含在样本里概率都为此概率。因此，根据 $r/(r+1)$ 的概率用新到达的实例替换样本池中的一个随机样本。以同样的方式继续，用再下一个新到达的实例替换样本池中元素的概率为 $r/(r+2)$，以此类推。一般来说，第 i 个实例被替换到样本池中随机位置的概率为 r/i。这很容易通过数学归纳法证明，一旦这个实例被处理，任何一个特定实例被包含在样本池中的概率都是一样的，即为 r/i。因此，在处理过程的任意点，样本池都包含有大小为 r 的随机样本。也可以在任意时刻停止，同时保证样本池都有期望的随机样本数。

该方法为无放回抽样。有放回抽样更难一些。尽管对于大数据集和小样本池来说，两者之间几乎没有差异。但是，如果确实需要又放回抽样大小为 r 的样本，可以设定 r 个独立的样本池，每个样本池的大小为1。对所有的样本池同步运行此算法，在任何时候，它们的并集即是一个有放回抽样的随机样本。

7.5 数据清洗

一个令实际数据挖掘工作头疼的问题便是数据的质量低劣。在大型数据库中，错误更是常见。属性值、类值经常是不可靠和错误的。一种解决此问题的方法是艰辛地检查数据，然而数据挖掘技术本身也能对此问题的解决有所帮助。 331

7.5.1 改进决策树

一个令人惊讶的事实是利用训练数据进行决策树的归纳，可以使树简化且不损失准确率，可通过丢弃被错误分类的训练实例，重新学习，然后重复直到没有错误分类的实例为止来实现。在某些标准数据集上的实验显示，这几乎不影响标准的决策树归纳法 C4.5 的分类正确率。有时性能略有提高，有时略微变差。差别不显著，即使有显著差别，两者都有各自的优势。这种技术影响的是决策树的大小。虽然性能大致相当，但最终的决策树比原来的总是小得多。这是什么原因呢？当决策树归纳法剪枝掉某一子树时，它应用统计测试数据来判定这个子树是否“合理”。剪枝决定在训练实例分类的正确性上做出少量牺牲，相信这样做将提高测试集上的性能。有些未剪枝树能正确分类的训练实例，现在用经过剪枝的树将会被错误分类。实际上，决策树将忽略这些训练实例。

然而，这个决策只是应用于局部，只在被剪枝的子树中。它的影响没有允许往树的上层渗透，那样也许会导致选择出不同的分支属性。从训练集中去除被错误分类的实例并重新学习决策树，使剪枝决策做出合理的结论。如果剪枝策略较好，那么它不会破坏性能，甚至由于允许选择更好的属性还能提高性能。

毫无疑问，进行专家咨询效果更好。对错误分类的训练实例进行验证，发现实例是错误的可将其删除，或者最好是可以进行修正。

注意我们假设实例没有出现任何系统上的错误分类。如果实例在训练集和测试集上都被系统性地破坏，例如，一个类值可能被另一个类值替换了，那么只能期望在错误的训练集上训练会在（同样也是错误的）测试集上产生较好的性能。

有趣的是，人们发现当往数据中人为地添加属性噪声时（不是类噪声），如果在训练集中也添加了同样的属性噪声，则在测试集上的性能会提高。换句话说，当存在属性噪声问题时，如果性能测试将要在“不清洁”的数据上进行，那么用一个“清洁”的训练集来训练并不好。如果有机会，一种学习方法在某种程度上能够学习对属性噪声进行稍许补偿。从本质上来说，它能学习哪些属性不可靠，如果都不可靠，则学习怎样最好地利用它们产生一个更可靠的结果。将训练集上的属性噪声去除就失去了怎样最好地抗噪声的学习机会。但是对
332 于类噪声（而不是属性噪声），如果可能，最好还是使用无噪声的实例进行训练。

7.5.2　稳健回归

历年来人们已经知道了噪声数据在线性回归中所造成的问题。统计学家经常检查数据中的离群点（outlier）并人工将它们去除。在线性回归中，离群点可从视觉上辨别出来，虽然不是完全清楚这个离群点是一个错误，或者只是一个不寻常但正确的值。离群点大大影响了最小二乘回归，因为距离的平方加强了远离回归线的数据点的影响。

处理离群点的统计方法称为稳健（robust）回归。使回归更为稳健的一种方法是采用绝对值距离度量来代替通常使用的二乘方距离度量。这削弱了离群点的影响。另一种可能的方法是试图自动识别离群点，把它移出考虑范围。例如，可以形成一条回归线，然后移出离回归线较远的10%的数据点。第三个方法是使到回归线差的中值（median）二乘（而不是平均值）最小化。结论是这种估计器非常稳健，真正是既在 x 轴方向对离群点进行处理，又在离群点常规考虑方向 y 轴方向进行处理。

用于描述稳健回归的常用数据集是从1950年到1973年比利时的国际长途电话图，如图7-6所示。这个数据集来源于比利时经济部发布的比利时统计调查。这个图似乎显示历年来（国际长途电话数量）呈上升趋势，但从1964年到1969年这段时间数据点图反常。实际上，这段时间的数据被错误地记录为电话总分钟数。1963年和1970年也受到部分影响。这个错误造成 y 轴方向上相当大部分的离群点。

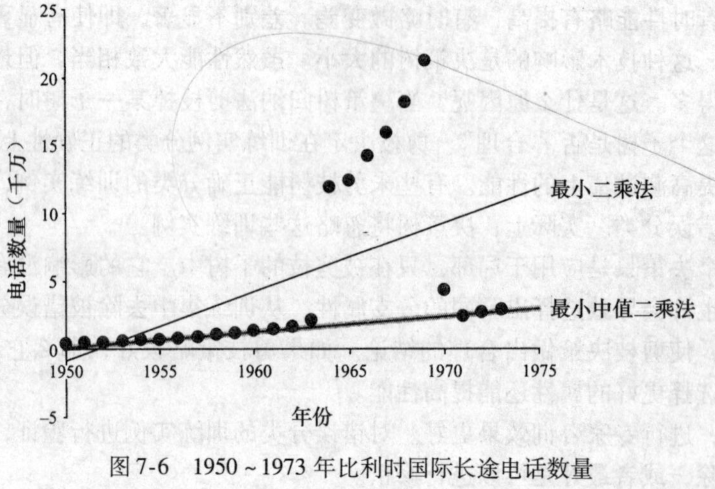

333 图7-6　1950～1973年比利时国际长途电话数量

由于这些反常数据，普通最小二乘回归线受到严重影响并不奇怪。然而，最小中值二乘回归线却明显不受干扰。对于这条线，有一个简单而自然的说明。从几何学角度看，它相当于寻找一条覆盖半数观测点的最窄带，带的厚度是从垂直方向衡量的。这条窄带在图7-6中显示为灰色。最小中值二乘回归线则位于这条窄带的中间。这个术语比普通的最小二乘回归定义更容易解释和显示。不幸的是，基于中值的回归技术有个严重缺陷：它们造成很高的计算成本，面对实际问题经常是不可行的。

7.5.3 检测异常

任何自动检测明显错误数据的一个严重问题是把有价值的东西和不需要的东西一起扔掉。由于缺乏咨询专家，没有办法知道某个实例真的是一个错误或者只是所应用的模型不适合它。在统计回归中，可视化能有所帮助。如果要拟合的是一条错误的曲线，即使不是专家通常也能明显看出，比如要使一条直线拟合位于抛物线上的数据。图7-6的离群点当然是非常明显的。但大多数的分类问题并不易于可视化："模型种类"比回归线要更微妙。虽然对于大多数的标准数据集来说，丢弃不符合决策树的实例能获得较好的结果，但在处理某个新数据集时，这不一定是很合适的。也许新数据集只是不适合用决策树模型。

一种人们已经尝试的方法是使用几种不同的学习方案，如一个决策树、一个最近邻学习器和一个线性判别函数，过滤数据。保守的策略是用这三种方法分类都失败时才可判定一个实例是错误的并将其从数据中去除。在某些情况下，用这种方法过滤数据，然后使用过滤的数据作为最终学习方案的输入，这与简单地使这三个学习方案，然后进行投票产生最终结果相比较，能获得更好的性能。三种学习方法在*过滤的*（filtered）数据上进行训练，然后投票，这样能产生更好的效果。然而，投票技术存在一个危险，某些学习算法比较适合某种类型的数据，因此最适合的方法也许能决定投票结果！我们将在8.7节考察一种更为精细的方法来组合不同分类器的输出结果，称为*堆栈法*（stacking）。与平时一样，了解数据，并用不同的方法来考察数据。

过滤方法的一个可能危险是它们可能会牺牲某个类别（或一组类别）的实例来提高剩余类别的正确性。尽管没有什么通用的方法来防止这一点，但实践发现这并不是个常见问题。 334

最后，值得再次提醒注意的是，首先要尽力得到合适的数据，自动过滤只是一种作用极其有限的替代。如果在实践中太耗时间和成本，可以人工检查那些由过滤器鉴别出来的可疑实例。

7.5.4 一分类学习

在大多数的分类问题中，训练数据提供所有的在预测时能够出现的类，学习算法利用这些分别属于不同类的数据决定决策边界来区分它们。但是，有些问题在训练时，实例只具有单一的类，在预测时，新的不知道类标的实例可能属于目标类，也可能属于一个在训练时不知道的新类。因此就可能存在两种不同的预测：*目标类*（target），指一个实例属于训练时用到的类；*未知类*（unknown），指实例不属于目标类。这种类型的学习问题称为*一分类问题*（one-class classification）。

在很多情况下，一分类问题可以重新表示为二分类问题，因为属于其他类的数据可以用于训练模型。但是，有些真实的一分类应用在训练时不能或者不适合用于负例数据。例如，考察密码硬化，一个生物识别系统加强计算机的登录过程，不仅要求输入正确的密码，而且要求输入匹配正确的打字节奏。这是一种一分类问题，一个用户必须通过验证，且在训练时只有来自此用户的数据是可用的，不能要求其他任何一个没有通过验证的用户提供数据。

即使在一些应用中，训练时属于不同类的实例都是可用的，但在考察时最好只关注目标类。比如，在预测时新的类可能会出现，且这个类不同于所有在训练时出现过的类。继续考虑打字节奏的例子，假设需要在一个文本不固定的情况下识别打字员，通过在一块自由文本上的节奏模式，当前打字员将被验证为他所宣称的（打字员）。这个任务从根本上不同于从一组用户里识别一个用户，因为必须准备拒绝之前从未在系统中出现过的攻击者。

离群点检测

一分类问题通常也称为*离群点*（outlier）或奇异点检测，因为此学习算法用于区分训练数据分布中正常和不正常出现的数据。本节的前部分讨论通过用绝对值距离代替普通的平方距离来使回归更为稳健，并以此减小离群点的影响，并讨论使用多种不同的学习方案
335 实现异常检测。

一种通用的用于一分类问题的统计方法是，如果实例与 $p\%$ 的训练数据的距离大于 d，则该实例被视为孤立点。或者，通过拟合某个统计分布为目标类估计一个概率密度，比如高斯分布，以此训练数据。任何概率值较低的测试实例都可以被标记为离群点。困难在于为手上的数据找到一个合适的统计分布。如果这点不能做到，可以采用非参数方法，如核密度估计（在4.2节结尾处提到）。密度估计方法的一个优点是在预测时，阈值可以调控以此得到合适比例的离群点。

多类分类器可以进行调整以适应一分类情况，根据目标数据寻找一个边界，并认为出现在边界之外的就是离群点。这个边界可以通过调整已有的多类分类器的内部工作来生成，比如支持向量机。这些方法很大程度上依赖于参数，参数是用来决定有多少比例的目标数据可能被分类成离群点。如果参数选择太过保守谨慎，目标类中的数据会被错误地排除。如果参数选择太过随意，模型将会过度拟合并丢弃太多的合法数据。丢弃率在测试时是不能更改的，因为在训练时就需要选择一个合适的丢弃率参数值。

生成人工数据

有别于通过调整某一个多类分类器的内部工作来直接生成一分类的决策边界，另一种可能的方法是为离群点生成人工数据，然后再应用任何一种已有的分类器。这种方法不仅允许使用任意一种分类器，而且如果分类器产生的是类概率估计，那么丢弃率也可以通过修改阈值来调整。

最直接的方法是生成均匀分布的数据，然后学习一种可以从目标中辨别出这些数据的分类器。然而，不同的决策边界会得到不同数量的人工数据。如果得到过多的人工数据将会淹没目标类，从而使学习算法总是预测到人工数据类。如果学习的目的被视为是精确的类概率估计而不是最小化分类错误，则这个问题可以避免。比如，装袋决策树（将在8.2

节讨论）已被证明可以用来产生很好的类概率估计。

一旦用这种方法获得一个类概率估计模型，目标类的不同阈值的概率估计就对应于目标类周围的不同决策边界。这意味着，用于一分类问题的密度估计法，在预测阶段，离群点的比例可以调整，由此可以为手头已有的应用程序产生一个适当的结果。

还有一个重要的问题。随着属性数目的增加，产生足够的人工数据来获得实例空间适当的覆盖率变得不可行，同时一个特定的实例出现在目标类内部或者靠近目标类的概率减少为一个点，使得任何形式的（用于区分此实例的）辨别法都不可用。 336

解决办法是使生成的人工数据尽可能地靠近目标类。在这种情况下，由于不再是均匀分布，这种人工数据分布，称为"参考"分布，所以在为由此产生的一分类模型计算从属分数时必须要考虑此分布。换句话说，二分器的类概率估计必须结合此参考分布来获得目标类的从属分数。

为了更进一步详细阐述，用 T 表示训练数据的目标类，并寻找一个一分类模型，A 表示人工数据类，用于利用一个已知的参考分布生成数据。需要得到的是 $\Pr[X \mid T]$，即目标类的密度函数，当然，对于每一个实例 X，已知 $\Pr[X \mid A]$，即参考分布的密度函数。假设此时已知真正的类概率密度函数 $\Pr[T \mid X]$。实际上，需要使用从训练数据学习所得的类概率估计器来估计这个函数。一种简单的贝叶斯规则应用可用于表示 $\Pr[T]$、$\Pr[T \mid X]$、$\Pr[X \mid A]$ 的 $\Pr[X \mid T]$：

$$\Pr[X \mid T] = \frac{(1-\Pr[T])\Pr[T \mid X]}{\Pr[T](1-\Pr[T \mid X])}\Pr[X \mid A]$$

为了在实际中使用此等式，选择 $\Pr[X \mid A]$，通过它生成用户指定数量的人工数据，将它标记为 A，同时结合它与目标类训练集的实例，目标类标记为 T。目标实例的比例是 $\Pr[T]$ 的估计，一个标准的学习算法可应用于此二类数据集获得类概率密度估计器 $\Pr[T \mid X]$。假设任意特定实例 X 的 $\Pr[X \mid A]$ 的值是可以计算出的，则计算出用于每个实例 X 的目标密度函数 $\Pr[X \mid T]$ 的估计就轻而易举了。执行分类时需要选择一个合适的阈值，以调整优化丢弃率以得到任何想要的值。

仍然存在一个问题，那就是，怎样选择参考密度 $\Pr[X \mid A]$。需要通过它生成人工数据并计算每个实例 X 的 $\Pr[X \mid A]$ 值。另一个需求是生成的数据必须靠近目标类。实际上，理想的参考密度是和目标密度完全一样的，在这种情况下，$Pr[\mathrm{T} \mid \mathrm{X}]$ 是任何学习算法应该推导出的一个常数函数，所谓的二分类学习问题就变得微不足道了。这是不现实的，因为这要求已知目标类的密度。但是，这一观察经验给出了进行下一步工作的线索。即对目标数据运用任意的密度估计技术，用此结果密度函数来模拟人工数据类。$\Pr[X \mid A]$ 与 $\Pr[T \mid X]$ 越匹配，产生二分类概率估计的任务就变得越容易。

在实际应用中，假定有很多可用的有效的类概率估计方法和密度估计技术的相对缺乏，使得以下方法变得很有意义。首先在目标数据上应用一个简单的密度估计技术以获得 $\Pr[X \mid A]$，然后将最先进技术的类概率估计方法用于二分类问题，其中数据是结合了人工数据和目标类数据的数据集。 337

7.6 多分类问题转换成二分类问题

回顾第6章的部分学习算法，如标准的支持向量机，只能处理二分类问题。在大多数情况下，复杂多类问题的变体已开发出来，但是，这些变体方法可能速度很慢或者很难实现。作为选择的另一种方案是，将多分类问题转换成多个二分类问题。将数据集分解为多个二分类问题的数据子集，在每一个子集上运行学习算法，输出为各个分类器结果的组合。多种流行的技术都可以实现这种想法。本章首先讨论一种非常简单且在讨论如何使用线性回归进行分类时接触过的方法；然后继续讨论成对分类法以及更多其他前沿技术，如误差校正输出编码和集成嵌套二分法，即使在学习方法可以直接处理多类问题时这些方法常常也可以有效地使用。

7.6.1 简单方法

在第4章提到线性分类的开始部分，我们讨论了如何转换一个多类标数据集，以便多响应线性回归为每个类执行二分类回归。本质上，这个方法是通过将每个类和其他所有类区分开来生成多个二分类数据集。该技术通常称为一对多（one-vs.-rest 或者 one - vs.-all）。对于每个类，数据集的生成是通过复制原始数据的每个实例来完成的，但是类值修改了。如果实例属于与对应数据集相关联的类，则标记为 yes，否则标记为 no。然后为这些二元数据集构建分类器，这些分类器用它们的预测结果输出一个置信度数值，譬如标记为 yes 类的估计概率。在分类时，将测试实例传送到每个二分类器，最后的结果类是预测 yes 置信度最高的分类器所对应的那个类。

当然，这些方法对分类器所产生的置信度数值很敏感。如果有些分类器的预测结果有不实的夸张之处，则整体的结果也会受到影响。这就是在使用学习算法时仔细调整参数设置显得十分重要的原因。例如，在用于分类的标准支持向量机中，通常需要调整参数 C，它提供每一个支持向量影响范围的上界同时控制训练数据的拟合程度以及内核参数的值，如多项式核中的指数。这些可以通过内部的交叉验证实现。经验发现关于以上问题的一对多方法非常有优势，至少对于基于核的分类器，只要合理地设置参数此方法十分有优势。注意，对于单个二分类模型来说，应用校准其置信度分数的技术也是很有用的，这将在下
338 一节讨论。

另一种用于多类问题的简单而通用的方法是成对分类（pairwise classification）。这是为成对的类建立的分类器，并且只使用来自这两类的实例。对于一个未知的测试用例，其输出是支持率最高的那个类。就分类误差而言，此方案通常得到的结果是精确的结果。通过运用称为成对耦合（pairwise coupling）的方法，（这个方案也可用于生成概率估计），从不同分类器之间修正个体（单个分类器）的概率估计。

如果有 k 个类，成对分类法总共建立 $k(k-1)/2$ 个分类器。虽然这听起来有不必要的密集计算，但其实不然。实际上，如果所有的类是均匀填充的，成对分类器至少和任何一个多分类方法有相同的训练时间。原因是每一个成对学习问题考虑的只是涉及有关这两个类的实例。如果 n 个实例被均匀分为 k 个类，这相当于每个问题 $2n/k$ 个实例。假设学习算法处理一个有 n 个实例的二分类问题所花费的时间与 n 秒成比例。然而成对分类法的运行时间和 $k(k-1)/2 \times 2n/k$ 秒成比例，即为 $(k-1)n$。换句话说，这个方法的消耗时间与

类的数目呈线性相关。如果学习算法需要更多的时间，如与 n^2 成比例，则成对分类法的优势就会更为明显。

7.6.2　误差校正输出编码

以上讨论的简单方法常常非常有效。成对分类法是一种尤其有用的技术。即使在一些学习算法（如决策树学习器）可以直接处理多分类问题时，成对分类法也可以提高其分类精度。这也许是因为成对分类法实际上生成一个分类器的集群。集成学习是获得精确分类器的著名策略，本书将在第 8 章讨论多种集成学习方案。其实，通过把一个多分类问题分解为多个二分类子问题，除了成对分类法之外，还有其他多种方法可以用于生成集成分类器。接下来讨论一种基于误差校正输出编码的方法。

多分类问题分解成为的二分类问题可以视为其对应的“输出编码”。回顾简单的一对多方法来理解此编码。考察一个有 4 个类 a、b、c、d 的多类问题。此转换可以可视化为表 7-2a 所示的那样，此处 yes 和 no 分别映射为 1 和 0。每一个原始的类值被转换为一个 4 位的编码，1 位表示一个类，4 个分类器独立地预测每 1 位（bit）。用这些编码字解释分类过程，当错误的二进制编码获得了最高的置信度时，分类错误就会出现。

表 7-2　将一个多分类问题转化为二分类问题

a)		b)	
类别	类向量	类别	类向量
a	1 0 0 0	a	1 1 1 1 1 1 1
b	0 1 0 0	b	0 0 0 0 1 1 1
c	0 0 1 0	c	0 0 1 1 0 0 1
d	0 0 0 1	d	0 1 0 1 0 1 0

注：a）标准方法，b）误差纠正编码。

然而，不必须要用特定的编码显示。确实，也没有理由让每个类都必须用 4 位来表示。参看表 7-2b 的编码，每个类就是用 7 位来表示的。当应用到具体数据集时，就需要建立 7 个分类器而不是 4 个。考察对一个特定实例的分类，看看将会得到什么结果。假设它属于类 a，且每一个分类器的预测依次是 1011111。很显然，对比表 7-2b 中的编码，第二个分类器出现了错误：它预测为 0 而不是 1，即用 no 替代了 yes。

对比预测位与每个类的对应编码，与其他类相比，这个实例最接近类 a。这差异可以通过将预测编码转换为表 7-2b 中编码所需改变的字符总数，即汉明距离（hamming distance），或者称为字符串之间的差异，在本例中，预测值与类 a、b、c、d 的汉明距离依次是 1、3、3、5。由此可以放心地总结：第二个分类器出现了错误但是也正确地将此实例划归为类 a。

同样的误差校正对于表 7-2a 所示的编码是不适用的，因为不仅此例的 4 位字符编码，而且任何其他的预测 4 位字符编码至少两个有相同的（汉明）距离。因此，这种输出编码不是“误差校正”。

什么决定一个编码是否是误差校正编码呢？考察代表不同类的编码字符之间的汉明距离。可能被校正的错误的数量取决于任意一对编码字符之间的最小距离 d。此编码可以确保更正 $(d-1)/2$ 个 1 位错误，因为如果正确编码字的位数翻倍，它（d 最小距离所对应的编码）仍然是最接近正确编码也会因此被正确识别。在表 7-2a 中，每对编码之间的汉明距离是 2。因此，最小距离也是 2，可以更正的错误不超过 0。然而，在表 7-2b 中编码的最小的距离是 4(实际上，每对编码之间的距离都为 4)。这就意味着这可以确保更正 1 位错误。

已经确定了一个好的误差校正编码的特征是：汉明距离编码必须很好地被分隔。因为包括编码列表的每一行，所以这个特征也称为*行分隔*（row separation）。好的误差校正编码的第二个要求就是此编码应当满足*列分隔*（column separation）。每两列之间的汉明距离
339~340 必须大，每列和其他列的补码之间的距离也必须大。表 7-2b 所示的 7 列（以及其补码）被分开至少 1 位。

列分隔是必要的，因为如果两列是相同的（或者某列是其他列的补码），则相应的分类器将会犯同样的错误。如果错误是相关联的，换句话说编码的很多位同时不正确，那么误差校正就会被削弱。两列之间的距离越大，错误就有可能被更正。

少于 4 个类就不能构建有效的误差校正，因为有效的行分隔和列分隔条件不能同时满足。例如，假设有 3 个类，则只会有最多 8 列（2^3），有 4 列是其他 4 列的补码。此外，都为 0 或者为 1 的列提供的信息并无差别。这样就只剩下 3 列可用，所生成的编码也根本不是误差校正编码（实际上，这是标准的"一对多"编码）。

如果只有少数几类，一个详尽的误差校正编码如表 7-2b 所示，也是可以构建的。对于 k 类的详尽编码，除去补码以及全为 0 或者全为 1 的列外，需要包括所有可能的 k 位字符串。每一个编码包含 $2^{k-1}-1$ 位。编码的构成如下：第一类的编码字全为 1，第二类为 2^{k-2}个 0 紧随其后的是 $2^{k-2}-1$ 个 1，第三类为 2^{k-3}个 0 接着 2^{k-3}个 1 接着 2^{k-3}个 0 再接着 $2^{k-3}-1$ 个 1，以此类推。第 i 个类编码字是由 2^{k-i}个 0 和 1 交替组成的，最后一轮少 1 位。

对于更多的类来说，这种详尽的编码是不现实的，因为列的数量是呈指数增长的，因此需要建立过多的分类器。在这种情况下，就需要使用更为复杂的方法，这个方法需能够用较少的列建立性能很好的误差校正编码。

误差校正输出编码不适用于局部学习算法，如基于实例的学习，它们通过考察一个实例近邻训练实例所属类来预测该实例属于哪个类。在最近邻分类器情况下，所有的输出都是使用相同的训练实例预测得出的。这个问题可以通过使用不同的属性子集来预测每一个输出位来规避，从而解除预测值之间的关联。

7.6.3 集成嵌套二分法

误差校正输出编码通常可以为多分类产生精确的分类器。然而，基本算法产生的分类，通常也需要产生类概率估计，例如，在 5.7 节中讨论的使用最低预期代价的方法执行对代价敏感的分类。幸运的是，存在一种用于分解多分类问题为多个二分类问题的方法，它提供一种自然的方法计算类概率估计，只要使用的二分类模型能够为相应的二分类子任
341 务计算概率。

其思想是将原始的多分类问题的类全集递归地分割为更小的子集，同时将实例数据全集分割为与类子集相对应的数据子集。这会产生一棵关于类的二叉树。考察前面讨论过的假设的四分类问题。根结点是类全集 {a, b, c, d}，将分割为互不相交的两个子集 {a, b} 和 {c, d}，与此同时这两个子集对应的实例也分割成两个子集。这两个子集形成了此二叉树的两个子结点。这些子集进一步被分裂为一元素集，结点 {a, b} 产生子结点

$\{a\}$ 和 $\{b\}$，结点 $\{c, d\}$ 产生子结点 $\{c\}$ 和 $\{d\}$。一但得到一元素子集，分裂过程就截止。

由此产生的二叉树分类称为**嵌套二分法**（nested dichotomy），因为每一个内部结点和其两个后继结点就定义了一个二分法，如在根结点区分类 $\{a, b\}$ 和类 $\{c, d\}$，此二分法在一个层次结构里是嵌套的。可以将嵌套二分法视为一种特殊类型的稀疏输出编码。表7-3展示了刚才讨论示例的输出编码矩阵。此树结构的每一内部结点有一个二分法。因此，假设示例中包含3个内部结点，编码矩阵中就有3列。与之前考虑的类向量相比较，此矩阵包含的元素标记为 X 表示来自相关二分类学习问题的相应类的实例仅仅是被忽略了。

表7-3 嵌套二分法的编码矩阵形式

类	类向量
a	00X
b	1X0
c	01X
d	1X1

这类输出编码的优势是什么？因为使用的是层次分解以及得到结果是互不相交的子集，所以有一种简单的方法为原始的多类集中的每个元素计算类概率估计，此层次结构中每个二分法假设为二分类估计。原因是概率论中的链式法则，这在6.7节讨论贝叶斯网络时已经接触过。

假设需要计算给定实例 x 属于类 a 的概率，即为条件概率 $\Pr[a \mid x]$。在前面的例子中这个类对应于类层次结构中4个叶子结点之一。首先，学习一个二分类模型，为处在内部结点的3个二分类数据集产生类概率估计。然后，从根结点的二分类模型开始，条件概率 $\Pr[\{a, b\} \mid x]$ 的估计值就可以得到了，此条件概率表示 x 属于 a 或者属于 b。此外，还可以得到 $\Pr[\{a\} \mid x, \{a, b\}]$ 的估计值，这个概率表示在已知 x 要么属于 a 要么属于 b 的情况下，x 属于 a 的概率，用此模型鉴别一元集 $\{a\}$ 和 $\{b\}$。现在，根据链式法则，$\Pr[\{a\} \mid x] = \Pr[\{a, b\}, x] \times \Pr[\{a, b\} \mid x]$。因此，计算原始多类问题中任意单个类的概率，即分类树的任意叶子结点的概率，仅仅需要将从根结点到这个叶子结点之间所有内部结点的概率估计乘起来即可，即包含目标类的所有类子集的概率估计的乘积。 342

假设在内部结点的单个二分类估计产生的是准确的概率估计，那么就有理由相信使用链式法则得到的类估计通常都是准确的。然而，很显然估计误差将会累计，这会为底层结构造成麻烦。一个更基本的问题是，在以前的例子中，对某个特定的类层次分解时，我们是任意做决定的。或许存在一些与领域有关的背景知识，在这种情况下，因为某些类是已知相关的，所以某一特殊的层次结构可能更合适这些类，但是通常这些情况都未被考虑。

可以做什么呢？如果没有理由优先选择任何特殊的分解，或许所有的可能都要考虑，以此产生一个**集成嵌套二分法**（ensemble of nested dichotomies）。不幸的是，对于任何非平凡数目的类来说，都有多种潜在的二分法，做一个全面而无遗漏的方案是不可行的。但是，可以考虑子集，采取对所有可能的树结构随机抽样，为每个树结构的每个内部结点建立二分类模型（假设相同二分类问题可能在多棵树中出现，采用缓存模型），然后取每个类所有概率估计值的平均值作为最终的类概率估计值。

实证实验表明通过这种方案可以得到准确的多类分类器并提高预测性能，即使在使用像决策树这种可以直接处理多分类问题的分类器情况下仍然可以提高其预测性能。与标准的误差校正输出编码相比较，即使在基础的学习器不能模拟复杂的决策边界时仍然能有效地工作。原因是，一般来讲，类越少学习就越容易，因此在到达树的叶子结点时预测结果就会越准确。这也可以解释为什么之前描述的成对分类法技术对于简单的模型，如相当于超平面的模型，性能效果特别好。它创建了最简单的可用二分法！嵌套二分法似乎在出现于成对分类法中的学习问题的简单朴素（毕竟，最低级别的二分法涉及数对个体类）和体现在标准误差输出编码中的冗余复杂之间取得了一种有用的平衡。

7.7　校准类概率

类概率估计明显比分类更困难。给定一个生成类概率的方法，其分类误差要尽可能地
343 小，同时预测正确类的概率要尽可能大。然而，一种用于准确分类的方法并不意味着是生成准确概率估计的方法。在5.6节所讨论的根据二次损失或者信息损失估计得出正确分类效果可能会相当差。但是，正如本书多次强调的那样，对于一个给定的实例，更为重要的是获得准确的条件类概率而不是简单地将这个实例划分给某个类。基于最小期望代价方法的代价敏感预测就是一个说明准确类概率估计十分有用的例子。

考察只有两个类的数据集的概率估计情况。如果预测在正确一侧的概率阈值为常用于分类的阈值0.5，就不会出现分类错误。但是，这并不代表概率估计本身是准确的。它们可能系统性地太乐观：所有实例都接近0或1；或者太悲观：都不接近这两个极端。这种类型的偏差将增加测量值的二次损失或者信息损失。对于给定的代价矩阵，当试图最小化这个分类的预期代价时就会出现问题。

图7-7展示的是过于乐观的概率估计对二分类问题的影响。x轴表示的是4.2节中多项朴素贝叶斯模型的预测概率，它代表有1000个词频率属性的文本分类问题中两类中的某一类的预测概率。y轴表示目标类的观测相对频率。预测概率和相对频率是通过10折交叉验证得到的。为估计相对频率，首先使用等频离散化将预测概率离散为20个区间。观察此曲线图发现，相应的每个区间已被合并，一边是预测概率，另一边是相应的0/1值，合并值表示为20个点。

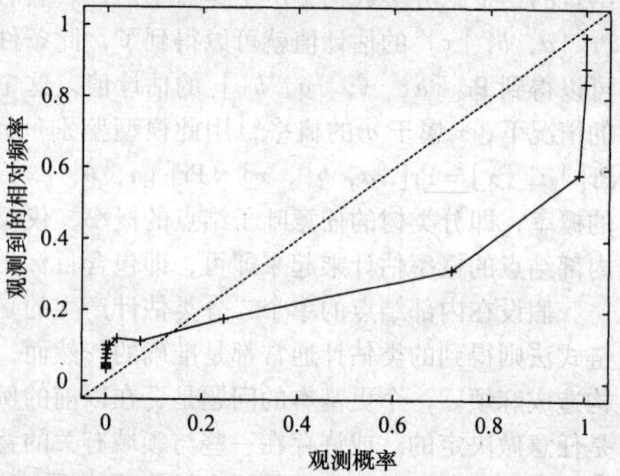

图7-7　对于二分类问题过于乐观的概率估计

这种曲线图称为可靠性图（reliabili-
344 ty diagram），表示了估计概率的可靠性。对于一个精确校准的类概率估计器来说，测量曲线将会与对角线相吻合。此例显然不是这种情况。朴素贝叶斯模型的估计值太过乐观，以至于生成的概率值太靠近0和1。这还不是唯一的问题。此曲线距用于分类的阈值0.5所对应的线太远。这就意味着，分类性能会被模型生成的较差的概率估计影响。

实际上，寻找一条靠近对角线的曲线会使得误差校正更为明确。系统性的错误估计应该纠正，这可以通过使用事后校准的概率估计将经验观测所得曲线映射为对角线来实现。一种粗糙方法是直接使用可靠性图中数据来校正，在对应的离散区间将预测概率映射为观测相对频率。这些数据可以通过使用内部交叉验证或者一个旁置数据集获得，以便真正的测试数据集未受影响。

基于离散化的校准速度非常快，但是确定合适的离散化区间并不容易。区间太少，映

射太粗糙；区间太多，每一区间包含的数据就不足用于可靠的相对频率估计。然而，可以设计其他的校准方法。关键是意识到为二分类问题校准概率估计是一个函数估计问题，它有一个输入（即已估计的概率）和一个输出（即已校准的概率）。原则上，可以使用复杂的函数来估计映射，也许是任意多项式。然而，假设观测到的关系至少是单调递增的是很有意义的，在这种情况下，就需要使用递增函数。

假设校准函数是分段常数且是单调递增的，那么存在一种最小化观测类“概率”（在没有应用分箱时其值为0或1）和校准后类概率之间平方误差的有效算法。估计一个单调递增分段常数函数是*保序回归*（isotonic regression）的一个实例，对此有一种基于 pair-adjacent violators(PAV) 方法的快速算法。数据由估计概率和0/1值组成。假设数据已根据估计概率排序。基本的PAV算法反复地合并成对的相邻数据点，计算它们的加权平均值，其初始值是0/1值的均值，只要相邻数据违反了单调性约束，就用加权平均值代替原来的数据点。这个过程将会一直重复直到所有违反约束条件的情况都被解决。其结果是一个按阶段单调递增的函数。这种朴素的算法消耗的时间是数据点数量的平方，但是存在一种运行在线性时间内的巧妙变体。

另一种流行的校准方法同样预先假定一个单调关系，在估计类概率的对数优势和目标类概率之间假设存在一个线性关系。此时 Logistic 函数是合理的，Logistic 回归可以用于估计这个校准函数。需要说明的是，使用估计类概率的对数优势而不是未处理的原始值作为 Logistic 回归的输入是十分重要的。 345

假设此处 Logistic 回归只有两个参数，那么使用一个比 PAV 方法更简单的模型更适合于只有少量数据可用于校准的情况。但是，对于大量的数据来说，基于 PAV 的校准方法通常更可取。Logistic 回归有容易用于多分类问题的概率校准的优势，因为存在处理多分类问题版本的 Logistic 回归。在保序回归的情况下，对超过两类的问题通常使用一对多方法，但作为选择，也可以使用7.6节讨论的成对耦合或者集成嵌套二分类。

注意，存在估计值和真实概率值之间的关系不是单调的情形。然而，不要使用更复杂的校准方法或使用不假设单调性的基于离散化的校准，这或许应该视为将使用的类概率估计方法不足以应付待处理问题的一种指示。

7.8 补充读物

属性选择即术语*特征选择*（feature selection）已经在模式识别领域中探索了几十年。例如，反向删除是在20世纪60年代初引入的（Marill 和 Green，1963）。Kittler(1978) 对用于模式识别的属性选择算法进行了考察。最佳优先搜索和遗传算法是标准的人工智能技术（Winston，1992；Goldberg，1989）。

添加新属性会使决策树学习器性能变差的实验结果是由 John 在1997年报告的，他对属性选择进行了适当的解释。找到能独特地划分实例的最小属性集的思想方法是由 Almuallin和 Dietterich(1991，1992) 提出的，并在1996年由 Liu 和 Setiono 进一步发展。Kibler 和 Aha(1987) 以及 Cardie(1993) 都研究了用决策树算法来为最近邻学习确定属性；Holmes 和 Nevill-Manning(1995) 使用1R将属性排序用于选择。Kira 和 Rendell(1992) 使用基于实例的方法来选择属性，产生一种称为*递归消除属性*（Recursive Elilination of Feature，RELIEF）的方法。Gilad-Bachrach 等人在2004年展示了如何修改此方法来更好处理冗余属性。基于关联的属性选择方法是由 Hall 在 2000 年提出的。

使用包装的方法进行属性选择要归功于 John 等（1994）以及 Kohavi 和 John(1997)。Vafaie 和 DeJong(1992）以及 Cherkauer 和 Shavlik(1996）将遗传算法应用于包装结构中。
346 选择性朴素贝叶斯学习方法应归功于 Langley 和 Sage(1994)。Guyon 等（2002）展现并评估了递归属性消除方法与支持向量机相结合的方案。竞赛搜索法是由 Moore 和 Lee(1994 年）开发的。Gütlein 等（2009）研究了如何使用简单的基于排序的方法加速多属性数据集的具体方案相关的选择（scheme-specific selection)。

Dougherty 等（1995）简单叙述了有监督和无监督的离散化，并将实验结果与基于熵的等宽装箱和 1 规则（1R）方法进行了比较。Frank 和 Witten(1999）描述了使用离散排序信息的效果。用于朴素贝叶斯的 k 区间离散是由 Yang 和 Webb(2001）提出的。基于熵的离散化方法，包括 MDL 的停止条件，是由 Fayyad 和 Irani(1993）开发的。使用 χ^2 检验的由下向上的统计方法应归功于 Kerber(1992)，Liu 和 Setiono(1997）介绍了由此方法扩展而得到的一种自动判定重要性水准的方法。Fulton 等（1995）探索了将动态规划应用于离散化，并得到一个不纯函数的二次时间边界（例如，熵）和一个基于误差离散化的线性边界。用来说明基于误差离散化弱点的例子是根据 Kohavi 和 Sahami(1996）改写的，是他们首先清楚地发现了这个现象。

主成分分析法是一种标准技术，大多数统计教科书中都有介绍。Fradkin 和 Madigan(2003）分析了随机投影的性能。偏最小二乘回归算法是由 Hastie 等提出的（2009)。Witten 等（1999）介绍了 TF × IDF 度量。

使用 C4.5 过滤训练数据的实验是由 John(1995）展示的。Brodley 和 Friedl(1996）研究了一个更为保守的方法，使用多个学习算法生成一个一致的过滤器。Rousseeuw 和 Leroy(1987）介绍了统计回归中的离群点检测，包括最小中值二乘法；它们还展示了图 7-6 的电话数据。Quinlan(1986）发现，消除训练实例属性上的噪声会降低分类器对相似噪声测试实例的性能，特别是噪声较大时。

Barnett 和 Lewis(1994）解决了在统计数据中一般性的离群点问题，Pearson(2005）阐述了为目标数据拟合分布的统计方法。Schölkopf 等（2000）描述了支持向量机用于离群点检测，Abe 等（2006）使用人工数据作为第二个类。将结合密度估计和使用人工数据的类概率估计建议为无监督学习的通用方法是由 Hastie 等（2009）提出的，Hempstalk 等(2008）在一分类问题的背景中也阐述了这个方法。Hempstalk 和 Frank(2008）讨论了一分类和多分类问题的公平比较，当训练时有多个类存在以及在预测时需要排除一个全新的类。

Vitter(1985）研究了蓄水池抽样法，他所说的这种方法我们称为算法 R。它的计算复杂度是 $O(N)$，N 是数据流中的实例数，因为必须为每个实例生成一个随机数，用于决定
347 是否以及何处替换样本池中的实例。Vitter 提出了一些改进算法 R 的算法，通过减少生成样本所必需的随机数的数量来实现。

Rifkin 和 Klautau(2004）演示了只要设置合适的参数，一对多方法用于多分类问题可以工作得很好。Friedman(1996）阐述了成对分类技术，Fürnkranz(2002）更深入地分析了这种方法，Hastie 和 Tibshirani(2003）通过使用成对耦合将其扩展应用于估计概率。Fürnkranz(2003）将成对分类法定义为集成学习的一种技术。在 Dietterich 和 Bakiri 的论文之后，将误差校正输出编码用于分类得到了广泛的接受；Ricci 和 Aha(1998）演示了如何

使用那些编码于最近邻分类。Frank 和 Kramer(2004) 为多分类问题引入了集成嵌套二分类法。Dong 等 (2005) 考虑平衡的嵌套二分类而不是无限制的随机层次结构去减少训练时间。

校准类概率估计方法的重要性现在已被广泛认可。Zadrozny 和 Elkan(2002) 将 PAV 方法和 Logistic 回归用于校准，同时研究了如何处理多分类问题。Niculescu-Mizil 和 Caruana(2005) 结合一大批基础的类估计器，对比了 Logistic 回归的变体和基于 PAV 的方法，发现后者适合于足够大量的校准集。他们还发现，多层感知机和装袋决策树产生了精确校准的概率且不需要额外的校准步骤。Stout(2008) 基于最小化平方误差提出了一种用于保序回归的线性时间算法。

7.9 Weka 实现

属性选择 (见 11.8 节、表 11-9 和表 11-10):

- CfsSubsetEval(基于相关性的属性子集估计器)。
- ConsistencySubsetEval(对给定属性集度量类一致性)。
- ClassifierSubsetEval(使用分类器估计属性子集)。
- SVMAttributeEval(根据支持向量机所学习的系数大小对属性排序)。
- ReliefF(基于实例的属性排序法)。
- WrapperSubsetEval(使用分类器加上交叉验证)。
- GreedyStepwise(正向选择和反向删除搜索)。
- LinearForwardSelection(在搜索的每一步带属性选择滑动窗口的正向选择)。
- BestFirst(使用回溯贪心爬山法的搜索方法)。
- RaceSearch(使用竞赛搜索方法)。
- Ranker(根据其评估值排序单个属性)。 348

学习决策表，DecisionTable(见 11.4 节和表 11-5)。

离散化 (见 11.3 节):

- Discretize，在表 11-1 中 (为无监督离散化提供多种选择)。
- PKIDiscretize，在表 11-1 中 (成比例的 k 区间离散化)。
- Discretize，在表 11-3 中 (为有监督离散化提供多种选择)。

其他数据转换操作 (见 11.3 节):

- PrincipalComponents 和 RandomProjection，在表 11-1 中 (主成分分析和随机投影)。
- 表 11-1 中的操作包括算术运算；时间序列运算；模糊处理；生成集群成员值；添加噪声；在数值型、二元、名目属性之间的多种转换；以及多种数据清理操作。
- 表 11-2 中的操作包括重采样和蓄水池采样。
- 表 11-3 中的操作包括偏最小二乘转换。
- MultiClassClassifier(见表 11-6；包含多种使用二分类分类器处理多分类问题的方法，包含误差校正输出编码)。
- END(见表 11-6；集成嵌套二分类法)。

集成学习

已经学习了如何调整输入和校准输出，现在转向将数据中学到的不同模型相结合的技术。将会有一些惊喜等着你。将训练数据分成多个不同的训练集，在每一个训练数据集上学习一种模型，然后将各个模型组合产生一个学习模型集群，这样的方法通常更有优势。的确，做到这些的技术可以非常强大。譬如，它可以将一种相对弱的学习方案转变成一个极强的学习方案（本书稍后将会解释其准确的意义）。应用集成学习的一个缺点是缺乏可解释性，但是，在这些方法所学习的内容基础上，仍然有办法获得其可理解的结构化描述。最后，如果存在多种学习方案可用，不是选择针对数据集性能最好的那个方案（使用交叉验证检验），而是每种方案都用，然后将其所得的结果组合起来。

许多这样的结果都相当有悖常理，至少乍一眼看是这样的。如何让多种不同的模型一起使用变成一个好方法？如何让其比选择性能最好的某一方案表现更好？当然，所有的这些都与提倡简单的奥卡姆剃刀原理背道而驰。如何能够通过组合性能一般的模型来获得一流的性能呢，就像是这些技术之一所做到的那样？但是考虑到群体的力量，通常能比单个专家提出更明智的决定。回顾伊壁鸠鲁（Epicurus）的观点，在面对多种可选择解释时，应当保留所有的解释。设想有一组专家，每位专家尽管不能精通所有领域，但在各自有限的领域里都很有建树。为帮助理解这些方法如何工作，研究人员揭示了其各种联系和连接，并已得到了更大的改进。

8.1 组合多种模型

明智的人在做出某个关键决策时，通常要考虑多个专家的意见而不是只依赖于自己的
351 判断或依赖于某个唯一被信任的顾问。例如，在选择一个重要的新政策方向之前，一个好的独裁者会广泛地征询意见，盲目地听从一个专家的意见是不明智的。在民主的条件下，对不同的观点进行讨论也许可以达成一致意见，如果不能还可以进行投票。不管采用哪种方法，不同专家的意见被组合在一起。

在数据挖掘中，由机器学习产生的一个模型可以被看做是一个专家。用专家这个词也许过于强烈了！这取决于训练数据的数量和质量以及学习算法是否适合于手头的问题，这个专家也许很令人遗憾、很无知，但不管怎样，我们还是先用这个术语。很明显，能使所做出的决策更为可靠的方法就是将不同的输出模型组合起来。有些机器学习技术是通过学习集成模型将它们组合应用来实现，其中最主要的方法有装袋（bagging）、提升（boosting）和堆栈（stacking）。在大多数情形下，与单个模型相比较，它们都能使预测性能有所提高，并且是可用于数值预测和分类预测的通用技术。

装袋、提升和堆栈是最近一二十年发展起来的，它们的性能常常出人意料地好。机器学习研究人员曾努力分析其中的原因。在这个努力过程中，又有新方法出现，有时能带来更好的结果。例如，人类的委员会（制度）很少能从噪声干扰中获益，与此相反，添加随

机的分类器变体重新组合后的装袋法却能获得性能的提高。更进一步的研究分析发现提升法也许是这三者中最好的方法，它与统计技术的叠加模型非常相关，对这一点的认识也导致了改进的程序。

这些组合模型都有难以分析这个弊端：它们可以由许多甚至是几百个单个模型组成，虽然性能不错，但这些决策的改善归功于哪些因素并不容易了解。近几年，发展了一些方法将委员会的益处和易理解的模型融合在一起。有些是产生标准的决策树模型，另一些是产生能提供可选路径的决策树新变体。

8.2 装袋

组合不同模型的决策意味着由不同的输出结果合并产生一个预测结果。对于分类问题，最简单的方法就是进行投票（也许是带有权值的投票）；对于数值预测问题，就是计算平均值（也许是带有权值的平均值）。装袋法和提升法都采纳这种方式，但它们用不同方法得到各自的模型。在装袋法中，模型都有相同的权值；而在提升法中，给较成功的模型加权是用于提高其影响力，就像执行主管对于不同专家的建议依据他们过去预测的准确性给予不同的权值一样。 352

为了介绍装袋法，假设从问题领域中随机选择几个相同大小的训练数据集。想象使用某种特定的机器学习技术来为每个数据集建立决策树。你也许期望这些树在实际中是一样的，对于每个新的实例会做出同样的预测。令人惊讶的是，这个设想是相当错误的，特别是当训练数据集相当小时。这是个令人烦扰的事实，在整个计划上投下了阴影！原因是决策树归纳法（至少，第4章中所描述的标准的从上而下的方法）是一个不稳定的过程：训练数据的稍许变化容易导致在某个结点处选择不同的属性，使这个结点下面的分支结构出现明显的差异。这意味着对于某些测试实例，部分决策树能产生正确的预测，部分却不能。

回到前面的专家比喻，将每个专家想象为单个的决策树。我们可以通过让它们对每个测试实例投票来组合这些树。如果一个类收到了比其他类更多的投票，它就被当做是正确的类别。一般地，投票数越多越好：考虑越多的投票，由投票所决定的预测就越可靠。如果有新的训练数据被发现，则用它们创建树并让预测结果参与投票，决策结果很少会变差。特别是，组合分类器的准确率很少比由单个数据集建立的决策树的准确率差（然而，并不能确保改善，从理论上可以看到组合决策变得更差的情形也有可能存在）。

8.2.1 偏差-方差分解

组合多种假设的效果可以用一种称为*偏差-方差分解*（bias-variance decomposition）的理论来考察。假设我们有无数个相同大小的独立训练集，用它们来生成无数个分类器。用所有的分类器对一个测试实例进行处理，由多数投票来决定答案。在这个理想的情况下，还是会出现错误，因为没有一种学习方案是完美的、误差率是由机器学习方法与手头问题的适配程度所决定的，而且总是存在噪声数据的影响，这也是不可能学习到的。

假设预期的误差率是用组合分类器在无数个独立测试实例上的平均误差评估出来的。某个具体学习算法的误差率称为学习算法对于这个学习问题的*偏差*（bias），是学习方法与问题适配程度的一种度量（在偏差术语中包含了“噪声”成分，是因为在实际问题中353 它通常是未知的）。这个技术定义是对1.5节中所介绍的偏差这个模糊的术语进行量化的一种方法，它衡量了一种学习算法的“永久性”误差，这个误差即使考虑无数个训练集也是无法消除的。当然在实际运用中不可能精确计算，只能大致估算。

在实际中，学习模型的第二个误差来源是所使用的具体的训练集，它是有限的，因此不能完全代表真实的实例集。这个误差部分的期望值来源于所有给定大小的可能训练集以及所有可能的测试集，称为学习方法对于这个问题的*方差*（variance）。一个分类器的总期望误差是由偏差和方差这两部分之和构成的：这就是*偏差-方差分解*（bias-variance decomposition）。

注意此处忽略了具体细节。偏差-方差分解在基于平方误差的数值预测内容部分已经介绍过，并有一种被广泛接受的方法。然而，对于分类来说，情况并不清楚，研究人员已经提出了多个相互矛盾的分解方法。不管用于分析误差的具体分解方法，以这种方式组合多个分类器通常能够通过减少方差分量来降低期望误差值。包含的分类器越多，方差减少量就越大。当然，在将这种投票方案用于实际时，困难出现了：通常只有一个训练集，要获得更多的数据要么不可能，要么代价太大。

装袋法试图使用一个给定的训练集模拟上述过程来缓解学习方法的不稳定性。删除部分实例并复制其他的实例来改变原始训练数据，而不是每次抽样一个新的、独立的训练数据集。从原始数据集中随机有放回地抽样，产生一个新的相同大小的数据集，这个抽样过程不可避免地出现一些重复实例，删除另一些实例。如果觉得这个想法似曾相识，那是因为在5.4节描述自助法用于估计一个学习方法的推广误差时曾经介绍过。事实上，术语*装袋*代表的是*自助聚集*（bootstrap aggregating）。装袋法将学习方案，例如决策树，应用于每一个人工生成的数据集上，从中形成分类器并对预测类进行投票。图8-1对这个算法进行了概述。

模型生成

```
令n为训练数据的实例数量
对于t次循环中的每一次
    从训练数据中有放回采样n个实例
    学习算法应用于所采样本
    保存结果模型
```

分类

```
对于t个模型中的每一个：
    使用模型对实例进行分类预测
返回被预测次数最多的类
```

图8-1　装袋算法

装袋和先前所述理想化的过程之间的差别在于训练数据集形成的方法不同。装袋只是通过对原始数据集进行重新抽样来代替从领域中获得独立的数据集。重新抽样的数据集当然各不相同，但肯定不是独立的，因为它们都是基于同一个数据集产生的。然而，结果是装袋所产生的组合模型的性能经常比在原始训练数据集上产生的单个模型有明显的改善，而且没有明显变差的情形出现。

装袋法也可用于进行数值预测的学习方法，例如模型树。差别只是对各个预测结果（都是实数）计算平均值，而不是对结果进行投票。偏差-方差分解也适用于数值预测，分解对于新数据所做预测的均方误差的期望值。偏差定义为对所有模型进行平均时的期望均方误差，这些模型是在所有可能的、相同大小的训练数据集上所建立的。方差是单个模型的期望误差，这个模型是在某个具体的训练数据集上所建立的。从理论上可以看出，对建立在多个独立训练集上的模型求平均值总是可以减小均方误差的期望值（正如我们先前提到的，这种模拟结果对于分类来说，不是完全真实的）。

8.2.2　考虑成本的装袋

当学习方法不稳定时，即输入数据的微小变化能导致生成差别相当大的分类器，装袋可以提供最大的帮助。实际上，尽可能地使学习方法不稳定，增加集成分类器中的多样性，有助于提高分类器性能。例如，当对决策树使用装袋技术时，决策树已经是不稳定的，如果不对树进行剪枝，经常可以获得更好的性能，而这会使决策树变得不稳定。另一种改进可以通过改变分类预测组合的方法来获得。装袋原本是使用投票法，但如果模型可以输出概率估计而不只是简单的分类，那么凭直觉将这些概率取平均值来替代投票是有意义的。这样做不仅经常能稍许改善分类的性能，而且能使装袋的分类器产生一个概率估计，这通常会比单个模型所产生的结果更加精确。因此装袋的实现通常采用这种方法来组合预测。

在5.7节，我们展示了怎样通过最小化预测的期望成本使分类器对成本敏感。准确 354~355
的概率估计是必要的，因为要用它们来获取每个预测的期望成本。装袋是成本敏感分类的最佳选择，因为它能从决策树和其他一些功能强大但不稳定的分类器中产生非常精确的概率估计。但缺点是应用了装袋技术的分类器很难分析。

一种称为MetaCost的方法将装袋的预测优势和一个易理解的模型组合起来，适用于成本敏感的预测。它采用装袋技术建立一个集成分类器，用这个分类器对训练数据重新赋予标签，它根据装袋所获得的概率估计，赋予每个训练实例一个分类预测使期望成本最小化。MetaCost随后丢弃原先的类标签，从重新标记的数据中学习一个新的模型，比如一个剪枝的决策树。新模型自动考虑成本，因为已经含在类标签中！结果是一个成本敏感的分类器，可用于分析预测是如何获得的。

除了刚刚提到的成本敏感分类技术外，在5.7节中还描述了一种成本敏感的学习方法，它通过改变每个类在训练数据中的比例反映成本矩阵来学习一个成本敏感的分类器。MetaCost似乎比这种方法能获得更精确的结果，但它需要更多的计算。如果不需要得到一个易于理解的模型，MetaCost的后加工程序就是多余的：最好直接使用装袋后的分类器与最小预期成本法。

8.3　随机化

装袋法将随机性引入学习算法的输入中，产生一个不同的集成分类器，经常带来极好的效果。然而，还有其他应用随机化的方式来产生多样性。有些学习算法本身已带有一个内置的随机机构。例如，使用反向传播（BP）算法学习一个多层感知机时（如6.4节所述），初始的网络权值被设定为一个随机选择的小的数值。所学习的分类器依赖于这个随机数值，因为（根据这个值）算法会找到一个不同的误差函数的局部最小值。要使分类结果更加稳定的一种方法是使用不同的随机数多次重复学习过程，然后将多个分类器的预测结果通过投票或平均的方法组合起来。

几乎所有的学习方法都含有某种意义上的随机化。考虑一个算法要在每步贪心式地挑选最好的选择，如决策树学习器在每个结点要挑选最好的属性来进行分裂。可以通过在N个最好的选择中随机挑选一个来替代原先只能有单个胜者的策略，或者随机选择一个属性子集然后从中挑选出最好的属性，从而将算法实现随机化。当然，这里存在一个权衡问题：随机性越大，产生的学习器越具有差异性，而另一方面却更少利用数据（信息），可能会造成单个模型的正确率下降。最好的随机范围只能通过试验才能限定。

虽然装袋和随机化技术产生相似的结果，但要将它们组合起来有时是有好处的，因为
356 它们引入随机的方法不同，或许是互补型的。一个用于学习随机森林的流行算法在装袋的每一轮迭代中建立随机化的决策树，通常能带来出色的预测结果。

8.3.1　随机化与装袋

由于必须对学习算法进行修改，所以随机化比装袋法需要更多的工作量，但是这种技术随机化能适用于更多种不同类型的学习器。前面我们已经注意到，装袋法对于那些输出对输入发生微小变化不敏感的稳定学习算法是没有用处的。例如，在最近邻分类器上应用装袋技术就是毫无意义的，即使采用重新取样将训练数据打乱，它们的输出几乎没有什么改变。然而，随机化却仍然适用于稳定的学习器，秘诀在于所选用的随机化方式能在不牺牲太多性能的前提下使分类器具有多样性。最近邻分类器的预测取决于实例之间的距离，严重依赖于选择哪些属性来计算距离，因此最近邻分类器可通过使用不同的、随机挑选的属性子集来实现随机化。实际上，这种方法也称为*随机子空间*（random subspaces）方法，它用来构建一个分类器集群，被认为是学习随机森林的一种方法。对于装袋来说，学习算法是不需要任何修改的。当然，为在实例和属性两方面引入随机性，随机子空间可以结合装袋一起使用。

回到普通的装袋，其思想是利用学习算法的不稳定性，在分类器集群成员之间创造多样性，但获得多样性的程度少于其他的集成学习方法，如随机森林因其在学习算法中引入了随机性，或者如提升（在8.4节讨论）。这是因为自助法抽样是用类似于原始数据的分布获得训练数据集。因此，用装袋法学习的分类器是非常准确的，但是它们的低多样性可能削减集群的整体准确性。在学习算法中引入随机性增加了多样性，但牺牲了单个分类器的准确性。如果集群的成员可以同时保持多样性和单个分类的准确性，就可以使用较小的集群。当然，这样会有计算上的优势。

8.3.2　旋转森林

一种称为*旋转森林*（rotation forests）的集成学习方法可以同时实现多样性且准确的分类。它结合了随机子空间和装袋方法，利用主成分特征构建决策树集群。在每一次迭代中，输入属性被随机分为 k 个不相连的子集。在每个子集依次使用主成分分析，以便产生
357 子集中属性的线性组合，即对原始轴的旋转。k 个主成分用于计算派生属性的值，这些组成了每次迭代时树学习器的输入。因为每个子集的所有分量都保留着，所以有和原始属性数目相同的派生属性。如果在不同的迭代过程中使用了相同的特征子集，为避免产生相同的系数，主成分分析使用的实例是来自随机选择的类值所对应的数据子集（然而，树学习器输入的派生属性的值是由训练数据中所有实例计算得出的）。为了进一步提升多样性，在每一次迭代应用主成分转换之前，对数据使用自助法抽样。

实验表明旋转森林可以用更少的树得到与随机森林一样的性能。与装袋相比较，多样

性分析（用 Kappa 统计量度量，在 5.7 节中介绍过，可以用来检验分类器之间的一致性）与集群分类器成员之间误差表示了旋转森林的多样性的最小增量和误差减少量。不管怎样，这似乎可以理解为将集群作为整体对待获得了明显更好的性能。

8.4 提升

装袋法充分利用了学习算法内在的不稳定性。从直觉上看，只有当各个模型之间存在明显差异，并且每种模型都能正确处理一定合理比例的数据时，组合多种模型才能发挥作用。理想状况是这些模型对其他模型来说是一个补充，每个模型是这个领域中某一部分的专家，而其他模型在这部分的表现却不是很好，就像是决策者要寻觅那些技能和经验互补的顾问，而不是技能和经验互相重复的顾问。

提升方法利用明确地搜寻与另一个模型互补的模型这个思想来组合多种模型。首先，相似点是与装袋一样，提升利用投票（用于分类）或者取平均值（用于数值预测）来组合各个模型的输出。另外，也与装袋一样，它组合同一类型的模型，例如决策树。然而，提升是迭代的。在装袋中各个模型是单独建立的，而提升的每个新模型是受先前已建立模型的性能影响的。提升法鼓励新模型成为处理先前模型所不能正确分类的实例的专家。最后一个不同点是，提升根据模型的性能来对每个模型的贡献加权，而不是赋予每个模型相同的权值。

8.4.1 AdaBoost 算法

提升存在许多不同的实现方法。这里描述一种广泛应用的、专门用于分类的称为 AdaBoost.M1 的方法。像装袋技术一样，它适用于任何的分类学习算法。为了使问题简单化，假设学习算法可以处理带有权值的实例，实例的权值为正数（后面我们还会来看这个假设）。实例权值的出现改变了分类误差的计算方法，此处误差等于错误分类实例的权值总和除以所有实例的权值总和，替代了原来错误分类实例的比例。通过实例加权，学习算法可以将精力集中在特定的实例集上，即那些权值较高的实例。这些实例特别重要，因为存在较大的动力要对它们正确分类。6.1 节中讲述的 C4.5 算法是无需修改就能适合加权实例的学习方法的一个样例，因为它已使用了分数实例的观念来处理缺失值。 358

图 8-2 总结了提升算法，首先赋予所有训练实例相同的权值，然后应用学习算法在这个数据集上生成一个分类器，再根据这个分类器的分类结果对每个实例重新加权。减小正确分类的实例权值，增加错误分类的实例权值。这产生了一组权值较低的“容易对付的”实例和另一组权值较高的“难以对付的”实例。在下一轮迭代以及所有以后的迭代中，分类器都是建立在重新加权的数据上，并且专注于对那些难以对付的实例进行正确分类。然后依据这个新分类器的分类结果增加或减小实例的权值。结果是部分较难对付的实例可能变得更难，部分较容易对付的实例可能变得更容易；另一方面，其他较难对付的实例可能变得较容易，较容易对付的实例可能变得较难对付了，在实践中各种可能都会发生。在每一轮迭代后，权值反映出目前所生成的分类器对实例的错误分类有多频繁。通过对每个实例“难度”的衡量，这个程序提供了一种巧妙的方法来生成一系列互补型的专家。

```
模型生成

赋予每个训练实例相同的权值
t次循环中的每一次:
    学习算法应用于加了权的数据集上并保存结果模型
    计算模型在加了权的数据集上的误差e并保存这个误差
    如果e等于0或者e大于等于0.5:
        终止建模型
    对于数据集中的每个实例:
        如果模型将实例正确分类:
            将实例的权值乘以e/(1-e)
    将所有的实例权值进行规范化

分类

赋予所有类权值为0
对于t(或小于t)模型中的每一个:
    给模型所预测的类加权-log e/(1-e)
返回权值最高的类
```

图 8-2　提升算法

每次迭代后，权值应做多大的调整呢？这个答案依赖于当前分类器的总体误差。明确地说，如果 e 代表分类器在加权数据上的分类误差（在 0~1 之间），那么对于正确分类的实例，权值更新为

$$\text{weight} \leftarrow \text{weight} \times e/(1-e)$$

对于错误分类的实例，权值保持不变。当然，这并没有如前所述，增加被错误分类实例的权值。然而，在更新了所有实例的权值后，要重新进行规范化处理，使它们的权值总和与原来的相同。每个实例的权值都要除以新权值总和再乘以原来的权值总和。这样就自动增加了每个错误分类实例的权值，同时减小了每个正确分类实例的权值。

当加权的训练数据集上的误差大于或等于 0.5 时，提升程序将删除当前的分类器并不再继续进行循环。当误差率等于 0 时，也同样处理，因为这时所有实例的权值都为 0。

我们已经介绍了提升方法是如何生成一系列分类器的。为了做出一个预测，使用加权投票来组合它们的输出。要决定这些权值，注意那些在加权的训练数据上，即用于建立该分类器的数据，性能好的分类器（e 接近于 0）应当获得一个高的权值，而性能差的分类器（e 接近于 0.5）则应获得一个较低的权值。AdaBoost.M1 算法使用：

$$\text{weight} = -\log\frac{e}{1-e}$$

这是一个在 0 ~ +∞ 之间的正数。顺便提一下，这个公式也解释了为什么在训练数据上性能完美的分类器要删除，因为当 e 为 0 时，权值无定义。为了做出预测，将投票给某个具体类的所有分类器的权值相加，选择相加总和最大的那个类别。

从开始我们就假设学习算法能够处理加权实例。在 6.6 节最后的局部加权线性回归部分中已解释了如何调整学习算法以便处理加权实例。也可以通过重新抽样，如装袋法中使用的技术，从加权的数据集中产生一个不考虑权值的数据集，从而不用调整学习算法。在

359~360 装袋法中，每个实例被选择的概率是相同的；而在提升法中，实例被选择的概率与它们各自的权值成正比。结果是权值高的实例重复的频率高，而权值低的实例可能永远不会被选

择。一旦新数据集与原始数据集的大小相同，就将新数据集传送给学习方法，而不使用加权的数据集。这是如此的简单。

这个程序的一个缺陷是有些权值低的实例不会被选入重新抽样的数据集中，因此造成在应用学习算法前，部分信息已丢失。然而，这也可以成为一种优点。当学习方法生成了一个误差大于0.5的分类器时，如果直接使用加权的实例，提升必须终止；而如果采用重新抽样的方法，可以丢弃目前重新抽样的数据集，使用不同的随机种子再次重新抽样，生成一个新的数据集，那么就有可能会生成一个误差小于0.5的分类器。有时，使用重新抽样的方法比原先采用加权方法的算法要进行更多次的提升迭代。

8.4.2 提升算法的威力

提升技术的想法起源于机器学习研究的*计算学习理论*（computational learning theory）这一分支。理论研究者对提升感兴趣，因为它可能得到性能保证。例如，可以看到随着迭代次数的增加，在训练数据上的组合分类器误差很快地向0靠拢（与迭代次数呈指数级的速度加快）。不幸的是，正如5.1节所述，在训练集上的误差保证并不十分令人感兴趣，因为这并不表示在新数据上会有好的性能。但从理论上看，只有当各个分类器对于所呈现的总体训练数据来说太过“复杂”，或者训练误差变得太大、太快时，提升技术才会在新数据上失败（Schapire等人1997年对此做了精确解释）。通常，问题在于要找到各个模型的复杂度和它们与数据的拟合度之间的恰当平衡点。

如果提升法在新的测试数据上能成功地减小误差，它常常是以一种惊人的方式进行。一个非常令人惊讶的发现是，当在训练数据上的组合分类器误差降到0后，持续进行更多次的提升迭代仍然能够在新数据上减小误差。研究者对这个结论感到吃惊，因为它似乎与奥卡姆剃刀原理相矛盾，奥卡姆剃刀原理宣称在两个能同样好地解释试验证据的假设中，简单的那个优先。进行更多次的提升迭代而不减少训练误差，这并没有对训练数据做出任何更好的解释，但肯定增加了分类器的复杂度。考虑分类器在所做预测上的置信度可以解决这个矛盾。更具体地说，这个置信度是根据真实类的估计概率和除了真实类以外最有可能的预测类的估计概率之间的差别——称为*边际*（margin）的量来度量的。这个边际越大，分类器能预测出真实类的置信度就越大。结论是提升法在训练误差降到0之后能增大这个边际。画出达到不同提升迭代次数时，所有的训练实例的累积边际分布，可以看到这个效果，这个图称为*边际曲线*（margin curve）。因此，如果考虑边际来解释试验证据，奥卡姆剃刀原理还是同样的有力。 361

提升算法的优势是：只要简单分类器在重新加权数据上的误差低于50%，提升算法可以基于这些非常简单的分类器产生出一个功能强大的集成分类器。通常，这个方法非常简单，特别是对于二分类学习问题！这些简单的学习方法称为*弱学习器*（weak learner），提升法将弱学习器转变为强学习器。例如，对于二类问题，将提升应用于只有一层的、非常简单的决策树，称为*决策桩*（decision stumps），可以获得好结果。另一种可能方法是将提升法应用于学习单个合取规则的算法，如决策树上的一条路径，实例的分类是依据这条规则是否覆盖了这些实例。当然，多类数据集误差率要达到低于0.5更困难些。提升技术也可以应用在决策树上，但通常比决策桩更加复杂。有些更为复杂的算法也已发展起来，它们能对非常简单的模型应用提升技术，在多类情形中获得成功。

与装袋技术相比较，应用提升技术经常能产生出在新数据上精度明显提高的分类器。但是与装袋不同的是，提升有时在实际情形中会失败，它会产生出一个分类器，性能明显差于在同样数据上建立的单个分类器。这表明集成分类器和数据过度拟合了。

8.5　累加回归

关于提升的研究一开始就激起了研究者强烈的兴趣，因为它能从表现一般的分类器中获得一流的性能。统计学家很快发现它可以重建成一个累加模型的贪心算法。累加模型在统计学领域有了相当长的历史。一般来说，该术语泛指任何将源于其他模型的贡献相加起来产生预测的方法。大多数用于累加模型的算法不是独立建立基本模型，而是要保证与另一个模型互补，并且要根据某些特定的标准来形成优化预测性能的集成模型。

提升实现了*前向逐步累加模型*（forward stagewise additive modeling）。这类算法从一个空的集成模型开始，相继合并新成员。在每个阶段，加入能使总集成模型预测性能达到最好的模型，而不改变已经包括在合成模型中的成员。对集成模型的性能优化意味着下一个模型要专注于那些在集成模型上性能较差的训练实例。这正是提升所做的，即赋予这些实例更大的权值。

8.5.1　数值预测

这里介绍一个众所周知的、用于数值预测的前向逐步累加模型方法。首先建立一个标
362
准的回归模型，如一个回归树。在训练数据上的误差（即在预测值和观测值之间的差别），称为*残差*（residual）。然后学习第二个模型来纠正这些误差，也许用另一个回归树预测观测残差。为了达到这个目的，在学习第二个模型之前用它们的残差来代替原始的类值。将第二个模型所做出的预测叠加到第一个预测上自动降低在训练数据上的误差。通常某些残差仍然存在，因为第二个模型也不是完美的，因此继续建立第三个模型来学习预测残差的残差，以此类推。这个程序令人回想起在3.4节中所讨论的用于分类的、带有例外的规则。

如果单个模型能使预测的平方误差达到最小值，如线性回归模型那样，那么这个算法总体上能使整个集成分类器的平方误差达到最小值。在实践中，基本学习器使用一种启发式近似的方法效果也不错，如用6.6节中介绍的回归和模型树学习器。实际上，在累加回归中使用标准的线性回归作为基本学习器是毫无意义的，因为线性回归模型的总和还是一个线性回归模型，并且回归算法本身就能使平方误差最小化。然而，如果基本学习器是一个基于单个属性的、使平方误差最小化的回归模型，情况就不同了。统计学家称它为*简单线性回归*（simplelinear regression），而标准的多属性方法叫做*多元线性回归*（multiplelinear regression）。事实上，联合使用累加回归和简单线性回归，并且重复迭代直到集成分类器的平方误差不再降低，就会产生一个累加模型，与最小二乘多元线性回归函数是相同的。

前向逐步累加回归有过度拟合的倾向，因为累加的每个模型越来越与训练数据拟合。使用交叉验证法来决定何时停止。例如，对不同迭代次数进行交叉验证，次数的上限为用户指定的某个最大值，选择能使平方误差的交叉验证估计达到最小值的那个。这是一个好的停止标准，因为交叉验证产生了一个对未来数据相当可靠的误差估计。另外，使用上述方法并联合使用简单线性回归作为基本学习器，能有效地将多元线性回归和内置的属

性选择组合起来。因为如果要降低交叉验证误差，它只能包含下一个最为重要的属性。

为了实现方便，前向逐步累加回归通常从简单预测训练数据平均类值的0层模型开始，从而使每个后继模型与残差拟合。这也暗示了防止过度拟合的另一种可能：不要减去模型的整个预测值以产生下一个模型的目标值，而是在减法之前先将预测值乘以某个用户指定的在0~1之间的常量来减小预测值。这降低了模型对残差的拟合，从而减少过度拟合的机会。当然，这也可能增加要获得一个好的累加模型所需的迭代次数。减小乘数能有效地衰减学习过程，增加在恰当时刻停止的机会，但也增加了运行时间。 363

8.5.2 累加 Logistic 回归

累加回归也与线性回归一样可以应用于分类问题。然而从4.6节中了解到，对于分类问题 Logistic 回归优于线性回归。通过修改前向逐步累加模型方法来对累加模型进行类似的调整，就可进行*累加 Logistic 回归*（additive Logistic regression）。与4.6节中一样，利用对数转换将概率估计问题转换为一个回归问题，并像对待累加回归那样使用一个集成模型（如回归树）来完成回归任务。在每个阶段，给定集成分类器添加能使数据的概率达到最大值的模型。

假设f_j是集成分类器中的第j个回归模型，$f_j(\boldsymbol{a})$是这个模型对实例$\boldsymbol{a}$的预测。假设有一个二类问题，要使用累加模型$\sum f_j(\boldsymbol{a})$来获得第一个类别的概率估计：

$$p(1\mid\boldsymbol{a})=\frac{1}{1+e^{-\sum f_j(\boldsymbol{a})}}$$

这和4.6节所用的表达式非常类似，这里使用了缩写，用向量来表示实例$\boldsymbol{a}$，并且将原来的加权属性值总和替换为任意复杂的回归模型f的总和。

图8-3展示了二分类问题的 LogitBoost 算法，它进行累加 Logistic 回归并产生单个模型f_j。这里对于属于第一个类别的实例，y_i为1；对于属于第二类别的实例，y_i为0。在每次迭代中，这个算法要使回归模型f_j拟合原始数据集的加权版本，这个加权版本基于假设的类值z_i和权值w_i。我们假设$p(1\mid\boldsymbol{a})$是根据前一次迭代所建立的f_j计算出来的。

模型生成

```
对于j=1至t次循环:
  对于每个实例a[i]:
    将回归的目标值设定为
            z[i]=(y[i]-p(1|a[i]))/[p(1|a[i])×(1-p(1|a[i]))]
    将实例a[i]的权值w[i]设定为
            p(1|a[i])×(1-p(1|a[i]))
  使回归模型f[j]与类值为z[i]、权值为w[i]的数据相拟合
```

分类

```
如果p(1| a)>0.5，预测结果为第一类别，否则为第二类别
```

图8-3 累加 Logistic 回归算法

这个算法的推导过程超过本书的讨论范围，但是可以看出，如果每个模型f_j是由相应

的回归问题的最小平方误差所决定的，那么这个算法是依据合成模型使数据概率最大化。实际上，如果用多元线性回归来形成f_j，算法会在最大似然线性 Logistic 回归模型处收敛：它是4.6节中所述的迭代重新加权的最小二乘法的另一种形式。

从表面上看，LogitBoost 和 AdaBoost 差别相当大，但是它们所形成的预测器的主要差别是前者直接优化似然；而后者优化一个指数的损失函数，这个函数可以看成是似然的近似值。从实践角度来看，差别是 LogitBoost 使用了回归方法作为基本学习器，而 AdaBoost 与分类算法一起使用。

我们只讲述了用于二类问题的 LogitBoost 方法，然而这个算法还可以推广到解决多类问题。与累加回归一样，可以用一个预先设定的乘数来减小单个模型f_j的预测值，并且利用交叉验证来决定一个适当的迭代次数，从而降低过度拟合的危险。

8.6　可解释的集成器

装袋、提升以及随机化都生成集成分类器。很难分析何种信息从数据中被提取出来。如能生成具有相同预测性能的单个模型将是很合人意的。一种可能是生成一个人工数据集，它通过从实例空间随机采样数据点并根据集成分类器的预测来赋予它们类表签，然后从这个新数据集上学习一个决策树或规则集。为了能从决策树中获得与集成分类器相似的预测性能，可能需要一个大型的数据集，但是起码这个策略要能够复制集成分类器的性能，假如集成分类器本身包含决策树，那么它肯定能做到。

8.6.1　选择树

另一种方法是取得能简洁地代表一个集成分类器的单个结构。如果集成分类器是由决
364~365 策树组成，这就能实现，它的结果称为*选择树*（option tree）。选择树与决策树的不同之处在于它们包含两种类型的结点：决策结点和选择结点。图8-4展示了天气数据的一个简单例子，它只带有一个选择结点。为了对一个实例进行分类，将其随树向下过滤。在决策结点和平常一样只选择一个分支，但是在选择结点则选择所有的分支。这意味着实例最终以一个以上的叶子结点而告终，必须从这些叶子结点所获的分类结果中组合出一个总体分类结果。这可以简单地通过投票法来完成，将在选择结点获得多数投票的类作为该结点的预测值。在这种情况下，只含两种选择项的选择结点（见图8-4）没有多大意义，因为只有在两个分支都一致时才会产生一个多数投票类。另一种可能方法是对从不同路径上所获得的概率估计取平均值，可以使用不加权的平均或者更为复杂的贝叶斯方法。

如果根据信息增益，现存的决策树中存在多处效果相似的分裂，就可以通过修改现存的决策树学习器来创建一个选择结点，生成一棵选择树。所有在某个用户指定的最好选项容许范围内的选项均可放入选择项中。在剪枝时，选择结点的误差是它选项的平均误差。

另一种可能的方法是通过递增地增加结点来扩展一棵选择树。通常采用提升算法，结果树通常称为*交替式决策树*（alternating decision tree）而不是选择树。这时决策结点称为*分裂结点*（splitter nodes），选择结点称为*预测结点*（prediction nodes）。如果没有分裂结点增加进来，预测结点就是叶子结点。标准的交替式决策树能应用于二类问题，每个预测结点与一个
366 正的或负的数值相关联。要获得对一个实例的预测，将其沿树向下过滤所有可适用的分支，并将沿途遇到的所有预测结点的值求和，依据总和是正数还是负数来预测是哪个类别。

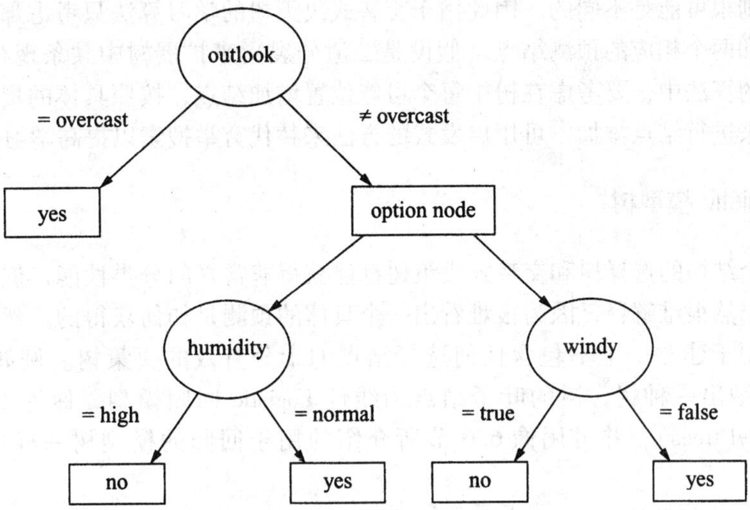

图 8-4 天气数据的简单选择树

图 8-5 展示了一个简单的关于天气数据的样本树，图中正数对应于类 play = no，负数对应于类 play = yes。要对 outlook = sunny、temperature = hot、humidity = normal、windy = false 这个实例进行分类，将其沿树向下朝着相应的叶子结点过滤，获得值 -0.255、0.213、-0.430 以及 -0.331。这些值的总和是负的，因此预测 play = yes。正如此例所示，交替式决策树总是在树根有一个预测结点。

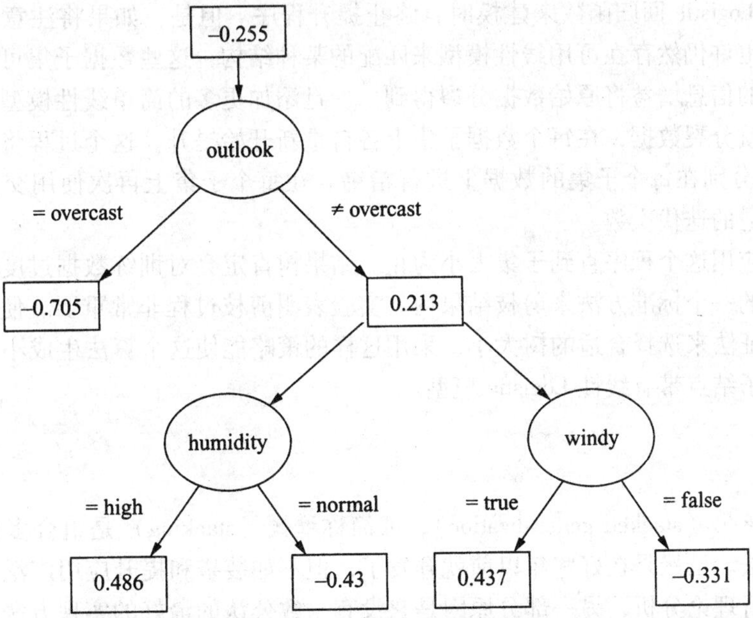

图 8-5 天气数据的交替式决策树

交替式树应用提升算法来进行扩展，例如，采用先前所述的 LogitBoost 方法作为基本学习器用于数值预测的提升算法。假设基本学习器在每次提升迭代中产生一个联合规则。 367
那么简单地将每条规则加入到树中就能形成一个交替式决策树。与每个预测结点相关联的数值评分是从规则中获得的。但是，结果树可能很快就变得很大，因为从不同的提升迭代中所得的规则很可能是不同的。因此用于交替式决策树的学习算法只考虑那些通过增加一个分裂结点和两个相应的预测结点（假设是二值分裂）来扩展树中某条现存路径的规则。在标准版本的算法中，要考虑在树中每个可能位置增加结点，按照具体的提升算法所决定的性能度量来进行结点添加。可用启发式的方法来替代穷举搜索以提高学习过程的速度。

8.6.2　Logistic 模型树

基于单个结构的选择树和交替式决策树都能获得非常好的分类性能，但是当含有许多选择结点时仍然很难解释，因为很难看出一个具体的预测是如何获得的。然而，人们发现提升也可以用于建立一个不包含任何选择结点的十分有效的决策树。例如，应用 LogitBoost 算法归纳出一种树，树的叶子结点为线性 Logistic 回归模型，称为 Logistic 模型树（Logistic model trees），并可用像 6.6 节所介绍的用于回归的模型树一样的方法来进行解释。

LogitBoost 执行累加 Logistic 回归。假设在提升算法的每次迭代中要找到一个合适的简单回归函数，它考虑所有属性，找出误差率最小的简单回归函数，并将其加入到累加模型中。如果让 LogitBoost 算法持续运行直至收敛，结果得到的是一个最大似然多元 Logistic 回归模型。然而，为了优化它在未来数据上的性能，通常没有必要等到收敛，这样做经常是有害无益的。可以对给定的迭代次数使用交叉验证估计期望性能，当性能指标停止上升时则停止程序，这样可以决定提升的大概迭代次数。

这个算法的一个简单扩展就可得到 Logistic 模型树。当数据中不再存在任何结构可以用一个线性 Logistic 回归函数来建模时，终止提升程序。但是，如果将注意力限定在数据的子集上，也许仍然存在可用线性模型来匹配的某种结构，这些数据子集可以通过标准决策树等使用的信息增益将原始数据分裂得到。一旦添加更多的简单线性模型也不再能获得性能提高，就分裂数据，在每个数据子集上各自重新开始提升。这个过程将目前所生成的 Logistic 模型分别在每个子集的数据上进行精练。在每个子集上再次使用交叉验证决定在该子集上合适的迭代次数。

递归地应用这个程序直到子集太小为止。结果树肯定会对训练数据过度拟合，可以用
368 决策树学习的一个标准方法来剪枝结果树。实验表明剪枝过程非常重要。使用 6.1 节中讨论的交叉验证法来选择合适的树大小，采用这样的策略能使这个算法生成小但非常精确的树，树的叶子结点带有线性 Logistic 模型。

8.7　堆栈

堆栈式泛化（stacked generalization），或简称堆栈（stacking）是组合多种模型的另一种不同的方法。虽然是在好些年以前就开发了，但不如装袋和提升应用广泛，一部分原因是它难以进行理论分析，另一部分原因是它没有一致公认的最好的实现方法——它的基本思想可以应用于许多不同的变体中。

与装袋和提升不同，堆栈法通常不用于组合同种类型的模型，如一系列的决策树。相反它应用于由不同学习算法所创建的模型。假设有一个决策树归纳器、一个朴素贝叶斯学习器和一个基于实例的学习方法，要用某个给定的数据集形成一个分类器。通常的程序是使用交叉验证法估计每个算法的期望误差，然后从中选择一个最好的模型用于在未来的数

据上做预测。难道没有更好的方法吗？现有三个学习算法，难道不能利用三个（模型）来预测，然后将输出结果组合起来吗？

一种组合输出的方法是使用投票，就像装袋中所使用的机制一样。但是，如果学习方案性能差不多好，（不加权的）投票才有意义。如果三个分类器中有两个所做的预测是不正确的，就会有麻烦！然而，堆栈引入了代替投票程序的*元学习器*（meta-learner）概念。投票的问题在于不清楚应该相信哪个分类器。堆栈试图去学习哪些分类器是可靠的，它使用另一种学习算法，即元学习器，来揭示怎样才能最好地组合基本学习器的输出。

元模型的输入也称为*1层模型*（level-1 model），是基本模型（或称为*0层模型*（level-0 model））所做出的预测。1层实例所含的属性数量等于0层学习器的个数，属性值是这些学习器对相应的0层实例所做出的预测。当使用堆栈学习器进行分类时，首先将实例输入0层模型中，每个模型猜测一个类值。将这些猜测值输入1层模型，1层模型将它们组合输出最终的预测。

还存在训练1层学习器的问题。需要找到能将0层训练数据（用于训练0层学习器）转换为1层训练数据（用于训练1层学习器）的方法。这似乎很简单，让每个0层模型对训练实例进行分类，将实例的真实类别附加到它们的预测结果上得到1层的训练实例。不幸的是，效果不怎么好。它允许学习这样的规则，如*总是相信分类器A的输出却忽略B以及C的输出*。这个规则也许对于某些特定的基本分类器A、B和C是适合的，如果真是这样，或许就会被学习到。但是，只是似乎适合训练数据并不意味着在测试数据上会好，因为这不可避免地会更倾向于对训练数据过度拟合的分类器，而不是那些能够做出与实际更相符决策的分类器。 369

因此，堆栈不是简单地用这种方法将0层训练数据转换为1层训练数据。回顾第5章中所述的，有比使用训练集上的误差率更好的方法来估计分类器的性能。一种方法是旁置部分实例，并用它们进行独立的评估。将这个方法应用于堆栈，保存部分实例作为形成1层学习器的训练实例，用其余的实例来建立0层分类器。一旦建立了0层分类器，就用它们对旁置的实例进行分类，如先前所述那样形成1层训练数据。由于0层分类器没有用这些数据训练，所以对它们所做的预测是无偏的。因此，1层训练数据能精确反映0层学习算法的真实性能。一旦采用这种旁置过程生成了1层数据，就可再次应用0层学习器在整个训练数据上训练生成分类器，以更好地利用数据并获得更好的预测。

旁置法不可避免地剥夺了1层模型的部分训练数据。在第5章中介绍了交叉验证法作为在误差估计时避免这个问题出现的一种方法。这种方法也可以和堆栈一起联合使用，对每个0层学习器执行交叉验证。训练数据中的每个实例正好在某个交叉验证测试折中出现一次，并将由相应的训练折所建立的0层模型对其做出的预测用于生成1层训练实例。这为每个0层训练实例生成了一个1层训练实例。当然，由于0层分类器要在交叉验证的每个折上训练，因此速度较慢，但是它能让1层分类器使用整个训练数据。

对于某个给定的测试实例，大多数的学习方法能够输出每个类别的概率来代替只做类别预测。使用概率来生成1层数据能改进堆栈的性能。这与标准程序的区别只是在于每个1层的名目属性（表示0层学习器做出的预测类别）被多个数值属性所代替，每个属性代表由0层学习器所得到的一种类概率输出。换句话说，在1层数据中的属性数量是类别数目的倍数。这个过程有一个益处，1层学习器能了解每个0层学习器对它所做预测的置信度，从而加强两层面学习之间的交流。

还有一个重要的问题，1 层学习器适合使用什么样的算法呢？原则上，任何学习方案都可以用。但是，因为大多数工作已由 0 层学习器完成了，1 层分类器只是一个仲裁者，
370 所以选择一种相对简单的算法来达到此目的是有意义的。堆栈的发明者 David Wolpert 说过“相对全局化、平滑”的 1 层泛化器的效果会较好。简单的线性模型或在叶子结点带有线性模型的树通常表现较好。

堆栈也适用于数值预测。在这种情形下，0 层模型和 1 层模型都要预测数值。基本的机制还是一样的，差别只是在于 1 层数据的特性。在数值情况下，每个 1 层属性代表某个 0 层模型所做出的数值预测，数值型的目标值被附加在 1 层训练实例上来代替原来的类值。

8.8 补充读物

集成学习在机器学习研究领域是一个热门研究课题，已有很多相关的出版文献。术语装袋（即自助聚集）是由 Breiman(1996) 提出的，他从理论角度、试验角度对用于分类和数值预测的装袋特性都做了研究。

8.2 节中提到的用于分类问题的偏差 - 方差分解归功于 Dietterich 和 Kong(1995)。选择这个版本是因为它容易理解且优雅。然而，方差可以被证明为负，因为正如前面所提到的，通过投票从多个独立的训练数据得到聚集模型可能在病态情况下比从单个数据集中得到的模型实际增加了整体误差。这是一个严重的缺陷，因为方差通常是平方量级，即标准偏差的平方，因此不能为负。Breiman(1996) 在他的技术报告中提出了一种不同于以往的、用于分类的偏差 - 方差分解。这在学术界引起了一些混乱，因为可以在网上下载这个报告的三种不同的版本。官方版本，题为“Arcing classifiers”，介绍了一种更为复杂的分解，不能构造得到负的方差。但是，原始版本的标题为“Bias，variance，and arcing classifiers”沿用了 Dietterich 和 Kong 的公式（除此以外，Breiman 将术语偏差分解为偏差加上噪声）。还存在一种沿用原始标题的中间版本的新分解，这个版本的附录部分 Breiman 解释了他摒弃原始定义的原因是它可以产生负的方差（官方解释称，作者有时错误地参考了早期的、已经被取代的草稿，或者给最新的版本使用了早期的标题）。但是，在新版本里（和其他作者提出的分解里）聚合分类器的偏差可能超过由单个训练集建立的分类器的偏差，这似乎违反了直觉。

MetaCost 算法是由 Domingos(1999) 提出的。

随机子空间方法被认为是用于学习集成分类器的一种方法，由 Ho(1998) 提出，将其作为一种学习最近邻分集成类器的方法应用，是由 Bay(1999) 实现的。Dietterich(2000) 对随机化进行了评估，并将它与装袋和提升相比较。随机森林由 Breiman(2001) 提出。旋
371 转森林作为一种相对较新的集成学习方法由 Rodriguez 等（2006）提出。Kuncheva 和 Rodriguez(2007) 进行的后续研究表明，其性能的主要影响因素是主成分转换的使用（与其他特征提取方法，如随机投影，完全不同）和在原始的输入属性随机子空间上使用主成分分析。

Freund 和 Schapire(1996) 开发了 AdaBoost.M1 提升算法，并获得了这个算法性能的理论边界。随后，他们又应用边际的概念改进了这些边界（Freund 和 Schapire，1999）。Drucker(1997) 修改了 AdaBoost.M1 使其能用于数值预测。LogitBoost 算法是由 Friedman 等(2000) 开发的。Friedman(2001) 介绍了如何使提升在有噪声数据时更有弹性。

Domingos(1997)介绍了怎样利用人工训练实例从一个合成分类器中获得易于说明的单个模型。贝叶斯选择树是由 Buntine(1992)提出的，Kohavi 和 Kunz(1997)将多数投票法和选择树结合应用。Freund 和 Mason(1999)引入了交替式决策树；Holmes 等（2002）对多类交替式决策树进行了试验。Landwehr 等（2005）用 LogitBoost 算法开发了 Logistic 模型树。

堆栈式泛化是由 Wolpert(1992)发明的，他在神经网络文献中提出这个想法；Breiman(1996a)将其应用于数值预测。Ting 和 Witten(1997a)通过试验比较了不同的 1 层模型，结果发现使用简单的线性模型效果最好；他们还证明了利用概率作为 1 层数据的益处。他们还对堆栈和装袋的组合进行了探索（Ting 和 Witten，1997b)。

8.9 Weka 实现

在 Weka 平台中，集成学习通过使用“元学习器”的机制实现，在 11.2 节结尾部分有介绍。除了 RandomForest 分类器包含于 Weka 树包中（见 11.4 节和表 11-5）以及可解释的集成器在此处列出外，其他所有内容都包含在 11.5 节中，同时在表 11-6 中列出。

- 装袋：
  - Bagging(对一个分类器装袋；也可用于回归)。
  - MetaCost(使一个分类器成为成本敏感的)。
- 随机化：
  - RandomCommittee(使用不同随机数种子的集成器)。
  - RandomSubSpace(使用随机属性子集的集成器)。
  - RandomForest(随机树集成器)。
  - RotationForest(使用旋转随机子空间的集成器)。
  - 提升：AdaBoostM1。
- 累加回归：
  - AdditiveRegression。
  - LogitBoost(累加 Logistic 回归)。
- 可解释集成器：
  - ADTree(交替决策树)。
  - LADTree(使用 LogitBoost 学习交替决策树)。
  - LMT(Logistic 模型树)。
- 选择或组合算法：
  - MultiScheme(使用交叉验证做选择)。 372~373
  - Vote(预测值的简单组合)。
  - Stacking(学习如何组合预测值)。

继续：扩展和应用

机器学习是从数据中挖掘知识的一项新兴技术，许多人开始认真地审视这项技术。我们不想过度吹嘘，我们所了解的机器学习并非是用来干大事的，比如未来的自动机器仆佣、关于认知的哲学迷题、有关超自然的自由意志的话题、关于智慧从何而来的进化论或者关于神学的问题、语言学习方面的辩论、关于儿童成长方面的心理学理论，或者关于智能为何物、又是如何工作的认知解释等。机器学习在我们心目中要平凡得多，机器学习是能从数据中推断出结构的那些算法，以及验证这些结构的方法。这些算法既不深奥也不复杂，但它们也不是显而易见的，或者不重要的。

用发展的眼光来看，最大的挑战在于应用。机会俯拾皆是。哪里有数据，哪里就有可以学习的东西。当数据过多，人们自身的脑力无法承受时，学习的手段就必须是自动的。但是灵感是绝不可能“自动”产生的！应用不可能来自计算机程序，也不可能来自机器学习专家，或者数据本身，只能来自与数据和问题起源打交道的人。这正是我们编写本书，以及第三部分叙述的Weka系统的目的所在，让那些非机器学习专家的人们有能力将这些技术运用到日常工作中去解决问题。思想方法是简单的，算法就在这里，其余的就要看读者自己了！

当然，这项技术的发展还没有完成。机器学习是一项热门研究课题，新的思想和技术还在不断涌现。为了给读者提供一些有关研究前沿的范围和研究种类，我们来关注当今数据挖掘领域的一些热门课题，以此来结束本书的第二部分。

9.1 应用数据挖掘

2006年由国际数据挖掘会议（International Data Mining Conference）主办方做了一项推举前十位数据挖掘算法的民意调查。表9-1按顺序展示了调查结果。很高兴的是本书包含了所有的算法！会议主办方对这些算法做了粗糙的分类，同样在表中列出。大多数的分配都是相当随意的，如朴素贝叶斯，显然是一个统计学习算法，并且我们将EM作为基于统计的聚类算法。然而，同时也发现对分类的重视超过其他形式的学习，这也反映了本书的重点，表9-1中C4.5的主导地位即是最好的证据。在表9-1所列出的算法中，我们惊讶地发现有一种到目前为止还没有提到的算法，即用于链接挖掘的PageRank算法。在9.6节会有简单的介绍。

375

表9-1 数据挖掘前十大算法

	算法	类别	书中章节
1	C4.5	分类	4.3，6.2
2	*k* 均值	聚类	4.8
3	SVM	统计学习	6.4
4	Apriori	关联分析	4.5，6.3
5	EM	统计学习	6.8
6	PageRank	链接挖掘	9.6
7	Adaboost	集成学习	8.4
8	*k*NN	分类	4.7，6.5
9	Naïve Bayes	分类	4.2
10	CART	分类	6.1

注：这里的信息来自2006年国际数据挖掘会议的一项民意调查。

本书一再强调有效地利用数据挖掘不仅仅意味着找到一些数据然后盲目地在其上应用学习算法。当然，Weka工作平台的存在使得这些很容易做到，然而其中也存在隐患。很多的出版物似乎都遵循这样一个方法：作者在一个特定的数据集上运行大量的学习算法，然后写一篇文章宣称某学习算法最适合于解决某问题，而很少理解这些算法做的什么或者很少考虑统计学意义。这种研究的有效性是有问题的。

多年来都有报道的一类相关但不同的问题关注的是机器学习算法的改进。2006 年，一篇刺激性的标题为“Classifier technology and the illusion of progress”的论文，由 David Hand，著名的统计学家和机器学习研究者发表，指出有太多的算法专为有监督分类设计，并进行大量的对比研究确立了新算法相比先驱算法的优势地位。但是，他认为关于这些研究所出版的文献看似持续稳步地发展，而实际上存在很大程度上的虚构。这个消息让人想起大约 15 年前，本书第 4 章提到的 1R 机器学习方案。正如当时所指出的那样，1R 并未真正打算作为机器学习的“方法”而是被设计用于演示将高性能的归纳推理方法用于简单的数据集，就像是使用一个大锤来敲打一个小螺母一样。这种观点蕴含的就是遍布于本书的简单优先的法则，Hand 最近的文章就是有益的提示。

在度量分类成功与否时，结果表明有改善的情况下，怎么说进展在很大程度上是虚构的呢？基本的说法是，在实际应用中性能的差异是很小的，并且可能被其他不确定因素所掩盖。有很多原因导致这种情况。简单方法表现得可能不像复杂方法一样好，但通常也能表现得几乎一样好。一个极其简单的模型，如总是选择多数类，设置了一条基准线，任何学习算法都应该能够在基准线上有所改善。考虑简单方法所获得的超过基线的改善与复杂方法所获得的改善之间的比例。对于各种随机选择的数据集，结果表明一个非常简单方法所获得的改善是最复杂方案所获得改善的 90% 以上。这也并不奇怪。在标准的分类方法中，如决策树和规则，在程序流程开始时第一条分支或规则确定了之后，就预测准确度而言便获得了巨大比例的提高，而后续的提高很小，通常确实是非常小。

小的改善很容易被其他因素所掩盖。机器学习的一个基本假设是训练数据代表了会被选择的将来数据的分布情况，该假设通常是指数据是独立同分布的（IID）。但是在现实生活中情况会有变化。然而，训练数据通常是有可追溯性的，可能会相当的旧。考察 1.3 节中介绍的贷款场景。为了收集大批量的训练数据（全面的训练需要大批量的数据），必须等到大量的贷款被发布。然后还必须等到已知结果租赁期（2 年？5 年？）结束。到那时，我们再用它来进行训练，这些数据就是相当旧了。在此期间什么是已经发生变化的？已经有新的做事方式。银行已经改变了度量基于何种特征（来贷款）的方法。新的特征已经在使用，（贷款）政策也已经改变。以前的数据真的能代表现在的问题吗？

另一个基本问题是训练数据类标的可靠性。可能会有小的误差，随机或者系统误差，在这种情况下，需要坚持更简单的模型，因为高层次的、更复杂的模型可能会不准确。在确定类标时，某些人在某些地方，可能会将灰色的世界映射为一个黑白世界，这就需要判断和容许不一致性。事情可能会变：在一项贷款中“违约者”的概念，即三个月未偿还账单者，比起之前的概念可能略有不同，在今天的经济环境下，处于困境中的客户在启动法 376~377 律程序之前，可能会多给几个月的余地。关键不是学习必然会失败。变化可能是相当微妙的，学习模型可能仍然工作得很好。关键是复杂模型所获得的超过简单模型的额外的百分之几的增益可能会被其他因素所掩盖。

另一问题是，在观察对比实验和机器学习方法时，谁是主导者。这不仅仅是运用各种不同的方法然后记录其结果的问题。许多的机器学习方法都从调整中获益，即优化以适用于解决手边的问题。希望用于调整的数据是完全独立于用于训练和测试的数据（否则，其结果是不可靠的)。但是，以下这种情况也是很自然的：某个特定方法的专家，可能是发明这种方法的人，比其他人可以挖掘出更多的性能。如果他们试图出版其作品，当然也是想站在最好的出发点介绍新的方法。他们在挖掘超出现有的好性能方面可能不会那么有经验或者那么努力。新的方法看起来总是好于旧的方法，并且，与简单的方法相比，越复杂的方法越不容易被批判。

结果表明，在实验室中性能小的提高，尽管是真实的提高，在将机器学习用于实际的数据挖掘问题时，也会被其他因素掩盖。在一个实际数据集上做一些有价值的事，就需要把整个问题环境考虑进去。

9.2　从大型的数据集里学习

当今工商企业和科研机构中盛行使用大型数据库，使得机器学习算法必须能在大型数据集上工作。任何算法要应用到非常大的数据集，存在两个关键问题：空间和时间。

假设数据过大，无法存储在主存中。如果学习方案采用增量模式，那么在产生一个模型时，每次只处理一个实例，就不会造成困难。可以从输入文件中读取一个实例，更新模型，然后继续读下一个实例，以此类推，在主存中永远无需存储一个以上的实例。这就是将在下一节讨论的“数据流学习”。其他方法，如基本的基于实例的方案和局部加权回归，在训练时需要使用所有的实例。如果那样，就要利用复杂的存储和索引机制，只将数据集中使用最频繁的部分保存在主存中，并且能对文件中的相关实例进行快速访问。

在大型数据集里应用学习算法的另一个关键方面是时间。如果学习时间不是与训练实例的数量成线性（或者几乎成线性）关系，那么处理非常大的数据集最终将是不可能的。在某些应用中，属性数量是一个关键因素，只有那些与属性数量成线性关系的方
378 法才能被接受。或者，预测时间也可能成为关键问题。幸运的是，许多学习算法在训练和测试中的表现都极其出色。例如，朴素贝叶斯法的训练时间与实例数量和属性数量都成线性关系。从上而下的决策树归纳法，如6.1节中所见，训练时间和属性的数量成线性关系，如果树是均匀稠密的，则训练时间与实例数量成对数线性关系（假如没有使用子树提升）。

当数据集过大，以致某一种具体算法无法应用时，有三种办法可以使学习变得可能。第一种不太重要，即不把学习方案运用到整个数据集中，而是仅在一个较小的子集中训练。当然，这样采用二次抽样会造成信息损失。不过，此种损失或许可以忽略不计，因为在覆盖到所有的训练数据之前，所学模型的预测能力往往早已达到了最高点。如果是这种情形，通过在一个旁置测试集上观察测试由不同大小的训练集上所获模型的性能，可以很容易得到证实。

这种行为模式，称为*收益递减法则*（law of diminishing returns），之所以发生可能是由于学习问题简单，因此少量的训练数据足以学到一个精确的模型。另一种可能是学习算法也许无法抓住底层领域的详细结构。在一个复杂领域中运用朴素贝叶斯法时，往往可以观察到这样的情形：额外的训练数据或许不能改善模型的性能，却能使决策树模型的正确率继续上升。在这种情况下，如果主要目标是预测的性能，当然应该替换为更加复杂的学习算法。但要注意过度拟合！不要在训练数据上进行性能的评估。

并行化是另一种减少学习时间复杂度的方法。想法是将问题分裂成几个小部分，每个

部分用一个单独的处理器来解决，然后将结果合并。为达此目的，需要建立一个并行化的学习算法。有些算法天然地适用于并行化方法。例如，最近邻方法，可以通过将数据分裂成几个部分，让每个处理器在它那部分的训练集中找到最近的邻居，从而轻易地在几个处理器间进行分配。决策树学习器可以通过让每个处理器建立完整树的一个子树而进行并行化。装袋和堆栈（虽然提升法不是）是天然的并行算法。然而，并行化只能做部分补救，因为处理器的数量是固定的，无法改善算法的渐近时间复杂度。

在大型数据集上应用任何算法的一种简单方法是将数据分裂成有限大小的数据块，在每个数据块上学习模型，再利用投票或取平均值的方法将结果组合起来。无论是并行的、类似装袋的方法，还是有序的、类似提升的方法都可以用于此目的。提升法具有的优势是，可以根据先前数据块上学习所获的分类器来对新的数据块进行加权，从而在各个数据块之间传递知识。在这两种情况下，内存消耗按照数据集的大小成线性增长，因此对于非常大的数据集来说，进行某种形式的剪枝是必要的。这可以通过将一些验证数据放置一边，只往分类器委员会中添加能使委员会在验证集上的性能获得提高的新模型。验证集也可用于确定合适的数据块尺寸，这可采用几种不同大小的数据块，并行地运行算法，并且关注它们在验证集上的性能来进行。 379

要使学习方案能够处理非常大的数据集，最好的但同时也最具有挑战性的方法是建立计算复杂度较低的新算法。在有些情况下，要获得低复杂度的算法是不可能的。处理数值属性的决策树学习器就属于这类情况。它们的渐近时间复杂度由数值属性值的排序过程主导，对于任何给定的数据集，至少要进行一次这样的数据处理过程。然而，有时可以利用随机算法获得接近正确的解决方法，而所需的时间消耗却少得多。

背景知识可以大大减少学习算法必需处理的数据量。将背景知识纳入考虑范畴之后，大型数据集的绝大多数属性可能就显得不相关了，这取决于哪个属性是类属性。通常，将要交给学习方案的数据预先进行一番仔细处理是值得的，并且将手头已有的任何关于学习问题的信息加以最大的利用。如果背景知识不充足，利用在7.1节中讨论的属性过滤算法常常可以大大减少数据量，也许是以预测性能的稍许损失为代价。其中有些方法（如用决策树或1R学习方案进行属性选择）与属性的数量成线性关系。

想给读者感觉一下在普通的计算机上直接应用机器学习算法所能处理的数据总量，将Waka中决策树学习器J4.8运行在一个拥有4.9M个实例的数据集上，它有40个属性（几乎都是数值型的）以及一个含25个值的类[⊖]。我们使用一台合适的现代Linux机器在有6Gb堆空间（一半的空间用于加载数据）的服务器模式上运行Sun公司64位Java虚拟机（Java1.6）。最后这棵决策树含有1388个结点，耗时2小时（一种对属性预排序，并使用减少误差剪枝的方法仅仅耗时30分钟）。一般来说，Java会稍慢于等效的C/C++代码，但是没有慢到2倍。

现今，有的数据集绝对称的上大型（massive）这个形容词。比如，天体物理、核物理、土壤学以及微生物学方面的科学数据集往往达到太字节（TB）级别。包含金融交易记录的数据集同样如此。将机器学习的标准程序完整地应用到这类数据集中是一个非常具有挑战性的课题。

⊖ 本书使用的是1999 KDD Cup数据，http://kdd.ics.uci.edu/databases/kddcup99/kddcup99.html.（也可参见http://iscx.ca/NSL-KDD.）

9.3 数据流学习

一种处理大型数据集的方式是开发一种将输入视为连续数据流的学习算法。这种新的
380 数据流挖掘范式是最近十几年发展起来的，其中的算法是专为很自然地处理比主存大许多的数据集，甚至是无穷大的数据集开发的。其核心假设是每一个实例可以检查一次（或最多一次），然后必须被丢弃为后续实例腾出空间。学习算法无法控制处理实例的顺序，同时每来一个实例必须增量地更新其模型。大多数的模型也满足“任何时候”属性，即它们已经准备好在学习过程的任何一点处被应用。这些算法非常适合于从数据流中进行实时学习，随着输入流的变化修改模型，并做出实时预测。这些算法通常应用于对物理传感器产生的数据进行在线学习。

对于这样的应用，算法必须在有限数量的内存上无限期地运行。尽管有规定，只要实例已经处理就将其丢弃，但仍然有必要存储部分实例的部分信息；否则，这个模型就是静态的。随着时间的推移，模型会不可避免地增长。但是，不能任由其无约束地增长。当处理大数据时，内存很快会被耗尽，除非对其使用的各个方面都加以限制。从空间转向时间，为了使算法应用于实时应用，就必须比实例到达的速度更快地处理实例，在一个确定的、不变的、最好是小的时间限制内处理每一个实例。这不允许对一个树模型进行偶尔复杂的重组，除非时间消耗可以被多个实例摊销，而这会引入更深层的复杂性。

朴素贝叶斯是一个罕见的、不需要调整就能处理数据流的算法。训练是增量的：它仅仅涉及更新一组固定的数值参数集。内存使用量也很小，因为没有结构需要添加到模型中。包括 1R 和基本的感知机在内的其他分类器也有同样的特征。多层神经网络通常也有一个固定的结构，正如在 6.4 节所看到的那样，随机反向传播算法在每一个训练实例被处理之后增量地更新权值，而不是批量操作，因此也适用于在线学习。包含例外的规则通过将异常表达为现有的规则而不是重新设计整个规则集来增量地修改规则模型，因此可以使其适用于数据流学习，但是需要注意确保随着异常的增加，内存使用量不能无限地增加。基于实例的方法以及其相关的方法，如局部加权回归，同样是增量的算法，但是通常不能工作在一个固定的内存范围内。

为了表达一个标准算法如何被调整以便用于流处理的特点，本书将考察决策树，它有在一个可以解释的形式下进化结构的优势。增量归纳决策树的早期工作是想办法创建一棵树，当收集到足够多的证据认为另一版本更好时允许重构这棵树。然而，这需要保留大量的信息
381 来支持重构操作，在某些情况下需要整个训练数据。此外，重构操作往往是很慢的，有时比从零开始创建整棵树更慢。尽管很有趣，但是这些方法不支持无限期地实时处理数据流。

它们的问题是都采用了尽可能多的从可用实例获得信息的普通范式。对于数据流来说，就不一定合适，丢弃实例的部分信息是完全可以接受的，因为如果信息是重要的，它总会重复出现。“Hoeffding 树”的新范式在 2000 年提出，只要数据是静态的并且实例的数量足够大，用此树所构建的模型被证明与标准决策树是等价的。

Hoeffding 树是基于称为 Hoeffding 边界（Hoeffding bound）的简单想法。从直观意义上看，给定足够多的独立观察，超过特定量之后，随机变量的真实均值和估计均值的差值不会超过某一定值。实际上，Hoeffding 边界表明，概率为 $1-\delta$，值域为 R 的一个随机变量在 n 次观测之后，其真实均值和估计均值的差值，不会超过以下边界，

$$\varepsilon = \sqrt{\frac{\ln(1/\delta)}{2n}} \times R$$

这个边界忽略了该值的概率分布。一般来讲，它比分布 - 依赖的边界更保守。尽管对于特定的分布有更严格的边界，但实践证明 Hoeffding 公式仍然工作得很好。

在决策树归纳中，基本问题是在每个阶段选择一个属性来进行分支。要使用 Hoeffding 边界，首先要设定一个较小的 δ(如 10^{-7})，这表示选择的属性为不正确的概率。将被估计的随机变量是两个最好属性之间信息增益的差异，R 是可能的类标数量的底为 2 的对数。例如，如果被估计的最好的两个属性之间的增益差达到 0.3，前面所述公式的值为 $\varepsilon = 0.1$，那么这个边界确保在很大的概率上实际的增益差超过 0.2，这就代表着为最好的属性做正面的分隔。因此可以安全地分裂。

如果最好的两个属性之间的信息增益的差值低于 ε，此时的分裂就是不安全的。然而，ε 随着 n 的持续增加会减少，因此这是一个等待更多被访问例子的简单问题，虽然这样会改变谁是两个最好属性的估计，以及它们之间相距多远的程度。

这种简单的测试是 Hoeffding 树的核心准则：要确定在概率为 $1-\delta$ 的条件下，一个特定的属性获得了比其他所有属性都大的信息增益。换言之，此属性与它最近的竞争者之间的差超过 ε。边界值随着所见实例的增多会迅速递减——例如，对于一个二分类问题（$R=1$），$\delta=10^{-7}$，在第一批 1000 个实例之后，ε 就下降到低于 0.1，第一批 100 000 实例之后会下降到 0.01。一个可能的目标是随着叶子结点数量的无限增加，虽然每一个的错误概率低于 δ，但其做出错误决策的概率会不断地增加。这是真实的，除此之外在有限的内存上工作，叶子结点的数量不会无限制地增长。给定树的最大规模，保持整体的错误概率在一个给定的范围内，仅仅是为 δ 选择一个合适值的问题。除了信息增益之外，这个基本准则也可以用来做其他度量，并可用于除了决策树之外的学习算法。 382

还有许多其他问题。在最好的两个属性表现出非常相似的信息增益的情况下，一个打破这种僵局的策略是允许决策树进一步生长。实际上，两个相同属性的存在会从根本上阻止决策树的生长。为阻止这种情况发生，无论什么时候 Hoeffding 边界下降到低于预先设定的打破僵局的参数，或者无论与下一个最佳选择联系多紧密，结点都应该分裂。为了提高效率，在 k 个新实例到达之后仅有一个混合类到达这个叶子结点时，可以为每个叶子结点定期执行 Hoeffding 测试；否则，不需要分裂。预剪枝是另一种简单的可行方案。算法可以通过评估根本不分裂的优势与之（预剪枝）相结合，也就是说，只在当这个结点的最好属性的信息增益超过 0 时才执行分裂。与批处理学习环境下预剪枝不同的是，这不是一个永久的决策：只是阻止结点分裂直到发现分裂是有用的。

现在考虑内存使用量。必须存储在叶子结点的信息是为每一个属性值简单地统计每一个类标到达此叶子结点的次数。这对数值属性来说就会存在问题，需要单独处理。无监督的离散化是很简单的，但是有监督的预离散是不可行的，因为这与基于流的处理不一致。高斯近似在每个类基础上可以用于数值属性，使用简单的增量更新算法对均值和方差进行更新。为阻止内存需求无限制地增长，必须设计一种策略来限制树中结点的总数。这可以通过停用部分叶子结点做到，即那些在决策树进一步生长时没有希望获得准确率增益的叶子结点会被停用。潜在的增益会被叶子结点可能出现错的预期数量限制，因此显然这也是衡量其期望（获得准确率增益）的候选方式。可以定期地将叶子结点根据其期望从大到小地排序并暂停相关叶子结点。更进一步节省空间的一个可能方法是放弃那些看起来较差预测性能的属性，并从模型中丢弃它们的统计数据。

虽然本节关注用于分类的决策树，但研究人员已经研究了所有经典数据挖掘问题的基于流的版本：回归、聚类、集成学习、关联规则等。一个用于大型在线分析的称为 Moa 的
383 开源系统，与 Weka 紧密相关，包含了一系列的在线学习算法以及评估工具[⊖]。

9.4　融合领域知识

本书自始至终强调在进行实际数据挖掘工作时，了解数据是十分重要的。专业领域的知识对于（挖掘）成功是绝对必要的。数据的数据常称为*元数据*（metadata），机器学习的一个前沿就是改进学习方案，使学习方案能将元数据以有用的方式纳入考虑范围。

无须寻觅如何运用元数据的实例。在第 2 章中，我们将属性分为名目属性和数值属性两大类。我们也注意到或许有更好的分类定义。假如属性为数值的，则意味着隐含着某种排序序列，但 0 点的存在时有时无（对于时间区间存在，对于日期则不存在）。序列还可能是非标准的，角度的序列不同于通常的整数序列，因为 360° 和 0° 是一样的，180° 与 -180°是一样的，甚至与 900°也是一样的。离散化方案假设普通的线性排序序列，作为学习方案，它适合数值属性，但是在将其扩展到循环序列时，线性序列就会存在问题。分类数据也可以被排序。设想一下如果字母表中的字母没有传统的排序，我们的生活中会遇到多少的困难。(在香港的电话目录里查找一个电话号码清单表现出一个有趣而又重要的问题！）日常的生活节奏也反映出循环的序列：每星期的天数、每年的月份数。进一步使问题复杂化会有许多其他类型的序列，譬如在子集上的局部排序：子集 A 可能包括子集 B，或者子集 B 包括子集 A，或者谁也不包括谁。扩展普通的学习方案，将此类信息以令人满意的通用方式来考虑，还有待进一步研究。

元数据经常包含属性之间的关系。显然，有三种关系：语义关系、因果关系和函数关系。两个属性之间的*语义*（semantic）关系意味着，如果第一个属性包括在某一条规则中，那么第二个属性也应该包括在其中。既然这样，将其作为一个前提，就是这两个属性只有在一起才有意义。例如，在我们分析过的农业数据中，称为*产奶量*（milk production）的属性度量一头奶牛产多少牛奶，调查的目的意味着这个属性与其他三个属性存在语义关系：*奶牛标识符*（cow-identifier）、*牛群标识符*（herd-identifier）和*牧场主标识符*（farmer-identifier）。换句话说，产奶量的具体值只有在综合考虑这些情况的前提下才能被理解，这包括产奶的那头奶牛，那头奶牛进一步联系到某个已知牧场主所拥有的特定牛群。语义关系当然取决于具体问题，它们不仅取决于数据集，而且也取决于你要用数据集去干什么。

当一个属性引发另一个属性时，*因果*（causal）关系就产生了。在一个试图预测某个属性的系统中，这个属性是由另一个属性引起的，我们知道这另一个属性必须包括进来预测才有意义。例如，上面所述的农业数据中存在着一条从牧场主标识、牛群标识到奶牛标识的链条，这根链条继续从那些经过度量的属性延伸，如产奶量，一直到记录了牧场主是
384 否拥有或出售了某头奶牛的那个属性。学习到的规则应该能识别这条链上的依赖关系。

函数依赖（functional dependencies）关系存在于许多数据库中，为了对数据库中的关系进行规范化，数据库的建立者试图识别它们。当从数据中学习时，某个属性对另一个属

⊖ 见 http://moa.cs.waikato.ac.nz。Moa 和 Weka 类似，像一只不会飞的新西兰鸟，但却非常大，不幸的是，现在很少有人使用了。

性的函数依赖关系的重要性在于，假如后者在规则中已被使用，就没有必要再考虑前者了。学习方案经常重新发现这个已被知晓的函数依赖关系。这不仅产生无意义的，或者准确地说，同义反复的规则，而且某些更令人感兴趣的模式也许会被函数关系所掩盖。然而，人们在自动数据库设计上已经做了许多工作来解决从样本查询导出函数依赖关系的问题，所开发的方法应该对于清除学习算法所产生的同义反复的规则是有用的。

当使用我们已经遇到过的任何学习算法来进行归纳时，将这些元数据或者先验领域知识纳入考虑范围，看上去并不构成任何大的技术上的挑战。唯一真正的问题而且是大问题，是如何将元数据以一种概要的、容易理解的方法来表达，使得人们能生成这些元数据，并被算法所使用。

使用与机器学习方法所生成的表示法相同的方法来表达元数据知识是有吸引力的。我们将重点放在作为这项工作标准的规则上。这些指定元数据的规则对应于该领域的先验知识。给出训练样本，可以用以前介绍过的某个规则归纳方案来获得额外的规则。通过这种方法，这个系统也许可以将“经验”（来自样本）和“理论”（来自领域知识）结合起来。它还可以确认和修正这些建立在实践证据上并已被结合进来的知识。简单地说，使用者告诉系统他所知道的，给它一些样本，系统就能自己找出其余的！

为了有效灵活地利用以规则表达的先验知识，系统必须能执行逻辑推导。否则，知识必须精确地以适当的方式表达以使学习算法能利用它，这在实际运用中可能过于强求了。考虑有因果关系的元数据：如果属性 A 引发 B 而属性 B 引发 C，那么我们希望系统能演绎出 A 引发 C，而不是明确地陈述事实。虽然在这个简单的例子中明确阐述这个新的（A 引发 C）事实不会有什么问题，但在实际中，当存在大量元数据时，期望用户能表达出他们先验知识的所有逻辑结果是不现实的。

将从事先确定的领域知识中演绎出的结果以及从训练样本上所获的归纳结果组合，看上去是一个灵活的容纳元数据的方式。在一种极端情况下，当样本缺乏（或不存在）时，演绎是一种主要（或唯一）的产生新规则的方式。在另一种极端情况下，当样本丰富而元数据缺乏（或不存在）时，本书叙述的标准机器学习技术就起作用了。实际情况介于这两种情况之间。

这是一个引人注目的现象，在3.4节中提到的归纳逻辑编程法，提供了一种使用形式化逻辑语言的陈述来清楚地阐明领域知识的通用方法。但是，目前的逻辑编程方法在实际环境里存在严重的缺陷。它们较为脆弱并缺乏健壮性，而且计算量过大，几乎完全不可能运用于任何实际大小的数据集中。也许这源自它们使用一阶逻辑的事实，也就是说，它们允许将变量引入规则中。我们所见过的机器学习方法的输入和输出以属性和常量来表示，使用命题逻辑而没有变量，极大地减少了搜索空间并避免了循环工作和终止程序的困难。 385

有人渴望采用简化的推理系统来避免完整逻辑编程中的脆弱和计算无法实现这两个问题。另一些人坚信6.7节中介绍的贝叶斯网络的一般机制，在贝叶斯网络中因果约束可以在该网络的最初结构中表达出来，并可以自动假设和评估隐藏的变量。概率逻辑学习提供了一种处理现实世界中复杂性和不确定性的方法，它是通过结合逻辑编程和统计推理来实现的。允许表示不同种类的领域知识的系统是否会得到广泛应用我们将拭目以待。

9.5 文本挖掘

数据挖掘是在数据中寻找模式。类似地，文本挖掘就是在文本中寻找模式，它是一个分析文本并从中提取出有助于某个特定用途的信息的过程。与本书里一直讨论的数据相比，文本是无结构的、没有一定形态的，并且是难以处理的。毋庸置言，在当代西方文化里，文本是交换信息最有效的媒介。从中提取有用信息的动机是极有吸引力的，即便只是部分成功。

文本挖掘和数据挖掘表面的相似掩藏了它们实际的不同。在本书前言部分中将数据挖掘定义为从数据中将暗藏的、以前所不知道的、但却是潜在有用的信息提取出来。在文本挖掘中，所要提取的信息却是清楚明了地陈述在文本中的。一点都没有隐藏，大多数作者都是经过很大的努力来确保清楚、不含糊地表达他们自己的思想。从人的思维角度来看，“以前所不知道的”的含义只能是由于时间限制使人无法靠他们自己来阅读文本。问题在于信息传达的方式无法适用于自动处理。文本挖掘试图将信息以一种适合计算机的，或者没有时间阅读整个文本的人群来消化理解的形式呈现出来。

对数据挖掘和文本挖掘的一个共同要求是所提取出的信息必须是潜在有用的。一方面，这意味着可以*有所作为*（actionable），即有能力为某些自动采取的行动提供一个基础。从数据挖掘的角度上看，这个概念可以用一个相对独立于领域知识的方式来表达：可以有
386 所作为的模式就是那些能对相同来源的新数据做出非平凡预测的模式。可以用成功与失败的累计数来度量性能，可以应用统计技术在相同问题上比较不同的数据挖掘方法等。然而，在许多文本挖掘问题上，要想以独立于手头某个具体领域的方式来为“可以有所作为”做一个定义是极其困难的。这使得要寻找一个公正、客观的度量成功度的方法变得困难重重。

正如本书所强调的，“潜在有用”在实际数据挖掘中常常有另外一种解释：成功的关键在于所提取出的信息必须是*可以理解的*，即可以帮助诠释数据。这对于最终结果是用于被人脑理解而不是（或者同时）用于自动操作都是必需的。这条标准不那么适用于文本挖掘，因为与数据挖掘不同，（文本挖掘的）输入本身是可以理解的。有着可以理解的输出的文本挖掘等同于对一个大文本的重要部分所做的总结，这也是（文本挖掘）本身的一个子领域：*文本摘要*（text summarization）。

我们已经遇到过一个重要的文本挖掘问题，*文档分类*（document classification），即每个实例代表一个文档而实例的类是文档的主题。文档的性质是由文档中出现的词所决定的。每一个单词的出现或缺失都可以看做是一个布尔属性，或者将单词出现的频率纳入考虑，文档可以当做一个词袋而不是词集。我们在4.2节中遇到了这种不同，那里学习了如何扩展朴素贝叶斯成为词袋表示，从而产生算法的多项式版本。

不同单词的数量当然是极其众多的，它们中的大多数对于文档分类都不是很有用。这是一个经典的属性选择问题。有些词，如功能词汇，常常称为*停用词*（stopwords），可被先验消除，这些词虽说出现频繁但它们的总数并不多。其他单词出现次数过于稀少，似乎也不会对分类有用。奇怪的是，单词出现概率不频繁是普遍现象，一般文档或语料库中近一半的词只出现一次。荒谬的是，将停用词都去除后仍然存在这么多的词汇，因此有必要使用7.1节中所述的方法来进行更深入的属性选择。另一个问题是词袋（或词集）模型忽略了单词次序和上下文效果。有充足的理由说明检测通用词组并将其看做单独个体来处理是有用的。

文档分类是有监督的学习，类别是已知的，每个训练文档都事先赋予了类别。无监督的问题版本称为*文档聚类*（document clusting）。这时类别不是事先确定的，但找出的是同类的文档。文档聚类可以帮助信息检索，它在相似的文档之间建立联系，一旦其中的一个文档被认定与所查询的文档相关时，相关的文档就依次被检索出来。

文档分类的应用是相当多的。一个相对较容易的分类任务，*语言识别*（language identification)，为国际文件库提供了一项重要的元数据。一个简单而语言识别效果不错的表达方式是，用文档中出现的 *n*-grams，或者 *n* 个连续的字母序列（常用一些小的值，如$n=3$）387 所构成的文档概况来描述每个文件。出现次数最为频繁的300个字母序列或称 *n*-grams 是与这种语言密切相关的。一个更富挑战性的应用是*作者归属*（authorship ascription）问题，应用于当一个文档的作者不确定，必须从文本中来猜测时。这里起作用的是停用词，而非内容词汇，因为停用词的分布取决于作者而与主题无关。第三类问题是从一个受控的可能词组的词汇表里向文档*赋予关键词组*（assignment of key phrases），给定大量加了标签的训练文档，标签也源自词汇表。

另一类常见的文本挖掘问题是*元数据提取*（metadata extraction）。在前面元数据称为数据的数据，在文本领域里这个术语一般是指作品的显著特征，如它的作者、题目、主题分类、主题词以及关键词。元数据是一种高度结构化的（因此也是可以有所作为的）文档归纳。元数据这个概念常常被扩展，可以包含代表世界上的事物或“实体”的单词或词组，这就产生了*实体提取*（entity extraction）这个术语。普通的文档中充满了这类术语，如电话号码、传真号码、街道号码、电子邮件地址、电子邮件签名、文章概要、内容目录、索引文件清单、表格、图形、标题、会议声明、网址等。此外，还有数不胜数的特定领域的实体，例如国际标准书号（ISBN）、股票代码、化学结构式以及数学方程等。这些术语当做是词汇表中的单独词汇项，如果它们能识别出来，许多文档处理工作可以大大地改进。它们对于文档搜索、内部链接，以及在文档之间的交叉引用工作上都有帮助。

文本实体是如何识别的呢？机械的学习方法，即查字典，固然是一个办法，特别是在手头有现成的资料，如人名或组织清单、来自地名字典的地址信息、缩简写字典。另一个办法是利用人名和简称的大写和标点符号模式；称谓（女士 Ms.）、后缀（Jr.）以及贵族的前缀（von）；罕见外国人名的语言统计等。对于人工结构，如统一资源定位符（URL）可以用正规统一的表达式来满足；可以使用显示的语法来识别日期和金钱数量。即便是最简单的任务也是提供了学习如何应付实际生活中千变万化的文档的机会。举个例子来说，还有什么比查询表中的名字更为简单的任务？但是利比亚领导人卡扎菲的名字在国会图书馆所收集到的文档中居然有47种不同的表达形式！

许多篇幅短小的文件对某个特定的主题或者事件进行描述，将多个实体组合成更高级别的合成体来代表文档的完整内容。识别合成体结构的任务称为*信息抽取*（information extraction），这个合成结构经常可以表示为含有许多插槽的模板，每个槽里填有单条结构信息。一旦实体被识别出来后，文本就被解析以决定实体之间的关系。典型的抽取问题要求寻找预先决定的一组命题的谓语结构。这些通常是简单的解析技术，如有限状态语法就能捕获了，虽然由于不明确的代词、介词短语以及其他一些修饰语可能使情况变得复杂一 388 些。机器学习技术已经用于信息抽取，通过寻找提取模板槽内填充内容的规则来实现。这些规则也许是以模式－行为的形式存在，模式表达了对填充物以及上下文中词汇的限制条件。这些限制条件可能关系到词汇本身、它们的词性标签以及它们的语义类别。

将信息抽取再深入一步，被提取的信息可以在接下来的步骤中用来学习规则，这不是关于如何提取信息的规则，而是为文本本身的内容定性的规则。这些规则可能会从文本的其余部分中来预测某个槽中的填充内容。在那些严格受限的情况中，例如在互联网上张贴与计算机相关的职位，就其推断出的规则质量而言，建立在少量人工组建的训练样本基础上的信息抽取能与完全由人工组建的数据库抗衡。

文本挖掘仍然是一个迅速发展的新兴技术，因为它的新颖性以及内在的困难还处在一种不稳定的状态，也许和机器学习在20世纪80年代中期的状态非常类似。它究竟涵盖哪些问题还没有达成真正的共识。广而言之，所有自然语言处理都处在文本挖掘的范围之内。由于文本挖掘任务对于所考虑的具体文本高度敏感，所以通常很难提供一种普遍适用的、有意义的评估方法。自动文本挖掘技术在能超越人类的这项能力之前，即使是不涉及任何特殊的领域知识，只是从如山的文档堆里获取信息，也还有一条漫长的道路要走。

9.6　Web挖掘

国际互联网（WWW）是一个文本的大型储藏室。由于它包含了明确的结构标记，所以几乎全部与普通的“简单”文本不同。有些标记属于内部结构，标明了文档的组织结构或格式；其他则属外部结构，定义了文档之间明确的超文本链接。这些信息资源为Web文档挖掘提供了额外的支持。*Web挖掘*（Web mining）与文本挖掘类似，只是还拥有额外信息所带来的优势，经常可以利用标题目录和其他Web上的信息来改善结果。

考察内部标记。包含关联数据的互联网资源，如电话号簿或产品目录等使用超文本标记语言（HTML）格式命令向网络用户清楚地展示它们所包含的信息。然而，要从这种资源里自动地将信息提取出来是相当困难的。为达到此目的，软件系统使用称为*包装器*（wrappers）的简单分析模块来分析网页的结构并提取所需的信息。如果手头有编写好的包装器，这就成了简单的文本挖掘问题了，因为信息可以从固定的、预定结构的网页中，使
389 用算法提取出来。但是网页很少遵守规则。它们的结构是多变的，网站也在发展。在人看来并不显著的错误会使自动提取程序完全错误。当变化发生时，人工调整包装器是一件令人痛苦的事情，需要既考虑当前程序并对其进行修补而又不能引起其他地方遭受破坏。

现在来看看*包装器归纳*（wrapper induction）——自动从实例中学习包装器。输入是一个网页的训练集，带有元组，元组代表从每个网页上提取的一系列信息。输出是一系列规则，这些规则通过分析网页来提取元组。例如，它也许会寻找某些HTML分隔符（如分段符（<p>）、输入序列符（<li>）或粗体符（<b>）），网页设计者用它们分隔关键信息项，并学习显示信息的序列。可通过对所有分隔符选择进行迭代来完成这项工作，当遇到一致的包装器就停止。然后只根据最少的提示来识别，对输入中无关文字和记号做一些防御。或者，也可以按照5.9节最后所提的Epicurus（伊壁鸠鲁）的建议来寻找一个强壮的包装器，采纳多种提示以备意外变化。自动包装器归纳的一大优点是，当格式变化而引起错误时，只要简单地将它们添加到训练数据中，再重新归纳一个将其考虑进去的新包装器就可以了。包装器归纳减少了当出现微小变化时识别中存在的问题，并使结构发生根本变化时，产生新的提取规则集容易多了。

Web中的一个问题是其中的很多内容都是无意义的。为了去糟取精，谷歌的开创者引入了称为PageRank的度量。它也被其他的搜索引擎以其他方式使用，同时也被用于许多其他Web挖掘应用。它试图度量网页或网站的权威性，*权威*（prestige），根据字典的定义是：“通过成功或影响所取得的崇高地位。”希望这是一个好的判别权威的方法，定义为“专家信息或建议的公认来源”。回顾之前表9-1中将PageRank算法确认为是十大数据挖掘算法之一，也是迄今为止唯一没有介绍的算法。也许将其视为数据挖掘算法还存在疑虑，但是仍然值得在此阐述。

关键是超链接形式的外部标记。在一个网络社区中，人们用链接奖励成功。如果你链接到我的网页，可能是因为你发现它是有用的且内容丰富，这就是一个成功的网页。如果有一群人链接到它，这就显示出了权威性：我的网页是成功的和有影响力的。图 9-1 展示了 Web 中的微小的一部分，是带有相互链接的网页。你认为哪一个网页是最具权威的？网页 **F** 有 5 个链入链接，这就表示有 5 个人发现它是值得链接的，因此这个网页就有很大的机会比其他网页更有权威。**B** 次之，有 4 个链接。

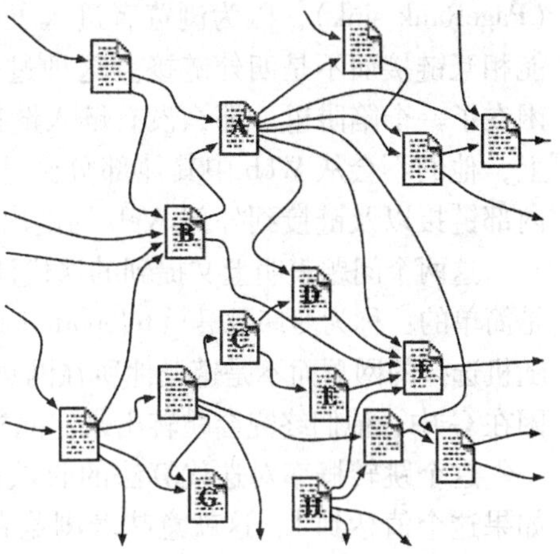

图 9-1　一个混乱的"Web"

仅仅统计链接数是一个很粗糙的度量。有些 Web 网页有数以千计的链出链接，而其他的却只有一两个。罕见的链接是更有识别能力的，应该比其他的链接更重视。如果你的网页有少量的链出链接，则一个从你的网页到目标网页的链接则更有权威性。在图 9-1 中，从网页 **A** 中发出了许多的链接，也就意味着每条链接带有的权值较少，这仅仅是因为 **A** 是一个多产的链接者。以 **F** 的角度看，来自 **D** 和 **E** 的链接比来自 **A** 的链接可能更有价值。还有另一个因素：来自权威网页的链接更有价值。从 **B** 到 **F** 的了链接比其他到 **F** 的链接更有价值，因为 **B** 更具权威性。诚然，这个因素涉及一个特定循环，没有进一步的分析，还不清楚其是否有用。但是，确实它是有用的。

以下是详细信息。定义 PageRank 为度量某个网页权威性的 0 ~ 1 之间的数值。每一条链接到网页的链接都对其权威性有贡献。贡献的大小是网页所有链出链接所平分的 PageRank 值。每一网页的 PageRank 值是所有链入链接贡献之和。图 9-1 中 **D** 的 PageRank 值为：**A** 的 1/5（因为 **A** 有 5 个链出链接）加上 **C** 的 1/2。

简单的迭代方法可用于解决计算中自然而然出现的循环问题。开始时，为每一网页赋一个随机初始值。然后重新计算每一网页的 PageRank 值，如前面所描述的，对它的链入链接累加求和。如果初始值是其 PageRank 值的近似值，则新的 PageRank 值则是更好的近似值。继续生成第三个近似值，第四个，以此类推。在每个阶段，都要为 Web 中每个网页重新计算 PageRank 值。直到下一次迭代所得到的值与上一次所得到的值几乎完全一样时停止。

受到后面将介绍的两个修改的限制，此迭代确保是收敛的和相当快速的。虽然具体的 390 ~ 391
细节是保密的，现在的搜索引擎可以找到的最终值的精度在 10^{-9} ~ 10^{-12} 之间。在计算细节成为商业机密之前，早期的实验报告称有 50 次的迭代用于比现在 Web 网小得多的网络。现在肯定是需要其数倍的迭代次数。为整个 Web 网络计算其 PageRank 值，谷歌被认为需要数天一直运行程序，同时这个操作，至少过去曾是，每隔几周会被执行一次。

在前述的计算中存在两个问题。从图 9-1 混乱的"Web"中，你也许已经在脑海里形成了 PageRank 值流经路线画面，通过链入链接流入网页，通过链出链接流出网页。那么对于那些没有链入链接的（网页 **H**）或没有链出链接的（网页 **G**）情况会是怎样呢？

继续使用这张图，假设一个网页浏览者点击链接是随机的。他在当前网页随机地选择一条链出链接，然后浏览这条链接的目标网页。如果有很多的链出链接，点击某一特定链接的概率是非常小的，这也正是希望从 PageRank 中得到行为结果。事实证明，给定网页的 PageRank 值与网页浏览者随机搜索停留在此网页上的概率成比例。

现在没有链出链接的网页中表现出的问题变得更加明显：这称为 PageRank 陷阱（PageRank sink），因为浏览者进入了此页面就无法跳转出去。更一般地说，一组网页集可能相互链接而不是四处链接。这种过分紧密的团体也是 PageRank 陷阱：浏览者就像是被困在了一个陷阱里。那么没有链入链接的网页呢？随机的浏览者不会到达这个网页。实际上，他们不会从 Web 中其他部分到达任何没有链入链接的网页团体，即使是它们之间有内部链接以及链接到外部 Web 的链出链接。

这两个问题表明上文提到的迭代计算不会收敛，尽管之前声明它会收敛。但是解决办法是简单的：称为*超距跳转*（teleportation）。用一个确定的小概率值，表示让浏览者到达一个随机选择的网页而不是遵循他所在网页的一个链接。这同时解决了两个问题。如果浏览者被困在 **G** 中，他们终究会跳转出来。同样，如果通过浏览不能到达 **H**，他们最终也会到达 **H**。

这个跳转概率对迭代算法的收敛速度和其结果准确度都有很大的影响。极端情况下，如果这个值达到 1，这就意味着浏览者总是在跳转，链接结构对 PageRank 就没有影响，也就没有迭代的必要。如果为 0，则浏览者不会跳转，这个计算也根本不会收敛。早期发表的实验使用的跳转概率是 0.15，有人猜测搜索引擎将其增加了一点以加速收敛。

代替跳转到一个随机选择的页面，也可以选择为每个网页预先设定一个概率值，这样的话，一旦决定跳转，利用那个概率还可决定转向哪个页面。这也不会影响计算过程。但是会影响计算结果。如果某一网页因为获得了一个比其他网页更小的概率而被歧视，它就会得到比其本身应有的 PageRank 值更小的值。这就给搜索引擎运营商一个影响计算结果的机会，一个他们可能用来排挤某些网站的机会（例如，那些他们认为正在利用 PageR-
392 ank 系统试图获得不公平优势的网站）。这些都可作为诉讼所需的材料。

9.7　对抗情形

机器学习的一个重要应用是垃圾邮件的过滤。在写作本书第 2 版时（2005 年），垃圾邮件是一个极为令人烦恼的问题。现在写第 3 版的时候（2011 年），尽管垃圾邮件在不断地增长，但这个问题似乎已经减少很多了（据估计垃圾邮件占所有邮件的 95%）。这主要是因为广泛地使用了垃圾邮件过滤，通常使用的是学习技术。乍看上去垃圾邮件过滤是一个标准的文档分类问题：根据它们所包含的文字内容，在大量训练数据的指导下，将文档分成“非垃圾”和“垃圾”两大类型。但它不是一个标准的文档分类问题，因为它有对抗性的一面。被分类的文档不是从那个无法想象的、巨大的、所有可能的文档集中随机抽取的，它们包含那些经过精心包装可以逃避过滤程序、被特别设计来击败系统的电子邮件。

早期的垃圾过滤器简单地将包含诸如暗示性、钱财及诈骗的典型垃圾邮件字的信息清除掉。当然，许多诉讼来往（邮件）涉及性别、金钱和药物，因此必须有所权衡。所以过滤器的设计者运用贝叶斯文本分类方案，在训练过程中力求找到一个适当权衡。垃圾邮件的制造者很快调整了策略，利用拼写错误将那些典型字隐藏起来，用合法的文本包装它们，也许是在白色的背景下用白色的字打印的，使得只有通过特别的过滤器才可以看到；或者简单地将垃圾文本放在其他地方，放在图像或 URL 上，绝大多数邮件阅读器会自动下载它们。

很难客观地比较垃圾邮件侦察算法，这个事实使问题变得更为复杂。虽然训练数据很多，但隐私问题阻碍了将大量有代表性的邮件公之于众。并且还有强烈的时间效应，垃圾邮件快速地改变特性，使交叉验证之类的敏感统计检验无效。最后，“坏人”也可以利用机器学习。例如，如果他们能够得到过滤器所阻止的和所放行的样本，就可以用这些作为训练数据学习如何逃避过滤。

不幸的是，在今天的世界里还有许多其他对抗性的学习情形的例子。与垃圾邮件问题密切相关的是搜索引擎垃圾：网站试图误导互联网搜索引擎，将它们置于搜索结果清单中显眼的位置上。排列在前的网页由于表明有广告机会，对利润追逐者具有强烈的诱惑力，从而能为网页的拥有者创造经济利益。还有就是计算机病毒战争，令病毒制造者和杀毒软件的设计者一争高下。这个动机是一般的破坏和拒绝服务，而非直接赚钱。

计算机网络安全是一场没有止境，且愈演愈烈的战役。保护者强化网络、操作系统以及应用。而攻击者在这三方面寻找薄弱环节。入侵检测系统能搜寻出不同寻常的、可能是由黑客试探行为引起的活动模式。攻击者意识到这一点并且试图掩盖他们的踪迹，他们或许采取间接工作，或许延长活动时间，或者相反，非常迅速地攻击。数据挖掘运用于这个 393
问题上，试图去发现被入侵检测系统忽略的、计算机网络数据中存在的入侵者踪迹之间的语义关系。这是一个大规模的问题：用来监测计算机网络安全的审核日志，即使是一个中等规模的组织，每天的量也是要以10亿字节计的。

许多自动威胁检测系统都建立在将当前的数据与已知的攻击种类相匹配上。美国联邦航空管理局开发了计算机辅助旅客预筛选系统（CAPPS），这套系统根据旅客航空记录对旅客进行筛选，并对那些需要额外行李检查的个人做标记。例如，CAPPS将现金支付归入高风险的一类，虽然明确的细节是不予公布的。但是，这个方法只能发现已知的或者能预计到的威胁。研究人员现在正在运用无监督的方案，例如进行异常和离群点检测，试图检测出可疑的行为。除了检测潜在威胁以外，异常检测系统还可以用来检测金融诈骗或者洗钱这样的非法活动。

数据挖掘现今正以国家防御的名义用在大量的数据中。各种不同种类的异构信息，如金融交易、健康医疗记录、网络通信等，正被挖掘出来建立各种概要文件、社会网络模型以及监测恐怖分子的通信联系。这些活动引起了人们对隐私问题的极大关注，促进了保护隐私的数据挖掘技术的发展。这些算法试图辨别存在数据中的模式却不直接访问原始数据，典型方法是使用随机值使其失真。为了保护隐私，必须保证挖掘过程所获信息不足以重建原始数据。说来容易，要实现可就难了。

谈及轻松的一面，并非所有对抗性的数据挖掘都是针对穷凶极恶的活动。在复杂的、有噪声的实时领域中，多智能体系统包括了一些自治代理，它们不仅要在一个团队中协作并且要与对手竞争。如果你很难想象这种情形，联想一下足球。机器人足球是一个丰富而普及的领域，可用以探究机器学习是如何应用在如此困难的问题中。球员不仅要练基本功，而且还要学习怎样相互配合以对付不同类型的对手。

最后，机器学习已用来解决历史文献之谜，它揭示了一个试图隐藏身份的作者。如Koppel和Schler(2004)所述，Ben Ish Chai是19世纪末巴格达（Baghdad）地区重要的希伯莱语（rabbinic）学者。在他的大量文献中有两个文集，包括大约500封以希伯莱－亚拉姆（Hebrew-Aramaic）文字写成的回答法律质询的信件。已经知道是他写了一个文集。虽说Chai声称在一个档案中发现了另一个文集，但历史学家怀疑他也是另一个文集的作者，只是故意改变文风试图掩盖他的作者身份。这个案例给机器学习提出的难题是没有其他的文集可归属于这个神秘作者。虽然有一些已知的候选对象，但是这些信件是由其他任何一个人所写的可能性是相同的。一种称为揭密（unmasking）的新技术被开发出来了， 394
利用它建立一种模型能够区别已知作者的作品A和未知作者的作品X，迭代去除那些对于辨别二者最为有用的属性，随着越来越多的属性被去除，交叉验证正确率不断下降，考察这个正确率的下降速度。

假设前提是如果作品 X 是由作品 A 的那个想隐藏身份的作者所写，那么作品 X 和 A 之间的差别与作品 X 和另外一个不同作者的作品 B 之间的差别相比较，差别会表现在相对较少的部分属性上。换句话说，将作品 X 与作品 A、B 分别比较时，随着属性的去除，与作品 A 相比较时的正确率曲线下降比与 B 相比较时快得多。Koppel 和 Schler 得出的结论是，Ben Ish Chai 确实撰写了神秘信件，他们的这项技术是一个令人注目的、新颖原创的、机器学习应用于对抗情形的例子。

9.8　无处不在的数据挖掘

本书的开始就指出了数据无处不在的事实。这些数据影响着普通人的生活，然而影响最大的要数国际互联网了。目前，在网上大约有 100～200 亿份文档，总计超过 50TB，而且还在持续增长。无人能和信息激增同步。数据挖掘源于数据库所在的企业界，文本挖掘使机器学习技术从公司移入家庭。无论何时，当我们被网络上的数据淹没时，文本挖掘为我们提供工具来驯服它（数据）。应用是众多的。寻找朋友并和他们联系、维护金融投资组合、在电子世界中讨价还价地购物、用于任何方面的数据检测器，所有这些都可以是自动完成的，不需要显式地编程。文本挖掘技术已经用来预测你要点击的下一个链接、为你整理文档、处理你的邮件、为你的搜索结果排序。在这样一个数据无处不在，同时又是杂乱无章的世界中，文本挖掘绝对是我们所需要的解决方法。

许多人相信互联网预示着一个更为强大的范式转变，称为*普适计算*（ubiquitous computing）。随处可见小型的便携式装置——移动电话、个人电子助手、个人立体声录像播放器、数码相机、移动 Web 访问。有的设备已经综合了所有这些功能。它们知道我们的时空位置，帮助我们在社会空间通信、组织个人计划、回顾我们的过去并将我们包含在全球信息空间里。在当今美国的任何一个中产阶级家庭里都可以轻松地找到许多处理器。它们互相之间并不交流，也不和全球信息系统交流，目前还没有。但它们终有一天会的，而这一天来到时，数据挖掘的潜力就会爆发出来。

拿音乐制品来说。流行音乐是引导技术进步的先锋。索尼最初的随身听为今天随处可
395 见的便携式电子设备铺平了道路，苹果公司的 iPod 率先开发了大容量的便携式存储。Napster 的网络技术促进了对等协议的发展。类似 Firefly 的推荐系统将计算引入社交网络中。在不久的将来，能知晓内容的音乐服务将嵌入便携式设备。数据挖掘技术在网络化的音乐服务社区用户上的应用将是大量的，发现音乐潮流走向、追踪偏好和品位、分析收听习惯。

普适计算将会把数字空间和现实世界的活动紧密地连接在一起。对许多人来说，推断他们自己的计算机经历总是存在挫折感、神秘的技术、感到个人（能力）不足，乃至出现机器故障，这看上去就像是场噩梦。然而，倡导者指出情况并不会如此，如果是这样，就不可行了。当今的幻想家预见到了一个“平静的”计算机世界，在这个世界里隐蔽的机器在幕后默默地联合工作着，使人类的生活更加丰富和方便。它们处理的问题大到公司财务和家庭作业，小到一些令人烦恼的小事，如车钥匙在哪里、有停车位吗、上星期在 Macy 看到的那件 T 恤衫还在衣架上吗？当没有电源时，时钟能知道正确的时间、微波炉能从因特网上下载新的菜谱、儿童玩具能够自动更新获得新游戏和新词汇。衣服标签能够跟踪洗涤、咖啡杯通知清洁工来清洗、如果没有人在房间里电灯开关将会处于节能模式、铅笔能

将我们所画的画进行数字化。在这个全新的世界里，数据挖掘在哪里呢？到处都是。

要指出现在尚不存在的未来的某个例子是困难的。然而，用户界面技术还有待提高。在直接操作的计算机界面上，许多重复性的任务，不能使用标准的应用工具实现自动化，迫使计算机用户必须重复进行相同的界面操作。这也是先前提到的挫折感的一个代表，谁应对此负责：人，还是机器？经验丰富的程序员会编写一些脚本程序由机器来完成这样的任务，但是随着操作系统在复杂层上的累计增加，程序员对机器施加命令的权力越来越小，并且当复杂的功能是被嵌入设备中而不是通用计算机时，这个权力就消失了。

在演示编程（programming by demonstration）方面的研究使普通的计算机用户能够让机器自动完成任务而无需了解任何编程知识。用户只需知道执行这个任务的常规方法以便和计算机交流。一种称为 Familiar 的系统，能帮助用户自动完成苹果机上的应用程序的重复任务。它不仅能完成这些任务而且还能执行它所未遇见过的新的任务。这是通过使用苹果的脚本语言从每个应用上收集信息并利用这些信息来做出预测而实现的。代理机还能容忍噪声。它告知用户它所做的预测，并结合考虑反馈信息。它具有适应性：为个体用户学习特定的任务。而且，它对每个用户的风格是敏感的。如果两个人都在传授一个任务，正好给出的也是相同的示范，Familiar 系统不一定推断出相同的程序，它会根据用户的习惯进行调整，因为它是从人机之间的交互历史中学习。

Familiar 应用标准的机器学习技术来推断用户的意图。用规则来评估预测，以使在每个阶段都能提供给使用者最佳的预测。这些规则是有条件的，因此用户可以教导分类任务，如按文件类型进行文件整理，并根据文件的大小来赋予标签。它们增量地学习：代理机通过记录人机之间的交互历史来适应个体使用者。 396

出现了许多困难。一是数据的缺乏。用户厌烦对一个任务重复示范多次，他们认为代理机应该立即理解他们正在做的事。一个数据挖掘者认为含 100 个实例的数据集是很小的，而用户示范一个任务多次便已恼火。二是过多的属性。计算机桌面环境拥有数以百计的属性，任何行动都可能依赖这些属性。这意味着小的数据集可能包含了一些看似极具预测力而实际却无关的属性，还需要用特别的统计检验来比较假设。三是这种迭代的、不断改进的发展模式，这个特性会导致数据挖掘应用失败。从理论上看，不可能为类似示范编程这样的交互式问题来建立一个固定的训练和测试集，因为代理机的每次改进，会通过模仿用户将如何反应来改变测试数据。四是现有的应用程序只能提供有限制地访问应用以及用户数据：成功操作所依赖的原始资料经常是被深埋在应用程序内部，但却不能访问。

数据挖掘在工作中已被广泛运用。在我们阅读电子邮件和网上冲浪时，文本挖掘正将本书中的技术带入我们的生活中。将来，它可能和我们所能想象的不同。正在日益扩张的计算构架将为学习提供无法预知的机会。数据挖掘将在幕后扮演一个奠基者的角色。

9.9 补充读物

Wu 等人（2008）阐述了前十大数据挖掘算法的产生过程，以此介绍了 2006 年在香港召开的数据挖掘国际会议，随后出版了一本介绍所有数据挖掘算法的书（Wu 和 Kumar，2009）。Hand(2006) 发表了关于分类技术领域中进步错觉的文章，他同时也找到了一种简单的分类方法，这种方法所获得的分类精度提高是当时最先进方法的 90% 以上。

关于大型数据集的文献极其可观，我们这里只能略举一二。Fayyad 和 Smith(1995) 论

述了数据挖掘在庞大的科学实验数据中的应用。Shafer 等人（1996）描述了一种并行版本
397 的自上而下的决策树归纳法。Mehta 等人（1996）为众多的驻留磁盘的数据集开发了一种有序的决策树算法。Breiman(1999) 叙述了如何能将任何算法应用于大型数据集，主要是通过将数据集分裂成较小的块，对结果进行装袋或提升。Frank 等人（2002）解释了相关剪枝和选择方案。

早期的增量决策树工作是由 Utgoff(1989) 和 Utgoff 等人（1997）开展的。Hoeffding 树是由 Domingos 和 Hulten(2000) 提出的。本书已经阐述过，包括对其的扩展和改进，紧跟着的是 Kirkby 博士的观点。Moa 系统是由 Bifet 等人（2010）论述的。

虽然很重要，但有关将元数据纳入实际数据挖掘中的文献还是极少。Giraud-Carrier (1996) 考察了一个将领域知识编码成命题规则的方案，以及它在演绎和归纳上的应用。与归纳逻辑编程相关的、通过一阶逻辑规则来处理知识表达，则是由 Bergadano 和 Gunetti (1996) 论述的。概率逻辑学习由 de Raedt(2008) 提出。

文本挖掘是一个新兴领域，因此关于整个领域的综合论述还比较少：Witten(2004) 贡献了一个。Sebastiani(2002) 将大量的属性选择和机器学习技术运用于文本分类上。Martin(1995) 描述了文档聚类在信息检索方面的运用。Cavnar 和 Trenkle(1994) 演示如何运用 *n*-gram 文档概述来正确地确定文档所使用的语言。支持向量机用于作者归属问题是由 Diederich 等人（2003）叙述的。Dumais 等人（1998）用相同的技术在大量训练文档的基础上，从受控词汇库里对文档赋予关键词汇。Turney(1999)、Frank 等人（1999）以及 Medelyan 和 Witten(2008) 都研究了怎样使用机器学习从文档文本中提取关键词汇。

Appelt(1996) 论述了许多关于信息提取的问题。许多作者运用机器学习来为模板的槽内填充内容提取寻找规则，例如，Soderland 等人（1995）、Huffman(1996) 以及 Freitag (2002)。Califf 和 Mooney(1999) 以及 Nahm 和 Mooney(2000) 都探索了从张贴在互联网新闻上的招工广告中提取信息的问题。Witten 等（1999a）报告了一种基于压缩技术、在连续的文本上寻找信息的方法。Mann(1993) 从美国国会图书馆所收到的文档中发现了利比亚领导人卡扎非名字的多种表达形式。

Chakrabarti(2003) 写了一本优秀的、综合性的、关于 Web 挖掘技术的书籍。Kushmerick 等人（1997）发展了包装器归纳技术。谷歌创始人撰写的早期文章介绍了 PageRank 算法（Brin 和 Page，1998）。在同一时间，Kleinberg(1998) 论述了一个称为 HITS(Hypertext-Induced Topic Selection) 的系统，它表面上和 PageRank 有相似之处，但却产生截然不同的结果。

第一篇关于垃圾邮件过滤的论文是由 Sahami 等人（1998）写的。我们关于计算机网络安全的材料是源于 Yurcik 等（2003）。CAPPS 系统的信息是来自从美国众议院航空委员
398 会（2002），用于威胁检测系统的无监督学习是由 Bay 和 Schwabacher(2003) 论述的。当前的保护隐私数据挖掘技术的问题是由 Datta 等人（2003）确定的。Stone 和 Veloso(2000) 从机器学习的角度来审视类似机器人足球运动的多智能体系统。令人感兴趣的有关 Ben Ish Chai 的故事以及揭露他身份的技术来自 Koppel 和 Schler(2004)。

平静的计算世界景象和我们提到过的例子来自 Weiser 和 Brown(1997)。关于演示编程不同方法的更多信息可以从 Cypher(1993) 和 Lieberman(2001) 出版的文献中找到。Mitchell 等人（1994）报道了一些学习学徒的经历。Paynter(2000) 描述了 Familiar。Good (1994) 所论述的置换检验是适合小样本问题的统计检验：Frank(2000) 讨论了它们在机
399 器学习上的应用。

第三部分

Data Mining: Practical Machine Learning Tools and Techniques, Third Edition

Weka 数据挖掘平台

Weka 简介

经验表明，没有哪一种机器学习方案可以解决所有的数据挖掘问题。放之四海而皆准的学习器不过是一种幻想。正如我们在本书中所强调的，真实数据集种类繁多，要想获取准确的模型，学习算法的偏好必须与该领域的结构相吻合。数据挖掘是一门实验性很强的学科。

Weka 工作平台汇集了当今最前沿的机器学习算法及数据预处理工具。本书中所讨论的算法几乎都涵盖于其中。其目的是让用户能够快速灵活地将现有的处理方法应用于新的数据集。它为数据挖掘实验的整个过程，包括准备要输入的数据、用统计方法评估学习方案，以及可视化输入数据和学习结果，提供了广泛支持。Weka 不但包含多样化的学习算法，还提供大量适应范围很广的预处理工具。用户可通过一个通用界面获得各类综合性工具包，从而比较不同的学习算法，找出能够解决当前问题的最有效方法。

Weka 是由新西兰怀卡托大学开发的。Weka 是怀卡托智能分析系统的缩写。在怀卡托大学以外的地方，Weka 通常按谐音念成 Mecca，这是一种好问而不会飞的鸟，现今仅存活于新西兰岛。Weka 系统由 Java 语言开发而成，在 GNU 通用公共许可证的条款下发布。它几乎可以在所有的操作平台上运行，已经测试通过的平台包括 Linux、Windows、Macintosh 操作系统，甚至还包括一款个人数字化助手。Weka 提供了一个统一界面，可结合预处理及后处理方法，将许多不同的学习算法应用于任何所给的数据集，并评估由不同的学习方案所得出的结果。

10.1 Weka 中包含了什么

Weka 通过实现各种学习算法，使用户能够很容易地将其应用于所要处理的数据集中。Weka 还包含了种类繁多的用于数据集转换的工具，比如在第 7 章中讨论过的离散化算法。用户可以先将一个数据集进行预处理，然后置其于一种学习方案中，并对所得出的分类器
403 及其性能做出分析——整个过程无需用户编写任何程序代码。

Weka 工作平台包含能处理所有的标准数据挖掘问题的方法：回归、分类、聚类、关联规则挖掘以及属性选择。对所要处理的数据进行分析是整个工作中必不可少的一环，Weka提供了许多用于数据可视化及预处理的工具。所有算法对所要输入的数据都有以下要求：其数据形式必须是在 2.4 节中描述过的 ARFF 格式，并要求以单一关系列表的形式输入。这些数据可从文件中读取或由数据库查询产生。

Weka 的使用方式之一是将一种学习方法应用于一个数据集，然后分析其输出来更好地理解这些数据。另外一种方式则是使用已学习到的模型对新的实例做出预测。第三种方式是应用多种不同的学习器，再根据它们的性能选择其中一种用来做预测。用户可在 Weka 互动式界面的菜单中选择一种想要的学习方法。许多方法带有可调节的参数，这些参数可通过属性列表或对象编辑器（object editor）进行更改。这里学习方法也称为分类器。所有分类器的性能由同一个通用评估模块衡量。

Weka平台中最有价值的部分是真实学习方案的实现。其次当属数据预处理工具，也称为过滤器（filter）。与选择分类器一样，用户也是从菜单中选择过滤器，然后对其进行调整直到满足需求。本书后面将谈到如何使用不同的过滤器，列出过滤器所用的算法，并描述不同过滤器的参数。Weka中还包含了一些算法的实现，如学习关联规则、未指定类值的聚类数据，以及从数据中选择相关属性等。我们将简单加以叙述。

10.2 如何使用 Weka

使用Weka的最简单方法是通过称为Explorer的图形用户界面。通过这个用户界面，所有Weka的功能都可以由菜单选择及表单填写的方式完成。例如，用户可从ARFF文件（或电子数据表）中快速读取一个数据集，并根据此数据集建立决策树。然而建立决策树仅仅是开始，还有很多其他算法有待于探索。Explorer用户界面在这里大显身手。它通过将选项转化为菜单，将不适用的选项设定为不可选并将用户选项设计成表单填写的形式，引导用户一步一步按照合适的顺序完成对算法的探索。Weka还对所含工具给出了用法提示，即当鼠标光标在屏幕上移至相应工具上时，以弹出工具提示的形式解释该工具如何使用，这对于用户使用工具极有帮助。合理的默认值设置使得用户能以最小的工作量取得预期的结果。当然，用户必须对所做的操作进行思索，才能理解所得结果的确切含义。

Weka还包含了另外两个图形用户界面。Knowledge Flow界面使用户能够自己设置如何处理流动中的数据。Explorer界面的一个根本缺陷在于它将所需要的数据全部置于主存中。一旦用户打开一个数据集，所有数据都会被读取进来。这意味着此种处理方式只适用于小至中等规模的问题。Weka还包含一些能够处理非常大型的数据集的增量算法。Knowledge Flow界面允许用户在屏幕上任意拖动代表学习算法和数据源的方框，并将它们结合在一起进行设置。这样使用户能够通过将代表数据源、预处理工具、学习算法、评估手段以及可视化模块的各个部件组合在一起，形成一个数据流。如果用户所选择的过滤器和学习算法具有增量学习功能，那么大型数据集的增量分批读取及处理即可实现。 404

Weka的第三个界面Experimenter是专门设计用来帮助用户解答实际应用中所遇到的一个基本问题，即在将分类及回归技术运用于实践时，对于一个已知的问题，哪些方法及参数值能够取得最佳效果？仅仅靠推测是无法回答这个问题的。我们设计这样一个工作平台的原因之一就是提供一个工作环境使用户能够将不同的学习技术进行比较。虽然通过Explorer界面也可互动式地做到这一点，然而使用Experimenter界面，用户可令处理过程自动化，因为它能使具有不同参数设定的分类器和过滤器在运行一组数据集时更加容易，收集性能统计数据及实现显著性测试时更加简便。高级用户还可利用Java远程方法调用（RMI）方式在Experimenter界面上将计算负荷分布到多个机器上。这样，用户即可设定好大规模统计实验，然后令机器自动运行。

隐藏在这些互动式界面背后的是Weka的最基本功能。这些功能涵盖了Weka系统的全部特色并可通过键入文本命令的原始方式来实现。当用户打开并运行Weka后，必须从如下4种不同的用户界面中做出选择：Explorer、Knowledge Flow、Experimenter和命令行界面。我们会在下面依次介绍这些界面。大多数用户都会选择Explorer界面，至少在首次使用Weka时会如此。

10.3　Weka 的其他应用

使用 Weka 时，一项重要的可利用资源是在线帮助文件。这个文件由源代码自动生成，准确地反映了源代码的结构。我们会解释如何使用这个文件，给出 Weka 的主要框架，并对含有指导性学习方法的部分、数据预处理工具的部分以及其他学习方案的部分加以强调。Weka 是一个处在不断发展中的系统，在线文件总是在不断更新。因此，这份由源代码自动生成的文件可确保是最新版本，而且是产生完整可用的算法列表的唯一途径。进一步地说，这个文件对于那些想要提升到较高层次并在他们自己的 Java 程序中访问 Weka 程序库，或者希望编写并测试他们自己的学习方案的用户来说也是极为必要的。

在大多数数据挖掘程序中，机器学习只是大型软件系统中的一小部分。如果用户要编写一个自己的数据挖掘软件，最好在其软件的代码中调用 Weka 的程序。这样用户只需要额外编写最少量的代码，就可解决他们软件中有关机器学习的子问题。我们以一个用 Java
405 写成的有关数据挖掘的简单程序作为范例，说明如何调用 Weka 中的程序。这样用户即可对 Weka 中代表实例、分类器和过滤器的基本数据结构加以熟悉。

如果用户要成为机器学习算法的专家（或者用户已经是专家），他们可能会实现自己的算法，无需把注意力放在一些索然乏味的细节上，如从文件中读取数据、实现过滤算法或编写代码来评估所得结果等。如果用户真想这么做，以下应该是个好消息：Weka 中已经包含所有以上这些功能。要充分利用 Weka 的这些功能，用户必须透彻地了解 Weka 的基本数据结构。为了帮助用户做到这一点，我们会在第 16 章中进一步探讨这些结构并且利用一个示范性的分类器的实现过程加以解释。

10.4　如何得到 Weka

Weka 可由以下网址获取：http://www.cs.waikato.ac.nz/ml/weka。用户既可以下载一个与具体操作系统相匹配的安装文件，也可以下载一个可执行的 Java 包文件（jar file），然后在已安装了 Java 的机器上以通常的方式运行。我们建议用户现在就下载并安装，然后
406 按照后面章节中给出的范例进行操作。

第11章 Explorer界面

通过 Weka 的主要图形用户界面 Explorer，用户可以使用菜单选择或者表单填写的方式来访问 Weka 提供的所有功能。图 11-1 展示了 Explorer 界面。界面顶部的 6 个标签表示 6 个不同的面板，分别对应于 Weka 所支持的几种不同数据挖掘任务。

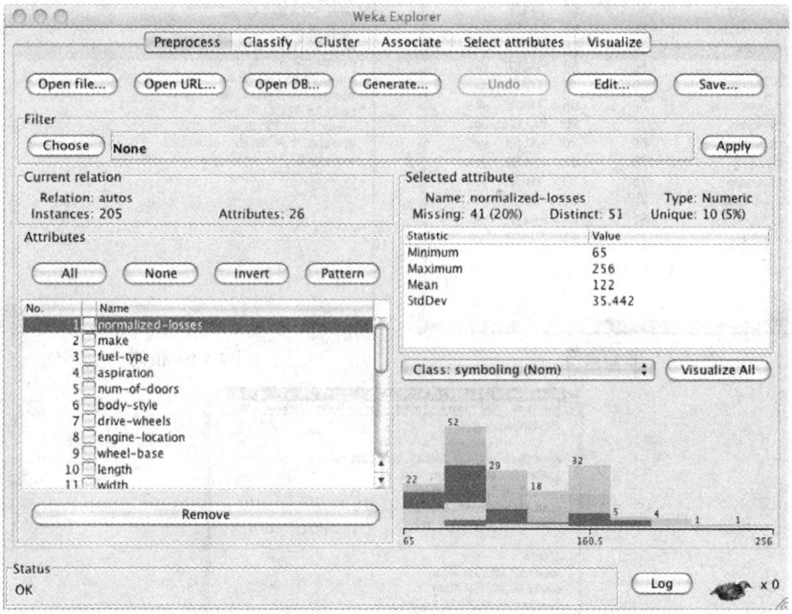

图 11-1　Explorer 界面

11.1　开始

假设用户有一些数据并且想用这些数据建立一个决策树。首先，用户需要准备数据，然后启动 Explorer 界面并载入数据。其次，选择一种构建决策树的方法，建立树，再解析得到的结果。使用不同的构建决策树的算法或不同的评估手段来重复以上过程并不难。这体现在用户可在 Explorer 界面中任意选择每次过程所得出的不同结果，评估基于不同数据集所建立的模型，并且图形化地显示所得出的模型及数据集本身，包括使用该模型所产生的任何分类误差。

11.1.1　准备数据

通常情况下，数据以电子数据表或数据库形式给出。然而，Weka 原生的数据存储方式是 ARFF 格式（见 2.4 节）。由电子数据表转换为 ARFF 格式非常容易。ARFF 文件由一组实例组成，每个实例的属性值用逗号分开（见图 2-2）。大多数电子数据表及数据库程序允许用户将数据导出到逗号分隔数值（CSV）格式的文件中，该格式文件将数据保存为记录列，条目之间用逗号隔开。做完这一步后，用户只需将文件载入一个文本编辑器或文字处理软件，用@ relation 标签给该数据集取个名字，用@ attribute 标签加入属性信息，再另起一行键入@ data，最后将文件以纯文本方式存储。例如，图 11-2 是一个取自 1.2 节中天气数据的 Excel 电子数据表，载入微软 Word 后以 CSV 格式呈现的同一组数据，以及用手动方式转换成 ARFF 文件后的结果。其实，用户自己无需真正执行这些步骤来建立 ARFF 文件，正如本书后面所描述的，Explorer 能够直接读取 CSV 电子数据表。

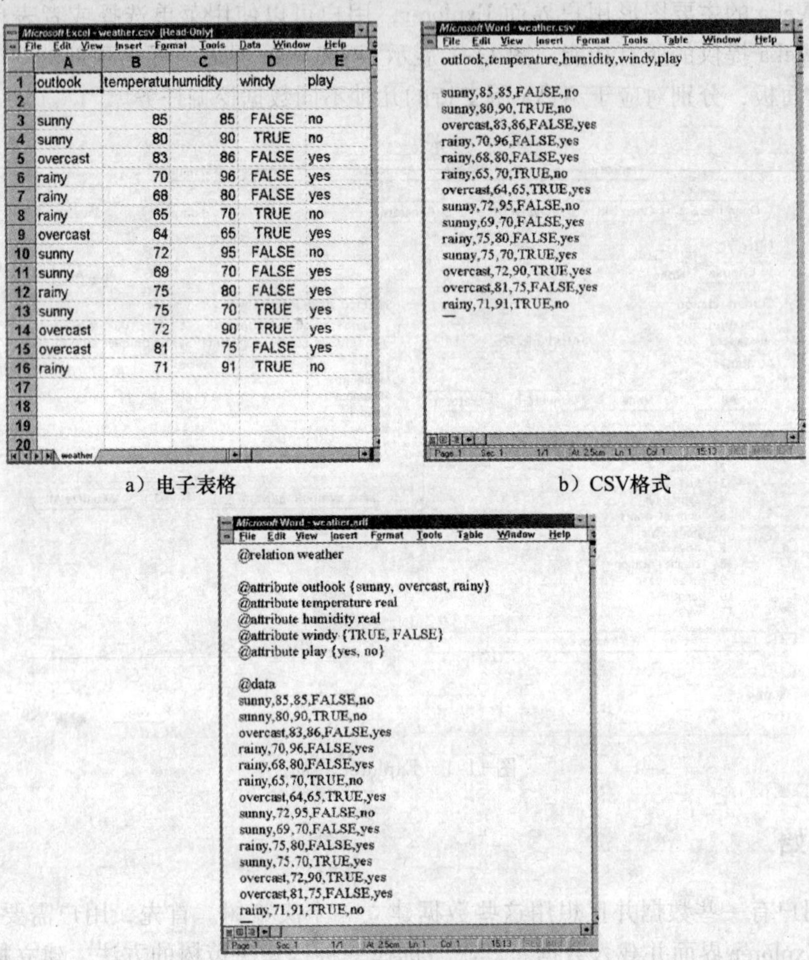

	A	B	C	D	E
1	outlook	temperatur	humidity	windy	play
2					
3	sunny	85	85	FALSE	no
4	sunny	80	90	TRUE	no
5	overcast	83	86	FALSE	yes
6	rainy	70	96	FALSE	yes
7	rainy	68	80	FALSE	yes
8	rainy	65	70	TRUE	no
9	overcast	64	65	TRUE	yes
10	sunny	72	95	FALSE	no
11	sunny	69	70	FALSE	yes
12	rainy	75	80	FALSE	yes
13	sunny	75	70	TRUE	yes
14	overcast	72	90	TRUE	yes
15	overcast	81	75	FALSE	yes
16	rainy	71	91	TRUE	no
17					
18					
19					
20					

a）电子表格

```
outlook,temperature,humidity,windy,play

sunny,85,85,FALSE,no
sunny,80,90,TRUE,no
overcast,83,86,FALSE,yes
rainy,70,96,FALSE,yes
rainy,68,80,FALSE,yes
rainy,65,70,TRUE,no
overcast,64,65,TRUE,yes
sunny,72,95,FALSE,no
sunny,69,70,FALSE,yes
rainy,75,80,FALSE,yes
sunny,75,70,TRUE,yes
overcast,72,90,TRUE,yes
overcast,81,75,FALSE,yes
rainy,71,91,TRUE,no
```

b）CSV格式

```
@relation weather

@attribute outlook {sunny, overcast, rainy}
@attribute temperature real
@attribute humidity real
@attribute windy {TRUE, FALSE}
@attribute play {yes, no}

@data
sunny,85,85,FALSE,no
sunny,80,90,TRUE,no
overcast,83,86,FALSE,yes
rainy,70,96,FALSE,yes
rainy,68,80,FALSE,yes
rainy,65,70,TRUE,no
overcast,64,65,TRUE,yes
sunny,72,95,FALSE,no
sunny,69,70,FALSE,yes
rainy,75,80,FALSE,yes
sunny,75,70,TRUE,yes
overcast,72,90,TRUE,yes
overcast,81,75,FALSE,yes
rainy,71,91,TRUE,no
```

c）ARFF

图 11-2　天气数据

11.1.2　将数据载入 Explorer

现在将数据载入 Explorer 并开始分析。启动 Weka 进入如图 11-3a 所示的 GUI 选择器面板，从面板右侧的 4 个选项中选择 Explorer（其他选项在前面的章节中已做过介绍：Simple CLI 是旧式的命令行界面）。

接下来用户看到的是 Explorer 的主面板，如图 11-3b 所示。实际上，图 11-3b 展示的是用户已经将天气数据载入 Explorer 后的画面。面板顶部的 6 个标签代表 Explorer 所支持的基本操作：当前正处在 Preprocess（预处理）中。单击 Open file（打开文件）按钮，用户可以通过弹出的标准对话框选择文件。选中名为 weather. arff 的文件。如果该文件是 CSV 格式，则将其从 ARFF 数据文件转换为 CSV 数据文件。当用户指定一个 .csv 文件时，该文件会自动转换成 ARFF 格式。

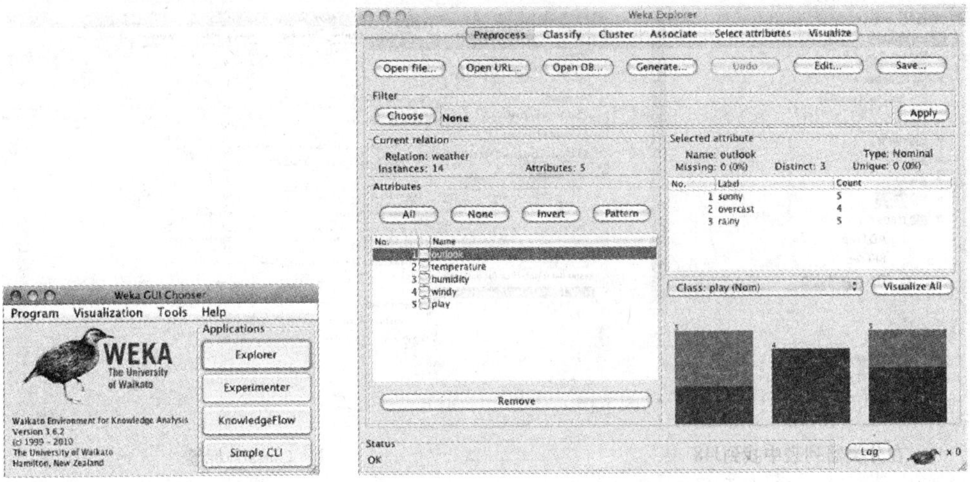

a）选择Explorer界面　　　　b）读取天气数据

图 11-3 Weka Explorer

文件载入后，就会出现如图 11-3b 所示的画面。由图中的面板可以得到如下的数据集信息：该数据集包含 14 个实例和 5 个属性（面板中间偏左），5 个属性分别为 outlook（阴晴）、temperature（温度）、humidity（湿度）、windy（刮风）和 play（玩）(面板左下方)。 407~408
第 1 个属性 outlook 是默认的（用户可通过单击其他属性进行选择），该属性没有缺失值，共有 3 个不同取值，没有唯一的值。其 3 个属性取值分别是 sunny、overcast 和 rainy，分别出现 5 次、4 次和 5 次（面板中间偏右）。面板右下方的柱状图表明对于属性 outlook 的每个不同值，类 play 的两种取值（yes 和 no）分别出现的频数。当前柱状图上方的属性框中显示的所选属性是 outlook，因为这里的柱状图是基于 outlook 属性的，用户可选择其他任意属性画柱状图。这里 play 被选定为类属性，它决定了柱状图的颜色，其他需要使用类值的过滤器也会用到它。

图 11-3b 中的属性 outlook 是名目属性。如果选择的是数值型属性，用户就会看到该属性的最小值、最大值、平均值和标准差。这时候柱状图所显示的是类作为该项属性的一个 409
函数的分布（后面的图 11-10 给出该情况的一个例子）。

用户可通过单击复选框和 Remove 按钮来删除属性。单击 All 表示选中全部属性，None 表示不选，Invert 表示反向转换目前的选择，Pattern 表示选择那些名称与用户给定的正则表达式匹配的属性。用户可通过单击 Undo 按钮撤销所做的改动。单击 Edit 按钮会弹出一个编辑器，通过该编辑器，用户可检查数据，也可以搜索具体的值进行编辑，或者删除实例和属性。在每个值以及每列的表头上右击会弹出相对应的上下文菜单。

11.1.3 建立决策树

要想看到 6.1 节中描述过的 C4.5 决策树学习器的确可以处理数据集，我们需要结合 J4.8 算法，该算法是 C4.5 学习器在 Weka 中的实现（实际上，J4.8 算法实现了 C4.5 的版本8，这是一个较新且略有改进的版本，是在其商业版C5.0推出之前该算法家族中的最后一个公开版本)。单击Classify标签，得到如图11-4b所示的画面。该画面所显示的实际上是用户对天气数据做出分析后得到的结果。

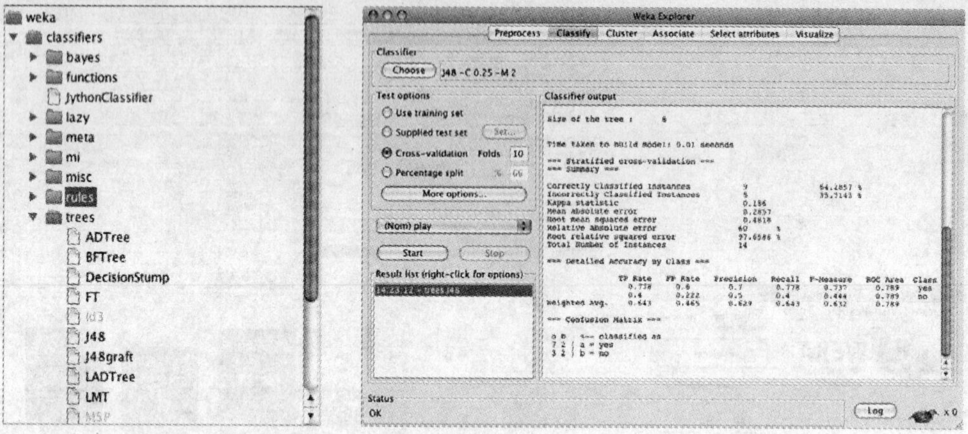

a）在分类器列表中找到J48　　b）Classify标签

图11-4　使用J4.8

首先选取分类器。单击左上方的Choose按钮，在随后打开的如图11-4a所示的层级式菜单中的trees部分找到J48。该菜单的结构代表Weka源代码的模块式架构，这将在第14章中加以描述。现在用户所要做的只是打开相应的层级——待选分类器总是出现在层级的最下面一层。一旦选中，J48以及它的相关默认参数值就会出现在Choose按钮旁边的条形框中，如图11-46b所示。单击这个条形框打开J4.8分类器的对象编辑器，编辑器会显示J48的各个参数的含义，用户可根据需要更改参数的值。Explorer通常会选择合理的默认值。

选定分类器后，单击Start按钮使其开始工作。Weka每次运行的时间较短。在它工作时，图11-4b右下角的小鸟会即时起舞，随后就会产生如图11-4b所示主面板上的结果。

11.1.4　查看结果

图11-5列出了全部输出结果（图11-4b所示只是后半部分)。在该结果的开头给出了数据集概要，同时注明所用的评估方法是10折交叉验证。该方法是默认的，如果用户仔细观察图11-4b会发现左侧的Cross-validation（交叉验证）框是选中的。再往下是一棵剪枝过的决策树，这棵树是文本形式的。这里给出的模型通常是从Preprocess面板中的完整数据集上产生。第一层面的分裂基于属性outlook进行，第二层面则分别根据humidity和windy进行分裂。

在这个树结构中，冒号后面的是分配到某叶子结点的类标，类标后面是到达该叶子结点的实例数量，该数量以十进制数表示，因为算法使用部分实例来处理缺失值。如果有错
410 ~ 411 误分类的实例（图11-5中没有这样的实例)，其数量也会列出。因此，2.0/1.0表示共有两个实例到达了该叶子，其中一个是被错误分类的。在树结构的下方给出了该树所含叶子的数量，然后是结点的总数（树的大小)。有一种方式可以更加图形化地浏览树的结构，详见本章的后续内容。

```
=== Run information ===

Scheme:       weka.classifiers.trees.J48 -C 0.25 -M 2
Relation:     weather
Instances:    14
Attributes:   5
              outlook
              temperature
              humidity
              windy
              play
Test mode:    10-fold cross-validation

=== Classifier model (full training set) ===

J48 pruned tree
------------------

outlook = sunny
|   humidity <= 75: yes (2.0)
|   humidity > 75: no (3.0)
outlook = overcast: yes (4.0)
outlook = rainy
|   windy = TRUE: no (2.0)
|   windy = FALSE: yes (3.0)

Number of Leaves  :   5

Size of the tree :    8

Time taken to build model: 0.27 seconds

=== Stratified cross-validation ===
=== Summary ===

Correctly Classified Instances          9               64.2857 %
Incorrectly Classified Instances        5               35.7143 %
Kappa statistic                         0.186
Mean absolute error                     0.2857
Root mean squared error                 0.4818
Relative absolute error                60      %
Root relative squared error            97.6586 %
Total Number of Instances              14

=== Detailed Accuracy By Class ===

               TP Rate  FP Rate  Precision  Recall  F-Measure  ROC Area  Class

               0.778    0.6      0.7        0.778   0.737      0.789     yes
               0.4      0.222    0.5        0.4     0.444      0.789     no
Weighted       0.643    0.465    0.629      0.643   0.632      0.789
Avg.

=== Confusion Matrix ===

 a b   <-- classified as
 7 2 | a = yes
 3 2 | b = no
```

图11-5 J4.8决策树学习器的输出结果

接下来是对该决策树的预测能力所做的评估。该情况的评估结果由默认的分层10折交叉验证得到，如图11-4b所示。由图11-4b可知，超过30%的实例（14个中的5个）在交叉验证中被错误分类。这表明，与从测试集上可能得到的结果相比，训练集的结果已颇为乐观，这里的测试集与训练集同源且独立于测试集。从结尾处的混淆矩阵（见5.7节）中可以看到，有两个属于yes的实例被分为类no，同时有3个属于no的实例被分为类yes。

与分类误差一样，评估模块还在输出结果中给出了 Kappa 统计量（见 5.7 节）、平均绝对误差以及由决策树指定的类概率估计的方均根误差。方均根误差是平均二次损失的平方根（见 5.6 节）。平均绝对误差由类似的方法计算得到，只是将平方差替换成绝对差。评估模块还输出基于先验概率的相对误差（如由后面将要描述的 ZeroR 学习方案所得到的概率）。最后，它还会针对每个类给出 5.7 节中描述过的一些统计数据。同时还会针对每个类，给出其各个统计量的均值，这些统计量用每个类的实例数量加权得到。

11.1.5　重做一遍

用户可以很容易地用不同的评估手段将 J4.8 再运行一遍。选中 Use training set（见图 11-4b 左上方），然后单击 Start 按钮。很快，分类器输出移除了 10 折交叉验证的结果，给出从训练集上导出模型的表现情况。此评估过于乐观（见 5.1 节），但还是有帮助，因为这类评估通常代表了所用模型对初次使用的数据处理能力的上限。这时，全部 14 个训练实例都分类正确。有时候，某个分类器也许会对一些实例不进行分类。这时，这些实例作为 Unclassified Instances（未分类实例）列出。通常 Weka 中的大多数学习方法不会出现这种情况。

如图 11-4b 所示的面板上还有额外的测试选项：Supplied test set（提供的测试集），这里用户可以指定一个测试集文件；Percentage split（百分比分裂），使用这个选项用户可设置一定比例的数据留作测试用。用户单击 More options（更多选项）按钮，并检查相应的条目，就可在屏幕上输出每个实例的预测情况。面板上还有其他一些很有用的选项，如省略一些输出结果以及其他一些统计量（如熵评估度量（entropy evaluation measure）和成本
412~413 敏感评估（cost-sensitive evaluation））。对于后者，用户输入成本矩阵：在 Classes 框中键入类的数量（按 Enter 或 Return 键终止）得到一个默认的成本矩阵（见 5.7 节），然后按照需求编辑矩阵的值。

在图 11-4b 左下方的小窗口中有一条加亮的横栏，这里就是历史结果列表。每运行一个分类器，Explorer 就会添加新的一栏。由于该分类器已运行两次，所以列表中有两条横栏。要返回到前面的结果集，只需单击相关的横栏，对应此次运行的输出就会出现在 Classifier Output（分类器输出）窗口中。该功能使得用户可以非常方便地浏览不同的分类器或评估方案来反复比较运行结果。

11.1.6　运用模型

输出结果历史列表是使用 Explorer 某些强大功能的入口。当用户右击其中一项时，随后出现的菜单允许用户在单独的窗口查看结果，或将结果存储下来。更重要的是，用户可将 Weka 所产生的模型以 Java 对象文件的形式保存起来。用户还可重新载入以前保存过的模型，这样会在历史列表中产生一个新的记录。如果现在用户提供一个测试集，则可以用这个新测试集重新评估以前的旧模型。

在弹出的菜单中右击多个选项，允许用户以不同的方式可视化所得到的各种方法的结果。在 Explorer 界面的顶部有一个 Visualize 标签，这个标签不同的地方在于：它用于显示数据集而不是某个模型的输出结果。通过右击历史列表中的项目，用户可看到分类器的误差。如果所用模型是树或贝叶斯网络，用户可看到它的结构。用户还可浏览边际曲线

(margin curve)、各种成本和阈值曲线，包括成本 - 收益分析工具（见 5.7 节）。要得到这些曲线，用户必须从子菜单中选择一个类值。利用 Visualize threshold curve（显示阈值曲线）菜单选项可以查看改变概率阈值对将一个实例划分到相应类别所产生的影响。可供用户选择的曲线范围很广，包括 ROC 和召回率 - 精确率曲线（见表 5-7）。要选取曲线，从所给菜单中设定合适的 x 和 y 坐标轴。例如，对一个 ROC 曲线来说，将 X 设为 False positive rate（假正率），Y 设为 True positive rate（真正率），或 X 设为 Recall（召回率），Y 设为 Precision（精确率），则得到召回率 - 精确率曲线。

图 11-6 给出了两种方式查看利用 J4.8 对鸢尾花数据集进行分类的结果（见 1.2 节），这里没有使用天气数据集，因为用鸢尾花数据集生成的图更有趣。图 11-6a 给出了所产生的树。在窗口的空白处右击，弹出一个菜单，用户可设定图形尺寸自动调整或者说使树更适合窗口的大小。拖动鼠标可使树在窗口中任意移动。如果树已经根据所用算法存储下来，还可以将任意结点上的实例数据图形化。

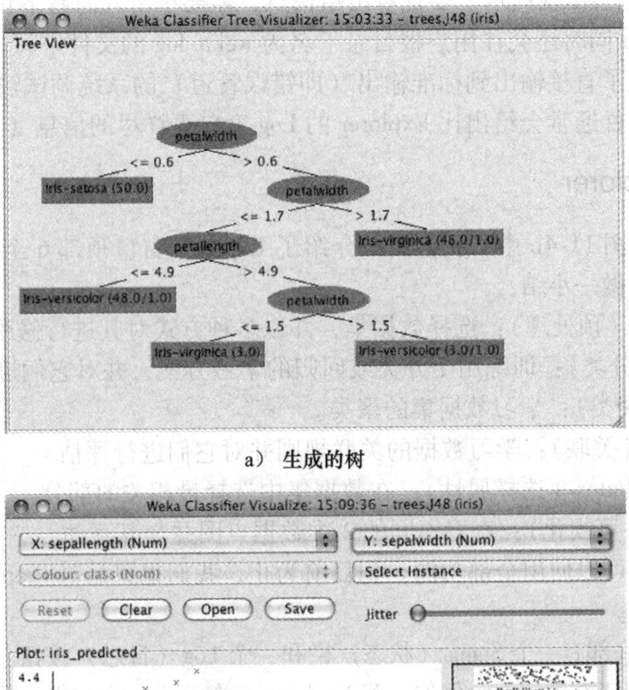

a） 生成的树

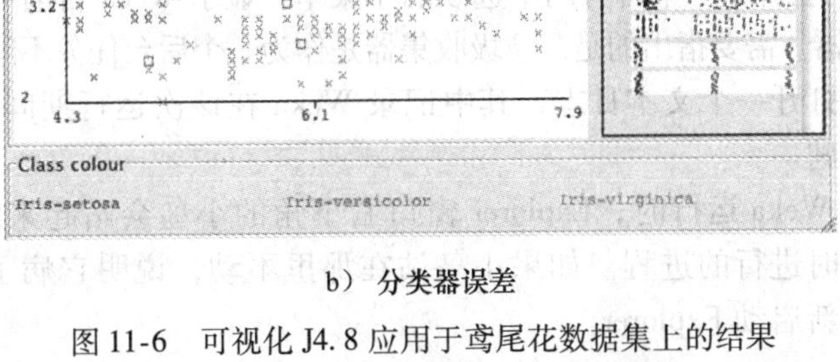

b） 分类器误差

图 11-6 可视化 J4.8 应用于鸢尾花数据集上的结果

图 11-6b 用 2 维点阵显示分类器误差。用户可利用界面顶部的选择框为坐标 X 和 Y 选择属性。还有一个办法是单击位于 2 维点阵右侧的带斑点的水平条中的任何一条：单击确定 X 坐标，右击确定 Y。每个水平条显示的是对应于该属性的实例分布。字母 X 和 Y 会分

别出现在用户所选定的作为相应 X 和 Y 坐标的水平条旁边。

代表数据的点用不同的颜色区分各自所属的类：蓝、红和绿分别代表 Iris setosa、Iris versicolor 和 Iris virginica（见屏幕底部的标注）。正确进行分类的实例用十字叉表示，未被正确分类的实例用小方框表示（图 11-6b 中共有 3 个小方框）。用户可单击任何一个代表实例的点查看其详细信息：实例的编号、属性值、实际所属的类和预测出的类。

11.1.7 运行错误的处理

在历史结果列表的下面有一个状态栏，即图 11-4b 的底部，通常只简单显示 OK。有时候状态栏会显示 See error log（见出错日志），这表明运行中出现错误。例如，用户在面板中做出不同选择的过程中可能会存在一些限制条件。绝大多数情况下，界面上那些不兼容的选项会被设成灰色让用户无法选择。但偶尔也有这样的情况，太复杂的人机互动导致用户能够选择一些不兼容的选项。在这种情况下，当 Weka 意识到出错时，通常是用户单击 Start 时，状态栏会出现提示。要查看出错信息，需要单击界面右下角位于 Weka 鸟左侧的 Log 按钮。Weka 同时还会往用户根目录下名为 weka.log 的文件中写入一个详细的日志。由于这个文件捕获了直接输出到标准输出（即错误管道）的系统调试输出，因此对问题的产生原因，这个文件通常会给出比 Explorer 的 Log 窗口更详尽的信息（见 11.2 节）。

414~415

11.2 探索 Explorer

在图 11-3b 和图 11-4b 中，我们简单介绍了 Explorer 窗口顶部 6 个标签中的两个。在此，对它们的功能做一小结：

1）Preprocess（预处理）：选择数据集，并以多种方式对其进行修改。

2）Classify（分类）：训练用于分类或回归的学习方案，并对它们进行评估。

3）Cluster（聚类）：学习数据集的聚类。

4）Associate（关联）：学习数据的关联规则并对它们进行评估。

5）Select attributes（选择属性）：在数据集中选择最相关的部分。

6）Visualize（可视化）：查看不同的 2 维数据点图并与其互动。

每个标签页都可以使用全部功能。到目前为止，我们也只是对 Preprocess 和 Classify 面板做了浅显的探讨。

在每个面板的底部有一个 Status（状态）栏和一个 Log（日志）按钮。用户可从状态栏显示的信息得知 Weka 正在做什么。例如，若 Explorer 正在载入一个文件，状态栏中会显示这个信息。右击状态栏，会弹出一个含有两个选项的小菜单：显示 Weka 目前可用的存储器容量和运行 Java 垃圾收集器。需要指出的是，垃圾收集器是作为一个后台任务不间断地运行。

单击 Log 按钮打开一个文本日志，其中记录 Weka 在该次运行期间所进行的所有活动以及各项活动的时间。

如前所述，当 Weka 运行时，Explorer 窗口右下角的小鸟会站起来跳舞。×旁边的数字显示有多少个同时进行的进程。如果小鸟站在那里不动，说明它病了！Weka 出现运行错误，用户必须重新启动 Explorer。

11.2.1 载入及过滤文件

在图 11-3b 中，Preprocess 面板的顶部有一些按钮是用来打开文件、站点及数据库的。

最初，只有名字以 .arff 结尾的文件出现在文件浏览器中，要想浏览其他格式的文件，调整文件选择框中的 Format（格式）选项。 416

将文件转换为 ARFF 格式

Weka 带有的文件格式转换器如下所示：

- 扩展名为 .csv 的电子表格文件。
- 扩展名为 .names 和 .data 的 C4.5 原始格式文件。
- 扩展名为 .bsi 的已经串行化的实例。
- 扩展名为 .libsvm 的 LIBSVM 格式文件。
- 扩展名为 .dat 的 SVM-Light 格式文件。
- 扩展名为 .xrff 的基于 XML 的 ARFF 格式文件。

可适用的转换器是根据文件扩展名决定的。如果 Weka 无法载入数据，它会尝试将其当做 ARFF 格式来处理。如果不成功，它会弹出如图 11-7a 所示的对话框。

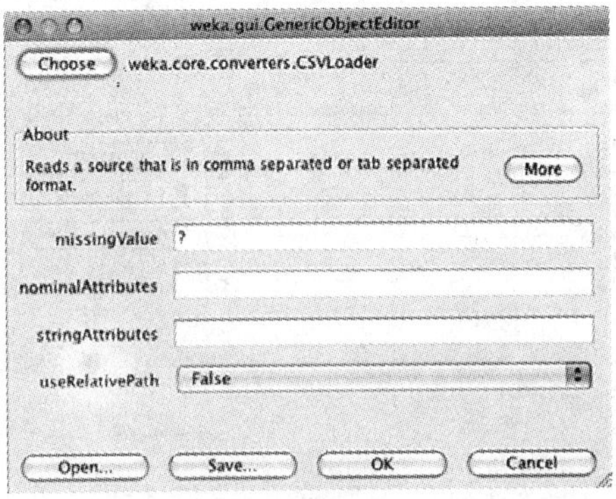

a）编辑器

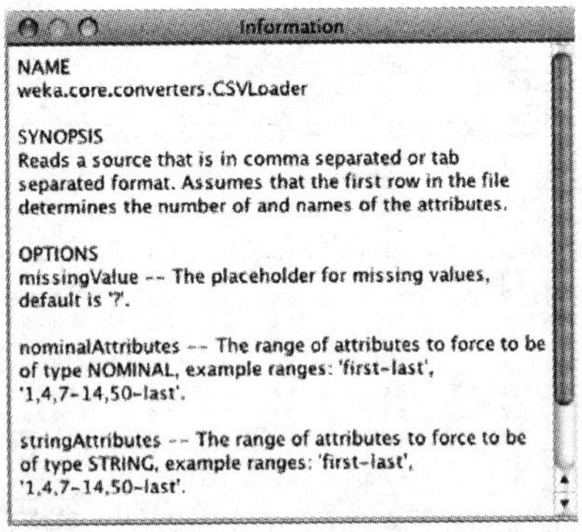

b）更多信息（单击More）

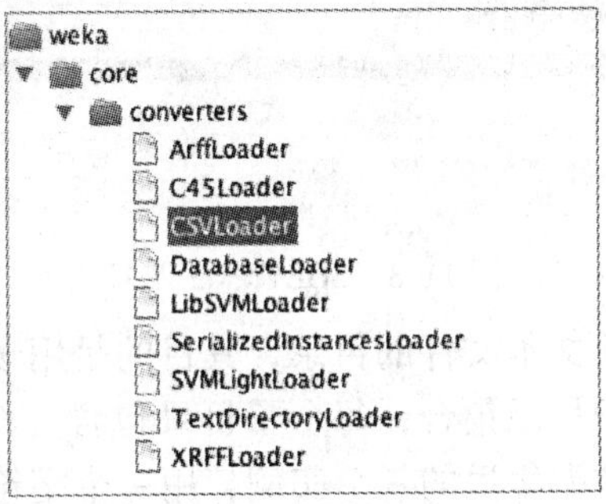

c）选择一个转换器（单击Choose）

图 11-7　通用对象编辑器

图 11-7a 是一个通用对象编辑器，Weka 自始至终用它来选择和设定对象。例如，当用户为一个分类器设定参数时，使用相同的对话框。图中用于载入 .csv 文件的 CSVLoader（CSV 载入器）是默认的，单击 More 按钮会得到更多有关 CSVLoader 的信息，见图 11-7b。阅读帮助文件总是有益的！就此例来说，帮助文件说明电子数据表的第一行给出了属性的名字等。单击 OK 即可应用这个转换器。在图 11-7c 中，单击 Choose 可以从列表中选择不同的转换器。

ArffLoader（Arff 载入器）是第一个选项，用户到这一步的唯一原因是 ArffLoader 载入不成功。第二个选项用于 C4.5 格式，对每个数据集都有两个文件，一个是域名，另一个是实际数据。第三个选项CSVLoader是默认的，用户可以单击Choose来更换其他选项。第四个选项是从数据集而不是文件读取数据，实际上通过单击Preprocess面板的Open DB按钮得到SQLViewer（SQL查看器）工具（见图11-8）的方式来访问数据集更加方便。serialized instances（串行化实例）选项用来重新载入已存储为串行Java对象的数据集。任何Java对象都能以这种形式存储并重新载入。作为一种原始的Java格式，它比载入ARFF格式文件要快得多，ARFF格式文件需经过解析和检查。当需要不停地重新载入大的数据集时，将它们存为这种形式会很有用。

417~418

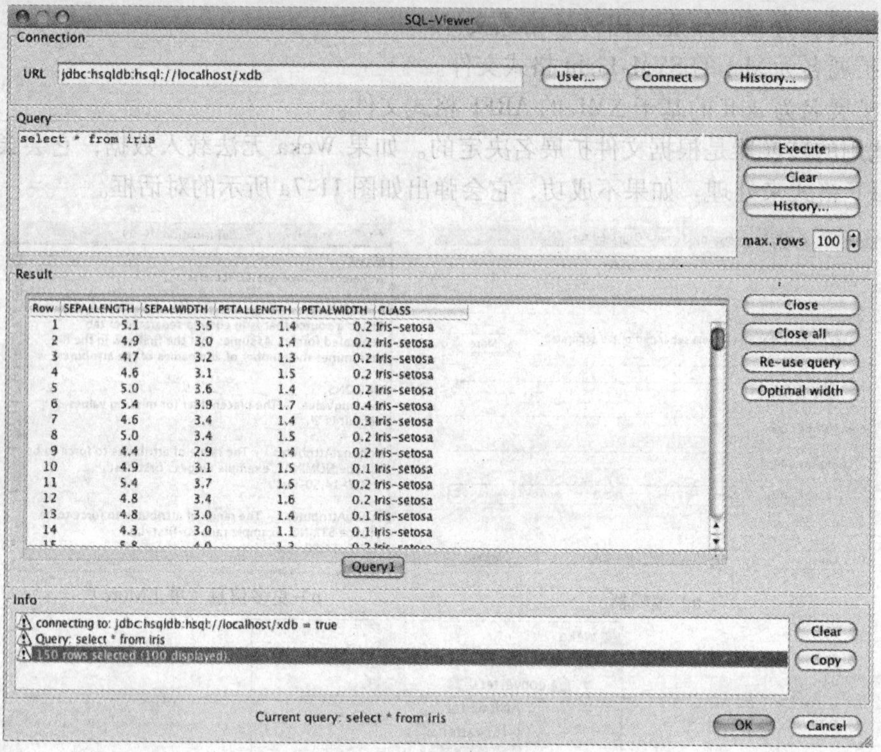

图11-8 SQLViewer工具

第八个菜单项用于导入纯文本文件的目录，其目的是用于文本挖掘。导入的目录最好有特定的结构，也就是一个子目录集合，每个子目录包含一个或多个.txt扩展名的文本文件。每个文本文件都会成为数据集里的一个实例，用一个字符串类型的属性来描述文件内容，用一个名目型类属性来说明其源自的子目录名称。通过使用StringTo-WordVector过滤器（下节介绍），该数据集将被继续处理成词频（见7.3节）。最后面的选项用于往XRFF中导入数据，XRFF（eXtensible attribute-Relation File Format）是一种XML属性关系文件格式，正如其名字描述的一样，XRFF包括ARFF文件头和实例信息两部分，其中实例信息使用XML标记语言描述。

图11-7a中的通用对象编辑器（generic object editor）的其他功能包括：Save（保存），用于保存配置好的对象；Open（打开），用于打开一个已保存的对象。这些功能对于图中的情况也许用不上，但是其他几个通用的编辑器面板有许多可编辑的属性，当用户设定这些属性遇到麻烦时，可将那些设置好的对象存储起来以备将来使用。

用户计算机上的文件并不是Weka数据集的唯一来源。用户可打开一个URL（统一资源定位器），Weka会利用HTTP协议从Web上下载一个ARFF文件。用户也可以选择打开一个数据库（Open DB），可以是任何已装载Java数据库连接（JDBC）驱动的数据库，再使用SQL Select语句来检索实例。选择语句会返回一个关系，Weka将此关系作为一个ARFF文件读入。欲使该功能也能用于用户的数据库，用户必须对Weka发行配套包中的weka/experiment/ DatabaseUtils. props文件进行修改。修改的方式是将用户数据库的驱动程序添加到这个文件中（读取这个文件的方式是展开Weka发行配套包中的weka. jar文件）。图11-8展示了单击Open DB时出现的SQLViewer工具。在这个例子中，从一个数据库表中抽取出了鸢尾花数据集。

利用图11-3b中Preprocess面板上的Save按钮，数据可保存为前述格式中的任意一种。用户还可以使用Generate按钮来生成人工数据。适用于分类任务的人工数据可由决策列表、径向基函数网络以及贝叶斯网络产生，也可以由传统的LED24域（classic LED24 domain）生成。用于回归任务的人工数据则可根据数学表达式产生。而对于聚类任务的人工数据，面板上同样有多个相应的生成器。除了载入和存储数据集功能外，用户还可通过Preprocess面板过滤数据集。过滤器是Weka的一个重要组件。

使用过滤器

单击图11-3b中的Choose按钮（靠近左上方），用户将看到如图11-9a所示的过滤器列表。实际上，用户现在看到的是收缩版——单击箭头可展开内容。本书将描述如何利用一个简单的过滤器来删除数据集的指定属性，换句话说，手动选择属性。通过在复选框中勾选相应的属性，然后单击Remove按钮，是另一种更为简易的实现手动选择属性的方式。然而，我们会用一个范例明白无误地描述过滤器的操作过程。 419

Remove是一个无监督的属性过滤器，需要进一步向下拉动页面才能看到它。一旦选中，它就会出现在Choose按钮的旁边，同时出现的还有其参数值。图11-9中的例子只简单地显示了“删除”。单击过滤器所在横栏，弹出一个通用对象编辑器，通过该编辑器用户可以检查并修改过滤器的属性（前面的章节已有类似的操作，即在图11-4b中单击J48横栏，打开J4. 8分类器的对象编辑器）。Remove过滤器的对象编辑器如图11-9b所示。

为了更多地了解该编辑器，单击More显示相关信息（见图11-9c）。由图11-9c可知，过滤器删除了数据集中的一系列属性。attributeIndices选项指明了属性的范围，另一个选项invertSelection则确定过滤器是选定这些属性还是删除它们。这两个选项在对象编辑器中（见图11-9b）分别显示在各自的框中，实际上，我们已经将它们设定为1，2（即属性1和2，相对应的属性名字为outlook和temperature）和False（即删除而不是保留它们）。单击OK使这些选项生效并关闭对话框。注意，此时Choose按钮旁的文字变成了Remove-R 1，2。在Remove过滤器的命令行中，-R选项用来指明哪些属性被删除。设置完一个对象后，再审视一遍Explorer设定的命令行程序结果总是有益无害的。

图11-9演示了通用编辑器的另一个特征，即能力（capabilities）。Weka中的算法给出了能被它处理的数据特征，如果当前数据是可以处理的，通用编辑器中按钮More的下方会出现一个Capabilities按钮（见图11-9b）。单击该按钮得到图11-9d的画面，其中给出的是这个方法可以完成何种任务的信息。因此可知在该图中，Remove可以处理多种特征的属性，如不同的属性类型（名目型、数值型、关系型等），还可以处理值缺失的属性。图中还给出了Remove操作要求的最小实例数目。

单击图 11-9a 面板顶部的 Filter 按钮，得到图 11-9e 的窗口，窗口给出了一系列对相应的已勾选好的能力约束。如果当前的数据集具备了图 11-9e 中已勾选的特征，但在用于 Remove 过滤器（见图 11-9d）的能力中缺少相应特征，那么图 11-3b 中位于 Choose 按钮右边的 Apply 按钮就会变成灰色，同时图 11-9a 中的列表入口也会变为灰色。这个时候尽管不能应用过滤器，但是用户还是可以选择一个变灰的入口，使用通用编辑器来检查其选项、文件以及性能。用户也可以在如图 11-9e 所示的窗口中取消选择相应的约束来解除约束，或者单击 Remove filter 按钮来清除所有的约束。

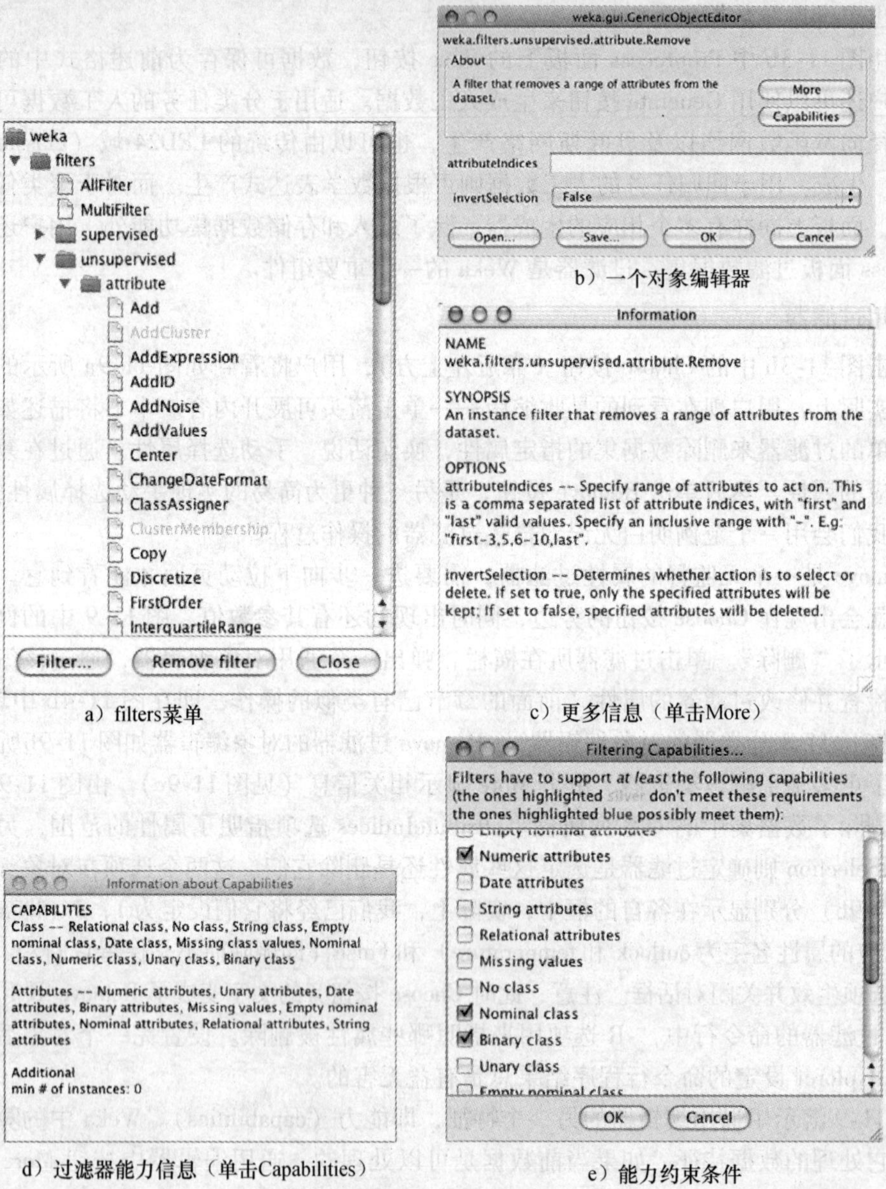

a）filters菜单　b）一个对象编辑器　c）更多信息（单击More）　d）过滤器能力信息（单击Capabilities）　e）能力约束条件

图 11-9　选择过滤器

420 ~ 421 单击 Apply（见图 11-3b 右侧）即可应用该过滤器。随即出现如图 11-10 所示的窗口。该图与图 11-3b 的唯一区别是图 11-10 只有 3 个属性：humidity、windy、play。此时靠近屏幕上方的一排按钮中的第五个按钮变为可选。Undo 会撤销过滤器的动作并恢复原来的数据集。当用户用不同的过滤器做实验时，这个功能会很有用。

第一个属性 humidity 是选中的，面板右侧给出了对其值做的总结。作为一个数值型属性，这里显示的是它的最小值、最大值、平均值和标准差。图 11-10 中是一个展示属性 play 分布的柱状图。不幸的是，这个柱状图十分简单，这是由于该属性取值太少，这些值只能落入两个等宽的长条中。实际数据集会产生内容更丰富的柱状图。

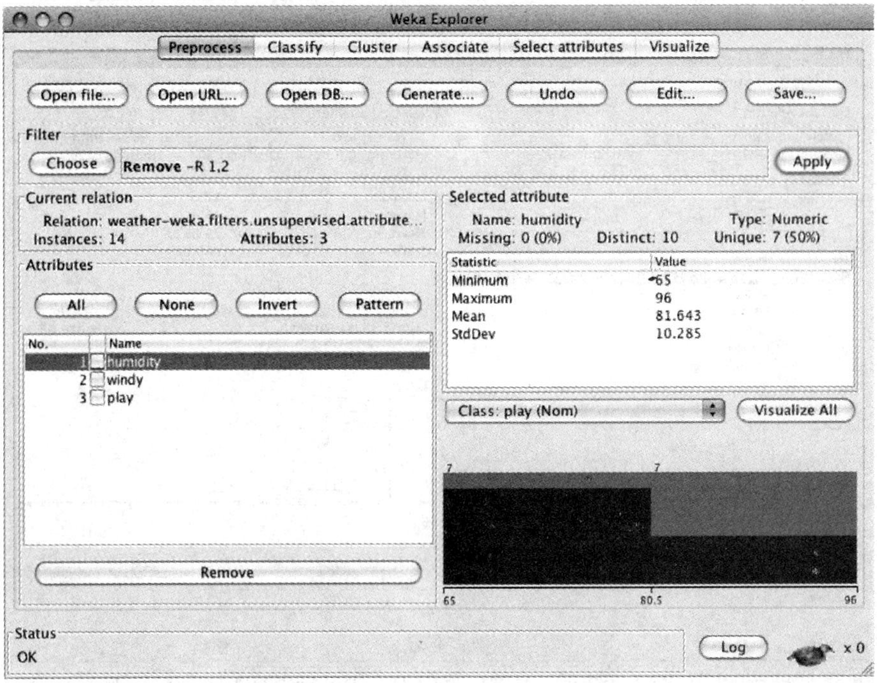

图 11-10 删除两个属性后的天气数据

11.2.2 训练和测试学习方案

用户可通过 Classify（分类）面板来训练和测试用于分类或回归的学习方案。11.1 节讲解了如何解读一个决策树学习器的输出结果，给出了由评估模块自动产生的性能指数。这样的解读对所有用来预测属于某一范畴的类的模型都是一样的。而在评估数值预测的模型时，Weka 产生的是一组不同的性能衡量标准。

举例来说，图 11-11a 中来自表 1-5 的 CPU 性能数据集已载入 Weka。右下角显示的是第一个属性 MYCT 值的柱状图。在图 11-11b 中，进入 Classify 面板，单击左上方的 Choose 按钮，打开如图 11-4a 所示的层次菜单中树的选择部分，找到 M5P，然后单击 Start，即可将模型树产生器 M5′选定为分类器。层次结构可以通过把具有共同功能性的项目组合起来，帮助快速定位具体的分类器。

图 11-12 给出了输出结果。剪枝后的模型树使用了数据集 6 个属性中的 3 个构建分支，树的根结点根据属性 CHMIN 进行分裂，然后在左分支的叶子部分产生一个线性模型，右边分支也是同样的结构。模型树共有 5 个叶子，每个叶子对应一个线性模型。叶子的圆括号中的第一个数字表示到达该叶子的实例个数，第二个数字表示从该叶子的线性模型来预

测这些实例所对应的方均根误差，表示为对整个训练数据集计算得到类标属性标准差的百分比形式。前面给出的是对模型树的基本描述，接下来是几个衡量其性能的指标数据。指标来自图 11-11b 测试选项的 10 折交叉验证（没有分层，因为分层对于数值预测毫无意义）。5.8 节（见表 5-8）解释了不同指标的含义。

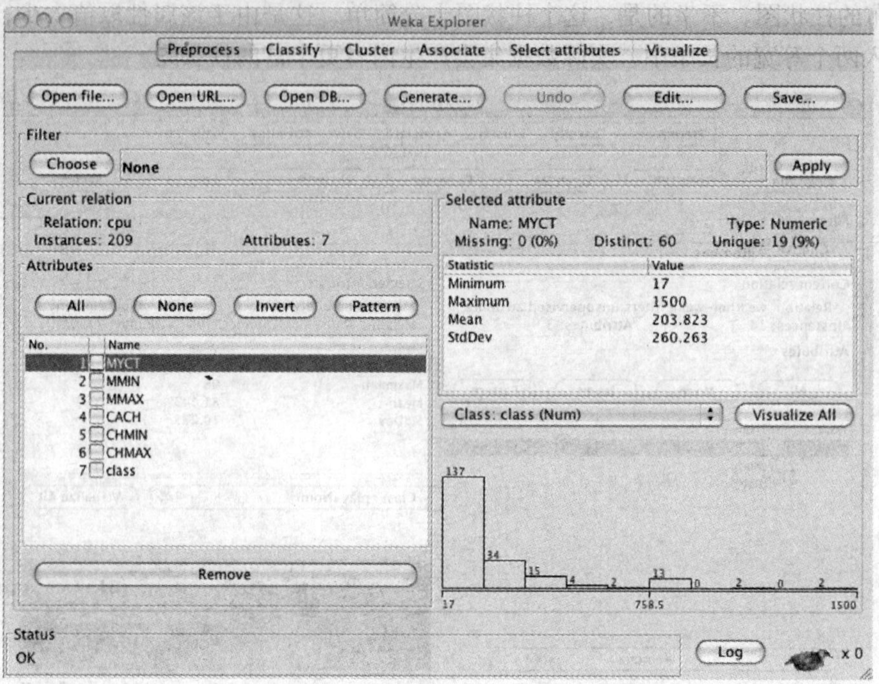

a）

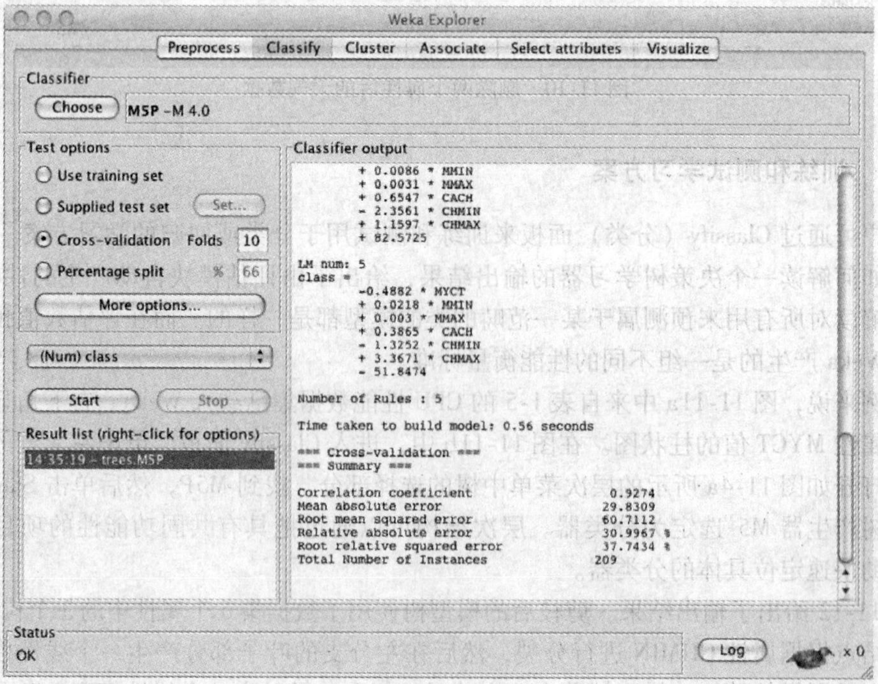

b）

图 11-11　使用 M5′来处理 CPU 性能数据

普通线性回归（见 4.6 节）是另外一种用于数值预测的方案，可在图 11-4a 中的菜单 functions 部分的 Linear Regression（线性回归）类别下找到。它只建立一个单独的线性回归模型而不像图 11-12 中那样产生 5 个。当然，这个模型的性能会稍差一些。

为了对它们的相关性能有所了解，我们可以把它们所建立方案的误差可视化，就像我们在图 11-6b 中对鸢尾花数据集所进行的操作一样。右击历史列表中的项目，然后选择 Visualize classifier errors（可视化分类器误差）得到如图 11-13 所示的 2 维数据点阵。图中的点呈现不同的颜色，分别代表不同的类。但对图中的例子来说，因为类是数值型的，所以颜色变化是连续的。在图 11-13 中，x 坐标轴选择了属性 MMAX，y 坐标轴是所选实例的数量，这样选择坐标会使这些点的分布较好。每个数据点都标示为一个十字叉符，十字叉符的大小代表该实例的误差的绝对值。与图 11-13b（线性回归）中的十字叉符相比较，图 11-13a（M5′）中的十字叉符尺寸较小，这表明 M5′更有优势。

11.2.3 自己动手：用户分类器

用户分类器（在 3.2 节的结尾部分提到过）使用户可以互动式地建立他们自己的分类器。用户分类器放在图 11-4a 中的层次菜单的树的部分，在 UserClassifier 的下面。我们用一个新问题来演示它的操作，根据平均密度、色调、尺寸、位置和各种简单结构特征等属性，将视觉图像数据划分成如 grass（草）、sky（天空）、foliage（树叶）、brick（砖）和 cement（水泥）几个类。Weka 发行配套包提供一个称为 segment-challenge.arff 的训练数据文件。该文件载入后，再选择用户分类器。在 Classify 面板上，选择一个名为 segment-test.arff 的特别测试集作为 Supplied test set（提供的测试集）用来评估。当用户必须每次手动构建分类器时，用交叉验证来评估就不可行了。 422~424

单击 Start 后，一个新窗口出现，此时 Weka 等待用户建立分类器。Tree Visualizer（树可视化器）和 Data Visualizer（数据可视化器）标签可以在不同的查看方式间切换。前者显示分类树的当前状态，每个结点给出了该结点上属于每一类的实例数。其目的是为了得到一个叶子结点越纯越好的树。最初，当然只有一个根结点，所有数据都包含在根结点中。然后切换到 Data Visualizer 生成一个分裂。这样就得到我们在图 11-6b 中通过鸢尾花数据集和图 11-13 中通过 CPU 性能数据看到的同样的 2 维点阵。与前面一样，分别为 X 和 Y 坐标选择属性。这里，用来挑选的标准是找出一个能使类与类分离得尽可能清楚的 X 和 Y 的组合。图 11-14a 给出了一个好选择：region-centroid-row（区域－质心－行）作为 X，intensity-mean（强度－平均值）作为 Y。

找出一个好的分离后，用户必须在图表中指定一个区域。在 y 轴选择器下方的下拉菜单中可找到 4 个工具。Select Instance（选择实例）确认一个具体的实例。Rectangle（矩形，见图 11-14a）使用户可以在图表上拖出一个矩形。利用 Polygon 和 Polyline（多边形和多边线），用户可构建任意形状的多边形或画出任意形状的多边线（单击添加一个角的顶点，右击完成操作）。一个区域一旦被选定，就变成灰色。在图 11-14a 中，用户定义了一个矩形。Submit 按钮在树中创建两个新结点，一个结点含有那些选定的实例，另外一个包含全部其余的实例。Clear 会清除所做的选择；Save 将当前树结点上的实例以 ARFF 文件的方式存储起来。

```
=== Run information ===

Scheme:       weka.classifiers.trees.M5P -M 4.0
Relation:     cpu
Instances:    209
Attributes:   7
              MYCT
              MMIN
              MMAX
              CACH
              CHMIN
              CHMAX
              class
Test mode:    10-fold cross-validation

=== Classifier model (full training set) ===

M5 pruned model tree:
(using smoothed linear models)

CHMIN <= 7.5 : LM1 (165/12.903%)
CHMIN >  7.5 :
|   MMAX <= 28000 :
|   |   MMAX <= 13240 :
|   |   |   CACH <= 81.5 : LM2 (6/18.551%)
|   |   |   CACH >  81.5 : LM3 (4/30.824%)
|   |   MMAX >  13240 : LM4 (11/24.185%)
|   MMAX >  28000 : LM5 (23/48.302%)

LM num: 1
class = -0.0055 * MYCT + 0.0013 * MMIN + 0.0029 * MMAX + 0.8007 * CACH
        + 0.4015 * CHMAX   + 11.0971

LM num: 2
class = -1.0307 * MYCT + 0.0086 * MMIN + 0.0031 * MMAX + 0.7866 * CACH
        - 2.4503 * CHMIN + 1.1597 * CHMAX + 70.8672

LM num: 3
class = -1.1057 * MYCT + 0.0086 * MMIN + 0.0031 * MMAX + 0.7995 * CACH
        - 2.4503 * CHMIN + 1.1597 * CHMAX + 83.0016

LM num: 4
class = -0.8813 * MYCT + 0.0086 * MMIN + 0.0031 * MMAX + 0.6547 * CACH
        - 2.3561 * CHMIN + 1.1597 * CHMAX + 82.5725

LM num: 5
class = -0.4882 * MYCT + 0.0218 * MMIN + 0.003 * MMAX + 0.3865 * CACH
        - 1.3252 * CHMIN + 3.3671 * CHMAX - 51.8474

Number of Rules : 5

Time taken to build model: 0.56 seconds

=== Cross-validation ===
=== Summary ===

Correlation coefficient                  0.9274
Mean absolute error                     29.8309
Root mean squared error                 60.7112
Relative absolute error                 30.9967 %
Root relative squared error             37.7434 %
Total Number of Instances              209
```

425 图 11-12　M5′程序的数值型预测输出

此时，Tree Visualizer在图11-14b中显示了所构建的树。其中一个结点（左结点）对类sky来说是纯的，但另一个（右结点）则是混合结点，需要进一步分裂。单击不同的结点，则整个数据集中与该结点相关联的子集就会被 Tree Visualizer 可视化。继续增加结点，直到用户对所得结果满意，即几乎所有结点都是纯的为止。然后在 Tree Visualizer 的空白处右击，选择 Accept the Tree（接受此树）。Weka 用测试集评估用户的树并输出性能统计数据（对于所举例子，90% 的结果是好的）。

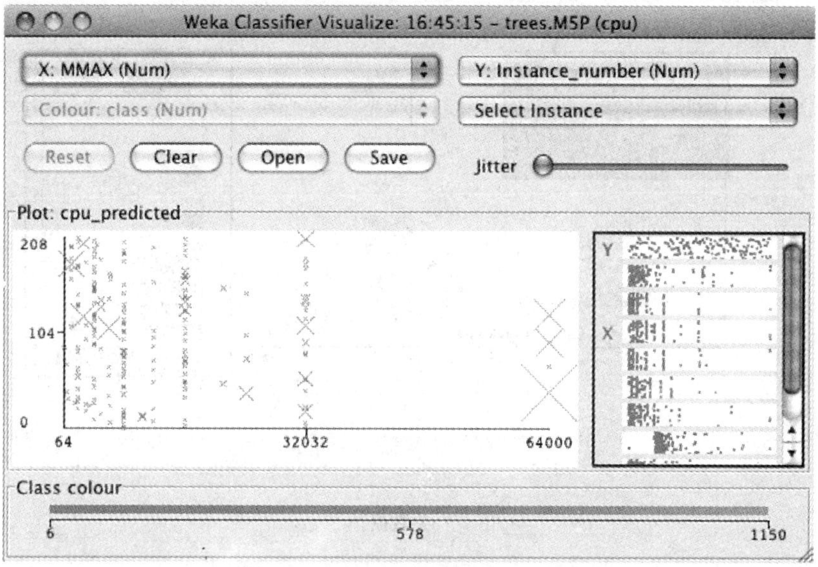

a）来自M5′

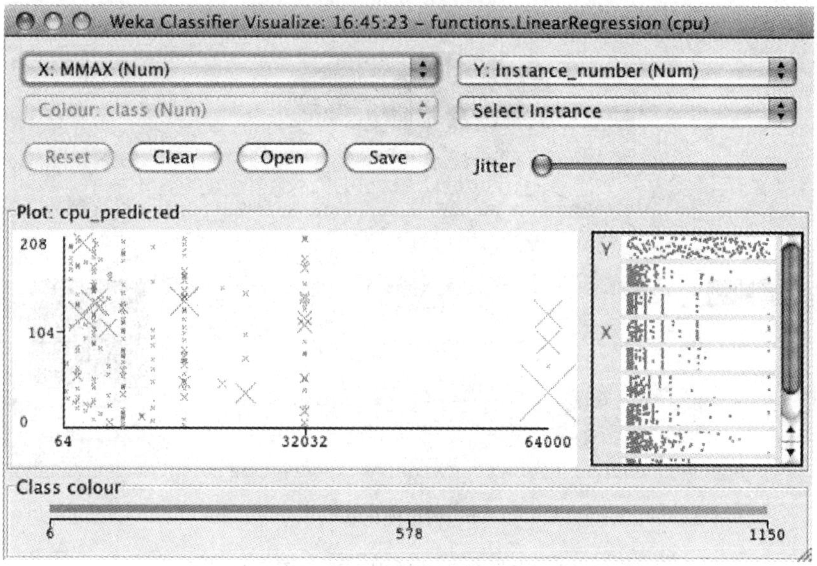

b）来自线性回归

图 11-13　可视化误差 426

使用手动方式构建树非常繁琐。但 Weka 可以在任何结点下构建子树，从而替用户完成作业，只需右击该结点即可。

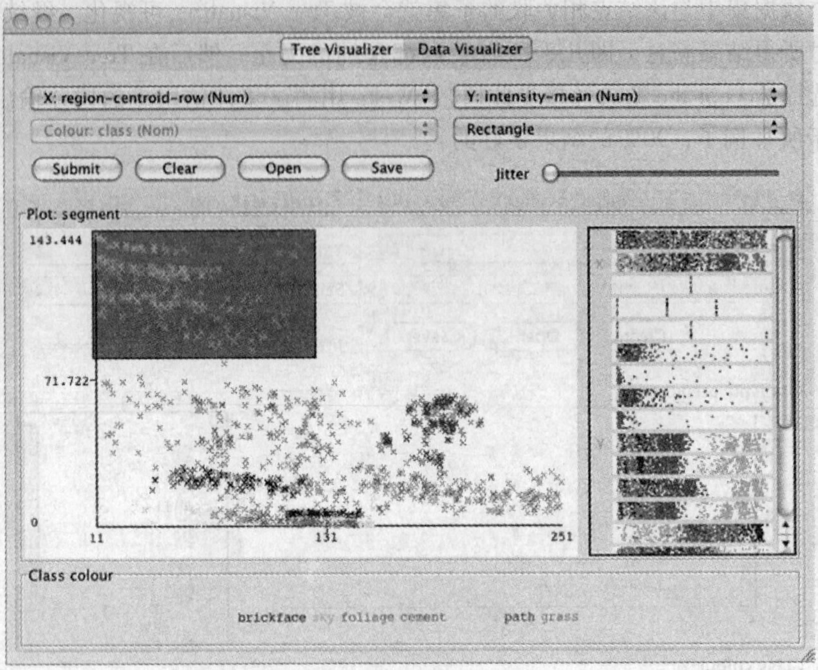

a）数据

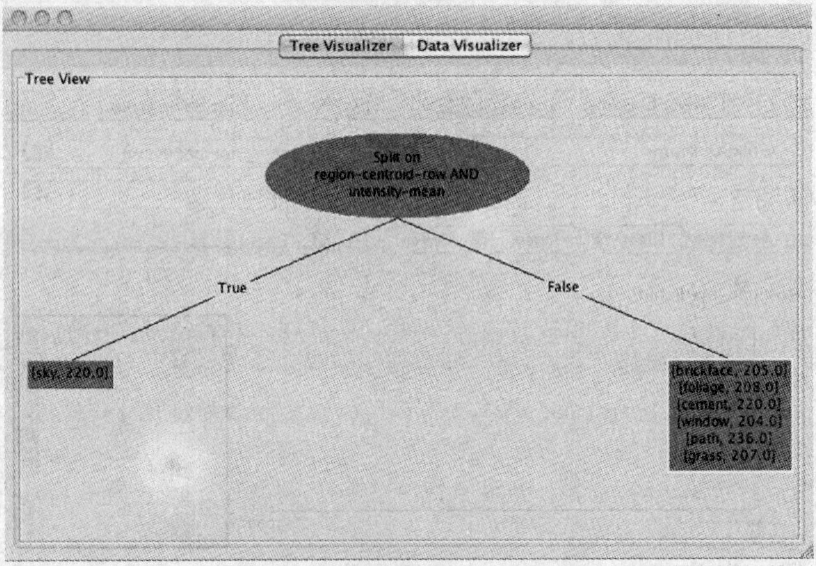

b）树可视化器

图 11-14　在划分过的数据上运行用户分类器

11.2.4　使用元学习器

元学习器（见第8章）可将简单的分类器变成功能更强大的学习器。例如，为了优化Explorer中的决策桩，用户可以打开Classify面板，在层次菜单的meta部分选择AdaboostM1

对数据进行二次抽样以提高效率。在面板上所做的改动只有单击 Update 按钮后才能生效。

单击矩阵中的任何一个散点图使其放大。例如，单击左上角的点图得到如图 11-17b 所示的面板。用户可放大该面板中的任何区域，方法是在右上方的菜单中选择 Rectangle，并按照图中显示的那样拉出一个矩形。左上方的 Submit（提交）按钮会按照比例在查看区域中重新调整这个矩形框。

11.3 过滤算法

现在我们来深入探讨 Weka 中实现的各种过滤算法。第 12、13 章中描述的 Explor er、Kno wledge Flow 和 Explorer 界面中都可以运行这些算法。所有过滤器都会对输入的数据集进行特定的转换。当某种过滤器通过 Choose 按钮被选中时，它的名字就会出现在按钮旁边的横栏中。单击这个横栏，弹出一个通用对象编辑器确定该横栏的属性。横栏中出现的是该过滤器的命令行版本，减号后面的字母指定该过滤器的参数。这是一个学习如何直接使用 Weka 命令的好方法。

过滤器有两种：有监督的和无监督的（见 7.2 节）。这个看似不经意的区别实际上掩盖了一个基本问题。通常过滤器先应用于训练数据集，再应用于测试文件。如果过滤器是有监督的，比方说，假如它使用类值以取得好的离散化区间，那么将该过滤器应用于测试数据时就会对结果造成偏差。应用于测试数据的必须是由训练数据取得的离散化区间。当使用有监督过滤器时，用户必须确保结果的评估是公正的，而使用无监督过滤器则不存在这样的问题。

我们将分别探讨 Weka 的有监督与无监督过滤法。在每一种过滤法中，又可进一步区分为用于数据集中属性的属性过滤器和用于实例的实例过滤器。为了进一步了解具体的过滤器，在 Weka 的 Explorer 中将其选中，并研究与其相关联的对象编辑器，定义过滤器的功能及各种参数。

11.3.1 无监督属性过滤器

表 11-1 列出了 Weka 的无监督过滤器。其中的很多选项在第 7 章中已做过介绍。 431～432

表 11-1 无监督属性过滤器

名称	功能
Add	添加一个新属性，属性的值标记为缺失
AddCluster	添加一个新的名目属性，该属性表示根据给定聚类算法每个实例所分配的聚类
AddExpression	通过将一个指定的数学函数应用到现有属性，生成一个新的属性
AddID	为数据集中的每个实例添加一个具有唯一 ID 的属性
AddNoise	修改给定名目属性值的百分比
AddValues	若属性的标签缺失，则为其添加来自用户应用列表的标签。标签可随意排序
Center	将给定数据集的所有数值型属性进行聚集，使其均值为 0（设置为类标属性的不进行此操作）
ChangeDateFormat	修改用于确定日期属性格式的字符串
ClassAssigner	设置或取消设置类标属性
ClusterMembership	使用一个聚类来产生聚类成分值，用这些值生成新属性
Copy	复制数据集中一系列属性
Discertize	将数值型属性转变为名目属性：指定属性范围、分箱的个数、是否对分箱个数进行优化、输出二分属性、使用等宽（默认）或者等频度的分箱
FirstOrder	将一个一阶差分操作器应用到一系列数值型属性上
InterquartileRange	创建表示异常点和极值的新属性。四分位距决定了异常以及极值的组成
KernelFitler	为数据集产生一个核矩阵。新数据集为原数据集中的每个实例保存一个属性和一个实例。核函数的评估分别在问题中的实例以及与每个属性相关的原有实例上进行，新数据集实例的属性值保存了这些评估结果

（续）

名称	功能
MakeIndicator	用一个布尔型属性替换一个名目属性。对一部分属性值赋值为 1，否则赋值为 0。默认时，布尔型属性作为数值型编码
MathExpression	类似于 AddExpression，区别是在原位置修改已有属性而不是新建属性
MergeTwoValues	合并两个给定属性的值：指定两个待合并值的指数
MultiInstanceToPropositional	通过给出每个实例的袋类标值并任意设定其权重，将一个多实例数据集转换为一个单实例数据集
NominalToBinary	将一个名目属性转变成若干个二值属性，每个属性对应一个值
NominalToString	将名目属性转变成字符类型的属性
Normalize	将数据集中所有数值型的值范围按比例变换到区间［0，1］
NumericCleaner	对太小、太大，或者与特定值太近的值，使用用户设定默认值替换
NumericToBinary	将所有的数值型属性转化为二值型的：非零值为 1
NumericToNominal	通过往名目属性中为数值型属性简单地添加观测值，将数值型属性转换成名目属性
NumericTransform	使用一个 Java 函数对数值型属性进行转变
Obfuscate	通过对关系、所有属性名、名目和字符串类型属性值进行重命名，增加数据集处理难度
PartitionedMultiFilter	一个元过滤器，该过滤器将一系列过滤器应用到相关属性集合上，并且将输出整合到一个新的数据集
PKIDiscretize	使用等频率分箱法将数值型属性离散化，箱的个数等于取值个数的平方根（包括缺失的值）
PrincipalComponents	对输入数据进行主成分分析及转变
PropositionalToMultiInstance	使用关系属性将一个单实例数据集（有一个袋标识的属性）转变为多实例形式
RandomProjection	使用一个随机矩阵将数据映射到一个低维子空间
RandomSubset	创建一个新的数据集，数据集中包含的属性按一定百分比随机选择得到
RELAGGS	使用 RELAGGS 算法将多实例数据转化成单实例形式
Remove	删除属性
RemoveType	删除给定类型的属性（名目型、数值型、字符串类型、字符串或日期型）
RemoveUseless	删除常量属性以及与其他实例差异太大的名目属性
Reorder	改变属性顺序
ReplaceMissingValues	用训练数据中的模式和均值将所有缺失属性替换名目型以及数值型属性
Standardize	将所有数值型标准化，使其均值与单位方差均为 0
StringToNorminal	将一个字符型的属性转化成名目属性
StringToWordVector	将一个字符型属性转化成一个向量，该向量表示词的出现频次，用户可以选择定界符（delimiter），可供选择的选项较多
SwapValues	将一个属性的两个值对调
TimeSeriesDelta	将当前实例的属性值替换为该值与一段时间之前或之后相应实例的差值
TimeSeriesTranslate	将当前实例的属性值替换为一段时间之前或之后的相应值
Wavelet	执行哈尔（Haar）小波变换

433～435

添加和删除属性

Add 往指定位置插入一个属性，该属性的值已声明对所有实例皆为缺失。使用通用对象编辑器确定属性的名字，在编辑器中会出现属性列表及可能的取值（对名目属性来说），用户还可以指定数据属性的数据格式。Copy 复制现有的属性，用户在实验中使用重写属性值的过滤器时可以将这些属性值保存下来。利用一个表达式可将多个属性一起复制，例如，1-3 指前三个属性，或者 first-3，5，9-last 指属性 1，2，3，5，9，10，11，12，…。这些选项也可表示相反的含义，即只对那些未在表达式中指明的属性起作用。很多过滤器都具备这些特性。

AddID 用于往用户指定索引的属性列表里插入一个数值型的标识符属性。标识符属性可以用于在数据集经过多种处理操作后对每个实例进行追踪，例如被其他过滤器转换或者对实例进行随机排序。

Remove 前面已讨论过。类似的过滤器有 RemoveType，删除某指定种类（名目型、数值型、字符串，或日期）的所有属性；RemoveUseless，删除常量属性和那些对几乎所有实例来说与其他大部分实例差异太大的名目属性。用户可通过指定不相同值的个数作为取值总数的百分比来决定允许偏差，并以此决定是否删除该属性。注意，如果 Preprocess 面板上的菜单用来设定一个类属性（默认情况下，最后一个属性是类标属性），那么某些无监督属性过滤器的形为不同。例如，RemoveType 和 RemoveUseless 都会跳过类属性。

InterquartileRange 添加新属性，这些属性用于表示实例的值是否为异常点或极值。异常点和极值的定义基于属性值的第 25 个和第 75 个分位点。若实例值的用户指定极值因子与四分位差的乘积超过了第 75 个分位点（或者低于第 25 个分位点），则将该实例值记为极值。非极值的属性值，若其异常因子与四分位差的乘积超过了第 75 个分位点（或者低于第 25 个分位点），则将该值记为异常点。可以对过滤器进行配置，对那些存在被认为是极值或异常点属性值的实例，让过滤器将实例标记为极值或者异常，或者为每个属性产生一个异常 - 极值指示器组。当然，用户还可以将所有极值标记为异常，同时输出这些属性，其属性值为原属性值与中值之差的绝对值除以四分位距。

AddCluster 用于在过滤前将一种聚类算法应用于数据。用户通过对象编辑器选择聚类算法。聚类器的设置方式与过滤器一样（见 11.6 节）。AddCluster 对象编辑器本身就包含用于聚类的 Choose 按钮，用户可通过单击按钮旁的横栏得到另一个对象编辑器，并在其面板上对该聚类器进行配置，该面板必须填写完整后才能回到 AddCluster 对象编辑器。比起在书中阅读这些说明，也许用户在实践中亲手操作一遍会更容易理解。不论怎样，一旦用户选定一个聚类器，AddCluster 会用它来为每个实例指定一个聚类的号码，作为该实例的一个新属性。当用户对数据进行聚类时，对象编辑器还允许用户忽略一些属性，如前面谈到 Copy 时所描述过的。我们在描述过滤器对象编辑器时也探讨过，ClusterMembership 利用聚类器产生成分值。对每个实例来说，都有一个以这些成分值为属性的新版本实例生成。如果设定了类属性，则聚类过程中将它忽略。 436

AddExpression 通过将一个数学函数应用于数值型属性而生成一个新的属性。表达式可含有：属性参照和常量；四则运算符 +、−、*、/和^；函数 log 和 exp，abs 和 sqrt，floor、ceil 和 rint ⊖，sin、cos 和 tan；括号。属性是通过加前缀 *a* 确定的，例如 *a*7 指第 7 个属性。下面是一个表达式范例

$$a1\text{\^{}}2*a5/\log(a7*4.0)$$

有一个调试选项可用来将新属性的值替换成提供的表达式的后缀解析式。

MathExpression 类似于 AddExpression，可以应用到多属性上。它并不会创建新属性，而是在原处用表达式的值来替换原来的值。鉴于此，表达式不能参照其他属性的值。所有应用到 AddExpression 的运算符都可以使用，处理属性的最小化、最大化、求均值、求和、

⊖ rint 函数返回最接近的整数。

和的平方以及标准差等也是可用的。此外，包含了运算符以及函数的简单 if-then-else 表达式也是可以应用的。

AddExpression 和 MathExpression 都应用了文本框形式指定的数学函数，而 NumericTransform 所做的是通过应用一个给定的 Java 函数对选定的数值型属性进行任意转换。任何函数都可以，只要它以一个 double（双精度浮点数）为参数并返回另一个 double，例如，java.lang.Math 中的 sqrt()。其中一个参数是 Java 中类的名字，该类中实现了这个函数（必须是完全符合规范的名字）；另一个参数是转换方法本身的名字。

Normalize 将数据集中所有数值型的值按比例转换到 0～1 之间。经过规范化的值还可以进一步根据用户指定的常量按比例转换。Center 和 Standardize 将这些值转换成零均值。Standardize 还会给出单位方差。若设置类标属性，则以上三者都会跳过。RandomSubset 随机地选择一个属性子集，子集包含在输出中，子集大小由用户指定（属性个数的百分比）。若设置了类标属性，一般会包括在内。

PartitionedMultiFilter 是一种特殊的过滤器，它将一个过滤器集合应用到一个输入数据集的相应属性集合。用户提供并配置每个过滤器，然后为过滤器设定作用的属性范围。有一个选项用于删除不在任何属性范围里的属性。只有作用于属性上的过滤器才是允许的。
437 单个过滤器的输出将整合到一个新数据集中。Reorder 改变数据中属性的顺序。通过省略或复制指数，就能实现属性删除或对其复制多个副本。

修改值

SwapValues 将一个名目属性两个值的位置进行对换。两个值的先后顺序完全是表面的，对学习毫无影响，但是，如果类属性被选中，则改变顺序会影响混淆矩阵的布局。MergeTwoValues 将一个名目属性的两个值合并为一个单独的类别。新值的名字由原来的两个值串接而成，且所有出现原来的两个值的地方都替换成新值。新值的索引是原来的两个值的索引中较小的一个。例如，如果用户合并天气数据中属性 outlook 的前两个值，其中共有 5 个 sunny，4 个 overcast 和 5 个 rainy 实例，新的 outlook 属性的值则变成 sunny_overcast 和 rainy，并将有 9 个 sunny_overcast 实例再加上原来的 5 个 rainy 实例。

处理缺失值的一个办法是在应用学习方案前将它们全面替换。ReplaceMissingValues 将每个缺失值替换成数值型属性值的平均值和名目属性值的众数。设为类标属性的缺失值，默认不做任何替换，当然也可以更改默认设置。

NumericCleaner 将太小、太大或者与指定值太近的数值型值替换为默认值。上面的各种情况，均可更改默认设置，同时也可以修改定义太大、太小、与某值太接近的阈值。

AddValues 可以添加任何未从用户提供的列表里表示为名目属性的值。标签可以任意排序。ClassAssigner 可以用于设置或者取消设置数据集的类属性。用户提供新类标属性的指数；0 值则取消设置类标属性。

转换

很多过滤器把属性从一种形式转换成另外一种。Discretize 使用等宽或等频区间装箱法（见 7.2 节）将一定范围的数值属性进行离散化，按一般方式进行属性指定。对前一种方法来说，装箱的数量可以指定，也可以通过使用留一交叉验证使似然最大化的方式来自动选定。还可以创建多个二值属性而不是一个多值属性。对于等频离散化方法，每个区间的理想实例数量可以改变。PKIDiscretize 用等频区间装箱法离散化数值型属性，其中装箱的数量是值（不包括缺失值）的数量的平方根。这两个过滤器都默认跳过类属性。

MakeIndicator 可将一个名目属性变成一个二值属性，且可用于把一个多类的数据集变成多个二类的数据集。它把选定的名目属性替换成一个二值属性，对于每个实例，如果该属性对应的原始值存在，则所选名目属性的值设置为 1，否则为 0。新属性默认声明为数值型，但也可以声明为名目型的。 438

有些学习方案，如支持向量机，必须将多值属性转换成二值属性。NominalToBinary 过滤器将一个数据集中所有的具有多个值的名目属性转换成二值属性。即，以一对一的简单编码方式，将每个有 k 个值的属性以 k 个二值属性替换。新属性默认为数值型。原本就是二值的属性不做任何改变。NumericToBinary 把所有数值型属性转换成名目二值属性（如果是类属性，则不做转换）。如果数值型属性的值是 0，新属性也是 0。如果是缺失值，新属性也标记为缺失；否则，新属性的值是 1。这些过滤器同样跳过类属性。NumericToNorminal 通过往名目值列表中简单地添加每个数值型值，将数值型属性转换成名目属性。在导入一个 .csv 文件之后，它可以作为一个有用的过滤进行器应用——Weka 中的 csv 导入设备会为每个特定数据列创建一个数值型属性，这里数据列中的所有值都可以解析为数字，虽然或许将这些值解释为离散型而不是整型属性更有意义。

FirstOrder 将 N 个区间内的数值属性替换成 $N-1$ 个数值属性，新属性的值将是原来实例的连续属性值的差。举例说明，如果原来的属性值是 3、2 和 1，新值将是 -1 和 -1。

KernerlFilter 将数据转换成一个核矩阵：输出一个新数据集，该数据集包含的实例数与之前的相同，数据集里的每个值都保存了在一组原始实例上执行核函数的评估结果。尽管这些值没有重新调整到单位方差，但在默认情况下，所有值均转换成接近 0 的值进行集中。然而，用户可以指定不同的过滤器。

PricipalComponents 对数据集进行主成分转换。首先，所有多值的名目属性转换成二进制，用均值取代缺失值。(默认情况）数据是标准化的。主成分的个数通常由用户指定的方差覆盖比例来决定，同时也可以精准地指定成分个数。

Wavelet 过滤器将一个哈尔（Haar）小波变换应用到数据上。MultiFilter 可以利用均值和众数对缺失值进行替换，以实现数据的规范化。用户可以调节 MultiFilter 的配置来调整执行的预处理操作。

字符串转换

字符串属性值的个数是不确定的。StringToNominal 将字符串属性转换成具有一定数量的值的名目属性。用户应确保所有将要出现于潜在的测试数据中的字符串值在数据集中都有所体现。NominalToString 则用另一种方式进行转换。

StringToWordVector 生成代表字符串属性中每个词出现的频率的属性。这组词，即这些新生成的属性集，由字符属性的完整值集合决定。新属性可使用用户决定的前缀来命名，以便区分这些由不同字符串属性派生而来的属性。 439

有很多选项可影响到分词。词可由连续的字母序列形成，或按照一组给定的分隔符进行分离。若为后者的情况，则这些词可以进一步分裂成 n-grams（根据用户提供的最小和最大长度），或者也可以由 stemming 算法进行处理。在加入字典前转换成小写字母，或干脆忽略预先确定的所有英语停用词列表中的词。在前 k 个按照出现频率排序的词中所没有的词会被删除（如果排序时在第 k 个位置出现并列，保留词的数量比 k 略多一点儿也是可以的)。如果指定了一个类属性，每个类的前 k 个词要保留。每个词属性的值反映该词在字符串中是否出现，但这是可以修改的。一个词在字符串中出现的次数也可作为属性值使用。词的频率可被规范化以使每个文档的属性向量取得同样的欧几里得长度，该长度不能为1，而应该用做原始字符串属性的所有文档的平均长度，以避免出现非常小的数字。另一种方法是，词 i 出现在文档 j 中的频率可通过或 TF × IDF 度量（见 7.3 节）进行转换。

ChangeDateFormat 修改了用于解析日期属性的格式化字符串。可以指定为任何 Java 的 SimpleDateFormat 类所支持的格式。

多实例数据

有两种过滤器可以将多实例数据转换成单实例形式。MultiInstanceToPropositional 使用了“聚集输出”方法（见 4.9 节），将与单一关系属性相关的多实例数据转换为单实例形式，转换方法是通过为一个袋中的每个实例分配袋的类值。有多个选项都可以设置新实例的权重，以便调节不同尺寸的袋。RELAGGS 通过为每个袋中的属性值计算概要的统计量（如均值、最小值和最大值）来执行“聚集输入”方法。它还有一个选项来避免为具有多个用户指定最大数值的名目属性计算统计量，并有效地将其从数据中移除。

PropositionalToMultiInstance 是从另一方向进行转换的简单过滤器，也就是从单实例到涉及一个单一关系属性的多实例形式。它假定数据中的第一个属性是一个指明每个实例所属袋的 ID。

时间序列

有两个过滤器可处理时间序列数据。TimeSeriesTranslate 将当前实例的一个属性（或多个属性）值替换成其他（以前的或将来的）实例的等同的值。TimeSeriesDelta 将当前实例的属性值替换成当前值和其他实例值的差。在以上两种情况下，时间位移（time-shifted）
440 值未知的实例可以删除，或用缺失值代替。

随机化

其他属性过滤器用来降低数据的质量。AddNoise 修改一个名目属性的值的百分比。缺失值可保留，或与其他的一起修改。Obfuscate 通过对关系、属性的名字以及名目和字符串属性的值进行重新命名来隐匿数据。RandomProjection 用随机的具有单位长度的列矩阵将数据集投影到低维子空间（见 7.3 节）。类属性不包含在投影中。

11.3.2　无监督实例过滤器

Weka 的实例过滤器（见表 11-2）会影响到数据集中所有的实例，而不是一个或一些属性的所有值。

表 11-2　无监督实例过滤器

名称	功能
NonSparseToSparse	将所有输入的实例转换为稀疏模式（见 2.4 节）
Normalize	把数值型属性看成一个向量并将其规范化到规定长度
Randomize	随机化数据集中实例的顺序
RemoveFolds	输出数据集的一个指定的交叉验证的折
RemoveFrequentValues	移除包含 n 个最频繁或最不频繁名目属性值的实例
RemoveMisclassified	删除那些按照指定的分类器未能正确分类的实例，移除异常点同样适用

（续）

名称	功能
RemovePercentage	从数据集中移除一定百分比的内容
RemoveRang	从数据集中移除一定范围的实例
RemoveWithValues	过滤出有特定属性值的实例
Resample	对数据集产生一个子样本，使用替代者进行抽样
ReservoirSample	增量式地从数据集中均匀地抽样出 n 个实例
SparseToNonSparse	将所有输入的稀疏属性转换成非稀疏形式
SubsetByExpression	根据逻辑表达式的评估来保留实例，将数学和逻辑运算符应用到属性值得到表达式

441

随机化和二次抽样

用户可随机化数据集中的实例顺序。规范化（Normalize）把所有数值属性（不包括类属性）看做是一个向量并将其规范化到规定长度。用户可指定所用向量的长度和范数。

有许多不同的方法可产生数据的子集。用 Resample 产生一个随机样本，抽样过程可以是有放回或无放回的，或用 RemoveFolds 将数据分割为给定数量的交叉验证的折并降低到仅仅一个折。如果给定一个随机数的种子，则可对数据集进行随机组合，然后再抽取子集。ReservoirSample 使用 7.4 节中所描述的蓄水池抽样算法从数据集产生一个随机样本（无放回抽样）。若从 Knowledge Flow 界面（见第 12 章）或者命令行界面（见第 14 章）来使用数据，则数据集会以增量式的方式读入，使得超过主存部分的数据集得以抽样。

RemovePercentage 删除一定百分比的实例，而 RemoveRange 删除一个特定区间内的实例数。为了删除所有含有某些特定名目属性值的实例，或者对于数值属性来说，其值大于或小于某个阈值的实例，用 RemoveWithValues。默认时，这些情况的实例都将被删除：呈现的值是一组指定名目属性值中的一个（如果指定的是名目属性），或其属性值低于一个阈值（如果是数值属性）。然而，以上吻合标准也可以反向适用。属性信息通常是不改变的，但是也可以改变这个使得名目属性相应的值从属性的定义中移除。

若实例包含了某个特定名目属性的最频繁或最不频繁的值，则可用 RemoveFrequentValues 来移除这些实例；用户可以指定多频繁或者多不频繁的值应该被移除。

SubsetByExpression 可以筛选出所有满足用户所提供的逻辑表达式的实例。表达式可以有数学运算符和函数，如 AddExpression 及 MathExpression 中所用的运算符和函数，或者是作用在属性值上的逻辑运算符（如与、或、非）。举个例子，表达式

(CLASS is ‘mammal’) and (ATT14 > 2)

只筛选那些类属性值为 mammal（哺乳动物）并且第 14 个属性值大于 2 的实例。

用户可以通过将一个分类器方法应用到数据集来移除异常点（指定的方法类似于前面谈到的为 AddCluster 指定聚类方法的过程），也可以使用 RemoveMisclassfied 来删除被错误分类的实例。这个过程通常要在数据完全清理之后，但也可以选择指定最大迭代次数的方法。训练数据上可以使用交叉验证而不是评估，对于数值型的类标还需要为其指定一个错误阈值。

稀疏实例

NonSparseToSparse 和 SparseToNonSparse 过滤器可用来在数据集的正则形式与它的稀疏
442 形式（见 2.4 节）之间进行转换。

11.3.3　有监督过滤器

与无监督过滤器一样，有监督过滤器也可在 Explorer 的 Preprocess 面板上找到。用户需小心，尽管它们看上去像是预处理操作，但实际上不是。我们在前面谈到离散化的时候提到了到这一点，测试数据的分割一定不能用测试数据的类值，因为这些类值是假定未知的，而且一般来说对有监督过滤器也是如此。

为了满足流行的需求，也是其受欢迎的原因，Weka 允许用户像调用无监督过滤器一样调用有监督过滤器作为一种预处理操作。然而，如果用户想把它们用于分类，则需要采用一种不同的方式。Weka 提供了一个元学习器用于调用一个过滤器，从而将学习算法包含在过滤机制中。这样就可以用由训练数据生成的过滤器来过滤测试数据。这对一些无监督过滤器也很有用。例如，在 StringToWordVector 中，字典仅仅是由训练数据生成的，测试数据中的异常字将被删除。欲以该种方式使用有监督过滤器，调用菜单的 meta 部分中的 Filtered Classifier 元学习方案，该菜单可通过单击 Classify 面板上的 Choose 按钮显示。图 11-18a 给出了该元学习方案的对象编辑器。用户可在对象编辑器中选择分类器和过滤器。图 11-18b 列出了过滤器菜单。

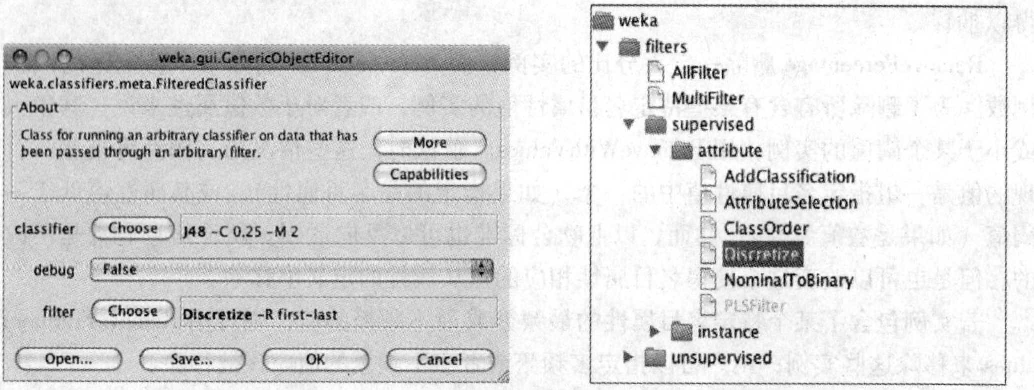

a）设置FilteredClassifier　　　　b）过滤器菜单

图 11-18　使用 Weka 的元学习器进行离散化

与无监督过滤器一样，有监督过滤器可分为属性过滤器和实例过滤器，见表 11-3 和表 11-4。

表 11-3　有监督属性过滤器

名称	功能
AddClassification	从一个分类器添加预测值（类标或者概率分布）作为新属性
AttributeSelection	提供与属性选择面板中同样的属性选择方法
ClassOrder	随机化，或者修改类值顺序
Discretize	将数值型属性转换成名目属性
NominalToBinary	将名目属性转换成类型的，若类标为数值型，则使用一个有监督方法
PLSFilter	从输入数据计算局部最小二乘趋势，并将其转换到局部最小二乘空间

表 11-4 有监督实例过滤器

名称	功能
Resample	产生一个随机子样本集合，使用有放回抽样
SMOTE	使用合成最小过抽样技术对数据进行重新抽样
SpreadSubsample	给定类频率间的一个扩展，产生一个随机的子样本集合，使用有放回抽样
StraifiedRemoveFolds	为数据集输出一个指定分层的 10 折交叉验证

有监督属性过滤器

图 11-18 中高亮的 Discretize，使用了 MDL 方法来有监督地进行离散化（见 7.2 节）。用户可以制定一定范围的属性将其离散化后的属性变为二值型的。类属性必须为名目型的。默认情况下，使用 Fayyad 和 Irani（1993）准则，Kononenko 方法（1995）也是可选的。

NominalToBinary 过滤器有一个有监督版本，它把所有多值的名目属性转换为二值属性。在这个版本中，该转换取决于其中的类是数值型的还是名目型的。如果是名目型的，前面用过的方法同样适用，将一个具有 k 个值的属性转换为 k 个属性。但如果类是数值型的，采用 6.6 节中描述过的方法。不论哪种情况，类属性本身不做转换。

ClassOrder 修改类值的排序方法。用户决定新的排序是随机的，还是按类频率由高至低或由低至高排列。该过滤器绝对不可以与 Filtered Classifier 元学习方案一起使用！AttributeSelection可用于自动属性选择，并可提供与 Explorer 的 Select attribute 面板（后面会谈到）同样的功能。 443~444

AddClassification 往数据中添加一个指定分类器的预测值，它们可以由输入数据训练而来，也可以从一个序列化的对象文件中导入得到。可以添加新的属性来表示预测的类标值，预测的概率分布（若为类标为名目型的），或者也可以是一个用于表示错误分类实例的标志（或者，对于数值型类标，预测类标值和实际类标值之间的区别）。

PLSFilter 为输入数据计算偏最小二乘方向，并且利用它将数据转换到偏最小二乘空间中。结果与 7.3 节中描述的方法相同（实现了两种不同的算法；它们使用一个常量因子得到相同的结果）。计算得到的方向个数可以指定，可以在新数据集中保留原始类属性或用预测值将其替换。缺失值用默认值替换，在计算偏最小二乘之前，输入数据可以往中心聚集也可以标准化。数据集必须是数值型的；如果它包含名目属性，则用户必须删除它们或将它们转换成数值属性。

有监督实例过滤器

共有四种有监督实例过滤器。Resample，顾名思义，除了可完成子样本中的类分布外，它就是一个无监督过滤器。除此以外，它还可以经过适当设置，在类分布中加入偏差使其成为平均分布。抽样过程可以是有放回的（默认），也可以是无放回的。SpreadSubsample 还生成一个随机的子样本，但最少见与最常见之间的频率差是可以控制的，比方说，用户可在类频率中指定一个 2:1 的差。用户还可以通过明确指定一个最大计数来限制每个类别中实例的数目。

另一种过滤器 SMOTE，可以对数据进行抽样并修改类的分布（Chawla 等，2002）。与 SpreadSubsample 一样，该过滤器也可以用于调整数据中最小与最大类标的相对频率，但是它并不关心对多数类的欠抽样，它通过使用 k 近邻法创建合成实例来实现对少数类的过抽样。用户可以指定过抽样的百分比，和在创建合成实例时候所用的邻居数。

与无监督实例过滤器 RemoveFolds 一样，StratifiedRemoveFolds 输出数据集中一个指定的交叉验证的折。不同的是，这里的折是分层的。

11.4　学习算法

在 Classify 面板上，当用户通过 Choose 按钮选择一个学习算法时，相关分类器的命令行版本会与用减号标注的参数一起出现在按钮旁的横栏中。为了对这些参数进行修改，单
445 击该横栏，弹出一个相应的对象编辑器。表 11-5 列出了 Weka 中的分类器。这些分类器被划分为贝叶斯分类、树、规则、函数、懒惰分类器、多实例分类器，以及一个最终的杂项类分类器。我们对这些分类器及其参数做简单描述。欲对它们做深入了解，可在 Weka 的 Explorer 界面上任选一种分类器，然后查看其对象编辑器。更进一层的分类器元学习器，会在下一节中描述。

表 11-5　Weka 中的分类算法

	名称	功能
贝叶斯	AODE	平均单依赖分类器
	AODEsr	带归类解决的平均单依赖分类器
	BayesianLogisticRegression	用贝叶斯方法学习线性 Logistic 回归模型
	BayesNet	学习得到贝叶斯网络
	ComplementNaiveBayes	建立一个补偿的朴素贝叶斯分类器
	DMNBText	有差别的多项式朴素贝叶斯分类器
	HNB	隐匿的朴素贝叶斯分类器
	NaiveBayes	标准概率朴素贝叶斯分类器
	NaiveBayesMultinomial	多项式版本的朴素贝叶斯
	NaiveBayesMultinomial-Updateable	增量式朴素贝叶斯分类器，每次学习一个实例
	WAODE	加权的平均单一依赖分类器
树	ADTree	创建交替式决策树
	BFTree	使用最优最先搜索创建一棵决策树
	DecisionStump	创建单层决策树
	FT	在叶子上使用斜分裂和线性函数来创建一棵函数树
	Id3	基本的分治决策树算法
	J48	C4.5 决策树学习法（C4.5 版本 8 的实现）
	J48graft	带移植的 C4.5 算法
	LADTree	使用 LogitBoost 来创建多类标交替决策树
	LMT	创建 Logistic 回归树
	M5P	M5′树学习模型
	NBTree	使用朴素贝叶斯分类器在叶子处出创建一棵决策树
	RandomForest	创建随机森林
	RandomTree	在每个结点处考虑随机特征的给定数目，来创建一棵树
	REPTree	使用减少 - 误差剪枝法的快速树学习器
	SimpleCart	使用 CART 的最低成本复杂度剪枝法的决策树学习器
	UserClassifier	允许用户创建自己的决策树
规则	ConjunctiveRule	简单连接规则学习器
	DecisionTable	创建一个简单的决策表多数分类器
	DTNB	决策表和朴素贝叶斯的混合分类器
	JRip	用于快速，有效的规则归纳的 RIPPER 算法
	M5Rules	从利用 M5′建立的模型树中获取规则
	Nnge	使用非嵌套泛化的样本集来产生规则的最近邻方法
	OneR	1R 分类器

（续）

	名称	功能
	PART	从利用 J4.8 建立的部分决策树中获取规则
	Prism	应用于规则的简单覆盖算法
	Ridor	链波下降规则学习器
	ZeroR	预测多数类（如果是名目型的）或平均值（如果是数值型的）
函数	GaussianProcesses	用于回归的高斯处理
	IsotonicRegression	创建一个保序回归模型
	LibLINEAR	包装分类器，以便使用用于回归的第三方 LIBLINEAR 库
	LibSVM	包装分类器，以便使用用于支持向量机的第三方 LIBSVM 库
	LinearRegression	标准多线性回归
	Logistic	建立线性 Logistic 回归模型
	MultilayerPerceptron	反向传播的神经网络
	PaceRegression	用 Pace 回归建立线性回归模型
	PLSClassifier	创建部分最小二乘方向，并以此进行预测
	RBFNetwork	实现一个径向基函数网络
	SimpleLinearRegression	学习一个基于单个属性的线性回归模型
	SimpleLogistic	使用已有的属性选择，建立线性 Logistic 回归模型
	SMO	用于支持向量分类的序列最小优化算法
	SMOreg	用于支持向量回归的序列最小优化算法
	VotedPerceptron	投票感知机算法
	Winnow	成倍更新的，由错误驱动的感知机
懒惰	IB1	基本的基于实例的最近邻学习器
	IBk	*k* 最近邻分类器
	KStar	使用泛化距离函数的最近邻
	LBR	懒惰贝叶斯规则分类器
	LWL	用于局部加权学习的一般算法
MI	CitationKNN	引用基于距离的 KNN 方法
	MDD	使用集合假设的多密度
	MIBoost	使用集合假设对多实例数据进行加强
	MIDD	标准多密度算法
	MIEMDD	基于 EM 的多密度算法
	MILR	多实例 Logistic 回归
	MINND	使用 KL 距离的最近邻法
	MIOptimalBall	根据到参照点的距离对多实例数据进行分类
	MISMO	使用多实例核函数的 SMO
	MISVM	迭代地将一个单实例支持向量机学习器应用到多实例数据
	MIWrapper	使用整合输出方法来应用单实例学习器
	SimpleMI	使用整合输入方法来应用单实例学习器
杂项	HyperPipes	基于实例空间中超大量的学习器，极其简单、快速
	VFI	投票特征区间方法，简单而快速

11.4.1 贝叶斯分类器

NaiveBayes 实现概率的朴素贝叶斯分类器（见 4.2 节）。NaiveBayesSimple 用正态分布来构建数值属性的模型。NaiveBayes 可利用核密度估计器，从而在正态性假设总体不正确的情况下改进性能。它还可用有监督离散化来处理数值属性。

图 11-19 给出了基于天气数据的 NavieBayes 算法输出结果。这个输出与图 11-5 中相同数据上的 J48 算法输出存在的显著不同就在于它输出的不是一棵文本形式的树，这里关于

朴素贝叶斯模型的参数呈现在表中。第一列给出了属性，其他两列给出了类标值，表中每项可以是名目值的频度计数，也可以是数值型属性正态分布的参数。比如，由图11-19可知所有类标为yes的实例其平均温度为72.9697，而对于所有windy = yes的实例，true和false值分别出现了4次和7次。意外的是，属性windy值为yes和no的总数为18，多于天气数据的14条实例（属性outlook的情况更糟，一共有20条）。其原因是NavieBayes通过利用拉普拉斯平滑避免了零概率问题，即令计数初始化为1而不是0。

NaiveBayesUpdateable是一个每次只处理一个实例的增量版本，利用核估计器，但不使用离散化。NaiveBayesMultinomial实现多重名目型贝叶斯分类器（见4.2节）。ComplementNaiveBayes建立一个补充的朴素贝叶斯分类器，就像Rennie等（2003）所描述的那样（本书中所用的TF × IDF和长度规范化转换可用StringToWordVector过滤器来实现）。

AODE就是6.7节中所描述的平均单一依赖估计器。WAODE是AODE的一种，创建一种加权的单一依赖过滤器整体而不是简单的平均值（Jiang和Zhang，2006）。其中每个成员的权重与它的超父结点和类属性之间的互信息成比例。AODEsr是AODE的一种，它包括了分类时高度相关属性之间的懒惰消除（Zheng和Webb，2006）。HNB学习了一个隐匿的朴素贝叶斯模型，这是一种简单的贝叶斯网络，其中的每个属性都由一个类属性的父结点以及一个结合了所有其他属性影响的特殊“隐匿”父结点（Zhang等，2005）。每个属性的隐匿结点都是由加权单一依赖分类器的平均值构建得到，每个分类器的权重使用条件互信息计算。

446~451

另一种用于文本分类的朴素贝叶斯模式是DMNBtext（Su等，2008）。它用生成（generative）和判别（discriminative）的方法学习得到一个多项式朴素贝叶斯分类器。贝叶斯网络的参数用生成的方式传统地得到，由训练数据中计算频率计数来获得条件概率表——给定模型，以此来最大化数据的似然。相反，分类器设置中用来最大化泛化精度（或条件似然值）的参数值却是理想的。DMNBText在更新频率计数之前，考察目前分类器对训练实例的预测情况，以此往参数中注入判别的元素。在处理一个给定的训练实例时，用1减去实例类标的预测概率来实现计数的增加。DMNBText允许用户指定算法在训练数据上的迭代次数、是否忽略词频信息，这时算法会学习得到一个标准朴素贝叶斯模型，而不是一个多项式的模型。

BayesianLogisticRegression采用了一种贝叶斯方法，通过允许用户将先验概率应用到模型有效性评估值来学习一个二项式Logistic回归函数。零均值高斯和拉普拉斯分布可以用于得到先验值。两者都支持有协同因素的稀疏性，拉普拉斯比起高斯尤其如此，它可以使得这种方法更适合学习高维问题的Logistic回归模型——如文本分类（Genkin等，2007）。用户可以选择设置一个指定值先验的方差，或者通过使用交叉验证在一定范围内直接将其选定。

BayesNet通过基于6.7节中所做的假设来学习贝叶斯网络，假设要求必须是名目属性（数值属性需预先离散化）并且没有缺失值（任何类似的值全部被替换）。有4种不同的用于估计网络的条件概率表的算法。搜索是通过以下方式完成的：K2或TAN算法（见6.7节），或更成熟的基于登山、模拟淬火、制表搜索及通用算法基础上的方法。视不同情况，搜索速度可通过AD树（见6.7节）得到提高。还有两种算法是通过条件独立测试来学习网络的结构。另外，网络结构也可从一个XML文件载入。关于Weka中贝叶斯网络的更多详细内容可在Bouckaert（2004）中找到。

用户可通过右击历史条目然后选择Visualize graph的方式观察网络结构。图11-20a显示的是天气数据的名目型版本的图表，该图表实际上与由类值决定的所有概率条件的朴素贝叶斯的结果相对应。这是因为搜索算法在默认情况下使用的是K2，且一个结点的父结点数量的最大值设为1。通过单击配置面板上的K2将该最大值重新设为3，可得到如

```
=== Run information ===

Scheme:       weka.classifiers.bayes.NaiveBayes
Relation:     weather
Instances:    14
Attributes:   5
              outlook
              temperature
              humidity
              windy
              play
Test mode:    10-fold cross-validation

=== Classifier model (full training set) ===

Naive Bayes Classifier

                  Class
Attribute           yes      no
                  (0.63)  (0.38)
===============================
outlook
  sunny             3.0     4.0
  overcast          5.0     1.0
  rainy             4.0     3.0
  [total]          12.0     8.0

temperature
  mean          72.9697 74.8364
  std. dev.      5.2304   7.384
  weight sum          9       5
  precision      1.9091  1.9091

humidity
  mean          78.8395 86.1111
  std. dev.      9.8023  9.2424
  weight sum          9       5
  precision      3.4444  3.4444

windy
  TRUE              4.0     4.0
  FALSE             7.0     3.0
  [total]          11.0     7.0

Time taken to build model: 0 seconds

=== Stratified cross-validation ===
=== Summary ===

Correctly Classified Instances          9               64.2857 %
Incorrectly Classified Instances        5               35.7143 %
Kappa statistic                         0.1026
Mean absolute error                     0.4649
Root mean squared error                 0.543
Relative absolute error                97.6254 %
Root relative squared error           110.051  %
Total Number of Instances              14

=== Detailed Accuracy By Class ===

           TP Rate  FP Rate  Precision  Recall  F-Measure  ROC Area  Class

             0.889    0.8      0.667    0.889    0.762      0.444    yes
             0.2      0.111    0.5      0.2      0.286      0.444    no
Weighted     0.643    0.554    0.607    0.643    0.592      0.444
Avg.

=== Confusion Matrix ===

 a b   <-- classified as
 8 1 | a = yes
 4 1 | b = no
```

图 11-19　天气数据的 NaiveBayes 输出

452

图 11-20b 所示的更为有趣的网络。在一个结点上单击可显示它的概率分布，图 11-20c 就

453 是通过单击图11-20b中的windy结点得到的。

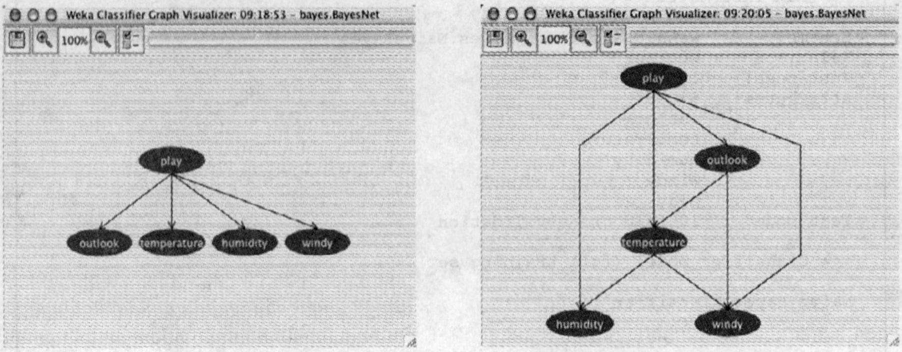

a）默认输出　　b）在搜索算法中将最大双亲值设置为3

Probability Distribution Table For windy

play	outlook	temperature	TRUE	FALSE
yes	sunny	hot	0.5	0.5
yes	sunny	mild	0.75	0.25
yes	sunny	cool	0.25	0.75
yes	overcast	hot	0.167	0.833
yes	overcast	mild	0.75	0.25
yes	overcast	cool	0.75	0.25
yes	rainy	hot	0.5	0.5
yes	rainy	mild	0.167	0.833
yes	rainy	cool	0.25	0.75
no	sunny	hot	0.5	0.5
no	sunny	mild	0.25	0.75
no	sunny	cool	0.5	0.5
no	overcast	hot	0.5	0.5
no	overcast	mild	0.5	0.5
no	overcast	cool	0.5	0.5
no	rainy	hot	0.5	0.5
no	rainy	mild	0.75	0.25
no	rainy	cool	0.75	0.25

c）b中windy结点的概率分布表

图11-20　可视化天气数据（名目型版本）的贝叶斯网络

11.4.2　树

从表11-5中的树分类器中，我们已经看到了UserClassifier（见11.2节）以及如何使用实现了C4.5（见6.1节）的J4.8。为了显示它的选项，单击图11-4b中的Choose按钮旁边的横栏，弹出图11-21中的对象编辑器。用户可建立二叉树而不是多叉树。用户还可设定剪枝的置信度阈（默认是0.25），和一个叶子结点上可允许的实例的最低数量（默认是2）。用户还可选择减少误差的剪枝（见6.2节）而不是选择标准C4.5。参数numFolds（默认是3）决
454 定了剪枝集的大小，数据按照折的数量被平均划分，最后一折用于剪枝。当可视化所得到的树时，最好能够参照原始数据点，用户可通过打开saveInstanceData做到这一点（默认是关掉或False，目的是节省主存）。用户可阻止子树提升，从而得到一个更高效的算法，强迫

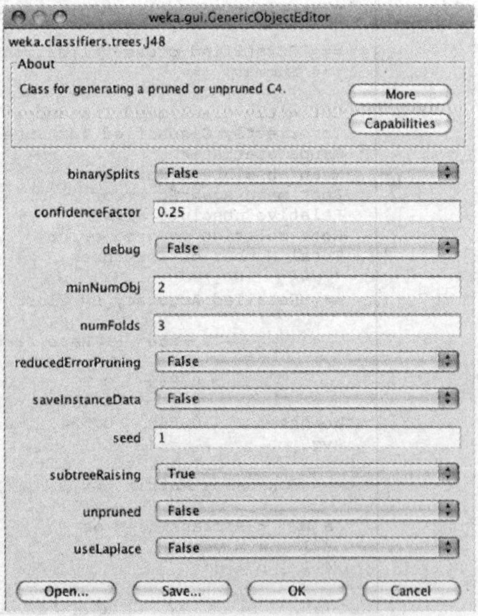

图11-21　改变J4.8的参数

所用算法使用未剪枝的树而不是已剪枝的树，或将拉普拉斯平滑应用于预测的概率（见 4.2 节）。

表 11-5 列出了很多其他决策树方法。Id3 是第 4 章中解释过的基本算法。DecisionStump 是专门设计用来与后面将要讨论的提升方法一起使用的，它为含有一个类别化的，或数值型的类的数据集建立一个单层二叉决策树，与此同时，它把缺失值按照一个单独的值来处理并从树桩上扩展出第三个分支。通过 RandomTree 所构建的树测试每个结点上的指定数量的随机属性，对树不做剪枝。RandomForest 通过将随机树进行整体装袋来构建随机森林（见 8.3 节）

J48graft 是 J48 的扩展版本，它考虑在后处理阶段将额外的分支移植到树上（Webb, 1999）。这种移植方法试图在保持单个可说明结构的同时，还能获得一些诸如装袋树和提升树等集成方法的效果。它定义了实例空间的范围，这个范围要么全空要么只包含错误分类的例子，同时它还通过考虑不同测试来探索其他的分类器，这些测试可以在那些问题中包含区域的叶子之上的结点上被选择到。 455

REPTree 用信息增益/方差缩减生成一个决策树或回归树并用减少 - 误差的剪枝法对其进行剪枝（见 6.2 节）。为了在速度上进行优化，该算法只对数值属性的值进行排序一次（见 6.1 节）。它像 C4.5 一样把实例分解成小片来处理缺失值。用户可设定每个叶所含实例的最低数量、树的最大深度（提升树时很有用）、分割训练集时方差的最小比例（只针对数值型的类）、剪枝时折的数量。

BFtree 创建决策树时，使用的是结点的最好优先扩展，而不是像标准决策树学习器（如 C4.5）一样使用深度优先扩展。先剪枝和后剪枝选项都是通过训练数据上的交叉验证来寻找扩展的最佳使用数量，两者都是可行的。然而对于完全生长树来说，最好优先和深度优先算法完全一样。BFTree 的剪枝方法得到的树结构不是像深度优先算法所得到的树，而是一种不同的经过剪枝的树结构。

SimpleCart 是一种用于分类的决策树学习器，它使用了最小成本复杂的剪枝策略（见 6.1 节）。尽管是以开拓该种类的先锋学习器 CART 命名（Breiman 等，1984），但是它们的相似性也就只有这么多：它并没有提供任何 CART 以外的特征。用户可以设置每个叶子的最小实例数目、用于创建树的训练数据百分比，以及剪枝过程中所用交叉验证折的大小。

NBTree 是决策树和朴素贝叶斯的混合。它所创建的树的叶可用于所有到达该叶子的实例的朴素贝叶斯分类器。在构建树时，交叉验证被用于决定一个结点是否应当进一步被分裂，还是改用朴素贝叶斯模型（Kohavi，1996）。

M5P 是 6.6 节中描述过的模型树学习器。

LMT 可用于建立 Logistic 模型树（见 8.6 节）。LMT 还可处理二类及多类值目标变量、数值和名目属性及缺失值。当在一个结点上拟合一个 Logistic 回归函数时，它通过交叉验证来决定一次运行多少次循环，然后将该运行次数应用到树的所有其他结点，而不是在每个结点都进行交叉验证。这种探索方式（用户可将此方式关闭）只对精确度稍有影响，但却在相当程度上缩短了运行时间。另外，用户还可人为地设定提升循环的次数，或者使用基于 Akaike 信息准则更快捷的探索方法，而不是用交叉验证。加权剪枝可以用来进一步缩短运行时间。通常情况下，使用交叉验证才能使错误分类率最低，但也可以选择使用概率的方均根误差。分裂的依据可基于 C4.5 的信息增益（默认设置）或 LogitBoost 残差，目的是力求提高残留部分的纯度。LMT 使用最小成本复杂剪枝方法（见6.1 节）产生一个紧凑的树结构。

FT 创建一棵函数树（Gama，2004），即分类树的线性函数位于叶子结点，内部结点
456 也可以视情况而与叶子结点一样。它创建在 LMT 实现之上，扩展了属性选择，目的是通过创建合成属性来实现内部结点的分裂，这里的合成属性保留了由结点的 Logistic 回归模型预测得到的类概率。与 TML 一样，C4.5 分裂准则也用于选择应用分裂的属性。被选中的合成属性，其分裂并与坐标平行而是倾斜的。不同于 TML 的是，FT 使用标准 C4.5 剪枝而不是最小成本复杂度剪枝。用户用算法创建带功能的树时，可以选择仅在叶子结点上或仅在内部结点上，或者既在叶子结点上又在内部结点上进行。

ADTree 用提升方法为二类问题生成一个交互式决策树（见 8.6 节）。提升循环的次数只是其中的一个参数，且该参数可以调节，以便适应数据集和在复杂程度和精确度之间进行任意折中。除非发生结点的合并，否则每次循环会在树上增加三个结点（一个分裂结点和两个预测结点）。默认的搜索方法是穷举搜索（扩展至所有路径）；其余的方法则是探索式的，并且要快很多。用户可决定是否存储实例数据用于可视化。LADTree 是一种交替式决策树算法，它可以处理基于 LogitBoost 算法（Holmeset 等，2002）的多类问题。就像 ADTree 一样，提升迭代的次数是一个可以依手边数据进行调整的参数，该次数决定了结构树的尺寸。

11.4.3　规则

前面的表 11-5 列出了许多生成规则的方法。

DecisionTable 生成一个决策表多数分类器（见 7.1 节）。它使用最佳优先探索评估属性子集，并且可用交叉验证进行评估（Kohavi，1995b）。其中一个选项使用最近邻方法并基于同样的属性集来决定每个未被决策表中所覆盖的实例的类属性，这里覆盖指的是实例必须与决策表中的某个具体条目相吻合，而不是仅仅与该表的全局多数相一致。

DTNB 是一种结合了决策表和朴素贝叶斯（Hall 和 Frank，2008）的混合分类器。算法将属性划分为两个不同的子集，一个由朴素贝叶斯建模得到，另一个由决策表得到。这里使用一种贪婪搜索方法来决定哪些属性应该由朴素贝叶斯建模得到，这种方法以留一交叉验证为向导，以由决策表建模得到的所有属性为起始条件。此外，该方法还考虑了从模型中完全删除属性的操作。利用贝叶斯规则可以将这两种模型得到的预测进行整合得到一个总预测。用户可以选择用于交叉验证的评估度量：分类问题的选项包括准确率、类概率的方均根误差、类概率的平均绝对差以及 ROC 曲线下面积。数值型属性一般使用方均根误差。

OneR 是只含有如下一个参数的 1R 分类器（见 4.1 节），这个参数就是最小的离散桶的大小。图 11-22 给出劳资协商数据的输出结果。Classifier model（分类模型）部分显示了 wage-increase-first-year 已经被作为规则产生的依据，在值为 2.9 的地方产生一个了分裂将结果为 bad 的实例从 good 中分离出来（若属性的值已缺失，则类标的值也是 good）。规
457 则下面，是根据括号里的规则进行分类得到的正确分类实例的百分比。

```
=== Run information ===

Scheme:       weka.classifiers.rules.OneR -B 6
Relation:     labor-neg-data
Instances:    57
Attributes:   17
              duration
              wage-increase-first-year
              wage-increase-second-year
              wage-increase-third-year
              cost-of-living-adjustment
              working-hours
              pension
              standby-pay
              shift-differential
              education-allowance
              statutory-holidays
              vacation
              longterm-disability-assistance
              contribution-to-dental-plan
              bereavement-assistance
              contribution-to-health-plan
              class
Test mode:    10-fold cross-validation

=== Classifier model (full training set) ===

wage-increase-first-year:
        < 2.9   -> bad
        >= 2.9  -> good
        ?       -> good
(48/57 instances correct)

Time taken to build model: 0.01 seconds

=== Stratified cross-validation ===
=== Summary ===

Correctly Classified Instances          43               75.4386 %
Incorrectly Classified Instances        14               24.5614 %
Kappa statistic                          0.4063
Mean absolute error                      0.2456
Root mean squared error                  0.4956
Relative absolute error                 53.6925 %
Root relative squared error            103.7961 %
Total Number of Instances               57

=== Detailed Accuracy By Class ===

             TP Rate  FP Rate  Precision  Recall  F-Measure  ROC Area  Class
               0.45    0.081     0.75      0.45     0.563     0.684     bad
               0.919   0.55      0.756     0.919    0.829     0.684     good
Weighted Avg.  0.754   0.385     0.754     0.754    0.736     0.684

=== Confusion Matrix ===

  a  b   <-- classified as
  9 11 |  a = bad
  3 34 |  b = good
```

图 11-22 劳资协商数据的 OneR 输出结果

458

ConjunctiveRule 只学习单一的规则，用以预测数值型或名目型的类值。对于未被规则覆盖的测试实例，则指定为未被覆盖的训练实例的默认类值（或分布）。先计算每个前提条件的信息增益（名目型的类）或方差缩减（数值型的类），然后用减小误差的剪枝对规则进行剪枝。ZeroR 更为简单，它只需预测测试数据的多数类（若为名目型）或平均值

(若为数值型)。Prism 实现规则的初级覆盖算法（见 4.4 节）。

PART 由部分决策树中获取规则（见 6.2 节）。它使用与 J4.8 中同样的用户自定义的参数，利用 C4.5 的探索方法来生成树。图 11-23 给出了劳资协商数据的 PART 输出结果。这里得到了三条规则，三条规则将按顺序处理，任何测试实例的预测结果都会成为第一个起作用规则的输出结果。最后，规则“catch-all”一定会起作用。与 J48 一样，括号中规则后面的数字给出了被规则覆盖的实例数量，存在错误分类时该数字后面还会给出错误分类的实例数目。

```
=== Run information ===

Scheme:       weka.classifiers.rules.PART -M 2 -C 0.25 -Q 1
Relation:     labor-neg-data
Instances:    57
Attributes:   17
              duration
              wage-increase-first-year
              wage-increase-second-year
              wage-increase-third-year
              cost-of-living-adjustment
              working-hours
              pension
              standby-pay
              shift-differential
              education-allowance
              statutory-holidays
              vacation
              longterm-disability-assistance
              contribution-to-dental-plan
              bereavement-assistance
              contribution-to-health-plan
              class
Test mode:    10-fold cross-validation

=== Classifier model (full training set) ===

PART decision list
------------------

wage-increase-first-year > 2.5 AND
longterm-disability-assistance = yes AND
statutory-holidays > 10: good (25.67)

wage-increase-first-year <= 4 AND
working-hours > 36: bad (19.4/1.58)

: good (11.93/2.18)

Number of Rules  :  3

Time taken to build model: 0.07 seconds

=== Stratified cross-validation ===
=== Summary ===

Correctly Classified Instances          45               78.9474 %
Incorrectly Classified Instances        12               21.0526 %
Kappa statistic                          0.5378
Mean absolute error                      0.2884
Root mean squared error                  0.4339
Relative absolute error                 63.0507 %
Root relative squared error             90.8836 %
Total Number of Instances               57
```

图 11-23　劳资协商数据的 PART 输出结果

```
=== Detailed Accuracy By Class ===

               TP Rate  FP Rate  Precision  Recall  F-Measure  ROC Area  Class
                 0.7     0.162     0.7       0.7      0.7       0.726     bad
                 0.838   0.3       0.838     0.838    0.838     0.726     good
Weighted Avg.    0.789   0.252     0.789     0.789    0.789     0.726

=== Confusion Matrix ===

  a  b   <-- classified as
 14  6 |  a = bad
  6 31 |  b = good
```

图 11-23 （续）

M5Rules 利用 M5′生成的模型树获取回归规则（见 6.5 节）。Ridor 从产生默认规则的特例中学习规则（见 6.2 节），它用增量减少 - 误差剪枝法来找出具有最小误差率的特例，从而为每个特例找到最好的特例，并依此进行循环。

JRip 实现 RIPPER（见 6.2 节），包括规则集的探索式全局优化（Cohen，1995）。NNge 是一种利用非嵌套的泛化样本集来产生规则的最近邻方法（见 6.5 节）。

11.4.4 函数

表 11-5 中的函数类别包括一组多种类的分类器，这些分类器可以以一种自然合理的方式写成数学方程式。而决策树和规则等其他的分类器则不可以（当然也有例外：朴素贝叶斯就有一个简单的数学公式）。这些函数中有四种实现是线性回归（见 4.6 节）。SimpleLinearRegression 基于一个单独的属性学习一个线性回归模型，它选择能产生最小平方误差的那个属性。缺失值和非数值型属性在选择时不予考虑。图 11-24 给出了 SimpleLinearRegression 在 CPU 性能数据上的输出结果。这个例子中，具有最小平方误差的属性是 MMAX。

LinearRegression 所做的是标准的最小二乘多元线性回归，并且可以选择性地进行属性选择，选择方式要么使用反向删除（见 7.1 节）逐一选择，要么用全部属性建立一个完整模型，将这些属性按它们的标准化系数进行降序排列，然后逐一去掉每个项直至满足终止条件（这种方法在 6.6 节中关于剪枝树的论述中曾做过描述，当时的情况与现在略有不同）。两种选择方式用的都是 6.7 节中所讨论的 AIC 终止准则的其中一个版本。实现中含有两种进一步的细分：一种是探测共线属性的启发式机制（可关掉）；另一种是能够使恶化的案例得以稳定并通过加上较大的惩罚系数降低过度拟合的 ridge 参数。从技术角度讲，LinearRegression 实现岭回归，这在标准的统计教科书中有专门的描述。 459

LeastMedSq 是一种使到回归线的差异的平方中值（而不是平均值）最小化的稳健线性回归方法（见 7.5 节）（Rousseeuw 和 Leroy，1987）。它将标准线性回归反复应用于数据的子样本，然后把具有最小中值平方误差的解决方法显示出来。

PaceRegression 用新的 Pace 回归技术（Wang 和 Witten，2002）建立线性回归模型。当属性比较多时，Pace 回归特别擅长决定哪些属性应该被删除。实际上，在某些常见情况下，当属性的数量趋于无限大时，Pace 回归被证明是最佳的选择。

IsotonicRegression 实现了学习得到一个基于 pair-adjacent violators 方法（见 7.7 节）的

保序回归函数。PLSClassifier 学习一个偏最小二乘回归模型（见 7.3 节）。它利用 PLSFilter 将训练数据转换到偏最小二乘回归空间中，然后从转换过的数据中学习得到一个线性回归。在 PLSClassifier 的对象编辑器中，所有 PLSFilter 的选项都是用户可选的。

```
=== Run information ===

Scheme:       weka.classifiers.functions.SimpleLinearRegression
Relation:     cpu
Instances:    209
Attributes:   7
              MYCT
              MMIN
              MMAX
              CACH
              CHMIN
              CHMAX
              class
Test mode:    10-fold cross-validation

=== Classifier model (full training set) ===

Linear regression on MMAX

0.01 * MMAX - 34

Time taken to build model: 0 seconds

=== Cross-validation ===
=== Summary ===

Correlation coefficient                  0.7844
Mean absolute error                     53.8054
Root mean squared error                 99.5674
Relative absolute error                 55.908  %
Root relative squared error             61.8997 %
Total Number of Instances              209
```

图 11-24　CPU 性能数据的 SimpleLinearRegression 输出结果

SMO 采用多项式或高斯核（Platt，1998；Keerthi 等，2001）来实现序列最小优化算法，该算法用于训练一个支持向量分类器（见 6.4 节）。数据中的缺失值全部被替换；名目属性转换成二值属性；且默认条件下属性须进行规范化，注意，输出结果中的系数是基于经过规范化的数据。用户可将规范化功能关闭，或将输入的值标准化为零平均值和单位方差。成对分类多用于多类问题。Logistic 回归模型可与支持向量机相吻合以获取概率评估。对于多类的情形，所预测的概率是成对耦合的（Hastie 和 Tibshirani，1998）。在处理稀疏实例时，将规范化功能关闭可加快处理速度。

图 11-25 给出了将 SMO 应用于鸢尾花数据上的输出结果。这里使用一个指数为 1 的多项式内核使模型成为一个线性支持向量机。由于鸢尾花数据包含了 3 种类标值，所以得到了 3 个二元 SMO 模型输出，也就是一个用于分离所有可能类标值对的超平面。此外，由于向量机是线性的，所以超平面表示为原始空间中属性值的函数（名目属性也是如此）。当多项式超平面内核的指数设为 2 时，支持向量机变为非线性的，这种情况下的结果见图 11-26。前面共有 3 种二元 SMO 模型，而这里的超平面则表现为支持向量的函数（见

6.4 节）。每个支持向量由一对尖括号括起来，向量带有系数 α。偏移参数 β（与 α_0 一样），在每个函数的最后部分给出来。

```
=== Run information ===

Scheme:  weka.classifiers.functions.SMO -C 1.0 -L 0.0010 -P 1.0E-12 -N
    0 -V -1 -W 1 -K "weka.classifiers.functions.supportVector.PolyKernel -C
    250007 -E 1.0" efd
Relation:     iris
Instances:    150
Attributes:   5
              sepallength
              sepalwidth
              petallength
              petalwidth
              class
Test mode:    10-fold cross-validation

=== Classifier model (full training set) ===

SMO

Kernel used:  Linear Kernel: K(x,y) = <x,y>

Classifier for classes: Iris-setosa, Iris-versicolor

BinarySMO

Machine linear: showing attribute weights, not support vectors.

         0.6829 * (normalized) sepallength  +  -1.523  * (normalized)
                  sepalwidth
 +       2.2034 * (normalized) petallength  +  1.9272 * (normalized)
                  petalwidth
 -       0.7091

Number of kernel evaluations: 352 (70.32% cached)

Classifier for classes: Iris-setosa, Iris-virginica

BinarySMO

Machine linear: showing attribute weights, not support vectors.

         0.5886 * (normalized) sepallength  +  -0.5782 * (normalized)
                  sepalwidth
 +       1.6429 * (normalized) petallength  +  1.4777 * (normalized)
                  petalwidth
 -       1.1668

Number of kernel evaluations: 284 (68.996% cached)

Classifier for classes: Iris-versicolor, Iris-virginica

BinarySMO

Machine linear: showing attribute weights, not support vectors.

         0.3176 * (normalized) sepallength  +  -0.863  * (normalized)
                  sepalwidth
 +       3.0543 * (normalized) petallength  +  4.0815 * (normalized)
                  petalwidth
 -       4.5924

Number of kernel evaluations: 453 (61.381% cached)

Time taken to build model: 0.13 seconds
```

图 11-25 鸢尾花数据的 SMO 输出结果

```
=== Stratified cross-validation ===
=== Summary ===
Correctly Classified Instances         144               96      %
Incorrectly Classified Instances         6                4      %
Kappa statistic                          0.94
Mean absolute error                      0.2311
Root mean squared error                  0.288
Relative absolute error                 52      %
Root relative squared error             61.101  %
Total Number of Instances              150

=== Detailed Accuracy By Class ===

          TP Rate  FP Rate  Precision  Recall  F-Measure  ROC Area  Class
          1        0        1          1       1          1         Iris-setosa
          0.98     0.05     0.907      0.98    0.942      0.965     Iris-versicolor
          0.9      0.01     0.978      0.9     0.938      0.97      Iris-virginica
Weighted  0.96     0.02     0.962      0.96    0.96       0.978
Avg.

=== Confusion Matrix ===

  a  b  c   <-- classified as
 50  0  0 |  a = Iris-setosa
  0 49  1 |  b = Iris-versicolor
  0  5 45 |  c = Iris-virginica
```

图 11-25　（续）

```
=== Run information ===

Scheme:   weka.classifiers.functions.SMO -C 1.0 -L 0.0010 -P 1.0E-12 -N
     0 -V -1 -W 1 -K "weka.classifiers.functions.supportVector.PolyKernel
     -C 250007 -E 2.0"
Relation:     iris
Instances:    150
Attributes:   5
              sepallength
              sepalwidth
              petallength
              petalwidth
              class
Test mode:    10-fold cross-validation
=== Classifier model (full training set) ===

SMO

Kernel used:
  Poly Kernel: K(x,y) = <x,y>^2.0

Classifier for classes: Iris-setosa, Iris-versicolor
BinarySMO

      1      * <0.333333 0.166667 0.457627 0.375 > * X]
 -       1      * <0.222222 0.541667 0.118644 0.166667 > * X]
 -       1      * <0.138889 0.416667 0.067797 0.083333 > * X]
 -       1      * <0.166667 0.416667 0.067797 0.041667 > * X]
 +       1      * <0.222222 0.208333 0.338983 0.416667 > * X]
 -       1      * <0.055556 0.125 0.050847 0.083333 > * X]
 -       1      * <0.027778 0.375 0.067797 0.041667 > * X]
 +       1      * <0.166667 0.166667 0.389831 0.375 > * X]
 +       1      * <0.361111 0.208333 0.491525 0.416667 > * X]
 +       1      * <0.194444 0 0.423729 0.375 > * X]
 -       1      * <0.194444 0.416667 0.101695 0.041667 > * X]
 -       1      * <0.138889 0.458333 0.101695 0.041667 > * X]
 +       1      * <0.194444 0.125 0.389831 0.375 > * X]
 +       0.3697 * <0.361111 0.375 0.440678 0.5 > * X]
 -       0.4599 * <0.138889 0.416667 0.067797 0 > * X]
 -       0.9098 * <0.194444 0.625 0.101695 0.208333 > * X]
```

图 11-26　鸢尾花数据的非线性内核 SMO 输出结果

```
+       1       * <0.333333 0.166667 0.474576 0.416667 > * X]
+       1       * <0.388889 0.25 0.423729 0.375 > * X]
-       0.8085

Number of support vectors: 18

Number of kernel evaluations: 2416 (72.564% cached)

Classifier for classes: Iris-setosa, Iris-virginica

BinarySMO

     1       * <0.166667 0.208333 0.59322 0.666667 > * X]
 -      0.856  * <0.055556 0.125 0.050847 0.083333 > * X]
 +      0.1315 * <0.555556 0.333333 0.694915 0.583333 > * X]
 -      1      * <0.222222 0.541667 0.118644 0.166667 > * X]
 +      1      * <0.472222 0.083333 0.677966 0.583333 > * X]
 -      0.2756 * <0.194444 0.625 0.101695 0.208333 > * X]
 -      1.0183

Number of support vectors: 6

Number of kernel evaluations: 1364 (60.726% cached)
Classifier for classes: Iris-versicolor, Iris-virginica
BinarySMO

     1       * <0.555556 0.208333 0.677966 0.75 > * X]
 -      1      * <0.305556 0.416667 0.59322 0.583333 > * X]
 -      1      * <0.666667 0.458333 0.627119 0.583333 > * X]
 -      1      * <0.472222 0.583333 0.59322 0.625 > * X]
 +      1      * <0.444444 0.416667 0.694915 0.708333 > * X]
 -      1      * <0.527778 0.083333 0.59322 0.583333 > * X]
 +      1      * <0.416667 0.291667 0.694915 0.75 > * X]
 -      1      * <0.472222 0.291667 0.694915 0.625 > * X]
 +      0.4559 * <0.555556 0.375 0.779661 0.708333 > * X]
 -      1      * <0.666667 0.416667 0.677966 0.666667 > * X]
 +      1      * <0.611111 0.416667 0.762712 0.708333 > * X]
 -      1      * <0.5 0.375 0.627119 0.541667 > * X]
 -      1      * <0.722222 0.458333 0.661017 0.583333 > * X]
 +      1      * <0.472222 0.083333 0.677966 0.583333 > * X]
 +      1      * <0.583333 0.458333 0.762712 0.708333 > * X]
 +      1      * <0.611111 0.5 0.694915 0.791667 > * X]
 +      1      * <0.5 0.416667 0.661017 0.708333 > * X]
 -      1      * <0.694444 0.333333 0.644068 0.541667 > * X]
 -      1      * <0.5 0.416667 0.610169 0.541667 > * X]
 +      1      * <0.416667 0.291667 0.694915 0.75 > * X]
 +      1      * <0.527778 0.333333 0.644068 0.708333 > * X]
 -      1      * <0.444444 0.5 0.644068 0.708333 > * X]
 +      1      * <0.5 0.25 0.779661 0.541667 > * X]
 +      1      * <0.555556 0.291667 0.661017 0.708333 > * X]
 +      1      * <0.361111 0.333333 0.661017 0.791667 > * X]
 -      1      * <0.555556 0.208333 0.661017 0.583333 > * X]
 -      0.4559 * <0.555556 0.125 0.576271 0.5 > * X]
 +      1      * <0.555556 0.333333 0.694915 0.583333 > * X]
 +      1      * <0.166667 0.208333 0.59322 0.666667 > * X]
 +      1      * <0.805556 0.416667 0.813559 0.625 > * X]
 -      1      * <0.555556 0.541667 0.627119 0.625 > * X]
 +      1      * <0.472222 0.416667 0.644068 0.708333 > * X]
 -      1      * <0.361111 0.416667 0.59322 0.583333 > * X]
 -      1      * <0.583333 0.5 0.59322 0.583333 > * X]
 -      1      * <0.472222 0.375 0.59322 0.583333 > * X]
 -      1      * <0.611111 0.333333 0.610169 0.583333 > * X]
 -      3.5378
Number of support vectors: 36

Number of kernel evaluations: 3524 (66.711% cached)

Time taken to build model: 0.06 seconds
```

图 11-26 (续)

```
=== Stratified cross-validation ===
=== Summary ===

Correctly Classified Instances        144              96      %
Incorrectly Classified Instances        6               4      %
Kappa statistic                         0.94
Mean absolute error                     0.2311
Root mean squared error                 0.288
Relative absolute error                52      %
Root relative squared error            61.101  %
Total Number of Instances             150
=== Detailed Accuracy By Class ===

        TP Rate  FP Rate Precision Recall F-Measure ROC Area  Class
        1        0       1         1      1         1         Iris-setosa
        0.94     0.03    0.94      0.94   0.94      0.955     Iris-versicolor
        0.94     0.03    0.94      0.94   0.94      0.972     Iris-virginica
Weighted 0.96    0.02    0.96      0.96   0.96      0.976
Avg.

=== Confusion Matrix ===

  a  b  c   <-- classified as
 50  0  0 |  a = Iris-setosa
  0 47  3 |  b = Iris-versicolor
  0  3 47 |  c = Iris-virginica
```

图 11-26 （续）

460~462 SMOreg 实现序列最小优化算法用于学习得到支持向量回归模型（Smola 和 Scholkopf, 2004）。

SPegasos（Shalev-Shwartz 等，2007）利用随机梯度下降（见 6.4 节）学习一个用于二分类问题的线性支持向量机。默认情况下，缺失值将由规范化之后的属性均值/众数来替代。用户可以指定要执行的迭代次数（即训练数据上的迭代）和“lambal”的值，“lambal”是一种用于控制拟合紧密程度的规则化常数。它提供两种衰减函数：一种是用于学习支持向量机的铰链衰减（默认设置）；另一种是日志衰减，其结果是一个Logistic回归而不是一个支持向量机。SPegasos 的训练模式可以是分批式，也可以是一次一个实例的增量式。若为增量式训练，则每个实例都只处理一次，因为迭代次数参数将不会有任何影响。

VotedPerceptron 是投票感知机算法（见 6.4 节）。Winnow（见 4.6 节）修改基本的感知机以便利用乘法更新。该实现允许有不同于 $1/\alpha$ 的第二个倍数 β 以便用于图 4-11 中的除法运算，并且还提供所用算法的平衡版本。

GaussianProcesses 实现了用于非线性回归的贝叶斯高斯处理技术。用户可以指定核函数以及“噪声”的值，“噪声”也是一种用于控制拟合紧密程度的规则化常数。用户可以
463~464 在学习回归之前，选择规范化的训练数据或者标准的训练数据。对于点估计，该方法与核岭回归效果一样。

SimpleLogistic 建立 Logistic 回归模型（见 4.6 节），使用以简单回归函数为基学习器的LogitBoost 来拟合这些模型并用交叉验证来决定进行多少次迭代，因为交叉验证可支持自动属性选择（Landwehr 等，2005）。SimpleLogistic 产生一棵由一个独立结点组成的衰退逻辑模型树，它也支持前面用于 LMT 的那些选项。

Logistic 是另外一种建立在 le Cessie 和 van Houwelingen（1992）研究成果基础上的用于生成和利用多项式 Logistic 回归模型和岭估计器的实现方法，该方法通过为回归项加上较大的惩罚系数来防止过度拟合。图 11-27 显示了将其应用到鸢尾花数据上的输出结果。回归函数的系数以列表的形式给出，除了最后一个类以外每个类对应于其中一个。给定 m 个输入属性和 k 个类标，对类标 j 的预测概率（除了最后一个类以外）如下：

$$\Pr[j \mid a_1, a_2, \cdots, a_m] = \frac{\exp(w_0^j + w_1^j a_1 + w_2^j a_2 + \cdots + w_m^j a_m)}{(1 + \sum_{j=1}^{k-1} \exp(w_0^j + w_1^j a_1 + w_2^j a_2 + \cdots + w_m^j a_m)}$$

其中 w_0^j 是类标 j 的截距（intercept term）。最后一个类标 k 的概率则按如下公式给定：

$$1 - \sum_{j=1}^{k-1} \Pr[j \mid a_1, a_2, \cdots, a_m]$$

在回归系数表的下方有另一个表格，这个表格给出了每个输入属性以及类标值的优势比（odds ratio）。对某个给定属性，这个值指示的是将其他属性的值固定好以后，该属性对类标值的影响。 465~467

RBFNetwork 实现了一个高斯径向基函数网络（见 6.4 节），它用 k 均值推导出隐藏项的中心点及宽度，并将由隐藏层得到的输出结果合并起来。合并的方式是，如果类是名目型的，就用 Logistic 回归；如果是数值型的，则用线性回归。先将基函数的激活（即输出）规范化，使得相加总和为 1，然后将它们输入线性模型。用户可指定 k，即聚类的数量；名目型类问题的 Logistic 回归循环次数的最大值；相关聚类的最小标准差；以及回归的岭值。如果类是名目型的，则将 k 均值分别应用于每个类，从而为每个类导出 k 个聚类。

LibSVM 和 LibLINEAR 都是支持对 Weka 使用的支持向量机和 Logistic 回归进行第三方实现的包装分类器（wrapper classifier）。要使用它们，就必须确保问题中用于程序库的 jar 文件在 Java 虚拟机的 class 路径中。前者为用户提供接口来使用支持向量分类器和回归算法（Chang 和 Lin，2001）的 LIBSVM 程序库，这个知识库为多类别分类、回归以及一分类等问题提供了多种不同的支持向量机，用户还可以选择使用线性、多项式、径向基函数或者 S 型核函数。后则让用户可以使用 LIBLINEAR 库（Fan 等，2008），这个库包含了用于分类和 Logistic 回归问题的线性支持向量机的快速实现。

11.4.5 神经网络

MultilayerPerceptron 是一个使用反向传播进行训练的神经网络（见 6.4 节）。尽管在表 11-5中它是列在函数的下面，但其实它与其他的方案不相同，因为它有自己的用户界面。如果用户载入天气数据的数值型版本，调用 MultilayerPerceptron，在它的对象编辑器中将 GUI 设为 True，并在 Classify 面板上单击 Start 运行该网络，图 11-28 所示的图表就会出现在一个单独的窗口中。该网络有三层：在左侧每个属性由一个矩形框表示（绿色），这是输入层；接下来在它的旁边有一个隐蔽层（红色），由连接在一起的所有输入结点组成；右边有一个输出层（橙色）。最右边的标签表明输出结点所代表的类。数值型类的输出结点会自动转换成无阈值的线性单元。

```
Scheme:       weka.classifiers.functions.Logistic -R 1.0E-8 -M -1
Relation:     iris
Instances:    150
Attributes:   5
              sepallength
              sepalwidth
              petallength
              petalwidth
              class
Test mode:    10-fold cross-validation

=== Classifier model (full training set) ===

Logistic Regression with ridge parameter of 1.0E-8
Coefficients...
                         Class
Variable           Iris-setosa  Iris-versicolor
===============================================
sepallength            21.8065           2.4652
sepalwidth              4.5648           6.6809
petallength           -26.3083          -9.4293
petalwidth             -43.887         -18.2859
Intercept               8.1743           42.637

Odds Ratios...
                         Class
Variable           Iris-setosa  Iris-versicolor
===============================================
sepallength    2954196662.0161          11.7653
sepalwidth             96.0426         797.0304
petallength                  0           0.0001
petalwidth                   0                0

Time taken to build model: 0.02 seconds

=== Stratified cross-validation ===
=== Summary ===

Correctly Classified Instances         144               96      %
Incorrect1y Classified Instances         6                4      %
Kappa statistic                          0.94
Mean absolute error                      0.0287
Root mean squared error                  0.1424
Relative absolute error                  6.456  %
Root relative squared error             30.2139 %
Total Number of Instances              150

=== Detailed Accuracy By Class ===

         TP Rate  FP Rate  Precision  Recall  F-Measure  ROC Area  Class
          1        0        1          1       1          1         Iris-setosa
          0.92     0.02     0.958      0.92    0.939      0.97      Iris-versicolor
          0.96     0.04     0.923      0.96    0.941      0.975     Iris-virginica
Weighted  0.96     0.02     0.96       0.96    0.96       0.982
Avg.

=== Confusion Matrix ===

  a  b  c   <-- classified as
 50  0  0 |  a = Iris-setosa
  0 46  4 |  b = Iris-versicolor
  0  2 48 |  c = Iris-virginica
```

图 11-27 鸢尾花数据的 Logistic 输出结果

在单击 Start 运行网络之前，用户可通过加入结点及连接更新它的结构。结点可被选定或取消选定。在图 11-28a 中，隐蔽和输出层中的全部 6 个结点的圆心部分都呈现灰色，表明它们都未被选定。要选定一个结点，只需简单单击它，结点的圆心就会由灰色变为亮黄色。要取消选定一个结点，在空白处右击。要加入一个结点，首先确保没有结点被选定，然后在面板上的任意位置单击，新结点将自动选定。在图 11-28a 中，在下方的中间处，一个新结点已经被加入。要将两个结点连接起来，选定起始结点，然后单击终止结点。如果有多个起始结点被选定，它们都会被连接到终止结点。如果用户在空白处单击，一个新结点会生成并作为终止结点。注意，连接是有方向的（尽管它们的方向未被显示出来）。起始结点会保持被选定状态。这样做的好处是，用户只需单击几下鼠标即可加入整个隐蔽层，如图 11-28b。要删除一个结点，首先确保没有结点被选定，然后右击要删除的结点。这样做所删除的不只是该结点，所有指向该结点的连接也一起删除。要删除一个单独的连接，选定一个结点，右击该连接另外一端的结点。

468～469

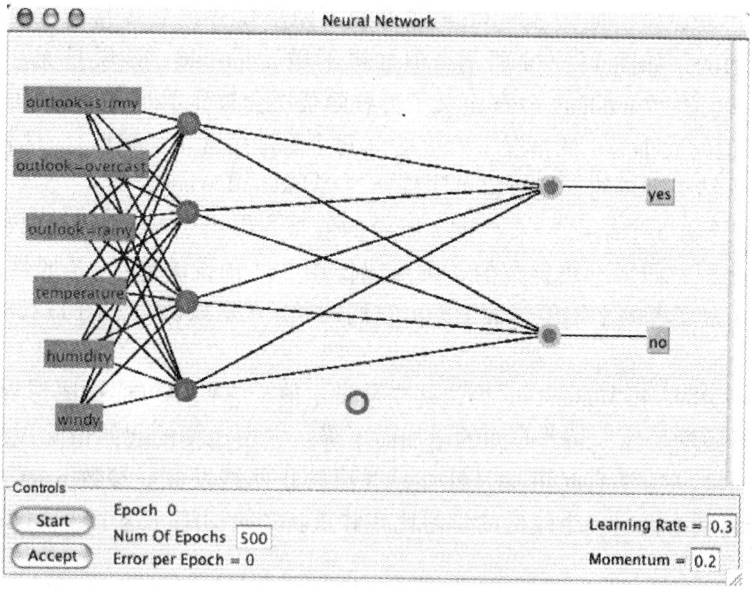

a）开始编辑网络，添加第二个隐藏层

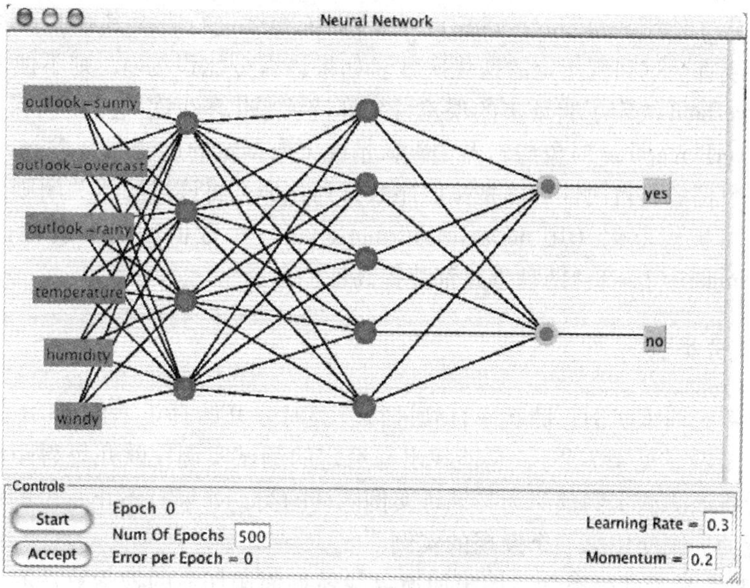

b）有两个隐藏层的完成后的网络

图 11-28 使用 Weka 的神经网络图形用户界面

除了配置网络的结构外，用户还可以控制学习比率和动量（见6.4节），以及该网络扫描数据的总的次数，称为迭代次数（epochs）。用户单击Start，网络即开始训练，且该次迭代正常运行的指示及该次迭代的误差会显示在图11-28中面板的左下方。注意，误差是基于整个网络基础上的，随着误差值的计算，网络也随之变化。对于数值型的类来说，误差值取决于类是否被规范化。当时间点的数量达到指定值时，网络会停止，此时，用户可选择接受该结果或将迭代次数增至所期望的值，再单击Start继续训练。

MultilayerPerceptron无需通过图形界面也可运行。通过对象编辑器设置几个参数即可控制它的操作。如果用户使用图形界面，则可对网络原始结构进行管理，即用户可互动式地对结构进行重新设定。使用autoBuild即可加入隐蔽层并将其连接起来。默认条件下，隐蔽层是不显示的，如图11-28a所示，但如果不用autoBuild，该层是无法显示出来的，并且也没有连接。参数hiddenLayers定义了哪些隐蔽层会被显示及每个隐蔽层含多少结点。图11-28a是在值的大小为4的情况下产生的（每个隐蔽层含4个结点），尽管图11-28b是通过交互式加入结点生成的，但它也可同样通过将hiddenLayers设为4、5（一个隐蔽层有4个结点，另一个有5个结点）来产生。所设的值是一串由逗号分隔的整数；0表示没有隐蔽层。进一步说，如果不用整数值，则可以使用一些预设的值：i是属性的数量，o是类值的数量，a是二者的平均值，而t表示它们的和。a是默认值，图11-28a就是用它产生的。

参数learningRate和Momentum为这些变量设定值，它们也可通过图形界面进行重设。参数decay会导致学习比率随着时间的增加而下降：它用比率的起始值除以周期的数量来得到当前的比率。该方法有时可提升性能，并可防止网络发散。参数reset自动在网络偏离答案时重新为网络设定一个较低的学习比率并重新开始训练（这个选项仅在不使用图形用户界面时才有效）。

参数trainingTime用于设定训练迭代的次数。除此之外，还可以提取一定百分比的数据专门用于确认（使用*validationSetSize*）：然后训练继续进行直至其在验证集上的性能开始持续恶化，或直至达到所指定的迭代次数。如果该百分比设为0，则不使用验证集。参数validationThreshold决定了验证集的误差可允许持续恶化多少次才停止训练。

470~471 在MultilayerPerceptron对象编辑器中默认情况下所指定的过滤器是NominalToBinaryFilter。如果所用数据的名目属性的确是按照序数排列，那么将该过滤器关闭则可对提高性能有帮助。属性可被规范化（用normalizeAttributes），一个数值型的类属性也可以规范化（用normalizeNumericClass）：两种方式都能提高性能。

11.4.6 懒惰分类器

懒惰分类器把训练实例存储起来直到进行分类时才开始真正工作。IB1是一个基本的基于实例的学习器（见4.7节），它能找出与给定的测试实例在欧几里得距离上最近的训练实例，然后将该测试实例预测为与训练实例同样的类。如果有不止一个的训练实例都被认为是最接近的，则使用第一个发现的实例。

IB*k*是一种*k*最近邻分类器。用于加速寻找最近邻居任务的搜索算法有很多。默认的是一种线性搜索，当然还有其他的选项，如*k*D树、球树，以及所谓的“覆盖树”（Beygelzimer等，2006）。使用的距离函数是搜索方法的一个参数。默认设置与IB1相同，即欧几里得距离，其他选项包括切比雪夫、曼哈顿以及闵可夫斯基距离。最近邻的数量（默认 $k=1$）可在对象编辑器中明确指定或用留一交叉验证自动确定，这取决于所指定的值的上限。从一个以上的邻居中做出的预测可按照这些邻居与测试实例的距离进行加权，有两个不同的方程式用于将距离转换为权。分类器持有的训练实例的数量可通过设定窗口尺寸选项来加以限制。随着新的训练实例不断加入，将最早的实例删除以使训练实例保持为所限制的数量。

KStar 是一个使用泛化距离函数的最近邻方法，该函数是基于转换基础的（见 6.5 节）。懒惰贝叶斯规则（Lazy Bayesian Rule，LBR）是一个贝叶斯分类器，它将所有的处理过程都推迟到分类时进行。该分类器从每个测试实例的属性中挑选出一组不可以对其进行独立假设的属性。除了给定类属性和所选定属性以外的其他属性可被看做相互独立。该分类器对于小型测试集来说效果很好（Zheng 和 Webb，2000）。在应用分类器之前，属性需要进行离散化处理。

LWL 是一个用于局部加权学习的通用算法。它用一个基于实例的方法来进行权指定，并根据经过加权的实例生成一个分类器。该分类器是在 LWL 的对象编辑器中选定的：一个较好的选择是分类问题使用朴素贝叶斯，而回归问题则用线性回归（见 6.6 节）。用户可设定所用的邻居数量，决定核的带宽，同时用于加权的核的形状是线性、反转或高斯。默认情况下属性规范化功能是打开的。

11.4.7 多实例分类器

MI 类中的分类器可以处理多实例数据。MIDD、MIEMDD 以及 MDD 是 6.10 节中所描述的多样性密度算法的所有变体。MIDD 是标准版本：它使用 noisy-or 模型令其袋级别的似然值达到最大。数据可以先进行规范化或者标准化。MIEMDD 将多样性密度算法和一种 EM 式的迭代方法结合起来。与数据规范化或标准化的选项一样，用户还可以指定一个随机种子来初始化迭代过程。MIDD 和 MIEMDD 需要基于标准多实例假设，即当且仅当一个袋里至少包含一个正例时，才将该袋标记为正。从另一方面来说，MDD 设定了“集体”的假设：袋中的每一个实例相同且独立地作用于袋的类标。 472

MILR 是一种从标准单实例 Logistic 回归到多例环境（见 6.10 节）的改编版本。它的操作模型中有一种是基于标准多实例假设，还有两种则基于集体假设。与单实例 Logistic 回归一样，这里也可以用一个岭参数来防止过度拟合。

MISMO 和 MISVM 二者都将支持向量机升级到了多实例环境（6.10 节）。前者将 SMO 算法与一种专为多实例数据设计的核函数结合起来使用。用户可以在多实例多项式和径向基函数里进行选择。另一种情况是，袋层的数据则可以由最大值和最小值进行总结，这时，多实例核函数退化为相应的单实例核函数，应用标准 SMO 选项。MISVM 使用一种迭代风格的单实例分类器（6.10 节）实现了另一种支持向量机方法。

三种多实例分类器都使用了基于距离的方法。给定一个待分类的目标袋，CtationKNN（6.10 节）不仅考虑了其最近邻居（即参照者），而且还考虑了训练集中离目标袋最远的袋（即引用者）。有一个选项用于设定所使用的数量，还有一个用于设置豪斯道夫距离（Hausdorff distance）的级别，也就是说，用排名第几的距离去替代最大的距离。MINND 使用一种带协方差矩阵的正态分布来表示每个袋，使用 KL 距离来找最近的邻居。MIOptimalBall 根据每个实例到参考点的距离对未知袋进行分类（6.10 节）。因为它的简单，所以这个分类器是一个良好的基分类器，它同时使用了如 AdaBoostM1（11.5 节）的提升算法。

SimpleMI 和 MIWrapper 使用分别整合输入与输出的方法（4.9 节），将标准的单实例学习器应用到多实例数据上。前者可以使用基于坐标的几何平均值、算数平均值、最小值或最大值来整合袋级的数据。后者则允许用户指定是否整合实例级数据的评估概率，这些概率通过在单实例模型中使用平均数、几何均值或者最大值估计得到。用户还可以指定是否给袋中的实例赋权值为 1，或者将权值规范到与给定袋相同的权重。MIBoost 是一个来自于 AdaBoost 的提升算法，AdaBoost 使用一个单实例学习器（Xu and Frank，2004）创建了
473 一系列弱分类器。使用集合均值将每个实例的概率评估结合起来，形成袋级别的概率评估器。基于单实例的学习器和执行的迭代次数都是可配置的选项。

11.4.8　杂项分类器

表 11-5 中的"杂项"类别包含 3 个分类器，其中两个是在 4.7 节末尾提到过的分类器。对于离散的分类问题来说，HyperPipes 记录了在训练数据中观察到的每个属性值的区间及其类别，并得出哪些区间含有测试实例的属性值，从而挑出含有最多正确区间的类别。投票特征区间（Voting Feature Interval，VFI）通过离散化数值属性及对名目属性使用点区间的方式围绕每个类建立区间，并且针对每个属性记录每个区间中类的数量，然后用投票的方式对测试实例进行分类（Demiroz 和 Guvenir，1997）。一个简单的属性加权方案会为较多的置信度区间指定较高的权，这里置信度是熵的函数。VFI 比朴素贝叶斯速度快，但比 HyperPipes 慢。无论哪种方法都无法处理缺失值。SerializedClassifier 加载了一个已经序列化为文件的模型，然后利用该模型实现预测。提供一个新的训练数据也是没有影响的，因为它会将其压缩成一个静态模型。类似地，使用 SerializedClassifier 进行交叉验证同样意义不大。

11.5　元学习算法

表 11-6 中列出的元学习算法将分类器变成功能更强大的学习器。其参数之一用来指定基分类器；其余参数则用来确定类似装袋和提升方案中迭代的次数，以及随机数生成器的初始种子。我们在 11.3 节中已经见过 Filtered Classifier，它在经过过滤器过滤的数据上运行一个分类器，所用的过滤器是一个参数。过滤器本身的参数则是专门建立在训练数据基础上的，这种方法对于将有监督过滤器应用于测试数据很合适。

表 11-6　Weka 中的元学习算法

	名称	功能
Meta	AdaBoostM1	用 AdaBoostM1 方法提升
	AdditiveRegression	通过迭代拟合残留部分来提高回归方法的性能
	AttributeSelectedClassifier	通过属性选择来降低数据的维数
	Bagging	袋装一个分类器；对回归问题也同样有效
	ClassificationViaRegression	用回归方法进行分类
	CostSensitiveClassifier	使一个基分类器对成本敏感
	CVParameterSelection	通过交叉验证进行参数选择
	Dagging	类似于 Bagging，但使用的是非连接的训练集

（续）

名称	功能
Decorate	通过使用特别构建的人工训练范例来生成分类器集合
END	嵌套二分法集合
FilteredClassifier	在过滤后的数据上运行一个分类器
Grading	以已经被标记为正确或不正确的底层预测作为输入的元学习器
GridSearch	在一对分类器选项上运行一个格子搜索
LogitBoost	运行累加 Logistic 回归
MetaCost	使一个分类器成为成本敏感
MultiBoostAB	用多重提升方法将提升和装袋合并
MultiClassClassifier	将二类分类器应用于多类数据集
MultiScheme	使用交叉验证从多个候选对象中选择一个分类器
OrdinalClassClassifier	将标准分类算法应用于具有序数性类值的分类问题
RacedIncrementalLogitBoost	通过使 logit-boosted committee 相互间竞赛来进行以批次为基础的增量学习
RandomCommittee	生成一个可被随机化的基分类器的合集
RandomSubSpace	生成一个基分类器集合，每个分类器由不同的随机选择的属性子集训练得到
RegressionByDiscretization	离散类属性，并使用一个分类器
RotationForest	创建一个基分类器集合，每个分类器由一个已经使用主成分分析进行了转换的随机子空间训练得到
Stacking	用堆栈的方法将多个分类器组合起来
StackingC	堆栈的高效版
ThresholdSelector	优化一个 F 度量用于概率分类器
Vote	使用概率估计或数值预测平均值来合并分类器

11.5.1　装袋和随机化

Bagging 将一个分类器装袋以减小方差（8.2 节）。这种实现方法对分类和回归都很有效，当然这取决于基学习器。对于分类来说，预测是通过平均概率估计而不是投票做出的。其中一个参数是袋的尺寸，它是用训练集的百分比表示的。另一个参数是是否计算溢袋误差（out-of-bagerror），也就是全体成员的平均误差（Breiman，2001）。

Dagging 与 Bagging 类似，但鉴于集合中每个成员输入的考虑，它使用的是训练数据非连接分层的折而不是辅助程序样例。有些分类器因为实例个数太多，导致时间复杂度太大。对这些分类器进行整合时，上面所述优势就可以发挥作用。折的个数是一个参数，不 474
仅可以用于控制每个基分类器的训练集大小，还可以设定集合中分类器的个数。

RandomCommittee 更加简单，它生成一个基分类器的合集，然后平均它们的预测。每个分类器都是基于同样的数据但用不同的随机种子（7.5 节）。这种方法只有在基分类器被随机化以后才有意义，否则所有的分类器都是一样的。

RandomSubSpace 生成一个分类器集合，每个分类器都是由从输入属性（8.3 节）中进行随机选择得到的属性子集上训练得到的。除了迭代次数和使用的随机种子以外，它还提供了一个参数来控制属性子集的大小。RotationForest 实现了 8.3 节中所描述的旋转森林组合学习器。尽管旋转森林方面的经典论文（Rodriguez 等，2006）使用随机子空间和主成分来生成一个决策树组合，但 Weka 的实现允许基分类器可以是任何分类器或者回归模型。主成分变换过程由同名的 Weka 过滤器来完成。RotationForest 还可以进行配置以使用其他的项目，如随机项目或者最小二乘。其他参数则用于控制子空间的大小以及输入到项目过滤器中的实例数目。

11.5.2 提升

AdaBoostM1 实现了 8.4 节中描述的算法（见图 8-2）。它可以通过指定一个用于加权剪枝的阈值来加速。如果基分类器无法处理经过加权的实例，AdaBoostM1 就会进行重抽样（用户当然也可强迫它进行重抽样）。MultiBoostAB 将提升与一个装袋的变体合并在一起，以防止过度拟合（Webb，2000）。

与提升只适用于名目型类不同，AdditiveRegression 可强化一个回归学习器的性能（8.5 节）。它有两个参数：一个是用来管理学习比率的收缩（shrinkage），另一个是产生模型数量的最大值。如果后一个参数是无穷大，则运行会持续下去直至误差不再降低。

Decorate 通过使用特别构建的人工训练范例，生成一个多样分类器组合。该技术据说可通过基分类器，通过装袋和随机森林元学习器持续地改进（Melville 和 Mooney，2005）[⊖]。对于小型训练集来说，它的性能比提升好，且在大型数据集上也不算差。它的参数之一是所用人工范例的数量，用训练数据的比例表示，另一个参数是组合中欲加入的分类器的数量，因为迭代次数的上限也可以人为设定，所以运行过程也许会过早地停下来。较大的合集通常会生成更精确的模型，但也会增加训练时间和模型的复杂度。

475~476 LogitBoost 进行相加的 Logistic 回归（8.5 节）。像 AdaBoostM1 一样，它也可以通过一个用于加权剪枝的阈值来加速。合适的迭代次数可通过内部交叉验证得出；调节收缩参数可防止过度拟合；用户还可选择重抽样而不是重加权。RacedIncrementalLogitBoost 通过令 LogitBoostedCommittee 之间互相竞赛来学习，并通过将数据分批次处理（8.1 节）来进行增量操作，因此对处理大型数据集很有用（Frank 等，2002）。每个委员会成员都由不同的批次得出。批次的规模先由一个给定的最小值开始，然后反复成倍递增直至达到一个预设的最大值。如果基分类器无法处理经过加权的实例，就必须重新抽样（用户当然也可强迫进行重抽样）。对数似然剪枝可用于每个委员会中：这样，如果新的委员会成员降低验证数据的对数似然，它们就会被删除。用户可决定将多少个实例提取出来专门用于验证。当训练结束时，用于验证的数据还用于决定哪个委员会保留下来。

11.5.3 组合分类器

Vote 提供了一个基准方法用于合并分类器，合并是通过将分类器的概率估计（分类）或数值预测（回归）平均的方式完成的。MultiScheme 利用百分比精确度（分类）或均方差（回归）的交叉验证，从一组候选分类器中选择最佳的一个。折的数量是一个参数。在训练数据上的性能也可作为替代使用。

Stacking 利用堆栈（8.7 节）将分类器合并，这对于分类及回归问题都适用。用户可指明基分类器，元学习器以及交叉验证的折的数量。StackingC 实现一个效率更高的变体版本，它要求其元学习器必须是一个数值型的预测方案（Seewald，2002）。在 Grading 中，元学习器的输入必须是已经标记（如，“已评分的”）为正确或不正确的底层预测。对应于每个基分类器都会得出一个元学习器。当基分类器出错时，元学习器用于预测。就像堆

⊖ 随机森林模式在 8.3.2 节和 11.4.2 节中提出。它确实是一个元学习器，但因为它天生就是一个特殊的分类器（RandomTree），所以 Weka 将其放入决策树方法中。

栈可以被看做是投票的泛化一样，通过交叉验证评分泛化了选择过程（Seewald 和 Funkranz，2001）。

11.5.4 成本敏感学习

有两种用于成本敏感学习的元学习器（5.7 节）。成本矩阵可作为一个参数提供或由文件载入，该文件来自于由 onDemandDirectory 属性设定的文件夹中，并且是用关系名字加上扩展 .cost 命名的。CostSensitiveClassifier 要么根据指定给每个类的总成本对训练实例进行重加权（成本敏感学习，5.7 节），或者用最小而不是最可能的预期错误对成本来预测类进行分类（成本敏感分类，5.7 节）。MetaCost 从基学习器中产生一个单成本敏感分类器（8.2 节）。该实现方法在对训练数据重新进行分类时使用全部的装袋循环（Domingos，1999，在仅仅使用那些含有每个训练实例的循环来做重新分类时观察到了些许改进）。用 477
户可以指定每个袋的尺寸及装袋的迭代次数。

11.5.5 优化性能

四种元学习器使用包装技术来优化基分类器的性能。AttributeSelectedClassifier 选择属性，降低数据的维数，然后将其传送给分类器（7.1 节）。用户可利用 11.2 节中描述过的 Select attributes 面板来挑选属性评估器和搜索方法。CVParameterSelection 通过使用交叉验证选择参数的方式来优化性能。用户可为每个参数提供一个含有下限和上限以及想要的增量的一个字符。例如，要想使参数 P 从 1 ~ 10 以每次 1 的方式递增，使用

P 1 10 10

也可以指定交叉验证的折的数量。

GridSearch 与 CVParameterSelection 类似，但仅限于通过搜索一个 2 维网格来优化两个参数。实际上它提供了优化参数的功能，优化的对象可以是一个分类器、一个预处理过滤器，也可以是二者中的一个。用户可以选择优化正确率、方均根偏差、相对方均根偏差、平均绝对偏差、相对绝对偏差、相关系数、相关系数的 Kappa 值或者相对方均根偏差、相对绝对偏差的线性组合（而 CVParameter 只能分别优化分类和回归的正确率或者方均根偏差）。

像 CVParameterSelection 一样，GridSearch 允许用户指定每个参数取值的下限和上限，以及理想的增量值。同时 GridSearch 还允许用户使用与 MathExpressionFilter 相同的运算符和函数构成数学表达式来设置每个目标参数的值、包含了任意常数的参数、某个边界的值、步骤的个数或目前迭代次数。GridSearch 通过对训练数据进行 2 折交叉验证进行网格的快速评估。接着，根据选定的评估矩阵，使用考虑了网格中邻接参数对的爬山搜索算法就可以逐渐逼近最佳网格点。在这个阶段使用 10 折交叉验证。若能验证某个邻接点更优，则这个点变为新的中心，然后再执行一次 10 折交叉验证。当没有更好的点或者当前最佳点到达边界时，过程结束。在后续的情况中，用户可以选择允许 GridSearch 自动拓展网格继续搜索。这时网格可以拓展的最大次数也是一个用户自定义的选项。 478

第四个元学习器 ThresholdSelector 通过为分类器的输出选定一个概率阈值来优化 F 度量（5.7 节）。其性能可通过对训练数据和旁置集来度量，或通过交叉验证来度量。基学习器返回的概率可按比例转换为［0，1］的区间内，如果方案的概率被限定在一个狭窄的子区间内，那么这么做很有帮助。元学习器可通过指定类值的方式应用于多类问题，进行

优化时所指定的类值有

1）第一个类值。

2）第二个类值。

3）最不频繁的类值。

4）最频繁的类值。

5）名字为 yes、pos（itive）或 1 的第一个类属性。

11.5.6 针对不同任务重新调整分类器

六种元学习器可以把为完成一种任务而设计的学习器进行改装，从而可完成其他任务。ClassificationViaRegression 利用回归方法，通过使类属性二值化，为每个值建立一个回归模型的方式进行分类。RegressionByDiscretization 是一种回归方案，它用等宽离散化将类属性离散化成给定数量的箱，然后再应用一个分类器。预测结果就是每个离散区间的平均类值的加权平均值，其中所用的权值基于每个区间的预测概率。ClassificationViaClustering 使用一个聚类算法进行分类，将每个聚类中的主要类作为预测结果。OrdinalClassClassifier 将标准的分类算法应用于有序类的问题（Frank 和 Hall，2001）。

MultiClassClassifier 将二类分类器用于多类问题，使用以下方法中的任意一种：

1）1 对多。

2）使用投票进行预测的成对分类。

3）穷举误差校正编码（7.6 节）。

4）随机选取的误差校正编码。

众所周知，随机编码向量具有好的误差校正性能，它的一个参数明确了编码向量的长度（以位为单位）。对于成对分类器，可以开启概率的两两配对评估。END 实现了嵌套二分法（7.6 节）集合，利用两类分类器来处理多类问题。有多种不同的嵌套二分法都可以

479 使用，其中有两种平衡了数据或数据中的类标。

11.6 聚类算法

表 11-7 列出了 Weka 的聚类算法。Cobweb、EM、SimpleKMeans 以及 HierarchicalCluster 已经在 6.8 节中进行了描述。对于 EM 实现，用户可指定需产生聚类的个数，或所用的算法可通过交叉验证来决定，在这种情况下，折的数量固定为 10（除非训练实例小于 10 个）。用户可指定迭代次数的最大值，并为正常的密度计算设定可允许的最小标准差。SimpleKMeans 使用 k 均值来聚类数据，聚类的数量通过一个参数指定。用户可以在欧几里得距离与曼哈顿距离度量中做出选择。后者实际上使用的是 k 中值而不是 k 均值，为了最小化聚类中的距离函数，其中心是基于中值而不是均值。

表 11-7 聚类算法

名称	功能
CLOPE	事务数据上的快速聚类
Cobweb	Cobweb 和 Classit 聚类算法的实现
DBScan	基于最近邻的聚类，自动选择聚类的个数
EM	使用期望最大化进行聚类

（续）

名称	功能
FarthestFirst	使用由远端优先遍历算法进行聚类
FilteredClusterer	在过滤后的数据上进行聚类
HierarchicalClusterer	合成聚类
MakeDenesityBasedCluster	将一个聚类器包装，使其返回分布和密度
OPTICS	将 DBScan 扩展到分层聚类
sIB	使用序列信息瓶颈算法进行聚类
SimpleKMeans	使用 k 均值方法进行聚类
XMeans	k 均值的扩展

图 11-29 给出了在天气数据上运行 SimpleKMeans 的输出结果，默认选项为：两个聚类、欧几里得距离。聚类结果用表格给出来，行表示属性名，列为聚类中心。开始时，给出的一个额外的聚类反映了这个数据集。列顶部括号中的数就是每个聚类所包含的实例个数。表格中的每一项根据聚类对应列的属性值得到，要么是平均值（数值型属性），要么是众数（名目属性）。用户可以选择显示标准方差（数值型属性），或频率计数（名目属性）。底部显示的是所学习聚类模型的应用结果。在这种情况下，每个训练实例都将分配给一个聚类，聚类的结果与列顶部括号中的数字一样。另一种方法是使用一个单独的测试集或者训练集的一个百分比分裂，这时数据将不一样。

```
=== Run information ===

Scheme:       weka.clusterers.SimpleKMeans -N 2 -A "weka.core.
   EuclideanDistance - R first-last" -I 500 -S 10
Relation:     weather
Instances:    14
Attributes:   5
              outlook
              temperature
              humidity
              windy
              play
Test mode:    evaluate on training data

=== Model and evaluation on training set ===

kMeans
======

Number of iterations: 3
Within cluster sum of squared errors: 16.237456311387238
Missing values globally replaced with mean/mode

Cluster centroids:
                            Cluster#
Attribute       Full Data          0          1
                     (14)        (9)        (5)
==============================================
outlook             sunny      sunny   overcast
temperature       73.5714    75.8889       69.4
humidity          81.6429    84.1111       77.2
windy               FALSE      FALSE       TRUE
play                  yes        yes        yes

Clustered Instances

0       9 ( 64%)
1       5 ( 36%)
```

图 11-29 天气数据的 SimpleKMeans 输出结果

图11-30展示了在相同数据上应用EM的结果，聚类个数设置为两个。这里没有每个聚类中实例个数的概念，列顶部括号里给出的是其先验概率。表格中的项表示相应参数，若为数值型则为相应正态分布的参数，若为名目属性则为频度计数。分数值反应了EM算法所产生聚类的“软”特征，即每个实例可以同时分到多个聚类中。底部给出了模型的对数似然值（再次考虑训练数据），此外还有将学习的模型作为分类器应用到数据上时分配给每个聚类的实例个数。

```
=== Run information ===

Scheme:       weka.clusterers.EM -I 100 -N 2 -M 1.0E-6 -S 100
Relation:     weather
Instances:    14
Attributes:   5
              outlook
              temperature
              humidity
              windy
              play
Test mode:    evaluate on training data

=== Model and evaluation on training set ===

EM
==

Number of clusters: 2

              Cluster
Attribute           0       1
               (0.36)  (0.64)
==============================
outlook
  sunny        3.8801  3.1199
  overcast     1.8886  4.1114
  rainy        2.1706  4.8294
  [total]      7.9392 12.0608
temperature
  mean        76.9298 71.7407
  std. dev.    5.8179  5.8319
humidity
  mean        90.0868 77.0398
  std. dev.    3.7298  9.1727
windy
  TRUE         3.2249  4.7751
  FALSE        3.7144  6.2856
  [total]      6.9392 11.0608
play
  yes          2.2053  8.7947
  no           4.7339  2.2661
  [total]      6.9392 11.0608
Clustered Instances

0       5 ( 36%)
1       9 ( 64%)

Log likelihood: -9.13099
```

图11-30 天气数据的EM输出结果

XMeans实现了Moore和Pelleg（2000）的k均值的扩展版本，它使用了一种贝叶斯信息准则来选择聚类个数（6.8节），使用kD树来加速（4.7节）。用户可以指定使用的距离函数、聚类的最小和最大值以及迭代的最大执行次数。

Cobweb实现了用于名目属性的Cobweb算法和用于数值属性的Classit算法。对于合并和分裂运算符的排序及优先权来说，原始的 Cobweb 与 Classit 报告中不尽相同（这里多少有些歧义）。该实现总是先比较四种不同的处理新实例的方式，然后选择其中最好的：将其与最佳主结点（host）相加，使其成为一个新的叶子结，将两个最佳主结点合并后再将其加入合并后的结点，分裂最佳主结点然后将其加入分裂后的结点之一。Acuity 和 cutoff 是参数。

HierarchicalClusterer 实现了分层聚类的凝结生成（自下向上）（6.8 节）。选项中有多种不同的连接类型可供选择，不同的连接类型就是不同的聚类间距离度量方式。

FilteredClusterer 允许数据在到达聚类器之前先通过一个过滤器。过滤器和分类器都是用户可以配置的参数。

FarthestFirst 实现 Hochbaum 和 Shmoys（1985）远端优先遍历算法，Sanjoy Dasgupta（2002）曾做过引述；它是一个快速、简单、以 k 均值为模型的近似聚类器。MakeDensity-BasedCluster 一个元聚类器，它包装一个聚类算法，使其返回一个概率分布和密度。它为每个聚类拟合一个离散分布，或一个对称的正态分布（其最小标准差是一个参数）。

CLOPE 实现了一个用于购物篮类型数据（Yang 等，2002）的快速聚类技术。它使用一种基于直方图的质量聚类启发式方法，也就是不同项目的个数以及每种项目的计数都从聚类的项集中计算得到。若一个聚类的项集中共享的项目个数比不同项目的个数多，则这个聚类是一个好的聚类。整个聚类集合的优良程度取决于每个聚类优良程度的总和。聚类内部相似性程度（如聚类中项集的共同项目偏向）可以由“排斥”参数来控制。

DBScan 使用欧几里得距离度量来决定哪些实例共同属于一个聚类（Ester 等，1996）。不同于 k 均值的是，它可以自动决定聚类的个数，并找到任意形状的聚类以及合并得到异常点的概念。聚类中至少要包含给定最小值的点，而且每两个点对的距离要么是在用户给定的距离（ε）之内，要么由聚类中点的序列连接起来，点序列中邻接点之间的距离也在 480 ~ 483
ε 之内。小的 ε 值会导致较密集的聚类，因为每个实例必须与同一个聚类中其他实例更接近才能同属于该聚类。根据最小 ε 值以及聚类的最小尺寸来看，确实存在实例不属于任何聚类的情况。这些实例被认为是异常点。

图 11-31 给出了在鸢尾花数据上（不带类标）由 DBScan 形成的聚类，使用的 ε 为 0.2，最小聚类尺寸为 5。这里找到两个聚类，一个是 Iris setosas，还有一个就是 Iris viginicas 和 versicolors。有三个实例被认为是异常点（图中标记为 M）。一个是 setosa（左下方），两个 virginicas（右上方）。在这个用于可视化结果（花萼宽度与花瓣宽度）的 2 维空间中，存在不出现在任何聚类之中的情况。若聚类的最小尺寸设置为 2，那么这两个异常的 virginicas 就会形成第三个聚类，因为它们之间的距离在 $\varepsilon = 0.2$ 之内。

OPTICS 是将 DBScan 扩展到分层聚类后的版本（Ankerst 等，1999）。它给实例强加了一个排序，这样就与 2 维可视化一起很好地展示了聚类的分层结构。排序过程根据距离度量，将与其他一个实例最接近的实例放置在列表中接近的位置。此外，它还用“可达性距离”来注释邻接实例对，“可达性距离”就是决定了实例对可以属于同一个聚类的最小 ε 值。当排序用可达性距离标注出来后，聚类结果就非常明显了。因为聚类中的实例与最近邻居之间的可达性距离非常小，可视化之后的聚类表现为谷状，谷越深则聚类越密集。

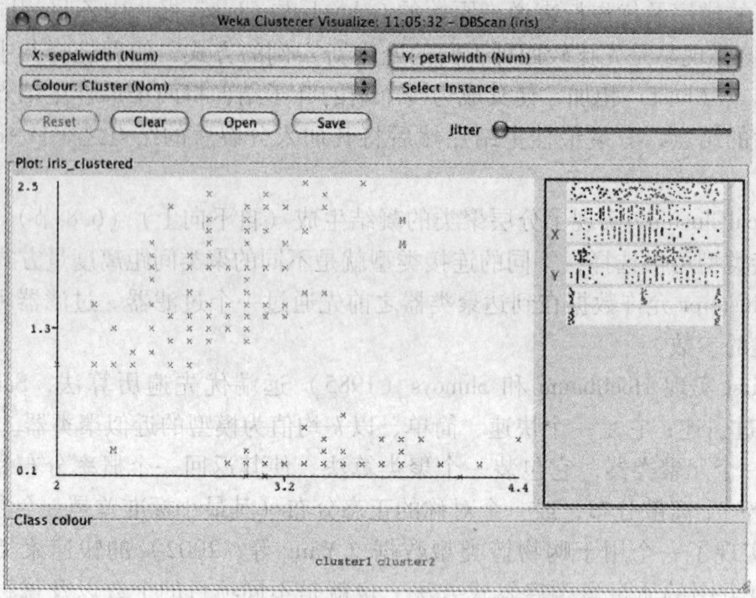

图 11-31 在鸢尾花数据上由 DBScan 形成的聚类

图 11-32 展示了鸢尾花数据的一个 OPTICS 的可视化结果，使用的 ε 值以及聚类最小尺寸与 DBScan 相同。DBScan 使用这些参数找到两个聚类，分别对应于图中三个高峰之间两个主要的谷。通过设置可达性值可以得到许多聚类，也就是说在图中画一条给定可达性值的横线。被该横线截断的峰，其任意一侧的谷都是一个聚类。

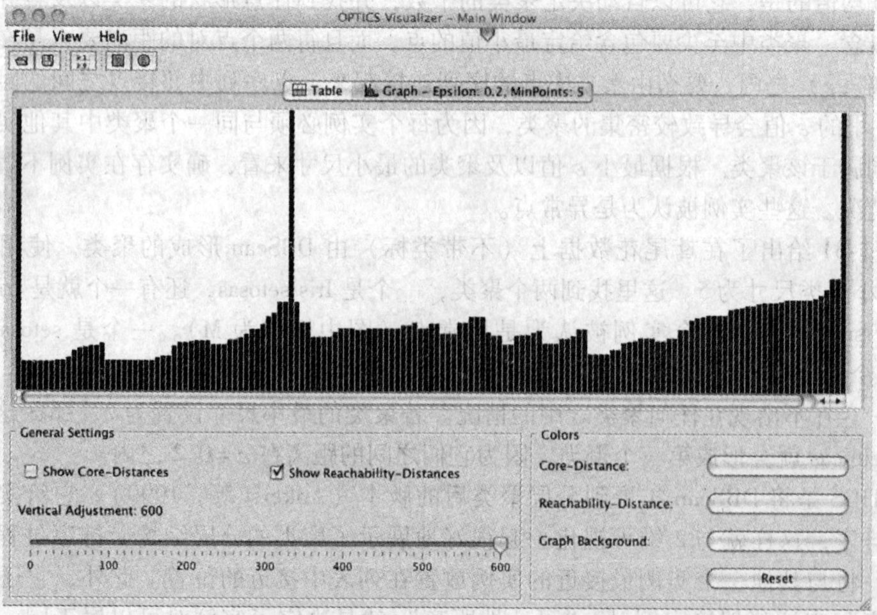

图 11-32 鸢尾花数据的 OPTICS 可视化结果

SIB 是一种为文件聚类设计的算法，使用的是一种信息理论距离度量（Slonim 等，2002）。待发现的聚类数目以及执行的最大迭代次数都可以由用户制定。

11.7 关联规则学习器

Weka 有 6 种关联规则学习器，如表 11-8 中所示。Apriori 实现 Apriori 算法（4.5 节）。它由数据项的最小支持度 100% 开始，逐步递减 5%，直到至少有所要求的最小置信度为 0.9 的 10 个规则，或者支持度达到了 10% 的较低极限，二者以先出现为计（这些默认值是可修改的）。共有 4 种不同的因素用于决定排序规则：Confidence（置信度），即同时被前件和后件所覆盖的范例比例（在 4.5 节中称为精确度）；Lift（提升度），即等于置信度除以支持度（在 4.5 节中称为覆盖量）；Leverage（优势），在前件和后件是统计独立的条件下，被前件和后件所同时覆盖的超出期望值的那部分范例的比例；Conviction（可信度），一种由 Brin 等（1997）确立的度量法。用户可以指定一个显著性级别，规则将会在这个级别上进行显著性测试。Apriori 有一个选项用于限定找到的规则只包含规则的结果中单属性的值。这些规则叫做“类”关联规则，也就是分类规则。 485

表 11-8 关联规则学习器

名称	功能
Apriori	用 Apriori 算法寻找关联规则
FilteredAssociator	在过滤数据上运行关联器
FPGrowth	使用频繁模式树挖掘关联规则
GeneralizedSequentialPatterns	在序列数据中寻找大型项集
PredictiveApriori	找出经过预测精度排序的关联规则
Terius	确认指引下的关联或分类规则的发现

为了利用 Apriori 处理购物篮数据，我们感兴趣的是（从顾客购物篮呈现的商品项目中）发现哪些项目被一起购买，这就有必要用特别的方式将输入的 ARFF 数据进行编码。特别是，由于我们并不关心那些没有出现在购物篮中项目共同出现的情况，所以与项目相关的属性应该声明为 ARFF 中单值名目属性。缺失值可以用于表示项目没有出现在购物篮中。

FPGrowth 实现了 6.3 节中所描述的频繁模式树挖掘算法。Apriori 为购物篮数据而设计，因而这里并没有实现对这种数据的特殊编码方式。所有的属性最好都是二值的名目型，用户可以指定两个值中的哪一个将被认为是正的，也就是说哪个值表示其存在于这个购物篮中（默认使用第二个值）。FPGrowth 既可以操作于标准实例也可以操作于稀疏实例。其大多数选项与 Apriori 相同。它用相同的方式寻找规则被请求的数目，也就是循环增加最小值尺度。或者用户还可以使用 FPGrowth 找出所有满足最小值尺度以及排序度量（支持度、提升度、平衡度或者可信度）的最小值集合的规则。 486

FilteredAssociator 允许数据在到达关联器之前先通过一个过滤器。过滤器和基关联器都是用户可以设置的选项。

GeneralizeSequentialPatterns 实现了 Srikant 和 Agrawal（1996）GSP 算法的一个版本，寻找在时间序列上出现的最大项集。输入数据中必须包含一个特殊的名目属性，它可以将事务（实例）进行时间上的分组。将所有具有相同名目序列标识的实例划为一组，定义一个可以抽取序列模式的时间窗口，例如，标识必须根据事务出现的日期将事务进行分组。每个组里的实例将根据其出现序列依次处理，也就是它们在数据中的出现顺序。对于包含了顺序出现在一个组的事务中的项目组合的大型项集，将找出所有满足用户提供的最小支持度阈值的项集。输出结果可以经过过滤，只展示那些用户感兴趣的特殊项目的序列模式。

PredictiveApriori 将置信度和支持度合并为预测精度而成为单一度测量法（Sheffer，2001），然后依次寻找 n 个最好关联规则。对算法本身来说，由于预测精度取决于支持度阈值，该算法不断地提高该阈值。Tertius 根据确认度来寻找规则（Flach 和 Lachiche，1999），它像 Apriori 一样寻找其后件中含有多重条件的规则，但不同的是，这些条件相互间是或而不是与的关系。它可设定为寻找只预测一个单独条件或其他事先预定的属性的那些规则（例如，分类规则）。可由一个参数来决定是否允许否定条件在前件或后件，或两者中同时出现；其他参数控制寻找规则的数量、最低确认度、最低覆盖量、反例的最高比例、规则的最大范围。缺失值可以匹配任意值，或干脆不匹配，或可起显著作用且可能出现在规则中。

11.8　属性选择

图 11-33 展示了 Weka 的属性选择面板的一部分，用户可在上面设定属性评估器和搜索方法。表 11-9 和表 11-10 列出了所有的选项。属性选择一般通过搜索并评估属性子集空间来实现（7.1 节）。这可通过结合表 11-9 中的 6 个属性子集评估器的一个和表 11-10 中 10 种搜索方法的一个来完成。一个具有快速运行潜力但不是很精确的方法是，对属性逐一评估然后进行排列，删除截止点以下的所有属性。这可通过挑选表 11-9 中 11 个单一属性评估器的一个，再使用表 11-10 中的排序法来完成。Weka 界面允许用户从表 11-9 中选定一种选择方法，也可以从表 11-10 中选定一种搜索方法，如果用户选择了不适当的组合，Weka 界面会反馈出
487 错信息。用户可根据状态栏中的指示到出错日志中查看信息（参见 11.1 节的结尾部分）。

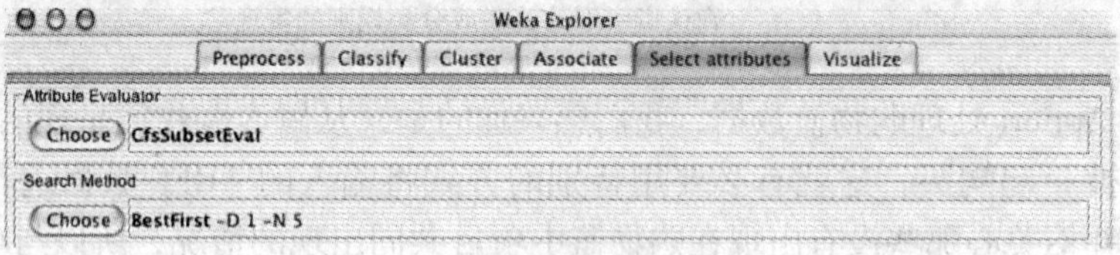

图 11-33　属性选择：指定一个评估器和一个搜索方法

表 11-9　用于属性选择的属性评估方法表

	名称	功能
属性子集评估器	CsfSubsetEval	考虑每个属性的预测值，以及在它们中间的冗余程度
	ClassifierSubetEval	使用分类器来评估属性集
	ConsistencySubsetEval	将训练数据集映射到属性集上来检测类值的一致性
	CostSensitiveSubsetEval	让其基本子集评估器变得成本敏感
	FilteredSubsetEval	将一个子集评估器应用到过滤后的数据上
	WrapperSubsetEval	使用分类器和交叉验证
单一属性评估器	ChiSquaredAttributeEval	计算每个属性的基于类的卡方统计量
	CostSensitiveAttributeEval	使其基本属性评估器变得成本敏感
	GainRatioAttributeEval	将属性评估器应用到过滤后的数据上
	FilteredAttributeEval	以增益比率为依据的属性评估
	InfoGainAttributeEval	以信息增益为依据的属性评估
	LatentSemanticAnalysis	执行一个潜在的语义分析及转换
	OneRAttributeEval	用 OneR 的方法论来评估属性
	PrincipalComponents	进行主成分分析及转换
	ReliefFAttributeEval	基于实例的属性评估器
	SVMAttributeEval	使用线性支持向量机来决定属性值
	SymmetricalUncertAttributeEval	以对称不确定性为依据的属性评估

表 11-10 用于属性选择的搜索方法

名称		功能
搜索方法	BestFirst	带返回的贪心登山式搜索
	ExhaustiveSearch	穷举搜索
	GeneticSearch	使用一个简单遗传的算法进行搜索
	GreedyStepwise	不带返回的贪心登山式搜索；具有产生属性排序列表的可选项
	LinearForwardSelection	最优最先的扩展版，在搜索中扩展当前点是考虑了剩余属性的限定数目
	RaceSearch	使用竞赛搜索方法
	RandomSearch	随机搜索
	RankSearch	对属性进行排序，使用属性子集评估器对潜力子集进行排名
	ScatterSearchV1	使用评估分散搜索算法进行搜索
	SubsetSizeForwardSelection	LinearForwardSelection 的扩展，进行了内部交叉验证来决定最优子集大小
排序方法	Ranker	按照属性的评估对它们进行逐一（而不是按子集）排序

11.8.1 属性子集评估器

子集评估器取一个属性子集，返回指导搜索的一个数值型信息。它们的配置方法与 Weka 的其他对象一样。CfsSubsetEval 逐一评估每个属性的预测能力和它们之间的重复程度，然后挑选那些与类有高度关联但相互之间关联程度却较低的属性（7.1 节）。当属性集中没有一个属性与所要加入的属性的关联程度更高时，有一个选项可以令评估器循环地加入与类有最高关联度的属性。缺失值视为一个单独的值，或者根据出现频率的比例将它的出现次数分摊到其他值中。ConsistencySubsetEval 在训练数据映像到属性集上时，以类值的一致性来评估属性。由于任何一个属性子集的一致性不可能比整集的好，所以这个评估器通常和用于寻找与整集一致性相等的最小属性子集的随机或穷举搜索法一起使用。

上面所提到的子集评估器实际上是属性选择的过滤器方法（7.1 节），ClassifierSubsetEval 和 WrapperSubsetEval 是包装方法。ClassifierSubsetEval 使用一个在对象编辑器中作为参数指定的分类器来评估训练数据中的属性集，或一个单独旁置集中的属性集。WrapperSubsetEval 也采用分类器评估属性集，但它应用交叉验证估计学习方案在每个属性集上的正确率。

余下的两个子集评估器都是元评估器，也就是说，它们使用预处理选项来增加一个基本的子集评估器。CostSensitiveSubsetEval 通过根据一个给定的成本矩阵对训练数据进行加权或重抽样，将一个基本子集评估器变为成本敏感评估器。FilteredSubsetEval 则在属性选择操作之前，将一个过滤器应用到训练数据上。选择一个会改变原始属性的个数或者排序的过滤 488
器，系统会产生一个出错消息。

11.8.2 单一属性评估器

单一属性评估器与 Ranker 搜索方法一起可用于产生一个有序列表，Ranker 可从列表中删除一个给定的数字（后面会有解释）。这些评估器也可用于 RankSearch 方法。ReliefFAttributeEval 是基于实例的，它对实例进行随机抽样，并检查相邻的具有相同的及不同类的实例（7.1 节）。该评估器运行于离散的及连续的类的数据。其参数可指明待抽样实例数、待检查的邻居的数量、是否依据距离对邻居进行加权，以及一个用于控制权伴随距离所产生衰 490

减的剧烈程度的指数函数。

InfoGainAttributeEval 通过测量与类相关的信息增益来评估属性。它首先用基于 MDL 的离散化方法离散化数值属性（也可设定为将属性二元化而不是离散化）。该方法，加上下面要谈到的三种方法，可将缺失值作为一个单独的值来处理，或者将缺失值的数量与其他值一起按照与它们的频率成正比进行分布。ChiSquaredAttributeEval 通过计算与类相关的卡方统计量来评估属性。GainRatioAttributeEval 评估属性方式是通过测量这些属性与类值相关的增益比率。SymmetricalUncertAttributeEval 通过测量属性与类相关的对称不确定性进行评估（7.1 节）。

OneRAttributeEval 使用 OneR 分类器所采用的简单的精度测量方法。它可以像 OneR 一样用训练数据进行评估，或应用内部交叉验证，折的数量是一个参数。它采用 OneR 的简单离散化方法，桶的最小尺寸是一个参数。

SVMAttributeEval 使用带线性支持向量机的递归特征消除对属性进行评估（7.1 节）。属性是根据它们的系数大小一个接一个被选定，并逐一重新学习。为加快属性选择的速度，可在每个阶段删除一定数量（或比例）的属性。实际上，可设定一个比例以确保只保留一定数量的属性，接下来改用固定数量属性的处理方法，这样即可以快速排除很多属性，然后集中更多注意力考虑剩下的每个属性。很多不同的参数传递给支持向量机：复杂度、ε、容许偏差及所用的过滤方法。

与其他单一属性评估器不同，PrincipalComponents 和 LatentSemanticAnalysis 转换的是整个属性集。新属性是按照它们特征值的大小排序（7.3 节）。一个可选项是，可通过挑选足够的特征向量以构成给定比例的方差（默认值是 95%）。用户还可使用该评估器将经过缩减后的数据转换回原来的空间。

LatentSemanticAnalysis 将奇异值分解应用到训练数据上。奇异值分解与主成分分析相关，两者都将产生代表原始属性线性组合的方向，但奇异值分解又与其不同，它从包含了原始数据值的矩阵中计算而来，而不是从属性关联矩阵或者协方差矩阵计算而来。选择 k 个具有最大奇异值的方向，就是原始数据矩阵的前 k 个近似值。潜在语义分析这样命名的原因就在于它接下来挖掘任务的应用，实例代表文件而属性代表在文件中有出现。在有些情况下，奇异值分解技术所产生的方向可以认为是相似意义的合并。LatentSemanticAnalysis 允许用户制定所抽取方向的个数（如排序）以及是否在分析之前将数据规范化。

剩下的两个属性评估器，CostSensitiveAttributeEval 和 FilteredAttributeEval，都是元评估器。它们是前面描述的基于子集副本的单属性版本。前者通过根据成本矩阵对训练数据进行加权或者重抽样来增加一个基评估器，后者在把训练数据应用到基评估器之前先将其通过一个过滤器。

491

11.8.3　搜索方法

搜索方法遍历整个属性空间以便找出一个好的子集。品质好坏是通过选定的属性子集评估器来衡量的。每种搜索方法都可通过 Weka 的对象编辑器进行配置。BestFirst 通过返回进行贪心式爬山搜索，用户可指定系统在连续遇到多少个未改进结点后才返回。它可以从一个空的属性集正向搜索，或从一个满集反向搜索，或从中间的一个点开始（由一列属性索引指定）并向前后两个方向，通过考虑所有可能的单个属性加入及删除进行搜索。已经评估过的子集将保存在高速缓冲存储器中，以提高效率。缓冲器的大小是一个参数。

GreedyStepwise 对属性子集空间进行贪心式搜索。与 BestFirst 类似，它也可以由一个空集开始正向处理或从满集开始反向处理。与 BestFirst 不同的是，它不返回，一旦加入或删除最佳剩余属性导致评估度量下降时，它能够及时终止。在另一种模式中，它通过由空至满（或由满至空）遍历属性空间以及记录属性被选定的顺序来为属性排序。用户可指定要保留的属性数量或设定一个阈值，低于阈值则属性将被删除。

LinearForwardSelection 和 SubsetSizeForwardSelection 是 BestFirst 的扩展，前者目的是减少搜索过程中使用的评估器的个数，而后者旨在得到一个压缩的最终子集（Gutlein 等，2009）。LinearForwardSelection 限制每一个选择步骤中属性扩展的个数。一共有两种操作模式，都是从使特定子集评估器进行属性排序开始。第一种模式叫做*固定集*（fixed set），这种模式只在排名前 k 的属性上执行一个前向最佳优先搜索；另一种模式叫做*固定宽度*（fixed width），这种搜索每一步都通过从排名前 k 的属性中选择一个属性来实现最佳子集的扩展。然而，它并没有在每次扩展完成以后不断减小可用属性池的大小，而是通过添加来自初始排名列表里的属性（只要属性列表非空）使尺寸 k 保持不变。操作的模式以及 k 的值都是参数。就像 BestFirst 一样，用户可以设置回溯的程度、缓存的大小，以及搜索开始时的属性列表。标准前向搜索也是如此，LinearForwardSelection 提供了一个选项用于执行一个浮动前向搜索，它在每个前向步骤之后都考虑了一系列连续单属性淘汰步骤——只要这个步骤能带来提升。

SubsetSizeForwardSelection 扩展了 LinearForwardSelection，过程同时也决定了最佳的子集大小。最佳子集大小通过在训练数据上进行一个 m 折交叉验证得到。LinearForwardSelection 被应用了 m 次，在交叉验证的每个训练集上都要运行一次。给定一个测试的折来评估每个由 LinearForwardSelection 在其相应训练集上得到的子集大小。然后将所有子集大小的性能区平均。最后，将 LinearForwardSelection 应用到所有数据上，找到一个具有最佳大小的子集。和 LinearForwardSelection 提供的选项一样，在决定最佳子集大小时候所用的评估以及折的大小都是可以指定的。 492

在与基于包装的评估器配对时，LinearForwardSelection 和 SubsetSizeForwardSelection 两者对过度拟合的抵制都有所表现，而过度拟合是将标准前向选择或最佳优先选择与包装器一起使用时会出现的情况。再者，这两者都选择了比标准前向选择和最佳优先更小的最终子集，同时保持了相当的正确率（若选定的 k 足够大）。LinearForwardSelection 的速度比标准前向选择和最佳优先选择都快。

与 ClassifierSubsetEval 一起使用的 RaceSearch 用竞赛搜索法来计算竞争属性子集的交叉验证误差（7.1 节）。7.1 节所描述的四种不同的搜索已经实现：正向选择、反向删除、模式搜索和排序竞赛。在最后一种情况中，使用一个单属性评估器（该评估器也可被指定）来产生一个初始排序。如果使用正向选择，还可以通过继续竞赛直至所有属性都选定产生一个有序属性列表。排好的序列与属性加入列表中的顺序相一致。与 GreedyStepwise 一样、用户也可指定要保留的属性的数量，或设定一个阈值，低于阈值则属性将被删除。

GeneticSearch 利用一个简单的遗传算法（Goldberg，1989）。它的参数包括人口数量，世代的数量、交叉与突变的概率。作为出发点，用户可指定一个属性索引列表，它将成为起始人群的一个成员。进展报告是按照每一定数量的世代产生的。RandomSearch 随机搜索属性子集空间。如果已有一个初始集，它会搜索与初始状态相比有改善（或等同），并且含有较少（或同样数量）的属性。否则，它会从一个随机点开始搜索并报告所发现的最佳子集。将所有属性置入初始集中，即得出 Liu 和 Sectiono（1996）的概率特征选择算法。用户可决定对多大比例的搜索空间进行探索。ExhaustiveSearch 由空集开始搜索属性子集的全部空间，并报告所发现的最佳子集。如果已提供了一个初始集，则它会从该起始点开始反向搜索并报告最小的具有较好（或等同）评估的最小的子集。

RankSearch 首先用一个单一属性评估器对属性进行排列，然后用一个属性子集评估器对有潜力的子集进行排序。与通常做法一样，后者在图 11-23 顶部的框中指定，属性评估器在 RankSearch 的对象编辑器中是作为一个特性指定的。它首先用单一属性评估器对属性

493 进行排列，然后用子集评估器来评估不断膨胀的子集，（最佳属性，最佳属性加上下一个最佳属性，等等），不断汇报最好的子集。这种进程具有较低的运算复杂度：两种评估器被调用的次数与属性的数量呈线性关系。如果使用简单的单一属性评估器（例如，GainRatioAttributeEval），选择会非常快。

ScatterSearchV1 使用了一种基于评估的分散搜索算法（Laguna 和 Marti，2003）。参数包括人口总体、大小、随机数目种子、用于从已有成员中产生新成员的策略。

最后，我们来描述 Ranker，正如前面提到的，它不是一个属性子集的搜索方法，而是一个用于单个属性排序的方案。它根据属性的个体评估对这些属性进行排列，且必须与表 10-9 后半部分列出的单一属性评估器中的一种联合使用，它不能与属性子集评估器一起使用。Ranker 不只是对属性排序，它还通过删除序位较低的属性进行属性选择。用户可设定一个截止阈值，阈值以下的属性将被删除，或指明要保留的属性的数量。用户还可指定一

494 些特定的属性，无论其序位高低，一律保留。

第12章

Knowledge Flow 界面

通过 Knowledge Flow 界面，用户从工具条中选择 Weka 组件，这些组件被置于设计画布上，连接成一个处理和分析数据的有向流程图。Knowledge Flow 界面为那些喜欢从数据是如何在系统中流动这样的角度来思考问题的用户提供了 Explorer 之外的另外一种选择。它还允许将配置的设计与执行应用于流数据的处理。Explorer 界面则无法做到这一点。用户可通过从图 11-3a 所示面板底部的选项中选择 KnowledgeFlow 来启动界面。

12.1 开始

下面这个例子分步骤详细介绍了载入 ARFF 文件及使用 J4.8 进行交叉验证。我们会描述如何生成如图 12-1 所示的最终配置。首先，通过单击 DataSource 标签（顶部工具条最右侧）并从工具条中选择 ARFFLoader 来生成一个数据源。鼠标的光标变成十字交叉表明用户此时应该放置组件。在画布上任意一点单击，一个 ARFF 载入器图标的复制件就会随之出现。要将此载入器与一个 ARFF 文件连接起来，右击载入器得到如图 12-2a 所示的弹出菜单。单击 Configure 得到图 12-2b 中的文件浏览器，用户可从中选择想要的 ARFF 文件。（或者双击组件的图标，这是从弹出菜单中选择 *Configure* 的快捷方法。）

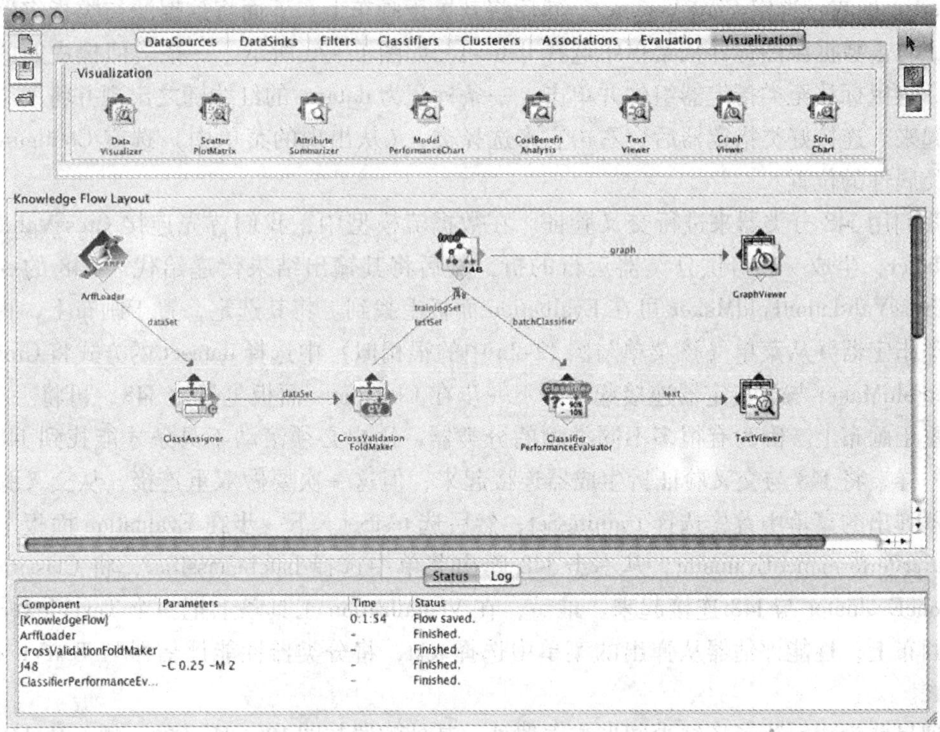

图 12-1 Knowledge Flow 界面

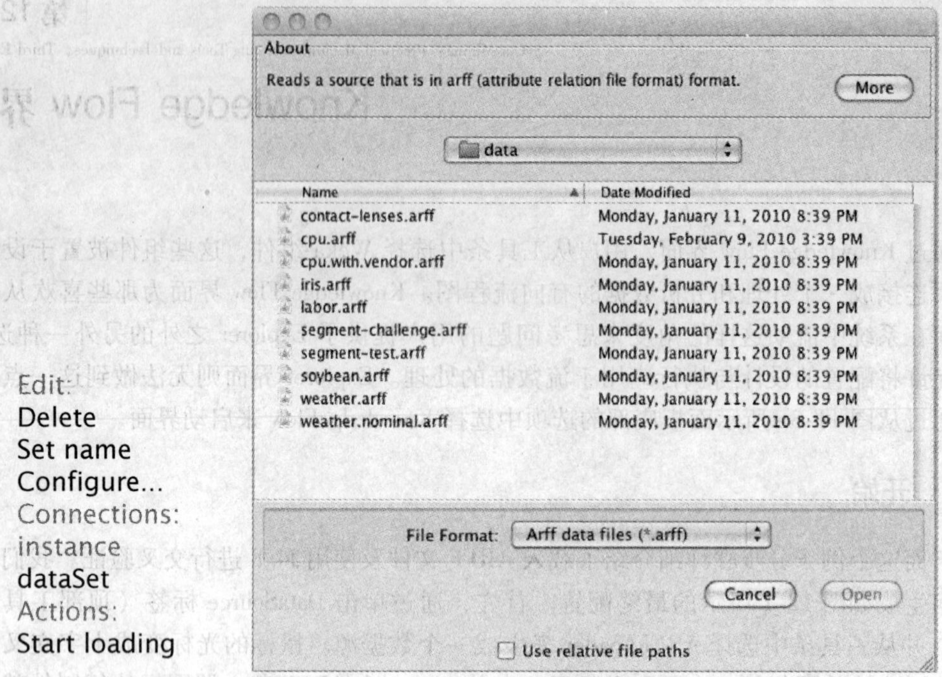

a）右击菜单　　　　b）Configure菜单项目中得到的文件浏览器

图 12-2　配置一个数据源

现在我们用一个 ClassAssigner 对象来指定哪个属性是类。在 Evaluation 面板上，单击 Evaluation 标签，选定 ClassAssigner，然后将其置于画布上。下面将数据源与类指定器连接起来，右击数据源图标并从菜单中选择 dataset，如图 12-2a 所示。一条类似橡皮筋的线会出现。将鼠标移至类指定器组件并单击。一条标记为 dataset 的红线随之出现并将两个组件连接起来。连接好类指定器后，右击它来选择类，（从出现的菜单中）选定 Configure，并键入类属性的位置。

我们用 J48 分类器来进行交叉验证。在数据流模型中，我们首先连接 CrossValidationFoldMaker，生成一些可供分类器运行的折，然后将其输出结果传递给代表 J48 的一个对
495 象。CrossValidationFoldMaker 可在 Evaluation 面板上找到。将其选定，置于画布上，再通过右击类指定器并从菜单（该菜单与图 12-2a 中的很相似）中选择 dataset 的方式将 CrossValidationFoldMaker 与类指定器连接起来。下一步在 Classifiers 面板上选定 J48，再将一个 J48 组件置于画布上。因为有很多不同类型的分类器，用户必须滚动工具条才能找到 J48。像前面一样，将 J48 与交叉验证折生成器连接起来，但这一次要做双重连接，从交叉验证折生成器弹出的菜单中首先选择 trainingSet，然后选 testSet。下一步在 Evaluation 面板上选择 ClassifierPerformanceEvaluator，从右击 J48 弹出菜单中选择 batchClassifier，将 ClassifierPerformanceEvaluator 与 J48 连接起来。最后，在 Visualization 工具条上把一个 TextViewer 组件置于画布上，性能评估器从弹出的菜单中选择 text，将分类器性能评估器与 TextViewer 连接起来。

到目前为止，除了还缺少图形查看器外，其他配置与图 12-1 所示的一样。从 ARFF 载入器的弹出菜单中（见图 12-2a）选择 Start loading，开始流程的运行。对于一个小型数据

集，这些事情很快就完成了。运行过程信息会出现界面底部的状态区中。状态区的项描述了处理流中每一步的过程，包括参数设置（对学习模式来说）以及时间刻度。处理步骤的所有错误都会将状态区中相应的行用红色标亮进行表示。图 12-3 显示的是在执行了图 12-1 的配置之后得到的状态区。从文本查看器的弹出菜单中选择 Show results，在一个单独的窗口中会看到与 Explorer 中看到的同样形式的交叉验证结果。

Component	Parameters	Time	Status
[KnowledgeFlow]		0:0:20	Flow loaded.
ArffLoader		-	Finished.
CrossValidationFoldMaker		-	Finished.
J48	-C 0.25 -M 2	-	Finished.
ClassifierPerformanceEvaluator		-	Finished.

图 12-3　执行了图 12-1 的配置后的状态区

为了将本例演示完整，增加一个 GraphViewer 并将它与 J48 图形输出相连接，可以看到为交叉验证的每个折所生成的树的图形化表现形式。加入这个额外的组件并重新进行交叉验证后，从弹出菜单中选择 Show results，即可生成树的列表，每棵树分别对应交叉验证的一个折。通过生成交叉验证的折并将它们传递给分类器，Knowledge Flow 模型提供了一种方式将所得结果与每个折联系起来。Explorer 无法做到这一点：Explorer 只是将交叉验证看做一种应用于分类器的输出结果的评估方法。 496~497

12.2　Knowledge Flow 组件

用户已经通过 Explorer 熟悉了 Knowledge Flow 中的大部分组件。Classifiers 面板包含了 Weka 中所有的分类器，Filters 面板中包含过滤器，Clusters 面板中包含聚类器，Associations 面板包含关联规则学习器。Knowledge Flow 中的分类器带有并行处理交叉验证训练集的选项。实际上，目前双核处理器已非常普遍，默认为并行处理两个交叉验证的训练折。包含这个的选项叫做 Execution slots，可从右击了 Classifiers 组件选定 Configure 之后出现的对象编辑器上进行选择。

可能的数据源种类有 ARFF 文件、XML ARFF 文件、由电子数据表导出的 CSV 文件、C4.5 文件格式、数据库、序列化实例、LibSVM、SVMLight 数据格式，以及一个用于将纯文本文件目录载入独立的实例集的特殊载入器（TextDirectoryLoader）。除 TextDirectoryLoader 外，每个数据源都有一个相关的数据接收器。

列于表 12-1 中的可视化及评估组件到目前为止还未涉及。在 Visualization 组件一栏中，DataVisualizer 弹出一个面板可将数据可视化为一个如图 11-6b 所示的 2 维稀疏点图，用户可在面板上选择需要显示的属性。ScatterPlotMatrix 可为每对属性弹出一个 2 维稀疏点图的矩阵，如图 11-17a 所示。AttributeSummarizer 可产生一个类似图 11-3b 右下角所显示的直方图矩阵，其中每一个直方图对应一个属性。ModelPerformanceChart 用于绘制 ROC 曲线及其他阈值曲线。CostBenefitAnalysis 允许对成本或收益权衡进行交互式的探究，成本及收益由各种成本矩阵（5.7 节）得到。前面用到的 GraphViewer 可弹出一个如图 11-6a 所示的用于可视化树状模型的面板。如前所述，用户可缩放、摇动及可视化结点上的实例数据（如果通过学习算法存储下来）。

表 12-1　可视化和评估组件

名称		功能
可视化	DataVisualizer	在一个 2 维稀疏点阵中可视化数据
	ScatterPlotMatrix	稀疏点阵矩阵
	AttributeSummarizer	一组柱状图，每个柱状图对应一个属性
	ModePerformanceChart	绘制 ROC 及其他阈值曲线
	CostBenefitAnalysis	可视化成本或收益平衡
	TextViewer	将数据或模型可视化为文本
	GraphViewer	可视化基于树的模型
	StripChart	显示一个可滚动的数据点阵
评估	TrainingSetMaker	由数据集生成一个训练集
	TestSetMaker	由数据集生成一个测试集
	CrossValidationFoldMaker	将一个数据集分割成不同的折
	TrainTestSplitMaker	将一个数据集分割成训练和测试集
	ClassAssigner	将属性中的某一个指定为类
	ClassValuePicker	为正类选择一个值
	ClassifierPerformanceEvaluator	为批量评估搜集评估统计数据
	IncrementalClassifierEvaluator	为递增评估搜集评估统计数据
	IncrementalClassifierEvaluator	为递增评估搜集评估统计数据
	ClustererPerformanceEvaluator	为聚类器搜集评估数据
	PredictionAppender	将分类器的预测附加到一个数据集中
	erializedModelSaver	将训练好的模型保存为序列化的 Java 对象

StripChart 是一个专门用于增量学习的新可视化组件。如果与下面要讨论的 IncrementalClassifierEvaluator 联合起来使用，StripChart 可显示一个用于图示精确度的学习曲线，既显示百分比精确度，又可给出方均根概率误差，二者都与时间相对应。它所显示的是一个
498 可水平滚动显出最新结果的固定大小的时间窗口。

Evaluation 面板所含有的组件列于表 12-1 的下半部分。TrainingSetMaker 和 TestSetMaker 可将一个数据集变成一个相应种类的集。CrossValidationFoldMaker 从一个数据集中构建交叉验证的折；TrainTestSplitMaker 通过保留数据集中的部分数据用于测试，将数据集分割
499 成训练集和测试集。InstanceStreamToBatchMaker 将从一个导入的“实例”链接得到的实例流进行收集，当最后一个实例到达则产生一批数据集。ClassAssigner 使得用户可以选择以哪个属性作为类。用户可用 ClassValuePicker 选择一个值，该值在产生 ROC 及其他阈值曲线时可作为肯定类。ClassifierPerformanceEvaluator 搜集评估统计数据：它能将文本评估传给文本查看器以及将阈值曲线制成性能图表。IncrementalClassifierEvaluator 与增量分类器一样的功能：它可计算运行方差等。ClustererPerformanceEvaluator 与 ClassifierPerformanceEvaluator 很相似。PredictionAppender 以一个分类器和一个数据集作为输入，并将分类器的预测附加到数据集中。SerizlizeModleSaver 的操作对象是一个分类器或者聚类器，将这些模型保存为一个序列化的 Java 对象。

12.3　配置及连接组件

用户可通过单独配置每个组件，然后将它们连接起来的方式生成知识流。图 12-4 列出了右击不同的组件可得到的典型操作。图中的菜单可分为三部分：Edit、Connections 和

Actions。Edit 操作可删除组件及打开组件的配置面板。配置分类器和过滤器的方式与它们在 Explorer 中的配置方式一样。数据源是通过打开一个文件（与我们前面看到的一样）进行配置的，配置评估组件则需要设定类似交叉验证的折的数量等参数。Actions 操作则需视具体的组件类型而定，比如从一个数据源开始载入数据，或打开一个窗口显示可视化结果等。Connections 操作用于将组件连接到一起，连接的方式是从源组件上选择连接类型，然后再单击目标对象。不是所有的目标都是可连接的：可以被连接的目标是高亮显示的。除非接收连接的目标组件确认所收到的连接是可行的，否则连接菜单中的条目会被禁止（设成灰色）。

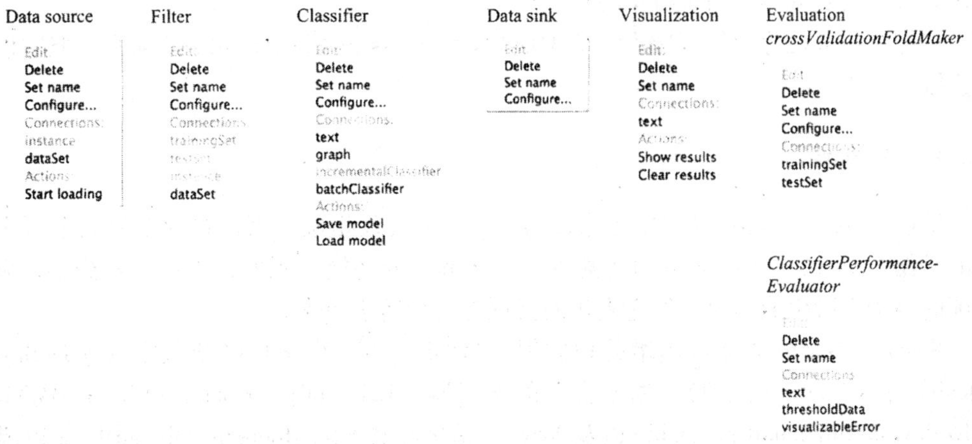

图 12-4 Knowledge Flow 组件的操作

有两种可由数据源开始的连接：dataSet 连接和 instance 连接。前者用于批量操作，适用于像 J48 一样的分类器；后者则用于类似 NaiveBayesUpdateable 的流操作。数据源组件无法同时提供两种类型的连接：一旦一种连接被选定，另外一种就会被禁止。当一个 dataSet 连接指向一个批量分类器时，该分类器需要知道该连接指向的是一个训练集还是测试集。要做到这一点，用户必须事先用 Evaluation 面板中的 TestSetMaker 或 TrainingSetMaker 组件将数据源变成一个测试集或训练集。

另一方面，一个指向增量分类器的 instance 连接则是直接建立的，因为该流动的实例以递增的方式更新分类器，在训练和测试之间没有分别。在这种情况下，预测是基于每个输入的实例做出，然后并入测试结果。接下来，该分类器再根据这个实例进行训练。如果用户将一个 instance 连接指向一个批量分类器，它将会当做一个测试实例，因为训练无法递增进行，而测试则可以。相反，用一个 dataSet 连接在批量模式下测试一个增量分类器是完全可行的。

当一个过滤器组件收到来自一个数据源的输入时，它的连接将被激活，dataSet 或 instance 连接即可随之建立。instance 连接不可指向有监督过滤器，或那些无法递增处理数据的无监督过滤器（例如 Discretize）。要从一个过滤器得到一个测试集或训练集，用户必须给该过滤器输入相应类型的数据集。

分类器菜单中有两种类型的连接。第一种是 graph 和 text 连接，可用图形和文本的方式显示分类器的学习状态，且仅仅在该分类器收到一个训练集输入时才被激活。另一种连接称为 batchClassifier 和 incrementalClassifier，该种连接为性能评估器提供数据，并且是在输入一个测试集时才可激活。哪种类型的连接被激活取决于该分类器的类型。

500~501 评估组件是一个大杂烩。TrainingSetMaker 和 TestSetMaker 将一个数据集变成一个训练集或测试集。CrossValidationFoldMaker 把一个数据集分成一个训练集和一个测试集。ClassifierPerformanceEvaluator（在 12.1 节的范例中使用过）为可视化组件产生文本和图形输出。其他评估组件操作与过滤器相类似：它们根据输入数据随后分别激活 dataset，instance、trainingSet，或 testSet 连接（例如，ClassAssigner 为一个数据集指定一个类）。InstanceStreamToBatchMaker 处理不断到达的实例流，将其整合到一个批量数据集。若放在蓄水池抽样过滤器（reservoir sampling filter）之后它会更加有用，该过滤器允许由蓄水池抽样之后产生的实例用于训练批学习模式。

尽管有些可视化组件可做出一些类似 Show results 及 Clear results 的动作，但它们却不含连接。

12.4 增量学习

Knowledge Flow 界面从功能上来说与 Explorer 大致相似：用户在两个界面上可进行类似的操作。Knowledge Flow 界面还提供了一些额外的功能，例如，用户可看到 J48 为交叉验证的每个折所生成的树。但它真正的强项是进行递增操作。

Weka 有多个分类器可递增处理数据：AODE，一个朴素贝叶斯版本（NaiveBayesUpdateable）；Winnow（甄别），基于实例的学习器（IB1、1Bk、KStar、LWL）；DMNBText、NaiveBayesMultinomialUpdateable 以及 NNge。元学习器 RacedIncrementalLogitBoost 以增量方式进行操作（见 11.1 节）。所有可逐一处理实例的过滤器都是增量式的：Add、AddExpression、AddValues、ChangeDateFormat、ClassAssigner、Copy、FirstOrder、MakeIndicator、MergeTwoValues、NonSparseToSparse、NumericToBinary、NumericTransform、NumericCleaner、Obfuscate、RandomSubset、Remove、RemoveType、RemoveWithValues、Reorder、ReserviorSample、SparseToNonSparse，以及 SwapValues。

如果在 Knowledge Flow 界面中连接到一起的所有组件都能进行递增操作，那么最终的学习系统也可以。它不像 Explorer 那样，在学习过程开始以前就读取数据集。相反，数据源组件对输入实例进行逐个读取并传入知识流链。

图 12-5a 显示了一个进行增量操作的配置。一个 instance 连接从载入器指向了一个可更新的朴素贝叶斯分类器。该分类器的文本输出传送给了可显示该模型文本描述的查看器。另外，一个 incrementalClassifier 连接指向了相应的性能评估器。这样就生成了一个 Chart 类型的输出，该输出以管道的方式传送给了一个条状图表可视化组件以产生一个可滚动的数据点图。

图 12-5b 给出了条状图表输出。它显示了与时间相对应的精确度和方均根概率误差。随着时间的推移，整个点状图（包括坐标轴）向左移动以便在右侧为新数据让出空间。当代表时间点 0 的垂直轴无法再向左移动时，它会停止并且它的起始时间点由 0 开始增加以便与右侧的数据保持同一步调。因此当该图表呈满屏状态时，它显示的是一个最接近当前时间单位的窗口。该条状图表可被配置从而改变 x 坐标轴上显示的实例数量。

502~503 这种具体的知识流配置可处理任意大小的输入文件，即使是那些计算机的主存储器无法容纳的文件也可以。然而，这取决于分类器是如何进行内部操作的。例如，即使分类器是增量式的，许多基于实例的学习器还是将整个数据集存储在学习器中。

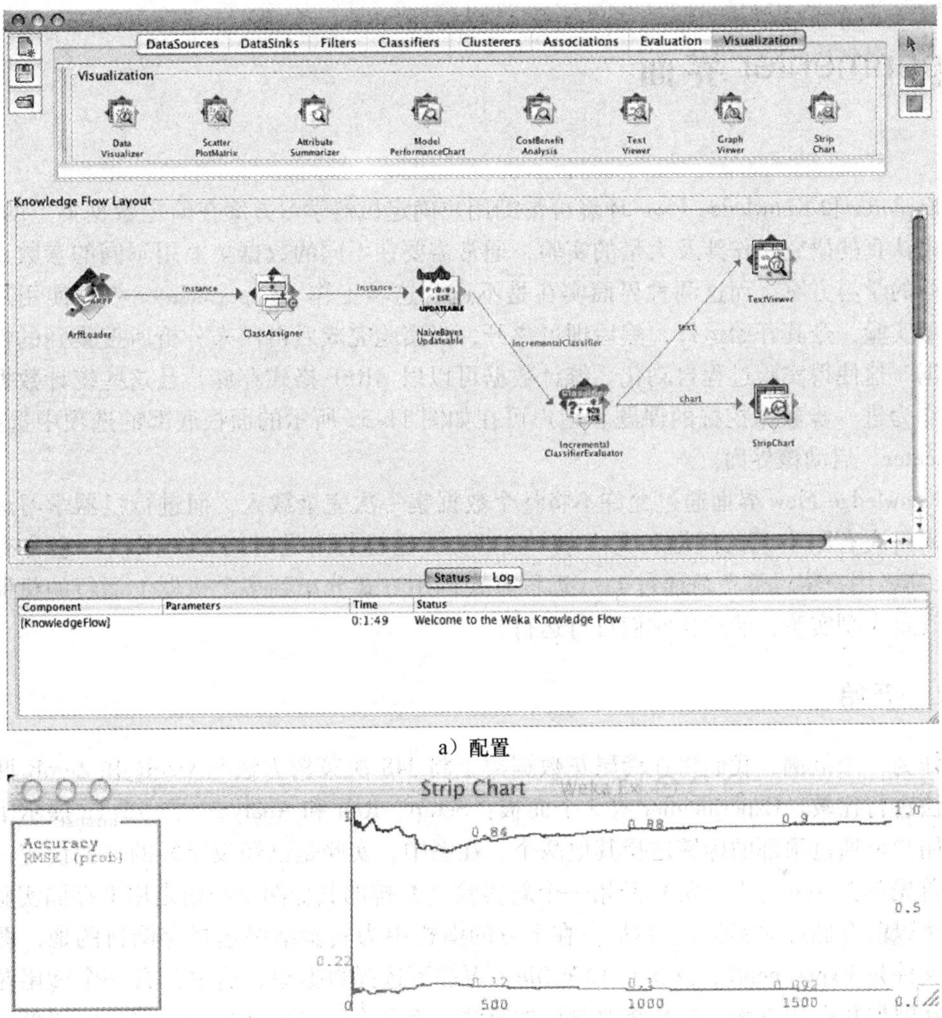

a）配置

b）条状图输出

图 12-5　一个增量操作的知识流

第13章

Data Mining: Practical Machine Learning Tools and Techniques, Third Edition

Experimenter 界面

Explorer 和 Knowledge Flow 环境可帮助用户确定机器学习方案在给定数据集上的性能。但严肃认真的研究工作涉及大量的实验，通常需要在不同的数据集上用不同的参数设置运行不同的学习方案，而这两种界面实在是不适合这项工作。Experimenter 界面使用户可设定大型实验，令其开始运行，然后即可离开，当实验完成后再回来分析所搜集到的性能统计数据。这使得实验过程自动化。统计数据可以以 ARFF 格式存储，且这些统计数据本身也可作为进一步数据挖掘的课题。用户可在如图 11-3a 所示的面板底部的选项中选择 Experimenter，启动该界面。

Knowledge Flow 界面通过允许不将整个数据集一次完全载入，而进行机器学习运行的办法来解决有限空间的问题，而 Experimenter 所超越的则是时间上的限制。它含有可供 Weka 高级用户将运算负荷通过 Java 远程方式调用方式分布到多个机器上运行的机制。用户可设定大型实验，然后让它们自行运行。

13.1 开始

作为一个范例，我们将在鸢尾花数据集上将 J48 决策树方法与 OneR 和 ZeroR 两种基准方法进行比较。Experimenter 有 3 个面板：Setup、Run 和 Analyze。图 13-1a 展示了第一个：用户可通过顶部的标签选择其他两个。在图中，实验是已经设定好的。要设定一个实验，首先单击 New（右上角）开始一个新实验（并排的其他两个按钮是用来存储实验及打开一个以前存储过的实验）。然后，在下方的横栏中为实验结果选择存储目的地，图中选择的文件是 Experiment1，并选择 CSV file。再往下选择数据集，这里只有一个鸢尾花数据集。在数据集框的右侧，选择将要测试的算法，有 3 个。单击 Add new 按钮可得到一个标准的 Weka 对象编辑器，从中用户可选择并配置一个分类器。重复这个操作将图中的 3 个分类器添加进来。至此，实验已设定好。

图 13-1a 中的其他设置都是默认的。若想重新配置一个已经在列表中的分类器，用户
505 可单击 Edit selected 按钮。用户还可以将用于某个具体分类器的选项以 XML 格式存储起来供以后使用。用户还可以右击一个条目将其复制到粘贴板，然后从粘贴板添加或者开始一个配置。

13.1.1 运行一个实验

为了运行一个实验，单击 Run 标签，弹出的面板上有一个 Start 按钮（及其他一些组件），单击它。操作完毕后会显示一个简单的报告。实验结果存在文件 Experiment1.csv 中。文件的前两行显示在图 13-1b 中：它们是 CSV 格式（逗号分隔的值。——译者注。），且可直接读入电子数据表中，所形成的数据表格的前面部分显示在图 13-1c 中。每一行代表一个 10 折交叉验证中的 1 折（见 Fold 列）。交叉验证为每个分类器（见 Scheme 列）运行

10 次（见 Run 列）。因此该文件中每个分类器对应 100 行，共 300 行（还要再加上一行文件的头）。每行都含有大量信息，包括提供给机器学习方案的选项、训练和测试实例的数量、被正确及错误分类以及未被分类的实例的数量（和百分比）、平均绝对误差、方均根误差及很多其他信息。

电子数据表中有极为丰富的信息，但却很难消化。具体来说，就是很难回答上面提到的这个问题：到底 J48 与基准方法 OneR 及 ZeroR 比较起来如何？对此我们要使用 Analyze 面板。

13.1.2 分析结果

我们将输出结果制成 CSV 格式是为了显示图 13-1c 中的电子数据表。Experimenter 通常将输出制成 ARFF 格式。用户还可以让文件名为空，在这种情况下，Experimenter 会将结果存在一个临时文件中。

Analyze 面板显示在图 13-2 中。要分析刚刚进行的实验，单击靠近顶部右侧的 Experiment 按钮；否则，用户还可以提供一个含有其他实验结果的文件进行分析。然后单击 Perform test（靠近左下方）。随后，第一个学习方案（J48）与其他两个（OneR 和 ZeroR）相比较的有关性能的统计显著性测试的结果就显示在右侧较大的面板中。

我们比较的是百分比准确率统计：这是由图 13-2 中左侧的比较字段默认选定的。三种学习方案是作为一个小表格的表头水平排列的，分别用数字标示为（1）、（2）和（3）。表中列的标签在下方被重新列出：trees.J48、rules.OneR、rules.ZeroR，只是为了防止万一表头中没有足够的空间列出这些名字。方案名字旁边的那些难以预测的整数表明所用方案的版本。默认条件下它们都会列出，以避免在使用同一算法的不同版本所生成的结果之间产生混淆。在 iris（鸢尾花）行开始的括号中的值（100）是实验的运行次数：10 次 10 折交叉验证。

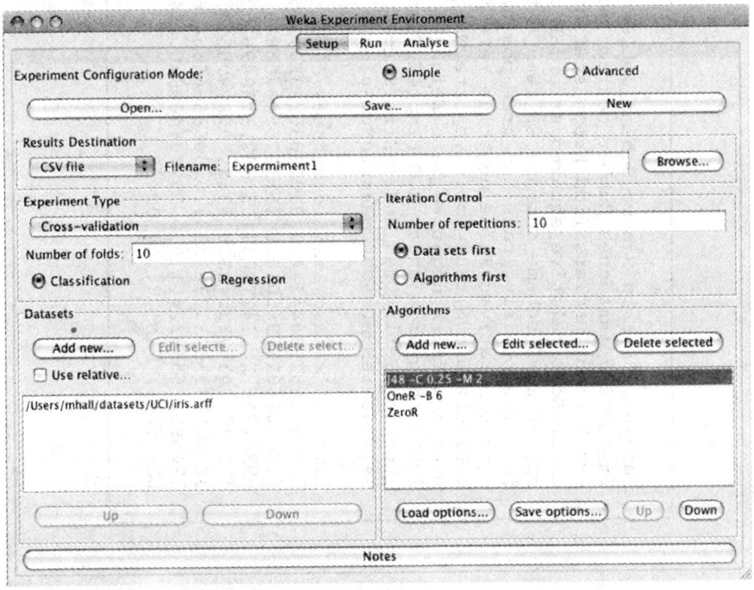

a）开始配置

图 13-1 一个实验

```
Dataset,Run,Fold,Scheme,Scheme_options,Scheme_version_ID,Date_time,Number_of_training_instances,Number_
of_testing_instances,Number_correct,Number_incorrect,Number_unclassified,Percent_correct,Percent_incorr
ect,Percent_unclassified,Kappa_statistic,Mean_absolute_error,Root_mean_squared_error,Relative_absolute_
error,Root_relative_squared_error,SF_prior_entropy,SF_scheme_entropy,SF_entropy_gain,SF_mean_prior_entr
opy,SF_mean_scheme_entropy,SF_mean_entropy_gain,KB_information,KB_mean_information,KB_relative_informat
ion,True_positive_rate,Num_true_positives,False_positive_rate,Num_false_positives,True_negative_rate,Nu
m_true_negatives,False_negative_rate,Num_false_negatives,IR_precision,IR_recall,F_measure,Area_under_RO
C,Weighted_avg_true_positive_rate,Weighted_avg_false_positive_rate,Weighted_avg_true_negative_rate,Weig
hted_avg_false_negative_rate,Weighted_avg_IR_precision,Weighted_avg_IR_recall,Weighted_avg_F_measure,We
ighted_avg_area_under_ROC,Elapsed_Time_training,Elapsed_Time_testing,UserCPU_Time_training,UserCPU_Time
_testing,Serialized_Model_Size,Serialized_Train_Set_Size,Serialized_Test_Set_Size,Summary,measureTreeSi
ze,measureNumLeaves,measureNumRules

iris,1,1,weka.classifiers.trees.J48,'-C 0.25 -M 2',-
217733168393644444,2.01003030223E7,135.0,15.0,14.0,1.0,0.0,93.33333333333333,6.666666666666667,0.0,0.9,
0.0450160137965016,0.1693176548766098,10.128603104212857,35.917698581356284,23.77443751081735,2.6327150
99281766,21.141722411535582,1.5849625007211567,0.17551433995211774,1.4094481607690388,21.61565359986799
4,1.4410435733245328,1363.79589990507,1.0,5.0,0.0,0.0,1.0,10.0,0.0,0.0,1.0,1.0,1.0,1.0,0.93333333333333
33,0.03333333333333333,0.9666666666666667,0.06666666666666667,0.9444444444444445,0.9333333333333333,0.9
326599326599326,1.0,0.059,0.0050,0.024114,0.001788,4449.0,11071.0,2791.0,'Number of leaves: 4\nSize of
the tree: 7\n',7.0,4.0,4.0
```

b）结果文件

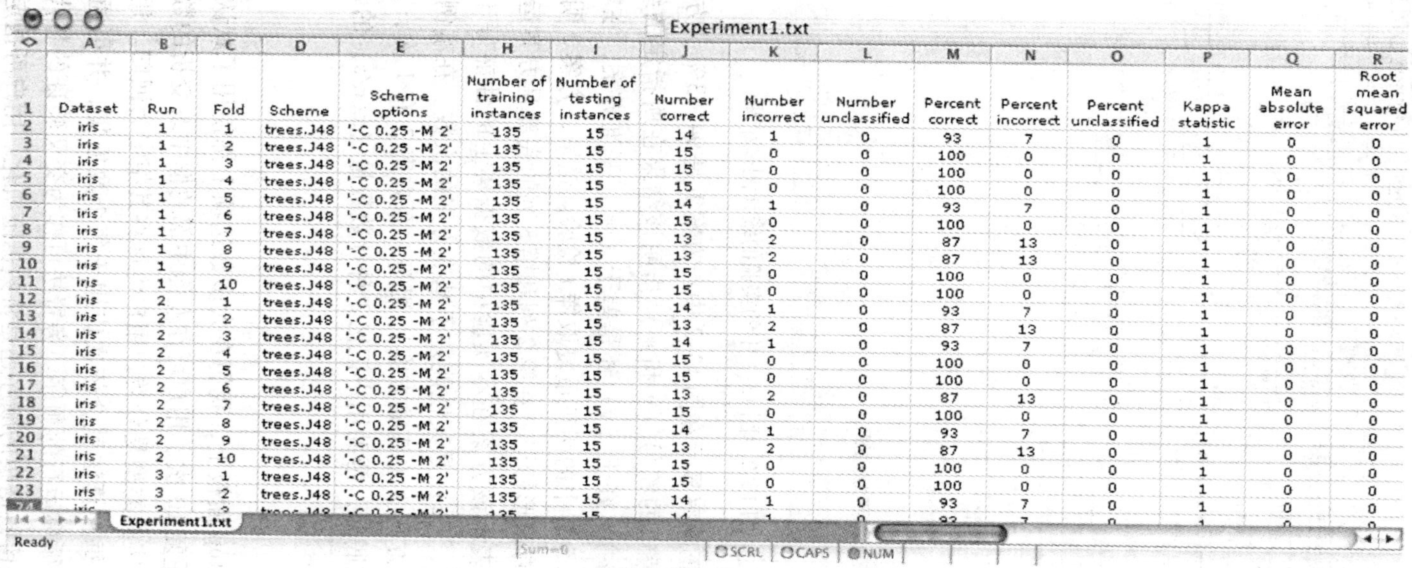

Experiment1.txt

	Dataset	Run	Fold	Scheme	Scheme options	Number of training instances	Number of testing instances	Number correct	Number incorrect	Number unclassified	Percent correct	Percent incorrect	Percent unclassified	Kappa statistic	Mean absolute error	Root mean squared error
2	iris	1	1	trees.J48	'-C 0.25 -M 2'	135	15	14	1	0	93	7	0	1	0	0
3	iris	1	2	trees.J48	'-C 0.25 -M 2'	135	15	15	0	0	100	0	0	1	0	0
4	iris	1	3	trees.J48	'-C 0.25 -M 2'	135	15	15	0	0	100	0	0	1	0	0
5	iris	1	4	trees.J48	'-C 0.25 -M 2'	135	15	15	0	0	100	0	0	1	0	0
6	iris	1	5	trees.J48	'-C 0.25 -M 2'	135	15	14	1	0	93	7	0	1	0	0
7	iris	1	6	trees.J48	'-C 0.25 -M 2'	135	15	15	0	0	100	0	0	1	0	0
8	iris	1	7	trees.J48	'-C 0.25 -M 2'	135	15	13	2	0	87	13	0	1	0	0
9	iris	1	8	trees.J48	'-C 0.25 -M 2'	135	15	13	2	0	87	13	0	1	0	0
10	iris	1	9	trees.J48	'-C 0.25 -M 2'	135	15	15	0	0	100	0	0	1	0	0
11	iris	1	10	trees.J48	'-C 0.25 -M 2'	135	15	15	0	0	100	0	0	1	0	0
12	iris	2	1	trees.J48	'-C 0.25 -M 2'	135	15	14	1	0	93	7	0	1	0	0
13	iris	2	2	trees.J48	'-C 0.25 -M 2'	135	15	13	2	0	87	13	0	1	0	0
14	iris	2	3	trees.J48	'-C 0.25 -M 2'	135	15	14	1	0	93	7	0	1	0	0
15	iris	2	4	trees.J48	'-C 0.25 -M 2'	135	15	15	0	0	100	0	0	1	0	0
16	iris	2	5	trees.J48	'-C 0.25 -M 2'	135	15	15	0	0	100	0	0	1	0	0
17	iris	2	6	trees.J48	'-C 0.25 -M 2'	135	15	13	2	0	87	13	0	1	0	0
18	iris	2	7	trees.J48	'-C 0.25 -M 2'	135	15	15	0	0	100	0	0	1	0	0
19	iris	2	8	trees.J48	'-C 0.25 -M 2'	135	15	14	1	0	93	7	0	1	0	0
20	iris	2	9	trees.J48	'-C 0.25 -M 2'	135	15	13	2	0	87	13	0	1	0	0
21	iris	2	10	trees.J48	'-C 0.25 -M 2'	135	15	15	0	0	100	0	0	1	0	0
22	iris	3	1	trees.J48	'-C 0.25 -M 2'	135	15	15	0	0	100	0	0	1	0	0
23	iris	3	2	trees.J48	'-C 0.25 -M 2'	135	15	14	1	0	93	7	0	1	0	0

c）带结果的电子表格

图13-1（续）

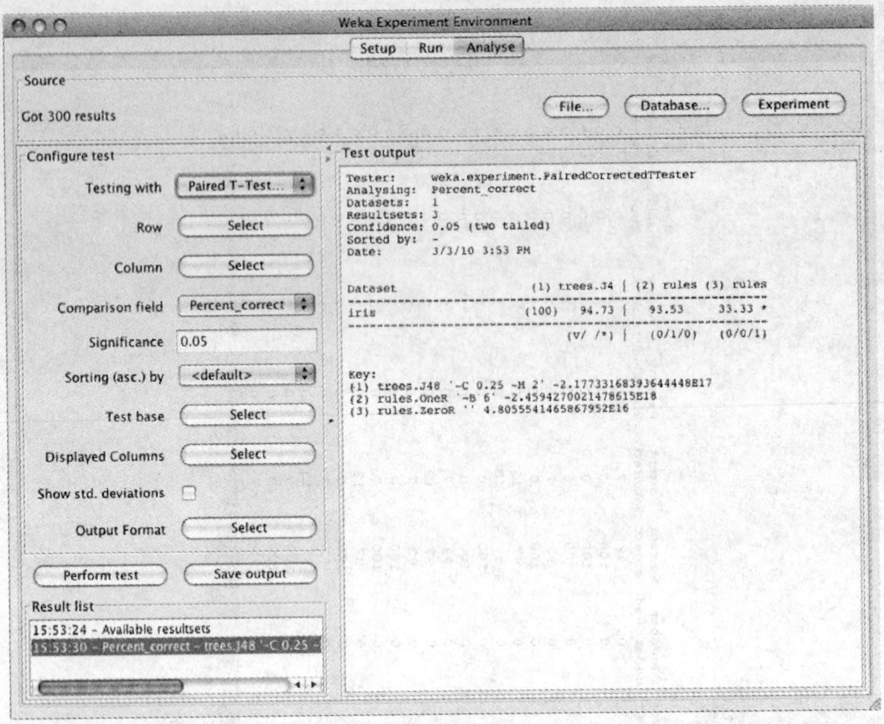

图 13-2 图 13-1 中的实验的统计测试结果

三个方案的百分比正确率显示在图 13-2 中：方案 1 是 94.73%、方案 2 是 93.53 和方案 3 是 33.33%。结果旁边的符号（v 和 *）指明该结果在所指定的统计显著性水平上（当前是 0.05，或者 5%），好于（v）还是差于（*）基准方案，在本例中基准方案是 J48。本例中所用的是 5.5 节中的纠正重复取样 t 检验。这里，方案 3 明显比方案 1 差，因为方案 3 的成功率旁边有星形标记。在第 2 列和第 3 列的底部是方案运行次数的计数数量（$x/y/z$），其中，（x）表示该方案在本实验中的数据集上的性能好于基准方案的次数，（y）表示二者性能一样，（z）是其性能差于基准方案的次数。在本例中只用了一个数据集，方案 2 有 1 次，与方案 1（基准方案）相等，而方案 3 有 1 次，比方案 1 差（注释（**v**// *）放在第一列的底部，帮助用户记忆 3 种计数数量（$x/y/z$）的含义）。

13.2 简单设置

在图 13-1a 中的 Setup 面板上，我们在大多数选项上都使用了默认值。图中的实验类型是 10 折交叉验证，重复 10 次。用户可在左侧中部的框中改变折的数量，并在右侧中部的框中更改重复次数。实验类型是分类，用户也可将其指定为回归。用户还可以选择一个以上的数据集，这样，每种算法就会依次应用于每个数据集，并可通过 Data sets first 和 Algorithm first 按钮改变循环运行的顺序。旁置法可作为交叉验证的替代方法。它有两种变体，取决于实验时是保留数据集的顺序还是将数据随机化。用户可指定分割百分比（默认是 2/3 作为训练集，1/3 作为测试集）。

实验的设置可以存储起来重新启用。用户可按下 Notes 按钮，弹出一个编辑窗口，对所做的设置进行注释。严谨的 Weka 用户会很快发现，这里需要开启一个实验，然后进行某些修改再返回，对实验的修改可能是换一个新的数据集或一个新的学习算法。能够避免对已有结果的重新计算当然要好！况且，如果所得结果能够存储在数据库而不是 ARFF 或 CSV 文件中就更好，这正是我们现在要做的。在结果目的地选择器中选择 JDBC database，连接到任何带有 JDBC 驱动器的数据库。这里用户需要给出数据库的 URL 并填写用户名及
密码。要想使这一过程也能用于自己的数据库，用户需要修改 Weka 分布包中的 weka/ex- 506
periment/DatabaseUtils.props 文件。如果用户对一个使用数据库的实验做改动，只要以前计 ≀
算过的结果还能从数据库中取出来，Weka 就会沿用它们。这大大简化了通常情况下可看 510
做是数据挖掘研究特征的重复实验。

13.3 高级设置

Experimenter 有一种高级模式。单击图 13-1a 面板顶部（Advanced）则得到如图 13-3 所示的更强版本的面板。该面板含有更多用于控制实验的可选项，例如，生成学习曲线的能力等。然而，高级模式较难运用，且简单模式已经可以满足大多数要求。例如，在高级模式中，用户可设置一个循环用于测试一种算法在一系列不同参数值条件下的性能，但同样的事情也可在简单模式下通过对该算法进行多次测试，每次使用不同的参数值的方式完成。

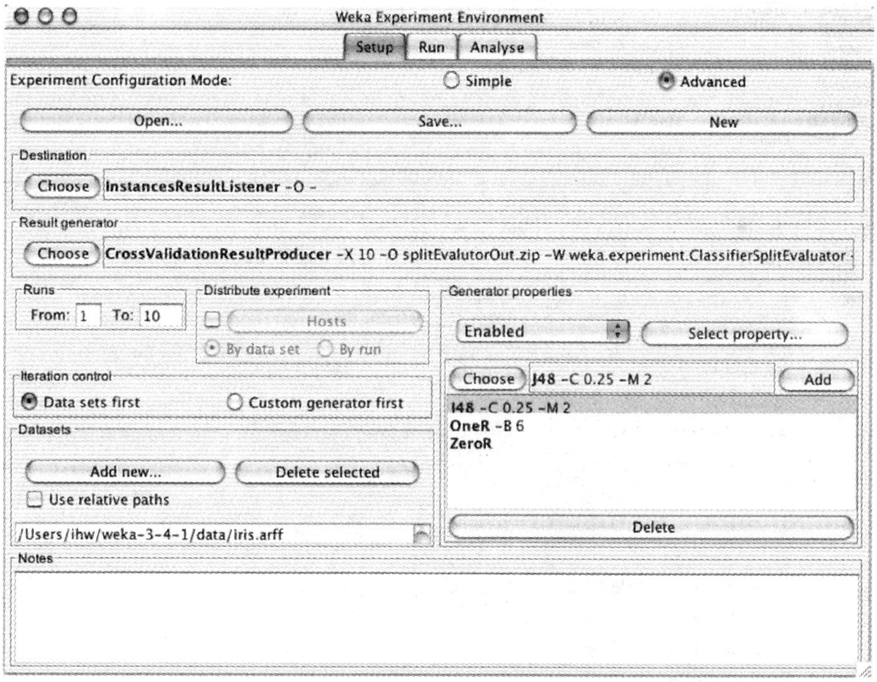

图 13-3 在高级模式中设置一个实验

使用聚类算法运行实验是用户可以在高级模式中进行却不能在简单模式中进行的操作。这里的实验仅限于那些可以计算概率估计或密度估计的聚类算法，用于比较的主要评估度量是对数似然函数。要快速进行聚类算法设置，首先单击 Result generator 为 CrossValidationResultProducer 启动一个对象编辑器选择。然后单击 Choose 按钮选择分割评估，从列表中选择 DensityBasedClusterSplitEvaluator。这时，位于右下方包含了分类器列表的面板变

为空白，Generator properties 下拉框显示为 Disabled。重复上述操作，一个带有性能列表的新窗口随即出现（见图 13-4a）。展开 splitEvaluator 条目，选择 clusterer（如图 13-4a 中所示），单击 Select 按钮。类似在分类器中所做的操作，激活列表和添加聚类模式将重新出现在面板的右侧底部。

图 13-4b 显示了两个配置聚类模式的设置：EM 以及包裹着 SimpleKMeans 的 MakeDensityBasedClusterer。在运行了该实验以后，这两者可以在 **Analyze** 面板之中进行对比。对比区并没有有意义的默认设置，因此在按下 Perform test 按钮之前从下拉框中选择 Log_likelihood。图 13-4c 显示了这些聚类算法的结果。

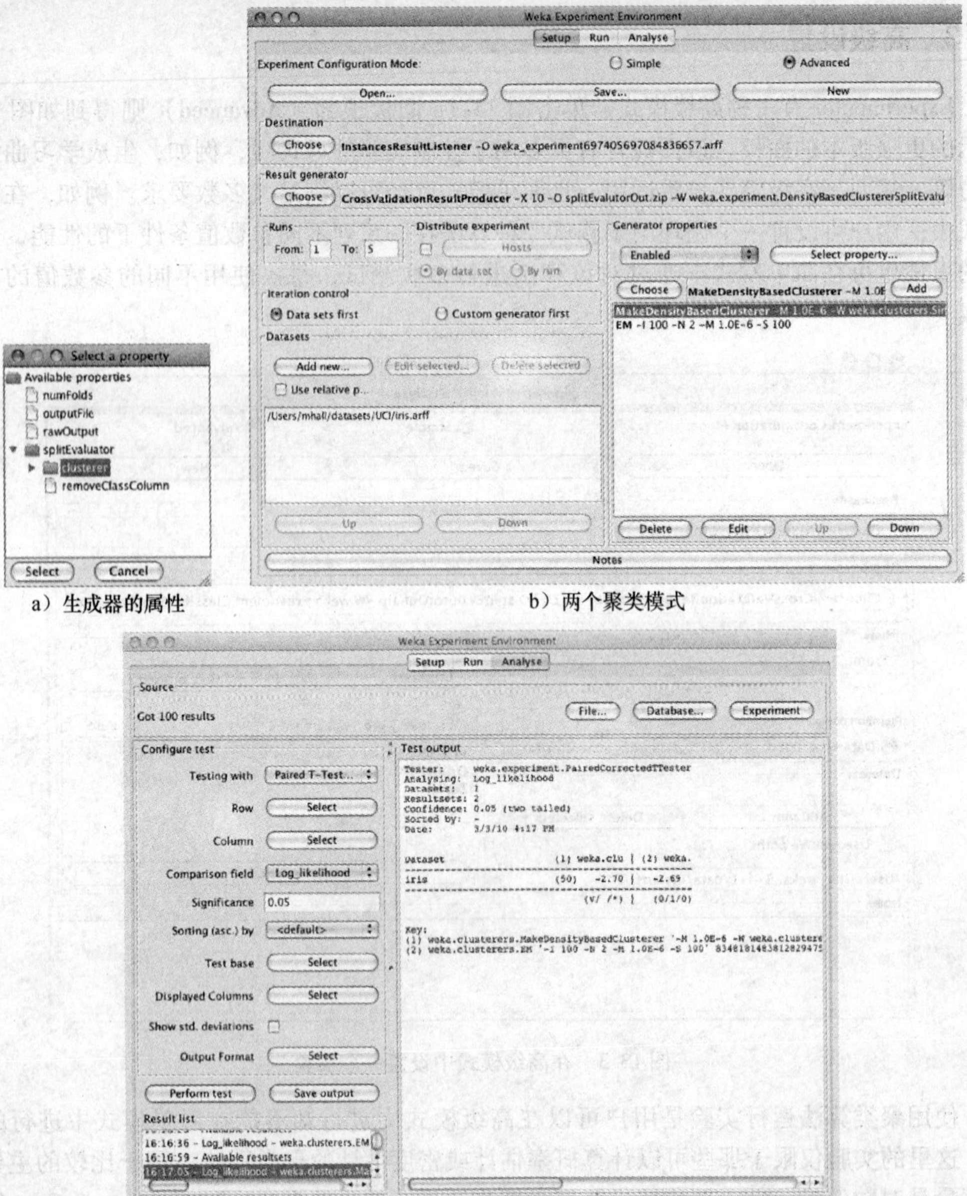

a）生成器的属性　　b）两个聚类模式

c）结果面板

图 13-4　聚类中的一个实验

也许用户真正用到高级模式的地方是设置一个分布式实验，我们会在 13.5 节中进行探讨。

13.4 分析面板

在前面的讨论中，我们使用 Analyze 面板进行了一种学习方案（J48）与其他两种方案（OneR 和 ZeroR）相比较的统计显著性测试。该测试基于误差率，即由图 13-2 中的 Comparison field 决定。其他类型的统计则可由下拉菜单中选取：百分比错误、百分比未分类、方均根误差、表 5-8 中的其他误差测量方法以及不同的熵值。还有，用户可选中 Show std deviations 复选框查看被评估属性的标准差。

使用 Test base 菜单可将基准方案由 J48 改为其他任何一种学习方案。例如，选中 OneR 意味着将其他方案与 OneR 进行比较。实际上，这只能说明 OneRZeroR 在统计显著性上有区别，而 OneR 与 J48 之间却没有。除了学习方案以外，Select base 菜单中还有其他两个选项：Summary 和 Ranking。前者将每种学习方案与其他方案逐一进行比较并列出一个矩阵，矩阵的每个格显示的是数据集的数量。在这些数据集上，一个学习方案的性能要明显好于其他方案。后者根据代表赢（>）和输（<）的数据集的总数对学习方案进行排序，并列出一个队列表。队列表的第一列显示赢与输的数量之差。

Row 和 Column 决定了待比较矩阵的维数。单击 Select 得到一列特征集合，包含了已经在实验中测量过的所有特征，即图 13-1c 中电子数据表的列标签。用户可任意挑选其中 511～512
的项目作为矩阵的行和列（用户所做出的选择不会出现在 Select 框中，这是因为可同时选定的参数不止一个）。图 13-5 列出了共有哪些项目被选中作为图 13-2 中的行和列。图中的两个列表显示了实验所用的参数（即电子数据表中的列）。Dataset 被选定为行（在本例中，行只有一个，即鸢尾花数据集），而 Scheme、Scheme options 和 Scheme_version_ID 被选为列（与通常一样，按住 shift 键同时单击鼠标可选定多个项目）。三个选项都可在图 13-2 中看到。实际上，它们在底部的相关方案中更清楚。

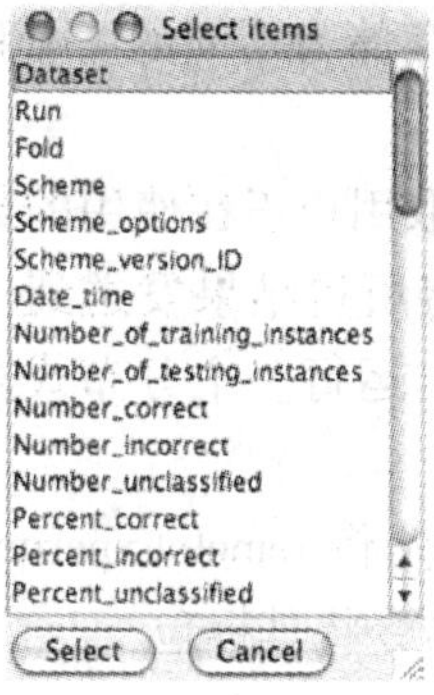

a)

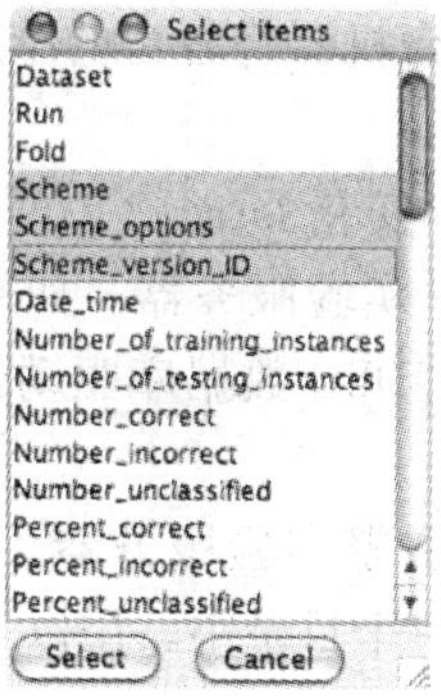

b)

```
Dataset                         (1) iris |
                            --------------
trees.J48 '-C 0.25 -M 2'  (100)    94.73 |
rules.OneR '-B 6'         (100)    93.53 |
rules.ZeroR ''            (100)    33.33 |
                            --------------
                                (v/ /*) |
```

c)

```
Dataset     (1) trees.J4 | (2) rules (3) rules
            ---------------------------------------
1           (10)   96     |   94          33.33 *
2           (10)   94     |   94          33.33 *
3           (10)   94     |   94          33.33 *
4           (10)   95.33  |   92.67       33.33 *
5           (10)   95.33  |   94.67       33.33 *
6           (10)   95.33  |   94          33.33 *
7           (10)   94     |   92.67       33.33 *
8           (10)   94     |   92          33.33 *
9           (10)   94     |   93.33       33.33 *
10          (10)   95.33  |   94          33.33 *
            ---------------------------------------
                 (v/ /*)  |  (0/10/0)    (0/0/10)
```

d)

图 13-5 图 13-2 中的行和列

如果将行和列的选项互换，并再次按下 Perform test 按钮，矩阵将会翻转，所得结果见图 13-5c。这里有 3 行，每行对应一种算法，唯一的一列对应着所用的数据集。如果把行由 Dataset 换成 Run，再重新进行测试，结果则如图 13-5d 所示。Run 指的是交叉验证的运行次数，共有 10 次，所以有 10 行。每一行的行标后面的括号中的数字（图 13-5c 中的 100 和图 13-5d 中的 10）是对应着该行结果的数量，即显示在所对应行每个格中的平均值时，参与计算的所有测量值的数量。

513~514 还有一个按钮用户可用来同时选择列中的子集加以显示（代表着基准算法的列总是包含在其中），另外一个按钮用来选择输出格式：文本文档（默认）、用于 LaTeX 排版系统的输出格式、CVS 格式、HTML、适用于 GNUPlot 图形测绘软件输入的数据及脚本，以及仅仅是纯文本格式的重要性符号。

还有一个选项用于选择是否使用成对纠错 t 检验或者标准 t 检验来计算置信度。在结果列表中行的排列方式可以通过从下拉框中的 Sorting（asc.）选项更改。默认使用自然排序，行的排列顺序依照 Setup 面板中用户键入的数据库名称顺序。或者，也可以根据对比区里任何一个可用的度量进行排序。

13.5　将运行负荷分布到多个机器上

Experimenter 的一个显著优点是它能将一个实验分割并分布到多个处理器上。这只适合高级用户，且只能在 Setup 面板的高级版本中操作。由于从简单版本切换到高级版本时，实验的结构可保持不变，所以有些用户通过在简单版本设置实验，然后切换到高级版本对其进行分布的方式来避免使用高级版本的面板。然而，对一个实验进行分布是高层次的操作，通常是较难的。例如，文件和文件夹权限的设定就比较复杂。

在图 13-1a 所示的面板上，当选择 JDBC database 作为结果目的地，将结果都发送到中央数据库时，分布一个实验可取得最好效果。它使用的是远程方法调用（RMI）机制，且可与任何带有 JDBC 驱动器的数据库一起工作。分布实验已经在多个免费的数据库中进行过测试。还有一种可行的选择是，用户可令每台机器将各自的结果存储为不同的 ARFF 文件，随后再将这些文件合并起来。

为了分布一个实验，每台终端机必须：1）安装 Java；2）可读取用户正在使用的数据集；3）正在运行 weka.experiment.RemoteEngine 实验服务器。如果将所得结果发送到一个中央数据库，那么每台机器都必须安装相应的 JDBC 数据库驱动器。运行一个分布式实验较困难的部分就是将以上这些正确完成。

为了在一台计算机上开始运行一个远程引擎实验服务器，首先将 remoteExperimentServer.jar 从 Weka 分布包中复制到计算机上的一个目录中。用以下命令将其拆包

```
jar -xvf remoteExperimentServer.jar
```

它扩展成三个文件：remoteEngine.jar，一个含有实验服务器的可执行 jar 文件，以及 remote.policy 和 remote.policy.example。

remote.policy 文件给远程引擎授予权限令其进行一些特定操作，如连接到一些端口，或存取一个文件夹等。该文件需经过编辑以便在一些需要授予的权限中指明正确的路径。
516 当用户查看该文件时就会不言自明。在默认条件下，它规定所需代码可从 Web 的任意地址由 HTTP 80 端口下载，但远程引擎也可从文件 URL 载入代码。要做到这一点，或者在

remote.policy 中取消对例子的评论，或者根据需要来调整 remote.policy.example。后面一个文件包含一个在 Linux 操作系统下虚构用户（johndoe）的完整例子。远程引擎也需要能够存取实验中所用的数据集（见 remote.policy 中的第一个条目）。读取数据集的路径是在 Experimenter（即客户端）中指定的，且同样的路径必须也适用于远程引擎的运行条件。为了达到这个条件，也许有必要在 Experimenter 的 Setup 面板上通过选中 Use relative paths 复选框的方式指定相对路径名。

为了启动远程引擎服务器，在含有 remoteEngine.jar 的目录下键入

```
java -classpath remoteEngine.jar:<path_to_any_jdbc_drivers>
-Djava.security.policy=remote.policy weka.experiment.RemoteEngine
```

如果一切正常进行，用户会看到以下信息（或类似信息）：

```
user@ml:remote_engine>Host name : ml.cs.waikato.ac.nz
Attempting to start RMI registry on port 1099 …
RemoteEngine bound in RMI registry
```

这表明远程引擎已经在 1099 端口上启动了 RMI 注册器，并且已经成功运行。用户可以在一个给定机器上运行多个远程引擎，但只有该机器拥有多个处理器或一个多核处理器这样才有意义。要运行多个远程引擎，首先像之前一样启动每个远程引擎，但这里不使用默认端口（1099），而是使用命令行选项（-p）指定一个不同的端口到远程引擎上。对所有主机重复以上步骤。

现在通过键入以下命令启动 Experimenter：

```
java -Djava.rmi.server.codebase=<URL_for_weka_code> weka.gui.
experiment.Experimenter
```

其中的 URL 指明远程引擎可到哪里找到待执行的代码。如果该 URL 给出一个目录（即含有 Weka 目录的目录），而不是一个 jar 文件，那么它一定是以路径分隔符（例如，/）结尾的。

图 13-3 中 Experimenter 高级 Setup 面板的左侧中部有一个小窗格，它决定了一个实验是否会被分布。该窗格通常是不活动的。要分布该实验，单击窗格中的复选框（Hosts 按钮左侧。——译者注）以激活 Hosts 按钮（单击 Hosts 按钮——译者注）。一个窗口会弹出来询问该实验将要分布的终端机器。终端机器的名字必须完整地给出（例如，ml.cs.waikato.ac.nz）。

若一个终端机运行了多个远程引擎，则将其名字多次键入到窗口中，若使用的端口不是非默认的，则还要键入端口号。例如：

```
ml.cs.waikato.ac.nz
ml.cs.waikato.ac.nz:5050
```

516

它告诉 Experimenter，主机 ml.cs.waikato.ac.nz 运行了两个远程引擎，一个位于默认端口 1099，另一个是端口 5050。

进入主机后，按通常方式配置实验的其余选项（像前面提到的那样，最好配置完后再切换到高级设置方案中）。使用 Run 面板开始进行实验时，不同终端机器上的子实验的进程也会显示出来，同时显示的还有所有可能出现的出错信息。

分布一个实验涉及将其分割成子实验，并通过 RMI 发送到终端机上执行。默认条件下，实验是按照数据集划分的，这种情况下终端机的数量不可能多于数据集的数量。因此每个子实验都是独立的，它将所有的学习方案应用于一个单独的数据集。一个仅含有几个少量数据集的实验也可以按照运行次数划分。比方说，一个 10 次 10 折交叉验证可分割成 10 个子实验，每次运行一个子实验。 517

第 14 章

Data Mining: Practical Machine Learning Tools and Techniques, Third Edition

命令行界面

Weka 的基本功能隐藏在 Weka 的互动式界面 Explorer、Knowledge Flow 和 Experimenter 后面。这些功能可以更直接地通过命令行界面运行。从图 11-3a 底部的界面选项中选择 Simple CLI，得到一个简单的纯文本面板，用户可在面板底部的栏中键入指令。另外，用户还可以在操作系统的命令行界面上直接运行 weka.jar 文件中的类，要想以这种方式运行，用户必须按照 Weka 的 README 文件中说明的那样，首先设定 CLASSPATH 环境变量。

14.1 开始

在 11.1 节的开始，我们利用 Explorer 在天气数据上运行 J4.8 学习器。要在命令行界面做同样的事情，在文件面板底部的栏中键入：

```
java weka.classifiers.trees.J48 -t data/weather.arff
```

这条命令调用 Java 虚拟机（在 Simple CLI 中，Java 已经载入）且指示它运行 J4.8。Weka 是以包的形式组织起来的，对应着一个目录层级结构。所运行的程序叫做 J48，位于 *trees* 包中，是 Classifiers 的子包，而 Classifiers 则是整个 weka 包的一部分。下一节会介绍更多有关包结构的详细情况。-t 选项表明随后的参数是训练文件的名字，假设天气数据就位于用户启动 Weka 的目录下的 data 子目录中。由运行结果合成的文本显示在图 11-5 中。在简单命令行（Simple CLI）界面中，该结果会出现在用户键入命令的栏的上方面板中。

14.2 Weka 的结构

我们已经解释过如何在 Explorer 中启用过滤器和学习方案，以及在 Knowledge Flow 界面中将它们连接到一起。为了进一步深入了解，有必要学习 Weka 是如何构成的。有关 Weka 的详细且及时得到更新的信息可在分布包的在线文档中找到。该文档比 Explorer 和
519 Knowledge Flow 的对象编辑器中的 More 按钮所给出的对学习和过滤方案的描述技术程度要高。该文件是通过 Sun 的 Javadoc 应用程序有源代码中的注释文本直接产生的。要理解它的结构，用户需要知道 Java 程序是如何构成的。

14.2.1 类、实例和包

每个 Java 程序都是作为一个类或类的集合实现的。在面向对象的编程中，一个类（class）就是变量加上一些在这些变量上进行操作的方法（method）的集合。合在一起，它们定义了属于该类的一个对象的行为。一个对象（object）简单说就是一个为其所有的变量赋值的类的实例体。在 Java 中，一个对象也可称为类的一个实例。不幸的是，这与本书所用的术语相冲突。本书中的 *class* 和 *instance* 出现在机器学习的不同上下文中具有截然不同的含义。从现在开始，用户将不得不根据它们的上下文来推测这些术语所真正代表的意思。区分这二者并不难，而且有时我们会用 *object* 这个词来代替 Java 中的 *instance* 以避免歧义。

在 Weka 中，一个具体学习算法的实现是封装在一个类中的。例如，上面描述过的

J48 类会创建一个 C4.5 决策树。每次 Java 虚拟机执行 J48 时，它都为创建并保存一个决策树分类器分配存储器，从而生成一个该类的实例。所用的算法、它所创建的分类器，以及用于输出该分类器的程序都是类 J48 的实例体的组成部分。

较大的程序通常分割为一个以上的类。例如，类 J48 就不含任何用于构建决策树的代码。它只含有承担大部分工作的其他类的实例的参考。当类的数量很多时，就像在 Weka 中一样，它很难理解及查找。Java 的包结构可令许多类组织在一起。一个包（package）就是一个含有相关联类的合集的一个目录，例如，上面提到过的包 trees 就含有实现了决策树的类。所有的包根据一个层级结构组织在一起，而该层级结构与目录的层级结构相对应，即 trees 是 classifiers 包的一个子包，而 classifiers 包本身又是整个 weka 包的一个子包。

当使用 Web 浏览器查看由 Javadoc 产生的在线文档时，用户首先看到的是按英文字母顺序排列的 Weka 中所有的包的一个列表（见图 14-1a）（如果用框架查看 Javadoc，用户会看到更详细的内容。单击 NO FRAMES 移除额外信息）。这里我们依照重要性先后次序从中挑选几个加以介绍。

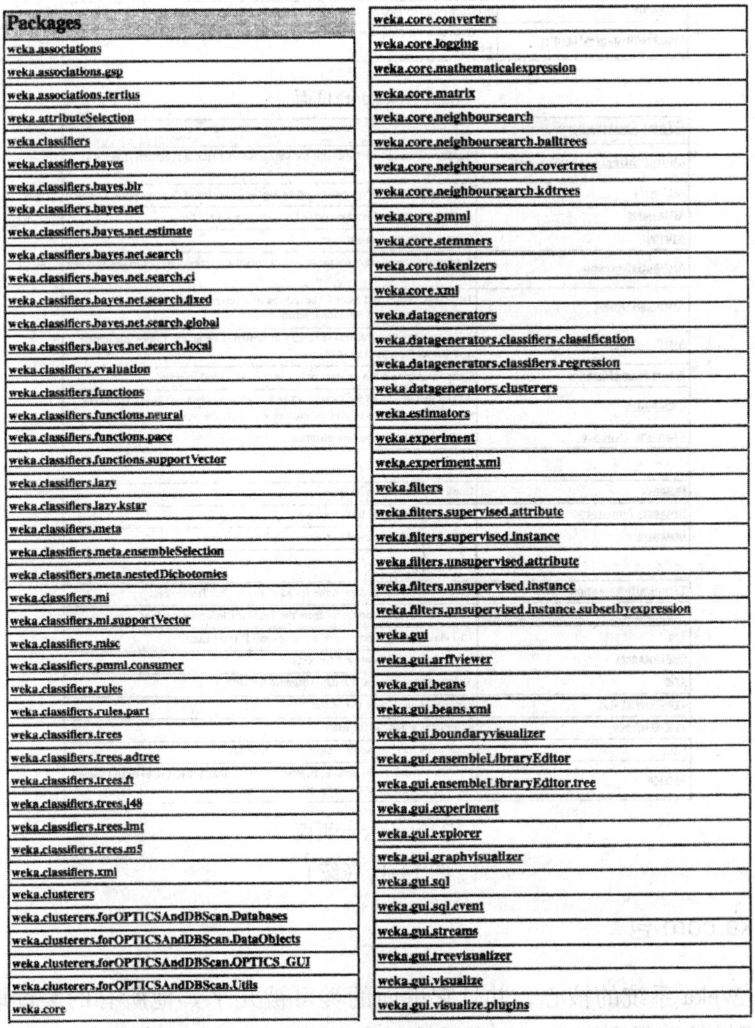

a）首页

图 14-1　使用 Javadoc

Overview Package Class Tree Deprecated Index Help Weka's home
PREV PACKAGE NEXT PACKAGE FRAMES NO FRAMES All Classes

Package weka.core

Interface Summary	
AdditionalMeasureProducer	Interface to something that can produce measures other than those calculated by evaluation modules.
CapabilitiesHandler	Classes implementing this interface return their capabilities in regards to datasets.
Copyable	Interface implemented by classes that can produce "shallow" copies of their objects.
DistanceFunction	Interface for any class that can compute and return distances between two instances.
Drawable	Interface to something that can be drawn as a graph.
EnvironmentHandler	Interface for something that can utilize environment variables.
JythonObject	An indicator interface for Jython objects.
JythonSerializableObject	An indicator interface for serializable Jython objects.
Matchable	Interface to something that can be matched with tree matching algorithms.
MultiInstanceCapabilitiesHandler	Multi-Instance classifiers can specify an additional Capabilities object for the data in the relational attribute, since the format of multi-instance data is fixed to "bag/NOMINAL,data/RELATIONAL,class".
OptionHandler	Interface to something that understands options.
Randomizable	Interface to something that has random behaviour that is able to be seeded with an integer.
RevisionHandler	For classes that should return their source control revision.
Summarizable	Interface to something that provides a short textual summary (as opposed to toString() which is usually a fairly complete description) of itself.
TechnicalInformationHandler	For classes that are based on some kind of publications.
Undoable	Interface implemented by classes that support undo.
WeightedInstancesHandler	Interface to something that makes use of the information provided by instance weights.

b1）weka.core页面

Class Summary	
AbstractStringDistanceFunction	Represents the abstract ancestor for string-based distance functions, like EditDistance.
AlgVector	Class for performing operations on an algebraic vector of floating-point values.
AllJavadoc	Applies all known Javadoc-derived classes to a source file.
Attribute	Class for handling an attribute.
AttributeExpression	A general purpose class for parsing mathematical expressions involving attribute values.
AttributeLocator	This class locates and records the indices of a certain type of attributes, recursively in case of Relational attributes.
AttributeStats	A Utility class that contains summary information on an the values that appear in a dataset for a particular attribute.
BinarySparseInstance	Class for storing a binary-data-only instance as a sparse vector.
Capabilities	A class that describes the capabilites (e.g., handling certain types of attributes, missing values, types of classes, etc.) of a specific classifier.
ChebyshevDistance	Implements the Chebyshev distance.
. . .	
Instance	Class for handling an instance.
InstanceComparator	A comparator for the Instance class.
Instances	Class for handling an ordered set of weighted instances.
. . .	
TechnicalInformation	Used for paper references in the Javadoc and for BibTex generation.
TechnicalInformationHandlerJavadoc	Generates Javadoc comments from the TechnicalInformationHandler's data.
Tee	This class pipelines print/println's to several PrintStreams.
TestInstances	Generates artificial datasets for testing.
Trie	A class representing a Trie data structure for strings.
Trie.TrieIterator	Represents an iterator over a trie
Trie.TrieNode	Represents a node in the trie.
Utils	Class implementing some simple utility methods.
Version	This class contains the version number of the current WEKA release and some methods for comparing another version string.

b2）weka.core页面

图 14-1 （续）

14.2.2 weka.core 包

core 包是 Weka 系统的核心，并且它里面的类可被几乎其他所有的类读取。用户可单
520 击 weka.core 超链接，得到图 14-1b 所示的 Web 页面，看看它们到底是什么。

图中的 Web 页面可划分成几个部分：最主要的是 interface summary（接口概要）和

class summary（类概要）。前者列出了所提供的接口，后者则是包中所含有的全部类的一个列表。一个接口就像一个类，唯一的区别是接口本身不做任何事情，它只是一个包含不带实际实现的方法列表。其他类可声明它们“实现”一个具体的接口，然后为它的方法提供代码。例如，OptionHandler 接口就定义了那些可被所有能处理命令行选项的类实现的方法，这些类中包括所有的分类器。

core 包中关键的类有 Attribute、Instance 和 Instances。类 Attribute 的一个对象代表一个属性。它包含了属性名、它的类型，以及它可能的取值（如果是名目或字符串属性）。类 Instance 的一个对象含有一个具体实例所含的属性值；而类 Instances 的一个对象则含有一个按顺序排列的实例集，换句话说就是一个数据集。用户如果想了解更多，可单击它们的超链接。第 15 章谈到如何从其他 Java 代码中调用机器学习方案时会再次对这些类进行探讨。其实，用户不知道这些细节也一样可以通过命令行使用 Weka。

单击任何在线文本页左上角的 Overview 超链接会带领用户回到 Weka 所有包的列表（见图 14-1a）。

14.2.3 weka.classifiers 包

Classifiers 包实现了本书讨论过的用于分类及数值预测的大部分算法（数值预测包括在 classifiers 中，解释为一个连续的类的预测）。在这个包中最重要的类是 Classifier，它定义了可用于所有分类或数值预测学习方案的通用结构。Classifier 含有三个方法：buildClassifier()、classifyInstance() 和 distributionForInstance()。在面向对象编程的专有名词中，学习算法用 Classifier 的子类代表，因此自动继承这三个方法。每种方案都会根据构建分类器以及它对实例进行分类的具体方式对这三个方法进行重新定义。为在其他 Java 代码中构建及使用分类器提供了一个统一的接口。因此，举例来说，同样的评估模块可用来评估 Weka 中任何分类器的性能。

如果想看一个例子，单击 weka.classifiers.trees，然后再单击 DecisionStump。DecisionStump 是一个用于构建简单单级二叉决策树（用一个额外的分支代表缺失值）的类。它的文本页显示在图 14-2 中，在靠近文本顶部的地方给出了该类完整有效的名字 weka.classifiers.trees.DecisionStump。任何时候用户想从命令行构建一个决策桩，都必须使用这个长长的名字。类的名字会出现在一个小的树结构中，与其同时显示的还有这个类的层级结构中其他相关联的部分。从该结构中用户可观察到，DecisionStump 是 weka.classifiers.Classifier 的一个子类，而 weka.classifiers.Classifier 本身是 java.lang.Object 的一个子类。在 Java 中，类 Object 是最通用的类，所有的类都自动成为它的子类。

在介绍了有关类的笼统信息（简洁的注释文本）、版本和作者之后，图 14-2 给出了该类的构造函数及方法的一个索引。一个 constructor（构造函数）就是一种特殊的方法，无论何时，当一个类的对象生成，通常也就是初始化那些联合定义该对象状态的变量时，该方法总会被调用。方法索引列出了每个方法的名字、它所接受的参数类型，以及对其功能的一个简短描述。在那些索引的下面，该 Web 页面给出了有关构造函数和方法的更多细节。我们以后会对这些细节加以讨论。

正如图中所示，DecisionStump 由 Classifier 重写了 distributionForInstance() 方法，即 Classifier 类中 classifyInstance() 的默认实现，然后用该方法产生它自己的分类结果。除此以外，它还有 getCapabilities()、getRevision()、globalInfo()、toSource()、toString() 和 main() 方法。

下面简短地讨论 getCapabilities()。getRevision()方法简单地返回分类器的修订号。weka.core 包中有一个公用类将其打印到屏幕上，当用户报告了诊断和调试问题时，它将被 Weka 保持器调用。globalInfo()方法返回一个用于描述分类器的字符串，单击通用编辑器的 More 按钮（见图 11-7b）可以看到该方法及方案的选项。toString()方法返回一个用来在屏幕上进行显示的分类器的文本描述，toSource()方法则用于获得所学习的分类器的源代码表述。当用户想从命令行得到一个决策桩，换句话说，当用户键入如下指令为开头的命令时，调用 main()方法：

```
java weka.classifiers.trees.DecisionStump
```

类中的 main()方法表示该类可以从命令行启动，并且所有的学习方法以及过滤器算法都可以执行它。

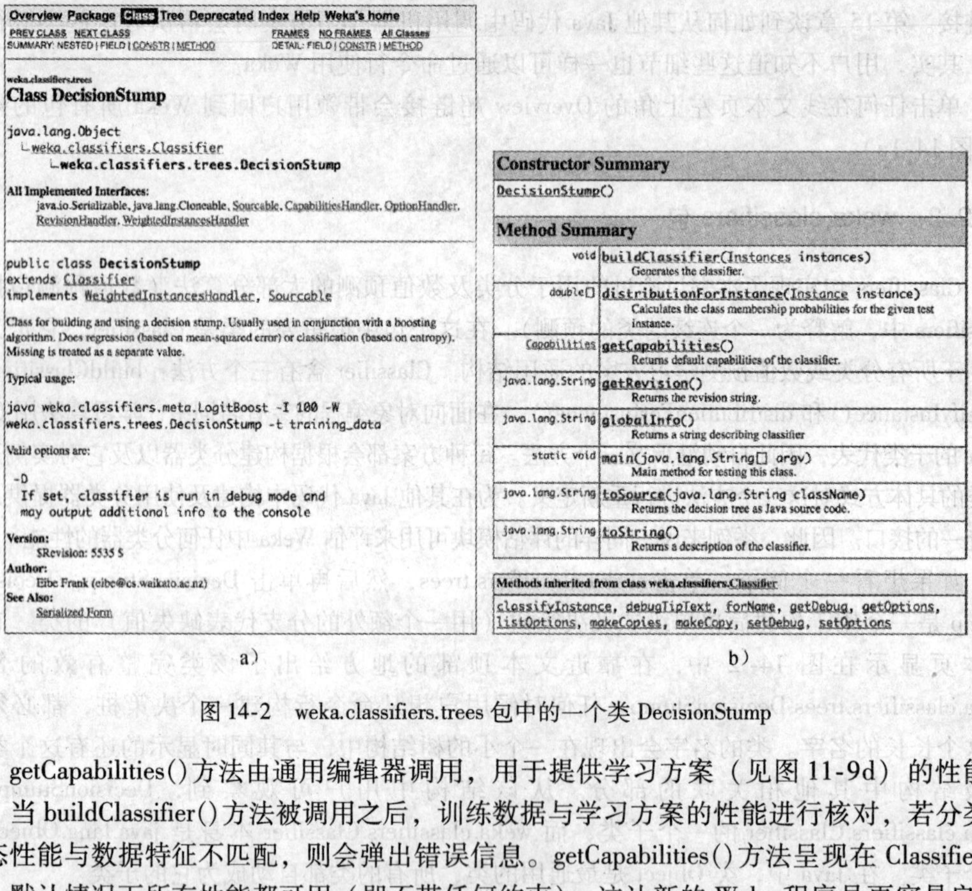

a)　　　　b)

图 14-2　weka.classifiers.trees 包中的一个类 DecisionStump

getCapabilities()方法由通用编辑器调用，用于提供学习方案（见图 11-9d）的性能信息。当 buildClassifier()方法被调用之后，训练数据与学习方案的性能进行核对，若分类器状态性能与数据特征不匹配，则会弹出错误信息。getCapabilities()方法呈现在 Classifier 类里，默认情况下所有性能都可用（即不带任何约束）。这让新的 Weka 程序员更容易启动，因为他们不需要一开始就学习并指定相应的性能。第 16 章将给出更多有关性能的细节。

14.2.4　其他包

图 14-1a 中列出的其他几个包同样值得研讨：weka.associations、weka.clusterers、weka.datagenerators、weka.estimators，weka.filters 和 weka.attributeSelection。包 weka.associations 包含关联规则学习器。将这些关联规则学习器列为一个单独的包是因为关联规则与分类器有着根本的区别。weka.clusterers 包里是用于无监督学习的方法。在 weka.estimators 包中包含一个通用 Estimator 类的子类，Estimator 类可用于计算不同类型的概率分布。朴素贝叶斯算法（以

及其他算法）会用到这些子类。

在 weka.filters 包中，类 Filter 定义了含有过滤器算法的类的一般结构，这些算法都作为 Filter 的子类实现。与分类器一样，过滤器也可在命令行中使用，我们很快会谈到如何使用。Weka.attributeSelection 包中含有几个用于属性选择的类。Weka.filters.supervised.attribute 包中的 AttributeSelectionFilter 会用到这几个类，但它们也可被单独调用。

14.2.5　Javadoc 索引

正如上面提到的那样，所有的类都自动成为 Object 的子类。要查看与 Weka 中类的层级结构相对应的树，从任何在线文本页的顶部选择 Overview 链接。单击 tree 则有一个树的全貌呈现出来，该树显示的是某个类的子类或超类，例如，那些继承了 Classifier 的类等。

在线文档包含了 Weka 中所有公开使用的变量（称为字段（field））及方法的一个索引。换句话说，即所有可从用户自己的 Java 代码中读取的字段和方法。要查看这个索引，单击 Overview，然后单击 Index。 520～525

假如设用户想知道哪些 Weka 的分类器和过滤器可进行增量操作，在索引中搜索 incremental 这个字，很快将用户引导至关键字 UpdateableClassifier。实际上，这是一个 Java 接口：接口在展示出全貌的树中被列于类的后面。用户想要找的是实现了该接口的所有类。在任何出现该接口的字上单击，就会得到一个描述该接口并列出了实现该接口的所有分类器的页面。如果用户不知道关键字 StreamableFilter，那么要找到想要的过滤器则有点儿难。StreamableFilter 是一个用于令数据呈“流”式通过过滤器的接口的名字，该页面同样列出了实现该接口的过滤器。如果已经知道了任何可进行增量操作的过滤器的例子，那么用户会在不经意间发现这个关键词。

14.3　命令行选项

在上面所举的例子中，-t 选项用于在命令行中实现训练文件的名字与学习算法通信。许多其他选项可用于任何学习方案，也有一些与具体方案相关联的选项只能用于某些方案。如果用户调用一个带有-h 或者-help 选项的方案，或者没有任何的命令行选项，它会显示所有可用的选项：首先是通用性选项，接着是与该方案相关联的选项。在命令行界面中，键入：

```
java weka.classifiers.trees.J48 -h
```

用户会看到一列适用于所有学习方案的通用选项，如表 14-1 所示，表 14-2 中的只适用于 J48 的选项。其中的-info 是一个值得注意的选项，它输出该方案的一个非常简要的描述。我们会对通用选项加以说明，然后简单回顾与具体方案相关联的选项。

表 14-1　Weka 中用于学习方案的通用选项

选项	功能
h 或-help	输出帮助信息
-synopsis 或 - info	与-h 或者-help 结合起来，输出分类器的通用对象编辑器中“More”按钮的信息
-t < 训练文件 >	指定训练文件
-T < 测试文件 >	指定测试文件。如果该选项为空，就在训练数据上进行交叉验证
-c < 类索引 >	指定类属性的索引
-x < 折的数量 >	指定用于交叉验证的折的数量
-s < 随机数种子 >	指定用于交叉验证的随机数种子

（续）

选项	功能
-no-cv	不执行交叉验证
-split-percentage <训练比例>	指定训练–测试分割里用于训练集的百分比
-perserve-order	在执行训练–测试分割的时候保留数据的原始顺序
-m <成本矩阵文件>	指定含有成本矩阵的文件
-l <输入文件>	指定模型的输入文件
-d <输出文件>	指定模型的输出文件
-v	不对训练数据输出统计数据
-o	只输出统计数据，不输出分类器
-i	对含有两个类的问题输出信息检索统计数据
-k	输出信息理论统计数据
-p <属性区间>	输出测试实例的预测
-distribution	结合-p，为离散类数据输出完整概率分布而不仅仅是预测类标
-r	输出累积边际分布
-z <类名字>	输出分类器的源表述
-g	输出分类器的图形表述
-xml <文件名> | <xml string>	从存储在一个文件或给定字符串中的 XML 编码选项来设置特殊方案选项
-threshold-file <文件>	将阈值数据（为得到 ROC 曲线等）保存到文件
-threshold-label <标签>	阈值数据的类标签

表 14-2　与 J48 决策树学习器相关的选项

选项	功能
-U	使用未剪枝树
-C <剪枝置信度>	为剪枝指定置信度阈
-M <实例数量>	指定单个叶上实例数量的最小值
-R	使用减少误差剪枝
-N <折的数量>	指定用于减少误差剪枝的折的数量。其中一个折用于剪枝集
-B	只使用二叉分割
-S	不进行子树上升
-L	保留实例信息
-A	用拉普拉斯平滑法来平滑概率估计
-Q	用于混合数据的种子值

14.3.1　通用选项

表 14-1 中的选项确定了哪些数据用于训练、哪些用于测试、分类器是如何评估的，以及显示哪种统计数据。例如，当用一个独立测试集评估学习方案时，-T 选项用来提供测试文件的名字。默认条件下，在一个 ARFF 文件中最后一个属性是类，但用户可用-c 后面接所选定的属性位置，将其他属性声明为类，1 表示第一个属性，2 表示第二个等。

当进行交叉验证时（如果不提供测试文件，交叉验证是默认选项），数据首先进行随机混合。如果要重复多次交叉验证，且每次以不同的方式随机混合数据，则用-s 设定随机数种子（默认是 1）。在测试大型数据集时，用户可用-x 选项把用于交叉验证的折的数量从默认的 10 降低至想要的数量。若仅仅要求在训练数据上有好的性能，可以用-no-cv 来控制交叉验证，-v 可用于控制在训练数据上的性能结果。交叉验证的另一种情况，就是由
526 -t 选项指定的训练–测试数据分割，它可以通过将百分比-split-percentage 应用为新的训练

集（剩余则作为测试集）。当通过指定-preserve-order 来执行一个训练－测试分割时，就可以控制数据的随机化。

在 Explorer 界面中，成本敏感评估可以像 11.1 节中描述的那样被调用。要想在命令行中取得同样的效果，用-m 选项提供一个含有成本矩阵的文件的名字。以下是一个天气数据的成本矩阵：

```
2 2    % Number of rows and columns in the matrix
0 10   % If true class yes and prediction no, penalty is 10
1 0    % If true class no and prediction yes, penalty is 1
```

第一行给出了行和列的数量，也就是类值的数量。接着是惩罚矩阵。由% 引导的注释可附加在任何一行的末尾。

同样可以对模型进行保存和载入。如果用户用-d 提供一个输出文件的名字，Weka 就会把由训练数据产生的分类器保存下来。要在一个新的批量测试数据上评估同样的分类器，用户可用-l 将该分类器重新载入，而无需重新构建。如果该分类器可增量更新，用户还可提供训练文件以及输入文件，Weka 会载入该分类器并用所给的训练实例对其进行更新。

如果用户只想检验一个学习方案的性能，用-o 选项可禁止模型的输出。用-i 可查看精确率、召回率及 F 度量（5.7 节）的性能指标，用-k 可计算由一个学习方案导出的概率的信息理论指标（5.6 节）。

通常 Weka 用户想要知道学习方案将每个测试实例预测为哪些类值。-p 选项会显示出每个测试实例的编号、类、该方案所做预测的置信度，以及所预测的类值，若某个类别被错误分类了，则会标记一个"＋"以及预测类标值的概率。通过将-distribution 标志和-p 结合起来使用还可以输出实例所有可能类标的预测概率。这时候，与预测类标值相关的概率分布旁边会标记有"＊"。-p 选项还会为每个实例输出属性值，属性值后面必须跟着它的值区间的详细说明（例如，1～2），如果用户不想要任何属性值，就用 0。用户还可以输出训练数据的累积边际分布（cumulative margin distribution），该分布显示的是边际指标的分布（8.4 节）是如何随着提升迭代的次数变化的。最后，用户可输出分类器的源表示，并且如果分类器可产生一个图形表示，也同样可以显示出来。 528

使用-threshold-file 选项可以将与 ROC 以及召回率－准确率曲线等性能图有关的数据输入到文件中去。在产生数据时作为正类的类标可以由-threshold-lable 指定。下一小节将讨论命令行如何提供方案相关的选项，当然选项也可以由 XML 文件或者使用-xml 选项的字符串得到。

14.3.2　与具体方案相关的选项

表 14-2 列出了只适用于 J48 的选项。用户可强迫算法使用未剪枝的树，而不使用剪枝过的树。尽管子树提升能够增加效率，但用户能够对其加以阻止。用户可设定用于剪枝的置信度阈值，以及任何叶上的可允许的实例数量的最小值，两个参数在 6.1 节中都讨论过。除了可执行 C4.5 的标准剪枝程序外，也可进行减少误差剪枝（6.2 节）。-N 选项控制旁置集的大小，数据集被平均划分成与该选项的值相等数量的部分，并将最末尾的部分旁置（该选项默认值是 3）。用户可用拉普拉斯技巧来平滑概率估计，在选择剪枝集时，为数据的随机混合设定种子值，并存储实例的信息以备将来用于可视化。最后，用-B 可为名目属性构建一个二叉树，而不是通常的多分支树。 529

嵌入式机器学习

当从图形用户界面或命令行调用学习方案时，用户不需要了解任何有关 Java 编程的知识。在本节中，我们会讲解用户如何在自己的代码中调用这些算法。使用面向对象编程语言的优势在以下的讲解中会变得更清楚。从现在开始，我们假定用户至少知道一些有关 Java 的基本常识。在绝大多数数据挖掘的实用程序中，学习组件是一个更大型软件环境中的一个完整部分。如果该软件环境是用 Java 写成的，用户无需自己编写任何机器学习的代码即可用 Weka 解决有关的学习问题。

15.1 一个简单的数据挖掘应用

我们将展示一个简单的用于学习模型的数据挖掘应用，该模型将文本文件按两个类别划分：hit 和 miss。该程序可应用于各种文本：我们将这些文本称为消息。它的实现方法是用 11.3 节中提到过的 StringToWordVector 过滤器以 7.3 节中描述过的方式，将消息转换成属性向量。我们假设每次处理一个新文件时该程序都会被调用。如果用户为该文件提供一个类标签，系统就用它进行训练；否则，就对其进行分类。决策树分类器 J48 用于做这项工作。

图 15-1 给出了在一个名为 MessageClassifier 的类中实现的应用程序的源代码。main() 方法所接受的命令行可变参数是：一个文本文件的名字（由选项-m 给出）、持有类 MessageClassifier 的一个对象的文件的名字（-t），也可以是文件中消息的分类（-c）。如果用户提供一个（消息的）分类，消息会被转换成用于训练的一个例子；如果不提供，则 MessageClassifier 对象会用于将其分类成 hit 或 miss。

```
/**
* Java program for classifying text messages into two classes.
*/

import weka.classifiers.Classifier;
import weka.classifiers.trees.J48;
import weka.core.Attribute;
import weka.core.FastVector;
import weka.core.Instance;
import weka.core.Instances;
import weka.core.SerializationHelper;
import weka.core.Utils;
import weka.filters.Filter;
import weka.filters.unsupervised.attribute.StringToWordVector;

import java.io.FileNotFoundException;
import java.io.FileReader;
import java.io.Serializable;

public class MessageClassifier implements Serializable {

/** The training data gathered so far. */
private Instances m_Data = null;

  /** The filter used to generate the word counts. */
```

图 15-1 消息分类器 main()的源代码

```
private StringToWordVector m_Filter = new StringToWordVector();

/** The actual classifier. */
private Classifier m_Classifier = new J48();

/** Whether the model is up to date. */
private boolean m_UpToDate;

/** For serialization. */
private static final long serialVersionUID = -123455813150452885L;

/**
 * Constructs empty training dataset.
 */
public MessageClassifier() {
  String nameOfDataset = "MessageClassificationProblem";

  // Create vector of attributes.
  FastVector attributes = new FastVector(2);

  // Add attribute for holding messages.
  attributes.addElement(new Attribute("Message", (FastVector) null));

  // Add class attribute.
  FastVector classValues = new FastVector(2);
  classValues.addElement("miss");
  classValues.addElement("hit");
  attributes.addElement(new Attribute("Class", classValues));

  // Create dataset with initial capacity of 100, and set index
    of class.
  m_Data = new Instances(nameOfDataset, attributes, 100);
  m_Data.setClassIndex(m_Data.numAttributes() - 1);
}

/**
 * Updates model using the given training message.
 *
 * @param message          the message content
 * @param classValue       the class label
 */
public void updateData(String message, String classValue) {
  // Make message into instance.
  Instance instance = makeInstance(message, m_Data);

  // Set class value for instance.
  instance.setClassValue(classValue);

  // Add instance to training data.
  m_Data.add(instance);
  m_UpToDate = false;
}

/**
 * Classifies a given message.
 *
 * @param message          the message content
 * @throws Exception       if classification fails
 */
public void classifyMessage(String message) throws Exception {

  // Check whether classifier has been built.
  if (m_Data.numInstances() == 0) {
    throw new Exception("No classifier available.");
  }

  // Check whether classifier and filter are up to date.
```

图15-1 （续）

```
    if (!m_UpToDate) {
      // Initialize filter and tell it about the input format.
      m_Filter.setInputFormat(m_Data);

      // Generate word counts from the training data.
      Instances filteredData  = Filter.useFilter(m_Data, m_Filter);

      // Rebuild classifier.
      m_Classifier.buildClassifier(filteredData);

      m_UpToDate = true;
    }

    // Make separate little test set so that message
    // does not get added to string attribute in m_Data.
    Instances testset = m_Data.stringFreeStructure();

    // Make message into test instance.
    Instance instance = makeInstance(message, testset);

    // Filter instance.
    m_Filter.input(instance);
    Instance filteredInstance = m_Filter.output();

    // Get index of predicted class value.
    double predicted = m_Classifier.classifyInstance(filteredInstance);

    // Output class value.
    System.err.println("Message classified as : " +
          m_Data.classAttribute().value((int) predicted));
  }

  /**
   * Method that converts a text message into an instance.
   *
   * @param text      the message content to convert
   * @param data      the header information
   * @return                the generated Instance
   */
  private Instance makeInstance(String text, Instances data) {

    // Create instance of length two.
    Instance instance = new Instance(2);

    // Set value for message attribute
    Attribute messageAtt = data.attribute("Message");
    instance.setValue(messageAtt, messageAtt.addStringValue(text));

    // Give instance access to attribute information from the dataset.
    instance.setDataset(data);

    return instance;
  }

  /**
   * Main method. The following parameters are recognized:
   *
   *   -m messagefile
   *       Points to the file containing the message to classify or use
   *       for updating the model.
   *   -c classlabel
   *       The class label of the message if model is to be updated.
   *       Omit for classification of a message.
   *   -t modelfile
   *       The file containing the model. If it doesn't exist, it will
   *       be created automatically.
   *
   * @param args      the commandline options
```

图15-1 （续）

```
  */
  public static void main(String[] args) {

    try {

        // Read message file into string.
        String messageName = Utils.getOption('m', args);
        if (messageName.length() == 0) {
          throw new Exception("Must provide name of message
            + file ('-m <file>').");

        }

        FileReader m = new FileReader(messageName);
        StringBuffer message = new StringBuffer();
        int l;
        while ((l = m.read()) != -1) {
          message.append((char) l);
        }
        m.close();

        // Check if class value is given.
        String classValue = Utils.getOption('c', args);

        // If model file exists, read it, otherwise create new one.
        String modelName = Utils.getOption('t', args);
        if (modelName.length() == 0) {
          throw new Exception("Must provide name of model
            + file ('-t <file>').");
        }
        MessageClassifier messageCl;
        try {
          messageCl =
          (MessageClassifier) SerializationHelper. read(modelName);
        } catch (FileNotFoundException e) {
          messageCl = new MessageClassifier();
        }

        // Check if there are any options left
        Utils.checkForRemainingOptions(args);

        // Process message.
        if (classValue.length() != 0) {
          messageCl.updateData(message.toString(), classValue);
        } else {
          messageCl.classifyMessage(message.toString());
        }

        // Save message classifier object only if it was updated.
        if (classValue.length() != 0) {
          SerializationHelper.write(modelName, messageCl);
        }
      } catch (Exception e) {
        e.printStackTrace();
    }
  }
```

图 15-1 （续）

main()方法将消息读入一个 Java StringBuffer 中，并查看是否用户为其提供了一个分类。然后它根据-t 选项给出的文件读取一个 MessageClassifier 对象。如果该文件不存在，它会生成一个新的 MessageClassifier 类的对象。不论该文件是读入的还是新生成的，它都命名为 messageCl。如果已经提供了分类，在经过查验确信它不含非法命令行选项后，该程序调用方法 updateData()来更新存储在 messageCl 文件中的训练数据；否则就调用 classifyMessage()对其进行分类。最后，因为 messageCl 对象也许已经发生了变化，它会被重新保存到文件中。在下面的描述中，我们会首先讨论一个新的 MessageClassifier 对象是如何通过构造函数 MessageClassifier()生成的，然后解释两个方法 updateData()和 classifyMessage()是如何工作的。

15.1.1　MessageClassifier()

每当一个新的 MessageClassifier 生成时，用于持有过滤器和分类器的对象就自动产生。该过程中唯一重要的部分就是生成一个数据集，它是由构造函数 MessageClassifier()负责完成的。首先，数据集的名字要作为一个字符串存储起来。然后为每个属性生成一个 Attribute 对象，一个用来持有与文本消息相对应的字符串，另一个则用于持有数据集的类属性。这些对象是存储在一个 FastVector 类型的动态数组中（FastVector 是标准 Java Vector class 的 Weka 自我实现，因为历史原因，该类在 Weka 中广泛使用）。

属性是通过调用类 Attribute 中的一个构造函数来完成的。在该类中有一个构造函数，该函数接受一个参数，即属性的名字，并生成一个数值属性。然而，这里我们用的这个构造函数必须接受两个参数：属性的名字和指向 FastVector 的一个参考。如果这个参考是空的，就像该构造函数在我们的程序中第一次应用那样，Weka 会生成一个字符串类型的属性；否则，则生成一个名目属性。我们在前面的探讨中假定 FastVector 所持有的是字符串类型的属性值。这就是我们所谈到的用两个值 hit 和 miss 来生成一个类属性：即通过将属性的名字（class）和存储在 FastVector 中的该属性的值传给 Attribute()。

为了从属性信息生成一个数据集，MessageClassifier()必须生成一个 core 包中类 Instances 对象。MessageClassifier()中调用的 Instances 类的构造函数接受三个可变参数：数据集的名字、含有数据集属性的一个 FastVector，以及表示数据集初始容量的一个整数。我们将初始容量设为 100，如果增加实例，其容量会自动增加。构建好数据集后，MessageClassifier()会把类属性的索引设定为最后一个属性的索引。

15.1.2　updateData()

既然用户知道了如何生成一个空的数据集，现在看看 MessageClassifier 对象如何具体接纳一个新的训练消息。方法 updateData()可完成这项工作。它首先调用 makeInstance()生成一个类 Instance 的对象，该对象对应着一个含有两个属性的实例，这样，它就把一个给定的消息转换成了一个训练实例。Instance 对象的构造函数将所有实例的值设为 missing，
531~536 其权值设为 1。makeInstance()接下来设定持有消息文本的字符串属性的值。这可通过调用 Instance 对象中的 setValue()方法来完成。有两个参数需要提供给这个方法，一个是其值需要被修改的属性，另一个是字符串属性的定义中对应着新值的索引。这个索引是由 addStringValue()方法返回的，该方法将消息文本作为一个新值加到字符串属性中，并返回这个新值在字符串属性定义中的位置。

从内部机制来说，不论相对应的属性是什么类型的，Instance 会把所有的属性值存储成双精度浮点小数。如果是名目和字符串属性，则只需要存储相对应属性在属性定义的索引就可以了。例如，名目属性的第一个值用 0.0 表示，第二个用 1.0 表示，并以此类推。同样方法也可用于字符串属性：addStringValue()返回的是对应于加到属性定义中的值的索引。

设定好字符串属性的值后，makeInstance()会将一个指向数据集的参考传送给新生成的实例，从而使该实例可以读取数据的属性信息。在 Weka 中，一个 Instance 对象不会直接存储每个属性的类型，而是存储一个指向含有相应属性信息的数据集的一个参考。

现在回到 updateData()。一旦 makeInstance()返回了新的实例，它的类值就已经设定完成，且该实例已经加入训练数据。我们还会将 m_UpToDate 初始化，它是一个显示训练数据已经发生变化，且预测模型因此需要更新的旗标。

15.1.3 classifyMessage()

现在让我们来看看 MessageClassifier 如何处理一个类标签未知的消息。ClassifyMessage()方法首先通过确定是否准备好训练数据，来查看一个分类器是否已经构建好。然后，再查看该分类器是否需要更新。如果分类器不是最新版本（因为训练数据已经更改）它必须重新建立分类器。然而，在做这项工作以前，必须用 StringToWordVector 过滤器将数据转换成一个可适用于学习的格式。首先，我们用 setInputFormat()将一个指向输入数据集的参考传递给该过滤器，以使其知道待输入数据的格式。每调用一次 setInputFormat()方法，该过滤器就初始化一遍，即所有的内部设置都重新设置。下一步，用 useFilter()对数据进行转换。这个来自于 Filter 类的通用方法将一个过滤器应用于一个数据集。此时，因为 StringToWordVector 刚刚被初始化，所以它会从训练数据集计算一个字典，并用该字典形成一个单词向量。从 useFilter()方法返回后，所有该过滤器的内部设置都保持不变直到再一次调用 inputFormat()令其重新初始化。这使得在无需更新过滤器的内部设置（在这种情况下指字典）的条件下过滤一个测试实例成为可能。

一旦数据被过滤，该程序就会通过将训练数据传递给它的 buildClassifier()方法，重新构建分类器，在所举的例子中就是 J48 决策树，然后将 m_UpToDate 设为 true。在产生一个新的分类器之前，用 buildClassifier()方法彻底初始化所用模型的内部设置是 Weka 的一个 537
重要惯例。因此，我们没有必要在调用 buildClassifier()之前构建一个新的 J48 对象。

在确保存储在 m_Classifier 中的是当前最新模型时，我们可以着手对消息进行分类。在调用 makeInstance()以便根据消息生成一个实例对象之前，需要生成一个新的 Instances 对象用来持有这个实例，且该对象将作为一个可变参数传给 makeInstance()。这样做的目的是使 makeInstance()不必将消息文本加入 m_Data 中的字符串属性。否则，当一个新消息被分类时，m_Data 对象的尺寸就会增大，这显然不合适，因为只有在加入训练实例的时候 m_Data 才应当扩大。因此，生成一个临时的 Instances 对象，一旦它所持有的实例处理完毕，就将其删除。这个对象可用 stringFreeStructure()方法得到，该方法返回一个含有空字符串属性的 m_Data 对象的副本。以上这些完成后，makeInstance()方法才会被调用以生成所要的新实例。

测试实例在分类之前也必须经 StringToWordVector 过滤器处理。这并不难：input()方法将实例送入过滤器对象，经过转化的实例可通过调用 output()取得。然后，将实例传递给分类器的 classifyInstance()方法，即可产生一个预测。正如用户所看到的，预测是作为一个双精度浮点小数编入代码的。这就使得 Weka 的评估模块可用类似的手段来处理类别预测和数值预测的模型。对于类别化预测，正如上面所举的例子，double 变量的值就是所预测出的类值的索引。为了输出对应于这个类值的字符串，该程序调用了数据集类属性的 value()方法。

至少有一种方式可以对我们以上的实现做出改进。分类器和 StringToWordVector 过滤器可以用 11.5 节中描述过的 FilterClassifier 元学习器合并到一起。合并后的分类器就无需调用过滤器来转换数据，可直接处理字符串属性。我们没有这样做，因为我们想演示过滤器是如何通过编写代码的方式得到使用的。 538

第 16 章

编写新的学习方案

如果用户需要实现一个 Weka 所没有的特殊目的的学习算法，或者用户正在进行机器学习的研究并且想试验一个新的学习方案，或者用户只是想通过亲自动手编程，了解更多有关归纳算法的内部运作，那么本节接下来用一个简单的范例演示在编写分类器时，如何充分利用 Weka 的类的层级结构，从而满足用户的需要。

Weka 包含了表 16-1 中所列的基本的、主要用于教育目的的学习方案。表中的方案对于接受命令行选项没有特别要求。它们对于理解分类器的内部运作都很有用。我们会将 weka.classifiers.trees.Id3 作为一个例子讨论，该方案实现了 4.3 节中的 ID3 决策树学习器。聚类算法以及关联规则学习器等其他学习方案将用类似的方式进行组织。

16.1 一个分类器范例

图 16-1 给出了 weka.classifiers.trees.Id3 的源代码，它扩展了 Classifier 类，这一点用户可以从下一页后面的图中看到。无论是用于预测名目型类还是预测数值型类，每个 Weka 中的分类器都必须扩展 Classifier 类。同时该源代码还实现了两个接口：TechnicalInformationHandler 和 Sourcable，前者允许实现的类在图形用户界面中展示书目参考，后者允许实现的类提供其学习模型的源代码表述。

```
package weka.classifiers.trees;

import weka.classifiers.Classifier;
import weka.classifiers.Sourcable;
import weka.core.Attribute;
import weka.core.Capabilities;
import weka.core.Instance;
import weka.core.Instances;
import weka.core.NoSupportForMissingValuesException;
import weka.core.RevisionUtils;
import weka.core.TechnicalInformation;
import weka.core.TechnicalInformationHandler;
import weka.core.Utils;
import weka.core.Capabilities.Capability;
import weka.core.TechnicalInformation.Field;
import weka.core.TechnicalInformation.Type;

import java.util.Enumeration;

/**
 * Class implementing an Id3 decision tree classifier.
 */
public class Id3 extends Classifier
  implements TechnicalInformationHandler, Sourcable {

  /** for serialization */
  static final long serialVersionUID = -2693678647096322561L;

  /** The node's successors. */
  private Id3[] m_Successors;
```

图 16-1 ID3 决策树学习器的源代码

```
/** Attribute used for splitting. */
private Attribute m_Attribute;

/** Class value if node is leaf. */
private double m_ClassValue;

/** Class distribution if node is leaf. */
private double[] m_Distribution;

/** Class attribute of dataset. */
private Attribute m_ClassAttribute;

/**
 * Returns a string describing the classifier.
 * @return a description suitable for the GUI.
 */
public String globalInfo() {

  return "Class for constructing an unpruned decision tree "
    + "based on the ID3 algorithm. Can only deal with "
    + "nominal attributes. No missing values allowed. "
    + "Empty leaves may result in unclassified instances. "
    + "For more information see: \n\n"
    + getTechnicalInformation.toString();
  }

/**
 * Returns an instance of a TechnicalInformation object, containing
 * detailed information about the technical background of this class,
 * e.g., paper reference or book this class is based on.
 *
 * @return the technical information about this class
 */
public TechnicalInformation getTechnicalInformation() {
  TechnicalInformation result;

  result = new TechnicalInformation(Type.ARTICLE);
  result.setValue(Field.AUTHOR, "R. Quinlan");
  result.setValue(Field.YEAR, "1986");
  result.setValue(Field.TITLE, "Induction of decision trees");
  result.setValue(Field.JOURNAL, "Machine Learning");
  result.setValue(Field.VOLUME, "1");
  result.setValue(Field.NUMBER, "1");
  result.setValue(Field.PAGES, "81-106");
  return result;
}

/**
 * Returns default capabilities of the classifier.
 *
 * @return      the capabilities of this classifier
 */
public Capabilities getCapabilities() {
  Capabilities result = super.getCapabilities();
  result.disableAll();

  // attributes
  result.enable(Capability.NOMINAL_ATTRIBUTES);

  // class
  result.enable(Capability.NOMINAL_CLASS);
  result.enable(Capability.MISSING_CLASS_VALUES);

  // instances
  result.setMinimumNumberInstances(0);

  return result;
}
```

图 16-1　（续）

```
  /**
   * Builds Id3 decision tree classifier.
   *
   * @param data the training data
   * @exception Exception if classifier can't be built successfully
   */
  public void buildClassifier(Instances data) throws Exception {

    // can classifier handle the data?
    getCapabilities().testWithFail(data);

    // remove instances with missing class
    data = new Instances(data);
    data.deleteWithMissingClass();

  makeTree(data);
 }

/**
  * Method for building an Id3 tree.
  *
  * @param data the training data
  * @exception Exception if decision tree can't be built successfully
  */
  private void makeTree(Instances data) throws Exception {

    // Check if no instances have reached this node.
    if (data.numInstances() == 0) {
     m_Attribute = null;
      m_ClassValue = Instance.missingValue();
      m_Distribution = new double[data.numClasses()];
      return;
    }

    // Compute attribute with maximum information gain.
    double[] infoGains = new double[data.numAttributes()];
    Enumeration attEnum = data.enumerateAttributes();
    while (attEnum.hasMoreElements()) {
      Attribute att = (Attribute) attEnum.nextElement();
      infoGains[att.index()] = computeInfoGain(data, att);
    }
    m_Attribute = data.attribute(Utils.maxIndex(infoGains));

    // Make leaf if information gain is zero.
    // Otherwise create successors.
    if (Utils.eq(infoGains[m_Attribute.index()], 0)) {
      m_Attribute = null;
      m_Distribution = new double[data.numClasses()];
      Enumeration instEnum = data.enumerateInstances();
      while (instEnum.hasMoreElements()) {
        Instance inst = (Instance) instEnum.nextElement();
        m_Distribution[(int) inst.classValue()]++;
      }
      Utils.normalize(m_Distribution);
      m_ClassValue = Utils.maxIndex(m_Distribution);
      m_ClassAttribute = data.classAttribute();
    } else {
      Instances[] splitData = splitData(data, m_Attribute);
      m_Successors = new Id3[m_Attribute.numValues()];
      for (int j = 0; j < m_Attribute.numValues(); j++) {
        m_Successors[j] = new Id3();
        m_Successors[j].makeTree(splitData[j]);
      }
    }
  }
```

图16-1 （续）

```
/**
 * Classifies a given test instance using the decision tree.
 *
 * @param instance the instance to be classified
 * @return the classification
 * @throws NoSupportForMissingValuesException if instance has missing
   values
 */
public double classifyInstance(Instance instance)
  throws NoSupportForMissingValuesException {
  if (instance.hasMissingValue()) {
    throw new NoSupportForMissingValuesException("Id3: no missing values,
                                                 + "please.");
  }
  if (m_Attribute == null) {
    return m_ClassValue;
  } else {
    return m_Successors[(int) instance.value(m_Attribute)].
      classifyInstance(instance);
  }
}

/**
 * Computes class distribution for instance using decision tree.
 *
 * @param instance the instance for which distribution is to be computed
 * @return the class distribution for the given instance
 * @throws NoSupportForMissingValuesException if instance
 * has missing values
 */
public double[] distributionForInstance(Instance instance)
  throws NoSupportForMissingValuesException {

  if (instance.hasMissingValue()) {
    throw new NoSupportForMissingValuesException("Id3: no missing values,
                                                 + "please.");
  }
  if (m_Attribute == null) {
    return m_Distribution;
  } else {
    return m_Successors[(int) instance.value(m_Attribute)].
      distributionForInstance(instance);
  }
}

/**
 * Prints the decision tree using the private toString method from below.
 *
 * @return a textual description of the classifier
 */
public String toString() {

  if ((m_Distribution == null) && (m_Successors == null)) {
    return "Id3: No model built yet.";
  }
  return "Id3\n\n" + toString(0);
}

/**
 * Computes information gain for an attribute.
 *
 * @param data the data for which info gain is to be computed
 * @param att the attribute
 * @return the information gain for the given attribute and data
 * @throws Exception if computation fails
 */
private double computeInfoGain(Instances data, Attribute att)
  throws Exception {
```

图16-1 （续）

```
    double infoGain = computeEntropy(data);
    Instances[] splitData = splitData(data, att);
    for (int j = 0; j < att.numValues(); j++) {
      if (splitData[j].numInstances() > 0) {
        infoGain -= ((double) splitData[j].numInstances() /
                     (double) data.numInstances()) *
          computeEntropy(splitData[j]);
      }
    }
    return infoGain;
  }

  /**
   * Computes the entropy of a dataset.
   *
   * @param data the data for which entropy is to be computed
   * @return the entropy of the data's class distribution
   * @throws Exception if computation fails
   */
  private double computeEntropy(Instances data) throws Exception {

    double [] classCounts = new double[data.numClasses()];
    Enumeration instEnum = data.enumerateInstances();
    while (instEnum.hasMoreElements()) {
      Instance inst = (Instance) instEnum.nextElement();
      classCounts[(int) inst.classValue()]++;
    }
    double entropy = 0;
    for (int j = 0; j < data.numClasses(); j++) {
      if (classCounts[j] > 0) {
        entropy -= classCounts[j] * Utils.log2(classCounts[j]);
      }
    }
    entropy /= (double) data.numInstances();
    return entropy + Utils.log2(data.numInstances());
  }

  /**
   * Splits a dataset according to the values of a nominal attribute.
   *
   * @param data the data which is to be split
   * @param att the attribute to be used for splitting
   * @return the sets of instances produced by the split
   */
  private Instances[] splitData(Instances data, Attribute att) {

    Instances[] splitData = new Instances[att.numValues()];
    for (int j = 0; j < att.numValues(); j++) {
      splitData[j] = new Instances(data, data.numInstances());
    }
    Enumeration instEnum = data.enumerateInstances();
    while (instEnum.hasMoreElements()) {
      Instance inst = (Instance) instEnum.nextElement();
      splitData[(int) inst.value(att)].add(inst);
    }
    for (int i = 0; i < splitData.length; i++) {
      splitData[i].compactify();
    }
    return splitData;
  }

  /**
   * Outputs a tree at a certain level.
   *
   * @param level the level at which the tree is to be printed
   * @return the tree as string at the given level
   */
```

图 16-1 (续)

```
private String toString(int level) {

  StringBuffer text = new StringBuffer();

  if (m_Attribute == null) {
    if (Instance.isMissingValue(m_ClassValue)) {
      text.append(": null");
    } else {
      text.append(": " + m_ClassAttribute.value((int) m_ClassValue));
    }
  } else {
    for (int j = 0; j < m_Attribute.numValues(); j++) {
      text.append("\n");
      for (int i = 0; i < level; i++) {
        text.append("|  ");
      }
      text.append(m_Attribute.name() + " = " + m_Attribute.value(j));
      text.append(m_Successors[j].toString(level + 1));
    }
  }
  return text.toString();
}

/**
 * Adds this tree recursively to the buffer.
 *
 * @param id           the unqiue id for the method
 * @param buffer       the buffer to add the source code to
 * @return             the last ID being used
 * @throws Exception   if something goes wrong
 */
protected int toSource(int id, StringBuffer buffer) throws Exception {
  int               result;
  int               i;
  int               newID;
  StringBuffer[]    subBuffers;

  buffer.append("\n");
  buffer.append("  protected static double node"
    + id + "(Object[] i) {\n");

  // leaf?
  if (m_Attribute == null) {
    result = id;
    if (Double.isNaN(m_ClassValue)) {
      buffer.append("    return Double.NaN;");
    } else {
      buffer.append("    return " + m_ClassValue + ";");
    }
    if (m_ClassAttribute != null) {
      buffer.append(" // " + m_ClassAttribute.value((int) m_ClassValue));
    }
    buffer.append("\n");
    buffer.append("  }\n");

  } else {
    buffer.append("    checkMissing(i, "
      + m_Attribute.index() + ");\n\n");
    buffer.append("    // " + m_Attribute.name() + "\n");

    // subtree calls
    subBuffers = new StringBuffer[m_Attribute.numValues()];
    newID = id;
    for (i = 0; i < m_Attribute.numValues(); i++) {
      newID++;
```

图 16-1 （续）

```
        buffer.append("    ");
        if (i > 0) {
          buffer.append("else ");
        }
        buffer.append("if (((String) i[" + m_Attribute.index()
            + "]).equals(\"" + m_Attribute.value(i) + "\"))\n");
        buffer.append("      return node" + newID + "(i);\n");

        subBuffers[i] = new StringBuffer();
        newID = m_Successors[i].toSource(newID, subBuffers[i]);
      }
      buffer.append("  else\n");
      buffer.append("      throw new IllegalArgumentException
        (\"Value '\" + i[" + m_Attribute.index() + "]
        + \"' is not allowed!\");\n");
      buffer.append("  }\n");

      // output subtree code
      for (i = 0; i < m_Attribute.numValues(); i++) {
        buffer.append(subBuffers[i].toString());
      }
      subBuffers = null;
      result = newID;
    }

    return result;
  }

  /**
   * Returns a string that describes the classifier as source. The
   * classifier will be contained in a class with the given name (there
   * may be auxiliary classes),
   * and will contain a method with the signature:
   * <pre><code>
   * public static double classify(Object[] i);
   * </code></pre>
   * where the array <code>i</code> contains elements that are either
   * Double, String, with missing values represented as null. The
   * generated code is public domain and comes with no warranty. <br/>
   * Note: works only if class attribute is the last attribute in the
   * dataset.
   * @param className the name that should be given to the source class.
   * @return the object source described by a string
   * @throws Exception if the source can't be computed
   */
  public String toSource(String className) throws Exception {
    StringBuffer        result;
    int                 id;

    result = new StringBuffer();

    result.append("class " + className + " {\n");
    result.append("  private static void checkMissing(Object[]
               i, int index) {\n");
    result.append("    if (i[index] == null)\n");
    result.append("      throw new IllegalArgumentException (\"Null values "
      + "are not allowed!\");\n");
    result.append("  }\n\n");
    result.append("  public static double classify(Object[] i) {\n");
    id = 0;
    result.append("    return node" + id + "(i);\n");
    result.append(" }\n");
    toSource(id, result);
    result.append("}\n");
```

图 16-1　（续）

```
    return result.toString();
  }

  /**
   * Returns the revision string.
   *
   * @return  the revision
   */
  public String getRevision() {
    return RevisionUtils.extract("$Revision: 6404 $");
  }

  /**
   * Main method.
   *
   * @param args the options for the classifier
   */
  public static void main(String[] args) {
    runClassifier(new Id3(), args);
  }
}
```

图16-1 （续）

weka.classifiers.trees.Id3 方案中的第一个方法是 globalInfo()：我们在进入到更有趣的部分之前先谈谈这个方法。当这个方法在 Weka 的图形用户界面上被选中时，该方法只是简单地返回一个显示在 Weka 图形用户界面上的字符串。该字符串所包含的部分信息是由第二个方法 getTechnicalInformation()得到的，该方法为 ID3 算法设计了书目参考的格式。第三个方法 getCapablities()返回了 Id3 可以处理数据的特征信息，也就是名目属性以及一个名目型类。实际上，该方法可以处理缺失的类标值以及没有包含实例的数据（尽管没有包含实例的数据并不会产生一个有用的模型）。16.2 节中将给出性能的描述。 539

表16-1 Weka 中的简单学习方案

方案	描述	本书章节
weka.classifiers.bayes.NaiveBayesSimple	概率学习器	4.2
weka.classifiers.trees.Id3	决策树学习器	4.3
weka.classifiers.rules.Prism	规则学习器	4.4
weka.classifiers.lazy.IB1	基于实例的学习器	4.7

16.1.1 buildClassifier()

buildClassifier()方法根据训练数据集构建一个分类器。这种情况下，该方法首先检查数据的特征是否符合 Id3 的性能。因为 ID3 算法无法处理数值型属性或者缺失属性值，训练数据的这些特征就会导致 Capabilities 类抛出一个异常。然后，它生成一个训练集的副本（以避免改变原始数据），并调用 weka.core.Instances 中的一个方法来删除所有含缺失类值的实例，因为这些实例在训练过程中不起作用。最后，它调用 makeTree()，该方法实际上通过递归方式产生所有附加到根结点上的子树，从而生成一个决策树。

16.1.2 makeTree()

在 makeTree()中，第一步是检查数据集是否为空。如果是，通过将 m_Attribute 设为空生成一个叶子结点。为该叶子结点指定的类值 m_ClassValue 设定为缺失，且 m_Distribution 中为数据集中的每个类所估计的概率皆初始化为 0。如果训练实例已准备好，makeTree() 会找出令这些实例产生最大信息增益的属性。它首先生成一个数据集属性的 Java 枚举。如果类属性的索引已经设定，如正在讨论的这个数据集设定一样，该类属性会被自动排除在该枚举之外。

在枚举的内部，每个属性的信息增益都由 computeInfoGain() 计算出来并存储在一个数组中。我们以后会重新讲这个方法。weka.core.Attribute 中的 index() 方法可返回数据集中属性的索引，它可为刚刚提到的数组编制索引。一旦完成了枚举，具有最大信息增益的属性就会存储在实例变量 m_Attribute 中。Weka.core.Utils 中的 maxIndex() 方法返回一个由整数或双精度浮点小数构成的数组中最大值的索引（如果具有最大值的组元不止一个，那么只返回第一个）。该属性的索引会传给 weka.core.Instances 中的 attribute() 方法，该方法返回与索引相对应的属性。

用户也许在想，数组中与类属性相对应的那个值域怎么样了？这个不必担心，因为 Java 会自动将数组中所有组元初始化为整数 0，而信息增益总是大于或等于 0。如果最大信息增益是 0，makeTree() 会生成一个叶子结点。在这种情况下，makeTree() 会设为空，且 makeTree() 会同时计算类概率的分布以及具有最大概率的类（weka.core.Utils 中的 normalize() 方法会将一个双精度浮点小数数组规范化使其组员相加总和为 1）。

当它产生一个已指定类值的叶子结点时，makeTree() 将类属性存储到 m_ClassAttribute 中。这是因为用来输出决策树的方法需要读取该类值以便显示类标签。

如果发现了一个具有非零信息增益的属性，makeTree() 会根据该属性的值分割数据集，并以递归的方式为每个新产生的数据集构建子树。该方法调用另一个方法 splitData()
540~548 进行分割。这样就会生成与属性值一样多个空的数据集，且把这些数据集存储到一个数组中（将每个数据集的初始容量设定为原始数据集中所含实例的数量），然后在原始数据集中将每个实例依次迭代，并在新数据集中根据相对应的属性值为这些实例开辟空间。然后压缩 Instances 对象以减少占用的存储器。返回到 makeTree() 后，所得到的数据集数组用于构建子树。该方法会生成一个由 Id3 对象构成的数组，数组中的每个对象对应着一个属性值，并将相对应的数据集传给 makeTree()，从而在每个对象上调用该方法。

16.1.3 computeInfoGain()

现在回到 computeInfoGain()，与一个属性和一个数据集相关联的信息增益是用 4.3 节中介绍过的方程式的一个直接实现计算出来的。首先计算数据集的熵，然后用 splitData() 将数据集分割成子集，并在每个子集上调用 computeEntropy()。最后，将前面计算出来的熵与后面计算出来的每个熵的加权总和相减的差（即信息增益）返回。computeEntropy() 方法使用 weka.core.Utils 中的 log2() 方法得出一个数的对数（以 2 为基数）。

16.1.4 classifyInstance()

看过了 ID3 如何构建决策树，我们再来看看 ID3 如何利用树结构来预测类值和概率。每一个分类器都必须实现 classifyInstance() 方法或 distributionForInstance() 方法（或两个方法都实现）。Classifier 超类含有这两种方法的默认实现。classifyInstance() 的默认实现调用

distributionForInstance()。如果类是名目型的，classifyInstance()会把具有最大概率的属性预测为类；否则，如果 distributionForInstance()返回的所有概率都是0，则 classifyInstance()返回一个缺失值。如果类是数值型的，则 distributionForInstance()必须返回有数值预测的单一组元数组，该数组也就是 classifyInstance()要提取并返回的。最后，distributionForInstance()的默认实现反过来把从 classifyInstance()中得来的预测包装成一个单一组元数组。如果类是名目型的，distributionForInstance()将概率 1 指定给 classifyInstance()预测出的类属性，把概率 0 指定给其他属性。如果 classifyInstance()返回一个缺失值，所有属性的概率都设为 0。为了让用户更好地了解这些方法所做的工作，weka.classifiers.trees.Id3 类重新编写了这两个方法。

我们先来看看针对一个给定实例预测类值的 classifyInstance()。上一节曾经讲过，与名目属性值一样，名目型类值是以 double 变量的形式编码及存储的，表示值的名字在属性声明中的索引。这种更简洁有效的面向对象的处理方式可加快运行速度。在 ID3 的实现中，classifyInstance()首先查看待分类的实例中是否有缺失值。如果有，就抛出一个异常；否则，它就以递归的方式，根据待分类实例的属性值，沿着树自上而下，直至到达某个末端叶子结点。然后，它返回存储在该叶子结点的类值 m_ClassValue。注意返回的也可能是 549 缺失值，如果是缺失值，该实例将成为未被分类的实例。distributionForInstance()方法的工作方式与此完全一样，它返回存储于 m_Distribution 中的概率分布。

大多数机器学习模型，特别是决策树，大致上全面反映了数据本身的结构。因此每个 Weka 分类器，与许多其他 Java 对象一样，实现 toString()方法从而以字符串变量的形式生成一个它自身的文本表述。Id3 的 toString()方法输出一个与 J48 格式大致相同的决策树（见图 11-5）。它通过读取存储于结点上的属性信息，以递归的方式将树的结构输入到一个字符串变量。它使用 weka.core.Attribute 中的 name()和 value()方法得到每个属性的名字和值。不含类值的空末端叶子结点由字符串 null 标示出来。

16.1.5 toSource()

Weka.classifiers.trees.Id3 实现了 Sourcable 接口。实现了该接口的分类器可以生成学习模型的源代码表述，该表述可以使用-z 选项（见 14.3 节，表 14.1）在命令行输出。Weka 产生了一个 Java 类（类名由-z 选项给出），该类可以独立于 Weka 的类进行预测。输出也是一个类，名为 WekaWrapper，它扩展了 Classifier 并且利用命名的类进行预测。该类可以用于检测 Weka 框架中的源代码表述，即它可以从命令行或者从 Explorer 界面运行。由于实际的分类器是硬编码的，所以 WekaWrapper 的 buildClassifier 方法仅仅只检查数据的性能而不做其他事情。

图 16-2 给出了 weka.classifiers.trees.Id3 运行在天气数据的名目属性版本上时产生的源代码。Id3Weather 的名字由-z 参数给出，图 16-2a 中展示了一个该名字的类。这些方法都是静态的，意味着不需要实例化 Id3Weather 对象它们也是可用的。第一个方法叫做 classify，它的参数为一个对象数组，用于为待分类实例给定属性值。学习得到的每个 ID3 树结点都将通过一个静态方法表示为源代码形式。classify 方法将待分类实例传递给树根的相应方法 node()。node()方法相当于对 outlook 属性的一个测试。该结点为非叶子结点，因而调用一个结点表示其中一个子树，具体哪个子树依据待分类实例的 outlook 属性值而定。继续以该

方式处理测试实例直到叶子结点的相关方法得到了调用，这时将返回最终的分类器。

```
package weka.classifiers;

class Id3Weather {
  private static void checkMissing(Object[] i, int index) {
    if (i[index] == null)
      throw new IllegalArgumentException("Null values are not allowed!");
  }

  public static double classify(Object[] i) {
    return node0(i);
  }

  protected static double node0(Object[] i) {
    checkMissing(i, 0);

    // outlook
    if (((String) i[0]).equals("sunny"))
      return node1(i);
    else if (((String) i[0]).equals("overcast"))
      return node4(i);
    else if (((String) i[0]).equals("rainy"))
      return node5(i);
    else
      throw new IllegalArgumentException("Value '" + i[0]
                                         + "' is not allowed!");
  }

  protected static double node1(Object[] i) {
    checkMissing(i, 2);

    // humidity
    if (((String) i[2]).equals("high"))
      return node2(i);
    else if (((String) i[2]).equals("normal"))
      return node3(i);
    else
      throw new IllegalArgumentException("Value '" + i[2]
                                         + "' is not allowed!");
  }

  protected static double node2(Object[] i) {
    return 1.0; // no
  }

  protected static double node3(Object[] i) {
    return 0.0; // yes
  }

  protected static double node4(Object[] i) {
    return 0.0; // yes
  }

  protected static double node5(Object[] i) {
    checkMissing(i, 3);

    // windy
    if (((String) i[3]).equals("TRUE"))
      return node6(i);
    else if (((String) i[3]).equals("FALSE"))
      return node7(i);
    else
      throw new IllegalArgumentException("Value '" + i[3]
                                         + "' is not allowed!");
  }

  protected static double node6(Object[] i) {
    return 1.0; // no
  }

  protected static double node7(Object[] i) {
    return 0.0; // yes
  }
}
```

a）Id3Weather类

图16-2 weka.classifiers.trees.Id3在天气数据上产生的源代码

```
package weka.classifiers;

import weka.core.Attribute;
import weka.core.Capabilities;
import weka.core.Capabilities.Capability;
import weka.core.Instance;
import weka.core.Instances;
import weka.core.RevisionUtils;
import weka.classifiers.Classifier;

public class WekaWrapper
  extends Classifier {

  /**
   * Returns only the toString() method.
   *
   * @return a string describing the classifier
   */
  public String globalInfo() {
    return toString();
  }

  /**
   * Returns the capabilities of this classifier.
   *
   * @return the capabilities
   */
  public Capabilities getCapabilities() {
    weka.core.Capabilities result = new weka.core.Capabilities(this);

    result.enable(weka.core.Capabilities.Capability.NOMINAL_ATTRIBUTES);
    result.enable(weka.core.Capabilities.Capability.NOMINAL_CLASS);
    result.enable(weka.core.Capabilities.Capability.MISSING_CLASS_VALUES);

    result.setMinimumNumberInstances(0);

    return result;
  }

  /**
   * only checks the data against its capabilities.
   *
   * @param i the training data
   */
  public void buildClassifier(Instances i) throws Exception {
    // can classifier handle the data?
    getCapabilities().testWithFail(i);
  }

  /**
   * Classifies the given instance.
   *
   * @param i the instance to classify
   * @return the classification result
   */
  public double classifyInstance(Instance i) throws Exception {
    Object[] s = new Object[i.numAttributes()];
    for (int j = 0; j < s.length; j++) {
      if (!i.isMissing(j)) {
        if (i.attribute(j).isNominal())
          s[j] = new String(i.stringValue(j));
        else if (i.attribute(j).isNumeric())
          s[j] = new Double(i.value(j));
      }
    }

    // set class value to missing
    s[i.classIndex()] = null;

    return Id3Weather.classify(s);
  }
```

b）WekaWrapper类

图16-2（续）

```
    /**
     * Returns the revision string.
     *
     * @return        the revision
     */
    public String getRevision() {
      return RevisionUtils.extract("1.0");
    }

    /**
     * Returns only the classnames and what classifier it is based on.
     *
     * @return a short description
     */
    public String toString() {
      return "Auto-generated classifier wrapper, based on
      weka.classifiers.trees.Id3 (generated with Weka 3.6.2).\n" +
        this.getClass().getName() + "/Id3Weather";
    }

    /**
     * Runs the classfier from commandline.
     *
     * @param args the commandline arguments
     */
    public static void main(String args[]) {
      runClassifier(new WekaWrapper(), args);
    }
  }
```

图 16-2 （续）

图 16-2b 展示了使用 Id3Weather 的 WekaWrapper 类。其 classifyInstance 方法创建一个对象数组连接到 Id3Weather 中的 classify 方法进行传递。测试实例的属性值复制到数
550 组中，继而或者映射到字符串对象（名目型值）或者映射到双精度型对象中（数值型值）。若测试实例中属性值缺失，则其对象数组中的相应条目将设置为 null。

16.1.6 main()

weka.classifiers.tree.Id3 中的 etRevision() 方法是可选的，并且只简单返回一个版本标
551~553 识。除了该方法以外，weka.classifiers.tree.Id3 中唯一还没有描述过的方法就是 main()，每当由命令行执行一个类时，该方法都会被调用。正如用户看到的一样，该方法很简单：它用 Id3 的新实例及所给命令行选项从其超类（Classifier）调用 runClassifier() 方法。runClassifier() 告诉 Weka 的 Evaluation 类用给定的命令行选项评估分类器并输出所得到的字符串。完成此项任务的单行表达式就包含在一个 try-catch 语句中，该语句能捕获各种各样由 Weka例程或其他 Java 方法抛出的异常。

weka.classifiers.Evaluation 中的 evaluation() 方法解释了 14.3 节中讨论过的，可适用于任何学习方案的通用命令行选项及相应的作用。例如，它可接受训练文件名字的-t 选项，并载入相对应的数据集。如果没有测试文件，它就进行交叉验证，方式是生成一个分类器，并在训练数据的不同子集上重复调用 buildClassifier()、classifyInstance() 和 distributionForInstance()。除非用户设定了相应的命令行选项从而阻止模型的输出，否则它还会调用 toString() 方法输出由整个训练数据集生成的模型。

如果某个学习方案需要解释如剪枝参数这样的具体选项怎么办？这可由 weka.core 中的 OptionHandler 接口来解决。实现该接口的分类器有三个方法：listOptions()、setOptions() 和 getOptions()。它们分别用来列出所有针对该分类器的选项，设定其中某些选项，并取得目前已设定的选项。如果一个分类器实现了 OptionHandler 接口，Evaluation 类中的 evaluation()方

法会自动调用这些方法。处理完通用选项后，evaluation()会调用 setOption()来处理余下的选项，然后利用 buildClassifier()产生一个新的分类器。输出所产生的分类器，evaluation()会用 getOptions()输出一列目前已设定的选项。在 weka.classifiers.rules.OneR 的源代码中可找到如何实现这些方法的简单范例。

OptionHandler 使得在命令行中设定选项成为可能。要在图形用户界面中设定这些选项，Weka 使用的是 JavaBeans 的架构。实施该构架所要做的全部工作就是为一个类中所用到的每个参数都提供 set...()及 get...()方法。比方说，方法 setPruningParameter()和 getPruningParameter()对于一个剪枝参数来说就是必须的。还有一个方法也必不可少，pruningParameterTipText()返回的是显示在图形用户界面上的对该参数的一个描述。此处依然以 weka.classifiers.rules.OneR 为例。

一些分类器可在新的训练实例陆续到达时进行递增更新，并且不需要在同一批中处理全部数据。在 Weka 中，递增分类器必须实现 weka.classifiers 中的 UpdateableClassifier 接口。该接口只声明了一个名为 updateClassifier()的方法，该方法只接受一个单独的训练实例作为它的可变参数。要参考一个如何使用该接口的例子，见 weka.classifiers.lazy.IBk 的源代码。

如果一个分类器能运用实例的权，它必须实现 weka.core 中的 WeightedInstancesHandler()接口。这样其他的算法，比方说那些用于提升的算法，就可对该属性加以利用。 554

在 weka.core 中还有很多其他对于分类器来说很有用的接口，例如，randomizable、summarizable、drawable 和 graphable 这些用于分类器的接口。有关接口的更多信息，见 weka.core 中的类 Javadoc。

16.2 与实现分类器有关的惯例

在实现 Weka 中的分类器时，有一些惯例用户必须遵守；否则，程序会出错。比方说，在评估分类器时，Weka 的评估模块可能会无法恰当地计算它的统计数据。CheckClassifier 类尽管不能捕获所有的问题，但依然可用来检查一个分类器的基本行为。

第一个惯例前面已经提到过，当一个分类器的 buildClassifier()方法被调用时，必须令模型重新复位。类 CheckClassifier 进行测试，确保模型的确被复位了。当 buildClassifier()在某个数据集上被调用时，无论该分类器以前已经在同一个或其他的数据集上被调用过多少次，所得到的结果必须是一样的。然而，一些实例变量是与某些只适用于具体方案的选项相对应的，buildClassifier()方法绝对不可以将这些变量复位，因为这些变量的值一旦被设定，它们在多次调用 buildClassifier()的过程中必须保持不变。还有，调用 buildClassifier()绝对不可以改动输入数据。

另外两个惯例以前也提到过。一个是当某个分类器无法做出预测时，它的 classifyInstance()方法必须返回 Instance.missingValue()，且它的 distributionForInstance()方法必须针对所有类属性都返回 0 概率。图 16-1 中的 ID3 实现就是这么做的。另外一个惯例是，对于用做数值预测的分类器来说，它的 classifyInstance()返回分类器所预测出的数值型类值。还有一些分类器可以对名目型的类和类概率，以及数值型的类值做出预测，weka.classifiers.lazy.IBk 就是一个例子。这些分类器实现了 distributionForInstance()方法，如果类是数值型的，它会返回一个大小为 1 的数组，其唯一组元就含有所预测的数值型值。

另外一个惯例虽然并非不可或缺，但不管怎么说都是有益的，即每个分类器都实现一个 toString()方法，用于输出一个它自身的文本描述。

能力

本书在本章结尾进一步讲解“能力”的概念。正如前面提到的一样，性能允许一个学习方案表示它可以处理的数据特征。当用户按下 Capabilities 按钮时，这些信息已经展示在对象编辑器中。同时在当前数据不符合其规定性能时，它还能相应阻止 Explorer 界面中方案的应用程序。

555 为了减轻 Weka 新手的编程负担，几种主要学习方案（Classifier、AbstractClusterer、AbstractAssociator）的超类默认取消了所有的性能约束。这就使得程序员可以集中精力在实现学习功能的主要任务上而不需要理会性能。然而，一旦认为方案运行正确，程序员应该通过重载超类的方法 getCapabilities()确定相应性能，该性能反映的是方案可以处理多种数据特点的能力。该方法返回一个封装了方案可处理特性的 weka.core.Capabilities 对象。

在图 16-1 中，Id3 的 getCapabilities()首先通过调用 super.getCapabilities()得到一个 Capabilities 对象。最好的推进方式是在 Capabilities 对象上调用 disableAll()方法使得所有该方案能处理的相关性能成为可能。Id3 只是实现了其处理名目属性、名目型类标属性以及缺失类标值的能力。Id3 也规定了一个必需的零训练实例的最小值。大部分情况下，单独的性能通过调用 Capabilities 对象的 enable()或者 disable()方法来开启或者关闭。这些方法带有常数，常数在图 16-3 所示的枚举中定义，这是 Capabilities 类的一部分。

Enum Constant Summary
BINARY_ATTRIBUTES can handle binary attributes
BINARY_CLASS can handle binary classes
DATE_ATTRIBUTES can handle date attributes
DATE_CLASS can handle date classes
EMPTY_NOMINAL_ATTRIBUTES can handle empty nominal attributes
EMPTY_NOMINAL_CLASS can handle empty nominal classes
MISSING_CLASS_VALUES can handle missing values in class attribute
MISSING_VALUES can handle missing values in attributes
NO_CLASS can handle data without class attribute, eg clusterers
NOMINAL_ATTRIBUTES can handle nominal attributes
NOMINAL_CLASS can handle nominal classes
NUMERIC_ATTRIBUTES can handle numeric attributes
NUMERIC_CLASS can handle numeric classes
ONLY_MULTIINSTANCE can handle multi-instance data
RELATIONAL_ATTRIBUTES can handle relational attributes
RELATIONAL_CLASS can handle relational classes
STRING_ATTRIBUTES can handle string attributes
STRING_CLASS can handle string classes
UNARY_ATTRIBUTES can handle unary attributes
UNARY_CLASS can handle unary classes

556~557 图 16-3 Capability 枚举的 Javadoc

Weka Explorer 的辅导练习

学习 Explorer 界面的最好方法就是直接使用该接口。本章展示了一系列可能帮助读者学习 Explorer 以及通常的实际数据挖掘任务的辅导练习。第一节是介绍性内容，用户会发现后面小节的练习相当具有启发性。

本书首先为读者对 Explorer 界面做一个快速的导向性浏览，了解每个面板及其功能，这部分内容与第 11 章相对应。书中的屏幕截图选用了版本 Weka 3.6，虽然该版本与其他版本几乎没有差别。

17.1 Explorer 界面简介

从 Windows 开始菜单调用 Weka（Linux 或 Mac 环境下则分别双击 weka.jar 或 weka.app）。该步骤启动 Weka GUI Choose（见图 11-3a）。点击 Explorer 按钮进入 Weka 的 Explorer。当 Explorer 界面启动之后预处理面板即开启（见图 11-3b）。

17.1.1 导入数据集

单击面板左上角的 Open file 按钮导入数据集。Weka 安装时提供了一个 data 文件夹，用户可以在该文件夹中找到一个名为 weather.norminal.arff 的文件。该文件包含了表 1-2 中标准“天气”数据的名目型版本。打开该文件夹（打开后画面如图 11-3b 所示）。

如图中结果所示，天气数据拥有 14 个实例、5 个属性，属性分别为 outlook、temperature、humidity、windy 以及 play。在左边子面板中单击属性名称，在右边查看所选属性的信息，如属性值、数据集中包含唯一值的实例个数。属性信息同时也用直方图的形式给出来。该数据集中所有的属性都是名目型的，也就是说，它们的取值有一个预先定义好的优先集合。最后一个属性 play 是“类”属性，它的值可以是 yes 或者 no。 559

通过进行如下练习可以使用户熟悉预处理面板。这些练习以及本节其他练习的答案在本节的末尾给出。

练习 17.1.1 属性 temperature 可以取哪些值？

练习 17.1.2 导入一个新的数据集。单击 Open file 按钮，选择 iris.arff 文件，即表 1-4 中的鸢尾花数据集。该数据集有多少实例？多少属性？属性 petallength 的可能取值范围是多少？

17.1.2 数据集编辑器

从 Weka 内部查看和编辑整个数据集也是可行的。为了进行该操作，重新导入 weatherm.nominal.arff 文件。从预处理面板顶部的按钮行单击 Edit 按钮，这样打开了一个名为 Viewer（查看器）的新窗口，该窗口列出了天气数据中的所有实例（见图 17-1）。

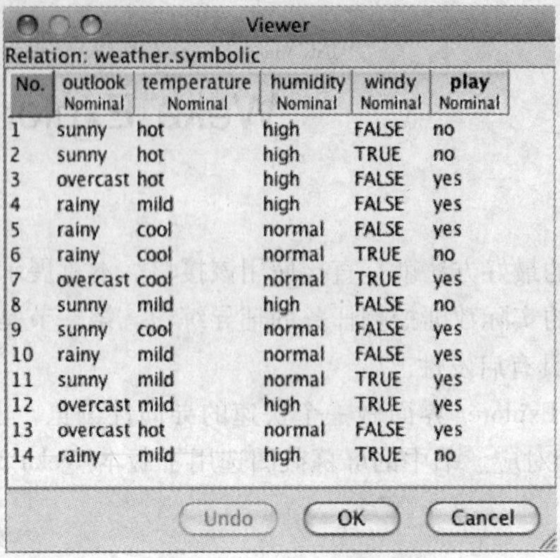

No.	outlook Nominal	temperature Nominal	humidity Nominal	windy Nominal	play Nominal
1	sunny	hot	high	FALSE	no
2	sunny	hot	high	TRUE	no
3	overcast	hot	high	FALSE	yes
4	rainy	mild	high	FALSE	yes
5	rainy	cool	normal	FALSE	yes
6	rainy	cool	normal	TRUE	no
7	overcast	cool	normal	TRUE	yes
8	sunny	mild	high	FALSE	no
9	sunny	cool	normal	FALSE	yes
10	rainy	mild	normal	FALSE	yes
11	sunny	mild	normal	TRUE	yes
12	overcast	mild	high	TRUE	yes
13	overcast	hot	normal	FALSE	yes
14	rainy	mild	high	TRUE	no

560 图 17-1　数据查看器

练习 17.1.3　查看器窗口第一列的功能是什么？

练习 17.1.4　天气数据中编号为 8 的实例，其类值是什么？

练习 17.1.5　导入鸢尾花数据并在编辑器中打开。该数据的数值型属性及名目型数据各为多少？

17.1.3　应用过滤器

用户已经了解，Weka 的"过滤器"可以用于将数据集进行系统式的调整，也就是说，过滤器是数据预处理工具。重新载入 weather.nominal 数据集并从中移除一个属性。适用的过滤器叫做 Remove，其全名为

```
weka.filters.unsupervised.attribute.Remove
```

仔细检查该全名。过滤器用层级结构组织起来，层级结构的根是 weka。类别 unsupervised 中的过滤器不需要设置类别属性，supervised 中的过滤器则需要设置。过滤器进一步分为主要在属性上操作的（类别 attribute）以及主要在实例上操作的（类别 instance）。

单击预处理面板上的 Choose 按钮打开一个层级式菜单（见图 11-9a），根据全名中相应的路径从菜单中选择一个过滤器。同样使用上面全名中的路径选择 Remove 过滤器。Choose 按钮旁边的区域将出现"Remove"。

单击包含"Remove"所在的区域，打开通用对象编辑器窗口，Weka 中所有工具的参数设置都要用到该窗口。这时窗口包含了对 Remove 过滤器的一个简短描述（见图 11-9b），单击 More 看到更完整的信息（见图 11-9c）。键入 3 进入 attributeIndices 区域，单击 OK 按钮，带有过滤器选项的窗口随之关闭。现在单击右边的 Apply 按钮将数据通过过滤器。过滤器从数据集中移除索引为 3 的属性，现在可以看到移除已经完成。这个操作对文件中的数据集没有影响，它只是将内存中的数据应用到过滤器。改变后的数据集可以通过 Save 按钮并键入一个文件名而保存到新的 ARFF 文件中。过滤器的过滤操作也可以通过按 Undo 按钮来撤销。同样撤销操作也只影响内存中的数据。

前面描述的是如何将过滤器应用到数据上。实际上针对 Remove 操作还有一种更简单

的方法可以取得同样的效果。该方法并不调用过滤器，而是在属性子面板的小框中选择属性，然后通过位于属性列表下方面板底部的 Remove 按钮进行移除。

练习 17.1.6 导入 weather.nominal 数据集。使用过滤器 weka.unsupervised.instance.RemoveWithValues 移除所有 humidity 属性值为 high 的实例。为了完成该操作，首先要确定 Choose 按钮旁边区域中显示的文本是 RemoveWithValues。然后单击该区域得到通用对象编辑器窗口，决定如何修改过滤器设置才符合要求。

练习 17.1.7 撤销刚才进行的操作，证实数据已经恢复到原始状态。 561

17.1.4 可视化面板

现在来看看 Weka 的数据可视化工具。可视化工具在数值型数据上表现最佳，因为下面选用了鸢尾花数据。导入 iris.arff，该文件包含了表 1-4 所列的鸢尾花数据集，共有 50 个实例，三种类型的鸢尾花：Iris setosa、Iris versicolor 以及 Iris virginica。

单击 Visualize 标签得到可视化面板（见图 11-17）。单击面板中第二行的第一个图打开一个窗口，窗口里展示了利用选择的坐标轴得到的放大图。实例表示为小叉号，叉号的颜色依据实例的类别而定。*x* 轴表示属性 sepallength，*y* 轴表示属性 petalwidth。

单击其中一个叉号打开实例信息窗口，该窗口列出了所选实例的全部属性值。然后再关闭实例信息窗口。

窗口顶部的选择区域包含了决定 *x* 轴和 *y* 轴所代表属性的散点图。将 *x* 轴修改为 petalwidth，*y* 轴修改为 petallength。Color: class（Num）的区域可以用于修改颜色编码。

散点图窗口右边的每个条状图表示一个单独的属性。在每个横条中，实例会被置于合适的横坐标上，垂直方向上则将随机地散开分布。单击一个横条，使用该属性作为散点图的 *x* 轴。右击一个横条做同样的操作可以为散点图指定 *y* 轴。使用这些横条将 *x* 轴和 *y* 轴变回 sepallength 和 petalwidth。

Jitter 滚动条随机地将实例从其真实位置替换为叉号，同时反映实例位于其上的位置。移动滚动条进行实验。

Select Instance 按钮以及 Reset、Clear、Save 按钮让用户可以修改数据集。可以选定某些实例，删除某些实例。尝试矩形选项：单击拖动鼠标选中一个区域。Reset 按钮变为 Submit 按钮。单击该按钮，所有矩形框以外的实例都会被选中。用户可以使用 Save 按钮将修改后的数据集保存到数据集中。Reset 按钮可以恢复原始数据集。

17.1.5 分类器面板

现在将一个分类器应用到天气数据中。再次导入天气数据。在预处理面板单击 Open file 按钮从数据目录中选择 weather.nominal.arff。然后单击窗口顶部的 Classify 标签转向分类器面板（见图 11-4b）。

使用 C4.5 分类器

正如用户在第 11 章中所学习的一样，用于构建决策树的 C4.5 算法在 Weka 中实现为 J48。通过单击靠近 Classify 标签顶部的 Choose 按钮选中 J48。弹出的对话框展示了各种类 562
型的分类器。单击 trees 查看其分项目，单击 J48 选中该分类器。与过滤器一样，分类器同样组织成层级式结构，J48 的全名为 weka.classifiers.trees.J48。

分类器已经展示在 Choose 按钮旁边的文本框中，目前显示为 J48 – C 0. 25 – M 2。该命令给出了分类器的默认参数设置，这种情况一般很少需要为提高性能而修改参数设置。

为了说明，本书下面使用在预处理面板中导入的训练数据进行评估性能，但通常这样并不是个好想法，因为使用训练数据会导致对分类器性能过于乐观的估计。从分类器面板的 Test options 部分选择 Use training set。测试方案确定下来之后，按 Start 按钮就可以创建分类器并进行评估。这个过程使用目前选定的学习算法、图中例子（即 C4. 5 算法），来处理训练集。然后再对训练数据中所有实例进行分类，输出性能统计量。如图 17-2a 561
所示。

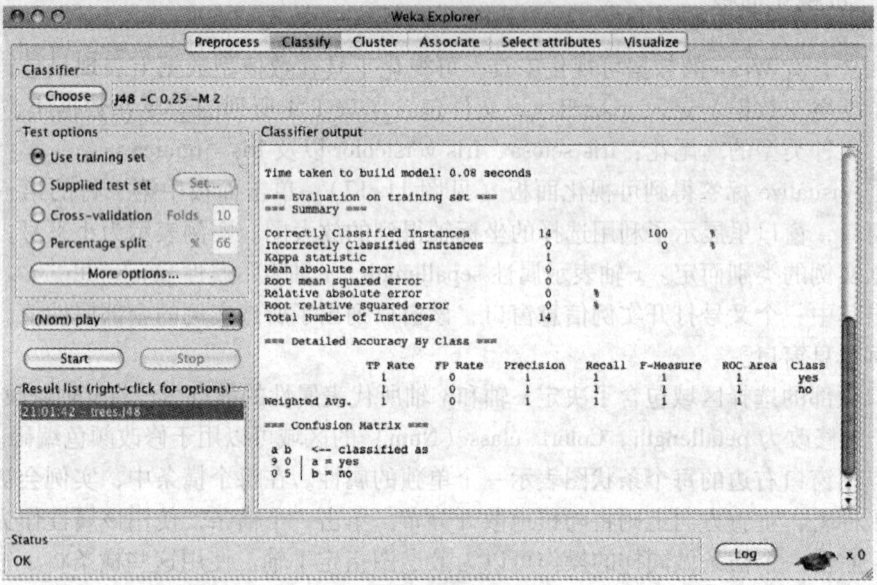

a）屏幕截图

```
J48 pruned tree
------------------

outlook = sunny
|   humidity = high: no (3.0)
|   humidity = normal: yes (2.0)
outlook = overcast: yes (4.0)
outlook = rainy
|   windy = TRUE: no (2.0)
|   windy = FALSE: yes (3.0)

Number of Leaves  :    5

Size of the tree :    8
```

b）决策树

图 17-2　创建并测试分类器后的输出结果

解释输出

面板右方的分类器输出框中显示了训练和测试过程的结果。拉动文本的滚动条查看该结果。首先看到描述决策树的部分，图 17-2b 是该部分的复制。图中呈现的就是所创建的决策树，包括归到叶子下面的实例数目。相应的文本表述比较笨拙，而 Weka 可以产生一个同等的图形化版本。

下面看看如何得到图形化的树。每次按 Start 按钮就会有一个新的分类器创建并评估，继而在图 17-2a 左下角的结果列表面板中就会出现一个新条目。为了看到创建的树，右击刚刚添加到结果列表中的条目 trees.J48，选择 Visualize tree。继而会弹出一个窗口，窗口以图 17-3 的形式展示决策树。在窗口的空白处右击得到的菜单可以让用户调节树的大小。用户还可以拖动鼠标翻转查看决策树。

现在看到分类器输出部分的剩余信息。输出结果中接下来的两个部分给出的是基于选定的测试选项得到的分类器模型质量。

下面这个句子说明了正确分类测试实例的数量和百分比：

```
Correctly Classified Instances   14   100%
```

这是模型在用于测试的数据上准确率。本例中为完全正确（100%），通常情况只有把训练集用做测试集时才会有如此效果。

输出结果的底部是混淆矩阵：

```
=== Confusion Matrix ===

 a b   <-- classified as
 9 0 | a = yes
 0 5 | b = no
```

矩阵中的每个元素都代表了一定量的实例。矩阵的行表示真实的类别，列表示预测的类别。如图 17-2 中所示，所有 9 个 yes 类别的实例都预测为 yes，5 个 no 类别的实例也都预测为 no。 563

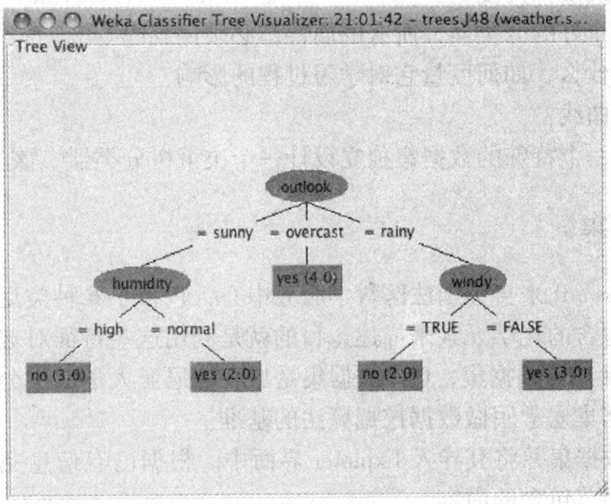

图 17-3　已创建的决策树

练习 17.1.8　如何使用决策树对实例进行分类？ 564

outlook = sunny，temperature = cool，humidity = high，windy = TRUE

设定测试方法

一旦按下 Start 按钮，选定的学习算法就开始运行，同时预处理面板导入的数据集以及测试方案一起得到使用。例如，在 10 折交叉验证中，该过程就包括运行学习算法 10 次来创建并评估 10 个分类器。继而分类器结果区域中会显示由完整训练数据集得到的模型结果：这可能是最后一次运行该学习算法。剩下的输出则依据所测试选项选定的测试方案而定，选项在 11.1 节中已讨论过。

练习 17.1.9　使用预处理面板导入鸢尾花数据集。分别用（a）训练集；（b）十字交叉两种方案在数据上评估 C4.5。两种方案的正确分类评估百分比分
565 别为多少？哪个方案的评估更合实际？

可视化分类错误

右击结果列表中的 trees.J48 条目，选择 Visualize classifier errors。系统弹出一个散点图窗口。正确分类的实例已用小叉号标记，错误分类的实例则由小方形标记。

练习 17.1.10　使用 Visualize classifier errors 函数为练习 17.1.9 中执行的交叉验证寻找错误分类的实例。观察错误的位置有什么收获？

17.2　最近邻学习和决策树

本节中用户将使用最近邻分类器和决策树学习进行实验。大部分实验使用了一个真实的分类数据集。

开始实验之前先对数据集做一个基本的了解。然后验证为最近邻分类选择不同属性的影响。接下来了解数据的类别噪声及其对最近邻方法的预测性能的影响。继而改变数据集大小用于最近邻算法和决策树学习。最后在一个图像分割数据集上交互式地创建一棵决策树。

继续下面的实验之前最好先在脑海里回顾一下分类任务的一些问题：

- 分类器的正确度如何度量？
- 为了得到一个好的分类器，所有的属性都必须用到吗？
- 类别噪声是什么，如何度量它对学习过程的影响？
- 什么是学习曲线？
- 如果需要为一个特殊的数据集独立设计一个决策树分类器，该怎么做？

17.2.1　玻璃数据集

玻璃数据集 glass.arff 来自美国法医科学服务中心，包含了 6 种类型的玻璃。每种玻璃由其折射率以及所包含的化学元素来描述，目的就是利用这些特征对玻璃的不同类别进行分类。该数据集来自 UCI 数据集，UCI 数据集是加利福尼亚大学欧文分校搜集，可从网上免费下载。这些数据集通常用做数据挖掘算法的基准。

找到 glass.arff 数据集并将其导入 Explorer 界面中。根据已有信息完成下面的练习，这些练习回顾了前面小节包含的内容。

练习 17.2.1　数据集中有多少属性？属性名分别是什么？类别属性是什么？运行分类算法 IBk（weka.classifiers.lazy.IBk）。使用交叉验证来检测其性能，折的个数为默认值 10。可以通过单击 Choose 按钮旁边的文本弹出通用对象编辑窗口，
566 在窗口中检查分类器选项。KNN 区域默认值为 1，它设置了用于分类的邻居实例个数。

练习 17.2.2　IBk 的准确率是多少（分类器输出框中给出的结果）？再次运行 IBk，在 KNN 区域输入 5 将邻居实例数目增加到 $k=5$。本例中以及本小节后面所有的练习依然使用交叉验证作为评估方法。

练习 17.2.3 5 个邻居实例的 IBk 的准确率为多少（$k=5$）?

17.2.2 属性选择

下面证明哪个属性子集可以得到在玻璃数据集上使用 IBk 算法的最佳交叉验证分类准确率。Weka 中包含了自动选择属性功能，这个会在后面小节考察，但实际上手动选择属性是很有益的。

执行一个贪婪搜索来试图得到所有可能的属性子集是不可能的（为什么?），因而此处使用 7.1 节中描述的反向删除法。为进行反向删除过程，首先从完整数据集中分别丢弃每个属性，然后再运行交叉验证。一旦得到了最佳的 8 个属性数据集，就可以在精简后的数据集上重复上述过程继而得到最佳的 7 个属性数据集等。

练习 17.2.4 将最佳属性集以及每次迭代中最高的准确率记录在表 17-1 中。该过程中得到的最高准确率比完整数据集上得到的准确率略高。

表 17-1 对不同数据集使用 IBk 得到的准确率

子集大小（属性个数）	最佳子集中的属性	分类准确率
9		
8		
7		
6		
5		
4		
3		
2		
1		
0		

567

练习 17.2.5 该最佳准确率在未来数据上依然是一个公平的准确率评估。务必对答案做出解释（提示：为了获得对未来数据准确率的公平评估，在产生分类器模型获得评估结果时一定不能查看测试数据）。

17.2.3 类噪声以及最近邻学习

和其他分类技术一样，最近邻学习同样对训练数据中的噪声敏感。本小节往数据中注入数目可变的类噪声，然后观察其对分类性能的影响。

用户可以利用 weka.dilters.unsupervised.attribute 中名为 AddNoise 的无监督属性过滤器将数据中一定百分比的类别标号随机转换为其他的值。但本实验中测试数据未被噪声类别影响是很关键的一点。通常都需要对训练数据进行过滤而不对测试数据过滤，这一点用 11.3 节末尾处描述的 weka.classifiers.meta 中名为 FilteredClassifier 的元学习器就可以实现。需要将该元学习器进行设置，分类器为 IBk，过滤器为 AddNoise。FilteredClassifier 在运行学习算法之前将过滤器运用到数据上。这个过程分两批完成：首先是训练数据，然后是测试数据。AddNoise 过滤器仅仅只添加噪声到其处理的第一批数据中，这就意味着通过的测试数据并未被改变。

练习 17.2.6 在表 17-2 中记录 10 种不同百分比的类别噪声以及邻居个数分

别为 $k=1$、$k=3$、$k=5$（由 k 近邻分类器的 k 决定）的情况下，IBk 算法的交叉验证评估准确率。

表 17-2 对于不同的邻居个数，类别噪声对 IBk 的影响

噪声百分比	$k=1$	$k=3$	$k=5$
0%			
10%			
20%			
30%			
40%			
50%			
60%			
70%			
80%			
90%			
100%			

568

练习 17.2.7 新增加的类别噪声有什么影响？

练习 17.2.8 改变 k 值有什么影响？

17.2.4 改变训练数据的数量

本节查看学习曲线，该曲线可以展示逐渐增加的训练数据数量对分类的影响。再次使用玻璃数据，但这里将同时用到 IBk 以及在 Weka 中实现为 J48 的 C4.5 决策树的两种学习器。

为了获得学习曲线，需要再次使用 FilteredClassifier，这次将与 weka.filters.unsupervised.instance.Resample 一起使用，它从给定数据集的特定百分比抽取得到，返回一个精简后的数据集⊖。同样，这些操作也只对过滤器应用的第一批数据起作用，因此测试数据在到达分类器之前通过 FilteredClassifier 没有任何改变。

练习 17.2.9 将用于获得 1 最近邻分类器（即 $k=1$ 的 IBk）和 J48 分类器的学习曲线的数据记录在表 17-3 中。

表 17-3 训练集大小对 IBk 和 J48 的影响

训练集百分比	IBk	J48
10%		
20%		
30%		
40%		
50%		
60%		
70%		
80%		
90%		
100%		

练习 17.2.10 不断增加的训练数据数目的影响是什么？

⊖ 该过滤器执行的是有放回抽样而不是无放回抽样，但影响很小，故此处忽略不计。

练习 17.2.11　对 IBk 或 J48 的影响是否更明显？

17.2.5　交互式建立决策树

Weka 中有一个分类器是交互式的：它可以允许用户，也就是你，创建自己的分类器。下面是一个比赛：谁可以创建一个拥有最高准确率的分类器？

按照 11.2 节中所描述的步骤，导入文件 segmentchallange.arff（Weka 的数据文件中）。569
该数据集有 20 个属性，7 个类别。它是一个图像分割问题，具体任务就是根据像素特征将图形分到 7 种不同的组中去。

将分类器设置为位于 weka.classifiers.trees 包中的 UserClassifier。使用单独测试集，（使用 UserClassifier 执行交叉验证太过冗长！）因此在测试选项框中选择 Supplied test set 选项，单击 Set 按钮。在弹出的小窗口中可以选择测试集。单击 Open file 找到文件 segment-test.arff（同样位于 Weka 的 data 文件夹）。一旦单击了 Open 之后，小窗口的信息就更新为数据中的属性个数（20）。实例的数目并没有给出，这是由于测试实例是增量式地逐渐读出（因此 Explorer 界面才可以处理比主存容量更大的测试文件）。

与所有其他的分类器不同，单击 Start.UserClassifier：该操作打开了一个特殊窗口，等待用户在其中创建自己的分类器。窗口顶部的标签可以转换分类器的两种不同视图。Tree visualizer 展示目前用户的树的状态，结点给出了此处实例值的数目。目的是找到一棵其叶子结点越纯越好的树。开始时，树只有一个结点（即根结点），它包含了所有的数据。当用户继续分割数据后会在 Data visualizer 中出现更多的结点。

单击 Data visualizer 标签查看一个 2 维图，图中的点根据类别进行着色，这与 17.1 节中讨论的可视化面板中的功能一样。可以通过尝试不同的 x 轴和 y 轴找到最清晰的颜色区分。找到一个好的区分以后，还需要在图中选择一个区域：这时会为树创建一个树枝。下面是一个开始的提示：将 x 轴设为 region-centroid-row，y 轴为 intensity-mean（如图 11-14a 所示），可以看到红色类别（sky）很好地从图形上部分剩下的类别中区分出来。

有四种工具用于在图中选择区域，可以通过使用 y 轴选择器下面的下拉菜单选定。Select Instance 标识了一个特定的实例。Rectangle（见图 11-14a）则允许用户在图上拖出一个长方形。用户可以使用 Polygon 以及 Polyline 创建一个自由形态的多边形或画一个自由形态的多边形（单击添加一个顶点，右击完成操作）。

当单用户使用任何工具选定了一个区域后，区域就变成灰色（在图 11-14a 中用户定义了一个长方形）。单击 Clear 按钮取消选择区域，但不影响分类器。若对该选择比较满意，则单击 Submit。这时候会在树上创建两个新的结点，一个结点包含所选区域里的所有实例，另一个包含所有剩余的实例。这些结点就是执行了所选定的几何检测之后所得到的二分裂。

回到 Tree visualizer 视图查看树的改变。单击不同的结点，可以改变 Data visualizer 部分中所展示的数据子集。继续添加结点，直到得到一个比较好的类别分割，也就是说，树的叶子结点几乎是纯的。然而，请记住不能对数据过度拟合，因为创建的树必须在一个单独的测试集上进行评估。570

当比较满意创建的树时，在 Tree visualizer 视图的任意空白处右击并选择 Accept The Tree 即可。Weka 在测试集上对创建的树进行评估，输出表示树的性能的统计量。

练习 17.2.12　尽最大努力让在 segment-challenge 数据集上手动创建的 UserClassifier 通过 segment-test 测试集时有最佳的准确率。你可以尽可能多地尝试。当获得一个比较好的分数时（任何接近 90% 或者更高的）时，右击结果列表中的相应条目，使用 Save result buffer 保存输出，再将其复制到本练习的答案中。然后在数据上运行 J48，看看自动生成的决策树学习器执行该任务的性能如何。

17.3　分类边界

本节查看由不同类型的模型产生的分类边界。使用 Weka 的 Boundary Visualizer（边界查看器）来进行该操作，它并不是 Explorer 界面的一部分。要找到 Weka 的 Boundary Visualizer，首先按通常的方式从 Windows Start 菜单启动 Weka GUI Chooser（Linux 双击 weka.jar，Mac 则双击 weka.app），从顶部的 Visualization 菜单选择 Boundary Visualizer。

边界查看器展示了一个数据的 2 维图，这对于包含两个数值型属性的数据集十分合适。使用的数据集是除去前两个属性的鸢尾花数据集。要得到该数据集，启动 Explorer 界面使用 Open file 按钮导入 iris.arff，经选定之后再单击 Remove 按钮移除前两个属性（sepallength 和 sepalwidth）。然后将修改过的数据集保存到名为 iris.2D.arff 的文件中（使用 Save 按钮）。

现在离开 Explorer 界面，使用边界查看器的 Open file 按钮打开该文件。开始的时候，得到的图仅仅展示了数据集中的数据。

17.3.1　可视化 1R

边界查看器的目的在于展示给定模型在每种可能属性值组合上的预测结果，也就是考虑 2 维空间上的每个点。这些点根据模型产生的预测结果进行颜色标记，下面将用它来研究不同分类器为精简后的鸢尾花数据集产生的决策边界。

从 1R 规则学习器开始。使用边界查看器的 Choose 按钮选择 weka.classifiers.rules.OneR。必须确保标记的是 Plot training data，否则绘制的图中只有预测值。然后单击 Start 按钮。程
571 序通过逐次扫描开始绘制预测值。一旦图已经稳定，则单击 Stop 按钮（这种情况完全取决于用户的意愿），训练数据就会重新添加到边界查看器上。

练习 17.3.1　根据你所了解的 1R 来解释该图（提示：使用 Explorer 界面查看 1R 为该数据产生的规则集）。

练习 17.3.2　通过取值为 1，然后 20，以及 1～20 之间的重要值重新绘制图，在分类器上学习 minBucketSize 参数的影响。描述所观察到的内容，然后做出解释（提示：可以使用 Explorer 界面查看规则集来加速这个过程）。

现在考虑 1R 的内部机制来回答下面的问题（提示：使用 Explorer 界面查看规则集很可能是最快的）。

练习 17.3.3　前面在可视化 1R 的图中通常有 3 个区域。但是对于更小的桶为什么没有更多的分区？根据目前的 1R 知识解释这个明显的异常。

练习 17.3.4　你可以将 minBucketSize 设置为一个值，得到小于 3 个的区域吗？最小可能的区域个数是多少？对应该区域个数，minBucketSize 的最小取值为多少？根据你所了解的鸢尾花数据解释你的结果。

17.3.2 可视化最近邻学习

现在查看由最近邻方法得到的分类器边界。使用边界查看器的 Choose 按钮选择 IBk 分类器（weka.classifiers.lazy.IBk），画出精简后鸢尾花数据的决策边界。

OneR 的预测结果是明确的：对每个实例，它会预测为三个类别中的一个。相反，IBk 则输出每个类别的概率估计，边界查看器使用这些概率进行颜色混合，红色、绿色、蓝色分别对应三个类。IBk 通过观察测试实例的 k 近邻集合计算每个类的计数来估计类概率。

练习 17.3.5 使用默认值 $k=1$，似乎 k 最近的邻居集合应该只有一个实例，所以相应的颜色应该是纯粹的红色、绿色或者蓝色。由图中可以看到，几乎事实就是这个情况：图中没有混合的颜色，因为一个类别的概率为 1 而其他的都为概率 0。然而事实上图中有一个小区域中两个颜色混合了。请做出解释（提示：使用 Explorer 界面的可视化面板仔细检查数据）。

练习 17.3.6 用不同的 k 进行实验，比如说 5 和 10。描述当 k 增大之后所发生的情形。 572

17.3.3 可视化朴素贝叶斯

现在看看朴素贝叶斯分类器。朴素贝叶斯分类器假设属性对确定类别值的影响相互独立，这意味着整个类的概率是通过单个属性的条件概率累乘得到（同时还要考虑类的先验概率）。换言之，对于两个属性的情况，如果知道了 x 轴与 y 轴分别对应的类别概率（加上类的先验概率），那么就可以将两个值相乘（再规范化）来计算空间中任何一个点的值。将该朴素贝叶斯分类器可视化为边界图就比较容易理解了。

下面用朴素贝叶斯的预测值进行绘图。首先将属性值离散化。默认情况下，Weka 的 NaiveBayes 分类器假定给定类别时，属性呈正态分布。用户应该通过使用通用对象编辑器窗口将 useSupervisedDiscretization 设为 true 来改变这种情况。这样会导致 NaiveBayes 用一种有监督的离散化技术将数据中的数值型属性离散化。在许多 NaiveBayes 的实际应用中，有监督离散化比默认方法好。同时它也会得到一个更综合的可视化结果，这也是此处使用该方法的原因。

练习 17.3.7 将 NaiveBayes 在每个像素点位置的预测类别值进行可视化所产生的图，与目前我们所了解的其他事情都不同。请解释其中的模式。

17.3.4 可视化决策树和规则集

决策树和规则集与最近邻学习比较类似，因为它们都是准普遍的（quasi-universal）：原则上讲，它们可以任意接近地近似到任何决策边界。本节查看有 JRip 以及 J48 产生的边界。

使用默认选项为 JRip 产生一个图。

练习 17.3.8 你看到的是什么？通过在 Explorer 中处理数据，将图与所得规则的输出结果联系起来。

练习 17.3.9 JRip 的输出结果假定规则将以正确的顺序执行。写一个同等的规则集，无论执行顺序如何都可以获得相同的效果。使用默认选项为 J48 产生一个图。

练习 17.3.10 你看到的是什么？再次通过在 Explorer 界面上处理数据，将图与所得结果联系起来。一种方式是控制 J48 需执行多少剪枝来获得一个叶子结点所需实例的最小数目，minNumObj。

练习 17.3.11　假设你需要分别创建 3、2、1 个叶子结点的树。其他参数为
573 默认值，为创建这些树所需的 minNumObj 值的准确范围是什么？

17.3.5　弄乱数据

使用边界查看器，用户可以通过添加或者移除点来修改数据。

练习 17.3.12　往数据中注入一些噪声，查看前面的学习算法的影响。根据你的观察，在注入了噪声之后各个算法都有何种表现？

17.4　预处理以及参数调整

现在来看看一些有用的预处理技术，这些技术实现是过滤器以及一些自动调整参数的方法。

17.4.1　离散化

如我们前面了解的，一共有两种离散化技术。一种是无监督的，即不知道类别；另一种是有监督的，在进行区间分割的时候会考虑实例的类值。Weka 中用于数值型属性的主要无监督离散化方法是 weka.filters.unsupervised.attribute.Discretize。它实现了两种方法：等宽离散化（默认）以及等频离散化。

找到玻璃数据集 glass.arff，再将其导入到 Explorer 界面。将无监督离散化过滤器应用到前面解释过的两种不同模式。

练习 17.4.1　比较得到的直方图时，你观察到了什么？等频离散化对某些属性相当倾斜，这是为什么？

数值型属性主要的有监督离散化方法是 weka.filters.supervised.attribute.Discretize。找到鸢尾花数据，导入该数据，将有监督离散化方法应用到数据上并查看相应的直方图。有监督的离散化方法试图创建具有连续类分布的区间，尽管相邻区间的类分布有明显变化。

练习 17.4.2　观察得到的直方图，你认为最有预测性的属性是那个属性？重新导入玻璃数据集并将有监督离散化应用到其上。

练习 17.4.3　有些属性在直方图中仅仅只有一条，这意味着什么？

离散化的属性通常编码为名目属性，每个区间仅对应一个值。然而，由于取值区间是有序的，所以离散化的属性实际上是一个等级分类。两种过滤器都能通过将 makeBinary 设
574 置为 true 来创建二值属性而不是多值属性。

练习 17.4.4　选择其中一个过滤器并用它创建一个二值属性。比较当 makeBinary 为 false 时所得到的输出结果。该二值属性有怎样的表现？

17.4.2　离散化的更多方面

下面我们查看离散化对 ionosphere.arff 上创建 J48 决策树的影响。该数据集包含的是从电离层返回的雷达信息。“好的”样本是指电离层中具有某种明显结构的实例，“坏的”

样本是直接通过电离层的信号。为了得到更多细节，可查看 ARFF 文件中的相关注释。先从无监督的离散化开始。

练习 17.4.5 对于 J48 方法，比较用下面的数据所产生树的交叉验证正确率以及尺寸：1）原始数据；2）用默认的无监督离散化方法离散得到的数据；3）用结合二值属性后的同种无监督离散化方法离散后的数据。

现在继续考虑有监督离散化方法。这里出现了一个小问题，在 11.3 节末尾部分已经讨论过。如果练习 17.4.5 只是简单地重复使用有监督离散化方法，那么结果可能过于乐观。实际上由于选择的是交叉验证用于评估，在决定离散区间时已经考虑了测试集的数据，因而就无法在新数据上得到一个公平的评估或性能。

为了更公平地评估有监督离散化过程，选择 Weka 元学习器中的 FileteredClassifier。该学习器仅使用训练数据来构建过滤器，然后在测试数据上用为训练数据计算的离散区间进行评估。毕竟，这才是在实际情况中处理新数据该有的过程。

练习 17.4.6 使用 FilteredClassifier 以及 J48，比较使用下面两种离散化方法时所产生的树的交叉验证准确率以及尺寸：1）默认模式下有监督的离散化；2）二值属性有监督的离散化。

练习 17.4.7 将这些与从练习 17.4.5 得到的原始数据的结果进行比较。从离散化的数据上产生的决策树如何才能比从原始数据上得到的树具有更好的预测效果？

17.4.3 自动属性选择

在大多数有监督的学习的实际应用中，并不是所有的属性都是同等地用于目标预测。对于某些学习方案，冗余和不相关的属性会导致不正确的模型。用户可以从 17.2 节中看到，手动地从数据集中定义有用的属性非常繁琐，因而自动选择属性就更合适。 575

属性选择方法可以分为过滤器方法以及包装器方法（见 7.1 节）。前者将一个具有高效计算性能的启发式算法应用到属性子集的度量上，后者则通过创建并评估一个实际的分类器模型来度量属性子集的优劣，该方法虽然更加费时但性能通常更优。

Explorer 界面的选择属性面板可以在数据集上进行属性选择。默认使用 CfsSubsetEval，11.8 节已经做过描述，它可用于属性子集的评估。另一种方法使用一种类似 InfoGainAttributeEval（11.8 节）的评估器进行独立评估，然后使用特殊的“搜索”方法，即 11.8 节描述的 Ranker 方法，进行排序。

练习 17.4.8 将排序方法应用到 labor.arff 的劳务谈判数据上，根据信息增益找出 4 个最重要的属性[⊖]。

CfsSubsetEval 的目的旨在其中的属性与目标高度相关，但相互之间没有强相关性的属性子集。它默认使用 BestFirst 搜索方法在所有可能的属性子集里寻找最“佳的”子集。实际上，使用 GreedyStepwise 并将 searchBackwards 设为 true 可以进行后向淘汰，这也就是在 17.2 节中用户手动使用的搜索方法。

为了选用像 CfsSubsetEval 这样的包装器方法而不是过滤器方法，首先应选择 WrapperSubsetEval 然后对其进行配置，即选择一个要应用的学习算法，设置在评估属性子集时要

⊖ 注意，包括 InfoGainAttributeEval 以及 CfsSubsetEval 在内的大部分评估器在对数值型属性进行评估之前，都使用 Weka 的有监督的离散化方法。

用到的交叉验证折数。

练习 17.4.9 在相同的数据集上运行 CfsSubsetEval，使用 BestFirst 搜索进行基于关联的选择。然后以 J48 为基学习器运行包装方法，这里再次使用 BestFirst 搜索。检查输出的属性子集。哪个属性是两种方法都选中的？它们如何与通过使用信息增益进行排序得到的结果相关联？

17.4.4 自动属性选择的更多方面

属性选择面板允许我们通过应用属性选择方法，更深刻地了解数据集。然而，与有监督的离散化一样，如果精简后的数据还要用于模型测试（交叉验证也一样），那么使用这
576 些信息来精简数据集就会有问题。原因同样在于，在进行属性选择以及使用测试数据影响模型的构建时，我们已经对类标签有所了解而使得到的准确率估计存在偏差。

这个情况可以通过将数据分为训练集和测试集，而只把属性选择应用到训练集来避免。然而，通常使用 AttributeSelectedClassifier 更方便，该分类器是 Weka 的一个元学习器，它允许指定一个属性选择方法和一个学习算法为分类方案的一部分。AttributeSelectedClassifier 可以确保所选的属性子集仅仅基于训练数据。

现在结合 NaiveBayes 来测试上述 3 个属性选择方法。NaiveBayes 假定属性是独立的，因此属性选择就十分有益。用户可以使用预处理面板的 weka.filters.unsupervised.attribute.Copy 过滤器添加某个属性的多个副本，以便查看冗余属性的影响。每个副本都与原形极好地关联起来。

练习 17.4.10 导入 diabete.arff 中的糖尿病分类数据，添加第一个属性的副本。每天增加一个副本后，使用交叉验证度量 NaiveBayes（使用 useSupervisedDiscretization）的性能。你观察到了什么？

上述 3 种属性选择方法与 AttributeSelectedClassifier 以及 NaiveBayes 一起使用，能够成功地排除冗余属性吗？与 AttributeSelectedClassifier 一起运行每个方法查看交叉验证准确率的影响，并检查每个方法所选的属性子集。注意，要使用 Ranker 方法必须先指定排序属性的个数。由于原糖尿病数据包含 8 个属性（类标除外），所以将该个数设为 8。指定 NaiveBayes 为包装器方法内部使用的分类器，因为该分类器是我们想要用于进行子集选择的分类器。

练习 17.4.11 关于 3 种属性选择方法的性能，你能说些什么？它们都能成功地排除冗余属性副本吗？如果不能，为什么？

17.4.5 自动参数调整

许多学习算法都有影响学习结果的参数，例如 C4.5 决策树学习器就有两个参数影响剪枝数目（其中一个，17.3 节中叶子结点所需实例的最小数量）。k 近邻分类器 IBk 有一个用于设置邻居个数的参数。然而，与像手动选择属性一样，手动调整参数非常繁琐同时
577 呈现出同样的问题：测试数据一定不能用于参数选择；否则，性能评估就会存在偏差。

Weka 的元学习器 CVParameterSelection 在训练数据上优化交叉验证准确率进行最佳参数选择。默认情况下，每个子集用 10 折交叉验证评估。优化的参数在通用对象编辑器面板中使用 CVParameters 域指定。每个参数有 3 条信息需要提供：1）用于命名的字符串，使用字母编码（可在相应分类器的 Javadoc 中找到，见 14.2 节）；2）评估值的数值区间；

3）在该区间中尝试的步骤数（注意，假定参数都为数值型）。单击通用对象编辑器窗口的 More 按钮可以获得更多信息以及一个例子。

对于前面用到的糖尿病数据，使用 CVParemeterSelection 与 IBk 一起为邻居个数选择最佳值，范围从 1 ~10 共 10 步。邻居个数的字母编码为 K。参数调整以后的 IBk，其交叉验证准确率可以直接与用默认设置得到的准确率相比较，这是因为调整过程就是通过应用内部交叉验证来为每个出现在交叉验证输出中的训练集寻找最佳参数值，只不过后者形成了最后的性能评估。

练习 17.4.12 每种情况下的准确率各为多少？基于完整数据集上的交叉验证，所选择的调整参数的值是多少？（注意：正如前面提到的一样，由于输出模型是在完整数据上构建的模型，所以该值输出在分类器输出文本区域中。）

现在考虑 J48 的参数调整。若 CVParameter 域中有一个以上的参数字符，CVParameterSelection 则会同时执行一个网格搜索。剪枝置信度参数的字母代码为 C，值的范围为 0.1 ~0.5 执行 5 步。最小叶子大小的参数代码为 M，值的范围为 1 ~10 共 10 步。

练习 17.4.13 运行 CVParameterSelection 寻找最佳参数值。将你得到的输出与默认设置的 J48 所得结果相比较。准确率发生变化了吗？树的大小是多少？CVParameterSelection 为完整数据集上产生的模型所选的参数值是多少？

17.5 文档分类

下面是一些文档分类的实验。原始数据为文本，首先将其转换为适合学习的形式，转换方法是从训练语料库的所有文档中创建一个词条字典，使用 Weka 的无监督的属性过滤器 StringToWordVector 为每个词条建立一个数值型属性。这里也有类标属性，它给出了文档的类标。 578

17.5.1 包含字符串属性的数据

StringToWordVector 过滤器假定文档文本存储于一个字符串类型的属性中，也就是一个没有预先指定取值集合的名目属性。在过滤后的数据中被替换为一个数值型属性的混合集合，类标属性作为第一个属性在开始时给出。

要执行文档分类，首先创建一个带有字符串属性的 ARFF 文件，字符串属性包含了文档文本，使用@ attribute document string 在 ARFF 文件的文件头中给出，其中 document 是属性名。同时还需要一个名目属性来表示文档类别。

练习 17.5.1 从表 17-4 中标号的最小文档中创建一个 ARFF 文件，在该数据上使用默认设置运行 StringToWordVector。共产生多少个属性？将选项 minTermFreq 的值改为 2。现在产生的属性又为多少个？

表 17-4 训练文档

文档文本	分类
原油价格发生了巨大上涨	是
原油供不应求	是
有些人不喜欢橄榄油的味道	否
食物很油腻	否
原油供应短缺	是
在煎锅内使用少许食用油	否

练习 17.5.2　从你所得到的最后一个版本数据上创建一个 J48 决策树。

练习 17.5.3　用从表 17-4 中得到的文档所产生的决策树将表 17-5 的新文档进行分类。为了将同样的分类器同时用到训练和测试文档中，使用 FilteredClassifier，选定 StringToWordVector 过滤器以及 J48 为基分类器。从表 17-5 中创建一个 ARFF 文件，用问号标记缺失的类标。使用默认选项为 StringToWordVector 以及 J48 配置 FilteredClassifier，选定新创建的 ARFF 文件为测试集。确保分类器面板中 More options 下方的 Output predictions 是选中的。然后看到模型及其产生的预测结果，证实它们是一致的。预测结果是什么？

表 17-5　测试文档

文档文本	分类
炼油平台提取原油	未知
菜籽油应该是健康的	未知
伊拉克拥有巨大的石油储备	未知
食用油有许多不同种类	未知

17.5.2　实际文档文类

一个标准新闻文章集已经广泛用于文档分类器的评估。ReutersCorn-train.arff 以及 ReutersGrain-train.arff 是两个源自该文集的训练集，ReutersCorn-test.arff 以及 ReutersGrain-test.arff 则是相应的测试集。玉米和稻谷的实际文档是一样的，只有类标不同。在第一个数据集中，考虑了玉米相关问题的文章类标值为 1，其他为 0。目的是创建一个可以识别“玉米的”文章的分类器。在第二个数据集中，类标则依据稻谷相关的问题，目标是识别“稻谷的”文章。

练习 17.5.4　分别使用 1）J48；2）NaiveBayesMultinomial，应用带 StringToWordVector 的 FilteredClassifier 两个训练集创建分类器，对两种情况分别在相应的测试集上进行评估。4 种情况下得到的正确分类百分比分别为多少？基于该结果，你应该选择那个分类器？

除正确分类的百分比外，还有其他的度量也可以用于文档分类：真正例的个数（True Pisitives，TP）、假正例的个数（False Positives，FP）、真负例的个数（True Negtives，TN）、假负例的个数（False Negtives，FN）。Weka 的输出统计量计算如表 5-7 所示，*F* 度量也在 5.7 中提到。

练习 17.5.5　根据表 5-7 中的公式，每个输出统计量的最佳可能值是多少？描述何时能取得这些值。

分类器输出还给出了 ROC 曲线（也叫做 AUC 曲线），如 5.7 节中所述，它表示根据分类器得到的排序，测试数据中随机选择的正例排在随机选择的负例之上的概率。最好的结果是所有的正例都排在负例之上，这时 AUC 为 1。最坏的情况就是排序基本上是随机的，此时 AUC 为 0.5，若该值显著地小于 0.5，则该分类器是反学习的（anti-learning）！

579
~
580

练习 17.5.6　上面用到的两个分类器中，哪个为两个路透社数据集产生了最好的 AUC 值？将该值与准确率百分比相比较。不同的输出意味着什么？

5.7 节中所述的 ROC 曲线可以通过右击结果列表中的任何一个条目得到，然后选择 Visualize threshold curve。这样就得到一幅以 FP 比率为 x 轴，TP 比率为 y 轴的图。根据所使用的分类器，该图可以十分光滑也可能相当不规则。

练习 17.5.7 对于在练习 17.5.6 中产生了极大区别的路透社数据集，查看其类别 1 的 ROC 曲线，对其曲线下面积做一个粗略的评估，并用文字做出解释。

练习 17.5.8 完美性能情况下的理想 ROC 曲线是怎样的？

除了上面所述之外，还可绘制其他类型的阈值曲线，如以召回率为 x 轴、准确率为 y 轴的准确率 - 召回率曲线。

练习 17.5.9 改变坐标轴以获得准确率 - 召回率曲线。完美性能下的理想准确率 - 召回率曲线是怎样的？

17.5.3 探索 StringToWordVector 过滤器

默认情况下，StringToWordVector 过滤器根据词是否在文档中出现，简单地令所有单个词的字段在转化后的数据集中对应的属性值为 1 或 0。实际上正如 11.3 节所提及，该过滤器有许多选项：

- outputWordCounts 决定输出的实际单词数。
- IDFTransform 和 TFTransform：两者都设为 true 时，词频转换为 TF × IDF 值。
- stemmer 提供不同词干提取算法的选择。
- useStopList 允许用户决定是否删除停用词。
- tokenizer 允许使用不同分词器产生字段，比如使用一个产生 n 元词的分词器而不是产生单个词的分词器。

分类器还存在其他有用的选项。要得到更多信息，单击通用对象编辑器窗口的 More 按钮。

练习 17.5.10 利用可用的选项进行实验。使用 NaiveBayesMultinomial 作为分类器时，哪个选项可以为上面两个数据集给出好的 AUC 曲线？ 581

在进行文档分类时，并不是每个属性（即字段）都是至关重要的。原因在于许多单词对于决定文章的主题是不相关的。Weka 的 AttributeSelectedClassifier 使用带 InfoGainAttributeEval 的排名以及 Ranker 搜索，可以淘汰不太有用的属性。如前所述，FilteredClassifier 应该首先对数据进行转换，再将其通过 AttributeSelectedClassifier。

练习 17.5.11 使用默认选项的 StringToWordVector 以及 NaiveByesMultinomial 作为分类器进行实验。改变包含信息最大的属性集个数，这些属性通过修改 Ranker 中 numToselect 域的值从基于信息增益的排名中选择得到。记录你所获得的 AUC 值。前面讨论的两个数据集最佳 AUC 值对应的属性有多少个？你计划得到的最佳 AUC 值为多少？

17.6 挖掘关联规则

为了得到一些与关联规则相关的经验，接下来我们采用 4.5 节所述的 Apriori 进行实验。用户会发现，使用 Apriori 来抽取有用信息是十分困难的。

17.6.1 关联规则挖掘

下面开始从 17.1 节中所用的 weather.niminal.arff 数据中挖掘规则以获得一些应用 Apriori 的感觉。注意，该算法期望数据都是名目型的：如果有数值型属性出现，则必须首先对它进行离散化。在预处理面板导入数据以后，在 Associate 面板单击 Start 按钮开始运行

Aporiori，使用默认选项。结果输出了 10 条规则，根据每条规则后括号中的置信度度量（如图 11-16 所示）进行排序。正如我们在第 11 章中所解释的一样，规则前件后面的数字表示满足该前件条件的实例数目，结论后的数字则表示满足整条规则的实例数目（即规则的“支持度”）。由于 10 条规则中这两个数字都是相等的，所以每条规则的置信度都为 1。

实际上要找到最满意结果的最小支持度以及置信度比较繁琐。因此，正如在第 11 章所解释的一样，Weka 的 Apriori 运行了多次基本算法。它使用与 minMetric 参数给定的相同的用户指定的最小置信度。支持度水平表示为实例总个数的比例（天气数据的例子中是 14），即一个 0 ~ 1 之间的比率。最小支持度水平从一个定值开始（upperBoundMinSupport，默认为 1.0）。每次迭代支持度都会增加一个固定的量（delta，默认为 0.05，实例的 5%）直到规则的某个值已经得到（numRules，默认 10 条规则）或者支持度达到一个确定的
582 “最小最小”的水平（lowerBoundMinSupport，默认为 0.1），这是由于将规则应用到少于 10% 的数据集上，规则会逐渐变得没有意义。这 4 条规则都可以由用户指定。

上面的过程听起来十分复杂，因此我们来查看一起天气数据所发生的变化。关联器的输出文本域显示算法产生了 10 条规则。这是基于 0.9 的最小置信度水平，这是默认值并且输出已经给出。Number of cycles performed 显示值为 17，它表示 Apriori 实际上运行了 17 次才产生这些规则，对应 17 个不同的最小支持度。与得到结果相对应的最后的值是 0.15（相当于 $0.15 \times 14 \approx 2$ 个实例）。

通过查看通用对象编辑器窗口的选项，用户可以看到最小支持度（upperBoundMinSupport）的初始值默认为 1，delta 是 0.05。现在有 $1 - 17 \times 0.0.5 = 0.15$，因此就解释了为什么 17 次迭代之后最小支持度的值为 0.15。注意，在基本 Apriori 算法首次运行之前 upperBoundMinSupport 因 delta 而有所减少。

关联器输出文本域同时还展示了根据最后的最小支持度值（本例中为 0.15）所找到频繁项集的个数。本例中，给定最小支持度为 2 个实例，共找到 12 个大小为 1 的项集、47 个大小为 2 的项集、39 个大小为 3 的项集以及 6 个大小为 4 的项集。通过在运行算法之前设置 outputItemSets 为 true 可以显示所有项集以及其支持的实例个数。试着实现该过程！

练习 17.6.1 根据输出结果，该项集的支持度为多少？
outlook = rainy humidity = normal windy = FALSE play = yes

练习 17.6.2 假如想要得到所有具有特定置信度以及最小支持度的规则。该过程可以通过选择合适的 minMetric、lowerBoundMinSupport 以及 numRules 实现。在天气数据上对应表 17-6 所示值的各种组合情况，可能的规则总数分别为多少？

表 17-6 不同的最小置信度和支持度对应的规则个数

	最小置信度	最小支持度	规则个数
	0.9	0.3	
	0.9	0.2	
	0.9	0.1	
	0.8	0.3	
	0.8	0.2	
	0.8	0.1	
	0.7	0.3	
	0.7	0.2	
584	0.7	0.1	

Apriori 有更高级的参数。若 significanceLeve 设置为 0 ~ 1 之间的值，则关联规则将以给定置信度水平为参数的卡方检验过滤。然而，在这个情况下应用一个显著性测试还有问题，因为这里存在多个比较问题：如果一个测试已经为成百上千的关联规则执行过几百次，那么很可能所发现的显著影响就是一个偶然事件，也就是说，一条关联规则看起来是统计显著的，但实际不是。同时，方法检验对小样本尺寸并不准确（本文情况，就是小的支持度）。

还有一种对规则进行排序的方法。与置信度一样，Apriori 支持 lift、average 以及 conviction，这些可以使用 metricType 进行选择。单击通用对象编辑窗口上的 More 按钮可以得到更详细的信息。

练习 17.6.3 分别逐一使用 4 种规则排序度量在天气数据上运行 Apriori，其他都用默认设置。每种度量方式下排名最靠前的规则分别是什么？

17.6.2 挖掘一个真实的数据集

现在我们来考虑一个真实的数据集 vote.arff，该数据集包含了 20 世纪 80 年代中期美国国会议员针对 16 个关键问题提出的 435 个投票，同时也包括一个二值属性表示议员的党派关系。这是一个包含缺失值（对应弃权）的纯名目型数据集。通常该问题被视为一个分类问题，任务就是根据投票模式预测其党派关系。实际上关联规则挖掘同样可以应用到该数据集，以便发现有趣的关联。有关数据的更多信息在 ARFF 文件的注释中。

练习 17.6.4 使用默认设置在该数据集上运行 Apriori。对得到的规则做出评论。其中的几个规则十分类似。其支持度与置信度是如何关联起来的？

练习 17.6.5 实验存在有一个有趣的现象，即没有一个规则包含 Class = republication。你认为这是为什么？

17.6.3 购物篮分析

在 1.3 节中我们介绍了购物篮分析，通过从顾客在某商店购买商品项集中寻找关联性来分析顾客的购买习惯。要在 Weka 中进行购物篮分析，每个交易需编码为一条实例，其属性表示商店中的商品项目。每个属性只有唯一的值：若某交易不包含它（即顾客没有购买该商品项目），该值为缺失。

你的任务就是挖掘购物账单数据中的关联。Supermarket.arff 中的数据从一个真实的新西兰超市搜集得到。使用文本编辑器查看该文件确保你已经了解该数据的结构。本练习的重点就是向你展示从这种类型的数据中找到一个有趣的模式究竟有多难。

练习 17.6.6 使用 Apriori 进行实验，研究前面所述的各种参数对其的影响。形成一个简单的报告展示你在调查中的主要发现。 585

参考文献

Abe, N., Zadrozny, B., & Langford, J. (2006). Outlier detection by active learning. In *Proceedings of the 12th ACM SIGKDD International Conference on Knowledge Discovery and Data Mining* (pp. 767–772). New York: ACM Press.

Adriaans, P., & Zantige, D. (1996). *Data mining*. Harlow, England: Addison-Wesley.

Agrawal, R., & Srikant, R. (1994). Fast algorithms for mining association rules in large databases. In J. Bocca, M. Jarke, & C. Zaniolo (Eds.), *Proceedings of the International Conference on Very Large Data Bases* (pp. 478–499). Santiago, Chile. San Francisco: Morgan Kaufmann.

Agrawal, R., Imielinski, T., & Swami, A. (1993a). Database mining: A performance perspective. *IEEE Transactions on Knowledge and Data Engineering*, 5(6), 914–925.

———. (1993b). Mining association rules between sets of items in large databases. In P. Buneman, & S. Jajodia (Eds.), *Proceedings of the ACM SIGMOD International Conference on Management of Data* (pp. 207–216). Washington, DC. New York: ACM Press.

Aha, D. (1992). Tolerating noisy, irrelevant, and novel attributes in instance-based learning algorithms. *International Journal of Man-Machine Studies*, 36(2), 267–287.

Almuallin, H., & Dietterich, T. G. (1991). Learning with many irrelevant features. In *Proceedings of the Ninth National Conference on Artificial Intelligence* (pp. 547–552). Anaheim, CA. Menlo Park, CA: AAAI Press.

———. (1992). Efficient algorithms for identifying relevant features. In *Proceedings of the Ninth Canadian Conference on Artificial Intelligence* (pp. 38–45). Vancouver, BC. San Francisco: Morgan Kaufmann.

Andrews, S., Tsochantaridis, I., & Hofmann, T. (2003). Support vector machines for multiple-instance learning. In *Proceedings of the Conference on Neural Information Processing Systems* (pp. 561–568). Vancouver, BC. Cambridge, MA: MIT Press.

Ankerst, M., Breunig, M. M., Kriegel, H.-P., & Sander, J. (1999). OPTICS: Ordering points to identify the clustering structure. In *Proceedings of the ACM SIGMOD International Conference on Management of Data* (pp. 49–60). New York: ACM Press.

Appelt, D. (1999). An introduction to information extraction. *Artificial Intelligence Communications*, 12(3), 161–172.

Arthur, D., & Vassilvitskii, S. (2007). K-means++: The advantages of careful seeding. In *Proceedings of the Eighteenth Annual ACM-SIAM Symposium on Discrete Algorithms* (pp. 1027–1035). New Orleans. Philadelphia: Society for Industrial and Applied Mathematics.

Asuncion, A., & Newman, D. J. (2007). *UCI Machine Learning Repository* [*http://www.ics.uci.edu/~mlearn/MLRepository.html*]. Irvine: University of California, School of Information and Computer Science.

Asmis, E. (1984). *Epicurus' scientific method*. Ithaca, NY: Cornell University Press.

Atkeson, C. G., Schaal, S. A., & Moore, A. W. (1997). Locally weighted learning. *AI Review*, 11, 11–71.

Auer, P., & Ortner, R. (2004). A boosting approach to multiple instance learning. In *Proceedings of the European Conference on Machine Learning* (pp. 63–74). Pisa, Italy. Berlin: Springer-Verlag.

Barnett, V., & Lewis, T. (1994). *Outliers in Statistical Data*. West Sussex, England: John Wiley, & Sons.

Bay, S. D. (1999). Nearest neighbor classification from multiple feature subsets. *Intelligent Data Analysis*, 3(3), 191–209.

Bay, S. D., & Schwabacher, M. (2003). Near linear time detection of distance-based outliers and applications to security. In *Proceedings of the Workshop on Data Mining for Counter*

Terrorism and Security. San Francisco. Philadelphia: Society for Industrial and Applied Mathematics.

Bayes, T. (1763). An essay towards solving a problem in the doctrine of chances. *Philosophical Transactions of the Royal Society of London*, 53, 370–418.

Beck, J. R., & Schultz, E. K. (1986). The use of ROC curves in test performance evaluation. *Archives of Pathology and Laboratory Medicine*, 110, 13–20.

Bergadano, F., & Gunetti, D. (1996). *Inductive logic programming: From machine learning to software engineering*. Cambridge, MA: MIT Press.

Berry, M. J. A., & Linoff, G. (1997). *Data mining techniques for marketing, sales, and customer support*. New York: John Wiley.

Beygelzimer, A., Kakade, S., & Langford, J. (2006). Cover trees for nearest neighbor. In *Proceedings of the 23rd International Conference on Machine Learning* (pp. 97–104). New York: ACM Press.

Bifet, A., Holmes, G., Kirkby, R., & Pfahringer, B. (2010). MOA: Massive online analysis. *Journal of Machine Learning Research*, 9, 1601–1604.

Bigus, J. P. (1996). *Data mining with neural networks*. New York: McGraw-Hill.

Bishop, C. M. (1995). *Neural networks for pattern recognition*. New York: Oxford University Press.

———. (2006). *Pattern recognition and machine learning*. Springer-Verlag.

BLI (Bureau of Labour Information) (1988). *Collective Bargaining Review (November)*. Ottawa: Labour Canada, Bureau of Labour Information.

Blockeel, H., Page, D., & Srinivasan, A. (2005). Multi-instance tree learning. In *Proceedings of the 22nd International Conference on Machine Learning* (pp. 57–64). Bonn. New York: ACM Press.

Blum, A., & Mitchell, T. (1998). Combining labeled and unlabeled data with co-training. In *Proceedings of the Eleventh Annual Conference on Computational Learning Theory* (pp. 92–100). Madison, WI. San Francisco: Morgan Kaufmann.

Bouckaert, R. R. (1995). *Bayesian belief networks: From construction to inference*. Ph.D. Dissertation, Computer Science Department, University of Utrecht, The Netherlands.

———. (2004). Bayesian network classifiers in Weka. Working Paper 14/2004, Department of Computer Science, University of Waikato, New Zealand.

———. (2010). DensiTree: Making sense of sets of phylogenetic trees. *Bioinformatics*, 26(10), 1372–1373.

Brachman, R. J., & Levesque, H. J. (Eds.) (1985). *Readings in knowledge representation*. San Francisco: Morgan Kaufmann.

Brefeld, U., & Scheffer, T. (2004). Co-EM support vector learning. In R. Greiner, & D. Schuurmans (Eds.), *Proceedings of the Twenty-First International Conference on Machine Learning* (pp. 121–128). Banff, AB. New York: ACM Press.

Breiman, L. (1996a). Stacked regression. *Machine Learning*, 24(1), 49–64.

———. (1996b). Bagging predictors. *Machine Learning*, 24(2), 123–140.

———. (1996c). [Bias, variance, and] arcing classifiers. Technical Report 460. Department of Statistics, University of California, Berkeley.

———. (1999). Pasting small votes for classification in large databases and online. *Machine Learning*, 36(1–2), 85–103.

———. (2001). Random forests. *Machine Learning*, 45(1), 5–32.

Breiman, L., Friedman, J. H., Olshen, R. A., & Stone, C. J. (1984). *Classification and regression trees*. Monterey, CA: Wadsworth.

Brin, S., Motwani, R., Ullman, J. D., & Tsur, S. (1997). Dynamic itemset counting and implication rules for market basket data. *ACM SIGMOD Record*, 26(2), 255–264.

Brin, S., & Page, L. (1998). The anatomy of a large-scale hypertext search engine. *Computer Networks and ISDN Systems*, 33, 107–117.

Brodley, C. E., & Friedl, M. A. (1996). Identifying and eliminating mislabeled training instances. In *Proceedings of the Thirteenth National Conference on Artificial Intelligence* (pp. 799–805). Portland, OR. Menlo Park, CA: AAAI Press.

Brownstown, L., Farrell, R., Kant, E., & Martin, N. (1985). *Programming expert systems in OPS5*. Reading, MA: Addison-Wesley.

Buntine, W. (1992). Learning classification trees. *Statistics and Computing*, 2(2), 63–73.

Burges, C. J. C. (1998). A tutorial on support vector machines for pattern recognition. *Data Mining and Knowledge Discovery*, 2(2), 121–167.

Cabena, P., Hadjinian, P., Stadler, R., Verhees, J., & Zanasi, A. (1998). *Discovering data mining: From concept to implementation*. Upper Saddle River, NJ: Prentice-Hall.

Cardie, C. (1993). Using decision trees to improve case-based learning. In P. Utgoff (Ed.), *Proceedings of the Tenth International Conference on Machine Learning* (pp. 25–32). Amherst, MA. San Francisco: Morgan Kaufmann.

Califf, M. E., & Mooney, R. J. (1999). Relational learning of pattern-match rules for information extraction. In *Proceedings of the Sixteenth National Conference on Artificial Intelligence* (pp. 328–334). Orlando. Menlo Park, CA: AAAI Press.

Cavnar, W. B., & Trenkle, J. M. (1994). N-Gram-based text categorization. In *Proceedings of the Third Symposium on Document Analysis and Information Retrieval* (pp. 161–175). Las Vegas: UNLV Publications/Reprographics.

Ceglar, A., & Roddick, J. F. (2006). Association mining. *ACM Computing Surveys*, 38(2). New York: ACM Press.

Cendrowska, J. (1987). PRISM: An algorithm for inducing modular rules. *International Journal of Man-Machine Studies*, 27(4), 349–370.

Chakrabarti, S. (2003). *Mining the web: discovering knowledge from hypertext data.* San Francisco: Morgan Kaufmann.

Chang, C.-C., & Lin, C.-J. (2001). LIBSVM: A library for support vector machines. Software available at *http://www.csie.ntu.edu.tw/~cjlin/libsvm.*

Chawla, N. V., Bowyer, K. W., Hall, L. O., & Kegelmeyer, W. P. (2002). SMOTE: Synthetic minority over-sampling technique. *Journal of Artificial Intelligence*, 16, 321–357.

Cheeseman, P., & Stutz, J. (1995). Bayesian classification (AutoClass): Theory and results. In U. M. Fayyad, G. Piatetsky-Shapiro, P. Smyth, & R. Uthurusamy (Eds.), *Advances in Knowledge Discovery and Data Mining* (pp. 153–180). Menlo Park, CA: AAAI Press.

Chen, M. S., Jan, J., & Yu, P. S. (1996). Data mining: An overview from a database perspective. *IEEE Transactions on Knowledge and Data Engineering*, 8(6), 866–883.

Chen, Y., Bi, J., & Wang, J. Z. (2006). MILES: Multiple-instance learning via embedded instance selection. *IEEE Transactions on Pattern Analysis and Machine Intelligence*, 28(12), 1931–1947.

Cherkauer, K. J., & Shavlik, J. W. (1996). Growing simpler decision trees to facilitate knowledge discovery. In E. Simoudis, J. W. Han, & U. Fayyad (Eds.), *Proceedings of the Second International Conference on Knowledge Discovery and Data Mining* (pp. 315–318). Portland, OR. Menlo Park, CA: AAAI Press.

Chevaleyre, Y., & Zucker, J.-D. (2001). Solving multiple-instance and multiple-part learning problems with decision trees and rule sets: Application to the mutagenesis problem. In *Proceedings of the Biennial Conference of the Canadian Society for Computational Studies of Intelligence* (pp. 204–214). Ottawa. Berlin: Springer-Verlag.

Cleary, J. G., & Trigg, L. E. (1995). K*: An instance-based learner using an entropic distance measure. In A. Prieditis, & S. Russell (Eds.), *Proceedings of the Twelfth International Conference on Machine Learning* (pp. 108–114). Tahoe City, CA. San Francisco: Morgan Kaufmann.

Cohen, J. (1960). A coefficient of agreement for nominal scales. *Educational and Psychological Measurement*, 20, 37–46.

Cohen, W. W. (1995). Fast effective rule induction. In A. Prieditis, & S. Russell (Eds.), *Proceedings of the Twelfth International Conference on Machine Learning* (pp. 115–123). Tahoe City, CA. San Francisco: Morgan Kaufmann.

Cooper, G. F., & Herskovits, E. (1992). A Bayesian method for the induction of probabilistic networks from data. *Machine Learning*, 9(4), 309–347.

Cortes, C., & Vapnik, V. (1995). Support vector networks. *Machine Learning*, 20(3), 273–297.

Cover, T. M., & Hart, P. E. (1967). Nearest neighbor pattern classification. *IEEE Transactions on Information Theory*, IT-13, 21–27.

Cristianini, N., & Shawe-Taylor, J. (2000). *An introduction to support vector machines and other kernel-based learning methods*. Cambridge, UK: Cambridge University Press.

Cypher, A. (Ed.), (1993). *Watch what I do: Programming by demonstration.* Cambridge, MA: MIT Press.

Dasgupta, S. (2002). Performance guarantees for hierarchical clustering. In J. Kivinen, & R. H. Sloan (Eds.), *Proceedings of the Fifteenth Annual Conference on Computational Learning Theory* (pp. 351–363). Sydney. Berlin: Springer-Verlag.

Dasu, T., Koutsofios, E., & Wright, J. (2006). Zen and the art of data mining. In *Proceedings of the KDD Workshop on Data Mining for Business Applications* (pp. 37–43). Philadelphia. Proceedings at: *http://labs.accenture.com/kdd2006_workshop/dmba_proceedings.pdf*

Datta, S., Kargupta, H., & Sivakumar, K. (2003). Homeland defense, privacy-sensitive data mining, and random value distortion. In *Proceedings of the Workshop on Data Mining for Counter Terrorism and Security*. San Francisco. Philadelphia: Society for International and Applied Mathematics.

Day, W. H. E., & Edelsbrünner, H. (1984). Efficient algorithms for agglomerative hierarchical clustering methods. *Journal of Classification*, 1(1), 7–24.

Demiroz, G., & Guvenir, A. (1997). Classification by voting feature intervals. In M. van Someren, & G. Widmer (Eds.), *Proceedings of the Ninth European Conference on Machine Learning* (pp. 85–92). Prague. Berlin: Springer-Verlag.

de Raedt, L. (2008). *Logical and relational learning*. New York: Springer-Verlag.

Devroye, L., Györfi, L., & Lugosi, G. (1996). *A probabilistic theory of pattern recognition*. New York: Springer-Verlag.

Dhar, V., & Stein, R. (1997). *Seven methods for transforming corporate data into business intelligence*. Upper Saddle River, NJ: Prentice-Hall.

Diederich, J., Kindermann, J., Leopold, E., & Paass, G. (2003). Authorship attribution with support vector machines. *Applied Intelligence*, 19(1), 109–123.

Dietterich, T. G. (2000). An experimental comparison of three methods for constructing ensembles of decision trees: Bagging, boosting, and randomization. *Machine Learning*, 40(2), 139–158.

Dietterich, T. G., & Bakiri, G. (1995). Solving multiclass learning problems via error-correcting output codes. *Journal of Artificial Intelligence Research*, 2, 263–286.

Dietterich, T. G., & Kong, E. B. (1995). Error-correcting output coding corrects bias and variance. In *Proceedings of the Twelfth International Conference on Machine Learning* (pp. 313-321). Tahoe City, CA. San Francisco: Morgan Kaufmann.

Dietterich, T. G., Lathrop, R. H., & Lozano-Perez, T. (1997). Solving the multiple-instance problem with axis-parallel rectangles. *Artificial Intelligence Journal*, 89(1-2), 31–71.

Domingos, P. (1997). Knowledge acquisition from examples via multiple models. In D. H. Fisher (Ed.), *Proceedings of the Fourteenth International Conference on Machine Learning* (pp. 98–106). Nashville. San Francisco: Morgan Kaufmann.

———. (1999). MetaCost: A general method for making classifiers cost-sensitive. In U. M. Fayyad, S. Chaudhuri, & D. Madigan (Eds.), *Proceedings of the Fifth International Conference on Knowledge Discovery and Data Mining* (pp. 155–164). San Diego. New York: ACM Press.

Domingos, P., & Hulten, G. (2000). Mining high-speed data streams. In *International Conference on Knowledge Discovery and Data Mining* (pp. 71–80). Boston. New York: ACM Press.

Dong, L., Frank, E., & Kramer, S. (2005). Ensembles of balanced nested dichotomies for multi-class problems. In *Proceedings of the Ninth European Conference on Principles and Practice of Knowledge Discovery in Databases* (pp. 84-95). Porto, Portugal. Berlin: Springer-Verlag.

Dougherty, J., Kohavi, R., & Sahami, M. (1995). Supervised and unsupervised discretization of continuous features. In A. Prieditis, & S. Russell (Eds.), *Proceedings of the Twelfth International Conference on Machine Learning* (pp. 194–202). Tahoe City, CA. San Francisco: Morgan Kaufmann.

Drucker, H. (1997). Improving regressors using boosting techniques. In D. H. Fisher (Ed.), *Proceedings of the Fourteenth International Conference on Machine Learning* (pp. 107–115). Nashville. San Francisco: Morgan Kaufmann.

Drummond, C., & Holte, R. C. (2000). Explicitly representing expected cost: An alternative to ROC representation. In R. Ramakrishnan, S. Stolfo, R. Bayardo, & I. Parsa (Eds.), *Proceedings of the Sixth International Conference on Knowledge Discovery and Data Mining* (pp. 198–207). Boston. New York: ACM Press.

Duda, R. O., & Hart, P. E. (1973). *Pattern classification and scene analysis*. New York: John Wiley.

Duda, R. O., Hart, P. E., & Stork, D. G. (2001). *Pattern Classification* (2nd ed.). New York: John Wiley.

Dumais, S. T., Platt, J., Heckerman, D., & Sahami, M. (1998). Inductive learning algorithms and representations for text categorization. In *Proceedings of the ACM Seventh International Conference on Information and Knowledge Management* (pp. 148–155). Bethesda, MD. New York: ACM Press.

Efron, B., & Tibshirani, R. (1993). *An introduction to the bootstrap*. London: Chapman and

Hall.

Egan, J. P. (1975). *Signal detection theory and ROC analysis. Series in Cognition and Perception*. New York: Academic Press.

Ester, M., Kriegel, H.-P., Sander, J., & Xu, X. (1996). A density-based algorithm for discovering clusters in large spatial databases with noise. In *Proceedings of the Second International Conference on Knowledge Discovery and Data Mining (KDD-96)* (pp. 226–231). Menlo Park, CA: AAAI Press.

Fan, R.-E., Chang, K.-W., Hsieh, C.-J., Wang, X.-R., & Lin, C.-J. (2008). LIBLINEAR: A library for large linear classification. *Journal of Machine Learning Research*, 9, 1871–1874.

Fayyad, U. M., & Irani, K. B. (1993). Multi-interval discretization of continuous-valued attributes for classification learning. In *Proceedings of the Thirteenth International Joint Conference on Artificial Intelligence* (pp. 1022–1027). Chambery, France. San Francisco: Morgan Kaufmann.

Fayyad, U. M., & Smyth, P. (1995). From massive datasets to science catalogs: Applications and challenges. In *Proceedings of the Workshop on Massive Datasets* (pp. 129–141). Washington, DC: NRC, Committee on Applied and Theoretical Statistics.

Fayyad, U. M., Piatetsky-Shapiro, G., Smyth, P., & Uthurusamy, R. (Eds.), (1996). *Advances in knowledge discovery and data mining*. Menlo Park, CA: AAAI Press/MIT Press.

Fisher, D. (1987). Knowledge acquisition via incremental conceptual clustering. *Machine Learning*, 2(2), 139–172.

Fisher, R. A. (1936). The use of multiple measurements in taxonomic problems. *Annual Eugenics*, 7 (part II), 179–188. Reprinted in *Contributions to Mathematical Statistics*, 1950. New York: John Wiley.

Fix, E., & Hodges, J. L. Jr. (1951). Discriminatory analysis; non-parametric discrimination: Consistency properties. Technical Report 21-49-004(4), USAF School of Aviation Medicine, Randolph Field, TX.

Flach, P. A., & Lachiche, N. (1999). Confirmation-guided discovery of first-order rules with Tertius. *Machine Learning*, 42, 61–95.

Fletcher, R. (1987). *Practical methods of optimization* (2nd ed.). New York: John Wiley.

Foulds, J., & Frank, E. (2008). Revisiting multiple-instance learning via embedded instance selection. In *Proceedings of the Australasian Joint Conference on Artificial Intelligence* (pp. 300–310). Auckland. Berlin: Springer-Verlag.

———. (2010). A review of multi-instance learning assumptions. *Knowledge Engineering Review*, 25(1), 1–25.

Fradkin, D., & Madigan, D. (2003). Experiments with random projections for machine learning. In L. Getoor, T. E. Senator, P. Domingos, & C. Faloutsos (Eds.), *Proceedings of the Ninth International Conference on Knowledge Discovery and Data Mining* (pp. 517–522). Washington, DC. New York: ACM Press.

Frank E. (2000). *Pruning decision trees and lists*. Ph.D. Dissertation, Department of Computer Science, University of Waikato, New Zealand.

Frank, E., & Hall, M. (2001). A simple approach to ordinal classification. In L. de Raedt, & P. A. Flach (Eds.), *Proceedings of the Twelfth European Conference on Machine Learning* (pp. 145–156). Freiburg, Germany. Berlin: Springer-Verlag.

Frank, E., Hall, M., & Pfahringer, B. (2003). Locally weighted Naïve Bayes. In U. Kjærulff, & C. Meek (Eds.), *Proceedings of the Nineteenth Conference on Uncertainty in Artificial Intelligence* (pp. 249–256). Acapulco. San Francisco: Morgan Kaufmann.

Frank, E., Holmes, G., Kirkby, R., & Hall, M. (2002). Racing Committees for Large Datasets. In S. Lange, K. Satoh, & C. H. Smith (Eds.), *Proceedings of the Fifth International Conference on Discovery Science* (pp. 153–164). Lübeck, Germany. Berlin: Springer-Verlag.

Frank, E., & Kramer, S. (2004). Ensembles of nested dichotomies for multi-class problems. In *Proceedings of the Twenty-First International Conference on Machine Learning* (pp. 305–312). Banff, AB. New York: ACM Press.

Frank, E., Paynter, G. W., Witten, I. H., Gutwin, C., & Nevill-Manning, C. G. (1999). Domain-specific key phrase extraction. In *Proceedings of the Sixteenth International Joint Conference on Artificial Intelligence* (pp. 668–673). Stockholm. San Francisco: Morgan Kaufmann.

Frank, E., Wang, Y., Inglis, S., Holmes, G., & Witten, I. H. (1998). Using model trees for classification. *Machine Learning*, 32(1), 63–76.

Frank, E., & Witten, I. H. (1998). Generating accurate rule sets without global optimization. In J. Shavlik (Ed.), *Proceedings of the Fifteenth International Conference on Machine*

Learning (pp. 144–151). Madison, WI. San Francisco: Morgan Kaufmann.

———. (1999). Making better use of global discretization. In I. Bratko, & S. Dzeroski (Eds.), *Proceedings of the Sixteenth International Conference on Machine Learning* (pp. 115–123). Bled, Slovenia. San Francisco: Morgan Kaufmann.

Frank, E., & Xu, X. (2003). Applying propositional learning algorithms to multi-instance data. Technical Report 06/03, Department of Computer Science, University of Waikato, New Zealand.

Freitag, D. (2002). Machine learning for information extraction in informal domains. *Machine Learning*, 39(2/3), 169–202.

Freund, Y., & Mason, L. (1999). The alternating decision tree learning algorithm. In I. Bratko, & S. Dzeroski (Eds.), *Proceedings of the Sixteenth International Conference on Machine Learning* (pp. 124-133). Bled, Slovenia. San Francisco: Morgan Kaufmann.

Freund, Y., & Schapire, R. E. (1996). Experiments with a new boosting algorithm. In L. Saitta (Ed.), *Proceedings of the Thirteenth International Conference on Machine Learning* (pp. 148–156). Bari, Italy. San Francisco: Morgan Kaufmann.

———. (1999). Large margin classification using the perceptron algorithm. *Machine Learning*, 37(3), 277–296.

Friedman, J. H. (1996). Another approach to polychotomous classification. Technical report, Department of Statistics, Stanford University, Stanford, CA.

———. (2001). Greedy function approximation: A gradient boosting machine. *Annals of Statistics*, 29(5), 1189–1232.

Friedman, J. H., Bentley, J. L., & Finkel, R. A. (1977). An algorithm for finding best matches in logarithmic expected time. *ACM Transactions on Mathematical Software*, 3(3), 209–266.

Friedman, J. H., Hastie, T., & Tibshirani, R. (2000). Additive logistic regression: A statistical view of boosting. *Annals of Statistics*, 28(2), 337–374.

Friedman, N., Geiger, D., & Goldszmidt, M. (1997). Bayesian Network Classifiers. *Machine Learning*, 29(2), 131–163.

Fulton, T., Kasif, S., & Salzberg, S. (1995). Efficient algorithms for finding multiway splits for decision trees. In A. Prieditis, & S. Russell (Eds.), *Proceedings of the Twelfth International Conference on Machine Learning* (pp. 244–251). Tahoe City, CA. San Francisco: Morgan Kaufmann.

Fürnkranz, J. (2002). Round robin classification. *Journal of Machine Learning Research*, 2, 721–747.

———. (2003). Round robin ensembles. *Intelligent Data Analysis*, 7(5), 385-403.

Fürnkranz, J., & Flach, P. A. (2005). ROC 'n' rule learning: Towards a better understanding of covering algorithms. *Machine Learning*, 58(1), 39–77.

Fürnkranz, J., & Widmer, G. (1994). Incremental reduced-error pruning. In H. Hirsh, & W. Cohen (Eds.), *Proceedings of the Eleventh International Conference on Machine Learning* (pp. 70–77). New Brunswick, NJ. San Francisco: Morgan Kaufmann.

Gaines, B. R., & Compton, P. (1995). Induction of ripple-down rules applied to modeling large data bases. *Journal of Intelligent Information Systems*, 5(3), 211–228.

Gama, J. (2004). Functional trees. *Machine Learning*, 55(3), 219–250.

Gärtner, T., Flach, P. A., Kowalczyk, A., & Smola, A. J. (2002). Multi-instance kernels. In *Proceedings of the International Conference on Machine Learning* (pp. 179–186). Sydney. San Francisco: Morgan Kaufmann.

Genkin, A., Lewis, D. D., & Madigan, D. (2007). Large-scale Bayesian logistic regression for text categorization. *Technometrics*, 49(3), 291–304.

Gennari, J. H., Langley, P., & Fisher, D. (1990). Models of incremental concept formation. *Artificial Intelligence*, 40, 11–61.

Ghani, R. (2002). Combining labeled and unlabeled data for multiclass text categorization. In C. Sammut, & A. Hoffmann (Eds.), *Proceedings of the Nineteenth International Conference on Machine Learning* (pp. 187–194). Sydney. San Francisco: Morgan Kaufmann.

Gilad-Bachrach, R., Navot, A., & Tishby, N. (2004). Margin based feature selection: Theory and algorithms. In R. Greiner, & D. Schuurmans (Eds.), *Proceedings of the Twenty-First International Conference on Machine Learning* (pp. 337–344). Banff, AB. New York: ACM Press.

Giraud-Carrier, C. (1996). FLARE: Induction with prior knowledge. In J. Nealon, & J. Hunt (Eds.), *Research and Development in Expert Systems XIII* (pp. 11–24). Cambridge, England: SGES Publications.

Gluck, M., & Corter, J. (1985). Information, uncertainty and the utility of categories. In *Proceedings of the Annual Conference of the Cognitive Science Society* (pp. 283–287). Irvine, CA. Hillsdale, NJ: Lawrence Erlbaum.

Goldberg, D. E. (1989). *Genetic algorithms in search, optimization and machine learning*. Reading, MA: Addison-Wesley.

Good P. (1994). *Permutation tests: A practical guide to resampling methods for testing hypotheses*. New York: Springer-Verlag.

Grossman, D., & Domingos, P. (2004). Learning Bayesian network classifiers by maximizing conditional likelihood. In R. Greiner, & D. Schuurmans (Eds.), *Proceedings of the Twenty-First International Conference on Machine Learning* (pp. 361–368). Banff, AB. New York: ACM Press.

Groth, R. (1998). *Data mining: A hands-on approach for business professionals*. Upper Saddle River, NJ: Prentice-Hall.

Guo, Y., & Greiner, R. (2004). *Discriminative model selection for belief net structures*. Canada: Department of Computing Science, TR04-22, University of Alberta.

Gütlein, M., Frank, E., Hall, M., & Karwath, A. (2009). Large-scale attribute selection using wrappers. In *Proceedings of the IEEE Symposium on Computational Intelligence and Data Mining* (pp. 332–339). Nashville. Washington, DC: IEEE Computer Society.

Guyon, I., Weston, J., Barnhill, S., & Vapnik, V. (2002). Gene selection for cancer classification using support vector machines. *Machine Learning*, 46(1–3), 389–422.

Hall, M. (2000). Correlation-based feature selection for discrete and numeric class machine learning. In P. Langley (Ed.), *Proceedings of the Seventeenth International Conference on Machine Learning* (pp. 359–366). Stanford, CA. San Francisco: Morgan Kaufmann.

Hall, M., Holmes, G., & Frank, E. (1999). Generating rule sets from model trees. In N. Y. Foo (Ed.), *Proceedings of the Twelfth Australian Joint Conference on Artificial Intelligence* (pp. 1–12). Sydney. Berlin: Springer-Verlag.

Hall, M., & Frank, E. (2008). Combining Naïve Bayes and decision tables. In *Proceedings of the 21st Florida Artificial Intelligence Research Society Conference* (pp. 318–319). Miami. Menlo Park, CA: AAAI Press.

Han, J., Pei, J., & Yin, Y. (2000). Mining frequent patterns without candidate generation. In *Proceedings of the ACM-SIGMOD International Conference on Management of Data* (pp. 1–12). Dallas. New York: ACM Press.

Han, J., Pei, J., Yin, Y., & Mao, R. (2004). Mining frequent patterns without candidate generation: A frequent-pattern tree approach. *Data Mining and Knowledge Discovery*, 8(1), 53–87.

Han, J., & Kamber, M. (2006). *Data mining: Concepts and techniques* (2nd ed.). San Francisco: Morgan Kaufmann.

Hand, D. J. (2006). Classifier Technology and the Illusion of Progress. *Statistical Science*, 21(1), 1–14.

Hand, D. J., Manilla, H., & Smyth, P. (2001). *Principles of Data Mining*. Cambridge, MA: MIT Press.

Hartigan, J. A. (1975). *Clustering algorithms*. New York: John Wiley.

Hastie, T., & Tibshirani, R. (1998). Classification by pairwise coupling. *Annals of Statistics*, 26(2), 451–471.

Hastie, T., Tibshirani, R., & Friedman, J. (2009). *The elements of statistical learning* (2nd ed.). New York: Springer-Verlag.

Heckerman, D., Geiger, D., & Chickering, D. M. (1995). Learning Bayesian networks: The combination of knowledge and statistical data. *Machine Learning*, 20(3), 197–243.

Hempstalk, K., Frank, E., & Witten, I. H. (2008). One-class classification by combining density and class probability estimation. In *Proceedings of the European Conference on Machine Learning and Principles and Practice of Knowledge Discovery in Databases* (pp. 505–519). Antwerp. Berlin: Springer-Verlag.

Hempstalk, K., & Frank, E. (2008). Discriminating against new classes: One-class versus multi-class classification. In *Proceedings of the Twenty-first Australasian Joint Conference on Artificial Intelligence*. Auckland (pp. 225–236). New York: Springer-Verlag.

Ho, T. K. (1998). The random subspace method for constructing decision forests. *IEEE Transactions on Pattern Analysis and Machine Intelligence*, 20(8), 832–844.

Hochbaum, D. S., & Shmoys, D. B. (1985). A best possible heuristic for the *k*-center problem. *Mathematics of Operations Research*, 10(2), 180–184.

Hoerl, A. E., & Kennard, R. W. (1970). Ridge regression: applications to nonorthogonal problems. *Technometrics*, 12(1), 69–82.

Holmes, G., & Nevill-Manning, C. G. (1995). Feature selection via the discovery of simple classification rules. In G. E. Lasker, & X. Liu (Eds.), *Proceedings of the International Symposium on Intelligent Data Analysis* (pp. 75–79). Baden-Baden, Germany: International Institute for Advanced Studies in Systems Research and Cybernetics. Baden-Baden. Windsor, Ont: International Institute for Advanced Studies in Systems Research and Cybernetics.

Holmes, G., Pfahringer, B., Kirkby, R., Frank, E., & Hall, M. (2002). Multiclass alternating decision trees. In T. Elomaa, H. Mannila, & H. Toivonen (Eds.), *Proceedings of the Thirteenth European Conference on Machine Learning* (pp. 161–172). Helsinki. Berlin: Springer-Verlag.

Holte, R. C. (1993). Very simple classification rules perform well on most commonly used datasets. *Machine Learning*, 11, 63–91.

Huffman, S. B. (1996). Learning information extraction patterns from examples. In S. Wertmer, E. Riloff, & G. Scheler (Eds.), *Connectionist, statistical, and symbolic approaches to learning for natural language processing* (pp. 246–260). Berlin: Springer-Verlag.

Jabbour, K., Riveros, J. F. V., Landsbergen, D., & Meyer, W. (1988). ALFA: Automated load forecasting assistant. *IEEE Transactions on Power Systems*, 3(3), 908–914.

Jiang, L., & Zhang, H. (2006). Weightily averaged one-dependence estimators. In *Proceedings of the 9th Biennial Pacific Rim International Conference on Artificial Intelligence* (pp. 970–974). Guilin, China. Berlin: Springer-Verlag.

John, G. H. (1995). Robust decision trees: Removing outliers from databases. In U. M. Fayyad, & R. Uthurusamy (Eds.), *Proceedings of the First International Conference on Knowledge Discovery and Data Mining* (pp. 174–179). Montreal. Menlo Park, CA: AAAI Press.

———. (1997). *Enhancements to the data mining process*. Ph.D. Dissertation, Computer Science Department, Stanford University, Stanford, CA.

John, G. H., Kohavi, R., & Pfleger, P. (1994). Irrelevant features and the subset selection problem. In H. Hirsh, & W. Cohen (Eds.), *Proceedings of the Eleventh International Conference on Machine Learning* (pp. 121–129). New Brunswick, NJ. San Francisco: Morgan Kaufmann.

John, G. H., & Langley, P. (1995). Estimating continuous distributions in Bayesian classifiers. In P. Besnard, & S. Hanks (Eds.), *Proceedings of the Eleventh Conference on Uncertainty in Artificial Intelligence* (pp. 338–345). Montreal. San Francisco: Morgan Kaufmann.

Johns, M. V. (1961). An empirical Bayes approach to nonparametric two-way classification. In H. Solomon (Ed.), *Studies in item analysis and prediction*. Palo Alto, CA: Stanford University Press.

Kass, R., & Wasserman, L. (1995). A reference Bayesian test for nested hypotheses and its relationship to the Schwarz criterion. *Journal of the American Statistical Association*, 90, 928–934.

Keerthi, S. S., Shevade, S. K., Bhattacharyya, C., & Murthy, K. R. K. (2001). Improvements to Platt's SMO algorithm for SVM classifier design. *Neural Computation*, 13(3), 637–649.

Kerber, R. (1992). Chimerge: Discretization of numeric attributes. In W. Swartout (Ed.), *Proceedings of the Tenth National Conference on Artificial Intelligence* (pp. 123–128). San Jose, CA. Menlo Park, CA: AAAI Press.

Kibler, D., & Aha, D. W. (1987). Learning representative exemplars of concepts: An initial case study. In P. Langley (Ed.), *Proceedings of the Fourth Machine Learning Workshop* (pp. 24–30). Irvine, CA. San Francisco: Morgan Kaufmann.

Kimball, R., & Ross, M. (2002). *The data warehouse toolkit* (2nd ed.). New York: John Wiley.

Kira, K., & Rendell, L. (1992). A practical approach to feature selection. In D. Sleeman, & P. Edwards (Eds.), *Proceedings of the Ninth International Workshop on Machine Learning* (pp. 249–258). Aberdeen, Scotland. San Francisco: Morgan Kaufmann.

Kirkby, R. (2007). *Improving Hoeffding trees*. Ph.D. Dissertation, Department of Computer Science, University of Waikato, New Zealand.

Kittler, J. (1978). Feature set search algorithms. In C. H. Chen (Ed.), *Pattern recognition and signal processing* (pp. 41–60). Amsterdam: Sijthoff an Noordhoff.

Kivinen, J., Smola, A. J., & Williamson, R. C. (2002). Online learning with kernels. *IEEE Transactions on Signal Processing*, 52, 2165–2176.

Kleinberg, J. (1998). Authoritative sources in a hyperlinked environment. In *Proceedings of the ACM-SIAM Symposium on Discrete Algorithms* (pp. 604–632). Extended version published in *Journal of the ACM* 46 (1999).

Koestler, A. (1964). *The act of creation*. London: Hutchinson.

Kohavi, R. (1995a). A study of cross-validation and bootstrap for accuracy estimation and model selection. In *Proceedings of the Fourteenth International Joint Conference on Artificial Intelligence* (pp. 1137–1143). Montreal. San Francisco: Morgan Kaufmann.

———. (1995b). The power of decision tables. In N. Lavrac, & S. Wrobel (Eds.), *Proceedings of the Eighth European Conference on Machine Learning* (pp. 174–189). Iráklion, Crete. Berlin: Springer-Verlag.

———. (1996). Scaling up the accuracy of Naïve Bayes classifiers: A decision-tree hybrid. In E. Simoudis, J. W. Han, & U. Fayyad (Eds.), *Proceedings of the Second International Conference on Knowledge Discovery and Data Mining* (pp. 202–207). Portland, OR. Menlo Park, CA: AAAI Press.

Kohavi, R., & John, G. H. (1997). Wrappers for feature subset selection. *Artificial Intelligence*, 97(1–2), 273–324.

Kohavi, R., & Kunz, C. (1997). Option decision trees with majority votes. In D. Fisher (Ed.), *Proceedings of the Fourteenth International Conference on Machine Learning* (pp. 161–191). Nashville. San Francisco: Morgan Kaufmann.

Kohavi, R., & Provost, F. (Eds.), (1998). Machine learning: Special issue on applications of machine learning and the knowledge discovery process. *Machine Learning*, 30(2/3), 127–274.

Kohavi, R., & Sahami, M. (1996). Error-based and entropy-based discretization of continuous features. In E. Simoudis, J. W. Han, & U. Fayyad (Eds.), *Proceedings of the Second International Conference on Knowledge Discovery and Data Mining* (pp. 114–119). Portland, OR. Menlo Park, CA: AAAI Press.

Komarek, P., & Moore, A. (2000). A dynamic adaptation of AD-trees for efficient machine learning on large data sets. In P. Langley (Ed.), *Proceedings of the Seventeenth International Conference on Machine Learning* (pp. 495–502). Stanford, CA. San Francisco: Morgan Kaufmann.

Kononenko, I. (1995). On biases in estimating multi-valued attributes. In *Proceedings of the Fourteenth International Joint Conference on Artificial Intelligence* (pp. 1034–1040). Montreal. San Francisco: Morgan Kaufmann.

Koppel, M., & Schler, J. (2004). Authorship verification as a one-class classification problem. In R. Greiner, & D. Schuurmans (Eds.), *Proceedings of the Twenty-First International Conference on Machine Learning* (pp. 489–495). Banff, AB. New York: ACM Press.

Krogel, M.-A., & Wrobel, S. (2002). Feature selection for propositionalization. In *Proceedings of the International Conference on Discovery Science* (pp. 430–434). Lübeck, Germany. Berlin: Springer-Verlag.

Kubat, M., Holte, R. C., & Matwin, S. (1998). Machine learning for the detection of oil spills in satellite radar images. *Machine Learning*, 30, 195–215.

Kuncheva, L. I., & Rodriguez, J. J. (2007). An experimental study on rotation forest ensembles. In *Proceedings of the Seventh International Workshop on Multiple Classifier Systems* (pp. 459–468). Prague. Berlin/Heidelberg: Springer-Verlag.

Kushmerick, N., Weld, D. S., & Doorenbos, R. (1997). Wrapper induction for information extraction. In *Proceedings of the Fifteenth International Joint Conference on Artificial Intelligence* (pp. 729–735). Nagoya, Japan. San Francisco: Morgan Kaufmann.

Laguna, M., & Marti, R. (2003). *Scatter search: Methodology and implementations in C*. Dordrecht, The Netherlands: Kluwer Academic Press.

Landwehr, N., Hall, M., & Frank, E. (2005). Logistic model trees. *Machine Learning*, 59(1–2), 161–205.

Langley, P. (1996). *Elements of machine learning*. San Francisco: Morgan Kaufmann.

Langley, P., Iba, W., & Thompson, K. (1992). An analysis of Bayesian classifiers. In W. Swartout (Ed.), *Proceedings of the Tenth National Conference on Artificial Intelligence* (pp. 223–228). San Jose, CA. Menlo Park, CA: AAAI Press.

Langley, P., & Sage, S. (1994). Induction of selective Bayesian classifiers. In R. L. de Mantaras, & D. Poole (Eds.), *Proceedings of the Tenth Conference on Uncertainty in Artificial Intelligence* (pp. 399–406). Seattle. San Francisco: Morgan Kaufmann.

Langley, P., & Simon, H. A. (1995). Applications of machine learning and rule induction. *Communications of the ACM*, 38(11), 55–64.

Lavrac, N., Motoda, H., Fawcett, T., Holte, R., Langley, P., & Adriaans, P. (Eds.), (2004). Special issue on lessons learned from data mining applications and collaborative problem solving. *Machine Learning*, 57(1/2).

Lawson, C. L., & Hanson, R. J. (1995). *Solving least squares problems*. Philadelphia: SIAM Publications.

le Cessie, S., & van Houwelingen, J. C. (1992). Ridge estimators in logistic regression. *Applied Statistics*, 41(1), 191–201.

Li, M., & Vitanyi, P. M. B. (1992). Inductive reasoning and Kolmogorov complexity. *Journal of Computer and System Sciences*, 44, 343–384.

Lieberman, H. (Ed.), (2001). *Your wish is my command: Programming by example*. San Francisco: Morgan Kaufmann.

Littlestone, N. (1988). Learning quickly when irrelevant attributes abound: A new linear-threshold algorithm. *Machine Learning*, 2(4), 285–318.

———. (1989). *Mistake bounds and logarithmic linear-threshold learning algorithms*. Ph, D. Dissertation, University of California, Santa Cruz.

Liu, B. (2009) *Web data mining: Exploring hyperlinks, contents, and usage data*. Berlin: Springer-Verlag.

Liu, B., Hsu, W., & Ma, Y. M. (1998). Integrating classification and association rule mining. In *Proceedings of the Fourth International Conference on Knowledge Discovery and Data Mining (KDD-98)* (pp. 80–86). New York. Menlo Park, CA: AAAI Press.

Liu, H., & Setiono, R. (1996). A probabilistic approach to feature selection: A filter solution. In L. Saitta (Ed.), *Proceedings of the Thirteenth International Conference on Machine Learning* (pp. 319–327), Bari, Italy. San Francisco: Morgan Kaufmann.

———. (1997). Feature selection via discretization. *IEEE Transactions on Knowledge and Data Engineering*, 9(4), 642–645.

Luan, J. (2002). Data mining and its applications in higher education. *New directions for institutional research*, 2002(113), 17–36.

Mann, T. (1993). *Library research models: A guide to classification, cataloging, and computers*. New York: Oxford University Press.

Marill, T., & Green, D. M. (1963). On the effectiveness of receptors in recognition systems. *IEEE Transactions on Information Theory*, 9(11), 11–17.

Maron, O. (1998). *Learning from ambiguity*. Ph.D. Thesis, Massachusetts Institute of Technology, Cambridge, MA.

Maron, O., & Lozano-Peréz, T. (1997). A framework for multiple-instance learning. In *Proceedings of the Conference on Neural Information Processing Systems* (pp. 570–576). Denver. Cambridge, MA: MIT Press.

Martin, B. (1995). *Instance-based learning: Nearest neighbour with generalisation*. M.Sc. Thesis, Department of Computer Science, University of Waikato, New Zealand.

McCallum A., & Nigam, K. (1998). A comparison of event models for Naïve Bayes text classification. In *Proceedings of the AAAI-98 Workshop on Learning for Text Categorization* (pp. 41–48). Madison, WI. Menlo Park, CA: AAAI Press.

Medelyan, O., & Witten, I. H. (2008). Domain independent automatic keyphrase indexing with small training sets. *Journal of the American Society for Information Science and Technology*, 59, 1026–1040.

Mehta, M., Agrawal, R., & Rissanen, J. (1996). SLIQ: A fast scalable classifier for data mining. In P. Apers, M. Bouzeghoub, & G. Gardarin (Eds.), *Proceedings of the Fifth International Conference on Extending Database Technology* (pp. 18–32). Avignon, France. New York: Springer-Verlag.

Melville, P., & Mooney, R. J. (2005). Creating diversity in ensembles using artificial data. *Information Fusion*, 6(1), 99–111.

Michalski, R. S., & Chilausky, R. L. (1980). Learning by being told and learning from examples: An experimental comparison of the two methods of knowledge acquisition in the context of developing an expert system for soybean disease diagnosis. *International Journal of Policy Analysis and Information Systems*, 4(2).

Michie, D. (1989). Problems of computer-aided concept formation. In J. R. Quinlan (Ed.), *Applications of expert systems (Vol. 2)* (pp. 310–333). Wokingham, UK: Addison-Wesley.

sky, M., & Papert, S. (1969). *Perceptrons*. Cambridge, MA: MIT Press.

:hell, T. M. (1997). *Machine Learning*. New York: McGraw-Hill.

Mitchell T. M., Caruana, R., Freitag, D., McDermott, J., & Zabowski, D. (1994). Experience with a learning personal assistant. *Communications of the ACM*, 37 (7), 81–91.

Moore, A. W. (1991). *Efficient memory-based learning for robot control*. Ph.D. Dissertation, Computer Laboratory, University of Cambridge, UK.

———. (2000). The anchors hierarchy: Using the triangle inequality to survive high-dimensional data. In C. Boutilier, & M. Goldszmidt (Eds.), *Proceedings of the Sixteenth Conference on Uncertainty in Artificial Intelligence* (pp. 397–405). Stanford, CA. San Francisco: Morgan Kaufmann.

Moore, A. W., & Lee, M. S. (1994). Efficient algorithms for minimizing cross validation error. In W. W. Cohen, & H. Hirsh (Eds.), *Proceedings of the Eleventh International Conference on Machine Learning* (pp. 190–198). New Brunswick, NJ. San Francisco: Morgan Kaufmann.

———. (1998). Cached sufficient statistics for efficient machine learning with large datasets. *Journal Artificial Intelligence Research*, 8, 67–91.

Moore, A. W., & Pelleg, D. (2000). X-means: Extending *k*-means with efficient estimation of the number of clusters. In P. Langley (Ed.), *Proceedings of the Seventeenth International Conference on Machine Learning* (pp. 727–734). Stanford, CA. San Francisco: Morgan Kaufmann.

Mutter, S., Hall, M., & Frank, E. (2004). Using classification to evaluate the output of confidence-based association rule mining. In *Proceedings of the Seventeenth Australian Joint Conference on Artificial Intelligence* (pp. 538–549). Cairns, Australia. Berlin: Springer-Verlag.

Nadeau, C., & Bengio, Y. (2003). Inference for the generalization error. *Machine Learning*, 52(3), 239–281.

Nahm, U. Y., & Mooney, R. J. (2000). Using information extraction to aid the discovery of prediction rules from texts. In *Proceedings of the Workshop on Text Mining at the Sixth International Conference on Knowledge Discovery and Data Mining* (pp. 51–58). Boston. Workshop proceedings at: *http://www.cs.cmu.edu/~dunja/WshKDD2000.html*.

Niculescu-Mizil, A., & Caruana, R. (2005). Predicting good probabilities with supervised learning. In *Proceedings of the 22nd International Conference on Machine Learning* (pp. 625–632). Bonn. New York: ACM Press.

Nie, N. H., Hull, C., Jenkins, H., Steinbrenner, J. G. K., & Bent, D. H. (1970). *Statistical package for the social sciences*. New York: McGraw-Hill.

Nigam, K., & Ghani, R. (2000). Analyzing the effectiveness and applicability of co-training. In *Proceedings of the Ninth International Conference on Information and Knowledge Management* (pp. 86–93). McLean, VA. New York: ACM Press.

Nigam, K., McCallum, A. K., Thrun, S., & Mitchell, T. M. (2000). Text classification from labeled and unlabeled documents using EM. *Machine Learning*, 39(2/3), 103–134.

Nilsson, N. J. (1965). *Learning machines*. New York: McGraw-Hill.

Nisbet, R., Elder, J., & Miner, G. (2009). *Handbook of statistical analysis and data mining applications*. New York: Academic Press.

Oates, T., & Jensen, D. (1997). The effects of training set size on decision tree complexity. In *Proceedings of the Fourteenth International Conference on Machine Learning* (pp. 254–262). Nashville. San Francisco: Morgan Kaufmann.

Ohm, P. (2009). Broken promises of privacy: Responding to the surprising failure of anonymization. University of Colorado Law Legal Studies Research Paper No. 09-12, August.

Omohundro, S. M. (1987). Efficient algorithms with neural network behavior. *Journal of Complex Systems*, 1(2), 273–347.

Paynter G. W. (2000). *Automating iterative tasks with programming by demonstration*. Ph.D. Dissertation, Department of Computer Science, University of Waikato, New Zealand.

Pearson, R. (2005). Mining imperfect data. *Society for Industrial and Applied Mechanics*, Philadelphia.

Pei, J., Han, J., Mortazavi-Asi, B., Wang, J., Pinto, H., Chen, Q., et al. (2004). Mining sequential patterns by pattern-growth: The PrefixSpan approach. *IEEE Transactions on Knowledge and Data Engineering*, 16(11), 1424–1440.

Piatetsky-Shapiro, G., & Frawley, W. J. (Eds.) (1991). *Knowledge discovery in databases*. Menlo Park, CA: AAAI Press/MIT Press.

Platt, J. (1998). Fast training of support vector machines using sequential minimal optimization. In B. Schölkopf, C. Burges, & A. Smola (Eds.), *Advances in kernel methods: Support vector learning* (pp. 185–209). Cambridge, MA: MIT Press.

Power, D. J. (2002). What is the true story about data mining, beer and diapers? *DSS News*, 3(23); see *http: //www.dssresources.com/newsletters/66.php*.

Provost, F., & Fawcett, T. (1997). Analysis and visualization of classifier performance: Comparison under imprecise class and cost distributions. In D. Heckerman, H. Mannila, D. Pregibon, & R. Uthurusamy (Eds.), *Proceedings of the Third International Conference on Knowledge Discovery and Data Mining* (pp. 43–48). Huntington Beach, CA. Menlo Park, CA: AAAI Press.

Pyle, D. (1999). *Data preparation for data mining*. San Francisco, CA: Morgan Kaufmann.

Quinlan, J. R. (1986). Induction of decision trees. *Machine Learning*, 1(1), 81–106.

———. (1992). Learning with continuous classes. In N. Adams, & L. Sterling (Eds.), *Proceedings of the Fifth Australian Joint Conference on Artificial Intelligence* (pp. 343–348). Hobart, Tasmania. Singapore: World Scientific.

———. (1993). *C4.5: Programs for machine learning*. San Francisco: Morgan Kaufmann.

———. (1996). Improved use of continuous attributes in C4.5. *Journal of Artificial Intelligence Research*, 4, 77–90.

Ramon, J., & de Raedt, L. (2000). Multi instance neural networks. In *Proceedings of the ICML Workshop on Attribute-Value and Relational Learning* (pp. 53–60). Stanford, CA.

Ray, S., & Craven, M. (2005). Supervised learning versus multiple instance learning: An empirical comparison. In *Proceedings of the International Conference on Machine Learning* (pp. 697–704). Bonn. New York: ACM Press.

Read, J., Pfahringer, B., Holmes, G., & Frank, E. (2009). Classifier chains for multi-label classification. In *Proceedings of the 13th European Conference on Principles and Practice of Knowledge Discovery in Databases and 20th European Conference on Machine Learning* (pp. 254–269). Bled, Slovenia. Berlin: Springer-Verlag.

Rennie, J. D. M., Shih, L., Teevan, J., & Karger, D. R. (2003). Tackling the poor assumptions of Naïve Bayes text classifiers. In T. Fawcett, & N. Mishra (Eds.), *Proceedings of the Twentieth International Conference on Machine Learning* (pp. 616–623). Washington, DC. Menlo Park, CA: AAAI Press.

Ricci, F., & Aha, D. W. (1998). Error-correcting output codes for local learners. In C. Nedellec, & C. Rouveird (Eds.), *Proceedings of the European Conference on Machine Learning* (pp. 280–291). Chemnitz, Germany. Berlin: Springer-Verlag.

Richards, D., & Compton, P. (1998). Taking up the situated cognition challenge with ripple-down rules. *International Journal of Human-Computer Studies*, 49(6), 895–926.

Rifkin, R., & Klautau, A. (2004). In defense of one-vs.-all classification. *Journal of Machine Learning Research*, 5, 101–141.

Ripley, B. D. (1996). *Pattern recognition and neural networks*. Cambridge, UK: Cambridge University Press.

Rissanen, J. (1985). The minimum description length principle. In S. Kotz, & N. L. Johnson (Eds.), *Encylopedia of Statistical Sciences (Vol. 5)* (pp. 523–527). New York: John Wiley.

Rodriguez, J. J., Kuncheva, L. I., & Alonso, C. J. (2006). Rotation forest: A new classifier ensemble method. *IEEE Transactions on Pattern Analysis and Machine Intelligence*, 28(10), 1619–1630.

Rousseeuw, P. J., & Leroy, A. M. (1987). *Robust regression and outlier detection*. New York: John Wiley.

Russell, S., & Norvig, P. (2009). *Artificial intelligence: A modern approach* (3rd ed.). Upper Saddle River, NJ: Prentice-Hall.

Sahami, M., Dumais, S., Heckerman, D., & Horvitz, E. (1998). A Bayesian approach to filtering junk e-mail. In *Proceedings of the AAAI-98 Workshop on Learning for Text Categorization* (pp. 55–62). Madison, WI. Menlo Park, CA: AAAI Press.

Saitta, L., & Neri, F. (1998). Learning in the "real world." *Machine Learning*, 30(2/3), 133–163.

Salzberg, S. (1991). A nearest hyperrectangle learning method. *Machine Learning*, 6(3), 251–276.

Schapire, R. E., Freund, Y., Bartlett, P., & Lee, W. S. (1997). Boosting the margin: A new explanation for the effectiveness of voting methods. In D. H. Fisher (Ed.), *Proceedings of the Fourteenth International Conference on Machine Learning* (pp. 322–330). Nashville. San Francisco: Morgan Kaufmann.

Scheffer, T. (2001). Finding association rules that trade support optimally against confidence. In L. de Raedt, & A. Siebes (Eds.), *Proceedings of the Fifth European Conference on Principles of Data Mining and Knowledge Discovery* (pp. 424–435). Freiburg, Germany.

Berlin: Springer-Verlag.

Schölkopf, B., Bartlett, P., Smola, A. J., & Williamson, R. (1999). Shrinking the tube: A new support vector regression algorithm. *Advances in Neural Information Processing Systems*, 11, 330–336. Cambridge, MA: MIT Press.

Schölkopf, B., Williamson, R., Smola, A., Shawe-Taylor, J., & Platt, J. (2000). Support vector method for novelty detection. *Advances in Neural Information Processing Systems*, 12, 582–588. Cambridge, MA: MIT Press.

Schölkopf, B., & Smola, A. J. (2002). *Learning with kernels: Support vector machines, regularization, optimization, and beyond*. Cambridge, MA: MIT Press.

Sebastiani, F. (2002). Machine learning in automated text categorization. *ACM Computing Surveys*, 34(1), 1–47.

Seewald A. K. (2002). How to make stacking better and faster while also taking care of an unknown weakness. In *Proceedings of the Nineteenth International Conference on Machine Learning* (pp. 54–561). Sydney. San Francisco: Morgan Kaufmann.

Seewald, A. K., & Fürnkranz, J. (2001). An evaluation of grading classifiers. In F. Hoffmann, D. J. Hand, N. M. Adams, D. H. Fisher, & G. Guimarães (Eds.), *Proceedings of the Fourth International Conference on Advances in Intelligent Data Analysis* (pp. 115–124). Cascais, Portugal. Berlin: Springer-Verlag.

Shafer, R., Agrawal, R., & Metha, M. (1996). SPRINT: A scalable parallel classifier for data mining. In T. M. Vijayaraman, A. P. Buchmann, C. Mohan, & N. L. Sarda (Eds.), *Proceedings of the Second International Conference on Very Large Databases* (pp. 544–555). Mumbai (Bombay). San Francisco: Morgan Kaufmann.

Shalev-Shwartz, S., Singer, Y., & Srebro, N. (2007). Pegasos: Primal estimated sub-gradient solver for SVM. In *Proceedings of the 24th international conference on Machine Learning* (pp. 807–814). New York: ACM Press.

Shawe-Taylor, J., & Cristianini, N. (2004). *Kernel methods for pattern analysis*. Cambridge, UK: Cambridge University Press.

Slonim, N., Friedman, N., & Tishby, N. (2002). Unsupervised document classification using sequential information maximization. In *Proceedings of the 25th International ACM SIGIR Conference on Research and Development in Information Retrieval* (pp. 120–136). New York: ACM Press.

Smola, A. J., & B. Schölkopf. (2004). A tutorial on support vector regression. *Statistics and Computing*, 14(3), 199–222.

Soderland, S., Fisher, D., Aseltine, J., & Lehnert, W. (1995). Crystal: Inducing a conceptual dictionary. In *Proceedings of the Fourteenth International Joint Conference on Artificial Intelligence* (pp. 1314–1319). Montreal. Menlo Park, CA: AAAI Press.

Srikant, R., & Agrawal, R. (1996). Mining sequential patterns: Generalizations and performance improvements. In P. M. Apers, M. Bouzeghoub, & G. Gardarin (Eds.), *Proceedings of the Fifth International Conference on Extending Database Technology*. Avignon, France. Lecture Notes in Computer Science. Vol. 1057 (pp. 3–17). London: Springer-Verlag.

Stevens, S. S. (1946). On the theory of scales of measurement. *Science*, 103, 677–680.

Stone, P., & Veloso, M. (2000). Multiagent systems: A survey from a machine learning perspective. *Autonomous Robots*, 8(3), 345–383.

Stout, Q. F. (2008). Unimodal regression via prefix isotonic regression. *Computational Statistics and Data Analysis*, 53, 289–297.

Su, J., Zhang, H., Ling, C. X., & Matwin, S. (2008). Discriminative parameter learning for Bayesian networks. In *Proceedings of the 25th International Conference on Machine Learning* (pp. 1016–1023). Helsinki. New York: ACM Press.

Swets, J. (1988). Measuring the accuracy of diagnostic systems. *Science*, 240, 1285–1293.

Ting, K. M. (2002). An instance-weighting method to induce cost-sensitive trees. *IEEE Transactions on Knowledge and Data Engineering*, 14(3), 659–665.

Ting, K. M., & Witten, I. H. (1997a). Stacked generalization: When does it work? In *Proceedings of the Fifteenth International Joint Conference on Artificial Intelligence* (pp. 866–871). Nagoya, Japan. San Francisco: Morgan Kaufmann.

———. (1997b). Stacking bagged and dagged models. In D. H. Fisher (Ed.), *Proceedings of the Fourteenth International Conference on Machine Learning* (pp. 367–375). Nashville. San Francisco: Morgan Kaufmann.

Turney, P. D. (1999). *Learning to extract key phrases from text*. Technical Report ERB-1057, Institute for Information Technology, National Research Council of Canada, Ottawa.

U.S. House of Representatives Subcommittee on Aviation (2002). Hearing on aviation security with a focus on passenger profiling, February 27, 2002; see *http: //www.house.gov/*

transportation/aviation/02-27-02/02-27-02memo.html.
Utgoff, P. E. (1989). Incremental induction of decision trees. *Machine Learning*, 4(2), 161–186.
Utgoff, P. E., Berkman, N. C., & Clouse, J. A. (1997). Decision tree induction based on efficient tree restructuring. *Machine Learning*, 29(1), 5–44.
Vafaie, H., & DeJong, K. (1992). Genetic algorithms as a tool for feature selection in machine learning. In *Proceedings of the International Conference on Tools with Artificial Intelligence* (pp. 200–203). Arlington, VA: IEEE Computer Society Press.
van Rijsbergen, C. A. (1979). *Information retrieval*. London: Butterworths.
Vapnik, V. (1999). *The nature of statistical learning theory* (2nd ed.). New York: Springer-Verlag.
Vitter, J. S. (1985). Random sampling with a reservoir. *ACM Transactions on Mathematical Software*, 1(11), 37–57.
Wang, J., & Zucker, J.-D. (2000). Solving the multiple-instance problem: A lazy learning approach. In *Proceedings of the International Conference on Machine Learning* (pp. 1119–1125). Stanford, CA. San Francisco: Morgan Kaufmann.
Wang, J., Han, J., & Pei, J. (2003). CLOSET+: Searching for the best strategies for mining frequent closed itemsets. In *Proceedings of the International Conference on Knowledge Discovery and Data Mining* (pp. 236–245). Washington, DC. New York: ACM Press.
Wang, Y., & Witten, I. H. (1997). Induction of model trees for predicting continuous classes. In M. van Someren, & G. Widmer (Eds.), *Proceedings of the of the Poster Papers of the European Conference on Machine Learning* (pp. 128–137). University of Economics, Faculty of Informatics and Statistics, Prague. Berlin: Springer.
———. (2002). Modeling for optimal probability prediction. In C. Sammut, & A. Hoffmann (Eds.), *Proceedings of the Nineteenth International Conference on Machine Learning* (pp. 650–657). Sydney. San Francisco: Morgan Kaufmann.
Webb, G. I. (1999). Decision tree grafting from the all-tests-but-one partition. In *Proceedings of the Sixteenth International Joint Conference on Artificial Intelligence* (pp. 702–707). San Francisco: Morgan Kaufmann.
———. (2000). MultiBoosting: A technique for combining boosting and wagging. *Machine Learning*, 40(2), 159–196.
Webb, G. I., Boughton, J., & Wang, Z. (2005). Not so naïve Bayes: Aggregating one-dependence estimators. *Machine Learning*, 58(1), 5–24.
Weidmann, N., Frank, E., & Pfahringer, B. (2003). A two-level learning method for generalized multi-instance problems. In *Proceedings of the European Conference on Machine Learning* (pp. 468–479). Cavtat, Croatia. Berlin: Springer-Verlag.
Weiser, M., & Brown, J. S. (1997). The coming age of calm technology. In P. J. Denning, & R. M. Metcalfe (Eds.), *Beyond calculation: The next fifty years* (pp. 75–86). New York: Copernicus.
Weiss, S. M., & Indurkhya, N. (1998). *Predictive data mining: A practical guide*. San Francisco: Morgan Kaufmann.
Wettschereck, D., & Dietterich, T. G. (1995). An experimental comparison of the nearest-neighbor and nearest-hyperrectangle algorithms. *Machine Learning*, 19(1), 5–28.
Wild, C. J., & Seber, G. A. F. (1995). *Introduction to probability and statistics*. Department of Statistics, University of Auckland, New Zealand.
Winston, P. H. (1992). *Artificial intelligence*. Reading, MA: Addison-Wesley.
Witten, I. H. (2004). Text mining. In M. P. Singh (Ed.), *Practical handbook of Internet computing* (pp. 14-1–14-22). Boca Raton, FL: CRC Press.
Witten, I. H., Bray, Z., Mahoui, M., & Teahan, W. (1999a). Text mining: A new frontier for lossless compression. In J. A. Storer, & M. Cohn (Eds.), *Proceedings of the Data Compression Conference* (pp. 198–207). Snowbird, UT. Los Alamitos, CA: IEEE Press.
Witten, I. H., Moffat, A., & Bell, T. C. (1999b). *Managing gigabytes: Compressing and indexing documents and images* (2nd ed.). San Francisco: Morgan Kaufmann.
Wolpert, D. H. (1992). Stacked generalization. *Neural Networks*, 5, 241–259.
Wu, X. V., Kumar, J. R., Quinlan, J., Ghosh, Q., Yang, H., Motoda, G. J., et al. (2008). Top 10 algorithms in data mining. *Knowledge and Information Systems*, 14(1), 1–37.
Wu, X., & Kumar, V. (Eds.), (2009). *The top ten algorithms in data mining*. New York: Chapman and Hall.
Xu, X., & Frank, E. (2004). Logistic regression and boosting for labeled bags of instances. In *Proceedings of the 8th Pacific-Asia Conference on Knowledge Discovery and Data Mining* (pp. 272–281). Sydney. Berlin: Springer-Verlag.

Yan, X., & Han, J. (2002). gSpan: Graph-based substructure pattern mining. In *Proceedings of the IEEE International Conference on Data Mining* (pp. 721–724). Maebashi City, Japan. Washington, DC: IEEE Computer Society.

Yan, X., & Han, J. (2003). CloseGraph: Mining closed frequent graph patterns. In *Proceedings of the Ninth ACM SIGKDD International Conference on Knowledge Discovery and Data Mining* (pp. 286–295). Washington, DC. New York: ACM Press.

Yan, X., Han, J., & Afshar, R. (2003). CloSpan: Mining closed sequential patterns in large datasets. In *Proceedings of the SIAM International Conference on Data Mining* (pp. 166–177). San Francisco. Philadelphia: Society for Industrial and Applied Mathematics.

Yang, Y., & Webb, G. I. (2001). Proportional *k*-interval discretization for Naïve Bayes classifiers. In L. de Raedt, & P. Flach (Eds.), *Proceedings of the Twelfth European Conference on Machine Learning* (pp. 564–575). Freiburg, Germany. Berlin: Springer-Verlag.

Yang, Y., Guan, X., & You, J. (2002). CLOPE: A fast and effective clustering algorithm for transactional data. In *Proceedings of the Eighth ACM SIGKDD International Conference on Knowledge Discovery and Data Mining* (pp. 682–687). Edmonton, AB. New York: ACM Press.

Yurcik, W., Barlow, J., Zhou, Y., Raje, H., Li, Y., Yin, X., et al. (2003). Scalable data management alternatives to support data mining heterogeneous logs for computer network security. In *Proceedings of the Workshop on Data Mining for Counter Terrorism and Security*. San Francisco. Philadelphia: Society for International and Applied Mathematics.

Zadrozny, B., & Elkan, C. (2002). Transforming classifier scores into accurate multiclass probability estimates. In *Proceedings of the Eighth ACM International Conference on Knowledge Discovery and Data Mining* (pp. 694–699). Edmonton, AB. New York: ACM Press.

Zaki, M. J., Parthasarathy, S., Ogihara, M., & Li, W. (1997). New algorithms for fast discovery of association rules. In *Proceedings Knowledge Discovery in Databases* (pp. 283–286). Newport Beach, CA. Menlo Park, CA: AAAI Press.

Zhang, H., Jiang, L., & Su, J. (2005). Hidden Naïve Bayes. In *Proceedings of the 20th National Conference on Artificial Intelligence* (pp. 919–924). Pittsburgh. Menlo Park, CA: AAAI Press.

Zhang, T., Ramakrishnan, R., & Livny, M. (1996). BIRCH: An efficient data clustering method for very large databases. In *Proceedings of the ACM SIGMOD International Conference on Management of Data* (pp. 103–114). Montreal. New York: ACM Press.

Zhang, T. (2004). Solving large scale linear prediction problems using stochastic gradient descent algorithms. In *Proceedings of the 21st International Conference on Machine Learning* (pp. 919–926). Banff, AB. Madison, WI: Omnipress.

Zheng, F., & Webb, G. (2006). Efficient lazy elimination for averaged one-dependence estimators. In *Proceedings of the 23rd International Conference on Machine Learning* (pp. 1113–1120). New York: ACM Press.

Zheng, Z., & Webb, G. (2000). Lazy learning of Bayesian rules. *Machine Learning*, 41(1), 53–84.

Zhou, Z.-H., & Zhang, M.-L. (2007). Solving multi-instance problems with classifier ensemble based on constructive clustering. *Knowledge and Information Systems*, 11(2), 155–170.

索　引

索引中的页码为英文原书页码，与书中边栏页码一致。其中，页码中带“f”的指图，带“t”的指表，带“b”的指文本框。

E

F

G

H

I

L

M

O

Q

R

S

T

X

Z

推荐阅读

数据挖掘：概念与技术（原书第3版）
作者：（美）Jiawei Han 等
ISBN：978-7-111-39140-1
定价：79.00元

数据挖掘：实用机器学习工具与技术（英文版·第3版）
作者：（新西兰）Ian H. Witten 等
ISBN：978-7-111-37417-6
定价：108.00元

数据挖掘导论（英文版）
作者：（美）Pang-Ning Tan 等
ISBN：978-7-111-31670-1
定价：59.00元

数据挖掘与R语言
作者：（葡）Luis Torgo
ISBN：978-7-111-40700-3
定价：49.00元

推荐阅读

机器学习

作者：（美）Tom Mitchell ISBN：978-7-111-10993-7 定价：35.00元

机器学习基础教程

作者：（英）Simon Rogers 等 ISBN：978-7-111-40702-7 定价：45.00元

神经网络与机器学习（原书第3版）

作者：（加）Simon Haykin ISBN：978-7-111-32413-3 定价：79.00元

模式分类（原书第2版）

作者：（美）Richard O. Duda 等 ISBN：978-7-111-12148-1 定价：59.00元